Die Taube

DANIEL HAAG-WACKERNAGEL

Die Taube

VOM HEILIGEN VOGEL
DER LIEBESGÖTTIN
ZUR STRASSENTAUBE

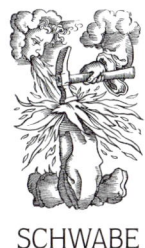

SCHWABE

© 1998 by Schwabe & Co. AG, Verlag, Basel
Lektorat: David Marc Hoffmann
Gestaltung: Michael Fischer, Köln
Gesamtherstellung: Schwabe & Co. AG, Verlag und Druckerei, Basel / Muttenz
Printed in Switzerland
ISBN 3-7965-1016-7

Einführung

Die grossen Plätze von Venedig, Mailand, Rom, Moskau, Mekka, Delhi, Berlin und Basel haben eines gemeinsam – sie werden von einer grossen Zahl von Strassentauben bevölkert. Überall auf der Welt, unabhängig von Religion oder politischer Einstellung der Menschen, werden sie gefüttert, gehegt und geliebt – aber auch gehasst, verabscheut und verfolgt. An keinem Tier scheiden sich die Geister so wie an der Taube. Weltweit erfreuen sich Millionen von Menschen an der Haltung von Haustauben. Liebevoll werden die unterschiedlichsten Rassen, vom schmucken Ziertäubchen bis zur Hochleistungsbrieftaube, gezüchtet, und es gibt nur wenige Völker, denen die Taubenhaltung fremd wäre. Tauben sind unglaublich erfolgreiche Lebewesen. Zu Hunderten von Millionen bereichern und beleben sie als Strassentauben die meisten grösseren Städte vom hohen Norden bis in die Tropen. Die Bewertung der Strassentaube ist jedoch gegensätzlich. Die einen geben ihr letztes Geld, um damit Taubenfutter zu kaufen, die anderen verfolgen und quälen die Tauben, wo sie ihnen begegnen. In manchen Städten werden heute eigentliche Kriege geführt. Konflikte, in denen sich Taubenfreunde und Taubenfeinde mit erbitterter und leidenschaftlicher Entschlossenheit gegenüberstehen. Die Schlagzeilen der Tagespresse, die darüber berichten, lesen sich wie Kriegsberichterstattungen.

Kaum ein anderes Tier hat zu einer derartigen Polarisierung der Meinungen und Gefühle geführt wie die Taube. Der Bewertung der weissen Taube als «Sinnbild des heiligen Geistes» und «Symbol der Liebe und des Friedens» stehen verachtende Bezeichnungen der Strassentaube als «Ratte der Lüfte» und als «fliegender Unrat» gegenüber. Eine Erklärung für diese Phänomene liegt wohl in der Neigung des Menschen, seine eigenen Eigenschaften dem Tier zuzuschreiben, statt es als eigenständiges Lebewesen mit seinen charakteristischen Eigenheiten zu akzeptieren. Tiere werden oft mit menschlichen Charakterzügen versehen und mit diesen Attributen in die menschliche Kultur aufgenommen. Religion, Volksmund, Dichtung und bildende Kunst stellen oft diejenigen Tiere dar, die im jeweiligen Lebensraum präsent sind, sei es als Wildtiere oder als Haustiere. Die Übernahme des Tieres und seiner unterschiedlichen Konnotationen[1] in die menschliche Gedankenwelt kann auf der direkten Naturbeobachtung beruhen. Das Unfassbare, Unerklärliche, Dämonische und Heilige wird dann oft mit diesen Naturphänomenen verknüpft und aus seinem Zusammenhang gerissen.

An jeder Tierart sind viele biologische Eigenschaften zu erkennen, die sich mit menschlichen vergleichen lassen. Gerade die Taube wurde vom Menschen seit Urzeiten immer wieder zum Träger verschiedenartigster Projektionen. Vom aggressiven Tier dunkler Göttergestalten über den sanftmütigen Vogel einer wollüstigen Liebesgöttin bis zum Symbol für den heiligen Geist der christlichen Religion reicht das Spektrum menschlicher Interpretation. Die Taube wurde an unterschiedlichen Orten und zu verschiedenen Zeiten zum Sinnbild der Schnelligkeit, der Fruchtbarkeit, der göttlich-geistigen Erleuchtung, der Sanftmut und der Duldsamkeit, der Gattenliebe, der Friedfertigkeit und der Liebe, des Futterneides, der Streitsucht und der nervösen Hektik. Erst in unserer neusten, von den Naturwissenschaften dominierten Epoche wurde versucht, die Taube vorurteilsfrei zu erforschen. Das alte Bestreben, menschliche Eigenschaften im Tier zu erkennen oder hinein zu projizieren – und es dadurch meist gründlich zu missverstehen – ist dem Wunsch nach naturwissenschaftlicher Erkenntnis gewichen. Gerade aber in der objektiven Erfassung einer Tierart darf die Geschichte ihrer Interaktion mit dem Menschen nicht vergessen werden. Diese Wechselbeziehung ist entscheidend für die soziokulturelle Bewertung einer Tierart und damit für ihr Überleben oder ihren Untergang im menschlichen Lebensraum. Die heutige emotionell gefärbte Bewertung der Taube und der von ihr verursachten Probleme ist weitgehend ein Produkt dieser Geschichte. Tauben sind weder gut noch schlecht. Als Lebewesen sollten sie deshalb auch weder von ihrem Nutzen noch ihrem Schaden her einer emotionellen Bewertung und damit einer subjektiven Verfälschung durch den Menschen unterzogen werden.

Im Laufe der Geschichte des Menschen sind die verschiedensten Völker aufgeblüht und wieder verschwunden. Unzählige Religionen und philosophische Welten wurden in den Köpfen der Menschen erschaffen und wieder vergessen. Nur ganz wenige Dinge sind geblieben, sei es als Gedanken oder als materielle Objekte. Eines davon ist die Taube. Sie begegnet uns in den frühesten menschlichen Zeugnissen als heiliges Tier der Götter. Sie begleitet den frühen Menschen mit der Ausbreitung des Ackerbaus vor über 10 000 Jahren in alle Regionen der damaligen Welt, als Haustier und als Symbol. Sie tritt sowohl in den Vielgötterreligionen der menschlichen Frühzeit und der Antike, als auch im Judentum, im Christentum und vielen anderen Religionen auf. Bis in unsere heutige Zeit hat sie als Symbol des Friedens überlebt und zeigt eine markante geistige und materielle Präsenz. Untrennbar mit ihrer symbolischen Bedeutung verbunden ist ihr reales Vorkommen als Haustier und Wildtier. Die Taube hat alle Zeiten überlebt, sowohl als biologischer Organismus wie auch als Idee. Sie vermehrt sich, erobert die Städte und passt sich immer besser an. Durch diese Anpassung in der Stadt entstand mit der Strassentaube gleichsam eine neue Tierart. Dieser Siegeszug der Taube von der ersten Begegnung mit dem Menschen bis zur Eroberung unserer Grossstädte soll Thema dieses Buches sein.

[1] Konnotationen sind Assoziationen, die zu einer bestimmten Zeit mit einem bestimmten Objekt verbunden worden sind, z.B. symbolische Bedeutungen wie Taube gleich Frieden.

9

Es begann mit der Felsentaube

Die Vorfahren

Die Familie der Columbiden

Verwandtschaft im biologischen Sinn meint Ähnlichkeit aufgrund von körperlichen und verhaltensbedingten Merkmalen, die sich auf gemeinsame Erbanlagen zurückführen lassen. Nah verwandte Tierarten haben sich aus gemeinsamen Vorfahrenformen entwickelt und besitzen deshalb als Erbe auch gleiche Gene, Erbanlagen, die für die erfassbaren Merkmale einer Art verantwortlich sind. Verwandtschaft ist also genetische Nähe und je näher zwei Lebewesen miteinander verwandt sind, desto ähnlicher sind sie. Die Systematiker versuchen nun, in die ungeheure Vielfalt der Lebensformen Ordnung zu bringen, indem sie ähnliche Arten zu Gattungen, Unterfamilien, Familien, Ordnungen usw. zusammenfassen. Die Taubenart Columba livia, von der dieses Buch handelt, gehört zur Familie der Tauben (Columbidae) und darin zur Unterfamilie der Eigentlichen Tauben (Columbinae), der auch alle anderen in Europa heimischen Taubenarten angehören. Die nächst tiefere systematische Gruppe ist die Gattung Columba mit 52 Arten[2].

Die Familie der Tauben (Columbidae) entstand mit den Falken zusammen relativ spät im Miozän[3]. Sie ist also zwischen 25 und 11 Millionen Jahre alt. 302 heute noch lebende Taubenarten werden je nach Klassifikation in 55 bis 59 Gattungen eingeteilt und sind mit Ausnahme der Nord- und Südpolarregion über alle Erdteile verbreitet. Der grösste Artenreichtum findet sich in den Tropen, vor allem im südostasiatischen und ozeanischen Raum[4]. Viele dieser Arten haben faszinierende Farben und Formen entwickelt. Einige dieser tropischen Taubenarten waren schon in der Antike bekannt. So berichtet der römische Schriftsteller Aelian[5] von gelbgrün und gelb gefiederten Tauben, die man beim ersten Anblick für Papageien halten könnte. Abb. 1 zeigt die Vielfalt der Taubenfamilie anhand einiger typischer Vertreter.

Die Herkunft der Taube

Bereits im 18. Jahrhundert machte sich Buffon Gedanken über die Herkunft der Haustaube. Dazu schrieb er:
Zwischen den beiden [Felsentaube und Haustaube] besteht der einzige Unterschied darin, dass die erstere wild ist, letztere zahm: ich betrachte die Felsentaube als den Stammvater von dem alle übrigen Tauben abstammen und von dem sie sich mehr oder weniger unterscheiden, je nach dem ob sie mehr oder weniger vom Menschen beeinflusst wurden; obwohl ich nicht in der Lage bin den Beweis zu erbringen, bin ich überzeugt davon, dass die Felsentaube und die Haustaube unserer Taubenschläge zusammen Nachkommen haben können, wenn man sie zusammen bringt; denn unsere kleine Haustaube ist weniger weit entfernt von der Felsentaube als von den schweren federfüssigen oder römischen Tauben mit welchen sie sich nichtsdestoweniger paart und Nachkommen produziert: überdies, bei dieser Art sind alle Nuancen von der

Wildform bis zur domestizierten Form in sukzessiver Abfolge zu beobachten wie nach genealogischer Ordnung oder eher Degeneration. (Buffon 1772)

Den entscheidenden Beweis für die stammesgeschichtliche Herkunft der Haustaube erbrachte der Begründer der Evolutionslehre, Charles Darwin. Er konnte nachweisen, dass die Felsentaube Columba livia der alleinige Vorfahre der Haustauben und damit auch der Strassentauben ist. Darwin schreibt nach sorgfältiger Abwägung aller Argumente:
Aus diesen verschiedenen Gründen: die Unwahrscheinlichkeit nämlich, dass der Mensch in frühen Zeiten schon sieben bis acht Arten von Wildtauben in der Domestikation zum Fortpflanzen veranlassen konnte, Arten, die wir im wilden Zustand nicht kennen gelernt haben und auch im verwilderten Zustand uns unbekannt geblieben sind; die im Vergleich mit allen anderen Columbiden so sehr abnormen Charaktere dieser Arten, obgleich sie in vielen Beziehungen der Felstaube so ähnlich sind; das gelegentliche Wiedererscheinen der blauen Farbe und der verschiedenen dunklen Flecke bei allen Rassen, mögen sie nun rein gehalten oder gekreuzt werden; und schliesslich die vollkommene Fruchtbarkeit der Bastardabkömmlinge – aus diesen verschiedenen Gründen zusammengenommen, können wir mit Gewissheit annehmen, dass alle unsere Hausrassen Abkömmlinge der Felstaube oder Columba livia und deren geographischen Unterarten sind. (Darwin 1859, S. 46–55)

Die ersten Felsentauben entwickelten sich wahrscheinlich vor einigen Millionen Jahren im südlichen Asien im Bereich des heutigen Indien. Von dort aus kolonisierten sie Westeuropa und Nordafrika. Die Felsentaube ist primär ein Vogel der trockenen und öden Regionen, der sich wahrscheinlich in der Halbwüste entwickelte[6]. Fossile Funde zeigen, dass die Felsentaube bereits vor etwa 300 000 Jahren am Jordan und in Palästina vorkam[7]. Die wildfarbene blaue Felsentaube mit ihren schwarzen Binden ist eine moderne Form, die vermutlich erst während der letzten Jahrtausende entstanden ist. Während ihrer Stammesentwicklung hat sich die Columba livia wie viele andere erfolgreiche Tierarten in verschiedene Unterarten und Rassen aufgespalten. Heute werden je nach Autor zwischen 8 und 14 Unterarten unterschieden[8]. Wie Abb. 2 zeigt, variieren sie äusserlich im Zeichnungsmuster, der Tönung des Gefieders, der Körpergrösse und der Schnabelform. Die Felsentaube kommt in den mittleren Breitengraden der Alten Welt[9] vor. Die nörliche Verbreitungsgrenze ist in erster Linie durch das Klima bedingt und verläuft, mit einigen Ausnahmen, entlang der Januar-Isotherme von +3 Grad Celsius. Die Felsentaube scheint in nördlichen Regionen zumindest teilweise von der Landwirtschaft abhängig zu sein[10]. Entlang der europäischen Küsten und des grössten Teiles Indiens konnte sich die Taube wahrscheinlich erst mit dem Ackerbau der frühen Siedler ausbreiten, die mit ihren Rodungen neue Lebensräume für Steppenbewohner schafften[11]. Beispielsweise starb

12

2 Johnston 1969
3 Bezzel & Prinzinger 1990, S. 421
4 Rösler 1996, S. 19
5 Aelian, Tierkunde 15, 14 und 16, 2
6 Goodwin 1965
7 Tchernow 1962
8 Rösler 1996, S. 72–75; Vogel 1992, S. 32; Goodwin 1983, S. 57; Johnston 1969
9 Europa, Afrika, Asien
10 Hewson 1967
11 Goodwin 1965

Abb. 1: Einige Vertreter der Familie der Tauben (Columbidae).
1 Frühlingstaube Treron vernans;
2 Gilbflaumfusstaube Ptilinopus perousii;
3 Schwarzohr-Fruchttaube Ptilinopus marchei;
4 Grüne Spaltschwingentaube Drepanoptila holosericea;
5 Rotbraune Reinwardtaube Reinwardtoena reinwardtsi;
6 Weissbauch-Schopfwachteltaube Lophophaps plumifera;
7 Kamptaube Uropelia campestris;
8 Saphirtaube Geotrygon saphirina;
9 Fasantaube Otidiphaps nobilis;
10 Abessinische Felsentaube Columba albitorques.

13

1

14

Abb. 2: Schneetauben und Felsentauben aus der Gattung der Feldtauben (Columba);
1 Felsentaube aus Schottland (Columba livia livia);
2 Felsentaube aus dem nordöstlichen Libyen;
3 Felsentaube aus den Oasen von Dakhla und Kharga in Libyen (Columba livia dakhlae);
4 Felsentaube aus Indien (Columba livia intermedia);
5 Felsentaube aus dem tropischen Westafrika (Columba livia gymnocyclus);
6 Felsentaube aus dem ägyptischen Niltal (Columba livia schimperi);
7 Schneetaube (Columba leuconota);
8 Klippentaube, Östliche Felsentaube (Columba rupestris).

die Taube auf St. Kilda aus, als der Mensch die Insel wieder verliess. Auch in Nordwest-Schottland ist die Felsentaube heute mit dem Rückgang der Kleinbauernbetriebe viel seltener als früher[12]. Die südliche Gebietsbegrenzung fällt etwa mit der Verbreitung der nichtfarbigen Menschenrassen, den Trägern der Pflugkultur, zusammen. Es wird angenommen, dass zumindest das südwestafrikanische Verbreitungsgebiet erst durch den Getreideanbau des Menschen entstanden ist[13]. Columba livia livia ist die Nominatform, das heisst der Arttypus, und lebt an den Küsten der Britischen Inseln, von den dänischen Färöern im Norden über die Shetland- und Orkneyinseln bis zu den Hebriden, Schottland, Irland und am nördlichen und südwestlichen Mittelmeer (Abb. 3). Die Taube Columba livia kommt in östlichen Gebieten bis Sibirien und Nordwestchina vor. Ihre nächste Verwandte, die Klippentaube Columba rupestris, tritt in höheren und kühleren Lagen von Zentral- und Ostasien an die Stelle der Felsentauben[14]. Klippentauben und Felsentauben sind untereinander fruchtbar[15]. Klippentauben können wie Strassentauben leben, werden aber durch Haustauben, wahrscheinlich vor allem im Kampf um Brutplätze, verdrängt[16].

Das Leben der Felsentaube

Felsentauben fliegen von der Küste ins Landesinnere[17], um sich im offenen Brach- und Kulturland ihre Nahrung zu suchen. Dabei halten sie einen Tagesrhythmus ein. Die Felsentauben von Porto

Conte (Sardinien) beispielsweise sammeln sich in der Dämmerung bis 8 Uhr und fliegen dann in Gruppen von 20–120 Tieren zu ihren 14 bis 20 km entfernten Nahrungsgründen. Gegen 15 Uhr kehren sie in kleinen Gruppen zu ihren Brutfelsen zurück[18]. Felsentauben fressen in England auf abgeernteten Feldern vor allem Mais, Weizen, Gerste und Hafer. Als typische Hartkörnerfresser nehmen sie auch Samen von verschiedenen Wildkräutern auf. Tierische Kost bereichert die Ernährung in Form von Nacktschnecken und Regenwurmkokons. Grünfutter wird nur ausnahmsweise aufgenommen[19]. Felsentauben sind wegen ihrer grossen Anpassungsfähigkeit auch in der Lage, die extremsten Lebensräume zu besiedeln. George (1978) entdeckte in den tiefliegenden heissen und schattenlosen Ebenen der Sahara Felsentauben, die im Fogarrasystem[20] von Oasen brüteten und sich von den Samen der Wüstenpflanzen ernährten.

Felsentauben leben in dauernder Einehe mit starker Bindung an ihren Brutplatz und ihren Partner[21]. Sie brüten in Felshöhlen, Nischen und auf Simsen in Grotten, die meistens im Halbdunkel liegen. Gemeinsam bauen die Partner ein kunstloses Nest aus Ästchen, kleinen Zweigen, Wurzeln und festen Stämmchen des Seetangs. Pro Gelege werden zwei Eier abgelegt, die von beiden Eltern abwechslungsweise 17–18 Tage lang bebrütet werden. Die Männchen brüten von ca. 10–16 Uhr, die Weibchen während der übrigen Zeit. Von Oktober bis November findet bei den meisten Tieren eine Gonadenregression[22] statt, die durch die Tageslänge gesteuert wird. Jene Individuen, die keine Gonadenregression zeigen, sind tendenziell melanisierte Formen[23]. Es wird vermutet, dass die Gonadenregression bei Wildpopulationen einen Überlebensvorteil darstellt, da sie die Anlage von Winterfett begünstigt. Ohne Fettreserven kann eine Taube nur dann überleben, wenn während des ganzen Jahres kontinuierlich Futter vorhanden ist. Dies ist z.B. in der Stadt der Fall. Dementsprechend zeigen Strassentauben zu 50% keine Gonadenregression mehr[24]. Unter natürlichen Lebensbedingungen wird der Wildtyp[25] gegenüber

[12] Goodwin 1965
[13] Werth 1935
[14] Goodwin 1959
[15] Nadler & Gebauer 1985, Nadler & Ansorge 1982
[16] Dorzhiev 1991
[17] Alleva et al. 1975
[18] Alleva et al. 1975
[19] Murton & Westwood 1966
[20] Fogarras sind vom Menschen angelegte unterirdische Kanalsysteme zur Sammlung des Grundwassers, die zu den Oasen führen und eine Länge von mehreren hundert Kilometern erreichen können.
[21] Heinroth 1947
[22] Rückbildung der Hoden und Eierstöcke
[23] durch Melanineinlagerung dunkel pigmentierte Farbschläge
[24] Lofts et al. 1966
[25] blaubindig, siehe Abb. 234

15

Abb. 3: Die Felsentaube ist die alleinige Vorfahrenform aller domestizierten Tauben und der Strassentauben. Die hier dargestellte Nominatform Columba livia livia hat bis heute in einigen Gebieten überlebt. Typisch für die Felsentaube sind der dünne Schnabel, die kleinen Nasenwarzen und der deutliche Stirnabsatz.

den Melanisierten bevorzugt. Peterson und Williamsen (1949) fanden im Sommer ein Verhältnis von 7 wilden zu 1 melanisierten, nach einem harten Winter kamen auf 15 wilde nur noch 1 melanisierte Taube. Beide Elternteile füttern ihre Jungen unter dem Einfluss des Hormons Prolaktin mit einer Art von Milch, die im Gewebe des Kropfes produziert wird. Diese Kropfmilch bildet während der ersten fünf Lebenstage die ausschliessliche Nahrung der Nestlinge. Danach wird in steigenden Anteilen aufgeweichtes Körnerfutter beigemischt. Die Produktion der Kropfmilch endet etwa am 10. Tag, obwohl sie bei einigen Tieren bis zum 25. Tag nachweisbar ist[26]. Neuere Untersuchungen haben gezeigt, dass diese Kropfmilch nicht nur der Ernährung dient, sondern auch Immunoglobuline, hauptsächlich IgA, enthält. Diese Produkte des väterlichen und mütterlichen Immunsystems vermitteln den Nestlingen im Verdauungstrakt eine lokale Immunität gegen Krankheitserreger[27]. Tauben sind die einzigen Wirbeltiere, bei denen beide Elternteile ihre Jungen mit einer Milch und Immunoglobulinen füttern[28].

Felsentauben unterliegen in ihren verschiedenen Lebensphasen unterschiedlichen Regulationsmechanismen. Während der Embryo im Ei relativ gut vor Krankheiten und Parasiten geschützt ist, ist der Schlüpferfolg vor allem von der Brutdisziplin der Eltern und von der Fähigkeit des Männchens abhängig, sein Brutterritorium gegen Eindringlinge zu schützen. Taubennestlinge sind hilflose Nesthocker, die leicht von Krankheiten und Parasiten befallen werden. Zusätzlich können Nesträuber wie Mäuse, Ratten, Marder sowie Greif- und Rabenvögel grosse Verluste verursachen. Die Eltern müssen ihre Nestlinge zuverlässig wärmen, füttern und gegen eindringende Artgenossen schützen. Murton und Clarke (1968) untersuchten die Mortalitäten von Felsentauben in England. Von den gelegten Eiern waren 10% verlassen, 5% unfruchtbar und 20% fielen Räubern zum Opfer[29]. 8% der Nestlinge wurden erbeutet oder gingen verloren und 22% lagen tot im Nest, wahrscheinlich waren sie verhungert. Durchschnittlich erzeugte jedes Paar jährlich 5 Gelege zu 2 Eiern, davon schlüpften 3 oder 4 Gelege. Daraus konnten schliesslich 4–5 Jungtiere bis zur Flugreife aufgezogen werden. 100 Adulttiere produzierten 200–250 Nachkommen pro Jahr. Die Mortalität im ersten Lebensjahr in Flamborough Head bewegte sich in der Grössenordnung von 85–88% pro Jahr[30]. Verirrte Nestlinge haben keine Überlebenschancen, da sie von den Eltern nur im unmittelbaren Brutbereich versorgt werden.

5

Ausgeflogene Jungtiere und Adulttiere werden in ihrem kargen natürlichen Lebensraum vor allem von ihrer Nahrungsgrundlage und von Beutegreifern reguliert. Die wichtigsten Feinde der Tauben sind in Mitteleuropa der Wanderfalke, der Habicht und das Sperberweibchen, die auch mitten in den Städten Strassentauben jagen[31] (Abb. 5). Nur diejenigen Felsentauben, die eine gute physische Fitness, eine beinahe perfekte Flugfähigkeit und ein effizientes Fluchtverhalten aufweisen, haben eine Chance, im natürlichen Lebensraum zu bestehen. Neben dem reissenden und schnellen Flug dienen eine Reihe von Verhaltensweisen der Abwehr von Attacken durch Greifvögel. Am Capo Caccia auf Sardinien fliegen die Schwärme direkt über der Wasseroberfläche und über dem Fels. Dieser «Feindvermeidungsflug» bewirkt, dass ein herabstossender Greifvogel unweigerlich auf der Oberfläche aufschlagen würde. Eine weitere Taktik ist die Bildung einer kompakten Flugformation. Sie entsteht dadurch, dass jede Taube versucht, ins Innere des Schwarmes zu gelangen, in dem die Wahrscheinlichkeit erbeutet zu werden geringer ist als an der Peripherie. Felsentaubenpopulationen werden hauptsächlich durch das Nahrungsangebot, vor allem durch die Nahrungsdepression im Winter reguliert. Auf den Färöern im äussersten Nordwesten des Verbreitungsgebietes der Felsentaube starben bis 50% aller Tiere wärend eines Winters, vor allem wenn Schnee und Frost den Tauben die Nahrungsgrundlage entzogen[32].

Die anderen Tauben

Für die vorliegende Betrachtung ist es äusserst wichtig, genau zu bestimmen, von welcher Taubenart die Rede ist. Vor allem in alten Texten werden die Arten oft verwechselt. So ist es entscheidend, ob in altchristlichen Texten die Taube Columba livia oder die Turteltaube Streptopelia turtur gemeint ist, gilt die erste doch als Sinnbild der treuen Ehefrau, die zweite dagegen als das der Buhlerin. Deshalb sollen im folgenden die wichtigsten einheimischen Taubenarten kurz vorgestellt werden. Ebenfalls zur Gattung Columba gehört die Hohltaube Columba oenas, die oft mit der Felsentaube verwechselt wird (Abb. 6). Sie besiedelte ursprünglich den Waldrand und offenes Waldland, heute lebt sie bevorzugt in Parklandschaften und im teilweise bewirtschafteten Kulturland. Die häufigste einheimische Wildtaube ist die Ringeltaube Columba palumbus (Abb. 7), die deutlich grösser ist als eine durchschnittliche Strassentaube. Sie ist ursprünglich ein Wald- und Waldrandvogel, der sich sehr erfolgreich an die Kulturlandschaft angepasst hat. Heute besiedelt sie auch baumbestandene offene Landschaften und Vorstadtgebiete. Aus der Gattung der Turteltauben (Streptopelia) leben zwei Vertreter bei uns. Die Turteltaube Streptopelia turtur (Abb. 7) ist deutlich kleiner als die Columba-Arten. Als Zugvogel überwintert sie in Afrika südlich der Sahara. Sie besiedelt das offene Waldland und Landwirtschaftsgebiete mit Büschen und Hecken.

Die Türkentaube Streptopelia decaocto (Abb. 8) ist vor allem wegen ihres Balzrufes, eines rhythmisch dreisilbigen «du-duu-du» mit Betonung auf der

26 Griminger 1983
27 Engberg et al. 1992
28 Johnston & Janiga 1995, S. 100
29 Wanderratten und Dohlen
30 Murton & Clarke 1968
31 Havelka & Sabo 1995
32 Peterson & Williamson 1949

17

Abb. 4: Felsentauben sind Felsküstenbewohner, die sich optimal an diesen kargen Lebensraum angepasst haben. Die Felsklippen mit ihrer strukturierten Oberfläche bieten Brutplätze und Schutz vor Feinden. Hier ist die weissrückige mediterrane Nominatform Columba livia livia in ihrem Lebensraum dargestellt, wie er etwa auf Sardinien in der Gegend des Capo Caccia anzutreffen ist. Im Vordergrund sitzt ein Täuber mit seiner Täubin. Darüber ist ein prahlender Täuber vor seinem Nest dargestellt, in dem zwei Nestlinge sitzen. Die Brutplätze der Felsentauben liegen normalerweise versteckt in Felsspalten oder Grotten.

Abb. 5: Ein Junghabicht hat im Stadtbereich eine Taube geschlagen und ist im Jagdeifer derart heftig gegen eine Fensterscheibe geprallt, dass er sich das Genick gebrochen hat. Die erbeutete Taube hält er noch in den Fängen.

33 Johnston 1969
34 Johnston 1969

zweiten Silbe bekannt. Ihren Artnamen decaocto soll sie deshalb bekommen haben, weil ihr Ruf an die lateinischen Zahlen «decaa-octoo» erinnern soll. Da sie bevorzugt in den frühen Morgenstunden ruft, fühlen sich viele empfindliche Menschen von rufenden Türkentauben belästigt. Besonders interessant wurde die Türkentaube durch ihre Ausbreitung in den letzten Jahrzehnten. Zu Anfang dieses Jahrhunderts war sie in Europa noch fast unbekannt. Am Ende des 19. Jahrhunderts hatte die Türkentaube nur einen kleinen Vorposten in Europa in der europäischen Türkei und auf dem Balkan. Die gegenwärtige Ausbreitungsexplosion ist vielleicht durch eine genetische Änderung verursacht worden. Sie begann um 1930 und ist von vielen Ornithologen aufmerksam verfolgt worden. 1932 stiessen die Türkentauben über die Donau vor und erreichten Ungarn, 1936 trafen sie in der ehemaligen Tschechoslowakei ein, 1938 in Österreich und 1943 in Deutschland. In Norditalien brüteten sie 1944, erreichten die Niederlande 1947 und begannen dort zwei Jahre später zu brüten. Dänemark besiedelten sie 1948. In weniger als zwanzig Jahren hatte sich die Türkentaube also über mehr als 1600 km vom Balkan bis an die Nordsee ausgebreitet. 1949 wurde sie zum erstenmal in Schweden gesichtet, 1954 in Norwegen. In England brütet sie seit 1955, ebenso in Westeuropa[33].

Neben der Felsentaube wurde die Lachtaube (Streptopelia roseogrisea) und heute auch die Diamanttaube (Geopelia cuneata) vom Menschen domestiziert[34]. Die Lachtaube ist als Haustier seit vielen Generationen einer Auslese unterworfen und hat sich optimal an die Käfig- oder Gehegehaltung angepasst. Sie wurde schon in römischer Zeit domestiziert und lebt heute noch wild in Afrika und Südwestarabien. Vor allem die weisse Form der Lachtaube wird oft im Theater und von Zauberern verwendet, da sie sehr zahm ist und extrem wenig Platz benötigt. Sie kann sich in einem Käfig von nur 30 x 30 x 30 cm paaren, ein Nest bauen und ihre Jungen aufziehen (Abb. 9).

Abb. 6: Die Hohltaube Columba oenas (oben) wird oft mit der Felsentaube oder Haustaube Columba livia verwechselt. Die Hohltaube ist etwas kleiner und kompakter als eine durchschnittliche Strassentaube und unterscheidet sich vor allem in ihrer Halszeichnung.

6

Abb. 7: Die im Vordergrund dargestellte Ringeltaube Columba palumbus ist die grösste und häufigste einheimische Wildtaube. Als ehemaliger Wald- und Waldrandvogel bewohnt sie heute viele vom Menschen geprägte Lebensräume, die über einen Baumbestand verfügen. Oben ist die Turteltaube Streptopelia turtur abgebildet.

7

18

Sabine Hofmann/Ferhad Ibrahim (Hgg.)

VERSÖHNUNG IM VERZUG

Probleme des Friedensprozesses im Nahen Osten

BOUVIER

8

9

10

Abb. 8: Die Türkentaube Streptopelia decaocto hat sich erst in diesem Jahrhundert ausgebreitet und besiedelt heute erfolgreich beinahe alle menschlichen Lebensräume mit Baumbestand. Besonders auffällig ist ihr Balzruf, den sie, zum Ärger empfindlicher Menschen, frühmorgens sehr ausdauernd von sich gibt.

Abb. 9: Die Lachtaube hat sich im Laufe ihrer Domestikation optimal an die Käfighaltung angepasst. Ein Paar kann in einem winzigen Käfig von 30 x 30 x 30 cm erfolgreich brüten und Junge aufziehen. Sie können in grosser Zahl auf geringstem Raum gehalten werden, wie diese eng zusammengepferchten Lachtauben in einer Tierhandlung in Lissabon zeigen.

Abb. 10: Eine «falsche» Friedenstaube; die echte Friedenstaube war eine Columba livia, hier wird sie durch eine weisse Lachtaube symbolisiert. Sie ist auch die weisse Taube der Zauberer, die aus dem Hut geholt wird.

Abb. 11: Türkentauben sind in Parkanlagen oft mit den grösseren und kräftigeren Strassentauben vergesellschaftet. Bei der Auseinandersetzung um Futter dominieren die Strassentauben und verjagen die Türkentauben.

11

Wie die Taube zum Menschen kam

Domestikationshypothesen

Über den Zeitpunkt und die Motive einer ersten Domestikation der Felsentaube können nur Vermutungen angestellt werden. Wegen ihres grossen Verbreitungsgebietes dürfte die Felsentaube zu verschiedenen Zeiten an verschiedenen Orten in den Hausstand übernommen worden sein. Dabei wurde in den verschiedenen Domestikationszentren die jeweilige einheimische Unterart der Felsentaube domestiziert. In Europa war dies die Unterart Columba livia livia[35], in Ägypten Columba livia schimperi und in Indien Columba livia intermedia[36] (Abb. 2 und 199).

12

Abb. 12: Tauben wie dieser Basler Strassentäuber werden vom Menschen mehrheitlich als schöne und attraktive Tiere wahrgenommen. Sie entsprechen mit ihrem grossen Kopf und ihren grossen Augen, dem relativ kurzen Schnabel und dem steilen Stirnwinkel weitgehend dem Kindchenschema, das bei vielen Menschen Betreuungsverhalten auslöst.

20

Als Belege führte schon Darwin[37] an, dass fast alle Haustauben im nördlichen Europa einen weissen Rücken wie die europäische Felsentaube (Columba livia livia) haben, während fast alle Haustauben aus Indien einen grauen Rücken wie Columba livia intermedia besitzen. Taubenarten, die die Felsküste besiedeln, tendieren generell dazu, sich dem Menschen anzuschliessen. Im Tibet und der Mongolei lebt und brütet die Klippentaube (Columba rupestris) an und in Gebäuden[38]. Dasselbe Verhalten ist bei der Abessinischen Felsentaube (Columba albitorques) in Addis Abeba (Äthiopien) und der Strichelhalstaube (Columba guinea) in vielen Teilen Afrikas zu beobachten[39].

Für die Domestikation der Felsentaube werden heute verschiedene Hypothesen diskutiert.

a) Die Synanthropiehypothese[40] nimmt an, dass sich Felsentauben schon im Neolithicum mit dem Beginn des Ackerbaues im 8. Jahrtausend v.Chr. freiwillig dem Menschen anschlossen. Sie ernährten sich in den vom Menschen geschaffenen Getreidefeldern und benutzten die Gebäude der Siedlungen als Ersatz für ihre Brutfelsen. Mit der Ausbreitung des Ackerbaues über den Bereich des fruchtbaren Halbmondes[41] hinaus konnte die

Felsentaube neue Lebensräume besiedeln. Wo der Mensch den Stein zu seinem wichtigsten Baumaterial machte, da entstanden künstliche Felswände. In souveräner Indifferenz gegenüber unseren menschlichen Absichten wählten auch andere felsenliebende Vögel[42] diese neuen Möglichkeiten der Steinwand zum Ort ihres Nestbaus[43]. Bechstein[44] schrieb 1805:
Da nämlich die Nahrung dieser Vögel vorzüglich in Getreidearten besteht, so haben sie sich wahrscheinlich mit der in Europa aus Süden nach dem Norden ausgebreiteten Feldcultur, wie die Haussperlinge, mit fort verbreitet, und da sie keine Felsenlöcher mehr fanden, auf Schlösser, Kirchen und Thürme, und von da in die ihnen bereiteten Höhlen auf die Höfe, in welchen sie ohnehin in schneeigen Gegenden und Jahreszeiten ihr Futter suchen mussten, begeben, und sind auf diese Art Hausthiere geworden. (Bechstein 1805)

b) In der Domestikationshypothese wird angenommen, dass die frühen Menschen Taubennestlinge an den Brutplätzen der Felsentaube für ihre Ernährung einsammelten. Wurden nun lebende Nestlinge in die Siedlungen mitgenommen, konnten sie im menschlichen Familienverband aufgezogen werden. Die künstliche Aufzucht von Tauben ist sehr einfach, denn die noch blinden Nestlinge führen ihren Schnabel bereitwillig zwischen die Lippen des Menschen ein (Abb. 13). Durch diese Mund-zu-Schnabel Fütterung können Taubennestlinge ohne Schwierigkeit aufgezogen werden. Wenn diese Tiere dann flügge und selbständig wurden, siedelten und brüteten sie freiwillig in der Nähe des Menschen. Einen möglichen frühen Beleg für die Domestikationshypothese stammt aus der Hayonim-Höhle in West-Galiläa (Israel). Sie wurde im Neolithicum von Menschen der Natufien-Kultur[45] bewohnt. In den verschiedenen Grabungsschichten fanden sich auch Knochen von Felsentauben. Deren Überreste waren mit den entsprechenden Teilen von Tieren identisch, die an der Mittelmeerküste Israels gefunden wurden. Die Felsentaube und der frühe Mensch benützten die gleichen abiotischen Strukturen und gehörten somit der gleichen Biozönose[46] an. Vielleicht begann der Mensch schon vor über 12 000 Jahren damit, die Eier und Nestlinge dieser synanthropen Felsentauben zu nutzen und sie durch seine Anwesenheit vor eindringenden Feinden zu schützen. Vielleicht errichteten diese frühen Menschen auch bereits künstliche Brutplätze durch einfache Veränderungen der natürlichen Strukturen.

c) Eine dritte Möglichkeit für die Domestikation zeigt die Tempelhypothese auf (Abb. 14). Die ersten Tempel im Mittelmeerraum wurden oft an exponierten Stellen direkt an der Küste, auf gefährlichen Höhen und Bergen errichtet. Dies ist der natürliche Lebensraum der Felsentaube. An einer solchen Stelle lag z.B. das Heiligtum der Aphrodite-Venus auf dem Berg Eryx[47] in Sizilien.

[35] Zur Nomenklatur: Columba bezeichnet die Ordnung, Columba livia die Art und Columba livia livia oder Columba livia schimperi die Unterart.
[36] Blyth 1844 nach Werth 1935: «... for the tame Indian Pigeons are as clearly derived from the wild C. intermedia as those of Europe are from C. livia.»
[37] Darwin 1868, 1, S. 202
[38] Dorzhiev 1991
[39] Goodwin 1965
[40] Bechstein 1805, Goodwin 1973, Benecke 1994
[41] Mesopotamien, Syrien, Jordantal, Palästina, siehe Karte am Buchende
[42] Schwalben, Mauersegler, Dohlen
[43] Portmann 1944, 22–30
[44] Der deutsche Ornithologe und Forstmann Johannes Matthäus Bechstein lebte von 1757–1822 und wurde durch seine umfangreiche Naturgeschichte bekannt. Sein Kapitel über die Haustaube zeugt von seiner hervorragenden Beobachtungsgabe und seinem enormen Wissen, das er sich als leidenschaftlicher Taubenzüchter angeeignet

Einzelne Taubenpaare besiedelten diese heiligen Bereiche und ernährten sich unter anderem von den Opfergaben wie Getreide und Brot. Damit wurden diese Tauben mit den entsprechenden Gottheiten assoziiert und als heilige Vögel verehrt und gehegt[48].

Leider können wir heute nicht mehr feststellen, welche dieser Hypothesen zutrifft. Alle drei Möglichkeiten für die frühe Domestikation der Felsentaube scheinen aber denkbar und haben sich wohl auch an unterschiedlichen Orten zu verschiedenen Zeiten in Wirklichkeit ereignet.

Warum die Taube?

Die neuere Verhaltensforschung hat viel zum besseren Verständnis der Tiere beigetragen. Ausgangspunkt jeder kulturellen Interpretation der Biologie und des Verhaltens der Taube war die Beobachtung am lebenden Tier. Der Mensch versuchte dann in Form eines Erkenntnisprozesses für deren Eigenheiten eine Erklärung aus seiner beschränkten Erlebniswelt zu finden, was zu Fehlern führen kann. Nur so sind die manchmal beinahe absurden Missverständnisse zu deuten, mit denen der Mensch an seine Mitlebewesen herangeht. Vögel haben verschiedene biologische Eigenheiten, die sie dem Menschen besonders sympathisch machen. Nach Koenig[49] fallen Vögel durch ihre Lebhaftigkeit, ihre Rufe und ihren Gesang auf. Vor allem Verhaltensweisen der Balz, Brut und Jungenaufzucht sind gut beobachtbar und erinnern an menschliche Verhaltensweisen. Im Gegensatz zu Säugetieren, die wegen ihrer Geruchsorientiertheit teilweise penetrante Düfte verbreiten, die uns mitunter sehr lästig werden, sind Vögel praktisch geruchsfrei. Vogelkot ist zudem gegenüber Säugerkot relativ trocken, was der Tierhaltung durch den Menschen sehr entgegenkommt. Im Gegensatz zu den eher nachtaktiven Säugern sind Vögel mit wenigen Ausnahmen tagaktiv. Wegen ihrer Flugfähigkeit haben Vögel im Vergleich zu Säugetieren eher kurze Fluchtdistanzen, so dass ihr Aussehen und Verhalten gut zu beobachten ist. Marshall begründet den hohen Stellenwert der Vögel folgendermassen:
Die Vögel bilden unbestreitbar die bei Natur- und Kulturvölkern beliebteste Klasse der Tiere. [...] Die Vögel sind harmlose, für den Menschen kaum jemals gefährliche Geschöpfe [...] Sie sind ferner meist auch zierliche Wesen [...] Ihr Flug ist die Poesie der Bewegung [...] Wie sympathisch berührt uns des weiteren das Familienleben der Vögel! Die meisten Arten leben in Monogamie, und die Gatten halten treu zusammen. Die Liebe macht die kleinen, händelosen Geschöpfe zu mehr oder weniger geschickten Baumeistern, und wo träte uns in der Tierwelt eine sorgfältigere Anhänglichkeit der Eltern an die eigenen, ja selbst an fremde Junge so schön, so rührend entgegen wie bei ihnen? Da darf es nicht wundernehmen, dass die Vögel zu einer der besten Eigenschaften, die in der menschlichen Brust schlummern, zu der Fähigkeit des poetischen Empfindens, in vielfache und innigere Beziehung treten als irgenwelche andere Tiere. Keins lebt in gleicher Weise in der Volks- und Kunstlyrik wie die Vögel.
(Marshall 1898)

Um als Haustier für den Menschen in Frage zu kommen, müssen weitere Kriterien erfüllt sein. Besonders aggressive, wehrhafte und scheue Tiere, oder solche mit anspruchsvoller Ernährung dürften nur geringe Chancen für eine Domestikation haben. Die Taube dagegen weist eine Reihe biologischer Prädispositionen auf, die sie zum idealen Haustier macht:

● Die starke Bindung an Brutplatz und Partner ermöglicht eine einfache Freiflughaltung. Tauben müssen deshalb nicht in Käfige oder Volieren eingesperrt und überwacht werden.
● Als sozialer Brüter kann die Taube in grosser Zahl gehalten werden. Biologische Grunddispositionen wie die soziale Attraktion und die Rangordnung vereinfachen die Haltung der Taube in grosser Anzahl unter künstlichen sozialen Bedingungen[50].
● Tauben sind Körnerfresser. Ihre Nahrung kann vom Ackerbauern leicht erzeugt und gelagert werden. Während der Vegetationsperiode können sich Tauben selbständig, auch in ertragsarmen Brachen, von Wildkräutern ernähren. Der Kropf als physiologischer Körnerspeicher lässt zudem lange Fütterungsintervalle zu, was eine Haltung sehr vereinfacht.
● Tauben lassen sich sehr vielfältig nutzen. Sie haben ein sehr schmackhaftes, fettarmes Fleisch und ihr Kot liefert einen hervorragenden Dünger.
● Die Taube ist mit einem Gewicht von 300–500 g nicht zu klein, um als Fleischlieferant verwendet zu werden. Als vergleichsweise grösserer Vogel ist sie zudem wegen der geringeren Verletzungsgefahr einfacher in der Handhabung.
● Tauben können sich schon nach kurzer Zeit an den Menschen gewöhnen. Ihr Abwehrverhalten ist für den Menschen harmlos, da sie sich weder durch Schnabelhacken noch durch Kratzen wehren. Felsentauben (Columba livia livia und Columba livia intermedia) scheinen von ihrer Natur her leicht zähmbar zu sein[51].

Entscheidend für die Attraktivität eines Tieres für den Menschen sind auch Eigenschaften, die sich nicht direkt nutzen lassen. Tauben werden mehrheitlich als schöne und attraktive Tiere wahrgenommen[52]. Sie entsprechen mit ihrem grossen Kopf und ihren grossen Augen, dem steilen Stirnwinkel, dem gegenüber anderen Vogelarten relativ kurzen Schnabel und ihren kurzen Beinen, die zum typischen, als kindlich empfundenen Trippeln[53] führen, weitgehend dem Kindchenschema[54] (Abb. 12). Zudem bilden menschliche Säuglinge schon im zweiten Lebensmonat erste Lautverbindungen («erre», «eckche», «r-r-r-r»), die als «Täubchengurren» bezeichnet werden[55]. Sie haben tatsächlich eine gewisse Ähnlichkeit mit den von Tauben erzeugten Lauten. Die Taube zeigt also dem Menschen ähnliche Eigenschaften, die sie für uns attraktiv und niedlich erscheinen lassen.
Tauben haben zudem einige abweichende Besonderheiten, die auch dem Menschen der frühen Kulturen aufgefallen sein dürften. Sie zeigen ein Saugtrinken, bei dem der Schnabel eingetaucht und das Wasser eingesogen wird[56]. Beim Schlafen ziehen Tauben den Kopf ein, statt ihn, wie viele andere Vögel, nach hinten auf die Flügel zu legen.

hatte. Lange vor Gregor Mendel, dem Begründer der Genetik, und Charles Darwin, beschäftigte er sich mit der Vererbung, der Evolution und dem Verhalten der Taube.

45 10 500–8500 v. Chr.
46 Lebensgemeinschaft
47 Eryx liegt 721 Meter über dem Meer auf dem Monte San Giuliano bei Trapani, Sizilien (Welz 1959).
48 Hahn 1896.
49 Koenig 1975, S. 391–392
50 Sossinka 1982
51 Darwin 1868, 1, 200
52 Haag 1997
53 Homer verwendet im fünften Buch der Ilias (v. 778) das Trippeln der Taube auch, um den Gang der Frauen zu beschreiben. Dort eilen Hera und Athene in den Kampf den Argivern zu Hilfe, «gleich flüchtigen Tauben am Gange».
54 Koenig 1971, S. 104
55 Akos 1993
56 Plinius, Naturkunde 10, 105

13

Abb. 13: Taubennestlinge lassen sich einfach vom Menschen Mund zu Schnabel füttern.

14

Abb. 14: Die Tempelhypothese nimmt an, dass Felsentauben freiwillig die Tempel in ihrem Lebensraum besiedelten und sich dort von Opfergaben ernährten.

Taube ist nicht gleich Taube

Die Feldtaube

Die Felsentaube wurde mit der Übernahme in den Haustierstand zum eigentlichen Nutztier. Eine anfänglich lose Beziehung zwischen ihr und dem Menschen führte zu einer extensiven Form der Haustierhaltung, aus der die Feldtaube, auch als Feldflüchter bezeichnet, hervorging. Der Mensch stellte den Tauben neben Wasser Brutplätze zur Verfügung, die er gegen Feinde wie Greifvögel und Kleinsäuger verteidigte. Die ersten Äcker des frühen sesshaften Menschen lagen zwischen grossen Brachgebieten, die den halbwild lebenden Feldtauben zusätzliche Nahrung in Form von Wildpflanzensamen lieferten. In dieser an eine Symbiose erinnernden Form der Taubenhaltung verwendete der Mensch die Taubennestlinge zur Bereicherung seines Speisezettels und den Taubenmist als wertvollen Felddünger. Die ursprünglichen Regulatoren wie Greifvögel und saisonale Schwankungen im Nahrungsangebot waren zu dieser Zeit wohl die wichtigsten Selektionsfaktoren. Die Feldttaube wurde nur in geringem Mass durch domestikative Eingriffe des Menschen verändert. Vor allem als Fleischtaube genutzt, wurden Paare mit hohem jährlichen Bruterfolg und besonders schöne und stattliche Tiere für die Weiterzucht bevorzugt.

Die Haustaube

Die Rassen, die zu den eigentlichen Haustauben gehören, sind weit höher domestiziert als die Feldtaube und erfuhren während ihrer Domestikation markante Änderungen in Körperbau, Physiologie und Verhalten. Der Mensch passte die Taube seinen unterschiedlichsten Bedürfnissen an. Die Domestikation hatte neben den Veränderungen der Morphologie und der Herauszüchtung von speziellen Verhaltensweisen vor allem ein Ziel: Um möglichst viele Nachkommen auf kleinstem Raum zu züchten, musste einerseits die Fruchtbarkeit erhöht und gleichzeitig die territoriale Aggressivität (Verteidigung eines grösstmöglichen Brutreviers) erniedrigt werden. Dadurch konnte eine grosse Zahl von Tauben auf kleinem Raum gehalten werden. Die natürliche Schreckhaftigkeit der Felsentaube gegenüber dem Menschen musste reduziert werden. Wie bei vielen anderen Haustieren auch wurde die Taube somit vor allem auf Zahmheit und Fortpflanzungsleistung gezüchtet[57]. Heutige Fleischtauben können bis 22 Jungtiere pro Jahr erzeugen, während ein Felsentaubenpaar unter Wildbedingungen durchschnittlich 4 Nachkommen pro Jahr erzeugt. Die Erhöhung der Fruchtbarkeit der Haustaube liess sich durch züchterische Bevorzugung derjenigen Tiere erreichen, die folgende Eigenschaften zeigten:

a) Ganzjahresbruten: Felsentauben brüten normalerweise nicht während der kalten Jahreszeit.

b) Schachtelbruten: Das Gelege der Tauben besteht in der Regel aus zwei Eiern. Die Anpassung der Nachwuchsrate an besonders günstige Umweltbedingungen wird deshalb nicht über eine Vergrösserung des Geleges, sondern über eine Verkürzung des Zeitraumes zwischen den Gelegen erreicht, so dass einige Tage lang gleichzeitig Schlüpflinge und ältere Nestlinge betreut werden.

c) Vorverlegung der Geschlechtsreife: Felsentauben sind kaum in der Lage, schon während ihres ersten Lebensjahres zu brüten. Unter der Obhut des Menschen konnten frühreife Individuen mehr Nachkommen erzeugen und sich, unterstützt durch menschliche Auswahl, in den Feldtaubenpopulationen durchsetzen. Täubinnen können bereits mit $4\frac{1}{2}$ Monaten erfolgreich Eier ablegen, Täuber haben mit $5\frac{1}{2}$ Monaten fortpflanzungsfähige Spermien[58].

Dazu kommen weitere biologische Faktoren wie eine hohe Fruchtbarkeit der Eier und Spermien, eine hormonelle Sensitivität auch bei kurzen Tagen oder eine vollständige Emanzipation des Hormonsystems von der Kontrolle durch die Tageslänge[59], effektive Bebrütung und Brutverhalten, leistungsfähige Kropfdrüse zur Erzeugung der Kropfmilch, Aufrechterhaltung des Brutgeschäftes auch während der Mauser und weitere noch unbekannte Eigenschaften[60]. Für die Felsentaube im natürlichen Lebensraum wäre eine derart übersteigerte Produktivität, wie sie die meisten Haustaubenrassen zeigen, fatal. Durch die erhöhte Investition in die Nachkommen gingen Fettreserven verloren, die für ein Überleben in der nahrungsarmen Zeit unabdingbar sind[61]. Die Brutpaare würden zudem eine grosse Zahl von Jungtieren erzeugen, denen weder genügend Nahrung noch Brutplätze zur Verfügung stünden, was zusätzlich zu einer verschärften Konkurrenz um diese Ressourcen führen würde. Eine Konkurrenzpopulation mit einer tiefen Mortalität und einer den Ressourcen angepassten Fruchtbarkeit wäre wohl erfolgreicher und in der Lage, Tauben mit einer solchen Überlebensstrategie zu verdrängen.

22

Abb. 15: Die ursprüngliche Feldtaube war noch sehr felsentaubenähnlich. Als robuste, halbdomestizierte Nutztaube diente sie vor allem der Erzeugung von Fleisch und Mist.

[57] Johnston & Janiga 1995, S. 10–11
[58] Hockamp & Abs 1985
[59] Die meisten Vögel unterliegen einer jahreszeitlich unterschiedlichen geschlechtlichen Aktivität, die bei der Taube durch die Tageslänge gesteuert wird (z.B. Lofts et al. 1966).
[60] Johnston & Janiga 1995, S. 46–49
[61] Lofts et al. 1966

16

Abb. 16: Die Haustaube erfuhr während ihrer Domestikation markante Änderungen in Bau, Physiologie und Verhalten, und ist stärker vom Menschen abhängig als die Feldtaube. Wie die Idylle aus dem Anfang des 20. Jahrhunderts zeigt, wurden auf Bauernhöfen oft verschiedene Rassen in schönen Taubenhäusern gehalten.

Der Weg der Taube durch Völker und Zeiten

Die Taube im Vorderen Orient

Mesopotamien

Um 3000 v.Chr. entstand nach einer längeren Abfolge vorgeschichtlicher dörflicher Entwicklungen im südlichen Zweistromland die früheste Hochkultur des Vorderen Orients. An dieser Leistung hatte das Volk der Sumerer den tragenden Anteil[62]. Die Sumerer besiedelten das Schwemmland zwischen Euphrat und Tigris[63] von der Mündung in den persischen Golf bis in die Gegend des heutigen Bagdad und vermischten sich dabei mit den dortigen Ureinwohnern. Diese waren am Ende der spätneolithischen Zeit um 5000 v.Chr. als Jäger und Fischer eingewandert[64]. Über sie ist nur wenig bekannt. Woher die Sumerer kamen, lässt sich nicht mehr feststellen, ihre Sprache ist jedenfalls weder semitisch noch indogermanisch. Die Sumerer schufen die Hochkultur Babyloniens, die sich durch eine grossartige Tempelarchitektur, eine bildende Kunst von hoher Vollendung und den Anfang der Schrift auszeichnet. Obwohl keine direkte inschriftliche Nachricht über die Geschehnisse beim Zusammenbruch dieser ersten babylonischen Hochkultur überliefert ist, kann dieses Ereignis in der Mitte des 3. Jahrtausends mit dem Zustrom semitisch sprechender Nomaden aus Arabien, der sogenannten akkadischen Wanderwelle, verbunden werden. Nach dem Einbruch dieser Hirtenstämme folgte eine Zeit der Auseinandersetzungen zwischen den Sumerern und den in Nordbabylonien ansässigen Semiten. Mit der Errichtung des Reiches von Akkade unter Sargon I. (2350–2300 v.Chr.)[65] brach eine neue Blütezeit an, in der sich die kulturellen Errungenschaften der beiden Völker ideal miteinander verbinden konnten[66]. Auch das Reich von Akkade konnte sich wohl wegen seiner grossen Ausdehnung und dem Einbruch der Gutäer nicht halten. Einige sumerisch gebliebene Städte im Süden schufen gegen Ende des 3. Jahrtausends in der neusumerischen Renaissance eine neue tragfähige Ordnung. In den folgenden Jahrhunderten ging das Volk der Sumerer durch neue semitische Einwanderungswellen endgültig in der akkadischen Schicht unter und seine Sprache verschwand als gesprochene Sprache.

Vögel und Vogelfang im alten Babylonien

Den sumerischen und babylonischen Vogelfängern stand eine «Hülle und Fülle» von Vögeln zur Verfügung, die die Götter (das heisst die Priester), die Könige mit ihren Familien und auch das gewöhnliche Volk neben Fischen und Zwiebeln als wichtiges Nahrungsmittel verzehrt haben[67]. Jährlich zwei Mal durchzogen Turteltauben, Schnepfen, Bekassinen, Wachteln, Gänse und Enten in unvorstellbarer Zahl das frühe Sumer. Mit den verschiedenartigsten Fanggeräten wurden die Zugvögel und einheimisches Federwild gefangen oder getötet, junge Tiere wurden sogar von Hand gefangen. Als Fanggeräte wurden Stricke, Netze, verschiedene Typen von Fallen, Käfige, Wurfstöcke und Bogen verwendet[68]. Da die Jagdbeute nicht immer auf ein Mal verzehrt

werden konnte, dürften sich bald erste Haltungsformen entwickelt haben. So wurden die gefangenen Vögel durch Beschneiden der Flügelmuskeln von unten vom Fliegen abgehalten und zum Nisten veranlasst[69].

In Babylonien kamen sechs verschiedene Taubenarten vor; die Turteltaube (Streptopelia turtur), die Palmtaube (Streptopelia senegalensis), die Türkentaube (Streptopelia decaocto), die Hohltaube (Columba oenas), die Ringeltaube (Columba palumbus) und die Felsentaube (Columba livia)[70]. In der präsargonischen Vogelliste[71], die aus der Mitte des 3. Jahrtausend v.Chr. stammen dürfte, werden verschiedene Tauben erwähnt, darunter auch die zahme Haustaube, die domestizierte Form der Columba livia[72]. Die Ursprungsform der mesopotamischen Haustaube war eine helle, etwas kleinere Variante der Nominatform Columba livia livia[73]. Von einigen Autoren wird sie als eigene Unterart Columba livia gaddi geführt. Sie zeigt ein sehr hellgraues Gefieder, der Rücken ist meist weiss, manchmal hellgrau. Nach Reichenbach (1979) weist ihr Erscheinungsbild auf eine typische Trockengebietsform hin.

Die Abkömmlinge der Columba livia subspecies gaddi bevölkerten, wie überall in der Welt, als Strassentauben die Strassen und Gassen und auch das freie Gelände[74]. Entsprechend früh tauchen auch schon Begriffe wie «Strassentaube»[75] oder «Strassenkotvogel»[76] auf. Offen muss die Frage bleiben, ob die alten Babylonier die Botentaube schon kannten[77]. Die ökologische Voraussetzung für die Taubenhaltung war der Aufbau einer geeigneten Nahrungsgrundlage in Form des Getreideanbaus. Dabei bieten sich zwei Möglichkeiten an. Entweder wurden die Tauben in einer absoluten Abhängigkeit vom Menschen eingeschlossen und mit Getreide gefüttert oder sie wurden in Form einer extensiven Feldtaubenhaltung mit Brutmöglichkeiten versorgt und ansonsten in Halbfreiheit gehalten. Da sich der Ackerbau im Bereich des fruchtbaren Halbmondes bereits im 8. Jahrtausend v.Chr. ausgebreitet hatte, war die ökologische Grundlage für die Haltung von Tauben vorhanden. Nach Salonen[78] versuchten die Sumerer, auch die Turteltaube zu domestizieren. So ist von Turteltauben die Rede, die täglich Gerste erhalten und auf diese Weise gemästet wurden. Vielleicht handelt es sich dabei auch um eine Art von Vorratshaltung der massenweise gefangenen wilden Turteltauben.

Die Anfänge der Taubenzucht

Mit der Erfindung der Schrift zu Beginn des 3. Jahrtausends v.Chr. durch die Sumerer wurden differenziertere Aufzeichnungen möglich, die uns Einblick in deren Taubenhaltung geben. Der sumerische Priesterfürst Gudea soll der Göttin Bau am Ende des 3. Jahrtausends v.Chr. neben anderem Hausgeflügel auch Tauben geopfert haben[79]. Sichere Hinweise auf eine Taubenzucht und damit auf eine erste Domestikation der Taube finden wir in akkadischen Busspsalmen, in denen von Taubenschlägen die Rede ist.

Sie dürften zwischen 2334 und 2279 v.Chr. entstanden sein. Der an Kopfweh Leidende betet in einer Krankenbeschwörung:
die Krankheit des Hauptes wie eine Taube zu ihrem Schlag, wie ein Rabe in die [Lüfte?] des Himmels, wie ein Vogel an einen weiten Ort fliege sie davon, in die gnädigen Hände seines Gottes kehre er [der Kranke] zurück!
(4. Rawl. 3, 68b ff. nach Hommel 1893, S. 402)

Von den bösen Geistern heisst es:
den Sohn treiben sie aus dem Haus seines Vaters, die Tauben fangen sie in ihrem Schlag, den Raben machen sie sich erheben auf seinen Flügeln, die Schwalbe zwingen sie auszufliegen aus ihrem Nest, den Ochsen treiben sie weg, das Schaf treiben sie weg, die grossen Tage, die feindlichen dahinjagenden utuk[80] sind sie …
(4. Rawl. 27, No. 5 nach Hommel 1883, S. 401)

Salonen (1973) führt in seinem umfassenden Werk über «Vögel und Vogelfang im alten Mesopotamien» eine Reihe von Begriffen auf, die schon auf eine hochentwickelte Taubenhaltung schliessen lassen. So werden spezielle Körbe für zahme Tauben erwähnt[81]. Tauben wurden nicht nur wegen der Eier und des Fleisches gehalten, sondern sie dienten auch als Lockvögel für den Fang von Greifvögeln. Dabei wurden gewöhnlich zwei Tauben in die Vogelfalle gesetzt. Sie konnten aber auch durch tönerne Locktauben ersetzt werden, die dann als «Brudervögel» bezeichnet wurden[82]. Greifvögel versuchten nun die Tauben zu fangen und gingen dabei selber in die Falle.
Die gefangenen und gezüchteten Tauben dienten wohl hauptsächlich der Ernährung. An einer Stelle wird aber auch ein Verbot erwähnt, Tauben zu essen. In welchem Zusammenhang es steht, lässt sich aber nicht ersehen:
er soll weder von der Taube noch vom Hahn essen, oder eine Pestilenz wird ihn ergreifen, denn es ist eine Sünde gegen Nebu[83].
(KAR 178 Rs.Kol. IV 54 [Hemerol.] nach Salonen 1973, S. 257)

Nach Salonen[84] wurden Haustauben in den Revieren von Turteltauben freigelassen und dann beide Arten gefüttert. In der Folge sollen sich die beiden Arten gekreuzt haben. Das Produkt wurde als starke oder dicke Taube «tugur-muschen» bezeichnet. Withman (1919) gelang es zwar mit erzwungenen Kreuzungen, Nachkommen zwischen einer Turteltaubenart (Streptopelia orientalis) und einer Haustaube zu erhalten. Die Paare zeigten aber sehr schlechte Fortpflanzungserfolge und die meisten Nachkommen hatten eine reduzierte Fitness, wie es bei einer Kreuzung zwischen genetisch derart unterschiedlichen Arten zu erwarten ist. Eine freiwillige Kreuzung zwischen der Turteltaube und der Haustaube ist auch aus ethologischen wie ökologischen Gründen sehr unwahrscheinlich[85]. Vermutlich sind bei der hier beschriebenen Methode statt Turteltauben wilde Felsentauben gemeint. Die gleiche Methode der Kreuzung von Wildform und Haustier ist auch für die

zahme Gans mit der wilden Gans belegt[86]. Beim Festmahl des Königs Assurnasirpal II. (883–859 v.Chr.) wurden neben anderen Vögeln 10 000 Wildtauben und 10 000 der erwähnten Kreuzungen als Leckerbissen zubereitet[87]. Hinweise auf unterschiedliche Haustaubenrassen sind nicht bekannt. Auf eine dunkle Rasse könnte vielleicht der Begriff «tu-i-zimuschen» hinweisen, was rauchfarbene Taube[88] bedeutet.

Die Taube als Sinnbild

Die Taube diente schon in der frühesten sumerischen und akkadischen Literatur der Veranschaulichung menschlicher Eigenschaften und Situationen. Wir können voraussetzen, dass die reale Präsenz des Tieres für dessen Übernahme in die Geisteswelt des Menschen notwendig war. Nur der nahe direkte Kontakt zur Taube, wie sie bei deren Haltung und Zucht gegeben ist, ermöglicht eine gute Kenntnis ihres Verhaltens. Wir können die Aufnahme der Taube in die früheste sumerische und akkadische Literatur deshalb als indirekten Beleg dafür werten, dass die Taube bereits in der zweiten Hälfte des 3. Jahrtausends v.Chr. allgemein bekannt und verbreitet war.

«Wie eine Taube, die von der Schlange aufgeschreckt»

In einer sumerischen Königshymne schildert Schulgi, der bedeutendste Herrscher der III. Dynastie von Ur[89], seinen eigenen Ruhm. Er vergleicht die Geschwindigkeit, mit der er seine Arme bewegte mit dem blitzschnellen Aufschrecken einer Taube:
Ein Löwe, der in seiner Jugendlichkeit nicht ermüdet, zeigte ich [meine] Kraft, mit einem kurzen Rock bekleidete ich meine Hüfte, wie eine Taube, die von der Schlange [aufgeschreckt] jäh auffliegt, rührte ich die Arme wie der Imdugudvogel[90], der seinen Blick auf den Berg gerichtet hat, schritt ich weit aus.
(24. Schulgi-Hymne nach Falkenstein & von Soden 1953, S. 116)

An einer anderen Stelle dient der Flug der Tauben als Bild für die fliehenden Götter:
Das liess die Anunna[91] an den Mauern Halt suchen, wie Tauben aus dem Haus fliegen, ihre Stimme [erschreckt] ertönen[92].
Ninhursanga[93] flog wie eine Taube aus ihrem Mauerloch[94] und [...] in die Steppe.
(Sumerisch, 2. Urklage 204 [PBS X. 4 6.49 = UET VI 128.60] nach Salonen 1973, S. 255)

Und die Schnelligkeit des Fluges der Taube dient der Illustration des schnellen Schreitens:
Wie eine Taube, die … fliegt, schritt ich [i.e. Schulgi] weit aus.
(Sumerisch, ZA N.F. XVI 66.44 [A] = UET VI 78 Kol. II 11 [P] = 79.11 [Q] [Schulgi A] nach Salonen 1973, S. 257)

62 Falkenstein & von Soden 1953, S. 7
63 Zu dieser Zeit flossen Euphrat und Tigris noch gesondert in den Persischen Meerbusen.
64 Einige Autoren sind der Ansicht, die Sumerer seien authochthon, das heisst, sie hätten sich an Ort entwickelt und wären deshalb nicht eingewandert (Hartmann pers. Mitt.).
65 Zur Zeit befindet sich die Chronologie des gesamten alten Orients im Umbruch. Alle Jahreszahlen verstehen sich deshalb approximativ und sollen einzig einer ungefähren Orientierung dienen.
66 Falkenstein & von Soden 1953, S. 9
67 Salonen 1973, S. 21
68 Salonen 1973, S. 23–48
69 Salonen 1973, S. 18
70 Salonen 1973, S. 59
71 Salonen 1973, S. 71–75
72 kaskal-muschen, tu-muschen, Salonen 1973, S. 207
73 Cramp 1985
74 Salonen 1973, S. 85
75 ir7(:KASKAL)-sang-muschen, Salonen 1973, S. 116
76 von Soden, A,Gw 884a nach Salonen 1973, S. 241
77 Landsberger, MSL VIII.2 S. 136 Anm. zu Zeilen 252/252a (C) zu KASKAL-muschen nach Salonen 1973, S. 116
78 tu-gan-muschen Salonen 1973, S. 271
79 Werth 1935, ohne weitere Quellenangabe
80 böse Dämonen
81 Salonen 1973, S. 118
82 Salonen 1973, S. 269
83 Nebu ist der Gott der Schreiber (Hartmann pers. Mitt.).
84 Salonen 1973, S. 271
85 Sossinka 1982
86 Salonen 1973, S. 18
87 Iraq XIV 43.111–114 nach Salonen 1973, S. 271–272
88 Salonen 1973, S. 254
89 Schulgi der 2. König der 3. Dynastie von Ur (2182–2135 v.Chr.)
90 ein löwenköpfiger Adler
91 die Götter
92 Sumerisch, Lugal V 3f. Salonen 1973, S. 255
93 Name der Muttergottheit (Herrin des Gebirges)
94 Mauerloch (ab-lal) wird auch als Nistplatz der Taube oder Taubenschlag übersetzt (von Soden Ahw 62a)

Die furchtsame Taube

Besonders schön und ergreifend ist das sumerische Klagelied Inannas, in dem sie den Überfall des Feindes beklagt. Hier vergleicht sich die Göttin mit der furchtsamen Taube, die sich ängstlich vor dem Feind versteckt:

Der Feind ist mit Schuhen an den Füssen in mein Gemach eingetreten[95],
der Feind hat mich mit seinen ungewaschenen Händen angefasst, hat mich angefasst,
hat sich nicht gefürchtet, ich habe mich gefürchtet,
der Feind hat mich angefasst, hat mich vor Furcht vergehen lassen, vor dem Feinde habe ich mich gefürchtet,
er hat sich nicht vor mir gefürchtet,
der Feind hat mir mein Kleid abgenommen, sein Weib damit bekleidet,
der Feind hat mir meine Edelsteine abgerissen, seine Kinder damit behängt,
wo er steht, musste ich gehen, nach einem Rat für mich suchte ich.
Da habe ich micht gefürchtet, ...,
in meinem Haus hat er mich gehetzt, in meinem Bau mich in Schrecken versetzt,
wie eine furchtsame Taube verbrachte ich die Zeit auf einem Dachbalken,
wie eine [schnell] fliegende Feldermaus schlüpfte ich in die Mauerspalten.[96]
(33. Klagelied Inannas nach Falkenstein & von Soden 1953, S. 183)

Wird eine Taube in grosse Angst versetzt, kann man ihr Herzklopfen tatsächlich über eine Distanz von ein bis zwei Metern deutlich hören. In einem akkadischen Text dient diese Beobachtung der Verbildlichung der Angst:

ihre Herzen schlagen wie die einer jungen Taube, die weggejagt wurde.
(OIP II 47 Kol. VI 29 [Sanh.] nach Salonen 1973, S. 257)

Wie eine Taube klage ich und zergehe in Seufzen

Besonders eindrucksvoll ist der sogenannte Nestruf der Taube[97], der immer wieder die Phantasie des Menschen angeregt hat. Dieser eindringliche Laut ist ein langgezogenes, klagendes Heulen, das mit «Uurh-uh-uu-uur»[98] beschrieben werden kann. Der Nestruf ist einfach strukturiert und kann in seinen Harmonien sehr reich gestaltet werden (Abb. 17). Die Ruffrequenz steigt an von ca. 200 Hz zu Beginn

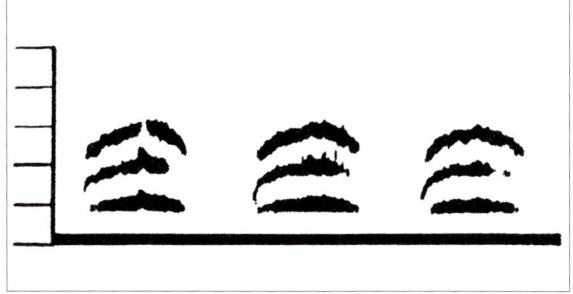

17

des Rufes, erreicht ungefähr 450 Hz und fällt wieder auf die Ausgangsfrequenz ab. Die Rufsequenzen

können über eine Minute dauern[99]. Der Nestruf der Taube wird meist durch ein revierbesitzendes Männchen geäussert, das mit gesenktem, nickendem Kopf, aufgeblasener Kehle und zitterndem Flügel im Nest steht und eine grosse Attraktivität auf die Täubin ausübt. Innerhalb des Paares dient dieses nestorientierte Verhalten dem Anlocken eines Weibchens, wenn das Männchen einen Nistplatz besetzt hat, und später der Festigung des Paarzusammenhaltes. Gegenüber anderen Männchen kennzeichnet der Nestruf ein besetztes Revier im Sinn einer Nestdemonstration. Morgens und abends während der Dämmerung ist der Nestruf der Felsentauben in den Brutgrotten die häufigste Lautäusserung. Durch den Nestruf demonstriert der Territoriumsbesitzer auch in der Dunkelheit oder im Halbdunkel den Standort seines Nestes gegenüber anderen Tieren. Vom dumpfen U-Laut wird mit Recht gesagt, er sei der unheimlichste aller Sprachlaute[100]. Durch nichts kann man einen Menschen mehr erschrecken, als durch ein unerwartetes «Uh!». Der Nestruf der Taube wurde deshalb vom Menschen als klagendes Rufen und Weinen empfunden. So heisst die Taube im assyrischen «summatu», was als «die Klagende» übersetzt werden kann[101]. In der sumerischen und akkadischen Literatur finden wir eine ganze Reihe von Stellen, in denen die Taube der Veranschaulichung der Trauer und der Klage dient. So werden das sumerische «schésch-schésch» = akkadisch «damâmu» = klagen und das akkadische Wort «bakû» = weinen, klagen speziell auf die Taube angewendet.

Wie Tauben in ihren Mauerlöchern mögen sie klagen [die Einwohner von Akkade]. Wie Sperlinge in ihren Schlupfwinkeln mögen sie geschlagen werden. Wie ängstliche Tauben mögen sie gurren.
(Sumerisch, Fluch über Akkade 222–224 nach Salonen 1973, S. 255)

In Wehklagen sass er da,
in schmerzlichen Worten, zerknirschten Herzens,
in bösem Weinen, in bösem Wehklagen. Wie eine Taube klagt er ... Tag und Nacht.
(Akkadischer Busspsalm, IV. Rawlinson 26 Nr. 8, Mitte 3. Jt. v.Chr. nach Hommel 1883, S. 321)

Wie lange noch meine Herrin, ist abgewandt dein Antlitz? Wie eine Taube klage ich und zergehe in Seufzen.
(Akkadischer Busspsalm, Nr. 14, IV Rawlinson 29 Nr. 5, Mitte 3. Jt. v.Chr. nach Hommel 1883, S. 322)

In bitterem[?] Klagen, bitterem[?] Stöhnen klagt er (i.e. ein Mensch) wie eine Taube Tag und Nacht über die Beschwerden.
(Sumerisch, OECT VI S.36.7–10 [IV R2 26.8, 5–8] nach Salonen 1973, S. 256)

Ich klage wie eine Taube nachts und am Tage; ich glühe (?) und weine bitterlich; die Träne steht (immer) in meinen Augen. Schamasch[102], in deinem Angesicht liegt Beschwichtigung:
löse, entferne die Sünde von Vater und Mutter![103]
(Akkadische Gebetsbeschwörung 65 An Ea, Schamasch und Marduk nach Falkenstein & von Soden 1953, S. 338)

Abb. 17: Sonogramm des Nestrufes einer Felsentaube aus Israel. Dieser klagende und heulende Ruf, der im Dienste der Paarbindung und territorialen Nestdemonstration steht, wurde vom Menschen als klagendes Weinen interpretiert.

Die Menschen brüllen wie das Vieh, die Mädchen klagen wie die Tauben.
(Gilg. pl. 59 K.32009 nach Salonen 1973, S. 257)

In einem Gebet an Ischtar, das gegen Ende des 2. Jahrtausend v.Chr. entstand, finden wir ein weiteres Beispiel für die Verwendung der Taube als Sinnbild der Klage und Verzweiflung:

Wie lange noch, meine Herrin, sehen meine Widersacher mich finster an und planen mit Lügen und Unwahrheiten Böses gegen mich? Meine Verfolger [und] meine Neider frohlocken über mir! Bis wann noch, meine Herrin, kann [sogar] der Blöde [und] der Krüppel achtlos an mir vorbeigehen?
Überaus langes Harren hat mich geformt, dadurch geriet ich ins Hintertreffen: die Schwachen wurden stark, ich aber wurde schwach.
Ich woge wie eine Flutwelle, die der böse Wind auftürmt; mein Herz flattert und fliegt hin und her wie ein Vogel des Himmels.
Ich klage wie eine Taube nachts und am Tage; ich glühe[?] und weine bitterlich, in Weh und Ach ist mein Gemüt gar schmerzerfüllt.
Was habe ich [denn] getan, o mein Gott und meine Göttin?
Gleich als ob ich meinen Gott und meine Göttin nicht fürchtete, bin ich behandelt!
(Akkadische Gebetsbeschwörung 61, An Ischtar nach Falkenstein & von Soden 1953, S. 331)

Es begann mit Utnapischtim

Tauben und ihr Orientierungsvermögen

Der Mensch hat nicht nur gelernt, mit Werkzeugen die physischen Fähigkeiten seines Körpers zu erweitern, er ist auch in der Lage, ihn übertreffende Fähigkeiten von Tieren zu seinen Gunsten auszunutzen und diese beim Tier durch Zuchtwahl zusätzlich noch zu steigern. Tauben haben, wie viele andere Vögel auch, die Fähigkeit entwickelt, sich durch prägungsähnliches Lernen dauerhaft an ihren Brutplatz und ihren Partner zu binden. Ein hervorragend entwickelter Orientierungssinn ermöglicht es ihnen zudem, diese aus grossen Distanzen wieder zu finden. Felsentauben durchstreifen wie alle Koloniebrüter ein grosses Gebiet, und eine erfolgreiche Rückkehr erfordert ein gut ausgebildetes Orientierungsvermögen unter wechselnden Witterungsbedingungen[104].

Für die Felsentaube ist eine gute Orientierung von grossem Vorteil. In ihrem kargen Lebensraum kann sie lange Nahrungsflüge unternehmen und sicher wieder an ihren Brutfelsen zurückfinden, was ihr eine bessere Ausnützung ihres Lebensraumes ermöglicht[105]. Die Felsenküste ist strukturell wie auch von den sie dominierenden ökologischen Beziehungen aus ein äusserst komplexer Lebensraum, den die Felsentaube perfekt kennen muss. Gerade sehr anspruchsvolle Lebensräume sind für Mensch und Tier entsprechend schwer zu beherrschen. Ein Verlust seiner gewohnten Umgebung würde das Individuum in existentielle Schwierigkeiten bringen. Nur diejenigen Tiere haben einen Überlebensvorteil, die eine dauerhafte Bindung an ihren Lebensraum auf-

bauen und ihn so optimal ausnützen können. Eine fremde Felsentaube könnte im komplexen Gewirr von Felsstrukturen, jagenden Greifvögeln und den spärlich vorkommenden Nahrungsquellen weder überleben noch einen Brutplatz erobern. Erst ein perfekt entwickelter Orientierungssinn kombiniert mit einem starken Heimkehrtrieb lässt die Felsentaube zum dominierenden Tier der Felsküste werden. Schlechte Wetterbedingungen oder Winde können Tauben zudem zu grossen Umwegen zwingen oder weit ins Meer hinaustragen. Auch in solchen Fällen ist ihr Orientierungssinn von existentieller Wichtigkeit. Durch Versuche konnten Einblicke in die erstaunlichen Heimkehrleistungen von wilden Felsentauben gewonnen werden. Sardische Felsentauben legen Nahrungsflüge von mindestens 20 km zurück. Experimente über ihr Heimfindevermögen im Vergleich zu den speziell auf diese Fähigkeit hin über Jahrhunderte gezüchtete Brieftauben zeigten, dass die Heimkehrleistungen der Felsentauben bei Distanzen unter 10 km nicht wesentlich schlechter waren[106]. Die Resultate von Visalberghi (1978) bestätigten, dass Felsentauben von unbekannten Auflassorten bis zu einer Distanz von 90 km sicher heimkehren können. Die Felsentauben zeigten eine gute Anfangsorientierung bei kurzen wie auch langen Distanzen, die sich nicht wesentlich von der der Brieftauben unterschied. Ihr Abflugverhalten war ebenfalls ähnlich, einzig, dass einige Felsentauben dazu tendierten, kurz nach dem Abflug wieder zu landen. Die Unterschiede zwischen Felsentauben und Brieftauben lassen sich vermutlich auf Unterschiede in der Stärke des Heimkehrtriebes, nicht aber auf ein unterschiedlich entwickeltes Orientierungsvermögen zurückführen[107].

Tauben als Orientierungshilfen

Auf einem Schiff mitgeführte wilde Felsentauben oder Haustauben, die befreit werden, fliegen nach einer ersten Orientierung in Richtung des nächstgelegenen Landes. Tauben lassen sich deshalb als Orientierungshilfen einsetzen. Dafür eignen sich besonders dunkel gefärbte Individuen, weil ein heller

[95] Die Heiligtümer durften nur mit blossem Fuss betreten werden (Falkenstein & von Soden 1953, S. 375).
[96] Das 33. Klagelied Inannas entstand wahrscheinlich am Ende des 3. Jt. v.Chr. zur Zeit der Gutäer (Falkenstein & von Soden 1953, S. 183).
[97] Haag 1991b
[98] Baptista & Abs 1983
[99] Spiteri 1975
[100] Dittmar 1959, S. 16
[101] Dittmar 1959, S. 16
[102] der Babylonische Sonnengott, der besondere Schützer des Rechts
[103] Akkadische Gebetsbeschwörung 65 An Ea, Schamasch und Marduk, Falkenstein & von Soden 1953, S. 338
[104] Lipp 1996
[105] Alerstam 1990
[106] Alleva E. et al. 1975
[107] Visalberghi et al. 1978

29

18

Abb. 18: Die berühmte Sintfluttafel des Gilgamesch-Epos aus der Bibliothek des Assurbanipals in Ninive in Keilschrift. In dieser ältesten Version der Sintflutgeschichte lässt der Urnoah Utnapischtim eine Taube frei um zu sehen, ob die Flut zurückgegangen ist. Leicht verändert wurde diese Geschichte später ins Alte Testament aufgenommen.

Vogel am hellen Himmel für den Beobachter bedeutend schneller verloren geht als ein dunkles Tier[108]. Diese Methode spielte vor der Entdeckung des Kompasses in der Küstenschifferei eine wichtige Rolle. Eine aufsteigende Taube kann auf eine

150 Die Schwalbe flog und kehrte [bald] zurück;
151 Es war kein Rastplatz da, [drum] kam sie wieder.
152 Da sandt' ich einen Raben, liess ihn frei.
153 Der Rabe flog davon, doch als er sah,
dass [nun] die Wasser sich verlaufen hatten,
154 Da frass er, flatterte umher und krächzte
und kehrte [nun] nicht [mehr zu mir] zurück.
(Keel & Küchler 1983, S. 34)

Im Alten Testament[114] lautet dann die entsprechende Stelle:
7 Und er schickte den Raben aus. Dieser flog hinaus und wieder zurück bis die Wasser über der Erde vertrocknet waren.
8 Er schickte die Taube von sich weg, um zu sehen, ob des Wassers auf der Erdoberfläche weniger geworden sei.
9 Die Taube fand keinen Ruheplatz für ihre Füsse und kehrte zu ihm in die Arche zurück, denn die Wasser waren [noch] auf der Oberfläche der ganzen Erde. Er streckte seine Hand aus, packte sie und nahm sie zu sich in die Arche.
10 Darauf wartete er noch weitere sieben Tage und schickte die Taube wieder aus der Arche.
11 Zur Abendzeit kam die Taube zu ihm, und siehe, sie hatte mit dem Schnabel ein Olivenblatt weggerissen.
So wusste Noach, dass die Wasser über der Erde weniger wurden.
12 Er wartete noch weitere sieben Tage, dann schickte er die Taube hinaus, und sie kehrte nicht mehr zu ihm zurück.
(Gen. 8,7–12; Keel & Küchler 1983, S. 35)

19

30

In beiden Versionen treten Tauben und Raben auf, die das Land suchen sollen. Erstaunlicherweise findet sich die Noahgeschichte auch bei den alten Griechen wieder[115]. Dem griechischen Noah Deucalion zeigte ebenfalls eine Taube die Beendigung der grossen Flut an (Abb. 19).

In der Argonautensage lassen die Schiffer auf den Rat des Sehers Phineas eine Peleia, also eine wilde Felsentaube fliegen, um zu sehen, ob sie die Prallfelsen durchfahren können[116]. Die Argonautensage gehört zu den ältesten griechischen Mythen und dürfte ihre Wurzeln im 2. Jahrtausend v.Chr. haben. Sie wurde auch von Homer in seiner Odysse[117] im 8. Jahrhundert v.Chr. erwähnt. Die Geschichte von Phineas und der Felsentaube lässt es möglich erscheinen, dass die Griechen bereits im 2. Jahrtausend v.Chr. Felsentauben als Schiffsvögel mit sich führten. Diese Tauben dienten der Orientierung und wurden freigelassen, wenn die Schiffer das nächstgelegene Ufer orten wollten. Im Indischen Ozean wurden Tauben als «uferspähende Vögel» zur Suche von Land verwendet[118]. Der früheste Nachweis für den Einsatz von Vögeln als Orientierungshilfen stammt aus der Hindu-Legende «Suttapitaka», die sich auf das 5. Jahrhundert v.Chr. datieren lässt. Hindu-Händler führten verschiedene «landspähende Vögel» mit sich, die das nächstgelegene Land anzuzeigen hatten, wenn die Position des Schiffes zweifelhaft war[119].
Den vollständigsten Hinweis auf landspähende Vögel gibt ein Text aus dem Digha-Nikaya, der ersten Sammlung des Suttapitaka[120]. In einem Gespräch

Abb. 19: Die Geschichte von Noah war auch den alten Griechen bekannt, wie diese Münze aus Apamea in Phrygien aus der Zeit des Kaisers Septimius Severus zeigt. Der griechische Noah Deucalion und Pyrrha seine Gattin sind in der Arche dargestellt, die mit Noe bezeichnet ist. Darüber sitzen der Rabe und die Taube mit dem Ölzweig, links davon wahrscheinlich nochmals Deucalion und seine Frau an Land.

Entfernung von 35 km noch vollkommen scharf sehen[109], was in der Küstenschifferei völlig ausreicht. Den ältesten Hinweis auf die Verwendung von Tauben als Orientierungshilfe finden wir in der «Vogelsequenz» der mesopotamischen Sintfluterzählung, die als Tafel XI einen Teil des Gilgameschepos bildet, das in seiner heutigen Form aus der Zeit um 1250 v.Chr.[110] stammen dürfte (Abb. 18). Die Sintflutgeschichte ist ursprünglich sumerischen Ursprungs und ihre ältesten Teile sind vermutlich im Lauf des 3. Jahrtausends zur Zeit König Schulgis (2182–2135) zusammengefügt worden[111]. Sie bezieht sich auf schwere Überschwemmungskatastrophen, die im 4. Jahrtausend v.Chr. in Mesopotamien stattgefunden haben[112]. Die Sintflutgeschichte wurde später im kanaanäischen Raum als Noahgeschichte leicht verändert ins Alte Testament übernommen[113]. Der «Urnoah» Utnapischtim liess zuerst eine Taube, dann eine Schwalbe und zum Schluss einen Raben frei um festzustellen, ob sich das Wasser der Sintflut schon zurückgezogen hat. Dies sind Vögel, deren hervorragender Orientierungssinn heute der Wissenschaft hinlänglich bekannt ist.

145 Als dann der siebte Tag herangekommen,
146 Entsandt' ich eine Taube, liess sie frei.
147 Die flog und kehrte [bald] zurück;
148 Es war kein Rastplatz da, [drum] kam sie wieder
149 Drauf sandt' ich eine Schwalbe, liess sie frei;

mit Kevatta in Nalanda erzählt Buddha folgendes[121]:
*Es war einmal, da haben die seefahrenden Kaufleute
einen uferspähenden Vogel mitgenommen, bevor
sie zu Schiff in See gestochen. Die haben dann,
wenn vom Schiffe aus kein Ufer mehr zu erspähen
war, den uferspähenden Vogel auffliegen lassen. Der
flog nun gen Osten, gen Süden, gen Westen, gen
Norden, hoch flog er empor und kreiste umher.
Wenn er weit in der Ferne Land erblickt hatte, so
entflog er baldig dorthin; wenn er aber nirgendwo
Land entdecken konnte, so kehrte er zu eben diesem
Schiffe zurück.*

Um welche Vogelart es sich dabei gehandelt hat,
wird nicht spezifiziert. Einen Hinweis auf Tauben gibt
die Art und Weise, wie der Vogel abfliegt. Tauben
gewinnen wie beschrieben zuerst an Höhe, kreisen
und fliegen dann in die Richtung des nächstgelegenen Ufers. Ob ein Rabe, der nach Keel (1977b)
ebenfalls in Frage kommt, auf die gleiche Art und
Weise abfliegen würde, müsste im praktischen Versuch ermittelt werden. Tauben hatten gegenüber
Raben den Vorteil, dass sie sehr einfach zu hand-
haben sind und vor allem durch Getreide problemlos
auf See zu ernähren waren, während der Rabe auf
Fleisch angewiesen wäre.
Im ersten Jahrhundert v.Chr erwähnt Plinius[122]
ceylonesische Seefahrer, die auf hoher See Vögel
fliegen liessen und sie als Orientierungshilfe benützten, da sie noch nicht in der Lage waren, nach den
Sternen zu navigieren. Plinius redet nur von Vögeln
(volucres) im allgemeinen. 600 Jahre später erwähnt
der Chinese Li Chao, der über Ereignisse aus dem
frühen 8. Jahrhundert schrieb, ausdrücklich Tauben,
die von ceylonesischen Seefahrern verwendet wurden:

*Südsee-Schiffe [Nan-hai po] sind ausländische
Schiffe … Die singhalesischen Schiffe [«aus dem
Löwenland»] sind die grössten … Nach der Ausfahrt
des Schiffes hält man auf der Seereise immer
weisse Tauben als Nachrichten[-boten]. Wenn das
Schiff untergeht, dann können die Tauben auch
über tausende von Meilen doch heimkehren.*
(Li Chao [9. Jh.] Kuo-shi pu, 3. Buch [hsia] p. 8b
nach Spies 1967)

Ob diese Tauben auch dazu gebraucht wurden, um
Hilfe nach einem Schiffbruch heranzuholen, lässt
sich nicht mehr feststellen, obwohl eine Stelle bei
Bernardin de St. Pierre (1737–1814) einen Hinweis
darauf zu geben scheint.
*O wie viele Seeleute sind auf unbekannten Klippen
gestrandet, die ihre Gefährten wiedergesehen haben
würden, wenn sie es verstanden hätten, diese
durch Vögel von ihrem Geschick zu unterrichten; sie
würden den letzteren vielleicht das Leben zu verdanken haben.*
(Bernardin de St. Pierre, Harmonie der Natur, nach
Löper 1879)

Zwei Tauben als Vögel seiner Mutter Venus geleiten
Aeneas bei Vergil[123] zum Goldenen Zweig, indem sie
im Wald vor ihm immer so weit fliegen, wie er sie
noch sehen kann. In buddhistischen Texten (um 500
v.Chr.) finden wir auch Beschreibungen von Raben,
die als «uferspähende Vögel» verwendet wurden[124].

[108] Wiltschko 1992
[109] Neubronner 1909, S. 21–22
[110] Keel & Küchler 1983
[111] Jordan 1950, S. 170
[112] von Soden 1992, S. 15
[113] Keel & Küchler 1983
[114] Jahwist, älteste literarische Schicht im Pentateuch (5 Bücher Moses). Sie dürfte im 10. Jh. v.Chr. unter Salomo in Jerusalem entstanden sein (Keel & Küchler 1983).
[115] Plutarch de solert. anim. XIII
[116] Apollonios Rhodios, Argonautica 2, 328–334
[117] Homer, Odyssee 12, 59ff.
[118] Hourani 1951, S. 109 und Hornell 1946
[119] Hornell 1946
[120] um 500 v.Chr.
[121] nach Keel 1977b
[122] Plinius, Naturkunde 6, 22
[123] Aeneis 6, 190–200
[124] Keel 1977b

**Abb. 20: Dieses Bild
von Magritte spielt
sehr schön auf die
archaischen Symbole
der Muttergöttin an.
Das Ei und die Taube
weisen auf die zwei-
fache Geburt des ihr
heiligen Vogels hin, im
Hintergrund umschlin-
gen sich Türme wie es
Schlangen bei ihrer
Paarung tun, ebenfalls
ein sehr archaisches
Symbol der Fruchtbar-
keit.**

Die Göttin und die Taube

Die Grosse Mutter und ihr heiliges Tier

Eine Übernahme eines Tieres in die Geisteswelt des Menschen wird durch sein Vorkommen im natürlichen und alltäglichen Lebensbereich begünstigt. Ohne ihre Domestikation und ihre damit verbundene Omnipräsenz in beinahe allen bekannten Hochkulturen hätte die Taube kaum so erfolgreich die Herzen und Seelen der Menschen erobern können. Schon früh in der Menschheitsgeschichte finden wir die Taube in Verbindung mit der grossen Muttergöttin, der Magna Mater. In vorgeschichtlicher Zeit wurde diese grosse Mutter in Europa und Vorderasien als höchste Gottheit verehrt. In ihren verschiedenen Erscheinungen galt sie als allmächtige und ewige Schöpferin, als Mutter der Natur. Eines der bedeutenden Symbole der Grossen Mutter ist der heilige Berg als Ort der Heiligen Hochzeit, der Begegnung zwischen Himmel und Erde[125]. Als Herrin der Tiere und der Pflanzen blickte sie von ihrem Gipfel in die Täler der Menschen, versammelte in heiligen Höhlen und Felsspalten die Frauen unter ihrem göttlich-mütterlichen Schutz, damit sie dort gebären können. Für unsere Betrachtung ist es nun sehr bedeutsam, dass die Taube schon in allerfrühester Zeit mit der archaischen Muttergöttin assoziiert war. Benecke (1994) vermutet, dass bei der Überführung der Taube in den Hausstand ursprünglich keine wirt-

bau und Viehzucht und hatten schon eine hohe Stufe handwerklicher und architektonischer Kunstfertigkeit erreicht[128]. Bereits in dieser prähistorischen Zeit tritt die Taube zusammen mit der grossen Muttergöttin auf. Die Ausgräber schreiben über ihren Fund:

Äusserst wichtig ist die Figur der Taube, die dauernde Begleiterin der «Muttergöttin»: Diese Tatsache ist von bemerkenswertem Interesse, weil sie die Religion dieser frühen Bewohner Assyriens mit denen des alten Kreta verbindet, wo die «Muttergöttin» von der neolithischen Periode an mit der Taube assoziiert ist und wo die Göttin immer in hockender [Geburtsstellung] dargestellt ist, wie dies der Fall in Arpachiyah ist. (Mallowan & Cruikshank Rose 1933, S. 80)

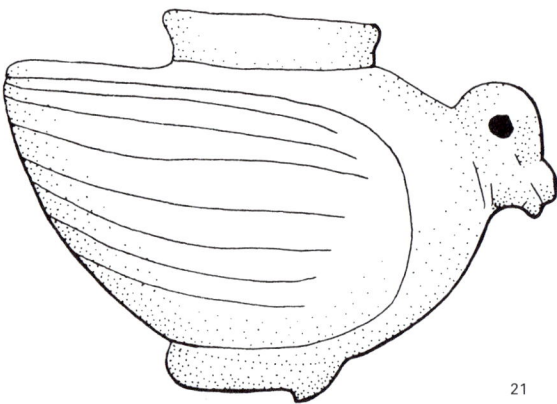

21

32

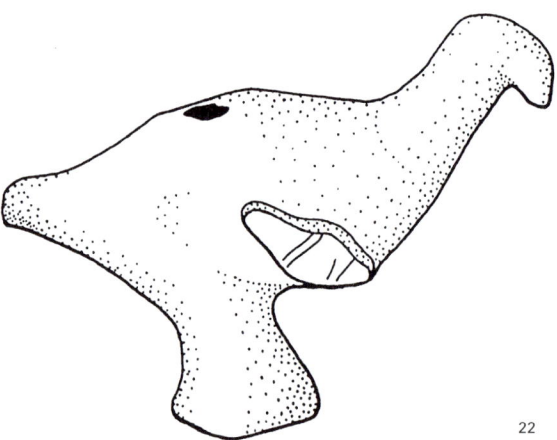

22

23

Abb. 21: Eine Taube in Form eines Alabastergefässes aus dem sumerischen Uruk; 4. Jt. v.Chr.

Abb. 22: Eine der ältesten Darstellungen einer Taube, die in Beziehung zur archaischen Muttergöttin steht, wurde in Tell Arpachiyah (Irak) gefunden und stammt aus dem 4. Jt. v.Chr.

Abb. 23: Emaillierte Terrakottafigur, Susa, 1. Jt. v.Chr.

schaftlichen sondern eher religiöse Motive im Vordergrund standen. Wahrscheinlich aber gingen Kult und Nutzen wohl schon immer parallel. In der matriarchalischen Frühzeit gehörte der Vogel zu den heiligsten Tieren der Grossen Mutter, die auch selbst in Vogelgestalt erschien. Die zweifache Geburt des Vogels, zuerst als Ei und dann als Küken, brachte seine Symbolik mit den Mysterien der Wiedergeburt und Regeneration in Verbindung[126] (Abb. 20).

Vogeldarstellungen aus Terrakotta gehen in Vorderasien bis ins 4. Jahrtausend v.Chr. zurück. Eines der ältesten heute bekannten kulturgeschichtlichen Dokumente einer Taube stammt aus dem prähistorischen Assyrien[127]. Es handelt sich um eine etwa 12 cm lange und 7 cm hohe Taube aus Terrakotta die aus den frühesten Tell-Halaf-Schichten stammt (Abb. 22). Die Menschen der frühen noch schriftlosen Halafkultur lebten um 4500 v. Chr. von Acker-

Aus dem sumerischen Uruk stammt eine weitere Taubendarstellung, die aus dem 4. Jahrtausend v.Chr. stammt. Im «Weissen Tempel» wurde ein kleines, gut erhaltenes Alabastergefäss in Form einer Taube gefunden. Flügel und Federn sind in den Gefässkörper eingeritzt, die Füsschen fein herausgearbeitet (Abb. 21). Auch im 1. Jahrtausend v.Chr. setzt sich die Reihe der vorderasiatischen Taubendarstellungen fort. Ein sehr schönes Beispiel kommt aus Susa[129]. Die Taube ist blaugrün glasiert, der Unterleib von einem Nagel durchbohrt. Wahrscheinlich war die Taube an einer Stange oder an einem Szepter befestigt (Abb. 23). Diese Beispiele zeigen, dass die Taube schon sehr früh dargestellt wurde und deshalb wohl eine höhere Bedeutung als ein «gewöhnliches Haustier» hatte. Viele dieser Taubendarstellungen wurden im heiligen Bezirk einer Göttin gefunden, was eine frühe Assoziation der Taube mit der Muttergöttin wahrscheinlich macht.

Inanna-Ischtar

Im mesopotamischen Raum formte sich die grosse Muttergöttin langsam zum Typus der Inanna-Ischtar um, deren Kult auch in Syrien und Kleinasien populärer war als der irgendeiner anderen Gottheit. Bei den Babyloniern war der grossen Liebes- und Kriegsgöttin Ischtar die Taube zugeordnet. Sie lässt sich von den sumerischen Furchtbarkeitsgöttinnen Ninhursag, Ninni und Inanna ableiten. Ihr Vater war entweder der Mondgott Sin oder nach einer zweiten Genealogie der Himmelsgott An, und sie hatte die Venus als ihren eigenen Planeten. In ihrer eher männlichen Eigenschaft als Kriegsgöttin erscheint sie am Himmel als Morgenstern, in ihren mehr weiblichen Eigenschaften als Abendstern. Sie war die Göttin des Werdens und Vergehens, der Liebe, der vegetativen und animalischen Fruchtbarkeit und der Geburt. Ihr waren Tiere wie die Taube und der Fisch zugeordnet, denen eine grosse Fruchtbarkeit zugeschrieben wurde, aber auch der Löwe, der ihre aggressive und kriegerische Seite repräsentierte. In einer altbabylonischen[130] Hymne wird Ischtar als mit Anu[131] gleichrangige Götterkönigin und als Göttin der Fruchtbarkeit und des Liebeslebens gepriesen:

Eine Göttin besingt, besonders ehrfurchtgebietend unter den Göttinnen;
gerühmt werde die Herrin der Menschen, die Grösste der Igigu[132]!
Die Ischtar besingt, besonders ehrfurchtgebietend unter den Göttinnen;
gerühmt werde die Herrin der Weiber, die Grösste der Igigu!

Sie, mit schwellender Kraft [und] Liebreiz angetan,
hat Fruchtbarkeit die Fülle, verführerischen Reiz und Üppigkeit;
Ischtar ist mit schwellender Kraft [und] Liebreiz angetan,
hat Fruchtbarkeit die Fülle, verführerischen Reiz und Üppigkeit.
Honigsüss ist sie an ihren Lippen, Leben ist ihr Mund;
an ihrer Erscheinung wird voll das Lachen.
Prächtig ist sie; ... sind über ihr Haupt gelegt.
Schön sind ihre Farben, bunt ihre Augen und schillernd.
Bei dieser Göttin ist Rat zu finden,
die Geschicke von allem fasst sie in ihrer Hand.
Wo sie hinsieht, ist Heiterkeit geschaffen,
Lebenskraft, Pracht, Fortpflanzungskraft von Mann und Frau.
Sie liebt Erhörung, Liebeserweisungen, Freundlichkeit;
auch das einander Gewähren hat sie in der Hand.
(An Ischtar nach Falkenstein & von Soden 1953, S. 235)

Ischtar war die bekannteste Göttin des babylonischen Pantheons, «die Göttin der Männer und Gottheit der Frauen» und vereinigte auch in ihren beiden wichtigsten Funktionen, der Liebe und dem Krieg, beide Geschlechter in sich. Ihre männlichen Züge waren so stark, dass man sie sich, wie den Gott Assur, mit einem Bart vorstellte. Ischtar war die Venus, die wie die zweigeschlechtliche Göttin mannweiblich ist: abends weiblich und morgens männlich. Ihr Geliebter war der Vegetationsgott Tammuz, aus dessen Schultern Pflanzen wachsen[133]. Ischtar war vor allem aber eine Himmelskönigin und insofern bewahrte sie die echt semitische Gestirnsreligion. Ischtar war wie keiner anderen Gottheit die Taube als Symboltier zugeordnet. Ab dem 3. Jahrtausend v.Chr. bis in die römische Zeit hinein gibt es im vorderen Orient viele Darstellungen von Tempeln,

[125] Ströter-Bender 1994, S. 10
[126] Ströter-Bender 1994, S. 151
[127] Tell Arpachijah am oberen Tigris, 5 km von Ninive entfernt, Irak
[128] Mallowan 1956
[129] Winter 1977
[130] Die altbabyonische Zeit dauerte von 1830–1530 v.Chr.
[131] Oberster Himmelsgott, der seinen Hauptkultort zuerst in Uruk und später auch in Assur hatte.
[132] die grössten Götter des Himmels
[133] Baumann 1986, S. 167

33

Abb. 24: Dieses Terrakottamodell aus dem frühen 3. Jahrtausend v.Chr. stellt wahrscheinlich einen Tempel der Liebesgöttin Ischtar dar, der durch kleine auf den Balkenvorsprüngen sitzende Tauben charakterisiert ist; Salamijja bei Hama, Westsyrien.

24

die durch Tauben gekennzeichnet sind. Ein Tempelmodell mit Tauben stammt aus dem archaischen Ischtartempel in Assur aus der Zeit um 3000 v.Chr.[134]. Aus Salamijja bei Hama (Westsyrien) kommt ein Terrakottamodell eines Heiligtums aus der 1. Hälfte des 3. Jahrtausends v.Chr.[135], bei dem auf den vorstehenden Balken kleine Tauben sitzen (Abb. 24). Diese Tauben hatten sehr wahrscheinlich religiöse Bedeutung. Nach Haas[136] gehörten die Terrakottataubenhäuser zum Kult der Ischtar und wurden auch im nördlichen Irak in Nuzi bei Kirkuk gefunden. Sie gehörten später im 1. Jahrtausend zu den Kultgegenständen der zyprischen Aphrodite Urania und waren vor allem an der syrisch-phönizischen Küste, z.B. in Meggido, verbreitet. Einen schriftlichen Beleg, dass Tauben die Tempel besiedelten, finden wir bei Gudea von Lagasch, der von 2144–2124 v.Chr. regierte. Er erwähnt bei der Beschreibung seines Tempelbaus[137] auf dem Zylinder A Tauben, die auf den Zinnen des Heiligtums sitzen, wie wir das von den heutigen Strassentauben kennen:

Seine Zinnen, auf denen die Tauben sitzen, sind von Eridu[138] mit gutem Schicksal bedacht,
vor dem Eninnu[139] [...] sich die Tauben,
es ist ein Schirm aus grossen Zweigen, voll des süssen Schattens,
Schwalben[?] und [alle anderen] Vögel lassen [dort] ihre Stimmen erschallen.
(32. Tempelbau-Hymne Gudeas von Lagasch, nach Falkenstein & von Soden 1953, S. 165)

Ob es sich dabei um Opfertauben handelte, wie von verschiedenen Autoren vermutet wird, lässt sich kaum belegen. Ein weiterer früher Beleg für die Verbindung der Taube mit Ischtar ist eine Tonscherbe aus Tell Asmar, die aus dem 3. Jahrtausend v.Chr. stammt (Abb. 25). Die beiden rosettenartigen Verzierungen über der Taube können als Symbole der Liebesgöttin Ischtar gewertet werden[140]. Eine Votivtafel aus dem 3. Jahrtausend v.Chr. (Abb. 26) stellt die Göttin von Nippur dar, die als die Mutter der Gebärenden gilt. Der sie begleitende heilige Vogel[141] stellt wahrscheinlich eine Taube dar und hat nach Gressmann (1920) die Funktion eines Geburtsvogels. Bel-ile, die Göttin von Nippur, war die Götterherrin, die Mutter der Menschen und Götter. An sie, als an die Mutter der Gebärenden, wendete sich die Schwangere hilfesuchend, wenn die Wehen eintraten[142].

Viele Funde aus frühester Zeit belegen die Verbindung der Göttin Ischtar mit der Taube. Aus dem Übergang des 3. zum 2. Jahrtausend v.Chr. sind altbabylonische Terrakottareliefs bekannt, die die

Abb. 25: Auf einer grauen Tonscherbe aus dem 3. Jahrtausend v.Chr. ist eine Taube mit rosettenartigen Symbolen kombiniert, die der vorderasiatischen Liebesgöttin Ischtar zugeschrieben werden.

Abb. 26: Votivtafel aus Kalkstein, die die Göttin von Nippur, die Mutter der Gebärenden, darstellt. Sie wird von einer Taube in der Funktion eines Geburtsvogels begleitet. Präsargonisch, 3. Jt. v.Chr.

Abb. 27: Auf einer Wandmalerei aus dem Palast von Mari (um 1750 v.Chr.) ist das Ischtarheiligtum dargestellt. Auf der Palme sitzt als Symbol der Göttin eine überproportionierte weisse Taube. Dabei dürfte es sich um eine der ersten Darstellungen einer weissen Haustaube handeln.

25

26

Göttin zusammen mit Tauben darstellen. Bei einem Relief aus Tello (Abb. 28) trägt sie einen eigenartigen Hut und auf ihren Schultern sitzen Tauben[143]. In einer anderen Darstellung sitzt die Göttin mit einer mehrfachen Hörnerkrone auf dem Thron. Auf den gedrechselten Pfosten der Lehnen sitzen zwei Tauben (Abb. 29). Das weit verbreitete babylonisch-assyrische Symbol der höchsten Gottheit zeigt neben dem heiligen Baum seitlich zwei ausgebreitete Taubenflügel und nach unten einen Tauben-schwanz[144]. Auf einem berühmten Wandbild (Abb. 189) aus Mari[145], das aus der Zeit um 1750 v.Chr. stammt, sitzt eine weisse Taube als Symbol und deshalb überdimensioniert auf einer Palme im Hof des Ischtartempels[146]. Dieses Gemälde aus dem Saal 106 des Palastes zeigt die Einsetzung Zimri-Lims durch die Göttin Ischtar. In der Palastküche von Mari wurden zudem runde Tonstempel aus der Zeit um 2000 v.Chr. gefunden, mit denen Taubenbilder unter anderem auf Kuchen gestempelt wurden[147].

Die Heilige Hochzeit

Das Wohlergehen der Menschen und der gesamten Natur wurde in Abhängigkeit von einer periodischen sexuellen Vereinigung von Göttern und Menschen erlebt. Zum Beginn der Frühjahrszeit feierten üppige Freudenzeremonien die Auferstehung des Vegeta-tionsgottes Tammuz und seine Wiedervereinigung mit Ischtar als den Beginn des neuen Wachstums, der Fruchtbarkeit in der Natur. Es wurde ein heiliger Beischlaf des Königs mit der Oberpriesterin als lebender Vertreterin von Ischtar im Kult der «Heiligen Hochzeit» vollzogen. Erst wenn sein Samen in den Schoss der Göttin geflossen war, konnte das Acker-land grün werden und der Jahreszeitenkreis neu beginnen[148]. Die Feierlichkeiten der Ischtar wurden im Tempel von Orgien der Gläubigen begleitet[149]. Zum Glauben gehörte die Vorstellung, dass die Gott-heit nachts das Ruhelager der Ischtar-Priesterinnen besuchte, welche die für sie zubereiteten Speisen assen und sexuelle Dienste in Anspruch nahmen. Ischtar als Göttin der Sexualität und Fruchtbarkeit nennt sich selbst eine «himmlische Hierodule»[150].

[134] Gressmann 1920
[135] Keel 1984, S. 60
[136] Haas 1982, S. 32
[137] Mit diesen berühmten Zylinderinschriften des Gudea von Lagasch wurde um das Jahr 2100 v.Chr. die erste bekannte umfangrei-che Dichtung literarisch niedergeschrieben (Falken-stein & von Soden 1953).
[138] südlichste Stadt von Baby-lonien und Kultort des Enki, des Gottes der Weisheit
[139] Tempel des Hauptgottes Ningirsu in Lagasch
[140] Winter 1977
[141] Hilprecht 1903, S.474–475
[142] Gressmann 1920
[143] Winter 1977
[144] Lorentz 1886, S. 26
[145] Mari liegt am mittleren Euphrat in Syrien.
[146] Keel 1984, S. 60
[147] Abbildung in Salonen 1973, Tafel 69
[148] Ströter-Bender 1994, S. 59
[149] Baumann 1986, S. 167
[150] Tempelsklavin

Abb. 28: Altbabyloni-sches Terrakottarelief mit einer Darstellung einer Göttin mit 2 Tau-ben auf den Schultern.

Abb. 29: Altbabyloni-sches Tonrelief aus Susa, das die vorder-asiatische Göttin mit zwei Tauben darstellt.

Aus dem Kult der «Heiligen Hochzeit» lässt sich die Tempelprostitution ableiten, die, historisch gesehen, der rein gewerbsmässigen vorausgegangen ist. Schon in altbabylonischen Verzeichnissen der Tempeldiener und -dienerinnen der Ischtar (um 1800 v.Chr.) finden sich Hinweise auf rituelle Prostitution, wobei in den Heiligtümern der Liebesgöttin weibliche wie männliche Prostituierte anwesend waren. Die Hierodulen wurden die «Tauben des Tempels»[151] genannt und trugen als Zeichen der Göttin eine Schnur um ihr Haar[152] (Abb. 30). Noch heute wird eine Strassenprostituierte im deutschsprachigen Raum auch als Täubchen bezeichnet[153]. Eunuchen, die sich aus Hingabe an Ischtar in Ekstase selbst entmannt hatten, um ihrer grossen Göttin auch körperlich näher zu sein, leisteten gleichfalls sexuelle Dienste für die Pilger und sangen in berühmten Chören Loblieder zu Ehren der Göttin[154]. Ausser bei den orgiastischen Festen der Ischtar wirkten sie mit Rezitationen und Musik noch beim Neujahrsfest in

stellen sie im Hof auf, dann bringen sie Ziegen und Schafe und anderes lebendes Kleinvieh und hängen dieses an den Bäumen auf. Auch Vögel sind dabei und Kleidungsstücke und Gold- und Silbergewirktes. Wenn sie alles vollendet haben, tragen sie die heiligen Gegenstände um die Bäume herum und legen Feuer, und alles brennt sofort.

Zu diesem Fest kommen viele Menschen aus Syrien und aus allen Ländern rundherum, und alle bringen einerseits jeweils ihre eigenen heiligen Gegenstände und halten andererseits die Symbolfiguren, die diesen Dingen hier nachgebildet sind.

50. An festgesetzten Tagen versammelt sich eine Menge im Heiligtum, und viele Galloi[157] und die heiligen Menschen, welche ich genannt habe, vollbringen die Riten, und sie schneiden sich die Arme auf und schlagen einander die Rücken. Viele Dabeistehende spielen dazu den Aulos[158], viele schlagen die Trommeln, andere wieder singen göttlich inspirierte und heilige Lieder. Dieses Werk geschieht

Abb. 30: Die weisse Taube war der Liebesgöttin Ischtar-Astarte geweiht und stand unter ihrem besonderen Schutz. In ihren Heiligtümern wurde die sakrale Prostitution betrieben.
Die durch ein Haarband gekennzeichneten Hierodulen oder Priesterinnen beschäftigen sich hier mit dem heiligen Vogel ihrer Göttin. «Die Tauben des Venustempels», Holzschnitt nach einem Gemälde von Henri Motte.

30

Babylon mit, aber auch bei grösseren Kranken- und Hexenbeschwörungen[155]. Nach Firmicus Maternus[156] diente die Priesterschaft Ischtar mit verweiblichten Gesichtern, mit glatt gemachter Haut, das männliche Geschlecht durch weiblichen Schmuck verunziert. «Männern litten, was nur Weiber leiden» – und sie waren stolz darauf. Diese Gebräuche finden sich auch bei der syrischen Nachfolgegöttin Astarte-Atargatis wieder, von denen Lukian im 2. Jahrhundert folgendes berichtet:

49. Aber von allen Festen das grösste feiern sie [die Syrer] bei Frühlingsbeginn, und die einen nennen es Scheiterhaufen, die andern Fackel. Sie bereiten dabei ein solches Opfer: Sie fällen grosse Bäume und

ausserhalb des Tempels; diejenigen, die dies tun, gehen nicht in den Tempel hinein.

51. In diesen Tagen bilden sich auch die Galloi. Wenn nämlich die andern Aulos spielen und die heiligen Handlungen ausführen, kommt auf viele schon der Wahnsinn, und viele, die zu der Göttin gekommen sind, taten nachher solche Dinge. Ich will auch aufzählen, was sie tun. Der junge Mann, dem dies bevorsteht, reisst sich mit lautem Schreien die Kleider herunter, geht in die Mitte und ergreift das Schwert. Dieses stand dort schon viele Jahre, wie ich glaube. Nachdem er es genommen hat, kastriert er sich auf der Stelle und läuft durch die Stadt und trägt in seinen Händen, was er abgeschnitten hat. Aus dem

Haus, in das er es wirft, erhält er Frauenkleidung und -schmuck. Dies also tun sie bei den Kastrationsriten. (Lukian, De Dea Syria 49–51)

Die religiöse Kastration hat sich bei der russischen Sekte der Skopzen bis in die heutige Zeit erhalten, auch wenn sich dieser Brauch nicht mehr auf eine Liebesgöttin bezieht[159].

Die Darstellungen der sakralen Prostitution stützen sich weitgehend auf Autoren der abendländischen Antike, die diesem Kult negativ gegenüberstanden und ihn nur vom Hörensagen kannten[160]. Am bekanntesten ist der Bericht des Herodot (480–424 v.Chr.) über die Babylonier:

Der folgende Brauch verstösst am meisten gegen den Anstand bei den Babyloniern: Jede Babylonierin muss sich einmal in ihrem Leben in den Tempel der Aphrodite[161] setzen und einem fremden Manne hingeben. Viele Frauen, die sich nicht unter die Masse mischen wollen, weil sie reich und hochmütig sind, fahren in einem gedeckten Wagen zum Tempel und stehen da; zahlreiche Dienerschaft begleitet sie. Die meisten Frauen aber machen es so: Sie sitzen im Tempel der Aphrodite und tragen eine fadengeflochtene Binde um den Kopf. Viele sind zu gleicher Zeit da; die einen kommen, die andern gehen. Schnurgerade Gassen ziehen sich kreuz und quer durch die Reihen der Wartenden, und die fremden Männer schreiten hindurch und wählen aus. Hat sich eine Frau hier einmal niedergelassen, dann darf sie nicht eher nach Hause zurückkehren, als bis ein Fremder ihr Geld in den Schoss geworfen und ihr ausserhalb des Heiligtums beigewohnt hat. Beim Zuwerfen des Geldes braucht er nur die Worte zu sprechen: «Ich rufe dich zum Dienste der Göttin Mylitta.» So heisst nämlich Aphrodite bei den Assyrern. Die Grösse des Geldstückes ist beliebig. Die Frau weist das Geld nicht zurück, weil sie es nicht darf; denn es ist heiliges Geld. Sie folgt dem ersten, der es ihr zuwirft. Sie lehnt keinen ab. Wenn sie sich hingegeben hat, ist ihre Pflicht gegen die Göttin erfüllt und sie kehrt nach Hause zurück. Später kann man ihr bieten soviel man will: man wird sie nicht noch einmal gewinnen. Die Schönen und Stattlichen kommen sehr schnell davon, die Hässlichen unter ihnen aber müssen lange warten und kommen nicht dazu, den Brauch zu erfüllen. Drei, vier Jahre müssen manche bleiben. Auch an manche Orten auf Kypern herrscht ein ähnlicher Brauch. (Herodot, Historien 1, 199)

Die Prostituierte symbolisiert am deutlichsten den sexuellen Aspekt der Liebesgöttin, die bisweilen selbst als eine Art «Super-Kultdirne» erscheint. Ein Hymnus aus der Zeit Hammurabis schildert eine Ischtar, «die 120 Männer nicht ermüden können»[162]. Nach Justin (3. Jahrhundert n.Chr.) war die sakrale Prostitution auch im alten Zypern bekannt[163]. Frisch verheiratete zyprische Frauen konnten sich durch Prostitution eine Mitgift und Spenden zu Ehren der Venus erarbeiten. Nach Clemens von Alexandrien (3. Jahrhundert v.Chr.) hatte Cinyras den Kult der Aphrodite mitsamt der Kultprostitution eingerichtet[164]. In der griechischen Mythologie war Adonis das Produkt einer Liebesbeziehung zwischen König Cinyras von Zypern mit seiner Tochter Myrrha. Adonis war ein hübscher junger Schafhirte, der von Aphrodite geliebt wurde.

Die Taube bildete eine feste Einheit mit der Liebesgöttin Ischtar-Aphrodite-Venus. Der Kult und Charakter der Liebesgöttin wurde auf die Taube übertragen, deren Symbol und Attribut sie war. So genügte es mit der Zeit, eine Taube darzustellen, um damit die Liebe, die Liebesgöttin und deren Eigenschaften zu konnotieren.

Der Siegeszug der Taubengöttin

Die Eroberung des Orients

Die vorderasiatische Taubengöttin breitete sich im 3. und 2. Jahrtausend v.Chr. mit ihrem Kult von Assur (Mesopotamien) ausgehend über Hierapolis nach ganz Syrien und Palästina sowie nach Kleinasien aus. Die westsemitischen Göttinnen, die Ashera der Kanaanäer, die Astarte oder Athar bzw. Atargatis, die Dea Syria in Syrien und die Astarte, Baalat oder Tanit der Phönizier bilden eine eng verschwisterte Gemeinschaft, die ihren Zusammenhang mit Ischtar als Kriegs-, Liebes-, Tauben- und Mondgöttin kaum verbergen können[165]. Auch sie haben einen Vegetations- und Frühlingsgott der stirbt und aufersteht.

Die Verbreitung des Kultes der Taubengöttin erfolgte einmal über Handelsbeziehungen, die wahrscheinlich den ganzen Mittelmeerraum umfassten, dann über die babylonischen Eroberungszüge und die Gründung von Kolonien (z.B. die assyrische Kolonie in Kültepe, Kleinasien). Im hethitisch-hurritischen Raum Kleinasiens manifestiert sich z.B. der Kult der Ischtar von Amanus durch Opfer an kultisch verehrten Tauben, von taubenförmigen Gefässen und von einem Taubenfest und Taubenlied in hurritischer Sprache[166]. Als Taubengöttin war Ischtar auch z.B. in Alalach vertreten, wo die doppelte Taube in heraldischer Anordnung symbolisch den erotischen Aspekt zur Schau stellt (Abb. 31). Aus dem elamitischen Susa[167] stammt die Bronzestatuette eines Betenden, der eine Taube hält (Abb. 32). Diese Beispiele mögen zeigen, wie sich die Taube als religiöses Symbol von den mesopotamischen Reichen ausstrahlend sehr erfolgreich in die damalige Welt ausbreiten konnte.

151 Dittmar 1957, S. 40
152 Herodot, Historien 1, 199 nach Winter 1983, S. 335
153 Bornemann 1991, 48.2
154 Ströter-Bender 1994, S. 65
155 Baumann 1986, S. 167
156 Julius Firmicus Maternus (4. Jh.), de errore profanarum religionum, nach Baumann 1986, S. 167–168
157 Ekstatisch erregte Eunuchendiener der Kybele
158 Eine Art Oboe
159 Baumann 1986, S. 169
160 Winter 1983, S. 334
161 Mit Aphrodite ist hier die babylonische Liebesgöttin Ischtar gemeint.
162 Winter 1983, S. 341
163 Justin, Trogi Pompei Hist. Phil. Epit. XVII, 5, 4
164 Clemens von Alexandrien, Protrepticus II, 13, 4
165 Baumann 1986, S. 168
166 Haas 1982, S. 89
167 Das Reich und Volk der Elamiter im südwestlichen Iran war in engem kulturellen und politischen Austausch mit den mesopotamischen Reichen (Lexikon der Alten Welt, Artemis Verlag 1990, Sp. 797).

31 32

Abb. 31: Die Taube symbolisiert den erotischen Aspekt der Ischtar, die hier eine spitz zulaufende Mütze trägt, die an die Kopfbedeckung der hethitischen Götter erinnert. Terrakottaplakette aus Alalach, 14. Jahrhundert v.Chr.

Abb. 32: Elamitische Bronzestatuette eines Betenden mit einer Taube aus Susa (Iran), spätes 2. Jahrtausend v.Chr.

[168] Hygin, Fabulae 197
[169] Gressmann 1920
[170] Hartmann pers. Mitt.
[171] Die Geschichte von Semiramis, aufgeschrieben von Diodorus (2. Hälfte 1. Jh. vor Chr.) wurde von Ktesias überliefert. Ktesias stammte aus Knidos in Karien und lebte 17 Jahre lang als Leibarzt am Hof des persischen Königs Artaxerxes II Mnemon (404–358 v. Chr.).
[172] Oldfather 1958
[173] Ovid, Metamorphosen 4, 45–50
[174] Dahlberg, Fundgruben des Orients I, S. 209 nach Lorentz 1886. S. 26
[175] Hammer, Wiener Jahrbücher d. Lit., Band 74 nach Creuzer 1840, S. 400
[176] Weber 1962
[177] Homer, Odyssee 12, 60
[178] Athenaeus XI, S. 491
[179] Pleiaden von Peleia = Felsentaube.
[180] Tauben mit Kropfmilch, die für Käse gehalten wurde.
[181] Eustath., commentarii ad Homeri 1155–1156
[182] Katharina soll im 3. Jh. n.Chr. gelebt haben
[183] Ströter-Bender 1994, S. 188
[184] Reinirkens 1995
[185] Winter 1977
[186] Nach Hartmann (pers. Mitt.) ist bei Funden aus der Zeit vor 1000 v.Chr. oder wenn es sich um keilschriftliche Dokumente handelt die Bezeichnung altassyrisch vorzuziehen.
[187] Man unterscheidet zwischen Stempelsiegeln, die wie ein Poststempel verwendet werden, und Roll- oder Zylindersiegeln, deren Körper über die zu siegelnde Fläche gerollt wird. Durch den Abdruck eines Siegels kennzeichnete man beispielsweise zu beschriftende Tontafeln oder Tonklumpen, mit denen Vorratsbehälter verschlossen wurden (Keel & Uehlinger 1996, S. 27).
[188] Keel & Uehlinger 1996, S. 27

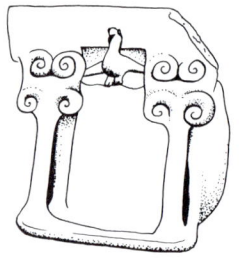

33

Abb. 33: Tonmodell eines Heiligtums im phönizischen Stil, auf dem eine Taube dargestellt ist. Wahrscheinlich handelt es sich dabei um das Heiligtum der Liebesgöttin Astarte, das durch die ihr heilige Taube gekennzeichnet ist. Palästina, 9.–8. Jh. v.Chr.

Es ist nun ausserordentlich schwierig, die genaue Herkunft einer Göttin zu ermitteln und diese einem bestimmten Volk zuzuordnen. Meistens ist nicht einmal ihr Name, geschweige denn ihr Kult bekannt. Vielfach sind uns nur Terrakottafiguren, Stempel- oder Rollsiegel und Bronzen überliefert. Textliche Belege stammen meist erst aus griechischer Zeit. Vor allem am Übergang zwischen dem 3. zum 2. Jahrtausend v.Chr. erfolgten im syrischen Raum verschiedene Wanderwellen unter anderem durch Amoriter, Hurriter und Hyksos, was die Situation zusätzlich kompliziert. Daneben gab es ägyptische, hethitische und mesopotamische kulturelle Einflüsse, so dass eine genaue Bestimmung von Volksgruppen und deren Kultur unmöglich wird. Aus dieser unsicheren geschichtlichen Beweislage heraus erscheint es nach Winter (1983, S. 140) sinnvoll, die westsemitischen Bewohner Syriens und Palästina im 3. und 2. Jahrtausend v.Chr. generell als Syrer, was dem verallgemeinernden Begriff «Kanaanäer» entspricht, und deren Kunst als syrisch oder syropalästinensisch zu bezeichnen. Die Nachfolger dieser Leute, die während des 1. Jahrtausends v.Chr. im südlichen Syrien und an der Mittelmeerküste lebten, werden als Phönizier bezeichnet.

Nach einer alten syrischen Erzählung fiel einst ein grosses Ei aus dem Himmel in den Euphrat. Fische trugen es zum Ufer, wo es von Tauben ausgebrütet wurde. Aus diesem Ei ging die Syrische Göttin Atargatis hervor[168]. Dieser Geburtsmythos deutet auf die Herkunft der syrischen Taubengöttin von einer Fischgöttin hin, die wahrscheinlich schon früh mit der assyrischen Ischtar verschmolz[169]. Taube und Fisch waren zu dieser Zeit austauschbar, weil beide Tiere Symbole für die Fruchtbarkeit waren[170]. Die Taube verdrängte den Fisch bei der Vereinigung dieser beiden semitischen Göttinnen. Einen ähnlichen Prozess finden wir später im frühen Christentum, als die Taube wiederum den Fisch als Symbol verdrängte.

Semiramis

Der frühe Mensch hat seine Naturbeobachtungen immer wieder in vielfältiger Weise in seine Mythen und Legenden eingewoben. Ein besonders schönes Beispiel dafür finden wir im Mythos der Semiramis, in dem die Taube eine wichtige Rolle spielt. Könige und Königinnen versuchten zu dieser Zeit, sich eine göttliche Herkunft anzueignen oder sich als Liebling, Geliebten oder Gatten einer Göttin oder eines Gottes auszugeben. Semiramis regierte als historische Persönlichkeit Sammu-ramat am Anfang der Regierungszeit ihres Sohnes Ada-nirari Assyrien zwischen 810 und 805 v.Chr.[171] Im Lauf der Jahrhunderte vereinigten sich auf ihr verschiedene Attribute der babylonischen Ischtar[172]. Nach Gressmann (1920) ist die Semiramissage wahrscheinlich assyrischen Ursprungs und wurde später auf aramäischem Boden umgestaltet. Bei ihr bildet das Findelkindmotiv den Hauptbestandteil, das für die babylonisch-assyrischen Sagen typisch ist und sich bis auf Sargon von Akkad (um 2850 v.Chr.) zurückführen lässt.

In Syrien gibt es die Stadt Askalon und nicht weit von dieser einen grossen und tiefen See, voll von Fischen. Neben diesem liegt der heilige Hain einer berühmten Göttin, die die Syrer Derketo nennen. Diese hat zwar das Gesicht einer Frau, den ganzen übrigen Körper aber als den eines Fisches aus ungefähr folgendem Grund:

Die Bestbewanderten der Einheimischen erzählen folgenden Mythos: Aphrodite sei der besagten Göttin feindlich gewesen und habe ihr eine gewaltige Liebe zu einem nicht unschönen Jüngling unter den Opfernden eingeflösst. Derketo habe sich mit dem Syrer verbunden und eine Tochter geboren. Weil sie sich aber über die Verfehlung schämte, habe sie den jungen Mann beseitigt, das Kind aber in einer einsamen und felsigen Gegend ausgesetzt. Sie selbst habe sich aus Scham und Trauer in den See geworfen und sei am Körper in einen Fisch verwandelt worden. [...]

An dem Ort, wo der Säugling ausgesetzt worden sei, habe eine Menge von Tauben genistet. Von diesen sei wider Erwarten und wunderbarer Weise das Kind aufgezogen worden. Die einen hätten mit den Flügeln den ganzen Körper des Säuglings von allen Seiten umhüllt und ihn gewärmt, die andern aber hätten, wenn immer sie beobachtet hätten, dass Rinderknechte und die übrigen Hirten abwesend seien, aus den benachbarten Gehöften Milch im Schnabel gebracht und ihn ernährt, indem sie sie durch die Lippen träufelten.

Als das Kind jährig geworden sei und festerer Nahrung bedurft habe, da hätten sie von den Käsen abgepickt und so ausreichende Nahrung verschafft. Als die Hirten aber zurückkehrten und den Käse angepickt sahen, hätten sie sich über die Merkwürdigkeit gewundert. Als sie nun darauf achteten und die Ursache merkten, hätten sie den Säugling gefunden, von ausgezeichneter Schönheit.

Sogleich nun hätten sie ihn an den Hof gebracht und dem Vorsteher der königlichen Viehwirtschaft mit Namen Simmas gebracht. Und der, kinderlos, habe das Kind wie ein Töchterchen mit aller Sorgfalt aufgezogen und ihm den Namen Semiramis gegeben, was nach der Sprache der Syrer vom Namen der Tauben abgeleitet ist, die seit jener Zeit alle Syrer stets wie Göttinnen ehren.

(Diodor, Bibliothek 2, 4, 2–6)

Semiramis wurde Königin von Assyrien, und als sie starb, verwandelte sie sich in eine weisse Taube und flog in den Himmel. In einer anderen Version von Ovid[173] verwandelte sich Semiramis in eine reine weisse Taube und verbrachte ihre letzten Jahre als Taube auf den «hohen Zinnen». Diodorus fügte hinzu, dass Semiramis auf syrisch Taube bedeutet. Der Name besteht nach Dahlberg[174] aus Semir oder Somir, Bergtaube, und Amis, Mutter. Semiramis würde also Taubenmutter bedeuten. Der Geburtsort von Semiramis Askalon heisst auf assyrisch Himami, was Taubendorf bedeutet[175].

Die Geschichte von Semiramis enthält einige bemerkenswerte Beobachtungen der Felsentaube, die die beschriebene einsame und felsige Gegend als ihren natürlichen Lebensraum bewohnt. Die Tauben sind in dieser Geschichte als Vögel und Boten einer höheren Macht dargestellt, die Semiramis umsorgen. Die Schilderung, in der sie mit dem Käse ernährt wird, hat eine biologische Grundlage. Täubin und Täuber produzieren in ihrem Kropf eine Art von Milch, die sie ihren Nestlingen verfüttern[176]. Den

Jägern dürfte diese quarkähnliche Kropfmilch beim Schlachten von Nestlingen oder Adulttieren aufgefallen sein. Die physiologische Entstehung der Kropfmilch als Sekretionsprodukt der Kropfschleimhautzellen war damals nicht bekannt. Die Menschen stellten sich deshalb wohl vor, die Tauben würden den Hirten Käse stehlen, was sich in der Semiramisgeschichte niederschlug.

Die Tauben als Überbringer von göttlicher Nahrung finden wir auch in Homers Odyssee. Die «schüchternen Tauben» bringen hier Zeus die Götterspeise Ambrosia[177]. Die Dichterin Moiro von Byzanz schrieb um das Jahr 312 v.Chr., dass der kleine Zeus auf Kreta von Tauben mit Ambrosia, die sie aus den Fluten des Okeanos herbeitrugen, genährt worden sei, während ein Adler Nektar aus einem Felsen schlürfte und ihn damit tränkte[178]. Nachdem Zeus später seinen Vater Kronos besiegt hatte, wurden beide Tiere zur Belohnung an den Himmel versetzt. Die Tauben bildeten fortan das Sternbild der Plejaden[179]. Es ist nicht auszuschliessen, dass auch hier die Naturbeobachtung[180] die Wurzel der Sage bildete. Die Pleiaden waren für die Landwirtschaft von Bedeutung, denn sie zeigen durch ihren Frühaufgang die Nähe der Ernte (Mitte Mai) und durch ihren Frühuntergang (Ende Oktober) die Zeit zum Pflügen und zur Aussaat an.

Nach einer anderen Geschichte verfolgte Orion die sieben Pleiaden in böser Absicht (als Nymphen sind die Pleiaden die Töchter des Atlas und der Pleione). Als er sie beinahe eingeholt hatte, verwandelte sie Zeus auf ihr Gebet hin in Tauben und danach in Sterne[181]. Die siebente Pleiade Metrope leuchtet nur schwach, weil sie sich nach der Sage aus Scham verbergen will, weil sie sich einem Sterblichen hingegeben habe.

Das Thema der nahrungsbringenden Tauben taucht später in der christlichen Legendenliteratur im Martyrium der Katharina von Alexandrien[182] wieder auf. Christus als ihr himmlischer Bräutigam sendet Katharina täglich eine Taube mit Nahrung in den Kerker[183]. Dem Einsiedler Trevrizent bringt im Parzival eine blendendweisse Taube am Karfreitag eine Oblate, die ihm Wunderkraft verleiht:

Ez ist hiute der karvrîtac,
daz man vür wâr dâ warten mac,
ein tûbe vom himel swinget:
ûf den stein diu bringet
ein cleine wîze oblât.
ûf dem steine si die lât:
diu tûbe ist durchlihtec blanc,
ze himel tuot sie widerwanc.
(Wolfram von Eschenbach, Parzival 2, 9, 470, 1–8)

In etwas spöttischer Interpretation finden wir das Thema auch in zeitgenössischen Werken. In den Geschichten des Fra Bertolo[184] erzählen sich die Dorfbewohner, Tauben würden einer falschen heiligen Einsiedlerin ihre Speisen direkt vom Himmel bringen.

Im 2. und im 1. Jahrtausend v.Chr. wurde die Taube zum Attributtier der orientalischen Liebesgöttinnen par excellence[185], was sich auch in reichem ikonographischen Material niederschlug. Auf altsyrischen[186] Rollsiegeln[187] sind sich entschleiernde oder nackte Göttinnen dargestellt. Tauben fliegen von oder zu einem göttlichen oder fürstlichen Partner. Auf diesen

Siegeln symbolisieren die Tauben eine erotische Atmosphäre und können im weitesten Sinne als Botinnen der Liebesgöttin verstanden werden. Ein altsyrisches Rollsiegel aus der Zeit um 1750 v.Chr. zeigt einen Mann und eine Frau die miteinander trinken. Die Taube, die vom Mann zur Frau fliegt, steht hier für erotische Atmosphäre dieses intimen Tête-à-tête (Abb. 34). Auf einem anderen Rollsiegel ist die Situation deutlich erotischer geprägt. Eine stehende Göttin hebt provozierend ihr Gewand vor einem thronenden Gott oder König (Abb. 35). Von ihr aus fliegen als erotisches Symbol zwei Tauben zum Mann.

Abb. 34: Ein Mann und eine Frau, die einen Gott und eine Göttin darstellen könnten, sitzen sich gegenüber und trinken miteinander. Eine Taube fliegt als Liebesbotin vom Mann zur Frau und symbolisiert so eine erotische Atmosphäre.

Die Taube wird in dieser Atmosphäre zum Symbol der erotischen Liebe oder überbringt diese als Botschaft und wird so zur Botin der Göttin. Ein altsyrisches Rollsiegel (um 1750 v.Chr.) zeigt eine Göttin mit der für Altsyrien typischen hochgesteckten Frisur, die ihren Schleier vor einem thronenden Gott, wahrscheinlich El oder seinem Stellvertreter, hebt[188]. Sie will ihn zu schöpferischer Tätigkeit animieren, die im alten Orient oft Zeugung bedeutet. Die Tauben, die von ihr wegfliegen, signalisieren ihre

Abb. 35: Eine Göttin entschleiert sich vor einem thronenden Gott oder König; zwei Tauben fliegen von ihr zu ihm. Altsyrisches Rollsiegel, um 1750 v.Chr. Louvre, Paris.

Abb.36: Eine Göttin entschleiert sich vor einem thronenden Gott. Die Tauben die von ihr wegfliegen, signalisieren ihre Liebesbereitschaft. Altsyrisches Rollsiegel, um 1750 v.Chr.

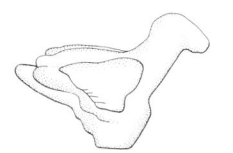

Abb. 37: Terrakottataube aus der kanaanäischen Kultanlage von Nahariya, Palästina, 17. Jh. v.Chr.

Abb. 38: Ein mykenisches Goldplättchen aus der Zeit um 1550 v.Chr. stellt eine Göttin mit einer Taube auf dem Kopf dar. Wahrscheinlich handelt es sich um Aphrodite.

40

Abb. 39: Eine syrische Bronzefigur aus der Zeit zwischen 1800–1600 v.Chr. stellt eine Göttin mit einer Taube auf dem Kopf dar.

Abb. 40: Terrakottahäuschen aus Beth Schan (13. Jh. v.Chr.), das den Tempel der Astarte darstellen könnte. Im oberen Teil wurde eine weibliche Figur rekonstruiert, die unter jedem Arm eine Taube hält.

Liebesbereitschaft. Das Podest des zweiten Thronenden, wohl des Sohnes, bilden eine Taube und ein Skorpion. Beide Tiere gehören seit dem 3. Jahrtausend zur Sphäre der Göttin (Abb. 36). In Syrien wurde die Taube zu einem bevorzugten Begleittier der Göttin und ihre Verbindung mit der Taube ist in der Folgezeit nie abgebrochen oder aufgehoben worden[189].

Ein syrisches Bronzefigürchen aus der Zeit zwischen 1800–1600 v.Chr. stellt eine Göttin mit einer Taube auf dem Kopf dar (Abb. 39), eine Darstellungs-

39

weise, die seit der Mitte des 2. Jahrtausends auch in Kreta, Zypern und Mykene auftritt. Dies weist auf eine frühe Verbindung zwischen dieser Region und den griechischen Inseln hin. Ein mykenisches Goldplättchen in der gleichen Darstellungsweise zeigt (Abb. 38), «wie sehr die Taube als Attribut der Aphrodite-Venus ihren Ursprung in der vorderasiatischen Taubengöttin hatte»[190].

Von Hierapolis in Syrien aus gelangte die Göttin mit der Taube bis nach Askalon im südlichen Palästina und ostwärts bis nach Kleinasien, wie verschiedene Darstellungen belegen (Abb. 41). Überall verschmolz sie mit den einheimischen weiblichen Gottheiten zu einer unlösbaren Einheit[191]. Seit dem Beginn des zweiten Jahrtausends v.Chr. ist die Taube auch als Begleiterin der syrischen Astarte bekannt, einer Göttin mit gleichzeitig sanften und grausamen Chrakterzügen. In Palästina wurde eine Terrakotta bei der kanaanäischen Kultanlage von Nahariya gefunden, die aus dem 17. Jahrhundert v.Chr. stammt und eine Taube darstellt (Abb. 37). Aus Beth Schan ist eine Reihe von Kultgefässen mit Taubenmotiven aus dem 13. Jahrhundert v.Chr. bekannt. Diese wer-

den mit der Göttin Astarte in Verbindung gebracht, die nach dem Alten Testament dort einen Tempel gehabt haben soll[192]. Als Parallele zu den Tempelmodellen aus Assur ist ein Terrakottahäuschen aus Beth Schan aus dem 13. Jahrhundert v.Chr. erhalten, das in seiner Rekonstruktion im oberen Teil eine weibliche Göttin darstellt, die in jedem Arm eine Taube hält (Abb. 40)[193]. Verschiedene Darstellungen zeigen eine Taube, die Liebesbotschaften zwischen Astarte und Baal vermittelt. Der schwarze Stein der Kaaba in Mekka soll ebenfalls ursprünglich ein Idol der Astarte gewesen sein[194] und zeigt, wie erfolgreich sich der Kult der Taubengöttin im ganzen vorderen Orient ausbreiten konnte.

Die heilige Taube der Liebesgöttin

Die Taube wie auch der Fisch war den Syrern heilig, beides Tiere, die wegen ihrer grossen Fruchtbarkeit bekannt waren[195]. Fische wie auch Tauben wurden deshalb von den alten Syrern nicht gegessen[196]. Nach Xenophon[197] (5. Jahrhundert v.Chr.) wurden in Syrien Fische und Tauben als göttliche Wesen verehrt, und niemand wagte es, ihnen ein Leid anzutun. Im Tempel von Hierapolis befand sich ein Abbild der Astarte, das eine goldene Taube auf dem Kopf der Göttin trug und mehrere Male pro Jahr ans Meer hinabgetragen wurde[198]. Astarte war auch die Schutzgöttin von Askalon und wurde auf Münzen der Kaiserzeit mit einer Mondsichel auf dem Kopf und einer Taube in der rechten Hand abgebildet[199]. Die wahrscheinlich weissen Tauben der syrischen Göttin waren heilig und unberührbar. Philo von Alexandrien[200] berichtet aus Askalon, dass die Tauben durch ein Verbot seit alters her geschützt seien und deshalb keine Scheu gegenüber dem Menschen zeigten. Pseudo Lukian (120–180 n.Chr.)[201] schreibt in seinem Traktat De Dea Syria (§54), dass die Tauben in Hierapolis so heilig waren, dass niemand eine auch nur zur berühren wagte. Wenn dies jemandem wider Willen geschah, dann trug er für den ganzen Tag den Fluch des Verbrechens auf sich. Daher lebten auch die Tauben mit den Menschen ganz als Genossen, traten in deren Häuser ein und besetzten weit und breit den Erdboden. Nach Tibull waren die Tauben im palästinensischen Syrien im 1. Jahrhundert v.Chr. in den Städten generell geschützt[202]. Die im Heiligtum gehaltenen weissen Tauben wurden wohl als Boten und Repräsentanten der dort residierenden Liebesgöttin verstanden und der ihr erwiesene Respekt wurde auf ihr heiliges Tier übertragen. Keel konnte zeigen, dass die weisse Taube in der Levante[203] über Jahrtausende das Attribut der Liebesgöttin war, deren Sphäre signalisierte und, wo sie auftauchte, als Botin der Liebesgöttin und der Liebe verstanden wurde[204].

Die phönizische Taubengöttin

Die Phönizier spielten bei der Verbreitung der Taubengöttin eine sehr wichtige Rolle. Dieses westsemitische Volk wanderte gegen Ende des 3. Jahrtausends in die Küstengebiete Syriens ein, vom Karmel im Süden bis zum Nahr-Kelb im Norden. Vom Hinterland waren sie durch das Galiläische Gebirge, den Libanon und Nosairiergebirge getrennt. Ihre wichtigsten Stadtstaaten waren Byblos, Sidon, Tyros und Ugarit. Sie richteten sich schon wegen dieser geographischen Besonderheit in Richtung Meer aus. Die Phönizier waren erfolgreiche Seefahrer und Händler und gründeten in der Folge des Druckes durch Assyrien schon um 1100 v.Chr. im ganzen Mittelmeerraum Kolonien wie z.B. Paphos auf Zypern, Eryx auf Sizilien und Korinth auf dem griechischen Festland. Dies waren alles Städte, in denen später Aphrodite eine bedeutende Rolle spielte. Die Phönizier verehrten die Liebesgöttin Astarte, die in ihrem Charakter und ihren Attributen der babylonischen Ischtar entspricht und von dieser abstammt. Auch der Astarte war die weisse Taube zugeordnet (Abb. 35). Als Handelsvolk, das von der Schiffahrt abhängig war, verehrten die Phönizier Astarte besonders als die von Delphinen begleitete

Herrin des Meeres und Beschützerin der Seefahrer, eine Funktion, die im Christentum später Maria, die Mutter Gottes übernehmen sollte[205]. Ebenfalls mit der Taube und dem Delphin wurde die Fruchtbarkeitsgöttin Demeter dargestellt[206]. Infolge der lebhaften Kolonial- und Handelsbeziehungen der Phönizier und dem steigenden Einfluss ihrer Tochterstädte konnte sich der Astartekult und damit auch die weisse Taube im ganzen Mittelmeerraum ausbreiten (Abb. 42). Einige Funde belegen die Bedeutung der Taube bei den Phöniziern. Eine Terrakottafigur aus dem 1. Jahrtausend v.Chr. zeigt eine Frau, die eine Taube vor ihrem Oberkörper hält (Abb. 43). Sie weist laut Winter (1977) darauf hin, dass das Symboltier Taube als Mittlerin die Kommunikation zwischen der Gottheit und ihren Gläubigen ermöglicht. Dies entspricht etwa der Funktion, welche die Taube im Kult der Ischtar und der sich entschleiernden Göttin einnahm.

41

Abb. 41: Ein Teil einer Gussform aus Kültepe aus der Zeit der assyrischen Kolonien stellt eine sich entschleiernde nackte Göttin mit zwei Tauben dar. Anatolisch-assyrisch, ca. 1700 v.Chr.

Abb. 42: Phönizische Votivstele mit der karthagischen Astarte «Tanit»: geflügelt unter dem Himmelbogen (oben), stilisiert als Göttin mit erhobenen Armen, begleitet von zwei Tauben als Symbol der Liebesgöttin (unten).

41

[189] Winter 1977
[190] Winter 1977
[191] Gressmann 1920
[192] 1 Sam 31, 10: «Und sie (die Philister) legten seine (Sauls) Waffen in das Haus der Astaroth (Astarte), und seinen Leichnam hefteten sie an die Mauer von Beth Schan.»
[193] Winter 1977
[194] Silvestre de Sacy, Chrestomathie Arabe III, S. 76 nach Münter 1824
[195] Hygin, fab. 197; Tibull, Elegie an Messala I, 7, 17
[196] Hygin, Astron. II, 41
[197] Xenophon, Anabasis 1, 4, 9
[198] Lukian, De Dea Syria 33
[199] de Saulcy, Numismat. de la Terre Sainte 1874, S 178ff. nach Hauck 1897
[200] Philo, De providentia 2, 62–65
[201] Mit «Pseudo Lukian» wird ein anonymer Schriftsteller bezeichnet, dessen Werk im Werk «De Dea Syria» von Lukian aufgenommen wurde (Der Kleine Pauly, Lexikon der Antike III, 1969, Kol. Sp. 776).
[202] Tibull, Carmina I, VII, 17–18: «Was soll ich berichten, wie die dem palästinischen Syrien heilige weisse Taube unberührt durch volkreiche Städte fliegt?»
[203] Mittelmeerküste von Kleinasiens und Syrien bis nach Ägypten
[204] Keel 1984, S. 62
[205] Ströter-Bender 1994, S. 21
[206] Pausanias, Beschreibung Griechenlands 42.3

42

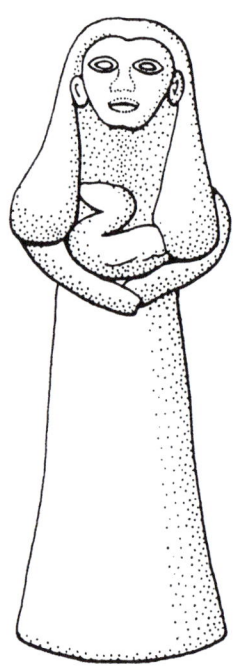

43

Abb. 43: Eine Frau hält eine Taube, die als Mittlerin zwischen den Gläubigen und ihrer Göttin fungiert. Phönizische Terrakotta aus dem 1. Jahrtausend v.Chr.

Abb. 44: Der Venusstern und die Mondsichel waren Attribute der vorderasiatischen Liebesgöttinnen, die später auf die heilige Maria des Christentums übertragen wurden. Eine Synthese dieser Symbole, die zusätzlich die Taube als Vogel der Liebesgöttin miteinbezieht, zeigt das Bild «Madonna – Blue Moon» von Sigrid von Spreckelsen aus dem Jahre 1978.

Abb. 45: Rekonstruktion des Astartetempel von Paphos, Zypern, aufgrund von zeitgenössischen Münzen und Gemmen. Dieser Tempel war auf dem seitlichen Dach beidseitig mit einer grossen Taube geschmückt.

Abb. 46: Der Astartetempel von Paphos, Münze zur Zeit des Septimus severus.

Die Phönizier brachten ihren Astartekult und damit verbunden die weisse Taube noch in vorhomerischer Zeit nach Zypern und auf die kleine Insel Kythera, auf der sie einen ergiebigen Fang der Purpurschnecke betrieben[207]. Überall auf Zypern errichteten sie Heiligtümer der Liebesgöttin, in denen Tauben gehalten wurden. Ein interessanter Beleg für die phönizische Herkunft der paphischen Tauben ist ein Skarabäus, der eine Taube darstellt, die von einer phönizischen Umschrift umgeben ist. Das Stück wurde in Larnaka auf Zypern ausgegraben[208]. Paphos und Amathus galten als die ältesten und wichtigsten Sitze der Astarte. Die weisse Taube war in Paphos nicht nur als Idee, sondern als reales Tier präsent, das wahrscheinlich in grosser Zahl gezüchtet wurde. Die paphischen Tauben waren wegen ihrer Schönheit berühmt und sie galten als Inbegriff des Weissen. Der römische Dichter Martial rühmt eine Toga, die er geschenkt bekam, dadurch, dass ihre weisse Farbe die der Lilie, der Ligusterblüte, des Elfenbeins, der paphischen Taube und der Perle übertreffe[209]. Dass diese Tauben weiss waren, belegt auch die Entstehung ihres lateinischen Namens. Das Wort Columba stammt wahrscheinlich vom griechischen Kolymbos, Kolymba, das einen weissen Taucher bezeichnet[210]. Als die Taube ihren Namen erhielt, war es den damaligen Menschen sehr wahrscheinlich nicht bekannt, dass es sich bei der weissen Taube der Astarte und der Felsentaube um die gleiche Art handelte. Noch heute weiss ja der Laie zumeist nicht, dass Felsentauben, Strassentauben und die vielen verschiedenen Rassetauben ein und derselben Tierart angehören. Im Griechischen wurde die Haustaube Peristera[211] klar von der wilden grauen Felsentaube Peleia unterschieden.

Auf Münzen wurden in der Antike häufig Attribute oder heilige Tiere von Gottheiten dargestellt. Damit wurde ausgedrückt, dass die Stadt unter dem Schutz einer mächtigen Gottheit, zum Beispiel der Aphrodite stand. So wurden beispielsweise auf Münzen von Paphos häufig Tauben abgebildet, die so auf das dortige Aphroditeheiligtum hinweisen[212]. *Sie aber gelangte nach der Insel Kypros, die gerne lächelnde Aphrodite: nach Paphos, da wo ihr ein Hain und ein Altar voll Opferrauch ist.* (Homer, Odyssee 8, 361f.)

44

Aufgrund von Münzen und Gemmen wurde verschiedentlich der Versuch unternommen, das berühmte Heiligtum der paphischen Liebesgöttin zu rekonstruieren[213]. Der allgemeine Stil des Tempels, vor allem die beiden Obeliske, deuten darauf hin, dass die phönizische Architektur stark von ägyptischen Vorbildern beeinflusst war (Abb. 45, 46, 47). Nach Price und Trell (1977) wurden ähnliche Bauten auch in Nordsyrien gefunden. Die auf den Münzen dargestellten Obeliske enden in symbolisierten heiligen Hörnern, die typisch für den prähellenischen Osten sind. Sie trugen vermutlich eine Blumengirlande oder ein Schellengeläut aus Ketten. Das Gebäude bestand aus dem eigentlichen Tempel und zwei seitlichen Säulengängen, auf denen die Nachbildungen einer Taube angebracht waren. Innerhalb der Säulengänge befanden sich die von Homer erwähnten Weihrauchaltäre. Über der Türe ins Heiligtum waren Öffnungen angebracht, die von Münter (1824) als Einflugöffnungen von Taubenschlägen gedeutet wurden. Nach Kampmann (pers. Mitt.) dürfte es sich aufgrund von Vergleichen mit anderen Tempeln eher um Erscheinungspforten handeln. Eine analoge Struktur findet sich zum Beispiel im Artemistempel von Ephesus und diente als Fenster, von dem aus sich die Göttin zu besonderen Anlässen einer erwartungsvollen und staunenden Menge zeigte[214].

45

46

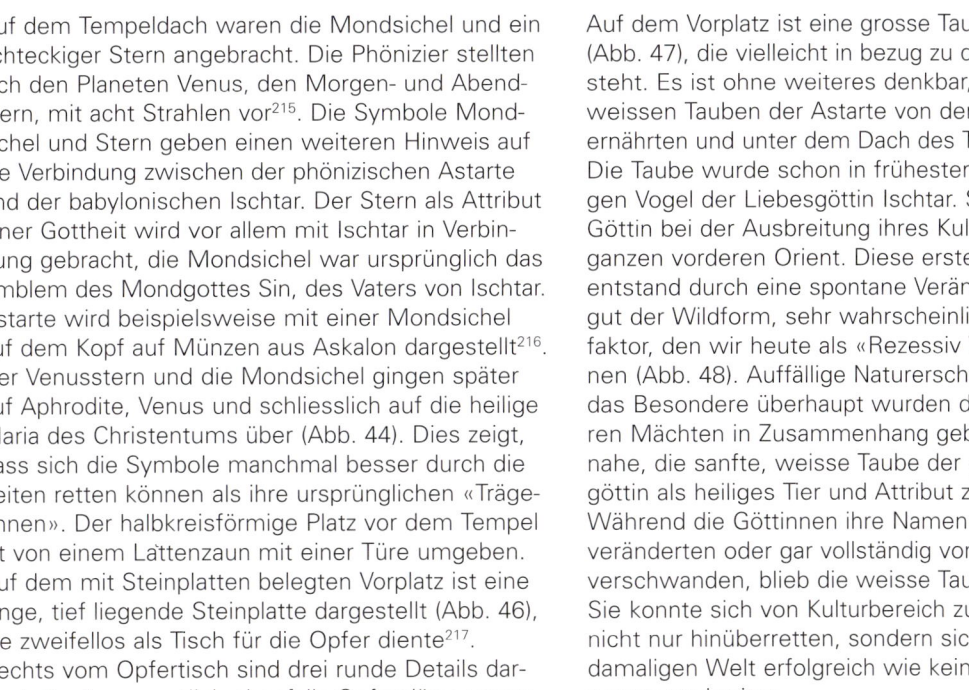

**Abb. 47: Der Astarte-
tempel von Paphos,
Münze zur Zeit der
Julia Domna und des
Caracalla.**

**Abb. 48: Wir können
nur darüber spekulie-
ren, wo und wann
durch eine spontane
Veränderung ihres
Erbgutes aus der Wild-
form die erste weisse
Taube entstanden ist.
Sie war es, die zur
lichtglänzenden Ver-
körperung der vorder-
asiatischen Liebes-
göttin Ischtar und
ihrer Nachfolgerinnen
wurde. Eine Vorstel-
lung davon könnte das
Gemälde von Dietmar
Bornhalm geben: Eine
«Rezessiv Weisse»
Taube sitzt auf einer
Mauer aus Lehmzie-
geln, im Hintergrund
die Zikkurat von Ur
(heutiger Irak).**

43

Auf dem Tempeldach waren die Mondsichel und ein
achteckiger Stern angebracht. Die Phönizier stellten
sich den Planeten Venus, den Morgen- und Abendstern, mit acht Strahlen vor[215]. Die Symbole Mondsichel und Stern geben einen weiteren Hinweis auf
die Verbindung zwischen der phönizischen Astarte
und der babylonischen Ischtar. Der Stern als Attribut
einer Gottheit wird vor allem mit Ischtar in Verbindung gebracht, die Mondsichel war ursprünglich das
Emblem des Mondgottes Sin, des Vaters von Ischtar.
Astarte wird beispielsweise mit einer Mondsichel
auf dem Kopf auf Münzen aus Askalon dargestellt[216].
Der Venusstern und die Mondsichel gingen später
auf Aphrodite, Venus und schliesslich auf die heilige
Maria des Christentums über (Abb. 44). Dies zeigt,
dass sich die Symbole manchmal besser durch die
Zeiten retten können als ihre ursprünglichen «Träge-
rinnen». Der halbkreisförmige Platz vor dem Tempel
ist von einem Lättenzaun mit einer Türe umgeben.
Auf dem mit Steinplatten belegten Vorplatz ist eine
lange, tief liegende Steinplatte dargestellt (Abb. 46),
die zweifellos als Tisch für die Opfer diente[217].
Rechts vom Opfertisch sind drei runde Details dargestellt, die vermutlich ebenfalls Opferplätze waren.

Auf dem Vorplatz ist eine grosse Taube abgebildet
(Abb. 47), die vielleicht in bezug zu den Opferstellen
steht. Es ist ohne weiteres denkbar, dass sich die
weissen Tauben der Astarte von den Opfergaben
ernährten und unter dem Dach des Tempels brüteten.
Die Taube wurde schon in frühester Zeit zum heiligen Vogel der Liebesgöttin Ischtar. Sie begleitete die
Göttin bei der Ausbreitung ihres Kultes über den
ganzen vorderen Orient. Diese erste weisse Taube
entstand durch eine spontane Veränderung im Erb-
gut der Wildform, sehr wahrscheinlich mit dem Erb-
faktor, den wir heute als «Rezessiv Weiss» bezeichnen (Abb. 48). Auffällige Naturerscheinungen und
das Besondere überhaupt wurden damals mit höheren Mächten in Zusammenhang gebracht. So lag es
nahe, die sanfte, weisse Taube der grossen Liebesgöttin als heiliges Tier und Attribut zuzuordnen.
Während die Göttinnen ihre Namen und Gebräuche
veränderten oder gar vollständig von der Bildfläche
verschwanden, blieb die weisse Taube bestehen.
Sie konnte sich von Kulturbereich zu Kulturbereich
nicht nur hinüberretten, sondern sich in der ganzen
damaligen Welt erfolgreich wie kein anderes Kult-
wesen ausbreiten.

[207] Lorentz 1886, S. 27
[208] Clarke, Travels II, I, S. 326
nach Münter 1824
[209] Martial, Epigramme 8, 28,
11ff.
[210] Lorentz 1886, S. 4
[211] wahrscheinlich von Perach
Ischtar, also Vogel der Ischtar (Hehn 1911)
[212] Kampmann pers. Mitt.
[213] Münter 1824; Price & Trell
1977
[214] Inschrift IvE 24, Kampmann
1996
[215] Münter 1824
[216] de Saulcy, Numismat. de la
Terre Sainte 1874, S. 178ff.
nach Hauck 1897
[217] Price & Trell 1977

Ägypten

Das Vogelparadies im Niltal

Die Vogelwelt des alten Ägypten war dank äusserst günstigen ökologischen Bedingungen sehr arten- und individuenreich. Zu den Brutvögeln der mediterranen, paläarktischen Region kamen weitere aus der Äthiopis hinzu, die ihr Nistgebiet nilabwärts bis Oberägypten oder bis ins Delta vorgeschoben hatten[218]. Der fruchtbare, wasserreiche Landstreifen des Niltales zieht auch heute noch eine Fülle von paläarktischen Zugvögeln zum Überwintern oder als Durchzugsstrasse an. Als sich die erste ägyptische Hochkultur zu entwickeln begann, war das Niltal deshalb ein wahres Paradies für die geschickten Vogelfänger, die meistens der einfachen Landbevölkerung angehörten[219]. Während die von den Grabherren mit dem Wurfholz ausgeübte Jagd dem Vergnügen diente, war die Massenjagd von grosser wirtschaftlicher Bedeutung. Mit Schlag- und Klappnetzen konnten die Vögel in grosser Zahl gefangen werden. Von den besonders gut schmeckenden waren dies vor allem Enten, Gänse, Kraniche und Turteltauben. Besonders zahlreich war die Wachtel als Brutvogel, Wintergast und Durchzügler. Sie wurde in Massen an der Küste mit Netzen gefangen.

ägyptischer Zeit spielte die Taube weder als Haustier noch als Kulttier eine besondere Rolle. Obwohl Tauben sehr häufig dargestellt und inschriftlich erwähnt wurden, ist eine Artbestimmung nur selten eindeutig möglich. Ein zusätzliches Problem ergibt sich dadurch, dass das ägyptische Wort für Taube[221] sowohl für die Felsentaube wie auch für die Turteltaube gebraucht wurde. Auf bildlichen Darstellungen erscheint die Felsentaube weit seltener als die Turteltaube, die ihr Winterquartier im Savannenland südlich der Sahara zwischen Atlantikküste und Äthiopien hat. Die vorderasiatischen Turteltauben wanderten laut Grüll (1980) durch Ägypten und konnten dort in grosser Zahl gefangen werden. Auf den Hauptzugsrouten werden heute noch beim Hinflug bis 6000 Tiere, beim Heimzug bis 20 000 pro Tag gezählt[222]. Zur Zeit der alten Ägypter waren es wahrscheinlich um ein Vielfaches mehr, da die Lebensräume der Turteltauben nur wenig vom Menschen beeinträchtigt waren. Gefangene Turteltauben wurden bis zu ihrem Verzehr in Geflügelgehegen gehalten und mit Körnern, wahrscheinlich Gerste, gefüttert. Geflügelmäster kochten in Kesseln Teig, aus dem spindelförmige Brotnudeln gerollt wurden, um damit neben Kranichen, Gänsen und Enten auch

Abb. 49: In altägyptischer Zeit spielte die Turteltaube eine wichtigere Rolle als die wilde und domestizierte Form der Columba livia. Vorführung des Geflügelhofes, Gänse und Turteltauben, im Grab des Ptahhotep in Sakkara, 2380 v. Chr.

44

49

Tauben und Taubenhaltung

Die Wandbilder der alten Ägypter lassen erkennen, dass sie alle damaligen Möglichkeiten der Wirtschaftsgeflügelhaltung bereits ausnutzten. Diese gingen von der echten Haustierhaltung der domestizierten Graugans über die intensive Mastgeflügelhaltung, die wie beim «Wild der Wüste» bis zur Halbdomestikation voranschritt, bis hin zur kurzzeitigen Haltung seltener erbeuteter Arten[220]. In alt-

Tauben zu stopfen. Es gab auch kleine Abteile mit geringen Bewegungsmöglichkeiten, damit die Tiere schnell Fett ansetzten[223]. Zusammen mit Mastochsen und den «Haustieren der Wüste» wurde das gemästete Geflügel zur Sicherung der Versorgung nach dem Tode dem Grabherrn vorgeführt[224]. Im Grab des Ptahhotep in Sakkara, das um 2380 v. Chr. errichtet wurde, folgt am Ende der Bildreihe die Turteltaube (Abb. 49). Ihre Bedeutung muss sehr gross gewesen sein, denn bei den vier Tauben steht die Zahl 111 200. Obwohl diese Zahl wahrscheinlich nicht den vorgeführten Tieren enspricht, müssen es doch sehr viele gewesen sein. Auch wenn bei den abgebildeten Tauben die schwarzweissen Flecken am Hals zur Artbestimmung fehlen, handelt es sich nach Boessneck (1988) bei diesen Darstellungen in den meisten Fällen um die Turteltaube.

Obwohl die Turteltaube bei den Ägyptern die wichtigere Rolle spielte, finden sich mehrere Hinweise auf eine erste Domestikation der Columba livia. Charles Darwin, der sich in seiner «Entstehung der Arten» intensiv mit der Domestikation der Taube auseinandersetzte, schrieb Folgendes:

Sie [die Tauben] werden seit Jahrtausenden in mehreren Weltteilen gezüchtet; die älteste Mitteilung über Tauben stammt aus der Zeit der fünften ägyptischen Dynastie, etwa 3000 Jahre v. Chr.[225], wie mir von Professor Lepsius mitgeteilt wurde; indes Herr Birch verständigte mich, dass Tauben schon in dem Speiseverzeichnis der vorhergehenden Dynastie erwähnt werden. (Darwin 1859, 53–54)

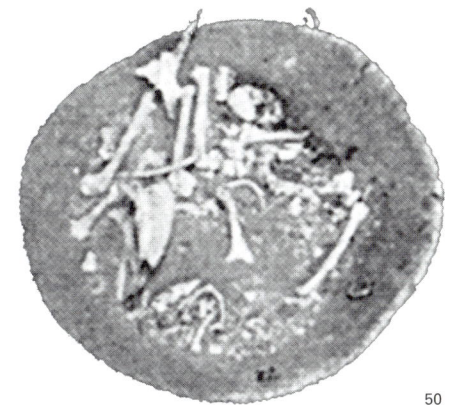

50

51

Der mit Darwin befreundete Ägyptologe Samuel Birch war für die ägyptischen Altertümer des Britischen Museums in London verantwortlich[226]. Welchen Beleg Birch meinte, lässt sich leider nicht mehr eruieren. In der Vorführung des Viehhofes in der Mastaba des Gem-ni-kai werden um 2300 v. Chr.[227] neben Enten, Gänsen und Kranichen auch Tauben aufgeführt[228]. Im archaischen Ägypten der ersten und zweiten Dynastie wurden den Gräbern der Könige und Vornehmen grosse Mengen an Fleisch, Brot, Früchten, Wein und Bier beigegeben, die der Versorgung des Verstorbenen im Jenseits dienten. In der Totenstadt von Sakkara wurde im Grab Nr. 3477 ein komplettes Totenmahl gefunden, das beinahe 5000 Jahre alt ist[229]. Die Nahrungsmittel waren derart gut erhalten, dass sie identifiziert werden konnten. In einem Tonteller fand Emery ein Taubenragout, das als einer der frühesten Nachweise für die Verwendung der Columba livia als Lebensmittel gewertet werden kann (Abb. 50). Nach Johnston und Janiga (1995) könnte die geringe Zahl der Funde an Taubenknochen darauf hinweisen, dass es sich um die Felsentaube gehandelt hat.

Abb. 50: Einer der ältesten bekannten Nachweise für die Verwendung der Taube als Nahrungsmittel stammt aus einem Grab in Sakkara, das beinahe 5000 Jahre alt ist. Dem Verstorbenen wurde ein Taubenragout ins Jenseits mitgegeben.

Aufgrund der gefundenen Knochen ist es jedenfalls nicht möglich festzustellen, ob es sich im Grab von Sakkara um die Überreste einer bereits domestizierten Haustaube oder einer Felsentaube handelt. Ein möglicher Hinweis auf eine Haustaubenhaltung findet sich in einem altägyptischen Text, dessen Handlung nach Hornung in der Herakleopolitenzeit um 2140–2040 v. Chr. spielt[230]:

*Dann stieg der Oasenmann hinab nach Ägypten, nachdem er seine Esel beladen hatte
mit Palmzweigen, Matten, Natron und Salz,
mit ... Holz und Mandeln der Farafra-Oase:
mit Leopardenfellen und Fuchsbälgen,
mit schönem Schilfrohr und mit verschiedenen Heilkräutern,
mit Tauben, Straussen und anderen Vögeln,
mit Dornpflanzen, Papyrussamen und Anis –
kurzum: mit allen schönen Produkten der «Salzoase».
(«Der Oasenmann» nach Hornung 1996, S. 9 und 165–166)*

Die im Text erwähnten Tauben gehören wie die anderen Produkte zu den typischen Erzeugnissen dieser Oase, und wir können hier vermuten, dass es sich um domestizierte Tauben gehandelt hat. Wilde Felsentauben oder Turteltauben wären wohl eher in Zusammenhang mit einem Fallensteller als mit einem Bauern erwähnt worden.

In einer Grabkammer der 18. Dynastie[231] (Abb. 56) ist ein Träger dargestellt, der dem Verstorbenen 8 Tauben als Opfergabe präsentiert[232]. Auf Grabinschriften aus der Zeit Thutmosis' III. (1479–1425 v. Chr.) finden sich als Grabbeigaben neben Silber, Gold, Leinen, Ochsen und Kälbern, 30 Tauben (§ 726), 40 Tauben (§ 727) und 500 Tauben (§ 735)[233]. Ramses III. (1184–1153 v. Chr.) opferte Amun-Re einmal 68 Tauben und ein anderes Mal die grosse Zahl von 57 810 Tauben[234]. Tauben treten aber nicht nur in Zusammenhang mit ihrem Fleisch oder als Opfergabe auf. Sie galten in altägyptischer Zeit auch als Schosstiere, was in den Personennamen zum Ausdruck kam[235].

Eine Darstellung, in der die Taube zumindest symbolisch eine Botenfunktion übernimmt, stammt aus der Zeit von Ramses III. (1184–1153 v. Chr.). Abb. 51 zeigt einen Priester, der vier Tauben anlässlich des «Festes der Treppe» bzw. «Auszug des Min» fliegen

Abb. 51: Ein Priester lässt anlässlich des «Festes der Treppe» bzw. «Auszug des Min» vier Tauben fliegen. Die Tauben stellen die vier Horussöhne dar und sollen die frohe Nachricht von der Thronbesteigung des Horuskönigs symbolisch in die vier Himmelsrichtungen tragen.

[218] Boessneck 1988
[219] Boessneck 1988
[220] Boessneck 1988
[221] mnj.t oder mnwt
[222] Grüll 1980
[223] Boessneck 1988
[224] Boessneck 1988
[225] nach der Chronologie der damaligen Zeit
[226] Hornung pers. Mitt.
[227] Chronologie nach Hornung 1978
[228] Gressmann 1920
[229] Emery 1962
[230] Wâdi Natrûn zwischen Alexandria und Kairo
[231] Nebsenj, Theben Tomb Nr. 108, Houlihan 1986
[232] Davies & Gardiner 1936
[233] Breasted 1906, Vol. II, Rechmire, Theben Tomb Nr. 100, S. 284–287
[234] Breasted 1906, Vol. IV, S. 138, 158
[235] Helck & Westendorf 1986, LÄ: Stichwort Taube Spalte 241

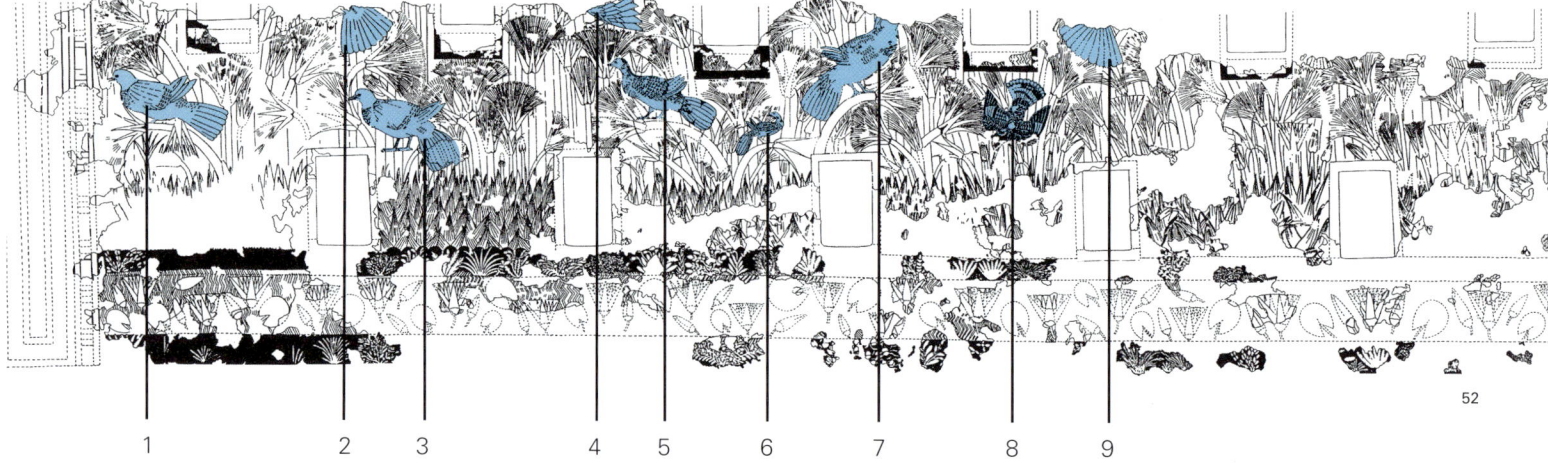

1   2   3   4   5   6   7   8   9

52

Abb. 52, 53: Das grüne Zimmer des Nordpalastes von Echnaton in Amarna wurde als Taubenschlag genutzt. Auf der Malerei sind verschiedene Farbtypen der damaligen Taubenrassen auf dem Hintergrund eines Papyrusdickichtes und eines Gewässers mit Lotosblumen dargestellt. In die Wände sind 31 Brutnischen eingelassen. Die nachträgliche Übertragung des über 3300 Jahre alten Wandbildes zeigt eine Naturdarstellung zu Ehren des Sonnengottes Aton. Die Nummern bezeichnen die im Text erwähnten Details.

46

[236] Neues Reich, 18. Dynastie, Echnaton oder Amenhotep IV. regierte von 1353 bis 1335.
[237] Vandier 1955
[238] Frankfort 1929
[239] Das Gefiedermuster und die grauen (statt roten) Beine weisen auf eine juvenile Turteltaube (Streptopelia turtur) hin. Die von Frankfort vermutete Palmtaube S. senegalensis kann nach Goodwin (pers. Mitt.) ausgeschlossen werden.
[240] Die Bachstelze überwintert in grosser Zahl in Ägypten.
[241] Goodwin (pers. Mitt.)
[242] Die 12 Steuerfedern entsprechen dem Schwanzgefieder der Taube
[243] Helck und Westendorf 1986, LÄ, Stichwort Tierdarstellungen, Sp. 561–571
[244] vgl. auch Ethogramm der Taube, Haag 1991b
[245] Frankfort 1929, Badawy 1968
[246] Goodwin (pers. Mitt.)

lässt. Die Tauben symbolisieren die vier Horussöhne und sollen die frohe Nachricht von der Thronbesteigung des Horuskönigs symbolisch in die vier Himmelsrichtungen tragen. Nach Keel (1977) dürfen diese und ähnliche Darstellungen nicht als Belege für eine frühe Verwendung von Botentauben interpretiert werden, da auch textliche Belege fehlen.

Ein Tiergarten zu Ehren Atons

Eine der schönsten ägyptischen Taubendarstellungen findet sich im Grünen Zimmer des Nordpalastes von Tell el Amarna, der von Echnaton[236] um das Jahr 1350 v.Chr. erbaut wurde. König Echnaton war eine herausragende Persönlichkeit und zeichnete sich durch seine grosse Verehrung der Natur als Werk des grossen Sonnengottes Aton aus. Er erbaute sich in Tell el Amarna seine Stadt, die ganz im Zeichen der Verehrung des Sonnengottes Aton stand. Im Norden seines eigenen Palastes liess der König einen einzigartigen Lustpalast[237] errichten, in dem in der Art eines Tiergartens neben Antilopen, Steinböcken und Gazellen auch Geflügel gehalten wurde. Nach O'Connor (1995) steht der Nordpalast mit der Verwaltung der Königin in Zusammenhang und könnte Meritaten, der ältesten Tochter und späteren Gemahlin des Echnaton, zugeordnet werden.
Ein zentraler Garten im Nordosten des Palastes war von einem Säulengang und 22 kleinen Räumen umgeben, die als Geflügelgehege dienten[238]. Auf der Nordseite befindet sich das Grüne Zimmer, das über einen gleich grossen Vorraum betreten werden kann. Äuffällig ist ein grosses Fenster zum Hof, das den Blick in den schmalen, 2,6 x 6 m grossen Raum freigibt. In die Ziegelsteinmauer sind in zwei Reihen, in 97 cm und 147 cm Höhe vom Boden insgesamt 31 Nischen (15 x 23 x 18 cm) eingelassen.
Das Grüne Zimmer ist mit einem durchgehenden Bild dekoriert, das nur durch das Fenster und die Türe unterbrochen wird (Abb. 52, 53). Der Hintergrund stellt unten einen Teich mit Lotosblumen und oben ein Papyrusdickicht dar, in dem sich verschiedene Vögel aufhalten. Neben der Taube Columba livia sind auf Detail 5 die Turteltaube[239] (Streptopelia turtur), auf Detail 8 der schwarz-weisse Graufischer (Ceryle rudis) und auf Detail 6 wahrscheinlich eine Bachstelze[240] (Motacilla alba alba) abgebildet. Die Tauben sind bei Annahme einer kleineren Rasse

54

ungefähr 1,5fach vergrössert dargestellt, der Graufischer im Verhältnis 1:1. Die Nischen sind mit einem blauen Rahmen umgeben, nach unten ist jeweils ein kleines Wasserbecken abgebildet. Die gesamte Darstellung der Pflanzen und Tiere ist sehr naturgetreu und die Farben waren nach den Angaben von Frankfort (1929) zur Zeit des Fundes noch sehr gut erhalten. Die in Abb. 54 (= Detail 3) und 55 (= Detail 13) wiedergegebenen Lithographien wurden nach dem Originalgemälde angefertigt.
Ob es sich bei den dargestellten Tauben um Wildformen oder bereits domestizierte Haustauben handelt, lässt sich nicht mit Bestimmtheit entscheiden. Die abgebildeten Tauben wurden wohl aus reiner Freude an der Kreatur und zu Ehren des Sonnengottes Aton gehalten. Wir können deshalb davon ausgehen, dass bevorzugt besonders schöne Tiere, vielleicht mit Veränderungen in der Zeichnung und Färbung gegenüber der Wildform, gezüchtet wurden. Die Tauben erinnern wegen ihres starken Kontrastes zwischen dem eher dunkel dargestellten Schillergefieder des Halses und Genickes gegenüber dem übrigen Gefieder an die in Abb. 2 dargestellten Niltalrasse der Felsentaube Columba livia schimperi[241]. Typisch für diese kleine Felsentaube ist der lange und schmale Schnabel. Eher für eine domestizierte Form sprechen die verschiedenen Gefiederzeichnungen und Färbungen. Vorausgesetzt, der Künstler hat die Tauben relativ naturgetreu wiedergegeben, las-

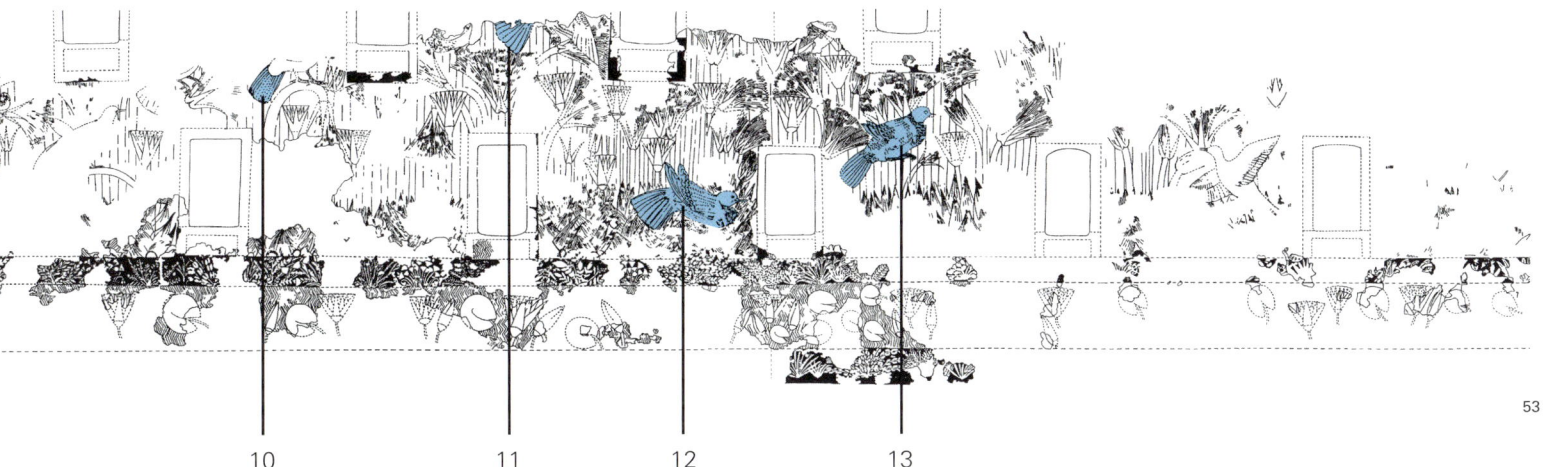

10   11   12   13

sen sich aufgrund der von Frankfort rekonstruierten Abbildungen die blaubindige (Abb. 54) und blau gehämmerte Form (Abb. 55) bestimmen. Die schwarzen Flügelmarken bei Abb. 55 könnten vielleicht auf den «Toystencil-Faktor» oder auf eine heute nicht mehr existente Gefiederzeichnung hinweisen. Wahrscheinlicher ist aber, dass es sich hier um eine künstlerische Interpretation des normalen blaubindigen und gehämmerten Wildtyps handelt. Gegen die Vermutung, dass es sich bereits um die weisse Form der Taube handelt, sprechen der schwarze Schnabel und die schwarzen Krallen, die bei einer rezessiv-weissen Taube hell sein müssten. Sie ist die einzige weisse Taube, die als Mutation direkt aus einer wildfarbenen entstehen kann (siehe Abb. 48). Der Künstler nahm es in anderen Details ebenfalls nicht besonders genau. So stimmen beispielsweise die Anzahl der Steuerfedern[242] bei der Turteltaube und den anderen Vögeln nicht mit der Wirklichkeit überein. Die Tiere erscheinen aspektiv, so dass die Flügel und der Schwanz wie von oben gesehen erscheinen. Als Besonderheit fallen bei allen Vögeln die eigenartig aufgefächerten, kurzen Handschwingen auf. Dabei dürfte es sich um eine für die Amarnazeit typische spielerische Form der Naturdarstellung[243] handeln. Die Tauben sind nicht sterotyp dargestellt sondern zeigen verschiedene Verhaltensweisen. Beim Sonnen und Duschen sowie beim Strecken nach dem Putzen, hier zeigt eine Taube das in Detail 4 schön dargestellte Abspreizen der Handschwinge. Das Auffächern des Schwanzes wie bei den Details 2 und 9 zeigt eine Taube beim Putzen, Körperstrecken oder beim Balzen. Die Körperhaltung bei Detail 12 entspricht derjenigen beim Nestrufen, bei dem das klagende Heulen geäussert wird[244]. Die dargestellten Stellungen der Tauben lassen sich somit verschiedenen Verhaltensweisen zuordnen und zeigen, wie meisterhaft es der Künstler verstanden hat, nicht nur die damalige Erscheinungsvielfalt sondern auch das Verhalten der Taube erstaunlich präzise festzuhalten.

Westlich von den Geflügelställen stand eine Säulenhalle mit bemalten Futterkrippen, die Rinder und Antilopen als Bewohner dieses Teils des Tiergartens ausweisen[245]. Wir können deshalb davon ausgehen, dass auch im Grünen Zimmer die ursprünglichen Bewohner dargestellt wurden. Da Königsfischer und Bachstelzen in ihrer Haltung sehr anspruchsvoll

sind und auch die Turteltaube nicht erfolgreich mit Columba livia zusammen gehalten werden kann[246], wurden diese Vögel wohl eher aus dekorativen Gründen dargestellt. Es scheint sogar, dass das Gemälde aus zwei Ebenen aufgebaut ist. Die Hintergrundebene scheint als reine Dekoration zu dienen, während die Tauben die ursprünglichen Bewohner des Grünen Zimmers darstellen könnten. Eine Felsentaube würde sich zudem nie in einem Papyrus-

Abb. 54: Blaubindige Form, Detail Nr. 3

Abb. 55: Gehämmerte Form, Detail Nr. 13

dickicht aufhalten und gehört schon deshalb einer anderen Ebene an. Die Anordnung und die Dimensionen der Brutnischen weisen zudem ideale Bedingungen für die Beherbergung einer kleinen Taubenrasse auf, wie sie sich aus einer ersten Domestikation der vergleichsweise kleinen Columba livia schimperi ergäbe. Alle Hinweise deuten auf die Nutzung des Grünen Zimmers als Taubenschlag hin. Mit der Malerei aus dem Grünen Zimmer haben wir wahrscheinlich einen über 3300 Jahre alten Beleg für eine erste Taubenhaltung aus reiner Freude an der Schönheit und Anmut dieses Tieres. Nach Vandier (1955) betont der Nordpalast des Echnaton die Liebe, die der König für die Natur empfand und allgemein gegenüber allem, was die Sonne durch ihre Kraft und Grossmut als die höchste Macht erschaffen hat.

56

Abb. 56: Ein Träger präsentiert dem Verstorbenen 8 Tauben als Opfergabe, Grab des Nebsenj, Thutmosis IV, 1401–1391 v.Chr.

Verglichen mit den anderen alten Hochkulturen spielt die Taube bei den alten Äyptern nur eine geringe ökonomische Rolle als Haustier und in ihren Mythen und ihrer Religion kommt sie überhaupt nicht vor. Ein möglicher Grund dafür wäre vielleicht, dass die Turteltaube besser schmeckt als die Felsentaube und auch in Gefangenschaft gut brütet. Turteltauben werden auch heute noch in Ägypten auf Vogelmärkten angeboten[247]. Wahrscheinlich aber hängt das Fehlen einer frühen Nutztaubenzucht bei den alten Ägyptern mit dem Vogelreichtum des Niltales zusammen. Wie uns die grossen Zahlen von vorgeführten Turteltauben zeigen, stand den alten Ägyptern beinahe unerschöpflich viel Taubenfleisch zur Verfügung. Die Haltung der Felsentaube war vermutlich wegen dieser bevorzugten ökologischen Situation nicht sinnvoll. Wer baut schon Taubenhäuser, beschafft Getreide und versorgt unter grossem

Arbeitsaufwand Tauben, wenn massenweise und billig Turteltauben angeboten werden? Wohl deswegen wurde keine Taubenzucht aufgebaut, und deshalb waren auch die biologischen Eigenschaften der Taube Columba livia nicht allgemein bekannt. Weil die alten Ägypter die Taube also nicht näher kannten, bauten sie sie auch nicht in ihre Geisteswelt ein, wie dies bei allen anderen alten Hochkulturen zu beobachten ist. Ebenso verwendeten die alten Ägypter keine Tauben zur Übermittlung von Botschaften. Die Eigenschaft der Taube, zuverlässig und schnell auch aus grösseren Distanzen heimzukehren, lässt sich nur entdecken, wenn Tauben gehalten, gehandelt und so an verschiedene Orte verbracht werden. Sperrt man die Taube nicht ein, wird sie so schnell als möglich nach Hause fliegen. Nur so lässt sich die Eignung der Taube als Botin kennenlernen.

Wir können spekulieren, dass die Massenhaltung der Taube erst dann interessant wurde, als die natürlichen Ressourcen an ziehenden Turteltauben durch die Bejagung erschöpft waren und sich der Aufwand für die Taubenzucht zu lohnen begann oder die Nachfrage an Taubenfleisch wegen der steigenden Bevölkerungszahlen durch Jagd nicht mehr befriedigt werden konnte. Eine zweite Erklärung ergibt sich aus einer Veränderung im Ackerbau. Im alten Ägypten wurden die Äcker jeden Herbst im September und Oktober mit Nilwasser überflutet. Der Nilschlamm setzte sich ab und wurde als wertvoller Dünger eingearbeitet. Diese Bewirtschaftungsweise ermöglichte eine Ernte pro Jahr. Die Zweierntewirtschaft konnte nur durch ganzjährige Bewässerung erreicht werden und war eventuell schon seit dem Neuen Reich (ca. 1551–1070) bekannt, sicher aber in der Ptolemäerzeit (306–30 v.Chr)[248]. In diesem Zusammenhang könnte der Aufbau der Taubenhaltung gestellt werden, die anfänglich wohl ausschliesslich der Erzeugung von Fleisch und Dünger diente. Der Taubenmist wurde zur Düngung der Gartenkulturen, besonders der Reben herangezogen. Die Taubenhäuser wurden teilweise direkt im Weingarten errichtet[249]. Im 2. Jahrhundert v.Chr. ist der Beruf des Taubenhändlers bekannt[250]. Zu dieser Zeit entstanden erstmals die grossen Taubentürme, deren Typus auch heute noch erhalten ist (Abb. 57). Auf diese Taubenhäuser wurde in römischer Zeit eine Steuer erhoben[251]. Erst die Nutzung des Taubenmistes als wertvoller Felddünger und der Rückgang der Jagderfolge an Turteltauben könnte für den Aufbau der ägyptischen Nutztaubenzucht verantwortlich sein. Die ägyptischen Tauben waren in der Antike für ihre Fruchtbarkeit berühmt und sollen bis 12 Gelege pro Jahr aufgezogen haben[252]. Diese Tauben wurden auch nach Italien importiert und dort mit einheimischen Rassen gekreuzt[253]. Gleichzeitig wurden griechische Rassen importiert, die von den einheimischen unterschieden wurden[254]. Schon in der Antike herrschte also ein reger Handel und Austausch der verschiedenen Taubenrassen.

Über die schon hoch entwickelte Feldtaubenhaltung der Ägypter wissen wir, dass die Tauben meist in grossen, frei stehenden Taubenhäusern gehalten wurden, deren Typus heute noch in Betrieb ist. Die grössten finden sich in Fayoum, einer Oase bei Kairo[255]. Im Gegensatz zu anderem Hausgeflügel ist die Taubenhaltung einfach und unproblematisch, wie

48

57

Abb. 57: Römisches Mosaik aus Palestrina, das ein ägyptisches Taubenhaus darstellt. Wie auch bei heutigen ägyptischen Taubenhäusern dienen die hervorstehenden Äste als Sitzplätze für die Tauben.

49

uns ein altägyptischer Text schildert: «Die Gans wird gefüttert, die Ente erhält zu fressen, die Taube holt sich ihr Futter»[256]. Die Fleischtaube spielt auch heute noch eine wichtige Rolle in der ägyptischen Küche. In vielen Restaurants werden gegrillte, mit gewürztem Reis gefüllte Taubennestlinge angeboten.

Die ägyptische Taubenkotwirtschaft

Taubenkot ist ein hervorragender Felddünger. Er enthält bis zu 5% Stickstoff, 2,25% Phosphate, 2,7% Kalium und weist mit 30,8% im Vergleich zum Mist anderer Haustiere den höchsten Anteil an organischer Substanz auf. In Persien und Ägypten hat sich bis in die heutige Zeit eine eigentliche Taubendüngerwirtschaft erhalten können. Taubenmist wird zur Produktion von Kürbissen, Melonen, Gurken und Tomaten als Dünger verwendet. Nach Dreidax (1936) verbessert Taubendung vor allem den Geschmack von wasserhaltigen Früchten, denen er einen würzigen Geschmack vermittelt. Auch in der Blumengärtnerei soll er sich positiv auf den Duft und die Farbkraft der Blüten auswirken.

Einen Einblick in die ägyptische Taubendüngerwirtschaft gibt Küchel (1936). Die Taubenhäuser in Ägypten sind Eigentum der Gemeinde, des Staates oder Privatbesitz. Staatliche Taubenhäuser beherbergen 5000 Tauben, die berühmten Taubenhäuser der Oase Fayoum bis 60 000 Tauben. Die Tiere brüten in irdenen Krügen, die reihenweise in die Lehmziegelmauern eingesetzt sind und ihre Öffnungen nach

einem Innenhof oder Innenraum haben. Die Tauben sind graue Feldtauben, die sich in den umliegenden Feldern ernähren und bei Nahrungsmangel mit Mais versorgt werden. Eine Taube frisst pro Tag 30–60 g Körner. Pro Jahr liefert ein Paar bis zu 12 Gelege. Der grösste Teil des Düngers fällt in den grossen Innenhof und wird dort monatlich zusammengeschaufelt. Die Nistkrüge werden etwa 3 mal pro Jahr gereinigt. Ein Taubenpaar erzeugt pro Jahr 4–6 kg (abhängig vom Wassergehalt) verwertbaren Mist. Der Taubendünger kommt in Ägypten in zwei Qualitäten auf den Markt: die erste Qualität enthält 5–6% Stickstoff und wird von gefütterten Haustauben geliefert, die zweite Qualität enthält ca. 3% und stammt von reinen Feldtauben. Da im holzarmen Ägypten der Mist der Haustiere (Rinder, Büffel, Kamele) getrocknet und zum Heizen verwendet wird, ist der Taubenmist der einzige tierische Dünger, der in grösseren Mengen verwendet wird.

Zum Düngen der Gartenblumen wird der Taubenmist mit Wasser angesetzt; etwa acht Hände voll Dünger auf zwanzig Liter Wasser. Nachdem die Flüssigkeit ungefähr 14 Tage im Schatten gestanden hat, werden damit die Blumen begossen. Für die Wassermelonenkultur werden ca. 0,5 kg Taubenmist pro Quadratmeter gerechnet, für Gemüse 0,25 kg. Der Taubenkot wird auch im Weinbau, für Obst-, Orangen- und Zitronenbäume sowie für Dattelpalmen eingesetzt. Daneben wurde der Taubenkot in früheren Zeiten auch zum Gerben von Leder verwendet[257].

[247] Houlihan 1986
[248] Helck & Westendorf 1986, LÄ Stichwort Taube, Sp. 240
[249] P. Oxy. X 1278, 12 aus dem Jahre 214 n.Chr. nach Schnebel 1925
[250] Schnebel 1925 S. 342
[251] Helck & Westendorf 1986, LÄ, Stichwort Taube Sp. 240
[252] Aelian, Bunte Geschichten 12, 15; Plinius, Naturkunde 10, 147
[253] Columella, Über die Landwirtschaft 8, 8
[254] P. Lips. 97, 16, 9 und 13 nach Schnebel 1925
[255] Kammermeier 1978, S. 38–39
[256] Brugsch, Die ägyptische Gräberwelt, nach Hehn 1963
[257] Schütte in Fulton & Ludlow 1978

Die Taube bei den Israeliten

Die Taubenzucht

Bei den alten Israeliten spielte die Taube als Opfertier eine wichtige Rolle. Sie wurde als Brandopfer dargebracht, teils als freiwilliges[258], teils als vom Gesetz verlangtes Opfer[259]. Arme konnten statt der teuren Schafe zwei junge Tauben oder Turteltauben opfern[260]. Die Brandopfertaube wurde auf dem Altar verbrannt, das Fleisch der Sündopfertaube aber vom Priester verzehrt[261], was vielleicht erklärt, weshalb als Opfertiere die sehr schmackhaften Jungtauben und Turteltauben verlangt wurden.

Abb. 58: Bereits aus dem 16. Jahrhundert v.Chr. sind aus Palästina Abbildungen von Tauben, hier auf einem Tonfragment, bekannt.

Abb. 59: Eine geschmückte Arabische Wammentaube zeigt, dass im Vorderen Orient heute noch Tauben liebevoll geschmückt werden. Der Text sagt: Al Hamam – die Taube – Vogel des Krieges und des Friedens.

Die hohe Nachfrage konnte nur durch eine leistungsfähige Taubenzucht befriedigt werden. Wann die Juden begannen, die Taube systematisch zu halten, lässt sich nicht mehr feststellen. Bereits aus dem 16. Jahrhundert v.Chr. ist aus Israel eine Abbildung bekannt, bei der eine Taube und ein Fisch dargestellt sind (Abb. 58). Beide sind alte Fruchtbarkeitssymbole und waren der Liebesgöttin zugeordnet. Die Taubenschläge brachte man auf den Dächern der Häuser an, aber auch eigene Taubenhäuser waren bekannt. Flavius Josephus[262] beschreibt in «De bello Iudaico» (74–79 n.Chr.) die Gärten des Herodes folgendermassen:
Die unter freiem Himmel liegenden Innenhöfe prangten alle in frischem Grün. Hier standen verschiedenartige Haine, durch die lange Spazierwege

führten und die von stark fliessenden tiefen Kanälen umgeben waren. [...] Schliesslich standen zwischen den künstlichen Gewässern viele Türme für zahme Tauben.
(Flavius Josephus, Bellum Iudaicum 5, 180–181)

Die jüdischen Tauben sollen jeden Monat, ausser im Wintermonat Adar, ein Gelege aufgezogen haben, was bereits der Fortpflanzungsleistung heutiger Spitzenrassen entsprechen würde. Vielleicht liegt hier aber eine Übertreibung vor, wie sie auch daraus zu ersehen ist, dass in der gleichen Stelle die Geschlechtsreife mit 2 Monaten eindeutig zu früh angegeben wurde[263]. Während der Mischna-Periode (0–250 n.Chr.) war die Taubenzucht in Israel weit verbreitet[264]. Die Taube wurde auch von den Juden als Delikatesse geschätzt. Der berüchtigte Vielesser Ben Narboni soll alleine zum Dessert vier Mass junge Tauben gegessen haben[265]. Gressmann (1920) beschreibt Taubenzuchtanlagen, die überirdisch in Gebäuden, meist aber unterirdisch in Höhlen und Grotten liegen, die mit Grabanlagen oder Zisternen verbunden sind. Die Nistplätze sind direkt in den Fels geschlagen und haben für die Tauben eine ideale Grösse. Alleine bei Jerusalem gibt es fünf Taubengrotten, z.B. Bet Dschibrin mit 2000 Brutnischen, in der über 4000 Tauben untergebracht werden konnten. Nach Oren[266] dienten die Columbarien im Tempel von Marescha der Aufzucht von heiligen Tauben für den Kult der Astarte-Atargatis, der nach Orens Meinung der Tempel geweiht war. Dieser Typus der Columbarien ist nicht alleine auf jüdisches Gebiet beschränkt, sondern findet sich vom Roten bis zum Schwarzen Meer[267]. Neben der Verwendung der Tauben als Fleisch- und Opfertiere, wurde auch der Taubenmist als Dünger verwendet.
Und es entstand eine große Hungersnot in Samaria; und siehe, sie belagerten es, bis ein Eselskopf achtzig [Sekel] Silber und ein Viertel Kab Taubenmist [0,3 kg] fünf [Sekel = 60 g] Silber galt. (2 Kön 6, 25)

Nach Zedler (1744) waren mit «Taubenmist» in diesem Zusammenhang geröstete Kichererbsen gemeint, die damals in Israel als gewöhnliche Speise in abwertendem Sinn als Taubenmist bezeichnet wurden und ebenso gering geschätzt waren wie Eselsfleisch. Nach Hartmann (pers. Mitt.) ist es wahrscheinlicher, dass Taubenkot an Stelle von Salz verwendet wurde, wie eine Stelle von Flavius Josephus nahelegt[268]. Im Talmud[269] werden drei verschiedene Typen von Tauben unterschieden, zwei Typen von Feldtauben und die Haustauben. Die halbwild lebenden Feldtauben hielten sich während des Tages in den Feldern auf und kehrten abends zurück. Die eine Rasse wurde in den oberen Räumen der Häuser, die andere in speziellen Taubenschlägen oder Taubenhäusern gehalten. Beide Rassen nisteten auch in Felslöchern und Krügen, die man zu diesem Zweck in den Stadtmauern angebracht hatte. Von diesen beiden Feldtaubenrassen wird die stärker domestizierte Haustaube unterschieden, die sich ihre Nahrung nie auswärts sucht und sich nie weit vom Haus oder Schlag entfernt[270]. In der Mischna[271] werden die (wahrscheinlich) weissen Tauben des Herodes als besonders zahm von anderen unterschieden und deshalb mit eigenen Vorschriften belegt. Vermutlich hatte Herodes diese Tauben aus der Stadt Askalon eingeführt, wo er auch einen Palast besass[272]. Die weisse Taube war wahrscheinlich mit den babylonischen Eroberungszügen nach Syrien und nach Palästina gelangt.

Wenn ihr zu Felde liegt, glänzt es wie Flügel der Tauben, die wie Silber und Gold schimmern. (Ps 68, 14)

Einen weiteren vagen Hinweis auf eine hochentwickelte Taubenzucht bei den alten Juden gibt Psalm 68, 14, in dem von Taubenflügeln die Rede ist, die mit Silber und Gold bedeckt sind. Nach Keel (1977a) könnten die Flügel von Tauben mit Gold- und Silberflitter überzogen worden sein, um den Sieg Jahwes zu verkünden, und er übersetzt Psalm 68, 14 mit «Wenn ihr (auch) zwischen den Satteltaschen[273] liegt, die Taubenflügel werden (doch) mit Silber überzogen, und ihre Schwingen mit gelblichem Gold.» Eine andere Erklärung bietet ein Brauch, der im ganzen Vorderen Orient bis heute verbreitet ist. Tauben werden mit speziell gefertigtem Schmuck aus Kupfer, Silber und Gold verziert (Abb. 59). Vielleicht war dies schon zur Zeit der Entstehung von Psalm 68 üblich. Der Schmuck befindet sich am oberen Hals und an den Beinen, nicht aber an den Flügeln. Naheliegender ist die Erklärung, dass die Israeliten schon Taubenrassen in goldenen und silbernen Farbschlägen kannten, wie sie heute noch im Orient weit verbreitet sind. Damit soll nicht impliziert werden, die alten Israeliten hätten schon über diese Rassen verfügt. Es soll nur gezeigt werden, dass es ohne weiteres möglich ist, dass eine Taube ein gold- und silberfarbenes Gefieder haben kann. Immer wieder treten Mutationen auf, die sich in der Gefiederfarbe und Struktur auswirken. Der Mensch braucht diese Veränderungen nur zu bewahren, das

heisst, er muss die Elterntiere so kreuzen, dass die gewünschte Veränderung nicht verloren geht. Auf diese Weise sind hunderte von Taubenrassen entstanden. Der Mensch bewahrt also nur das, was die Natur an Veränderungen entstehen lässt. Abbildung 194 zeigt, dass Tauben mit silber- und goldfarbenem Gefieder biologisch möglich sind[274]. Dabei muss betont werden, dass die alten Israeliten vor beinahe 2500 Jahren eigene Taubenrassen hatten, die heute entweder verlorengegangen sind oder sich durch stetige Veränderung weit vom Ursprungstypus entfernt haben dürften.

Wie die Taube zu ihrem silberglänzenden Flügeln kam, erzählt eine alte orientalische Sage:

Acht Tage hatte der Vater der neuen Welt auf die Wiederkunft des trägen Raben gewartet, als er auf's Neue seine Scharen um sich rief, Kundschafter auszuwählen. Schüchtern flog die Taube auf seinen Arm und bot sich an zur Sendung. «Tochter der Treue», sprach Noah, «du wärest mir wohl eine Dienerin guter Botschaft; wie aber willst du deine Reise tun, und dein Geschäft vollenden? Wie, wenn deine Flügel ermatten, und dich der Sturm ergreift, und wirft dich in die trübe Welle des Todes? Auch scheuen deine Füsse Schlamm, und deiner Zunge widert unreine Speise.» – «Wer», sprach die Taube, «gibt dem Müden Kraft und Stärke genug dem Unvermögenden? Lass mich, ich werde dir gewiss eine Dienerin guter Botschaft.» Sie entflog und schwebte hin und her, und nirgends fand sie, wo sie ruhen könnte; als schnell der Berg des Paradieses sich vor ihr erhob mit seinem grünenden Wipfel. Über ihn hatten nichts vermocht die Wasser der Sündflut; und der Taube war die Zuflucht zu ihr unverboten. Freudig eilte sie und flog hinan und liess demütig sich am Fuss des Berges nieder. Ein schöner Ölbaum blühte da: sie brach ein Blatt des Baumes, eilte gestärkt zurück und legte den Zweig auf des schlummernden Noah Brust. Er erwachte und roch daran den Geruch des Paradieses. Da erquickte sich

258 Lev 1, 14
259 Zur Reinigung der Wöchnerin (Lev 12, 2–8; Lk 2, 22–24), des Mannes wenn er an Ausfluss leidet oder einen Samenerguss hat (Lev 15, 1–18), der Frau nach unregelmässiger Menstruation (Lev 15,19–33), zur Reinigung, wenn ein Gottgeweihter oder eine Gottgeweihte Kontakt mit einer Leiche hatte (Num 6, 9–11) und zur Reinigung von geheilten Aussätzigen (Lev 14, 1–32).
260 Lk 2, 24; Lev 12, 8; Lev 14, 22, Lev 14, 30–32.
261 Lev 5, 13
262 Flavius Josephus war ein jüdischer Historiker, der von 37/38 bis ca. 100 n.Chr. lebte.
263 Babylonischer Talmud, Traktat Baba batra 80a nach Raschi, Kommentar zum Talmud
264 Feliks 1962, S. 54
265 Keritot 28, a–b
266 E. Oren nach Negev 1991, S. 258
267 Gressmann 1920
268 «Taubenmist, der die Stelle des Salzes vertreten musste», Flavius Josephus, Jüdische Altertümer IX, 4, 4
269 entstanden zwischen ca. 100 v.Chr. bis 500 n.Chr.
270 Beza 24, a, Lewisohn 1858
271 Schabbath XXIV 3, Chulin XII 1
272 Gressmann 1920
273 Satteltaschen, wird auch als Hürden übersetzt (z.B. Luther-, Schlachter-, Elberfelder- und Zürcher Bibel).
274 Die in Abb. 60 links dargestellte Gimpeltaube gehört zu den alten illyrischen heiligen Tauben (Pekanovic 1996). Illyrien liegt an der östlichen Adria und wurde 168 v.Chr. zur römischen Provinz.

51

Abb. 60: Verschiedene Taubenrassen, wie der hier abgebildete Kupfergimpel (links) und die Damascenertaube (rechts), haben ein Gefieder, das im Sonnenlicht wie Gold und Silber glänzt. Sie zeigen, dass die in Psalm 68, 14 erwähnten Tauben mit gold- und silberglänzenden Schwingen biologisch möglich sind und vielleicht eine alte jüdische Taubenrasse meinen.

60   60

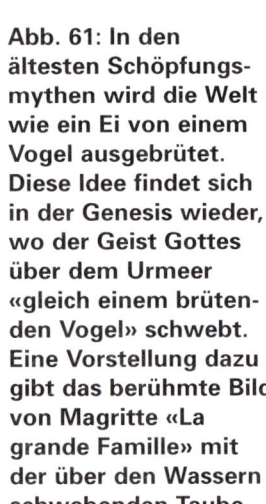

52 **Abb. 61: In den ältesten Schöpfungsmythen wird die Welt wie ein Ei von einem Vogel ausgebrütet. Diese Idee findet sich in der Genesis wieder, wo der Geist Gottes über dem Urmeer «gleich einem brütenden Vogel» schwebt. Eine Vorstellung dazu gibt das berühmte Bild von Magritte «La grande Famille» mit der über den Wassern schwebenden Taube.**

61

sein Herz: das grüne Friedensblatt erquickte die Seinigen, bis ihm sein Retter selbst erschien, bekräftigend der Taube gute Botschaft. Seitdem dann war die Taube Dienerin der Liebe und des Friedens. Wie Silber glänzen ihre Flügel, sagt das Lied [Ps 68, 14]; ein Schimmer noch vom Glanz des Paradieses, das sie auf ihrer Wanderschaft erquickte.
(Herder nach Menzel 1854)

Schon zur Zeit der alten Juden wurden freifliegende Haustauben zum öffentlichen Ärgernis. Es bestand ein Verbot, innerhalb der Städte Taubenschläge zu betreiben, da die Tauben den umliegenden Gärten Schäden zufügten und das zum Trocknen auf den Dächer ausgelegte Getreide frassen. Die Taubenhaltung war nur demjenigen gestattet, dessen Haus nach allen Seiten hin 50 Ellen (26,25 m) freien Raum hatte[275]. Die Juden betrieben verschiedene Flugtaubensportarten. Sie stellten Wetten an, wessen Taube am schnellsten zu ihrem Schlag zurückkehrte oder am längsten ohne Unterbruch in der Luft bleiben konnte[276]. Sie versuchten auch, fremde Tauben in den eigenen Schlag zu locken[277] oder ausserhalb der Stadt mit Netzen einzufangen, was eigens durch Gesetze im Talmud geregelt war[278]. Dieser im Talmud beschriebene Taubenlocksport hat im vorderen Orient heute noch viele Anhänger. Nach Tabche (1992) sind vor allem die Städte Beirut, Tripoli, Sidon, Damaskus, Aleppo, Homs und Hama für ihren Taubensport bekannt: Der Taubensport beginnt dort jeweils um 15 Uhr und dauert bis zum Sonnenuntergang. Schwärme von 30 bis 50 Tauben verschiedenster Rassen werden aus dem Schlag gestartet und vereinigen sich dabei mit den Schwärmen anderer Züchter. Alle zum Flug verwendeten Tauben sind Männchen, die grosse Schmuckringe tragen. Besonders schöne und leistungsfähige Täuber werden mit silbernen oder goldenen Ohrmarken geschmückt (Abb. 59). Will ein Züchter den Flug seines Schwarmes beenden, so lässt er eine Locktaube frei, die den Schwarm nach unten zieht. Nun beginnt die besondere Faszination des Flugtaubensportes: Der grosse Gemeinschaftsschwarm eines ganzen Wohnviertels beginnt sich aufzutrennen, und die Tauben streben ihrem Heimatschlag zu. Jetzt steigt die Spannung, ob die gestarteten Täuber vollzählig zurückkehren und vielleicht auch fremde Tauben einfallen. An den Ecken der Taubenschläge sind Fangbügel angebracht, die vom Züchter mit Seilen bedient werden. Setzt sich ein fremder Täuber in die Nähe eines Fangbügels, zieht er blitzschnell an der Leine und betätigt seine «Schabka», die Netzfalle. Abends treffen sich die Taubenzüchter in ihrem Stammlokal, palavern über die Taubensportereignisse des Tages, und versuchen eingefangene oder verlorene Täuber auszutauschen oder zurückzukaufen.

Die Taube im Alten Testament

Im Anfang schuf Gott die Himmel und die Erde. Und die Erde war wüst und leer, und Finsternis war über der Tiefe; und der Geist Gottes schwebte über den Wassern. (Gen 1, 1–2)

Das Wort schweben «m^erachäfät» in der Genesis müsste in seiner Grundbedeutung mit «schweben, im Schwebeflug, im Rüttelflug, zitternd»[279] übersetzt werden. Im Babylonischen Talmud[280] schwebt der Geist Gottes am Anfang der Weltschöpfung «gleich einer Taube über den Wassern». Der Geist Gottes, unter dem Bild eines brütenden Vogels vorgestellt, wandelt das Chaos, die wüste und leere Finsternis, die Urflut in den Kosmos, in die geordnete Schöpfungswelt[281]. Nach Baumann[282], der die babylonische Abkunft der Genesis für evident hält, ist hier der über den Urwassern lebende, schwebende und brütende Urvogel alter eurasischer Mythik zu erkennen. Auch in der frühen griechischen Mythologie war die Idee einer grossen Muttergöttin bekannt, die die Welt aus einem Ei entstehen lässt. In einem frühen Schöpfungsmythos[283] der Pelasger wird die Grosse Mondgöttin des Anfangs «Eurynome» durch die Umarmung des Nordwindes «Boreas» schwanger. Eurynome verwandelt sich in eine Taube und legt ein Ei auf das Wasser des Urmeeres. Dieses Weltei, aus dem die Welt entsteht, wird dann von der Schlange «Ophion» ausgebrütet. Im rabbinischen Judentum herrschte folgerichtig die Vorstellung, dass der Geist Gottes in der Gestalt einer Taube über den Urgewässern schwebte und die Welt ausbrütete (Abb. 62). In einem galizischen Weihnachtslied, das seine Umbildung aus einem alten Mythos vielleicht kabbalistisch-gnostischen Lehren verdankt, sitzen drei Schöpfertauben auf einem Ahornbaum im Urmeer. Aus dem Meer hoben sie nicht nur die Erde, sondern auch den goldenen Stein, aus welchem Himmel, Sonne, Mond und Sterne werden[284]. Nach Gressmann (1920) wird der Geist

Gottes als weiblicher Vogel dargestellt, weil das hebräische Wort für Geist «ruach» weiblich ist und ein männlicher Vogel deshalb unlogisch wäre.

Im Judentum galt die Taube zudem als Lieblingsvogel Gottes[285]. Tauben waren auch Glücksvögel. Nach Pierius Valerianus war es bei reichen und vornehmen Juden Sitte, als Zeichen des Glückes Taubenflügel mit Gips am Hausgiebel zu befestigen[286]. Wie im alten Mesopotamien[287] war die Taube auch bei den Juden das Sinnbild der Klage und Verzweiflung. Hebräisch heisst die Taube Jonah, die Klagende. Im Alten Testament finden wir sie an mehreren Stellen zur Veranschaulichung des klagenden und leidenden Menschen:
Bis zum Morgen schreie ich um Hilfe.
Wie ein Löwe zermalmt er all meine Knochen.
Ich zwitschere wie eine Schwalbe,
ich klage wie eine Taube.
Meine Augen blicken ermattet nach oben:
Ich bin in Not, Herr. Steh mir bei.
(Jes 38, 13–14)
Wir brummen alle wie Bären und klagen wie Tauben.
Wir hoffen auf unser Recht, doch es kommt nicht, und auf die Rettung, doch sie bleibt uns fern.
(Jes 59, 11)
Die Königin[288] wird zur Schau gestellt, wird entblösst, wird weggeführt;
ihre Mägde jammern wie klagende Tauben und schlagen sich an die Brust.
(Nah 2, 8)

62

Der Laut, den die Taube äussert, wird in den verschiedenen Bibelübersetzungen auf Deutsch mit gurren (Stemberger & Prager 1984), girren, ächzen, seufzen (Luther) und stöhnen (Elberfelder-Bibel), auf Englisch als moan = wehklagen, jammern (American Standard Version) oder mourn = traurig oder klagend sagen oder singen (Darby und King James Version) übersetzt. Die hebräische Wurzel «hgh» hat auch die Bedeutungen knurren bei Löwen und murmeln bei Menschen. In Zusammenhang mit dem klagen-

Abb. 62: Christliche Darstellung des Geistes Gottes, der in Form einer weissen Taube über den Urwassern schwebt.

[275] Babylonischer Talmud, Traktat Baba batra 23 b
[276] R. ha-Schana 22, a
[277] Sanhedrin 24b–25a
[278] B. Kama 79, b
[279] Hartmann pers. Mitt.
[280] Chagiga 15
[281] Pangritz 1963, S. 36
[282] Baumann 1986, S. 170–172
[283] Baumer 1993, S. 224
[284] Baumann 1986, S. 172
[285] Talmud, Esra 3, 26
[286] Gattiker 1989
[287] siehe Kapitel: Wie eine Taube klage ich und zergehe in Seufzen
[288] Mit Königin könnte hier das Standbild der Liebesgöttin Ischtar gemeint sein, deren Tempel im Innern des königlichen Palastes von Ninive (Assyrien) stand. Die klagenden Mägde wären dann die Kultprostituierten der Ischtar, die den Eroberern in die Hände fallen (Stemberger & Prager 1984, Band 3, S. 1661).

53

den, verzweifelten und leidenden Menschen kann aber nur der Nestruf der Taube gemeint sein (Haag 1991b). Aus diesem Grund wurde gurren oder girren mit klagen ersetzt. Das Bild der klagenden Taube findet sich später auch beim römischen Schriftsteller Plinius, der schreibt, nach einem Ehebruch ihres Partners sei die «Kehle (der Taube) voll von Klage»[289].

Taubenopfer

Der Kult der Juden, durch ein Opfer Vergebung für seine Sünden zu erreichen, erlaubte es den Armen, statt Kleinvieh Tauben zu opfern (Abb. 63):
Hat jemand eine Schuld auf sich geladen, das soll er bekennen, wessen er sich schuldig gemacht hat und als Busse für seine Verfehlung ein weibliches Tier von seinem Kleinvieh, ein Schaf oder ein Ziege als Sühnopfer darbringen. Der Priester wird ihm Sühne für seine Verfehlung verschaffen. Wenn aber sein Vermögen für ein Stück Vieh nicht ausreicht, so bringe er als Opfergabe Jahwe für seine Verfehlung, die er begangen hat, zwei Turteltauben oder zwei junge Tauben dar, die eine als Sündopfer, die andere als Brandopfer. (Lev 5, 5–7)

Die alttestamentarische Vorschrift, junge Tauben zu opfern, bedeutete für die damaligen Menschen sicher einen schmerzhaften Verzicht, denn es gibt kaum etwas Delikateres, als gut zubereitete junge Tauben. Ältere Tiere sind meist zäh und deshalb von weit geringerem kulinarischem Wert. Eine genaue Anleitung wie die Jungtauben zu opfern waren, finden wir in Levitikus 5, 8–10:
Er übergebe sie dem Priester, und dieser soll die zum Sündopfer bestimmte Taube zuerst darbringen. Er knicke ihr den Kopf dicht am Genick ab, ohne ihn jedoch abzutrennen und sprenge etwas von dem Blut des Sündopfers an die Wand des Altars. Der Rest des Blutes soll am Fuss des Altars ausgedrückt werden. Dies ist ein Sündopfer. Die zweite Taube aber bringe er als Brandopfer dar, wie es sich gebührt. So verschaffe der Priester Sühne wegen der Verfehlung, die er begangen hat und sie wird ihm vergeben werden.

Das Opfer wurde verlangt: Von der Wöchnerin nach der Geburt (Lev 12, 1–8), bei der Erklärung der Reinheit von genesenen Aussätzigen (Lev 14, 1–22), nach geschlechtlicher Unreinheit[290] und unregelmässiger Menstruation (Lev 15, 1–33) sowie nach der Berührung einer Leiche (Num 6, 9–10). Der grosse Bedarf an Opfertauben förderte die Entwicklung und Verbreitung der Taubenzucht im alten Israel. In speziellen Taubentürmen oder in Felshöhlen vor den Toren Jerusalems wurden die Tauben gezüchtet und bei Bedarf eingefangen und im Vorhof des Tempels verkauft. Das Treiben der Taubenhändler führte mit der Zeit offenbar zu einer Entfremdung und Entweihung der Tempelanlagen, die dann von Jesus bekämpft wurde (Abb. 64).
Einen möglichen Hinweis darauf, dass im Tempel selbst Tauben gehalten wurden, gibt das Protoevangelium des Jakobus[291]. Es erzählt die Geschichte von Maria, die von ihrem 3. bis 12. Lebensjahr im Tempel diente: «Maria aber wurde im Tempel wie

eine Taube gehegt und empfing Nahrung aus der Hand eines Engels.» Wenn hier der Vergleich gebracht wird, dass Maria wie eine Taube im Tempel gehegt wurde, kann vermutet werden, dass das Hegen von Tauben im Tempel ein allgemeiner Brauch war.

64

Eine Stelle aus dem Talmud zeigt, dass schon bei den alten Juden ein auf dem Markt knapp gewordener Artikel der Spekulation durch skrupellose Händler unterlag. Nachdem die Preise für Opfertauben ins Unermessliche gestiegen waren, drohte Hillel[292] damit, dass wenn die Händler die Preise nicht sofort senken würden, folgendes gültig werde: Eine Frau, die durch die Gesetze viele Tauben zu opfern verpflichtet ist, sei davon befreit, wenn sie nur ein einziges Paar opfere. In der Folge hätten die Taubenhändler die überhöhten Preise sofort gesenkt.
Der Talmud begründet die Erwählung der Taube als Opfertier mit ihrer Wehrlosigkeit und ihrem Verfolgtsein, mit dem sich das Volk Israel identifizierte: «Es gibt keinen Vogel, der so gejagt ist wie die Taube; deshalb betrachtete sie die Tora als geeignet, die Sünden zu sühnen»[293]. Die unschuldige Taube war das Symbol der Gemeinschaft Israel: «Meine Taube, meine reine ...» und: «so wie die Taube unschuldig ist, so wird Israel als unschuldig betrachtet»[294]. Die aussergewöhnliche Flugleistung der Taube dient ebenfalls dem Vergleich mit Israel. Tosephot[295] erklärt, dass sich jeder andere Vogel zur Ruhe niederlässt, wenn er ermüdet ist. Die Taube hingegen soll den einen Flügel ausruhen lassen, während sie mit dem andern weiterfliegt. In gleicher Weise sucht Israel seine Kraft im Verfolgtsein. Neben ihrer Be-

[289] Plinius, Naturkunde 10, 104.
[290] z.B. ungewollter Verunreinigung mit Ejakulat im Schlaf oder krankhaftem Samenfluss
[291] Protoevangelium des Jakobus 8 (2. Hälfte 2. Jh.), Schneemelcher 1990, S. 342
[292] Babylonischer Talmud, Baba Batra 166 a. Hillel war ein berühmter Schriftgelehrter in Jerusalem, ca. 20 v.Chr. bis 15 n.Chr.
[293] «There is no bird so much hunted as the dove; therefore the Torah considered them fit to atone for the sins»; Talmud, B. Kam. 93a nach Feliks 1962
[294] Ct. Rabbah 5 nach Feliks 1962
[295] Sabbat 49

Abb. 63: Mosaik aus dem Triumphbogen von S. Maria Maggiore Rom, das die Darbringung Jesu im Tempel darstellt (Ausschnitt). Auf der Treppe des Tempels von Jerusalem sitzen oben zwei Tauben, darunter zwei Turteltauben. Nach dem mosaischen Gesetz mussten Maria und Josef als Reinigungsopfer zwei junge Tauben oder zwei Turteltauben opfern: «Als die Tage der Reinigung (von Maria), die das Gesetz des Mose vorschrieb, zu Ende waren, brachten sie ihn (Jesus) nach Jerusalem, um ihn dem Herrn darzustellen. Denn es steht im Gesetz des Herrn geschrieben: Jede männliche Erstgeburt soll dem Herrn geweiht werden. Auch wollten sie das Opfer darbringen, wie es im Gesetz des Herrn vorgeschrieben ist: ein Paar Turteltauben oder zwei junge Tauben» (Lukas 2, 22–24)

Abb. 64: Und Jesus trat in den Tempel Gottes ein und trieb alle hinaus, die im Tempel verkauften und kauften, und die Tische der Wechsler und die Sitze der Taubenverkäufer stieß er um. (Matthäus 21, 12)

55

deutung als Symbol der Wehrlosigkeit und des Verfolgten galt die Taube den Juden auch als Sinnbild der Keuschheit[296] weil man zu beobachten glaubte, die Taube lebe in strengster Monogamie.

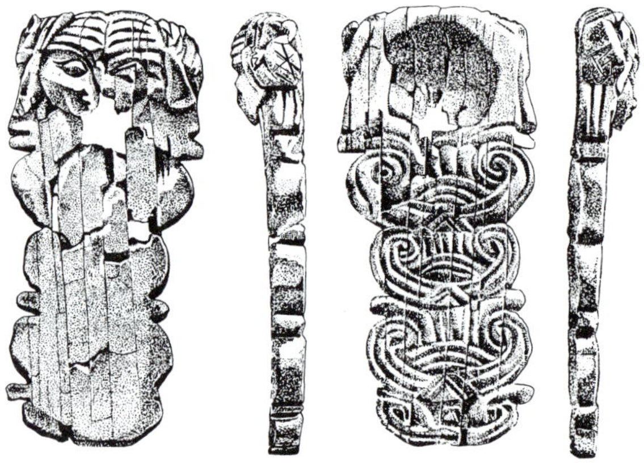

65

Abb. 65: Ein kosmetischer Löffel aus Elfenbein ist als Frauenkopf gestaltet, der von zwei Tauben flankiert ist. Sie sind mit einem Stern, dem Symbol der Liebesgöttin, geschmückt; Hazor, 1. Hälfte 8. Jahrhundert v.Chr.

Deine Augen sind Tauben

Im Alten Testament finden wir die Taube im weitesten Sinne auch mit ihrer ältesten Bedeutung, der Liebe und Erotik assoziiert. Das Hohelied Salomos ist eine locker geordnete Sammlung von Liebesliedern, die von den Juden, erotisch entschärft, ursprünglich aus der kanaanäischen Kultur übernommen wurde. An mehreren Stellen werden die Augen oder die Blicke der Geliebten mit Tauben verglichen:

Siehe, du bist schön, meine Freundin, siehe,
du bist schön, deine Augen sind Tauben.
(Hld 1, 15)

Die Taube im Hohelied verbreitet vor allem die Aura der Liebe. Keel (1984) konnte zeigen, dass die weisse Taube in der Levante über Jahrtausende das Attribut der Liebesgöttin war, ihre Sphäre signalisierte und, wo sie auftauchte, als Botin der Liebesgöttin und der Liebe verstanden wurde. Hohelied 1,15 meint also: «Du bist schön, und deine Blicke sind Liebesbotinnen. Sie künden von Liebe und von der Bereitschaft zur Liebe»[297]. Dass das Motiv der Taube mit der Liebesgöttin in Israel nicht unbekannt war, belegt ein Fund aus Hazor aus der ersten Hälfte des 8. Jahrhunderts v.Chr. (Abb. 65). Ein Elfenbeinlöffel ist als Frauenkopf gestaltet, der auf beiden Seiten von Tauben flankiert ist. Die Tauben sind mit einem Stern, dem Symbol der Liebesgöttin, geschmückt. Aus einem Grab aus Lachisch (um 700 v.Chr.) stammt eine Taube, die einem Pfeiler aufgesetzt ist (Abb. 67). Diese Pfeiler bilden sonst den unteren Teil der sogenannten Pfeilergöttinnen. Die Taube könnte dabei eine letzte Liebesbotschaft an den Verstorbenen gewesen sein[298].

Seine Augen [sind] wie Tauben
an Bächen voll Wasser,
[wie Tauben], die in Milch gebadet
über dem vollen [Becken] sitzen
(Hld 5, 12)

Die Augen, die wie Tauben sind, vergegenwärtigen in Hohelied 5,12 die Liebe. Zusätzlich wird hier mit den Bachläufen voll Wasser ein Bild der Üppigkeit und des Überflusses gezeichnet. Die Augen des Geliebten sind also wie Tauben in einer glücklichen Umgebung. Nach Keel (1992) suggeriert das Baden in Milch einerseits die glücklichen Umstände des Überflusses, andererseits wird auch auf die weisse Zuchtform der Taube angespielt, wie sie schon für das 18. Jahrhundert v.Chr. nachgewiesen ist (Abb. 27). Ein modernes Milchglas spielt auf originelle Weise ebenfalls auf die Assoziation zwischen Milch und der weissen Taube an (Abb. 66). Taube wurde auch als Kosewort für die Geliebte verwendet[299]. Die im alten Testament als Opfertiere verlangten Jungtauben unterscheiden sich in verschiedenen Merkmalen von den erwachsenen Tauben. Neben dem zarteren Fleisch sind die dunklen Läufe und Füsse, die dunkle Wachshaut (Schnabelwarze), der unbefiederte Schnabelansatz und Federn mit braunen Juvenilrändern sowie der fehlende Halsschiller typisch für eine junge Taube. Mit etwa 6 Monaten ist die Umbildung zum Adulthabitus abgeschlossen. Erwachsene Tauben haben rötliche Läufe und Füsse, eine weisse, auffällige Schnabelwarze und ein metallisch schillerndes Halsgefieder (Abb. 68).

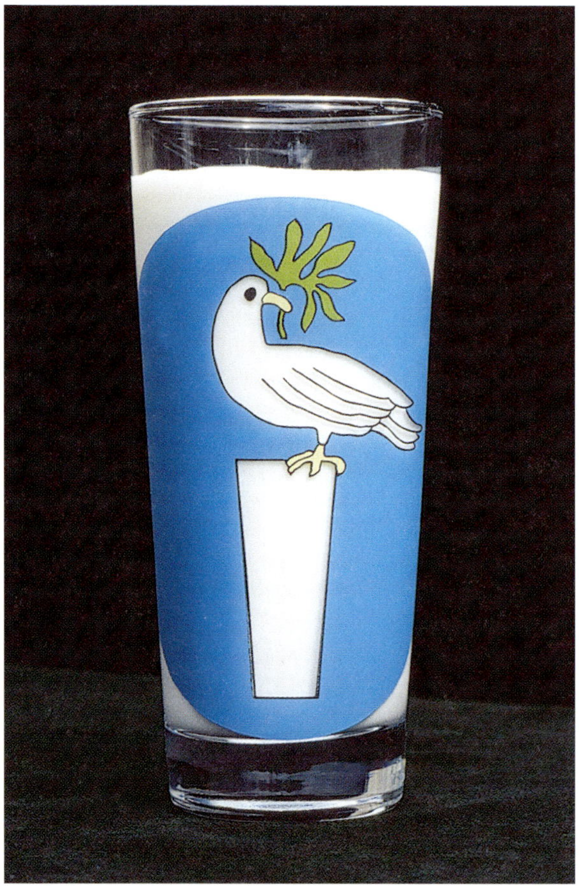

66

Abb. 66: Ein Milchglas spielt mit der Assoziation zwischen Milch und der weissen Taube, wie sie schon im Hohelied Salomos verwendet wurde.

Ebenfalls ein Adultmerkmal sind die ausdruckvollen Augen einer Taube. Die Iris (Regenbogenhaut) einer Jungtaube ist während der ersten acht Lebenswochen schwarzblau pigmentiert und vermittelt den Eindruck von eher ausdruckslosen Knopfaugen (Abb. 68). Bei der Felsentaube und den meisten Haustaubenrassen nimmt die Iris nach der 8. Lebenswoche eine leuchtend orange Farbe an[300]. Dieser Farbeffekt entsteht durch die Einlagerung von eumelaninähnlichen Pigmenten und deren Zusammenwirken mit durchscheinenden, oberflächlichen Blutgefässen. Adulte Tauben unterscheiden sich somit deutlich von den im Alten Testament als Opfertiere verlangten jungen Tauben.

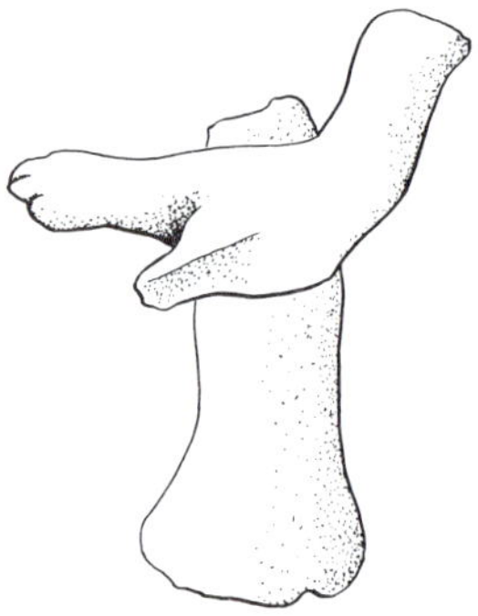

67

Abb. 67: Eine Taube auf einem Pfeiler wurde zusammen mit Pfeilergöttinnen in einem Grab in Lachisch gefunden, das aus der Zeit um 700 v.Chr. stammt. Sie könnte eine letzte Liebesbotschaft an den Verstorbenen gewesen sein.

Die Irisfarbe spielt in der Haustaubenzucht eine wichtige Rolle. Durch menschliche Zuchtwahl wurden Tauben mit einer grossen Vielfalt an verschiedenen Augenfarben gezüchtet[301] (Abb. 206). Sie variieren nach Stauber[302] vom reinsten Weiss, dem Perl- oder Glasauge ohne sichtbare Blutgefässe z.B. beim Englischen Long Faced Tümmler über rötliche, gräuliche und bläuliche Tönungen beim Danziger Hochflieger (Abb. 69) über das Bernsteingelb der Agaranttaube bis hin zum tiefsten Rubinrot bei der Damascenertaube. Die dunkelste Irisfarbe ist das Schwarzbraun fast aller Weissköpfigen aber auch der meisten Schweizerrassen. Solche Augen werden als Wicken- oder Bullaugen bezeichnet[303]. Je nach Kombination mit der Gefiederfarbe entsteht ein sehr wirkungsvoller Gesichtsausdruck, wie er beispielsweise bei weissen Tauben mit schwarzen oder hellen Augen zu finden ist (Abb. 69). Bei den meisten höheren Vögeln und Säugetieren gehören die dunklen Knopfaugen zum Jungenhabitus, der auf Adulttiere aggressionsbeschwichtigend wirken kann. Auch wir Menschen empfinden die Knopfaugen unserer Kleinkinder als «herzig» und unschuldig, was z.B. bei Spielzeugtieren genutzt wird, um eine besondere Attraktivität zu bewirken. Durch den Kontrast der orangen Iris mit den hell-graublauen bis dunkelgrauen Augenlidern nach aussen und der schwarzen Pupille nach innen entsteht bei der erwachsenen Taube dann ein sehr ausdrucksvolles Auge, dessen Blickrichtung exakt festgestellt werden kann. Im Sexualverhalten der Taube spielen Blick-kontakte während der Paarbildung (Flirtverhalten) und im Paarbindeverhalten eine wichtige Rolle. Heinroth (1947) beschreibt ein Paar, das in benachbarten Einzelkäfigen gehalten wurde. Auf Distanz – alleine über Augenkontakt – vollzogen dieser Täuber und die Täubin die Paarbindung. Heinroth schreibt dazu: «Die Tiere hatten offenbar vorher auf dem Balkon durch die Gitter schon lange miteinander geliebäugelt; man macht überhaupt die Erfahrung, dass das gegenseitige 'In-die-Augen-Sehen' bei Tauben eine grosse Rolle spielt und sehr zur Paarbindung beiträgt. Die beiden blieben ein dauernd sehr zärtliches Paar.» Auch der Mensch versteht die Blicke der Taube und ein geschicktes Tier kann es lernen, beim Betteln durch einen Blickkontakt den Menschen dazu zu bewegen, ihm einen Futterbrocken hinzuwerfen[304]. Vielleicht gibt es einen Zusammenhang zwischen der «heidnischen Liebesgöttin», dem ausdrucksvollen Auge der erwachsenen Taube, die mit ihrem Flirtverhalten so nah beim Menschen liegt und dem mosaischen Opfergebot, das ausdrücklich die «unschuldige» Jungtaube verlangt.

Nach Keel[305] dient Hohelied 2,14 der Veranschaulichung der Unerreichbarkeit der Geliebten. Nur wenn eine Felsentaube zum Rand des Felsabsatzes geht, wird sie dem Betrachter für kurze Zeit sichtbar, um meistens gleich wieder zu verschwinden. Dieses Bild ist für die wilde Felsentaube typisch, die in ihrem natürlichen Lebensraum meist nur schwer zu beobachten ist (Abb. 71).

296 Erubin 100, b
297 Keel 1992, S. 74
298 Keel 1984, S. 62
299 Hld 2, 14; 5, 2 und 6, 8
300 Vogel 1992, S. 205
301 Levi 1965, S. 757–759
302 pers. Mitt.
303 Stauber 1996
304 Weber 1992, S. 45–47
305 Keel 1992, S. 100

Abb. 68: Im Alten Testament werden für die Opfer ausdrücklich Jungtauben verlangt, die sich äusserlich in mehreren Merkmalen von erwachsenen Tauben unterscheiden. Links ist eine erwachsene, rechts eine junge (5 Wochen alte) Felsentaube dargestellt.

Abb. 69: Rassetauben mit verschiedener Augenfarbe erzeugen auf den Menschen einen unterschiedlichen Eindruck. Während das helle Auge eines Danziger Hochfliegers durchdringend und stechend wirkt, entspricht die weisse Taube mit den dunkeln Knopfaugen eher dem Kindchenschema und wirkt «herzig».

69

1 2 3

4 5 6

7 8 9

Abb. 70: Die Augenfarben der erwachsenen Tauben entstehen durch die Einlagerung von eumelaninähnlichen Pigmenten und deren Zusammenwirken mit oberflächlichen Blutkapillaren. Von links nach rechts jeweils Zunahme der Rotanteile durch die Blutkapillaren: 1–3 typische Augenfarben der Felsentaube, 4–6 braunäugige Taubenrassen mit stärkerer Pigmenteinlagerung, 7–9 helläugige Taubenrassen mit verringerter Pigmenteinlagerung. Das dunkelbraune Auge 6 entsteht durch starke Pigmenteinlagerung in Kombination mit vielen oberflächlichen Blutkapillaren. Fehlt das Pigment, entsteht das rote «Albinoauge», sind wenige Blutgefässe vorhanden, ergibt sich das weisse Perlauge.

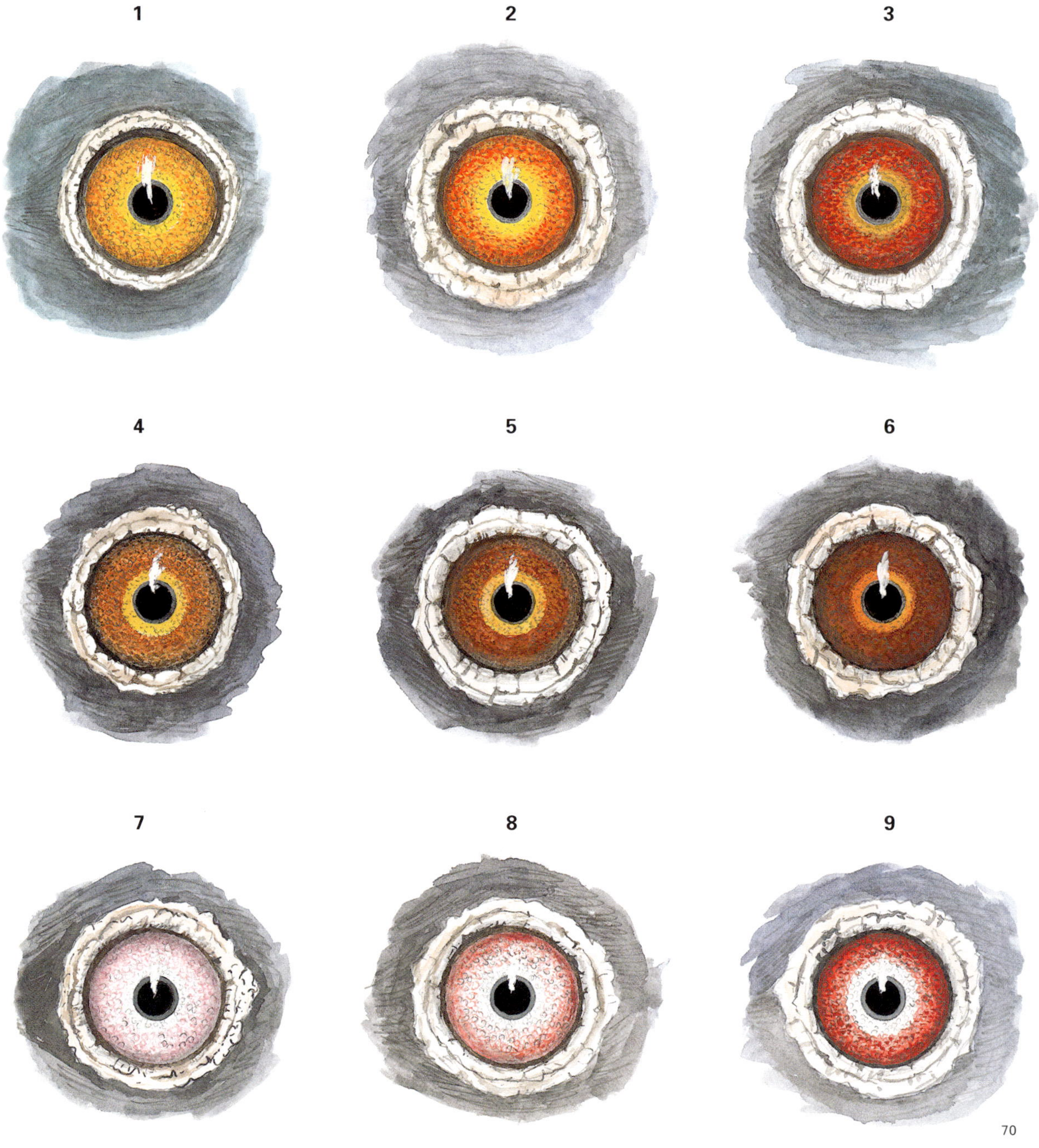

70

Abb. 71:
Meine Taube in den
Felsklüften,
im Versteck der Klippe,
lass mich deine Er-
scheinung sehen,
lass mich deine Stim-
me hören,
denn deine Stimme ist
betörend
und deine Erscheinung
hinreissend.
(Hohelied 2,14)

In allen Stürmen, in aller Not
Wird Er dich beschirmen, der treue Gott.

71

Die Verbannung der Liebesgöttin

Trotz ihrer grossen Beliebtheit und ihrer vielfältigen Erscheinungsformen übte die Taube im Judentum nie die Rolle eines eigentlichen Symbols einer Liebesgöttin aus. Die Göttin wurde im Alten Testament eliminiert und ihre erotisch-sexuellen Aspekte wurden dämonisiert[306]. Mit ihr verlor wohl auch die Taube im Judentum ihren hohen Stellenwert als Vogel der Liebe. Als das Volk Israel von Ägypten über die sinaitische Wüste kommend ins Heilige Land einbrach, stiess es als Hirtenvolk in das Gebiet von Ackerbaustämmen hinein und gelangte so in den Herrschaftsbereich der Taubengöttin. Die Hauptgötter der Kanaaniter, der Ureinwohner Kanaans, waren Baal und Astarte (Ashera, Baaleht, Anath) – Nebenformen der babylonischen Ischtar. Als patriarchalisch und monolatrisch[307] geprägte Kultur verurteilten und bekämpften die Israeliten den Kult der kanaanäischen Liebesgöttin auf das heftigste. Kanaan war den frommen Juden mit seinen Sitten und Gebräuchen ein Greuel, obwohl es auch am Tempel in Jerusalem die kultische Prostitution von Männern gab, die mit dem Ischtarkult in Zusammenhang stand. Männer entmannten sich und zogen Frauengewänder an, um der grossen Muttergöttin ähnlich zu sein[308]. Im Alten Testament wird die Männerprostitution ausdrücklich verurteilt, was belegt, dass es sie wirklich gegeben hat:
Es soll keine geweihte Prostitutierte[309] sein unter den Töchtern Israels, und es soll kein geweihter Prostituierter sein unter den Söhnen Israels.
(Dtn 23, 18)

Diese Beispiele mögen zeigen, dass sich alte Vorstellungen, wie die einer Liebesgöttin mit ihrem Attribut der Taube, auch in einem strengen religiösen Umfeld hartnäckig halten können. Es war vor allem die jüdische Frau, die wohl gerade deshalb für Fremdkulte anfällig war, weil der einseitig männliche Gott des Alten Testamentes der Frau nur wenig Identifikations- und Verklärungsmöglichkeiten bot[310].

[306] Winter 1983, S. 669
[307] Die Israeliten waren monotheistisch innerhalb ihres Volkes, aber sie respektierten andere Götter bei anderen Völkern.
[308] Beltz 1975, S. 106
[309] Dem Dienste der Astarte, der Liebesgöttin der Kanaaniter geweiht (vgl. Gen 38, 21). Der Lohn dieser Prostitution war für den Tempel der Göttin bestimmt.
[310] Winter 1983, S. 668

Die Taube bei den Griechen

Die Felsentaube in der Antike

Die frühen Jäger und Sammler waren wahrscheinlich sehr an der Felsentaube, d.h. an ihren Eiern und Nestlingen als Nahrung interessiert. Die Brutplätze der Felsentaube sind aber für den Menschen nur sehr schwer erreichbar, und gestörte Tiere fliehen blitzschnell aus ihren Brutgrotten[311]. In freier Wildbahn entziehen sie sich deshalb weitgehend einer genaueren Beobachtung durch den Menschen. Vor allem in Gebieten, wo Felsentauben vom Menschen verfolgt werden, sind sie sehr scheu und misstrauisch. Bereits in der Antike schrieb Aelian, dass Felsentauben nicht mehr ohne Furcht leben, wenn ihnen Vogelfänger und Fallensteller nach dem Leben trachten[312]. Felsentauben werden schon seit der Antike durch Ausnehmen der Nester und durch den Fang mit Schlingen, Leimruten und Netzen als Wildbret genutzt[313]. Das Schicksal von Penelopes Mägden wurde bei Homer mit demjenigen von gefangenen Tauben verglichen[314]:

Abb. 72: Ein Mann schleudert einen Stein in Richtung eines Schwarmes von Felsentauben. Etruskische Grabanlage, Tomba della Caccia e Pesca, Tarquinia, 510 v.Chr.

Und wie flügelstreckende Drosseln oder Tauben sich in einem Netz verfangen, das aufgestellt ist in einem Busch, wenn sie zu ihrer Ruhestatt streben, jedoch ein bitteres Lager hat sie aufgenommen: so aufgereiht hielten diese ihre Köpfe, und Schlingen waren um alle ihre Hälse, damit sie auf erbärmlichste Weise stürben. (Homer, Odyssee 22, 468–472)

Der Fang von Tauben erfolgte mittels langen Stangen, an deren Ende eine Leimrute befestigt war. Diese Technik erforderte grosses sportliches Geschick[315]. Um Felsentauben anzulocken, verwendeten die alten Griechen geblendete Locktauben. Deshalb wurde ein einfältiger Mensch, der sich leicht überlisten liess, Taube oder Locktaube genannt (Hos 7,11).
Wegen ihres Verhaltens gegenüber dem Menschen wurde die Felsentaube (griechisch Peleia) zum Inbegriff des Scheuen, Flüchtigen, Furchtsamen und Verfolgten. In Homers Ilias wird die Tochter des Zeus, Artemis, die ängstlich vor Hera flüchtet, mit der Taube verglichen:
*Und weinend floh unter ihr weg die Göttin, wie eine Taube,
Die unter dem Habicht hineinfliegt in einen hohlen Felsen,
In einen Spalt, und nicht war ihr bestimmt, ergriffen zu werden. (Homer, Ilias 21, 493–495)*

Was der Mensch an der Felsentaube direkt beobachten und bewundern konnte, war in erster Linie ihre faszinierende Flugfähigkeit. Heutige Brieftauben beispielsweise erreichen Höchstgeschwindigkeiten von bis zu 150 km/h[316], Geschwindigkeitsdimensionen, die den antiken Menschen sicher sehr beeindruckt haben. Die Homerischen Epen (2. Hälfte 8. Jahrhundert v.Chr.) kennen die Felsentaube, die als «scheu, furchtsam, zitternd» beschrieben wird. Das gleiche Adjektiv wurde übrigens auch als Metapher für eine schüchterne Frau verwendet[317]. Eine Fabel von Phaedrus[318] bezieht sich auf die Wehrlosigkeit der Felsentaube und auf ihre Schnelligkeit, ihr einziges Mittel, einem Greifvogel zu entkommen.
Der Geier und die Tauben
Wer sich dem Schutz eines unredlichen Menschen übergibt, wenn er Hilfe sucht, findet den Tod. Als die Tauben oft dem Geier entflohen und durch die Schnelligkeit ihres Fluges dem Tod ausgewichen waren, wandte der Räuber sein Sinnen auf Betrug und täuschte das schutzlose Geschlecht mit folgender List: «Warum lebt ihr lieber sorgenvoller, als dass ihr mich zum König wählt durch ein Bündnis, dass ich euch sicher bewahre vor allem Unrecht?» Jene übergeben sich ihm gutgläubig, er aber fängt nach der Übernahme der Macht an, sie einzeln zu fressen und die Herrschaft mit grausamen Krallen auszuüben. Da sagte eine der übriggebliebenen: «Zu recht werden wir gefangen.»
(Phaedrus, Fabel I, 31)

Die verfolgte Felsentaube diente auch als Zeichen der Götter. So wurde es als günstiges Zeichen aufgefasst, als sich in der Argonautensage eine vom Falken verfolgte «schüchterne Taube» zu Jason flüchtete[319]. Während die Taube der Aphrodite-Venus zugeordnet war, galt ihr Todfeind, der Falke, als Vogel des Apollon. In der Odyssee zerzaust der Falke, der schnelle Bote des Apollon, als göttliches Zeichen eine Taube und streut ihre Federn auf den Boden[320]. Die Schnelligkeit der fliegenden Taube machte sie auch zum mythischen Bild des seinen Fesseln entfliehenden Gefangenen. Als die dem Dionysos geweihten Töchter des Anios, Oino, Spermo und Elais, von Agamemnon verfolgt wurden, verwandelte sie Dionysos in Tauben, und diese entkamen so den Griechen[321]. Im Sagenkreis der Argonauten erscheint die Taube als der schnellste Vogel überhaupt. Zum Beweis, mit welcher Geschwindigkeit die Prallfelsen[322] zusammenschlagen, erzählt Kirke Odysseus, dass nicht einmal die schüchternen Tauben unbeschadet vorbeifliegen können[323]. Das

Schiff Argo der Argonautensage war wunderbar schnell. Als es auf seiner Fahrt zwischen die Prallfelsen hindurchfahren sollte, sandten die Schiffer auf den Rat des greisen Sehers Phineas zuvor eine Felsentaube aus. Wenn diese unverletzt hindurchfliegen könnte, hofften die Helden ebenfalls unversehrt durchzukommen[324], da in der Antike anscheinend nichts Schnelleres bekannt war. Der Flug der Taube wurde mit dem eines abgeschossenen Pfeils verglichen. Im Sturzflug fliegende Felsentauben erzeugen tatsächlich ein Sirren, das wie das Geräusch eines fliegenden Pfeiles tönt[325]. Dieses Sirren entsteht durch die gespreizten Handschwingen, die die Luft wie Dolchspitzen durchfahren.

Die Bejagung von Felsentauben mit Schleudern, Lanzen und Pfeilen dürfte vor der Verwendung von Schusswaffen wegen der hohen Fluggeschwindigkeit der Taube keine grosse Rolle gespielt haben. Sophokles beschreibt jedoch, wie sich der auf einer Insel ausgesetzte Philoktetes von Felsentauben ernährt, die er mit dem Bogen jagt[326]. In einer etruskischen Grabanlage von Tarquinia, die um 510 v.Chr. errichtet wurde, ist ein Mann mit einer Schleuder dargestellt, der einen Stein in die Richtung fliehender Felsentauben wirft (Abb. 152). Wahrscheinlich ist die Szene spielerisch gemeint, da es mit dieser Methode sehr schwierig, wenn nicht unmöglich ist, eine Felsentaube zu erlegen.

Die Haustaube bei den Griechen

Die ersten Belege für eine Haustaubenhaltung im alten Griechenland stammen aus dem 5. Jahrhundert v.Chr. Vermutlich war die Taubenzucht aber bereits im 2. Jahrtausend v.Chr. über Zypern, Kreta und Mykene in ganz Griechenland verbreitet.
Sophokles (497–406 v.Chr.) erwähnt die gezähmte Gans und die Taube als Hausgenossen am Herd des Menschen[327]. Platon (427–347 v.Chr.) erwähnt den Fang und die Haltung von Tauben in einem Taubenschlag:
Sokrates: Sieh also zu, ob es möglich ist, auch die Erkenntnis auf diese Art zu besitzen zwar, aber nicht zu haben; sondern wie wenn jemand wilde Vögel, Tauben oder von anderer Art gejagt und zu Hause einen Taubenschlag bereitet hat, worin er sie hält. Denn auf gewisse Weise würden wir dann sagen können, dass er sie immer hat, da er sie ja besitzt. Nicht wahr?
Theaitetos: Ja.
Sokrates: In einem andern Sinne aber auch, dass er gar keine hat, sondern dass ihm nur eine Gewalt über sie zukommt, indem er sie in einem ihm eigentümlichen Behältnis sich unterwürfig gemacht, sie zu nehmen und zu haben, wann er Lust hat, indem er fangen und wieder loslassen kann, welche er jedesmal will, und dieses ihm freisteht zu tun, so oft es ihm nur gefällt. (Platon, Theaetet 197, c1–d2)

Ein Abschnitt der Geoponica[328], der als Quelle Demokrit nennt[329], schildert den Bau eines griechischen Taubenhauses folgendermassen:
14.5 Schlangen belästigen das Taubenhaus nicht, wenn man in die vier Ecken des Taubenhauses

schreibt: Adam; wenn es Flugöffnungen hat, auch in diese. Schlangen [die schon eingedrungen sind] vertreibt man, wenn man mit echtem Haarstrang [Peucedanum officinale] räuchert.
14.6 Weil ich aber das Eindringen der Kriechtiere verhindern wollte, las ich eine einsame Stelle aus, wo es keine Gebäude in der Nähe hatte, sondern wo diese weit enfernt waren, und ich liess mir dorthin acht Säulen bringen, [manchmal auch mehr, entsprechend der Grösse des Baus, der da entstehen sollte]; die stellte ich nicht in einer geraden Linie, sondern im Kreise auf, dann legte ich auf die Säulen Kopfsteine und danach auf die einzelnen Kopfsteine Platten aus Stein – bei Mangel an steinernen legte ich auch Holzplatten hin von bester Beschaffenheit –, dann baute ich nach der Anordnung der Säulen darauf zwei Häuschen; die hatten eine Höhe von mindestens acht Ellen; dabei liess ich in den Wänden Öffnungen: Gegen Westen ein Fenster des Lichtes wegen, gegen Osten ein zweites Fenster, in das ich den sogenannten kathetes [eine Klapptüre?] einbaute, woher die Tauben auf Futtersuche ausfliegen müssen. Auf der Nordseite machte ich die Türe, damit der Pfleger der Vögel hineingehen konnte.
14.7 Und auf diese Weise bewahrte ich die Tauben vor Schaden: Weder können die Schlangen[330] hinaufkriechen, weil die Säulen gründlich bestrichen sind mit Gips und dadurch eine völlig glatte Oberfläche haben,
14.8 Noch die Katzen, noch andere Tiere können den Tauben nachstellen, weil in der Nähe keine Häuser sind, aus denen sie kommen könnten.
14.9 Wer aber einen Taubenschlag einrichten will, der darf nicht mit Jungtieren anfangen, sondern mit solchen, die schon Eier gebrütet haben. Wenn aber zehn Paare vorhanden sind, vermehren sie sich schnell.
(Demokrit in Cassianus Bassus, Geoponica 14, 5–9)

Neben dem Fleisch wurde auch der Mist der Tauben verwertet, der nach dem römischen Schriftsteller Sextus Quintilius Condianus (2. Hälfte 2. Jahrhundert n.Chr.) als wertvoller Felddünger eingesetzt wurde:
Viel besser ist der Mist der Tauben, weil er viel wärmer ist. Deswegen bearbeiten ihn einige gar nicht, sondern wie er beschaffen ist, lassen sie ihn. Mit dem Saatgut zusammen werfen sie ihn ziemlich spärlich aus. Nützlich nämlich wird er dem erschöpften Boden und nährt ihn und macht ihn kräftiger zur Hervorbringung und Nährung der Früchte, und das Futtergras verdirbt er nicht.
(Quintilius in Cassianus Bassus, Geoponica 2, 21, 5)

Einige antike Schriftsteller hielten Taubenmist für den besten, weil er viel Wärme entwickelt[331]. Als Beweis führte Galenus an, dass in Mysien während des Sommers ein Haus durch einen Haufen Taubenmist in Brand geraten sei[332]. Taubenmist entwickelt beim Verrotten wirklich so hohe Temperaturen, dass unter speziellen Bedingungen eine Selbstentzündung möglich ist. Taubenmist wurde z.B. von Vindonius Anatolius (4. oder 5. Jahrhundert n.Chr.) nicht für alle Pflanzen empfohlen:
Weil der Taubenmist der wärmste ist, fördert er zwar das schnelle Wachsen der Reben, beeinträchtigt aber die Qualität des Weines.

311 Haag 1994a
312 Aelian, Tierkunde 3, 15
313 z.B. Dion. de Av. iii.12
314 Typischerweise sind es Frauen, die von Tauben versinnbildlicht werden.
315 Böhr 1992
316 Vogel 1992, S. 128
317 Lykophron von Chalkis (1. Hälfte 3. Jh.), Alexandra 87
318 Phaedrus stammte aus Makedonien und dichtete im frühen 1. Jh. n.Chr. Fabeln in lateinischer Sprache.
319 Apollonius Rhodius 3, 541ff.
320 Homer, Odyssee 15, 513ff.
321 Servius, Vergil Aeneis III, 80
322 die Symplegaden = Bosporus
323 Homer, Odyssee 12, 59ff., 8. Jh. v.Chr.
324 Apollonios Rhodios, Argonautica 2, 328–334, 3 Jh. v.Chr.
325 Haag-Wackernagel 1994a
326 Sophokles, Philoktetes 285
327 Sophokles, Tragicorum graecorum fragmenta 782
328 Die Geoponica sind eine Sammlung landwirtschaftlicher Texte der griechischen und lateinischen Literatur. Diese Zusammenstellung des antiken Wissens stammt aus dem 10. Jh. n.Chr. und wurde von Konstantin VII. in Auftrag gegeben. Sie beruhen höchstwahrscheinlich auf einer Vorlage von Cassianus Bassus Scholasticus, der im 6. Jh. lebte.
329 Unter den Schriften des berühmten Atomisten (ca. 460–380 v.Chr.) werden auch landwirtschaftliche Traktate aufgezählt.
330 Hier ist die Vierstreifennatter Elaphe quatorlineata gemeint, eine bis 2 m lange Schlange, die auch sehr gut klettert (Ochsenbein, pers. Mitt.).
331 Varro I, 3 S; Quintilius in Cassianus Bassus, Geoponica 2, 21, 5
332 Galenus, de temper. III, 2 nach Lorentz 1886, S. 20

61

Abb. 73: Die Taube wurde in der Antike besonders gerne als Spieltier zusammen mit Frauen und Mädchen dargestellt, wie diese Figur nach einem griechischen Original aus dem 2. Jahrhundert v.Chr. zeigt.

Wenn man aber keinen Mist hat, dann kann auch Häcksel von Vicia faba und anderen Hülsenfrüchten anstelle des Mistes genügen.
(Anatolius in Cassianus Bassus, Geoponica 5, 26, 3 und 6)

Tauben waren auch beliebte Spielpartner für Kinder, wie Darstellungen auf verschiedenen attischen Grabmälern belegen[333]. Die Taube als Inbegriff der Sanftmut und Friedfertigkeit wird besonders gerne mit Frauen und Mädchen dargestellt. Ein besonders schönes Beispiel ist die Statue eines Mädchens aus frühantoninischer Zeit[334], die auf ein griechisches Original Kleinasiens aus dem 2. Jahrhundert v.Chr. zurückgehen dürfte und heute im Kapitolinischen Museum in Rom steht (Abb. 73). Die Taube ist in das Mantelende der für Pergamon typischen Tracht gehüllt[335], während das Mädchen die rechte Hand abwehrend gegen die aufgerichtete Schlange hält. Die Schlange soll erst nachträglich ergänzt worden sein[336], da das Gesicht des Mädchens nicht Schrecken sondern eher ein neckisches Schmollen ausdrückt[337]. Als Kuriosum gilt die Taube des Archytas, die hölzerne Nachbildung einer Taube, die zwar fliegen, sich aber nicht wieder aus eigener Kraft erheben konnte[338].

Archytas [ein Philosoph] von Tarent war überdies auch ein [ganz bedeutender] Mechaniker und verfertigte [als solcher] eine hölzerne fliegende Taube, die jedoch, wenn sie sich [einmal] niedergelassen, sich nicht wieder erhob.
(Gellius A., Die attischen Nächte, 10, 12–10).

Aristoteles (384–322 v.Chr.) überliefert uns eine Reihe von exakten physiologischen und ethologischen Beobachtungen, die auf eine hochentwickelte Haustaubenhaltung mit bereits stark domestizierten Leistungsrassen schliessen lassen. Dazu sollen im folgenden einige Beispiele aus seiner Tierkunde angeführt werden[339]:

Haustauben legen das ganze Jahr und ziehen auch die Jungen auf, wenn sie ein warmes Plätzchen und Futter bekommen, sonst nur im Sommer. Am besten geraten die Jungen im Frühjahr und Spätherbst, am schlechtesten die im Sommer und in heissen Zeiten.
(Aristoteles, Tierkunde 5, 544b, 1–13)
Tauben können ein Ei, das schon kommen will, zurückhalten; wenn sie nämlich beunruhigt wird von jemandem, sei es im Nest, sei es, dass man ihr eine Feder auszupft, oder wenn sie sonst etwas erdulden muss und missvergnügt ist, dann hält sie das Ei zurück und legt es nicht. Das besondere bei der Begattung der Tauben ist noch dies: sie schnäbeln sich, wenn das Männchen im Begriff steht zu decken. Oder ein älterer Tauber würde nicht decken, bevor er nicht geschnäbelt hat beim ersten Mal, später freilich tut er es auch ohne Schnäbelung. Dies ist eine Eigenart, und eine zweite, dass auch die Weibchen sich decken, wenn kein Tauber da ist, nachdem sie geschnäbelt haben wie die Männchen. Und auch ohne dass sie dabei etwas aneinander abgegeben haben, legen sie mehr Eier als nach einer Befruchtung. Allerdings entwickelt sich aus solchen Eiern kein Junges, sondern dies sind alles Windeier.
(Aristoteles, Tierkunde 6, 560b, 20–31 und 561a 1–4)
An den Tauben kann man eine andere Beobachtung nach dieser Richtung machen: sie mögen sich nicht mit mehreren paaren und verlassen die Gemeinschaft nicht, es sei denn, ein Teil sei verwitwet.
(Aristoteles, Tierkunde 9, 612b, 30–35)
In der Regel also halten sie auf diese Weise liebevoll zusammen, bisweilen jedoch lassen sich auch Tauben, die ihr Männchen noch haben, gelegentlich von anderen decken.
(Aristoteles, Tierkunde 9, 613a, 6–15)

62

73

Die griechische Rassetaubenzucht

Neben ihrer Verwendung als Nutztier war die Haustaube bei den Griechen als Zier- und Spielvogel sehr beliebt. Nach dem Bericht von Charon von Lampsakos[340] (um 500 v.Chr.) gelangten die ersten weissen Tauben 492 v.Chr. nach Griechenland, als die Persische Flotte des Mardonios am Athos Schiffbruch erlitt. Schwärme von weissen Tauben hätten die

sinkenden Schiffe verlassen und sich auf dem Festland in Sicherheit gebracht. Nach Hehn (1963) waren es jedoch phönizische, zyprische oder kilikische[341] Schiffsmannschaften, die weisse Tauben ihrer Göttin Astarte bei sich führten, da die Taube den Persern damals als Toten- und Unglücksvogel verhasst war. Herodot berichtet darüber:

Ein Bürger, der an Aussatz oder weissen Flecken leidet, darf keine Stadt betreten und nicht mit anderen

[333] Zusammenstellung bei Lorentz 1886
[334] Anfang 2. Jh. n.Chr.
[335] Hoffmann 1982, S. 71
[336] Sühling 1930, S. 290
[337] Nach Sühling 1930, S. 290, wurden in der Antike auch Schlangen als Spieltiere verwendet.
[338] Archytas war ein Freund Platons und lebte in der 1. Hälfte des 4. Jh. v.Chr.
[339] Aristoteles, Die Lehrschriften – Tierkunde, Verlag F. Schöningh, Paderborn (1949), 480 S.
[340] Jacoby, Fragmente der griechischen Historiker Nr. 262 Fr. 3
[341] Kilikien liegt in Kleinasien.

63

Abb. 74: Grabstein eines Mädchens, das mit einer Taube schnäbelt. Diese Darstellung einer Alltagsszene im ionischen Stil wurde auf der griechischen Insel Paros gefunden und dürfte zwischen 455 und 450 v.Chr. entstanden sein. Die Taube war ein beliebtes Haus- und Spieltier, das vor allem mit Kindern und Frauen dargestellt wurde.

Persern verkehren. Sie schreiben diese Erkrankung einem Vergehen gegen die Sonne zu. Sie treiben jeden Fremden, der davon befallen ist, aus dem Lande. Viele dulden auch aus dem gleichen Grund keine weissen Tauben. (Herodot, Historien 1, 138)

Dass die Griechen die weisse Taube aber schon früher kannten und als Haustaube in Schlägen hielten, zeigt eine Fabel von Aesop (um 550 v.Chr.):
Die Dohle und die Tauben
Eine Dohle sah in einem Schlag recht wohlgenährte Tauben sitzen, färbte ihr Gefieder weiss und begab sich zu jenen, um an ihrem Wohlleben teilzunehmen. Solange sie keinen Laut von sich gab, hielten die Tauben sie für ihresgleichen und liessen sie bei sich sitzen. Wie sie aber einmal unversehens krächzte, erkannten sie alsbald ihre wahre Natur, hackten auf sie ein und jagten sie fort. Als die Dohle so ihres Futters verlustig gegangen war, kehrte sie wieder zu den Ihrigen zurück. Die aber erkannten sie wegen ihrer Farbe nicht und liessen sie ebenfalls nicht bei sich leben. So kam es, dass sich keiner ihrer beiden Wünsche erfüllte. (Aesop, Fabula 131)

Welche Taubenrassen den Griechen schon bekannt waren, lässt sich wegen der fehlenden Detailtreue in der darstellenden Kunst nur schwer feststellen. Tauben waren beliebte Spieltiere, vor allem im Zusammenhang mit Kindern und Frauen. Sie galten als peristera oiketis, als eigentliche Hausgenossin,

64

Abb. 75: Griechische Vase aus Apulien, 4. Jahrhundert v.Chr. Eine nackte Frau hält einer Katze neckisch eine weisse Taube hin.

75

wie Sophokles in einem Fragment[342] erwähnt. Eine der schönsten antiken Darstellungen mit einer Taube ist der Grabstein eines jungen Mädchens aus dem 5. Jahrhundert v.Chr., der auf der Insel Paros gefunden wurde (Abb. 74). Obwohl keine Einzelheiten erkennbar sind, handelt es sich schon wegen der offensichtlichen Zahmheit um eine domestizierte

Haustaube. Sehr schön ist die Darstellung der innigen Verbindung zwischen dem Mädchen und der Taube durch die Mund-zu-Mund-Fütterung, auf die sich auch eine erwachsene Taube sehr einfach konditionieren lässt. Nach Buschor (1976) zeigt dieses Grabmal in echt antiker Weise das Bild der Toten, man könnte sagen das Lebensbild der Toten: ihr Lieblingstun aus ihren Lebenstagen, ihre Verbundenheit mit den Tieren des Hauses[343]. Die griechischen Städte in Italien entwickelten im 4. Jahrhundert v.Chr. eine besondere Art der Vasenmalerei, die gerne Szenen aus dem Alltag darstellte. Auf dem Bild einer apulischen Vase aus der Basilicata (Avella) hält eine nackte Frau einer Katze neckisch eine weisse Taube hin (Abb. 75).
Leider ist nur sehr wenig über die damaligen Rassen bekannt. So erwähnt Athenaeus im 2. Jahrhundert n.Chr. eine Stelle, in der die sizilianischen Tauben als besonders auserlesen gelobt werden[344]. Daimachus[345] berichtet zur gleichen Zeit von indischen Tauben mit gelbem Gefieder[346], bei denen es sich wahrscheinlich um Fruchttauben handelte (Abb. 1). Im 5. Jahrhundert erwähnt Herodot schwarze Tauben[347]. Im Physiologus[348] finden wir folgenden Hinweis, der sich auf die Gefiederfärbungen der griechischen Taubenrassen in Alexandria beziehen könnte:
Es gibt nämlich Taubenzüchter, und die haben in ihrem Schlag viele Arten von Tauben mit vielerlei Farben: stargrau, schwärzlich, goldgetönt, schneeweiss, feuerfarben. [...]
Wenn der Züchter all seine Tauben hat ausfliegen lassen, dann geleiten sie keine Taube anderer Züchter in ihren Schlag, vermögen auch keine dazu zu überreden, es sei denn, die feuerfarbene bringt alle hinein und überredet sie. (Physiologus, Kap. 35)

Im zweiten Teil wird auf den Taubenfangsport angespielt, der sich schon bei den alten Juden grösster Beliebtheit erfreute. Noch heute bilden die Einfang-, Anlock-, Dieb- und Jagetauben eine eigene Gruppe innerhalb der Flugsporttauben. Diese speziellen Rassen dienen dem Ködern und Fangen von fremden Tauben[349].
Wie der Komödienschreiber Antiphanes[350] berichtet, wurden Haustauben auch als eine Art von Ventilator verwendet:
Bürger: Ihr wart auf Zypern, sagst du, lange Zeit?
Soldat: Die ganze Zeit, solange Krieg dort war.
Bürger: Und wo vor allem, sag es mir!
Soldat: In Paphos. Da gab's ein tolles Luxusding zu sehen, kaum glaublich.
Bürger: Was?
Soldat: Der König liess beim Mahle sich Kühlung fächeln anders nicht als nur durch Tauben.
Bürger: Wie denn? Lass das andre und erzähl mit dieses!
Soldat: Wie? Er salbte sich mit syrischem Parfüm aus einer Frucht, die, wie man sagt, die Tauben gern verzehren. Von diesem Dufte angezogen, kommen sie angeflattert, wolln auf seinem Haupt sich niederlassen. Diener sitzen da und scheuchen sie. Sie flattern etwas hoch, nicht weit, nur so ein wenig hin und her: so fächeln sie die Luft um ihn gelinde, nicht heftig, sondern grad im rechten Mass.
(Antiphanes, Der Soldat, bei Athenaeus, Das Gelehrtenmahl 6, 257d–f)

Die erste Botentaube

Weit verbreitet und für das kulturgeschichtliche Verständnis der Taube sehr wichtig ist ihre Verwendung als Botin. Verkauft man eine Taube und lässt sie der neue Besitzer frei fliegen, kehrt sie meist unverzüglich wieder zu ihrem Heimatschlag zurück. Eine Taube ist in der Lage, zuverlässig aus beliebigen Richtungen und grossen Distanzen heimzukehren. Diese Eigenschaft war dem Menschen vermutlich schon seit der Zeit der ersten Taubenhaltung bekannt. Wann aber der Mensch darauf kam, diese Kombination von Orientierungssinn und Heimkehrtrieb zu seinen Gunsten auszunützen, indem er der heimkehrenden Taube eine Botschaft mitgab, ist unklar. Viele Autoren, die sich mit diesem Thema auseinandergesetzt haben, versuchen den Zeitpunkt einer ersten Verwendung von Botentauben möglichst weit in die Vergangenheit zurückzudatieren. Der erste systematische Einsatz von Botentauben soll um das Jahr 2500 v.Chr. zur Zeit von König Djoser in Ägypten stattgefunden haben[351]. Nach neueren Untersuchungen von Keel (1977, 1984) wurden aber die dafür verwendeten Belege falsch interpretiert. Bei den angeführten Beispielen soll es sich nicht um Tauben oder gar um Botentauben gehandelt haben.

Eine Stelle aus den Anacreonteen kann als früher Nachweis für die Verwendung einer Botentaube verstanden werden. Diese Gedichtsammlung wurde unter dem Namen des Dichters Anacreon (6. Jahrhundert v.Chr.) herausgegeben und stammt aus unbestimmter hellenistischer Zeit. Darin heisst es:
Aphrodite hat mich verkauft und nahm dafür ein kleines Lied. Ich aber diene dem Anakreon sehr. Und jetzt, du siehst es, bringe ich seinen Brief.
(Anacreon, Anacreontea 15)

In der 2. Hälfte des 5. Jahrhunderts v.Chr. schreibt der Komödiendichter Pherekrates: «Sende mir die Taube, damit sie die Nachricht meldet»[352]. Einen weiteren Hinweis über die Verwendung der Taube als Botin aus ungefähr derselben Zeit[353] gibt Aelian (2. Hälfte des 2. Jahrhundert n.Chr.)[354]:
Der Sieg des Taurosthenes in Olympia soll seinem Vater noch am selben Tage durch ein Traumbild verkündet worden sein. Andere sagen, Taurosthenes habe eine Taube mitgenommen, die ihre frisch geschlüpften und noch ungefiederten Jungen zurückgelassen hatte; und nach seinem Sieg habe er an der Taube ein Purpurband befestigt und sie fliegen lassen, und sie sei eilends noch am selben Tage von Pisa nach Aigina zu ihren Jungen zurückgekehrt[355].
(Aelian, Bunte Geschichten 9, 2)

Dieser Text belegt nicht nur die Verwendung der Taube als Botin, sondern gibt auch Einblick in eine Methode, die Tiere zu einer Höchstleistung zu veranlassen, was auf eine hochentwickelte Botentaubenzucht schliessen lässt. Je jünger die Nestlinge sind, desto abhängiger sind sie von der Pflege ihrer Eltern, desto grösser ist deren Brutpflegemotivation und um so schneller und zuverlässiger werden die Elterntiere heimkehren.

Die Taube im archaischen Griechenland

Ein kurzer Rückblick zeigt, dass sich die Verbindung zwischen der Göttin und der Taube wahrscheinlich im Raum Mesopotamien-Syrien herausbildete. Die Taube übernahm die Funktion der Botin und Repräsentantin der Liebesgöttin und damit der Liebe an sich. Mit den babylonischen Eroberungszügen und Handelsbeziehungen konnte sich der Kult dieser Gottheit im ganzen vorderen Orient verbreiten. Lokale Göttinnen verschmolzen mit der importierten, bekamen neue Namen, und überall dabei war die weisse Taube. Die frühesten Nachweise für die Verehrung der Taube im Zusammenhang mit einer Göttin finden sich im griechischen Raum auf Zypern, Kreta und Mykene. Welchen Weg die Göttin mit der Taube nahm und wann sich ihr Kult verbreitete, lässt sich nicht mehr feststellen. Vielleicht gelangte sie erstmals von Syrien aus direkt nach Zypern, das erste den Semiten (Mesopotamien, Syrien, Palästina) benachbarte Kultzentrum. Eine Darstellung einer Taube ist schon um das Jahr 2000 v.Chr. auf Zypern bezeugt (Abb. 210). Von dort aus könnte sich der Kult auf andere Inseln und später auf das griechische Festland ausgebreitet haben. Aus der frühminoischen Periode[356] stammt ein kretisches Kultgefäss aus Terrakotta in Form von drei Tauben[357] (Abb. 256). Im Palast von Knossos wurde die Miniaturdarstellung eines Palastes gefunden, unter dessen Dach Tauben

nisten (1800–1550 v.Chr.). Nach Gressmann (1920) ist die Taubengöttin in Kreta schon um 2000 v.Chr. heimisch gewesen; und wenn babylonische Einflüsse bis dorthin gereicht haben, so müssen sie schon ins 3. Jahrtausend v.Chr. datiert werden. Aus dem Palast von Knossos[358] stammt ein Schrein mit drei Säulen, von denen jede zwei Zylinder und eine Taube trägt[359]. Ein sicherer Nachweis einer kretischen Taubengöttin (Abb. 116) stammt aus der mittelminoischen Zeit zwischen 1700–1400 v.Chr.[360]. Dieser Prototyp der Aphrodite trägt auf dem Kopf einen weissen Konus, Stierhörner und Tauben.

[342] Sophokles, Fragment Nr. 782
[343] Die Taube ist hier somit als Haustier und nicht in übertragener Bedeutung dargestellt.
[344] Athenaeus, Deipnosophistae 9, 395
[345] 3. Jh. v.Chr.
[346] Daimachus, Fragment 100 c. 4
[347] Herodot, 2, 54–57
[348] Ende 2. Jh.
[349] Vogel 1992, S. 67
[350] ca. 400–330 v.Chr.
[351] Steier 1932, Höper 1984 usw.
[352] Pherekrates, Fragment 33, 1
[353] Taurostenes siegte in Olympia im Jahr 444 v.Chr.
[354] Der Bericht von Aelian ist allerdings rund 600 Jahre jünger.
[355] Ein Bote hätte für die Distanz von 160 km Luftlinie rund drei Tage gebraucht.
[356] 2200–2000 v.Chr.
[357] Hoffmann 1982, S. 67
[358] aus der Zeit von 2000–1700 v.Chr. (ältere Palastzeit)
[359] Johnson 1990, Abb. 77
[360] Johnson 1990, S. 43–44

76

Abb. 76: Schon im 3. Jahrtausend v.Chr. gelangte der Kult der Liebesgöttin mit der Taube aus dem Vorderen Orient in den griechischen Raum. Aus der frühminoischen Periode stammt dieses Kultgefäss aus Terrakotta in Form von drei Tauben.

361 Dakaris 1963
362 Herodot 1, 105
363 Nach Welz (1959) stand das älteste Kultbild der Aphrodite in Griechenland, ein hölzernes Xoanon in Waffen, auf Kythera, einer kleinen Insel, die dem Peloponnes südlich vorgelagert ist (Pausanias 3, 21, I) und die auch als Geburtsort der Aphrodite gilt.
364 In der Homerischen Version ist Aphrodite die Tochter von Zeus und Dione (Homer, Ilias 5, 370f.).

Aus der Blütezeit der mykenischen Kultur (1600–1500 v.Chr) sind mehrere Funde bekannt, die sich eindeutig auf die Liebesgöttin und ihren Taubenkult beziehen. In einem mykenischen Schachtgrab aus der Zeit um 1550 v.Chr. wurde ein Goldplättchen gefunden, das eine Taubengöttin darstellt, die von Tauben umflattert wird (Abb. 38). Auf einem Goldblech ist ein Tempel abgebildet, auf dem zwei Tauben sitzen (Abb. 81).

Zum Kult der grossen minoisch-mykenischen Erdgöttin Gaia gehörte neben Stier, Eber, Doppelaxt und Dreifuss auch die Taube. Diese Attribute wurden später in den Kult des Zeus überführt. An den Heiligtümern der Gaia in Delphi, Olympia und an anderen Orten entstanden nach 1300 v.Chr. die grossen Orakelstätten des Appollon- und Zeuskultes361.

Die Geburt der Aphrodite

Von Zypern und den anderen phönizischen Kolonien aus dürfte sich der Kult der Astarte in den übrigen griechischen Raum ausgebreitet haben. Dort wurde Astarte mit einer einheimischen griechischen Göttin, die ihr als Gottheit der Liebe und Fruchtbarkeit verwandt war, zur Aphrodite verschmolzen. Für diesen Zusammenhang zwischen der Aphrodite und Astarte

77

Abb. 77: Auf einem Tongefäss aus Zypern (Vunos) sind zwei Tauben dargestellt, die auf dem Rand eines Gefässes sitzen (um 2000 v.Chr.).

Abb. 78: Eine Frau hält als Attribut der Aphrodite eine Taube in der Hand; wahrscheinlich aus Epirus, um 450 v.Chr.

Abb. 79: Kretische Taubengöttin aus der Zeit zwischen 1700–1400 v.Chr. Dieser Prototyp der Aphrodite trägt auf dem Kopf einen weissen Konus, Stierhörner und Tauben.

80

79

78

Abb. 80: Göttin, wahrscheinlich Aphrodite, mit einer Taube auf dem Kopf, mykenisches Goldplättchen (um 1550 v.Chr.).

Abb. 81: Ein mykenisches Goldplättchen stellt einen Tempel dar, auf dem 2 Tauben sitzen (um 1550 v.Chr.).

81

spricht z.B., dass Herodot362 das Heiligtum der Astarte in Askalon als das älteste der Aphrodite Urania bezeichnete und bemerkte, von Askalon her stamme das zyprische Heiligtum der Aphrodite. An allen Orten, wo Aphrodite verehrt wurde, galten auch die Tauben als heilig. Berühmte Orte waren neben Zypern die Insel Kythera363, Salamis in Theben und Thria. Nach der Hesiodeischen Version ihres Geburtsmythos entstand Aphrodite aus dem Meeresschaum (Aphros), was auf ihre Entwicklung aus einer Wassergöttin hinweisen könnte (Abb. 82)364. Kronos hatte seinen Vater Uranos entmannt und dessen Geschlechtsorgan ins Meer geworfen, woraus sich dann Aphrodite gebildet hat:

Abb. 82: Die weisse Taube auf den Schultern der jungen Frau, halb als Statue, halb als Mensch dargestellt, dazu im Hintergrund die Meeresküste, stellt das symbolische und mythologische Umfeld der Liebesgöttin dar.

365 z.B. Silius Italicus 4, 106
366 Lorentz 1886, S. 31
367 Lorentz 1886, S. 31
368 Frazer 1914
369 Lorentz 1886, S. 31
370 Baumann 1986, S. 168
371 Euripides, Tragödien, Ion 1195–1207
372 Keel 1992, S. 100
373 Beschi 1967
374 Daher wird die weisse Taube oft ihrem Partner entrissen und auf Idalions Altären verbrannt (Ovid, Fasti 1, 451–452).
375 Zwierlein-Diel 1973
376 Martial, Epigramme 13, 66
377 Ströter-Bender 1994, S. 22–23
378 Thria liegt in der Nähe von Athen.
379 Engel 1841, S. 182
380 Lorentz 1886, S. 25
381 z.B. Dioskorides I, 133, 155
382 Lorentz 1886, S. 25
383 Lorentz 1886, S. 28–29
384 Ströter-Bender 1994, S. 152

Da streckte der Sohn aus seinem Verstecke die linke Hand und griff mit der rechten die ungeheuerlich grosse, schneidende, zahnige Sichel und mähte dem eigenen Vater eilig ab die Scham und warf im Fluge sie wieder hinter sich; sie entflog nicht eitel und unnütz den Händen. Denn die blutigen Tropfen, so viel sie niedergeronnen, sammelte alle die Erde; im Lauf der kreisenden Jahre schuf sie Erinyen draus, gar starke und grosse Giganten, waffenleuchtende Riesen, die ragende Lanze in Händen, Nymphen auch, melische nennt man sie auf unendlicher Erde. Aber sobald er die Scham mit der stählernen Sichel geschnitten und sie vom Lande geworfen hinab in das brandende Weltmeer, trieb sie lange dahin durch die flutenden Wellen; da hob sich weisslicher Schaum aus unsterblichem Fleisch, es wuchs eine Jungfrau in ihm empor, sie nahte der heiligen Insel Kythere erst, doch gelangte sie dann zum ringsumflossenen Kypros. Aus stieg dort die Göttin, die hehre, herrliche; Blüten sprossten unter den Schritten der Füsse, und Götter und Menschen nennen sie nun Aphrodite, weil sie aus Aphros, dem Schaume, aufwuchs, auch Kythereia, weil sie Kythere sich nannte, schaumgeborene Göttin und Kythereia im Kranzschmuck, Kyprosentstandene auch, weil entsprossen der Brandung von Kypros, und auch schamerfreute, weil aus der Scham sie entsprossen.
(Hesiod, Theogonie 176–200)

Abb. 83: Terrakottataubenhaus (7. Jh. v.Chr.) aus Idalion, Zypern, einem der Lieblingsorte der Aphrodite. Das Taubenhaus zeigt Einfluglöcher, die wahrscheinlich zu den Schlägen der heiligen Tauben führten.

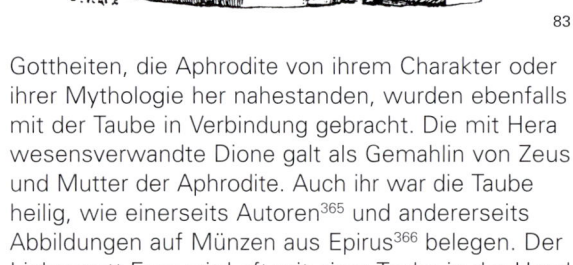

83

Abb. 84: Statue eines Aphroditepriesters aus dem 5. Jahrhundert v.Chr. mit Taube und Kylix (bei Weingelagen verwendete flache Trinkschale).

84

Gottheiten, die Aphrodite von ihrem Charakter oder ihrer Mythologie her nahestanden, wurden ebenfalls mit der Taube in Verbindung gebracht. Die mit Hera wesensverwandte Dione galt als Gemahlin von Zeus und Mutter der Aphrodite. Auch ihr war die Taube heilig, wie einerseits Autoren[365] und andererseits Abbildungen auf Münzen aus Epirus[366] belegen. Der Liebesgott Eros wird oft mit einer Taube in der Hand dargestellt. Er war Aphrodites Gefährte und Gehilfe

und wird in der späteren Tradition als ihr Sohn aufgefasst[367]. In Zypern wurden Adonis, dem Geliebten der Aphrodite, Tauben als Feueropfer dargebracht[368]. Man legte die Tauben lebendig auf die Scheiterhaufen, auf dem dann das Bild des Adonis verbrannt wurde. Sie flogen dann davon, um zuletzt in einem anderen Feuer umzukommen[369]. Von Zypern aus verbreitete sich das Adoniswesen mit dem Aphroditekult in die griechische Welt. Adonis war, wie auch

Abb. 85: Architrav des Tempels der Aphrodite Pandemos in Athen. Die Girlande hinter den Tauben bedeutet, dass sie der Liebesgöttin zur rituellen Reinigung des Tempels geopfert wurden. Auf der Inschrift steht: «Dies hier schmücken wir, grosse erhabene Aphrodite Pandemos, mit unseren Abbildern als Geschenken».

85

der phönizische Attis, der Geliebte der Astarte, zwei-
geschlechtlich gedacht. In orphischen Hymnen wird
er als Jüngling und Jungfrau bezeichnet. Adonis war
für Aphrodite ein Mann, für Apoll eine Frau[370]. Nach
Euripides (484/80–406 v.Chr.) waren die Tauben
auch im Heiligtum Apollos geschützt[371].
Die Taube ist ein Tier aus der Sphäre der Liebesgöttin, das als Liebesbotin auftreten und die Göttin
repräsentieren kann. Das ist besonders deutlich der
Fall, wo Heiligtümer durch eine Taube als Tempel
der Liebesgöttin charakterisiert werden[372]. Auf dem
Architrav des Tempels der Aphrodite Pandemos in
Athen sind Tauben vor einer Blumengirlande darge-
stellt (Abb. 85). Diese Girlande bedeutet, dass der
Aphrodite Pandemos Tauben zur rituellen Reinigung
des Tempels geopfert wurden, was durch Inschriften
aus dem Jahre 284 v.Chr. bezeugt ist[373].
Ein Terrakottamodell aus dem 7. Jahrhundert v.Chr.
(Abb. 83) stellt ein tempelartiges Taubenhaus mit
Ausfluglöchern dar, das uns eine Vorstellung von der
damaligen Taubenhaltung im sakralen Bereich der
Liebesgöttin gibt. Auch die Priester der zyprischen
Taubengöttin zeigen als ihr Attribut die Taube (Abb.
84).

86

Taubenopfer für die Liebesgöttin

Der Aphrodite wurden in ihren Tempeln Tauben geopfert. Man schnitt ihnen den Hals durch und verbrannte sie auf dem Altar, so beispielweise im zyprischen Idalion, der Sage nach einer der Lieblingsauf-
enthaltsorte der Aphrodite[374]. Eine Abbildung einer
solchen Opferszene findet sich auf einer italischen
Gemme aus dem 2. Jahrhundert v.Chr. (Abb. 86).
Ein bärtiger Mann mit einem Opfermesser in der
Hand beugt sich über eine auf dem Altar sitzende
Taube, um sie zu schlachten[375]. Nach Bömer (1976)
ist das Opfern einer weissen Taube an sich ungrie-
chisch. Der Brauch geht auf Aphrodites semitische
Vorgängerin Astarte-Ischtar zurück und zeigt sehr
schön, wie Aphrodite bestimmte Bräuche, darunter
auch ihr heiliges Tier, von ihrer Vorgängerin übernommen hat. Die Heiligkeit der Taube wird zudem
noch dadurch betont, dass es den Priestern nicht erlaubt war, von diesen Opfern zu essen[376].
Dem Wirkungskreis der schönen und anmutigen
Aphrodite wurden das Liebesverlangen, die Ver-
führungskunst und Leidenschaft, der lustvolle Liebes-
akt und die Macht der Geschlechtlichkeit zugeordnet. Das einstmals kriegerische Element der Aphrodite, wie es noch bei Ischtar ausgeprägt war, erfuhr
jedoch in der griechischen Mythologie durch das
herrschende männliche Prinzip eine Eingrenzung
und Entmachtung[377]. In der Ilias wird der Bereich der
Aphrodite folgendermassen beschrieben:
*Da lächelte der Vater der Männer und der Götter,
Und rief sie zu sich und sprach zu der goldenen
Aphrodite:*
*«Nicht dir, mein Kind, sind gegeben des Krieges
Werke!*
*Sondern du gehe den lieblichen Werken der Hoch-
zeit nach.»* (Homer, Ilias 5, 426–429)

In Thria[378] wurden in den Ruinen des Aphroditetempels Votivtauben aus Marmor gefunden, die der
Göttin dargebracht wurden[379]. Die Art ihrer Verehrung und ihre Symbole entsprachen dem Charakter

der Aphrodite als Förderin aller animalischen und
vegetativen Fruchtbarkeit. Ihre Tempel lagen in der
Mitte schattiger Haine, daneben befanden sich
Teiche, die die Beziehung der Göttin zum feuchten
Element kennzeichneten. Ihr waren die Terebinthe,
Fichte, Zypresse und der Granatapfel heilig[380]. Die
Myrte[381] und der Apfel waren der Aphrodite so heilig
wie der Lorbeer dem Apollon. Unter den Tieren waren es diejenigen, die sich durch eine grosse Fruchtbarkeit auszeichneten. Dies waren der Widder, der
Ziegenbock und der Sperling, besonders aber der
Fisch und die weisse Taube. Diese Tiere wurden der
Aphrodite auch geopfert und durften vom Volk
weder verletzt noch gegessen werden[382]. Die Taube
war wohl nicht nur wegen ihrer Fruchtbarkeit,
sondern auch wegen ihrem zärtlichen Paarbindeverhalten und der ehelichen Treue der Vogel der Aphrodite. Je mehr Aphrodite im Volksglauben die Göttin
der Liebe, Anmut und Schönheit wurde, desto mehr
schien auch die weisse Taube ihrem Wesen zu entsprechen und ihr Lieblingsvogel zu sein[383]. Folgende
Geschichte aus der griechischen Mythologie erzählt,
weshalb die Taube überhaupt zum Vogel der Aphrodite wurde:
*Als einst Aphrodite und Eros im Scherz um die
Wette Blumen sammelten und Aphrodite zu unterliegen drohte, eilte eine Nymphe, Peristera, herbei
und verschaffte durch ihre tätige Hilfe der Göttin
den Sieg, wurde aber von dem erzürnten Eros in
eine Taube [Peristera] verwandelt; seitdem steht die
Taube unter dem besonderen Schutz der Aphrodite.*
(Höfer 1902)

Mit der zunehmenden Ausbreitung des Aphrodite-
kultes gelangte die Taube als Attribut der Liebesgöttin in den gesamten Bereich der griechischen
Kultur und verdrängte ihr ursprüngliches Symboltier,
den Löwen[384]. Es wurde zwischen der Aphrodite
Urania, Vertreterin einer himmlischen, vergeistigten

**Abb. 86: Ein bärtiger
Mann mit einem Op-
fermesser in der Hand
ist im Begriff, eine
Taube zu schlachten,
die auf dem Altar
steht; italische
Gemme aus Sardonyx,
2. Jahrhundert v.Chr.**

69

87

Abb. 87: Auf Münzen aus Sikyon wurde mit der Taube auf das dortige Aphroditeheiligtum hingewiesen. Links eine Tetradrachme mit einer Taube in einem Kranz aus Ölzweigen (400–360 v.Chr.). Der Ölzweig wirbt für das berühmte Olivenöl, das in Sikyon erzeugt wurde. Rechts eine seltene Darstellung mit einer auffliegenden Taube (350–330 v.Chr.).

Liebe, und einer Aphrodite Pandemos, Göttin der irdischen Triebkräfte und Leidenschaften unterschieden[385] (Abb. 85). Als Aphrodite Porne, «die Hure», wurde die Göttin in ihren Heiligtümern von Korinth, Byblos, Theben und auf dem Berg Eryx auf Sizilien verehrt[386]. Andererseits fasste man die Taube als ein Bild der Reinheit auf und stellte ihr das Schwein als ein Bild der Unreinheit entgegen[387]. Der Aphroditekult hatte zwei Seiten, die reine ehrbare Aphrodite Urania, der die ehrbaren Frauen opferten und der die weisse Taube geweiht war, und im Gegensatz dazu die Naturgöttin Aphrodite Pandemos, der das Schwein gewidmet war[388].

Manche Tempel der Aphrodite besassen eine grosse Anzahl weiblicher Hierodulen. Diese Tempelprostituierten entrichteten aus ihrem Verdienst eine Abgabe an den Tempel[389]. Der Dienst an der Aphrodite wurde aber nicht nur von Unfreien und eigentlichen Prostituierten, sondern auch von adligen Jungfrauen geleistet, wie Strabo aus Theben (Ägypten) berichtet:
Dem Zeus, den sie am meisten verehren, wird eine ausnehmend schöne Jungfrau aus vornehmstem Geschlecht geweiht, welche die Griechen Palladen nennen. Diese prostituiert sich und schläft, mit wem sie will, bis die natürliche Reinigung des Körpers eintritt [die Menstruation]. Nach der Reinigung wird sie verheiratet. Vor der Heirat wird nach der Zeit der Prostitution ein Trauerritus für sie durchgeführt.
(Strabo, Geographie 17, 1, 46)

Die Tempelprostitution war in Griechenland keine absolute «Notwendigkeit», da es bereits zahlreiche Bordelle gab und dem Hausherrn die Sklavinnen seines Haushaltes zur Verfügung standen[390]. Die Tempelprostitution in Griechenland stellte eher ein übernommenes Relikt orientalischer Tradition dar. In Korinth bestand die Sitte, Mädchen auf dem Sklavenmarkt zu kaufen und als Opfergabe zur Erfüllung

eines Gelübdes dem Aphroditetempel als Prostituierte zu schenken[391]. Nach Welz (1959) stellen die Frauenköpfe auf späten korinthischen Münzen die Tempelprostituierten der Aphrodite dar, die er als «Tauben der Göttin Aphrodite» bezeichnet. Strabo schreibt über den Reichtum des korinthischen Aphroditetempels folgendes:
Das Aphroditeheiligtum war so reich, dass es mehr als tausend Hierodulen besass, Hetären, die sowohl Männer als auch Frauen der Göttin geweiht hatten. Und wegen diesen wimmelte die Stadt und war wohlhabend. Denn die Kapitäne ruinierten sich leicht, und deshalb geht das Sprichwort: «Nicht jedes Mannes Fahrt kann nach Korinth gehen». Und man erwähnt eine Hetäre, die zu einer Frau, die ihr vorwarf, dass sie arbeitsscheu sei und keine Wolle anrühre, sagte: «Dabei habe ich, wie ich bin, in dieser kurzen Zeit schon drei Bäume runtergelassen».
(Strabo, Geographie 8, 6, 20)

Heiligtümer der Aphrodite waren, wie alle Heiligtümer in der Antike, bedeutende wirtschaftliche Zentren. Der Tempel selbst verdiente an Weihegaben, Darlehen, Gebühren für Zeremonien, Erträgen aus eigenem Landbesitz und in einigen Fällen an der Tempelprostitution. Gleichzeitig brachte ein Heiligtum der Stadt Wohlstand. Ein nicht enden wollender Pilgerstrom musste beherbergt und verpflegt werden. Eine ausgedehnte Andenkenindustrie war eine wichtige städtische Einnahmequelle. Kampmann (1996) schildert am Beispiel des Artemistempels von Ephesos anschaulich die ökonomische Bedeutung dieser Pilgerströme und deren Bedrohung durch die Lehren des Apostels Paulus, der vom Mob von Ephesos deshalb beinahe gelyncht worden wäre[392]. Es gibt verschiedene Darstellungen und Funde die zeigen, dass der Aphrodite als Votivgabe bevorzugt Taubennachbildungen geopfert wurden (Abb. 88, Abb. 89), und Aphrodite selbst wurde gerne mit einer Taube in der Hand dargestellt.

Als einfach erkennbares Symbol für Städte und Gemeinwesen mit einem Aphroditeheiligtum diente oft die Taube, wie sie beispielsweise auf Münzen von Sikyon dargestellt wurden. Pausanias berichtet über das Aphroditeheiligtum von Sikyon folgendes:
Danach folgt das Heiligtum der Aphrodite selber. Eintreten dürfen nur die tempelpflegende Frau, die mit keinem Mann mehr verkehren darf, und eine Jungfrau, die das Jahrespriestertum hat, und die sie Lutrophoros [Badeträgerin] nennen. Die anderen müssen vom Eingang her die Göttin sowohl sehen wie auch von dort anbeten.
(Pausanias, Beschreibung Griechenlands 2, 10, 4–5)

Die Taube erscheint schon in der ersten Hälfte des 5. Jahrhunderts v.Chr. als Emblem von Sikyon. Sie wurde in einem Kranz aus Ölzweigen und ab und zu mit einem Ölzweig im Schnabel dargestellt (Abb. 87). Dies hat aber nichts mit der Noahtaube zu tun. Sikyon war damals berühmt für sein gutes Olivenöl[393] und stellte den Ölbaum als wichtigen Wirtschaftsfaktor ebenfalls auf seinen Münzen dar. Es ist somit ein Zufall, dass die Darstellung der beiden wichtigsten Produkte auf den Münzen von Sikyon, die Aphroditetaube mit dem Ölzweig, dem heutigen Symbol des Friedens entspricht.

70

Abb. 88: Früharchaische, lebensgrosse Taube aus massiver Bronze, wahrscheinlich eine Weihegabe für Aphrodite.

88

Abb. 89: Bronzestandspiegel aus der Nordpeloponnes, um 460/50 v.Chr. Eine junge Frau hält eine Taube in der Hand, wahrscheinlich ein Opfergeschenk für Aphrodite.

89

90

Abb. 90: Auf einem Kessel des sogenannten Varresemalers ist ein Gelage im Freien dargestellt. Auf der einen Seite trägt die Taube einen Kranz zum liegenden Mann, auf der anderen fliegt sie als Liebesbotin vom sitzenden Mann zur Frau, die ein Xylophon in der linken Hand hält. Kessel des Varresemalers, Apulien um 350 v.Chr.

Die Zuordnung der Taube zu Aphrodite liess die Taube mit der Zeit zum eigenständigen Symbol der Liebe werden, das auch den Willen oder die Botschaft der Göttin übermittelt. Auf einem Kessel des sogenannten Varresemalers, der aus dem griechisch besiedelten Apulien aus der Mitte des 4. Jahrhunderts v.Chr. stammt, ist ein Gelage im Freien dargestellt[394] (Abb. 90). Auf der einen Seite trägt die Taube einen Kranz zum liegenden Mann, auf der anderen fliegt sie als Liebesbotin vom sitzenden Mann zur Frau. Beinahe 2000 Jahre später findet sich dieses Thema in einem Bild von Albrecht Dürer aus dem Jahre 1496/97 wieder und scheint an die antike Bedeutung anzuknüpfen (Abb. 91).

Nach Autokrates verwandelte sich sogar der Göttervater Zeus selbst in eine Taube, als er sich in das Mädchen Phthia verliebte[395] und nahm dadurch die Gestalt des Liebessymbols an. Griechische Münzen aus römischer Zeit (1. Jahrhundert n.Chr.) zeigen die Stadtgöttin von Askalon (Astarte-Damaris) mit der Taube, und auch auf Zypern lässt sich die Taubengöttin noch auf Münzen Caracallas (211–217) nachweisen. Der jüngste Beleg der zyprischen Taubengöttin stammt aus der Zeit des Macrinus um 217/18. Als repräsentatives Symbol oder Begleittier signalisiert die Taube in der antiken Bildkunst die Anwesenheit und die Sphäre der Liebesgöttin.

Man stellte sich vor, dass Aphrodite in einem goldenen Wagen von Sperlingen gezogen durch den Himmel fuhr, wie es die griechische Dichterin Sappho um das Jahr 600 v.Chr. formulierte:

– *nachdem den goldnen*
Wagen du [Aphrodite] unters Joch geschirrt hast
und schön dich zogen
hurtige Sperlingsvögel hoch über der schwarzen Erde,
eifrig die Flügel schlagend, herab vom Himmel, hindurch durch des Luftraums Mitte.
(Sappho, Lieder 1, 9–12)

Obwohl bei Sappho eindeutig der Sperling genannt ist, wurden diese, z.B. von Geibel[396] in Tauben umgedichtet, was zeigt, wie dominant die Vorstellung der Taube als Vogel der Aphrodite war und alle anderen Attributtiere verdrängen konnte (Abb. 92). Tauben können tatsächlich dazu abgerichtet werden, einen Wagen zu ziehen. Bechstein (1805) berichtet dazu: «Ja man weiss, dass Kinder wie die Venus, ein Paar Tauben gewöhnen mit ordentlichem Geschirr einen Wagen zu ziehen, ohne aufzufliegen.»

Bei Apuleius[397] ziehen vier weisse Tauben den Wagen der Aphrodite, den diese von Hephaistos zum Geschenk erhalten hat. Der Wagen, das Joch und die Zügel sind aus Blumen und werden von purpurfarbenen Tauben gelenkt[398]. Wegen ihrer Beziehung zu Aphrodite waren Tauben ein bezeichnendes Geschenk des Liebhabers an seine Geliebte[399] und wohl auch umgekehrt, wie eine Zeichnung von Picasso sehr schön darstellt (Abb. 93).

91

Abb. 91: Auf dem Bild «Der Koch und seine Frau» stellt Albrecht Dürer eine Taube dar, die von der Frau zum Mann fliegt und an die uralte Symbolik der Taube als Liebesbotin anzuknüpfen scheint.

71

Ein Taubenpärchen als Geschenk für den begehrten Knaben findet sich beim römischen Schriftsteller Petronius (66 n.Chr.) in seinen Satyrica. Eumolpius, der sich in einen Knaben verliebt hat, überlistet diesen erfolgreich mit einem vorgespielten Gelübde an Venus.

Allmächtige Venus, wenn ich diesen Knaben küssen kann, ohne dass er es merkt, so will ich ihm morgen ein Taubenpärchen schenken.
(Petronius, Satyrica 85, 5)

[385] Platon, Symposion 180 d, 6–9
[386] Ströter-Bender 1994, S. 28
[387] Phurnutos, Kap. 24, Eudokia S.14 nach Engel 1841, S. 183
[388] Engel 1841, S. 183
[389] Stengel 1890
[390] Ströter-Bender 1994, S. 67–68
[391] Ströter-Bender 1994, S. 68
[392] Apg 19, 23. Ein Silberschmied, der Devotionalien herstellte, fürchtete um seine Stelle und schürte deshalb die Angst der Massen.
[393] Lacroix 1964
[394] Schmidt et al. 1976, S. 117–123
[395] Athenaeus, Deipnosophistae 9, 394–395
[396] Geibel nach Reinhardt 1912, S. 372
[397] Apuleius, Metamorphosen 6, 6, 393
[398] Claudian, Epithal Pallad. et. Celer. 104
[399] Ovid, Metamorphosen 13, 830

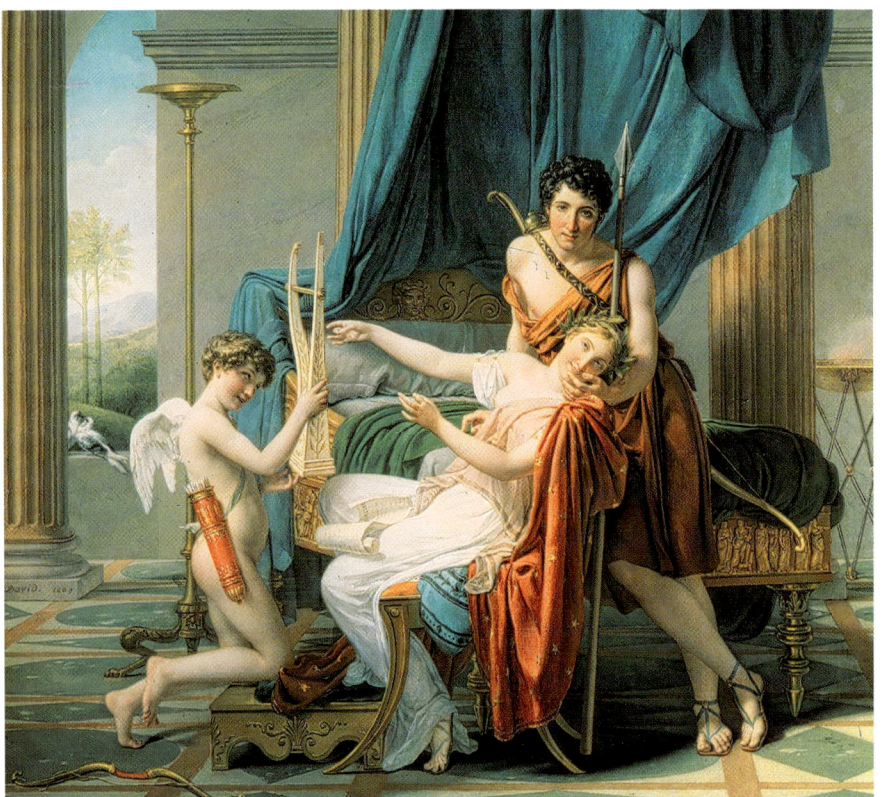

92

Abb. 92: Von der griechischen Dichterin Sappho stammt das Bild des Wagens der Venus, der von einem Vogelgespann gezogen wird. In diesem Gemälde von Jacques Louis David (1748–1825) ist Sappho mit ihrem Geliebten Phaon dargestellt. Neben dem Paar kniet Eros, im Hintergrund sitzt als Symbol der erotischen Liebe ein schnäbelndes Taubenpaar.

Der geliebte Mensch wurde schon zu dieser Zeit wie auch heute mit dem Kosewort Täubchen bezeichnet[400]. Ein besonders schönes Taubengedicht findet sich in den Anacreonteen. Hier zeigt sich sehr schön die Verbindung der Taube als Vogel der Liebesgöttin Aphrodite mit ihrer Verwendung als Botin:

Liebliche Taube, woher, woher fliegst du? Woher eilst du durch die Luft und atmest und verströmst so starken Wohlgeruch? Wer bist du, was liegt dir am Herzen? –
Anakreon hat mich zu einem Knaben gesandt, zu Bathyllos, der seit kurzem über alle herrscht, sogar über die Tyrannen. Aphrodite hat mich verkauft und nahm dafür ein kleines Lied. Ich aber diene dem Anakreon sehr. Und jetzt, du siehst es, bringe ich seinen Brief. Und er sagt, er werde mich sogleich freilassen. Aber ich bleibe, auch wenn er mich freilässt, als Sklavin bei ihm. Denn was soll ich über Berge und Felder fliegen und auf Bäumen sitzen und wilde Nahrung fressen? Jetzt esse ich Brot, das ich aus den Händen von Anakreon selbst stibitze; zum Trinken gibt er mir den Wein, den er zuerst trinkt; wenn ich getrunken habe, tanze ich und hülle den Herrn ein, indem ich mit den Flügeln schlage. Wenn er eingeschlafen ist, schlummere ich gerade auf der Leier. Jetzt weisst du alles, geh. Du hast mich geschwätziger gemacht, Mensch, als eine Krähe.
(Anacreon, Anacreontea 15)

Ebenfalls in ihrer Funktion als Botin der Aphrodite, die auch im weitesten Sinne für die Schönheit der Frauen zuständig ist, tritt die Taube bei Aelian in der Geschichte von Aspasia auf:

Aspasia von Phokaia, Tochter des Hermotimos, wuchs als Waise auf, denn ihre Mutter war im Wochenbett gestorben. Aus diesem Grund wuchs sie heran in Armut, aber nicht ohne Zurückhaltung und Würde. Immer wieder erschien ihr ein Traum und verhiess ihr anspielungsweise ein glückliches Ereignis betreffend ihre Zukunft: nämlich dass sie eine Verbindung mit einem vortrefflichen Mann eingehen würde. Als Kind litt sie unter einem Auswuchs im Gesicht, unter dem Kinn, was sehr sehr hässlich anzusehen war und dem Mädchen viel Leid bereitete.
Sein Vater zeigte die Kleine einem Arzt, welcher versprach, das Kind für die Gegenleistung von drei Stateren zu heilen. Der Vater sagte, dass er diese Summe nicht aufbringen könne, und der Arzt erwiderte, dass er seinerseits keine Medikamente übrig habe. Das machte Aspasia, wie es verständlich ist, viel Kummer, und sie ging weg. Draussen war sie voll Tränen. Einen Spiegel auf den Knien, betrachtete sie sich und war sehr bekümmert. Da sie wegen ihrer Sorgen fastete, verfiel sie in einen willkommenen Schlaf. Im Schlaf erschien ihr eine Taube, welche sich in eine Frau verwandelte, die zu ihr sagte: «Mut, verabschiede dich von den Ärzten und den Arzneien. Nehme die der Aphrodite geweihten Rosenkränze, welche nunmehr trocken sind, zerreibe sie und streue dieses Heilmittel auf das Geschwür.» Nachdem sie dies gehört hatte, handelte das Kind so, und der Auswuchs verschwand. Und Aspasia wurde die Allerschönste unter den jungen Mädchen, so wie sie ihre Schönheit von der schönsten der Göttinnen erhalten hat.
(Aelian, Bunte Geschichten 12, 1)

Aspasia aus Phokaia (Ionien, Kleinasien) wurde später die Geliebte des jüngeren Kyros (geboren 423 v.Chr.), dem Vizekönig von Kleinasien.
Der Ruf von der grossen Liebe von Kyros zu Aspasia reichte bis nach Ionien und ganz Griechenland. Die Pelopones war reich an Geschichten, die man sich über Perseus und diese Frau erzählte, und der Ruf ihres Ansehens gelangte sogar bis zum Grossen König. Es war allgemein bekannt, dass Cyrus nach dieser Einen keine anderen Frauen mehr kennenlernen wollte. So erinnerte sich Aspasia an ihre früheren Träume, die Taube und deren Worte, sowie an das, was die Göttin gesagt hatte. Sie war sich bewusst, dass Letztere von Anfang an ihre Beschützerin war. Um Aphrodite zu danken, hielt sie zu ihren Ehren Zeremonien ab und brachte ihr Opfer dar. Zuerst liess sie für die Göttin eine goldene Statue von bemerkenswerter Grösse herstellen. Mit der Vorstellung, dass diese Statue Aphrodite darstellen sollte, liess sie an ihrer Seite eine Taube, eingelegt mit wertvollen Steinen, anbringen. Täglich wandte sie sich mit Sühnopfern und Lobgesängen an Sie. Sie schickte ihrem Vater Hermotimos ebenfalls zahlreiche prachtvolle Geschenke und machte ihn reich. Ihre Lebensweise war umsichtig und zurückhaltend, wie die griechischen und persischen Frauen einstimmig sagen.
(Aelian, Bunte Geschichten 12, 1)

Taubenorakel – die Stimmen der Götter

Die Stadt Dodona spielte von ihrer Gründung an eine wichtige Rolle in Epirus. Berühmt aber wurde Dodona in der ganzen griechischen Welt durch sein Taubenorakel. Seine Gründung wird von Herodot[401] folgendermassen geschildert:

Über die Orakel in Griechenland und das Orakel in Libyen erzählt man in Ägypten folgende Geschichte: Die Priester des Zeus in Theben berichteten: Zwei Priesterinnen wurden einst von Phoinikern aus Theben entführt; eine soll nach Libyen, die andere nach Griechenland verkauft worden sein. Diese Frauen gründeten die ersten Orakel bei den genannten Völkern. [...] Die Priesterinnen in Dodona aber erzählen folgendes: Zwei schwarze Tauben flogen aus Theben in Ägypten auf. Eine von ihnen gelangte nach Libyen, die andere kam zu ihnen nach Dodona. Sie setzte sich auf eine Eiche und sprach wie ein Mensch: Man solle an diesem Ort ein Orakel des Zeus bauen. Die Bewohner von Dodona nahmen an, dieser Auftrag ergehe von der Gottheit an sie, und handelten danach. Die andere Taube, die nach Libyen geflogen war, gebot dort, ein Orakel des Ammon zu gründen. Auch dieses Orakel gehört dem Zeus. Das ist der Bericht der Priesterinnen von Dodona; die älteste von ihnen hiess Promeneia, die mittlere Timarete, die jüngste Nikandra. Die anderen Leute in Dodona, die ebenfalls zum Tempel gehören, haben diese Geschichte bestätigt.
(Herodot, Historien 2, 54–55)

Dazu gibt Herodot folgende Erklärung:
Hier errichtete sie als Sklavin unter einer Eiche ein Heiligtum des Zeus, indem sie, wie von einer Dienerin im Heiligtum des Zeus in Theben, woher sie kam, zu erwarten war, auch in ihrer neuen Heimat des Zeus gedachte. [...] Ich glaube, die Einwohner von Dodona bezeichneten diese Frauen als Tauben auf Grund dessen, dass sie Nichtgriechinnen waren und ihre Sprache wie eine Vogelsprache anmutete. [...] Wenn sie eine Taube schwarz nennen, so deuten sie damit an, dass die Frau aus Ägypten stammte. Die Weissagungsart im ägyptischen Theben ist der in Dodona sehr ähnlich. (Herodot, Historien 2, 56–57)

Über das Taubenorakel von Dodona waren in der Antike verschiedene Geschichten im Umlauf. Schon vor der Gründung des Orakels übermittelte eine Taube den göttlichen Willen. Nach einer alten Überlieferung hielt einst eine Taube den Hirten Mandylas oder Ellos davon ab, die heilige Eiche von Dodona zu fällen[402]. Der Kommentator von Vergil, Servius, erzählt, Jupiter habe einst seiner Tochter Hebe zwei Tauben geschenkt, welche menschliche Stimmen hatten. Eine flog in den Eichenwald von Dodona und setzte sich auf einen sehr hohen Baum, wo das Orakel des Jupiters eingesetzt wurde. Die andere flog nach Libyen, wo sie sich auf einen Widderkopf niederliess und gebot, ein Orakel Jupiter Amons einzusetzen[403]. Eine Bronzemünze aus Epirus[404], die aus dem letzten Viertel des 4. Jahrhunderts stammen dürfte[405], stellt das Heiligtum von Dodona dar (Abb. 94). Drei Tauben sitzen hier auf der Eiche, die der zweitälteste Baum Griechenlands gewesen sein soll. Franke (1956) vermutet, dass die Orakel aus dem Rauschen der Eiche, in deren Wipfel die Tauben

nisteten, und aus dem Gurren sowie dem Flug der Tauben gelesen wurden. Daneben wurden Orakel aus dem Klang grosser Erzbecken erteilt. Drei Priesterinnen beobachteten die Tauben und gaben die Orakelsprüche weiter. Die Ausleger, die Helloi, gaben den Sprüchen eine verständliche Form und übermittelten die Antworten den Orakelfragenden[406]. Funde von bronzenen Tauben, die Bronzestatuette einer weiblichen Figur mit einer Taube in der Hand und aus der Zeit vor 340 v.Chr. stammende Münzen, auf denen eine fliegende Taube abgebildet ist, belegen im weiteren den Taubenkult des alten Epirus[407].

Das Orakel von Dodona hatte einen sehr guten Ruf und wurde zu den verschiedensten Problemen befragt. Die alte Eiche von Dodona sagte dem Herakles durch zwei Tauben das Ende seiner Arbeiten voraus[408]. Als der Sohn von Achilles, Pyrrhus, während des Trojanischen Krieges Thessalien verlor, kam er nach Dodona und fragte das Orakel an, das ihm riet, sich in Epirus niederzulassen und die hierhin geflohene Enkelin des Herakles, Lanassa, zu heiraten. Mit ihr zeugte er acht Kinder und gründete so eine neue Dynastie[409]. Krösus fragte ebenfalls unter anderen das Taubenorakel von Dodona an, bevor er den Kriegszug gegen die Perser rüstete[410]. Einen unangenehmen Ausgang nahm eine Anfrage der Böotier. Das Orakel antwortete, sie würden in ihren Unternehmungen glücklich sein, wenn sie eine verruchte Tat begehen würden. Die Böotier warfen darauf die Priesterin des Orakels ins Feuer. Seit diesem Vorfall erteilten ihnen nur noch Männer das Orakel[411]. Das Orakel von Dodona existierte bis ins Jahr 400 v.Chr. und verlor wahrscheinlich durch die Kriegszüge Alexander des Grossen und durch die beginnende allgemeine Aufklärung an Bedeutung[412].

93

73

Abb. 93: Die Taube war in der Antike wegen ihrer Beziehung zur Aphrodite-Venus ein bezeichnendes Liebesgeschenk.

94

Abb. 94: Diese antike griechische Münze stellt das Taubenorakel von Dodona in Epirus dar. Drei Tauben wurden von drei Priesterinnen beobachtet, die ihre Orakelsprüche an die Ausleger weitergaben. Deren Aufgabe war es, die Sprüche in eine verständliche Form zu bringen und den Orakelsuchenden zu informieren.

[400] z.B. Aristophanes, Plutos 993–1020
[401] Herodot lebte im 5. Jh. v.Chr. und war wohl der wichtigste Geschichtsschreiber im alten Griechenland.
[402] Dakaris 1963
[403] Servius, zu Aeneis 3, 466
[404] Das antike Epirus liegt im heutigen Albanien.
[405] Franke 1956
[406] Arneth 1840
[407] Im heutigen Balkangebiet hat der Taubenkult im «Unheil abwehrenden Sinn» bis heute überlebt (Franke 1956).
[408] Sophokles, Trachinierinnen 168–169
[409] Justinus, 17,3
[410] Herodot, I, 46
[411] Strabo, Proclus de re poet. ap. Phot. p990
[412] Arneth 1840

Mit Rom zur Eroberung der Welt

Die Römer als Taubenzüchter

Die Römer übernahmen die Haustaubenhaltung von den Griechen und perfektionierten sie weiter. Sie entwickelten eine hochstehende Fleischtaubenwirtschaft in industriellen Dimensionen, um der enormen Nachfrage nach dem schmackhaften Taubenfleisch gerecht zu werden. Daneben wurden verschiedene Rassen aus Freude an Schönheit und Anmut der Taube als Zier- und Spielvögel gezüchtet. In einigen Bereichen wurden die Tauben auch als Boten eingesetzt.

Durch die römischen Landwirtschaftsschriftsteller haben wir ein genaues Bild von der römischen Taubenzucht. Varro[413] beschreibt drei verschiedene Taubenrassen, die halbdomestizierte Feldtaube (genus agreste oder saxatile), die eigentliche domestizierte Haustaube (columba domestica) und eine Wirtschaftsrasse aus der Kreuzung von Feldtaube und Haustaube (genus miscellum). Die scheuen Feldtauben lebten unter den Dächern der Häuser oder in möglichst hohen Türmen. Sie flogen auf die Felder und ernährten sich dort. Nur während zwei oder drei harten Wintermonaten wurden sie gefüttert. Die eigentliche Haustaube war meistens weiss und erhielt ihr Futter immer im Schlag. Die Kreuzung aus Feldtauben und Haustauben wurde als Wirtschaftstauben in grossen Taubenhäusern gehalten, die bis zu 5000 Tiere beherbergten. Die römischen Feldtauben zeigten alle Farbschläge vom reinen Weiss bis zum dunkelsten Schiefergrau. Mit poetischen Worten beschreibt Lucrez[414] den Halsschiller dieser Tauben als «oft wie Smaragd glänzend, welches im Sonnenlicht auch rot wie Karfunkel oder blau wie der Himmel» aussehen konnte. Ovid erwähnt neben weissen und bunten auch schwarze Tauben, die untereinander gekreuzt wurden[415]. Varro gibt eine genaue Beschreibung der römischen Taubenhäuser, der Pflege der Tauben und der Abwehr von Feinden.

Das Peristeron ist wie ein grosser, gewölbter Raum, eine Kammer und ein Dach mit einer engen Türöffnung, Fenstern nach phönizischer Art oder breiteren und auf beiden Seiten rechteckigen Fenstern, damit der ganze Ort hell ist, so dass keine Schlange oder ein anderes schädliches Tier hineingelangen kann.

Innen werden alle Wände und Kammern mit dem allerleichtesten Marmorzement ausgestrichen und aussen um die Fenster, damit sich keine Maus oder Eidechse zu den Taubenhäusern heranschleichen kann. Denn nichts ist schüchterner als die Taube. Für die einzelnen Paare gibt es runde Taubenhäuser in einer Reihe und nah beieinander, und so viele Reihen wie möglich vom Boden bis zur Bedachung. Die einzelnen Taubenhäuser müssen eine Öffnung haben, durch die die Tauben nur gerade hinein- oder hinausgelangen können. Innen sind es von allen Seiten drei Hand breit. Unter den einzelnen Reihen sollen Bretter so angebracht werden, dass sie zwei Hand breit sind. Diese benützen sie als Vorplatz und Gehweg. Es muss Wasser geben, das hineinströmt, wo sie trinken und sich waschen können. Denn diese Vögel sind äusserst reinlich. Deshalb sollte der Taubenhalter jeden Monat häufig ausmisten; denn was diesen Ort verschmutzt, ist so nützlich für den Landbau, dass einige geschrieben haben, es sei das Beste. Wenn sich eine Taube an etwas verletzt hat, soll sie gepflegt werden; wenn sie stirbt, muss sie weggebracht werden. Wenn die Jungen zum Verkauf geeignet sind, soll er sie herausnehmen. Ebenso soll er einen sicheren, mit einem Netz von den andern abgetrennten Ort schaffen, wohin die brütenden Tauben gesetzt werden und von dem aus die Muttertiere aus dem Taubenschlag ausfliegen können. Denn das tun sie aus zwei Gründen: Erstens, wenn sie die Nahrung verweigern oder leblos werden durch die Gefangenschaft, weil sie sich nämlich, wenn sie hinausgehen auf die Äcker, erholen; zweitens dienen sie als Lockvögel. Sie kommen nämlich wegen der Jungen, die sie haben, auf jeden Fall zurück, es sei denn, sie werden von einem Raben getötet oder von einem Habicht gefasst. Diese töten die Taubenhalter gewöhnlich mit Hilfe von zwei mit Leim bestrichenen und in den Boden gesteckten Ruten, die sich gegeneinander biegen. Dazwischen legen sie das bestrichene Tier, das die Habichte erjagen wollen, die auf diese Weise getäuscht werden, wenn sie sich mit Leim beschmiert haben.
(Varro, Über die Landwirtschaft 3, 7–8)

In Pompeji wurden die Überreste eines Taubenschlages gefunden, von dem die Einflüge noch erhalten sind[416] (Abb. 95) und die eine Vorstellung von der

Abb. 95: Einflüge eines römischen Taubenschlages aus Pompeji, Ansicht von aussen (linkes Bild) und von innen, Casa del Labirinto, 1. Jahrhundert.

Bauweise vermitteln. Nach Varro wurde den Tauben Nahrung und Wasser durch ein Röhrensystem von aussen zugeführt, ein System, das schon vor 2000 Jahren eine Massengeflügelhaltung ermöglichte. Um ihr Wohlbefinden zu steigern, stand den Tauben sogar eine Badegelegenheit zur Verfügung. Ein düsteres Kapitel bildet die Mast von jungen Tauben, die nach dem römischen Geschmack möglichst fett sein mussten. Dies wurde erreicht, indem die Jungtauben durch verschiedene Eingriffe immobilisiert wurden. Dadurch flogen sie nicht aus und wurden von den Eltern oder spezialisierten Sklaven (pastor columbarum) gefüttert.

Wer die jungen Täubchen gern mästet, wodurch sie teurer verkauft werden können, sondert diese ab, wenn sie schon mit Flaum bedeckt sind. Dann stopfen sie sie mit vorgekautem weissen Brot, im Winter zweimal, im Sommer dreimal, frühmorgens, am Mittag und am Abend; im Winter lassen sie die mittlere Mahlzeit aus. Diejenigen, bei denen schon Federn wachsen, lassen sie mit gebrochenen Beinen im Nest und übergeben sie den Müttern, damit sie in Fülle essen können. Auf diese Weise füttern sie nämlich den ganzen Tag über sich und die Jungen. Diese werden so aufgezogen und werden ziemlich schnell fetter als die andern, und ihre Eltern werden weiss. (Varro, Über die Landwirtschaft 3, 7–8)

Diese grausamen Mastmethoden führten aber anscheinend nicht zum gewünschten Erfolg, wie Gesner im 16. Jahrhundert bemerkt:

Etliche binden ihnen die Bein / vermeynen / wann sie ihnen dieselbige brechen / dass ihnen Schmertzen darvon widerfahre / und also mager werden. Aber dieses machet nicht fett / dann in dem sie sich unterstehen die Band auffzulösen / ruhen sie nicht / und durch solche Übung und Bewegung nehmen sie auch nicht zu. (Gesner 1557)

Columella[417] beschreibt detailliert weitere Mastmethoden, die für das Huhn wie auch für die Taube angewandt wurden:

(7. Kap.) Das Mästen eines Huhnes [oder einer Taube] ist zwar nicht Sache eines Bauern, sondern eines Mästers; weil es aber ohne Schwierigkeiten geschehen kann, glaube ich, Anleitungen auch dafür geben zu sollen. Man benötigt dafür einen besonders warmen und wenig belichteten Platz, an dem jedes Huhn für sich in einen ganz engen Kasten oder Flechtkorb derart eingezwängt wird, dass es sich in ihm nicht umdrehen kann. Jedoch soll der Behälter an zwei Seiten eine Öffnung haben, die eine, damit das Huhn den Kopf herausstrecken kann, die andere für Schwanz und Bürzel, auf der einen Seite, um Futter zu sich nehmen zu können, auf der andern, um es nach dem Verdauen von sich zu geben, ohne sich mit Kot zu beschmutzen. Einstreuen soll man nur ganz sauberes Stroh oder weiches Heu, also Grummet; wenn sie nämlich hart liegen, werden sie nicht leicht fett. Alles Gefieder am Kopf, unter den Flügeln und am Bürzel beseitigt man, vorne, damit es nicht Läuse wachsen lässt, hinten, damit eine Entzündung der Leibesöffnungen durch Verkoten vermieden wird.
Als Futter gibt man Gerstenmehl; es wird mit Wasser eingefeuchtet und geknetet, dann zu Klösschen geformt, mit denen das Tier genudelt wird. Diese

Klösschen gibt man in den ersten Tagen nur sparsam, bis das Huhn gelernt hat, grössere Mengen zu verdauen. Denn Verdauungsstörungen muss man besonders sorgfältig vermeiden und darf nur so viel zu fressen geben, wie die Hühner verarbeiten können. Auch darf man ihnen kein neues Futter bringen, ehe man sich durch Betasten versichert hat, dass im Kropf kein Rest des alten Futters verblieben ist. Ist das Tier so gesättigt, dann nimmt man den Kasten für kurze Zeit herunter und lässt es heraustreten, jedoch nicht, um es frei umherlaufen zu lassen, sondern nur damit es, falls etwas es juckt oder beisst, sich mit dem Schnabel Erleichterung schaffen kann. Dies sind die üblichen Aufgaben der Mäster. Wer die Hühner nicht nur fett, sondern auch zart machen will, feuchtet das oben bezeichnete Mehl mit frischem Honigmet ein und stopft sie damit. Manche mischen drei Teile Wasser mit einem Teil guten Weines, weichen damit Weizenbrot auf und mästen das Huhn damit. Hat man am ersten Tage der Mondperiode (denn auch darauf soll man achten) begonnen, ein Huhn zu mästen, dann erreicht es das volle Mastgewicht am zwanzigsten Tage. Verweigert es aber die Nahrungsaufnahme, dann soll man ebenso viele Tage lang das Futtermass reduzieren, als die Mästung bereits gedauert hat, jedoch höchstens solange, dass die gesamte Mastzeit nicht über den 25. Tag der Mondperiode hinausgeht. Am wichtigsten aber ist es, nur die grössten Tiere für den anspruchsvolleren Tafelbedarf auszuwählen; denn nur dann werden die aufgewendeten Mühen und Kosten durch einen angemessenen Verkaufspreis belohnt. (8. Kap.) Auf dieselbe Weise kann man auch Holz- und Haustauben vorzüglich mästen. Trotzdem ist der Ertrag bei der Taubenmast nicht so gross wie bei der Taubenzucht. Auch die Haltung von Tauben verträgt sich durchaus mit den Aufgaben eines guten Landwirtes; doch ist ihre Wartung mit geringerer Mühe verbunden in abgelegenen Gegenden, wo man den Vögeln volle Bewegungsfreiheit geben kann, da sie ihre auf den höchsten Türmen und ragendsten Gebäuden zugewiesenen Wohnplätze immer wieder durch die offene Türe aufsuchen, durch die sie zur Futtersuche ins Freie fliegen. Allerdings erhalten sie zunächst zwei bis drei Monate lang zubereitete Nahrung; in den übrigen ernähren sie sich selbst von den Samenkörnern auf den Feldern. Das ist aber in Gegenden nahe der Stadt [Rom] nicht möglich, weil sie dort den mannigfaltigen Tücken der Vogelfänger zum Opfer fallen. So müssen sie hier hinter Schloss und Riegel gehegt werden, und zwar nicht auf einem ebenen oder kühlen Platz des Anwesens, sondern an erhabener Stelle: dort errichtet man einen Aufbau mit Blickrichtung nach der Wintermittagssonne. Aus seinen Mauern sollen, um nicht schon Gesagtes zu wiederholen, nach der beim Hühnerhaus gegebenen Vorschrift aneinandergereihte Nisthöhlen ausgehauen werden; wenn dies nicht möglich ist, sollen Pflöcke in sie hineingetrieben und auf ihnen Bretter befestigt werden, die entweder Niststellen oder tönerne Taubenbehälter tragen sollen; davor werden Anflugplätze angebracht, über die sie zu den Nistplätzen gelangen.
Die ganze Anlage und die Nisthöhlen der Tauben selbst müssen mit weissem Putz versehen werden, weil diese Vogelart diese Farbe besonders liebt; aber auch aussen sind die Wände zu verputzen,

[413] Varro, Über die Landwirtschaft 3, 7–8, geschrieben um 37 v.Chr.
[414] Lukrez, de rer. nat. 2, 800
[415] Ovid, Epistula 15, 38 (Sappho an Phaon)
[416] Strocka 1991
[417] Columella, Über die Landwirtschaft 8, 7, 1–2. Columella stammte aus Gades (Cadiz) und lebte im 1. Jh. n.Chr.

Abb. 96: Die Römer kannten bereits eine ganze Reihe von Rassetauben. Dieses Mosaik aus Pompeji, das um das Jahr 50 entstanden ist, stellt wahrscheinlich eine Vorfahrenrasse der heutigen Römertaube dar.

besonders um das Ausflugloch herum. Dieses soll so liegen, dass es während des grössten Teiles des Wintertages die Sonne einlässt, und vor sich einen hinreichend grossen Verschlag haben, der mit Netzen gesichert ist, um keine Habichte einzulassen, aber den Tauben eine Möglichkeit zum Austritt an die Sonne gibt, und auch den Muttertauben, die über Eiern oder Jungen sitzen, einen Ausflug ins Freie gestattet, damit sie nicht, wenn man so sagen darf, durch den strengen Dienst andauernden Hütens lustlos werden und altern. Denn wenn sie eine Weile um die Gebäude geflogen sind, werden sie munter, erholen sich und kehren erfrischt zu ihrer Brut zurück, um derentwillen sie auch nicht weiter auszustreuen oder zu entfliehen versuchen.

Die Näpfe, in denen man ihnen Wasser gibt, sollen ähnlich denen für die Hühner sein; sie sollen nur die Köpfe einlassen, aber infolge ihrer Enge nicht die ganzen Tiere, wenn diese Lust zum Baden haben. Denn wenn sie baden, bekommt dies weder den Eiern noch den Jungen, auf denen sie gewöhnlich sitzen.

Das Futter soll man längs der Wand ausstreuen, weil im allgemeinen dieser Teil des Taubenhauses nicht mit Kot beschmutzt ist. Als geeignetstes Futter gelten die Wicke oder die Erve, dann die Linse, die Kolbenhirse, der Lolch, ferner Weizenkleie sowie gegebenenfalls weitere Hülsenfrüchte, mit denen man auch Hühner füttern kann. Der Stall muss von Zeit zu Zeit ausgekehrt und gereinigt werden; denn je gepflegter der Stall ist, desto gesünder sehen die Tauben aus; und sie sind darin so empfindlich, dass sie oft aus Ekel ihren Stall verlassen, wenn sich eine Möglichkeit dazu anbietet; dies geschieht besonders oft in denjenigen Gegenden, wo sie freien Ausflug haben. Um dies zu verhindern, gibt es ein altes Rezept des Demokritos: Oft nistet in Gebäuden eine Art Habicht – die Bauern nennen ihn titiunculus –; von den Jungen dieses Vogels stecken die Bauern je eines in einen Tontopf, verschliessen ihn mit einem Deckel, solange der Vogel noch atmet, verkitten ihn mit Gips und setzen die Töpfe dann unter die Ecken des Taubenhauses. Dies weckt in den Tauben eine solche Anhänglichkeit an ihren Wohnort, dass sie ihn niemals verlassen.

Für die Aufzucht der Jungen wählt man weder alte noch ganz junge Tauben, doch solche, die möglichst gross gewachsen sind, und soweit es möglich ist, sorgt man dafür, dass die Jungen so, wie sie ausgebrütet worden sind, beisammenbleiben. Wenn sie sich nämlich so wieder paaren, bringen sie mehr Nachwuchs hervor. Ist das nicht möglich, dann soll man sie wenigstens nicht mit fremdrassigen Partnern paaren, etwa eine alexandrinische Taube mit einer kampanischen. Denn Artfremde lieben sie weniger, weshalb sie sich weniger oft begatten und öfters auch nicht brüten.

Über die Farbe des Gefieders ist nicht immer ein Urteil abgegeben worden, und nicht von allen dasselbe. So ist es schwer zu sagen, welches die beste sei. Die weisse, die man allenthalben sehen kann, wird von manchen gar nicht sehr hoch geschätzt; doch wird man sie bei Tauben, die man eingeschlossen hält, nicht ausschliessen; dagegen muss man sie bei freifliegenden Tauben sehr missbilligen, weil der Habicht sie besonders leicht erblickt.

Obschon die Fruchtbarkeit der Tauben weit geringer ist als die der Hühner, so bringt sie doch besonders hohe Einnahmen. Wenn eine Taube ein gutes Muttertier ist, zieht sie achtmal im Jahr Junge auf und füllt mit dem Wert dieser Jungen die Kasse ihres Besitzers, wie M. Varro als namhafter Gewährsmann versichert; er teilt nämlich mit, dass selbst in seinen noch ziemlich sittenstrengen Zeiten ein Paar Tauben für 1000 Sesterzen gehandelt wurde. Mit Abscheu blicken wir auf unser Zeitalter, wenn wir es für glaubhaft halten, dass es Leute gibt, die zwei Tauben für 4000 Sesterzen kaufen. Freilich scheint mir ein Mensch immer noch erträglicher zu sein, der die Befriedigung einer Liebhaberei aus Lust am Besitz mit schwerem Geld bezahlt, als Leute, die erst ihre Schlemmermägen [mit Fischen] aus dem pontischen Phasis und den Gewässern des skythischen Mäotissees angefüllt haben und nun bereits Geflügel vom Ganges und aus Ägypten im Weinrausch auskotzen.

Doch kann man, wie gesagt, auch bei diesem Geflügel die Mast praktizieren. Wenn z.B. unfruchtbare Tauben oder solche mit ungünstiger Farbe vorkommen, mästet man sie ähnlich wie die Hühner. Die Jungtauben werden aber unter den Muttertieren leichter fett, wenn man ihnen, sobald sie schon kräftiger geworden sind, aber noch vor dem Flüggewerden einige Schwungfedern ausreisst und die Beine bricht, damit sie ruhig an einer Stelle bleiben, und den Müttern reichliche Nahrung vorsetzt, damit sie sich und die Jungen üppiger füttern. Manche

Züchter binden die Beine nur leicht an, weil nach ihrer Meinung das Brechen der Beine Schmerz und infolgedessen Abmagerung bewirkt. Doch lässt eine solche Massnahme die Tiere auch nicht fetter werden; denn während sie versuchen, die Fesseln abzustreifen, kommen sie nicht zur Ruhe und setzen durch diese Anstrengung, wenn ich es so nennen darf, nichts an ihrem Körper an. Gebrochene Beine schmerzen nicht länger als zwei oder höchstens drei Tage und nehmen den Vögeln die Hoffnung auf Flucht.
(Columella, Über die Landwirtschaft 8, 7–8)

Nach Varro kostete die Einrichtung eines Taubenhauses um 100 000 Sesterzen. Palladius[418] gibt eine Schilderung eines römischen Taubenhauses und Anweisungen, wie man die Tauben vor allerlei Gefahren schützt:
1. Was den Taubenschlag betrifft, so kann dieser in einem hohen Türmchen, welches den Wohnsitz des Besitzers flankiert, eingerichtet werden. Die Wände müssen sehr glatt und weiss getüncht sein und je nach Benutzung mit ganz kleinen Fensterlücken auf allen vier Seiten versehen werden, was einzig den Tauben erlaubt ein- und auszufliegen; die Nester werden im Innern hergerichtet.
2. Die Tauben brauchen die Wiesel nicht zu fürchten, wenn man einen alten Stiefel voll Ginster zwischen sie wirft – einen solchen wie man ihn den Ochsen anzieht –, und wenn man dabei aufpasst, dass dies geheim geschieht durch einen Mann allein, der dabei von niemandem gesehen werden darf. Keine einzige Taube stirbt oder verlässt den Taubenschlag, wenn man an jeder Öffnung ein Stück Riemen, ein Stoffband oder ein Stück Hängeseil anbringt. Sie ziehen andere Tauben an, wenn man sie reichlich mit Kümmel füttert, oder wenn man ihnen die Flügelgelenke mit Balsam einreibt.
3. Sie legen eine grosse Anzahl Eier, wenn man sie oft mit gerösteter Gerste, mit Saubohnen oder Ervenlinsen füttert. Indessen, für dreissig frei fliegende Tauben genügen drei Mass Korn oder Siebmehl als Tagesration, vorausgesetzt man gibt ihnen während den Wintermonaten Ervenlinsen, um die Eiablage zu fördern. Es ist notwendig, an verschiedenen Orten des Taubenschlags abgehauene grüne Zweige aufzuhängen, um die feindlichen Tiere abzuhalten.
(Palladius, Opus agricultura 1, 24, De columbario)

Für eine gutes Brutpaar wurden 200 bis 1000 Sesterzen bezahlt. Eine Sesterze entspricht einem heutigen Gegenwert von ca. 20 Rappen oder 25 Pfennig. Trotz der hohen Investitionskosten war die Taubenzucht nach Florentinus (1. Drittel des 3. Jh. n.Chr.) ein lohnenswertes Geschäft. Er schreibt dazu:
Denen, die sich mit Landwirtschaft abgeben, ist der Erwerb von Tauben weitaus der nützlichste, vor allem, weil von ihnen trefflicher Mist gewonnen wird, dann auch, weil ihre Jungen notwendig sind zur Erholung nach Krankheiten. Es bietet ihr Erwerb keinen geringen Gewinn. Denn nur während zweier Wintermonate werden sie auf dem Hof der Besitzer ernährt, während der übrigen Zeit des Jahres gibt es für sie Nahrung draussen auf dem Feld.
(Florentinus in Cassianus Bassus, Geoponica 14, 1)

[418] Palladius war wahrscheinlich Beamter und Gutsbesitzer und lebte um die Mitte des 4. Jh. n.Chr. In seinem Werk über die Landwirtschaft stützt er sich vor allem auf Columella.

sich durch ihre besondere Grösse auszeichneten. In Pompeji wurde ein Mosaik gefunden, das verschiedene Haustauben darstellt, die sich in Färbung und Zeichnung unterscheiden (Abb. 96). Nach Stauber (pers. Mitt.) könnte es sich bei den dargestellten Tieren aufgrund ihrer Körperproportionen und ihrer auffälligen Massigkeit um Vorfahrenformen der heutigen Römertauben handeln. Diese sind eine der grössten heutigen Taubenrassen und gehören zu den Riesentauben. Da Pompeji in Kampanien liegt und sich Plinius dort aufhielt[424], könnte er in seiner Schilderung der besonders grossen Tauben die auf dem Mosaik abgebildeten Typen gemeint haben. Zu den verschiedenen Farb- und Zeichnungstypen der römischen Rassetauben bemerkt Plinius, diese Tauben hätten auch einen gewissen Sinn für (eitles) Imponiergehabe und man möchte glauben, sie seien sich ihrer Farben und deren mannigfaltiger Zeichnung bewusst[425].

In den frühchristlichen Katakomben spielte die Taube als religiöses Symbol und als dekoratives Element eine wichtige Rolle und wurde deshalb häufig abgebildet. Obwohl die Tauben der Katakomben nicht besonders genau dargestellt wurden, lässt sich ein Vergleich mit ähnlichen, heute existierenden Rassen wagen (Abb. 97–101).

Abb. 97: Abbildung von römischen Haustauben mit einem Kantharus aus der Praetext-Katakombe, Rom, Anfang 3. Jahrhundert.

Die Römer widmeten sich auch mit grosser Leidenschaft der Zucht von Rassetauben. Die weisse Haustaube (columba domestica alba) kam von Sizilien nach Rom[419]. Wahrscheinlich waren es Abkömmlinge der weissen Tauben der Astarte, die von den Phöniziern im ganzen Mittelmeerraum verbreitet wurden. Die Tauben aus Sizilien wurden z.B. bei Theophrastus[420] als besondere Spezialität erwähnt. Sie scheinen so wertvoll gewesen zu sein, dass sie im Haus drin gehalten wurden[421]. Plinius[422] und Columella[423] erwähnen unter den Haustauben neben den Alexandrinae die aus Kampanien stammenden, die

78

Abb. 98/99: Links die Abbildung einer römischen Haustaube aus der Priscilla-Katakombe (2. Hälfte 2. Jh.), daneben ein heutiger Kupfergimpel.

Abb. 100/101: Römische Haustaube (links), die etwa einer heutigen Libanontaube entspricht (rechts).

Es gab viele Römer, die richtig verrückt nach Tauben waren. Plinius mokiert sich folgendermassen über die Taubenanbetung seiner Landsleute:
Aus Liebe zu ihnen [den Tauben] werden viele zu Narren. So bauen sie ihnen Türme auf die Dächer und erzählen vom Adel der einzelnen und ihrem Stammbaum, wie sich schon aus einem alten Beispiel ergibt: Der römische Ritter L. Axius verkaufte vor dem von Pompeius geführten Bürgerkrieg, wie M. Varro berichtet, das Paar für 400 Denare.
(Plinius, Naturkunde 10, 110)

Diese Stelle belegt auch die fortgeschrittenen Zuchtmethoden der Römer durch das Führen von Stammbäumen, die wohl auch erste genetische Erkenntnisse enthielten. Plinius erwähnt zudem, dass aus dem zuerst gelegten Ei immer ein Männchen und aus dem zweiten immer ein Weibchen schlüpft[426]. Diese tendenziell richtige Aussage zeigt, dass die Römer sehr gute Beobachter waren und ihre Taubenzucht mit wissenschaftlichen Methoden zu verbessern suchten. Um herauszufinden, dass aus dem ersten Ei eher männliche Tauben schlüpfen, mussten die zuerst gelegten Eier markiert und die Jungtiere bis zur Geschlechtsreife verfolgt werden, um das Geschlecht zuordnen zu können. Eine Bestätigung für die von Plinius vor beinahe 2000 Jahren erstmals beschriebene Gesetzmässigkeit erfolgte erst in neuester Zeit und führte zum Aufbau der komplexen Brutreduktionstheorie[427].

Die römischen Haustauben waren sehr fruchtbar. Sie erzeugten nach Varro[428] ausserhalb der Brutpausen alle 40 Tage 2 Jungtiere. Nach Aelian[429] produzierten sie pro Jahr bis zu 10 Gelege, ägyptische Tauben sogar 12 Gelege, und im Sommer brütete ein Paar bisweilen in zwei Monaten drei Paar Junge aus, so dass oft Eier und Nestlinge gleichzeitig im Nest lagen. Diese Fortpflanzungsleistung lässt sich ohne weiteres mit derjenigen heutiger Hochleistungsrassen vergleichen[430].
Die Taubenzüchter der Antike versuchten mit verschiedenen Methoden, ihre wertvollen Tauben am Wegfliegen zu hindern oder sogar fremde Tauben in den eigenen Schlag zu locken. Dazu zwei Beispiele aus den Geoponica:
Die Türen und Fenster und Winkel des Taubenhauses salbe mit Öl des Balsambaumes, dann bleiben die Tauben dem Schlag treu.
Auch entfliegen die Tauben nicht, wenn man Kümmel und Linsenbrühe in Honigmilch gibt und dies ausgiesst. Oder wenn man ihnen Honigmilch zu trinken und Linsen, in Traubensaft gesotten, zu fressen gibt, macht man sie im Schlag heimisch.
Es wird aber gegen das Entfliegen der Tauben auch folgender Liebestrank bereitet: Eierschalen und Schilfhalmstücklein in duftendem alten Wein durchgeseiht, gibt man das denen, die auf Futtersuche ausfliegen. Einige mischen gekochtes Gerstenmehl mit trockenen Feigen, geben einen Teil Honig hinzu und verfüttern das. Andere streuen den auf Futtersuche Ausfliegenden Kümmel. Die Tauben bleiben auch, wenn man in den Taubenturm einen Fledermauskopf legt oder wenn man Zweige wilden Weines samt den Blüten im richtigen Zeitpunkt niederlegt im Taubenhaus.
(Didymos in Cassianus Bassus, Geoponica 14, 2)

Wenn man die Tauben mit süssen Duftstoffen benetzt, werden sie von auswärts weitere mit sich bringen. Wenn man Kümmel denen, die auf Futtersuche ausfliegen wollen, hinstreut und sie dann [eine Weile] zurückhält, dann wird man bewirken, dass viele andere ihnen folgen, angelockt vom Kümmelgeruch. Wenn man Samen von Keuschlamm[431] drei Tage in altem Wein ansetzt und dann Steinlinsen[432] eintaucht in den Wein, es dann den Tauben zum Futter gibt und sie fliegen lässt, dann nehmen die fremden Tauben den Geruch wahr und kommen alle in den Schlag. Zu schnellerem Einfliegen veranlasst man die [fremden] Tauben, wenn man das Taubenhaus mit Salbei und Weihrauch ausräuchert.
(Africanus in Cassianus Bassus, Geoponica 14, 3)

Wie oft in der antiken Literatur sind auch hier exakte Beobachtungen mit Aberglauben vermischt. Noch heute verwenden Brieftaubenzüchter Kümmel und Anis, um ihre Tauben davon «süchtig» zu machen. Damit soll man sie zusätzlich an ihren Heimatschlag binden können. Noch im letzten Jahrhundert versuchten Taubenhalter ihre Tauben mit allerlei Aberglauben vor Schaden zu bewahren. Zur Abwehr von Katzen wurde beispielsweise folgendes Mittel empfohlen:
Wie man Tauben- und Hühnerställe schützt:
Dass die Katzen den Tauben nicht schaden, so lege oder hänge an die Fenster und Gänge des Taubenschlages viel Rautenstengel[433] es hilft.
(Sechstes und siebentes Buch Mosis 1797)[434]

Diese Stelle stimmt erstaunlich genau mit der Empfehlung des Schriftstellers Sotion überein und zeigt, wie sich solcher Aberglaube von der Antike bis in unsere Zeit hinein erhalten konnte:
In den Flugöffnungen und Zugängen des Taubenhauses und noch an mehr Orten leg Zweige von Weinraute hin und hänge sie auf. Denn Weinraute hat eine gewisse Abwehrwirkung gegen Tiere (vor allem gegen Katzen).
(Sotion in Cassianus Bassus, Geoponica 14, 4)

Die Römer wandten auch chirurgische Eingriffe an, um die Tauben am wegfliegen zu hindern:
dass sie ihnen mit einem goldenen Messer Einschnitte in die Flügelgelenke machten, denn mit einem anderen Instrument beigebrachte Wunden wären nicht ungefährlich –; andernfalls zieht dieser Vogel überall umher; sie verstehen nämlich die Kunst, einander zu schmeicheln und andere zu verführen und dann verstohlen mit zahlreicher Begleitung zurückzukehren.
(Plinius, Naturkunde 10, 109)

Die römischen Botentauben

Die Römer setzten Botentauben im zivilen wie im militärischen Bereich ein. Martial erzählt, dass ein Mann seiner Schwester Aratulla durch eine Taube ein Sendschreiben zukommen liess:
Durch die schweigende Luft, da glitt eine Taube und senkte der Aratulla, die sass, schmeichelnd sich grad in den Schoss. [...] nahte der Vogel zu dir vielleicht vom Verbannten als Bote.
(Martial, Epigramme 8, 32, 1–2 und 7)

[419] Hehn 1963
[420] Theophrastus, Charaktere 5, 9
[421] Comicorum atticorum 2, Fragment 57: «Tauben ziehe ich drinnen auf von den Sizilianischen hier, ganz feine».
[422] Plinius, Naturkunde 10, 110
[423] Columella, Über die Landwirtschaft 8, 8, 8
[424] Plinius starb am 24.8.79 beim Ausbruch des Vesuvs, als er als Kapitän eines Schiffes die vor dem Unglück geflohenen Menschen aus dem Wasser rettete.
[425] Plinius, Naturkunde 10, 108
[426] Plinius, Naturkunde 10, 159; auch Aelian, Bunte Geschichten 12, 15
[427] Johnston & Janiga 1995, S. 104–110
[428] Varro, Über die Landwirtschaft 3, 7
[429] Aelian, Bunte Geschichten 12, 15
[430] Vogel 1992
[431] Vitex agnus-castus L.
[432] Vicia ervilia L.
[433] Ruta graveolens L.
[434] Anonymus 1984, S. 92

Abb. 102: Die kompakt gebaute und kräftige Nördliche Felsentaube ist wahrscheinlich eine verwilderte Feldtaube, die ursprünglich von den Römern nach Grossbritannien gebracht wurde, und sich von dort auf die benachbarten Inseln ausbreiten konnte.

102

Abb. 103: Zwei in Vindonissa gefundene Messergriffe aus Bronze zeigen eine weibliche Hand, die eine Taube überreicht. Diese Darstellung belegt die Doppelfunktion der Taube bei den Römern als Delikatesse und als Vogel der Venus, der gerne als Liebesgeschenk überreicht wurde.

ten etwa 12 km pro Stunde zurück, Pferde in Stafetten 25–40 km[435], Botentauben hingegen waren mit etwa 60 km am schnellsten. Ein systematisches Netz von Botentaubenstationen in Militärlagern ist nach Hänggi (1995) nicht sehr wahrscheinlich und auch nicht belegt. Die Fähigkeiten der Tauben, Nachrichten sehr schnell zu übermitteln, wurden vom Militär deshalb wohl nur gelegentlich, in den Theatern hingegen in Form von Wettflügen rege genutzt[436]. In römischer Zeit waren in Mitteleuropa Greifvögel noch häufig, so dass Botentauben in hohem Masse durch Habichte, Wanderfalken und Sperberweibchen gefährdet waren. Die Überbringung von Botschaften durch Reiter und Boten war deshalb zuverlässiger. Nach Riepl konnte ein Eilbote zu Fuss 70–100 km pro Tag zurücklegen, was den damaligen Anforderungen genügt haben dürfte[437]. Eine Abwandlung der Nutzung der Taube als Botin finden wir bei Frontinus in seinem Bericht über die Belagerung von Mutina in Norditalien[438], der zeigt, wie gut die römischen Soldaten mit Botentauben umzugehen wussten:

Der Konsul Hirtius liess Tauben, denen er mit starken Haaren Briefe um den Hals gebunden hatte und sie vorher im Dunkel eine Zeitlang hatte hungern lassen, möglichst nahe bei der Stadt Mutina in Freiheit. Die Tauben liessen sich hungrig auf den Dächern der Stadt nieder und konnten, mit Futter angelockt, leicht eingefangen werden. Auf diesem Weg soll der eingeschlossene Brutus wichtige Nachrichten erhalten haben.
[…]
Derselbe Hirtius band Tauben, die er zuvor durch Einsperren in Finsternis und durch Hunger gequält hatte, mit einem Haar am Halse Briefe an und liess sie dann aus der Nähe der Mauern, so dicht er an sie herankonnte, los. Die Tauben, die sich nach Licht und Futter sehnten, flogen auf die Dächer der Häuser hinauf, wo sie von Brutus aufgefangen wurden, der auf diese Weise über alles Kunde erhielt, besonders nachdem er an bestimmten Stellen Futter ausgestreut und die Tauben daran gewöhnt hatte, sich dort niederzulassen.
(Frontinus, Kriegslisten 3, 13, 8)

Dazu bemerkte Plinius:
Was nützte da dem Antonius der Wall, der Postenring bei Nacht und das Spannen der Netze am Fluss, wenn die Botschaft auf dem Luftweg kam?
(Plinius, Naturkunde 10, 110)

Tauben wurden auch mit ins Theater genommen und von dort aus freigelassen:
Man kann auch daran feststellen, dass die Tauben an ihren Ort zurückkehren, dass viele im Theater sie aus ihrem Arm loslassen, denn wenn sie nicht zurückkämen, würden sie gar nicht freigelassen.
(Varro, Über die Landwirtschaft 3, 7)

In der römischen Armee wurden verschiedene Übermittlungstechniken eingesetzt. Läuferstafetten leg-

103

Die Ausbreitung der Taube

Mit der Ausbreitung der Römer gelangte die Haustaube in alle Teile des römischen Reiches und damit
auch erstmals in die Länder nördlich der Alpen. Dies
belegen Knochenfunde aus Siedlungen im provinzial-
römischen Gebiet. Einer der frühstdatieren Funde
einer Taube nördlich der Alpen stammt aus den Jahren
10–35 n.Chr. aus Zurzach (Schweiz). Im Vicus[439] und
dem römischen Kastell fand Morel (1994) Knochen
der Columba livia, die wahrscheinlich von Feld- oder
Haustauben stammen. Im Boden einer römischen
Grossküche in Augusta raurica (Augst, Kanton Baselland) wurden ebenfalls Taubenknochen nachgewiesen[440]. Weitere Funde stammen aus Magdalens-
berg (Kärnten, 1. Jh.v. bis 1. Jh.n.Chr.), Ersigen-
Murain (Kanton Bern, 1.–2. Jh.), Berg (Bayern, 2. Jh.),
Wels (Oberösterreich, 2.Jh.), Rainau-Buch (Baden-
Württemberg, ca. 150–260), Rottweil (Baden-Würt-
temberg, 1.–3. Jh.), Avenches-Aventicum (Kanton
Waadt, 1.–3. Jh.) und Eining (Bayern, 2.–3. Jh.)[441].
Eine natürliche Ausbreitung der Taube nach Mitteleuropa kann weitgehend ausgeschlossen werden,
da sie erst in den Knocheninventaren aus römischer
Zeit auftritt[442]. Die oben erwähnten Funde können
deshalb einer domestizierten Form zugewiesen
werden, da die Römer kaum die scheuen und ertragsarmen Felsentauben mitgebracht haben dürften.
Dies bedeutet wahrscheinlich auch, dass die Felsentauben in Grossbritannien, Irland, auf den Färöern,
Hebriden und den Shetland-Inseln ursprünglich von
verwilderten Feldtauben abstammen, die erstmals
von den Römern nach England gebracht wurden.
Grossbritannien war, bevor der Mensch Ackerbau
betrieb, beinahe vollständig von Wald bedeckt. Ein
natürliches Vorkommen der Felsentaube zu dieser
Zeit erscheint aus ökologischen Gründen wenig
wahrscheinlich. Erst mit der Ausbreitung der Acker-
baukultur und der damit verbundenen Rodung von
Wäldern entstanden die von der Taube benötigten
freien Flächen als Nahrungsgrundlage. Eine natürliche Ausbreitung der Felsentaube wäre zwar theoretisch möglich, ist aber kaum wahrscheinlich.
Die nördliche Form der Felsentaube ist kräftig und
kompakt gebaut (Abb. 102). Johnston (1992c) konnte
zeigen, dass Felsentauben, wie auch viele anderen
Tierarten, in Abhängigkeit von der geographischen
Breite an Grösse zunehmen. Die nördliche Felsentaube ist bedeutend grösser als die zierlicheren Formen des Mittelmeerraumes, denn sie war lange genug der natürlichen Selektion unterworfen, um sich
an ihren neuen Lebensraum im Norden anzupassen.
Nach Hänggi (1995) lassen die im Kastell von Zurzach gefundenen Taubenknochen unter den Speise-
abfällen auf die Vorliebe der römischen Soldaten für
kulinarische Genüsse schliessen. Diese Haustauben
sind wohl kaum direkt als einzelne teure Leckerbissen über den Fernhandel in das Lagerareal gelangt.
Wahrscheinlicher ist, dass sie von ersten lokalen
Taubenzüchtern gehalten wurden. Aufgrund der in
der Antike verbreiteten Taubenmanie ist sogar damit
zu rechnen, dass in den Lagern Tauben gehalten
wurden. Als «Lieblinge» und Hausgenossen wurden
sie vielleicht für unterhaltende Wettflüge nach stadt-
römischem Vorbild gebraucht[443]. In Vindonissa (Win-
disch, Schweiz) gefundene Messergriffe aus Bronze
stellen eine weibliche Hand, am Armring erkennbar,

104

dar, die eine Taube überreicht[444] (Abb. 103). Dieser
Fund belegt die Doppelfunktion der Taube bei den
Römern einerseits als Delikatesse, andererseits als
Vogel der Venus, der gerne als Liebesgeschenk
überreicht wurde.
Neben den Funden von Taubenknochen weisen
auch Ortsnamen auf die römische Taubenzucht hin.
Der Name der Stadt Colmar leitet sich wahrscheinlich von einem Ort ab, an dem einst eine römische
Villa mit einem Taubenschlag, einem Columbarium
stand[445]. Der Name Colmar taucht erstmals im Jahre
823 als «fiscus nomine Columbarium» unter Ludwig
dem Frommen auf[446]. Aus dem Jahre 1275 stammt
ein Colmarer Silberpfennig, der eine Taube und ein
Kreuz darstellt (Abb. 105), womit der Name der
Stadt bildlich dargestellt wurde[447]. Übrigens wurde
nach den Annalen der Colmarer Dominikaner im selben Jahr 1275 ein Münzfälscher im Kessel gesotten,
vielleicht weil er eben diese Silberpfennige nachge-
prägt hatte. Die Taube als Symbol der Stadt Colmar
hat sich bis in unsere Zeit hinein erhalten können
(Abb. 105).

105

435 Riepl 1913, S. 123ff.
436 Hänggi 1995
437 Riepl 1913, S. 137ff.
438 44–43 v.Chr.
439 geschlossene Siedlung
440 Schmid 1989
441 Benecke 1994
442 Schibler & Hüster-Plogmann
1995
443 Hänggi 1995
444 Hänggi 1995
445 Dictionnaire des communes
1980
446 Dosdat 1938
447 Braun von Stumm 1953

Die Turan der Etrusker

Auch die Etrusker kannten die Taube als Vogel ihrer Liebesgöttin Turan. Die etruskische Aphrodite-Venus[448] wurde meist als schöne nackte oder halb bekleidete Frau mit kunstvoller Frisur und reich geschmückt dargestellt. Ihre Symbole sind wie bei Aphrodite der Schwan, die Myrte, der Granatapfel und die Taube[449]. Dabei übernimmt die Taube die gleichen Funktionen wie bei Aphrodite: Sie ist Liebesbotin und Vermittlerin einer erotischen Atmosphäre. Auf einem etruskischen Spiegel vom Ende des 5. Jahrhunderts v.Chr. fliegt die Taube als Liebesbotin von der thronenden Aphrodite zu Adonis (Abb. 106). Auf einem anderen Spiegel sind drei Frauen beim Bad dargestellt, von denen eine eine Taube in der Hand hält. Eine zusätzliche erotische Note vermittelt der im Hintergrund abgebildete Satyr mit erigiertem Penis (Abb. 107).

Turan, Turan!
Tu es um das Gute, das du immer vollbracht hast,
Du bist immer so gut und grosszügig gewesen,
Du bist so gut, wie du auch schön bist,
Die du der Stern der Schönheit bist!
(Leland, Etruscan Roman Remains 41 nach Pauli 1916–24)

Die Etrusker kannten die Taube auch als Haustier. Im Grab der «Schwarzen Wildsau»[451], das aus dem 5. Jahrhundert v.Chr. stammen dürfte, sind neben anderen Haustieren[452] zwei auffallend helle Tauben in Wildzeichnung dargestellt (Abb. 108). Da die Tauben und auch die anderen Tiere präzise wiedergegeben sind, könnte es sich aufgrund der hellen, von der mediterranen Wildform Columba livia livia abweichenden Färbung vielleicht um Abkömmlinge der Unterart der Felsentaube Columba livia daklae oder um eine lokale Feldtaubenrasse handeln[453].

Abb. 106: Auf einem etruskischen Spiegel aus dem Ende des 5. Jahrhunderts v.Chr. ist die thronende Liebesgöttin dargestellt, von der eine Taube als Liebesbotin zu Adonis fliegt.

Abb. 107: Auf diesem etruskischen Spiegel sind drei Frauen im Bad dargestellt. Eine von ihnen hält eine Taube in den Wasserstrahl. Eine zusätzliche erotische Note vermittelt ein Satyr mit erigiertem Glied im Hintergrund.

82

106

107

Nachbildungen von Tauben wurden der etruskischen Aphrodite Turan als Opfergabe dargebracht[450]. Turan hat sich offenbar bis heute im italienischen Volksglauben als Turanna erhalten können. Sie gilt als Göttin der Liebenden und der Schönheit, aber auch als Geist des Friedens. Das Gebet, das ein Jüngling zur Beschwörung seiner Liebe an Turan richtet, lautet:
Turan, Turan!
Die du die Königin der Schönheit bist!
Des Himmels und der Erde, des Glücks und von gutem Herzen!

Turan, Turan!
In diesen dichten Wald
Komme ich niederzuknien,
Denn so unglücklich
Und schicksalsgeschlagen bin ich:
Ich liebe eine Frau und werde nicht geliebt.
Turan, Turan!
Zu dir komme ich, um mich dir zu empfehlen!
Um deine drei Karten zu beschwören, dass jene junge Frau mich lieben möge.

Venus und die Taube

Die Phönizier brachten den Taubenkult und damit die ersten weissen Tauben nach Sizilien, wo auf dem Berg das berühmte Heiligtum der phönizischen Aphrodite, der Astarte, entstand. Nach Aelian lebte auf Eryx eine grosse Zahl von Tauben, die von den Einheimischen als «Schosstiere der Aphrodite» bezeichnet wurden. Wenn diese Tauben plötzlich verschwanden, glaubten die Leute, sie hätten Aphrodite nach Libyen begleitet. Nach neun Tagen kam eine auffallend schöne purpur-goldene Taube zurückgeflogen, und alle anderen folgten ihr. Zu diesem Ereignis wurde das Fest der «Ankunft» gefeiert[454]. Im Venusheiligtum in Eryx auf Sizilien gab es Männer und Frauen, die der Venus dienten. Letztere waren zum Teil Tempelprostituierte (Hierodulen), denen der Dienst an der Göttin und die Befriedigung der Männer oblag. Ausser den Hierodulen gab es an ver-

Abb. 108: Im etruskischen Grab der «Schwarzen Wildsau», das aus dem 5. Jahrhundert v. Chr. stammt, sind neben anderen Haustieren zwei helle Tauben dargestellt, die an die Unterart der Felsentaube Columba livia daklae erinnern. Vielleicht handelt es sich auch um eine lokale Feldtaubenrasse.

schiedenen Orten in Sizilien freie Frauen und Männer, die sich aus Andacht oder in Folge ihrer erblichen Familienreligion als Mägde und Knechte (servi et ancillae veneris) in den Dienst der Venus gestellt hatten[455]. Strabo[456] schreibt im 1. Jahrhundert v. Chr. folgendes über Eryx:
Auch der hohe Berg Eryx wird bewohnt, der ein Aphroditeheiligtum besitzt, das besonders verehrt wird und früher voll von weiblichen Hierodulen war, die sowohl die Sizilier als auch viele Auswärtige gemäss einem Gelübde geweiht hatten. Jetzt ist wie die Gemeinde selbst auch das Heiligtum fast ausgestorben, und die Menge der Tempelsklavinnen ist verschwunden. (Strabo, Geographie 6, 2, 6)

Von Sizilien aus gelangte die Taube mit ihrer Göttin nach Italien und verbreitete sich im ganzen römischen Reich. Die römische Göttin Venus dürfte sich ursprünglich von einer einheimischen Göttin ableiten, die später Züge der Aphrodite annahm. Venus wird wohl deshalb auch gerne im Zusammenhang mit der Fruchtbarkeitsgöttin Ceres abgebildet. Als Urmutter, als Venus Genetrix, wurden ihr am Cäsarenforum ein Heiligtum und ein Kultbild geweiht. In der Funktion als Ahnherrin erschien die offizielle Venus des kaiserlichen Roms respektabel, ordnend, heilig, häufig an der Seite von Mars, dem Kriegsgott, abgebildet. Im populären Bereich aber blieb sie vor allem die irdisch-sinnliche Göttin der Schönheit und des Liebesaktes, zuständig für Lebensglück, Überfluss und Genuss[457].
Wie der griechischen Aphrodite und der etruskischen Turan wurde auch der Venus die weisse Taube zugeordnet. In der bildlichen Kunst sind zwei schnäbelnde Tauben das von Aphrodite übernommene, unverwechselbare Attribut der Venus (Abb. 211). Das Bild von Goltzius (Abb. 081) stellt Venus mit ihren wichtigsten Attributen dar. Neben den schnäbelnden Tauben erscheint ihr Sohn Amor als ständiger Begleiter. Er wird als geflügelter Knabe mit Bogen und Köcher dargestellt. Mit seinen Pfeilen trifft er Götter und Menschen ins Herz und entzündet die Liebe. Hier schürt er das Feuer der Liebe. Der griechische Eros, von dem Amor abstammt, galt ursprünglich als eine auf das Chaos folgende kosmische Urmacht,

die als Zeugungskraft verstanden wurde. In der Mythologie ist Amor ein Sohn von Venus aus ihrem Verhältnis mit Mars[458]. Dieses Bild gibt das antike Sprichwort «sine Cere et Baccho friget Venus» wieder[459], was sinngemäss bedeutet: «Ohne gutes Essen und Trinken kann sich die Liebe nicht entfalten».

Zwei Tauben erscheinen in der Aeneis dem Helden als Botinnen der liebenden Fürsorge der Venus, seiner göttlichen Mutter[460]. Zudem wurde der Wagen von Venus, wie derjenige von Aphrodite, von weissen Tauben gezogen:
*Er spricht es, sie freut sich, dankt ihrem Vater, und, durch die flüchtige Luft vom Gespann ihrer Tauben gezogen,
naht sie Laurentums Gestad, wo schilfüberwachsen Numicius
hin zu dem nahen Meere im Fluss seiner Wogen sich windet. (Ovid, Metamorphosen 14, 595–600)*

Als Dankopfer wurden auch der Venus Tauben dargebracht. Properz schreibt in einer seiner Elegien:
Doch empfange, Königin Venus, für deine Gunst vor deinem Altar eine Taube, der man die Kehle durchgeschnitten hat. (Properz, Elegien, 4, 5, 63–64)

Martial erwähnt sogar eine Vorschrift, dass die heiligen Vögel der Venus nicht verspeist werden dürfen.
*Wenn dir irgend der Kult der knidischen Göttin vertraut ist,
schände mit gottlosem Zahn zärtliche Tauben mir nicht! (Martial, Epigramme 13, 66)*

Bei den Römern wurden zwei Elemente mit der Taube verbunden: das Botentier, das eine Mitteilung oder ein Zeichen überbringt, und die Zugehörigkeit zur Liebesgöttin. Die Taube wird so zur Überbringerin des Willens der Liebesgöttin. Bei Silius Italicus[461] überbringt die Taube ein Zeichen der Venus:
Ein Habicht strebte von der Mitte der Sonnenbahn herunter und griff die von der Venus geliebten und durch den Dionekult bekannten Vögel [Tauben] an, der grausame, und wie mit den Krallen, so bald mit dem Schnabel, bald mit harten Flügelschlägen; drei-

[448] Im 6. Jh. v. Chr. adaptierten und übernahmen die Etrusker den griechischen Götterhimmel (Hamblin 1979, S. 10).
[449] Pauli 1916–24
[450] Sammlung Ebnöther 1992
[451] Tomba della Scrofa nera Nr. 108, Tarquinia, Necropoli Monterozzi, Loc. Secondi Archi (Steingräber 1985, S. 348)
[452] z.B. der Haushund, die zur Mäusebekämpfung gehaltene Ginsterkatze Genetta genetta und das Perlhuhn Numida meleagris.
[453] D. Goodwin, pers. Mitt., siehe Abb. 058
[454] Aelian, Tierkunde 4, 2
[455] Creuzer 1840, S. 471
[456] Strabo war Geograph und lebte im 1. Jh. v. Chr.
[457] Ströter-Bender 1994, S. 35
[458] Boerlin 1996, S. 11
[459] Terenz, Eunuch 732
[460] Vergil, Aeneis 6, 186ff.
[461] ca. 35–100 n. Chr.

mal fünf übergab er unter grässlichen Wunden dem Tod, und es gab weder ein Ende noch Sättigkeit, sondern neue Blutgier wuchs nach, und er bedrängte eine schon durch die Hinschlachtung der andern eingeschüchterte und zur Flucht unentschlossene Taube mit lahmendem Flügel, bis von Phoebus' Aufgang her Juppiters Vogel [d.h. ein Adler] «den Habicht» endlich zum Rückzug in die feinen Wolken zwang. Darauf wandte der siegreiche die frohen Flüge zu den römischen Feldzeichen, und dort, wo der Spross des Anführers, Scipio, die edlen Waffen mit jugendlicher Muskelkraft schwang, stiess er zweimal, dreimal einen Schrei aus, und indem er mit dem Schnabel die Spitze des blitzenden Helms berührte, flog er wieder zu den Sternen.
(Silius Italicus, Der punische Krieg 4, 105–120)

Venus wurde als Stammesmutter des iulischen Kaiserhauses betrachtet. Deshalb spielte die Taube als Lieblingsvogel der Venus auch eine wichtige Rolle als Überbringerin eines Zeichens der Göttin an Caesar. So bestimmte Caesar nach Sueton seinen Nachfolger aufgrund des folgenden Erlebnisses:
Als der göttliche Caesar bei Munda einen Platz für das Lager ausgewählt hatte und nun abholzen liess, befahl er, einen Palmenbaum, den man dort gefunden hatte, als gutes Vorzeichen für den Sieg stehenzulassen. Aus dieser Palme spross sofort ein Schössling und wuchs in wenigen Tagen derartig in die Höhe, dass er die Mutterpflanze nicht nur erreichte, sondern sogar überragte und von zahlreichen Taubennestern belegt wurde, obwohl diese Vogelart hartes und rauhes Laub sorgfältig meidet. Vor allem durch dieses Zeichen soll Caesar veranlasst worden sein, niemand anders als den Enkel seiner Schwester zum Nachfolger zu erwählen.
(Gaius Suetonius Tranquillus, Kaiserbiographien 1, 94, 11)

Die Taube als Tugendvorbild

In der Antike wurde die Taube auch zum Symbol der ehelichen Treue und der Keuschheit. Aelian nannte die Taube den «keuschesten unter den Vögeln […], denn niemals trennen sie sich voneinander, weder das Weibchen, ausser wenn es seinem Gefährten durch ein Unglück entrissen wird, noch das Männchen, ausser wenn es Witwer wird»[462]. In der antiken Naturkunde wurde betont, dass sich die Taube unter allen Vögeln am meisten durch Keuschheit auszeichnet. Die Taube galt als der enthaltsamste Vogel und ihre Schamhaftigkeit als sehr gross. «Ehescheidungen» kennten die Tauben nicht und «Ehebrüche» seien ihnen unbekannt. Sollte dennoch eine Taube sich vergessen haben, so werde sie von den Geschlechtsgenossen getötet[463]. Nach Horapollo[464] lässt sich eine verwitwete weibliche Taube nicht mehr mit einem weiteren Männchen ein. Die schwarze Taube war in Ägypten das Symbol des keuschen Witwentums, das sich ganz dem Dienst der Gottheit weihte.
Solche und ähnliche Ausführungen finden sich zahlreich bei den antiken Schriftstellern und zeigen, wie sehr die Naturbeobachtung in der Antike durch Idealisierung verfälscht wurde. Tauben sind zwar monogam, zeigen aber häufig Seitensprünge. Die Taube

als Symbol der ehelichen Treue und Liebe war bei den Römern weit verbreitet. Im Roman «Satyrica» von Petronius bestimmt Trimalchio für seinen Grabstein: «Zu meiner Rechten stelle ein Standbild meiner Fortunata auf, mit einer Taube in der Hand: und sie soll das Schosshündchen am Gürtel angeleint halten»[465]. Die Taube symbolisiert hier die Liebe, das Hündchen die Treue.

Mit den römischen Eroberungen gelangte nicht nur die Nutzung der Taube, sondern auch ihre symbolische Bedeutung in alle Teile des römischen Reiches. In der Stadt Augusta Raurica[466], die die Römer von 44 vor bis 260 nach Christus besiedelten, tritt die Taube in verschiedenen Zusammenhängen auf. Abb. 112 zeigt ein Bruchstück eines Gefässes, auf dem eine Frau in Begleitung einer Taube dargestellt ist. Sie wird als Venus gedeutet, die aus dem Bad steigt[467]. Die Taube ist hier Attribut der Liebesgöttin. Auf einem Granatstein ist eine Taube mit einem Kranz eingraviert (Abb. 113). Der Kranz ist entweder als Siegeskranz zu deuten oder steht nach antiker Symbolik für die Waffenruhe und den Frieden[468]. Die Taube tritt hier als Überbringerin der guten Botschaft, als Gesandte einer höheren Macht auf.

In den Gräbern der Römer wurden Tauben aus weisser Terrakotta[469] gefunden, die in grosser Zahl in Frankreich produziert und im ganzen damaligen Reich verbreitet wurden. Über solche Tauben, die aus den römischen Gräbern von Augusta Raurica stammen (Abb. 111), schreibt Bruckner im Jahre 1763:
Die Gemächer und Gewölber, worinnen die Aschenkrüge neben und übereinander in ihre dazu gemachte Behältnisse aufgestellet wurden, wurden Columbaria genannt; nicht nur weil die Urnen gleich den Taubennestern in einem Taubhause aufgestellt sind; sondern fürnemlich wegen der Treu und Liebe, so der Tauber zu seiner Täubin beyde gegen einander und auch gegen ihre Jungen und ganze Nachkömmlingschaft tragen;

111

Daher pflegten auch Eheleute, die sich besonders liebten, in die Asche ihres verstorbenen Ehegemahls eine Abbildung von einer Taube zu geben, wie eine solche bey der Beschreibung unserer Sammlung vorkommen wird. (Bruckner 1763, 2901–2902)

Abb. 109: In der Radierung von Hendrik Goltzius (1558–1617) ist über Venus ihr Attribut dargestellt, zwei weisse schnäbelnde Tauben. Rechts von ihr Ceres, die Göttin des Ackerbaus und der Fruchtbarkeit der Erde, links neben ihr Bacchus, der Gott des Weines und des Weinbaues, daneben ein Satyr mit erigiertem Penis. Am Boden liegt Amor, der das Feuer der Liebe anheizt.

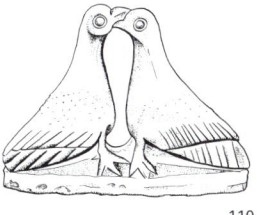

110

Abb. 110: Diese schnäbelnden Tauben aus Kalkstein wurden wahrscheinlich als Votivgabe der Aphrodite gestiftet (Zypern 3.–1. Jh. v.Chr.). Die schnäbelnden Tauben sind ein wichtiges Attribut der Venus.

85

Abb. 111: Eheleute, die sich besonders liebten, legten ihrem verstorbenen Partner als Symbol ihrer Treue und Liebe, die über den Tod hinausgeht, eine Taubenfigur ins Grab. Terrakottataube aus einem Grab in Augusta Raurica, ca. 2. Jahrhundert n.Chr.

[462] Aelian, Tierkunde 3, 5
[463] Sühling 1930, S. 184
[464] Horapollo, Hierogl. II, 32
[465] Petronius, Satyrica 71, 11
[466] Augst bei Basel, Kanton Baselland
[467] Bruckner 1763
[468] Cooper 1986, S. 112, Stichwort «Lorbeer»
[469] sogenannte Pfeifentonstatuetten

Abb. 112: Mit den römischen Eroberungen gelangten nicht nur die Taube als Nutztier, sondern auch ihre symbolischen Bedeutungen in alle Teile des Reiches. Auf einem Gefäss aus Augusta Raurica wird die Liebesgöttin Venus dargestellt, die aus dem Bad steigt, daneben ihr Attribut, die Taube.

Es ist schon vorhin angemerkt worden, dass wenn Eheleute, die sich zärtlich liebten, durch den Tod getrennt wurden, das Überlebende öfters das Bildnis einer Daube in den Aschenkrug des Verstorbenen gelegt, um dadurch zu zeigen, dass die Treue und Liebe des Überlebenden noch an der Asche des Verstorbenen hafte: und es ist mehr als gewiss, dass die Grabmähler in den neuern Zeiten bey weitem nicht die schmerzhaftesten Empfindungen ausdrücken, welche die Aufschriften und Sinnbilder, so man in dem Altertum antrifft, uns zu erkennen geben;
Die Daube war überhaupt ein Sinnbild des Ehestandes und bey den ehelichen Verlöbnissen wurde allzeit eine Daube geopfert.
(Bruckner 1763, 3033)

112

Abb. 113: Auf einem gravierten Granatstein aus Augusta Raurica ist eine Taube mit einem Kranz im Schnabel dargestellt. Die Taube überbringt hier die gute Nachricht des Sieges oder das Symbol des Friedens und der Waffenruhe.

Abb. 114: (rechte Seite) Die Taube als Sinnbild der Eitelkeit: Venus verwandelt das eitle Mädchen Chloris, das hier von ihrem Freund betrauert wird, in eine Taube.

113

Die Taube wurde aber nicht nur als positives Vorbild verstanden. Im Alten Testament dient sie auch als Symbol der Dummheit und Unbesonnenheit[471]: «Denn Ephraim ist wie eine verlockte Taube, die nichts merken will.» Mit dem Verlocken ist hier der Fang von anderen Tauben mit einer Locktaube gemeint. Plinius schreibt der Taube auch eine gewisse Eitelkeit wegen ihrer Schönheit zu, die sie beim Fliegen durch lautes Klatschen und allerlei Kurven manifestiere[472]. Viel später nimmt Christian Fürchtegott Gellert (1715–1769) das Thema der Eitelkeit der Taube in seinem Gedicht von Chloris wieder auf. Venus verwandelt darin das eitle Mächen Chloris in eine Taube (Abb. 114):
Ach, Göttin! ruft ihr Freund betrübt,
lass diese Taube doch zur Chloris wieder werden.
[...]
Umsonst, spricht Venus, ist dein Flehn;
zur Taube schickte sie sich schön,
und niemals werd' ich ihr die Menscheit wiedergeben.
Sie hat geseufzt, gebuhlt, gelacht,
sich stets geputzt und nie gedacht;
als Taube kann sie recht nach ihrer Neigung leben[473].

Tauben gelten zudem als sehr unordentlich, wie ein Sprichwort passend ausdrückt[474]:
Hast du gern ein sauber Haus,
lass Pfaffen, Mönch und Tauben d'raus.

Vom Altertum bis in die Neuzeit hinein konnte sich der Glaube erhalten, dass die Treue der Taube über den Tod hinausgehe[470], wie ein Lied des mittellateinischen Dichters Primas Hugo von Orléans aus dem 12. Jahrhundert zeigt.
Die Taube seufzt, allein will sie bei Fluge sein;
wenn ihr das Männchen stirbt, die Liebe schmäht, nicht wirbt;
so schweif' ich hin und her, lieg' wieder Glückes leer,
mag mir nicht Neues sinnen, kein andres Weib gewinnen,
geht' in des Täubrich' Spur, der Scham hat von Natur.
Wenn grimmer Tod ihm kam, sein erstes Weibchen nahm,
verspürt er kein Verlangen, ein zweites zu umfangen.
(Primas Hugo von Orléans nach Dittmar 1959, S. 17)

86

[470] In Wirklichkeit verpaaren sich Tauben nach dem Verlust ihres Partners innerhalb kürzester Zeit wieder.
[471] Hos 7, 11
[472] Plinius, Naturkunde 10, 108. Das erwähnte Flügelklatschen ist Bestandteil des Imponierfluges der Taube (Haag 1991b).
[473] Das regelmässige Putzen und ordnen des Gefieders, das alle flugfähigen Vögel zeigen, hat selbstverständlich gar nichts mit Eitelkeit zu tun. Ein einwandfreies Gefieder ist für die Flugfähigkeit eines Vogels absolut unerlässlich.
[474] nach Gattiker 1989, S. 373

Chloris

Ach Göttin ....

Laß diese Taube doch
zur Chloris wieder werden.

Die Taube im Christentum

Im Christentum herrscht eine wahre Inflation an Symbolbedeutungen der Taube. Sie symbolisiert die Wasser der Schöpfung, den Heiligen Geist in all seinen Funktionen, Christus, die Apostel, die Kirche, die Sanftmut, Unschuld und Reinheit, das vom Geist inspirierte Denken und die Befruchtung von Maria. Die Taube mit dem Ölzweig versinnbildlicht Frieden, Vergebung und Erlösung sowie den Frieden zwischen Gott und den Menschen, die Taube mit dem Palmzweig den Sieg über den Tod, sieben Tauben die sieben Gaben des Geistes, ein Schwarm Tauben die Gläubigen, die weisse Taube die errettete und gereinigte Seele im Gegensatz zum schwarzen Raben der Sünde. Tauben in einem Weinstock sind die Gläubigen, die Zuflucht in Christus suchen, zwei Tauben stehen für die eheliche Zuneigung und Liebe und eine Taube auf Josephs Stab symbolisiert den Ehemann einer reinen Jungfrau. Die Vorliebe der christlichen Kunst für Symbole wie der Taube könnte unter anderem ihren Grund darin haben, dass die Christen der niederen Stände Analphabeten waren. Um ihnen die teilweise abstrakten und schwer verständlichen religiösen Begriffe zu erklären, wurde versucht, ihnen die christlichen Glaubensinhalte bildlich darzustellen. So wurden beispielsweise auch die Fresken in Kirchen als «libri pauperum», d.h. als Bilderbücher für Analphabeten angebracht.

88

Abb. 115: «Die heilige Dreifaltigkeit» von Jusepe de Ribera, Museo del Prado, Madrid.

Von Ischtar zum Heiligen Geist

Die Taube als zentrales Symbol des Christentums vereinigt ältere orientalische und jüdische Vorstellungen. Als Taube des Heiligen Geistes wurde sie zum Sinnbild des Geistigen schlechthin. Die für das Christentum entscheidende Stelle ist die Erscheinung des Heiligen Geistes nach der Taufe von Jesus:
Und sobald er aus dem Wasser stieg, sah er die Himmel sich öffnen und den Geist wie eine Taube auf ihn herabschweben. (Mk 1, 10)
Dieses «wie eine Taube» dient bei Markus und auch Matthäus als erzählerisches Mittel, das auf einer Naturbeobachtung beruht. Tauben zeigen einen be-

eindruckenden Rüttelflug, wenn sie präzise auf einem Punkt landen wollen. Das Herabschweben des göttlichen Geistes lässt sich hier als Vorstellungshilfe verstehen. Markus und Matthäus dachten also nur an eine taubenähnliche Bewegung (adverbial) des Heiligen Geistes[475]. Im später entstandenen Lukasevangelium erscheint der Heilige Geist in der körperlichen Gestalt einer Taube. Die Taube verbildlicht hier eine reale Erscheinung und lässt sich mit den früheren Vorstellungen der Taube als Vogel der Liebesgöttin in Verbindung bringen (Abb. 117):
Es begab sich aber, als alles Volk sich taufen liess und auch Jesus getauft worden war und betete, da tat sich der Himmel auf und der Heilige Geist

[475] Keel 1977a, S. 34

89

Abb. 116: «Die Taufe Christi» von Piero della Francesca, 1442, einem der wichtigsten Maler der Frührenaissance.

116

schwebte in leiblicher Gestalt wie eine Taube auf ihn herab, und aus dem Himmel erscholl eine Stimme: «Du bist mein geliebter Sohn, an dir habe ich Wohlgefallen gefunden.» (Lk 3, 21–22)

In der Ikonographie wird das Jesuskind, vor allem in der Gotik, gerne mit einer Taube spielend dargestellt. Man kann darin einen Hinweis auf die künftige

117

Abb. 117: In der ältesten Darstellungen der Jordantaufe fliegt eine Taube von links auf Christus zu, der eben mit Hilfe von Johannes aus dem Wasser steigt. Fresko aus der Katakombe der Hl. Lucina, erste Hälfte 2. Jahrhundert.

Geisttaufe Jesu sehen[476], um auf die bevorstehende Jordantaufe hinzuweisen (Abb. 035). Vielleicht aber ist es auch nur die unschuldige Beschäftigung des Kindes mit der Taube als Spielvogel.
Verschiedene Theologen haben die Taube des Heiligen Geistes von der Taube der vorderorientalischen Liebesgöttin abgeleitet. Gressmann (1920) versuchte zu zeigen, dass sich die Heiliggeisttaube auf den mesopotamisch-syrischen Ischtar-Astarte-Kult zurückführen lässt und ein Überbleibsel der vorderasiatischen Liebesgöttin darstellt, das sich bis heute in unseren Kirchen erhalten konnte. Die Taufe von Jesus kann nach Gressmann als Königsberufungssage durch eine Göttin verstanden werden. Jesus wird aus den anderen Menschen zum König erwählt, indem ihm die Liebesgöttin ihr Symbol, die Taube, auf seinen Kopf sandte. Antike Götter trugen das heilige Vogelsymbol oft auf dem Kopf und wurden dadurch als Gottheit gekennzeichnet. Im syrischen Kult von Hierapolis wurde nach Lukian[477] diejenige Gestalt, die allgemein als Gott bezeichnet wurde, mit einer goldenen Taube auf dem Kopf dargestellt.
Im apokryphen Hebräerevangelium wird ein Bruchstück[478] überliefert, in dem Jesus von seiner Mutter spricht: «Der Herr sprach: Sogleich ergriff mich meine Mutter, der Heilige Geist, an einem meiner Haare und trug mich weg auf den grossen Berg Thabor». Nach Leisegang (1922) kann der Heilige Geist nach griechisch-mythologischem Muster als weibliche Göttin aufgefasst werden, die mit Gott einen geistigen Sohn zeugt, diesen in Form einer Taube vom Himmel herabträgt und in den leiblichen

Abb. 118: Das Jesuskind spielt auf dem Schoss seiner Mutter Maria mit einer Taube als Hinweis auf seine zukünftige Taufe. Albrecht Dürer, um 1498.

Jesus hineingebiert. Ein Beleg dafür ist der ursprüngliche Text von Lukas 3, 22, der nach Gressmann (1920) mit: «Du bist mein Sohn, ich habe dich heute gezeugt»[479] schloss. Da die Israeliten kein spezielles Wort für «Göttin» hatten – sie gebrauchten das Wort für Gott auch für Göttin[480] – mussten sie sich mit einer Umschreibung, dem weiblichen Wort «ruach» = Geist, behelfen. Im modernen Feminismus wird das Wort auch in diesem Sinne gebraucht, als «Ruach – die Heilige Geistin»[481]. Ein weiterer Hinweis für die ursprünglich weibliche Identität des Heiligen Geistes findet sich im gnostischen Evangelium nach Philippus[482]:
Einige sagten: «Maria ist schwanger geworden vom Heiligen Geist.» Sie irren sich! Sie wissen nicht was sie sagen! Wann wäre jemals ein Weib von einem Weibe schwanger geworden?
(Evangelium nach Philippus, 17 a)

Im Griechischen wird das weibliche Wort für «ruach» mit dem sächlichen «pneuma», und dieses im Lateinischen mit dem männlichen Wort «spiritus» übersetzt, so dass in der patriarchalisch geprägten christlichen Religion, auch was das Geschlecht des Wortes betrifft, aus der ursprünglich weiblichen Göttin eine nicht fassbare männliche Wesenheit gemacht wird. Mit der Vermännlichung der einstmals weiblichen Göttin ging auch die biologische Logik der Entstehung von Christus[483] verloren. Was hingegen als Rudiment überlebte, war die Taube als Symbol der Liebesgöttin. Keel (1984) hat in seiner Studie zur Metaphorik des Hohen Liedes bereits darauf hingewiesen, dass die altorientalisch-alttestamentlichen Assoziationen des Taubensymbols (Liebesgöttin – Liebe und Botenvogel – Freudenbotin) zur Zeit der Entstehung des neuen Testamentes noch allgemein

118

bekannt waren: Hier kündet nun der Geist als Taube wie die Tauben der Liebesgöttin von der Liebe Gottes zu diesem Menschen Jesus[484]. Wenn das Neue Testament das Taubensymbol übernimmt, übernimmt es auch dessen erotisch-sinnliche Assoziationen. Bis ins 3. Jahrhundert kannte man die heidnische Taubengöttin in Askalon und den heidenchristlichen Kreisen dürfte die Erzählung von der Taufe Jesu auf diesem Hintergrund in ihrer Bildhaftigkeit unmittelbar verständlich gewesen sein. Was die Taube bewahrt, auch wenn sie in der Tauferzählung nicht von einer altorientalischen Göttin hergeflogen kommt, ist das Element der erotischen Liebe. Sie ist Symbol des Geistes der Liebe, die umfassend und nicht spiritualisiert ist[485]. Nach Schroer (1986) hat die Taube ihre Konnotationen zu weiblichen Liebesgottheiten verloren, so dass sie heute als unerotisches Symbol des (männlichen) Geistes, ohne Anstoss zu erregen, in unseren Kirchen ihren Platz hat.

Das Thema der Taube, die den auserwählten Gott oder Menschen bezeichnet, findet sich auch im Protoevangelium des Jakobus[486], das die Erwählung von Josef als Gemahl von Maria beschreibt. Auf das Gebet des Hohepriesters im Heiligtum hin wurde diesem von einem Engel die Weisung gegeben, alle Witwer des Landes zu versammeln. Jeder sollte einen Stab tragen, und wem der Herr ein Zeichen geben würde, der sollte Maria zur Frau nehmen. Im Text heisst es:

Und als sie versammelt waren, nahmen sie die Stäbe und gingen zum Hohenpriester. Der nun nahm die Stäbe aller und ging in den Tempel und betete. Nach der Beendigung des Gebetes nahm er die Stäbe, trat hinaus und gab sie ihnen; ein Wunderzeichen war indessen nicht an ihnen. Den letzten Stab bekam Josef, und siehe, eine Taube kam aus dem Stab hervor und flog auf das Haupt Josefs. (Protoevangelium des Jakobus 9. Abb. 119)

Philo (25 v.Chr.–40 n.Chr.) als Vertreter der hellenistisch-jüdischen Lehre berichtet, dass die personifizierte Weisheit mit zwei verschiedenen Tauben verglichen wird. Die göttliche Weisheit wird «Turteltaube», die menschliche Weisheit, die unter die Menschen geht, wird «Haustaube» (Peristera) genannt:

*Eine Einsiedlerin ist die göttliche Weisheit,
weil sie wegen des einen Gottes,
dessen Besitz sie ist,
das Alleinsein liebt – symbolisch wird sie
Turteltaube genannt –,
mild, zahm und gesellschaftsliebend ist die andere,
die sich gern in den Städten der Menschen aufhält
und der es in Gesellschaft von Sterblichen gefällt;
diese vergleicht man mit der Haustaube.
(Philo, Quis Rerum Divinarum Heres 126–128)*

In diesen Ausführungen von Philo besitzen wir einen frühen Beleg für den Zusammenhang zwischen der Taube als Symbol der Liebesgöttin und der christlichen Jordantaube[487]. Schroer (1986) hat gezeigt, dass sich die göttliche Weisheit «Sophia» mit dem Heiligen Geist gleichsetzen lässt und diese beiden Erscheinungen untereinander austauschbar sind. Die Sophia ihrerseits könnte nach Schroer von der sich entschleiernden syrisch-kanaanäischen Liebesgöttin abgeleitet sein. Über die oben skizzierten Wege

kam die weisse Taube von der vorderorientalischen Liebesgöttin zu ihrem Pendant, der Sophia der frühjüdischen Weisheitstradition Philos bis in die Perikopen über die Taufe Jesu am Jordan. Dort wird die Taube mit dem Heiligen Geist gleichgesetzt. Wir können hier abschliessend festhalten, dass die Heiliggeisttaube von der Taube der vorderorientalischen Liebesgöttin abstammt. Sie ist die wichtigste religiöse Symbolgestalt im Christentum und geniesst bis heute unverminderte Bedeutung.

Mit dem römischen Kaiser Konstantin (312–337) erhielt das Christentum im römischen Reich staatliche Anerkennung. Der Kaiser beschlagnahmte die Schätze der berühmten Tempel und errichtete daraus Kirchen. In seinem Auftrag sollen auch die bedeutenden orientalischen Heiligtümer der Atargatis-Aphrodite von Hierapolis und Byblos niedergerissen worden sein, in denen die Tempelprostitution damals noch praktiziert wurde[488]. Während die Liebesgöttinnen durch das Christentum verdrängt wurden, konnte sich ihr Symbol, die weisse Taube, an vielen Orten erhalten.

Wenn eine Religion eine andere verdrängt, übernimmt die Neue oft die Charakteristiken der Alten[489]. Die Tauben der Aphrodite konnten sich beispielsweise in der Kirche des Heiligen Georg auf Paphos in Zypern erhalten, die auf den Überresten des Aphroditetempels erbaut wurde. Fünf weisse Tauben halten dort die Lampen und sollen nach Bates (1932) nicht der christlichen Symbolik zuzuordnen sein. Die Christianisierung der Liebesgöttin wurde von der

[476] Schmidt 1984
[477] Lukian, De Dea Syria 33
[478] Bruchstück 3 (1. Hälfte 2. Jh.), Schneemelcher 1990, S. 146
[479] Ebionäerevangelium, Bruchstück 3 (1. Hälfte 2. Jh.): «Als das Volk getauft war, kam auch Jesus und wurde von Johannes getauft. Und wie er vom Wasser heraufstieg, öffneten sich die Himmel, und er sah den heiligen Geist in Gestalt einer Taube, die herabkam und in ihn einging. Und eine Stimme [erklang] aus dem Himmel, die sprach: Du bist mein geliebter Sohn, an dir habe ich Wohlgefallen gefunden. Und abermals: Ich habe dich heute gezeugt», Schneemelcher 1990, S. 141. So lautet auch die an Psalm 2,7 anknüpfende Lesart von Lukas 3,22 in der kritischen französischen Bible de Jérusalem.
[480] vgl. Astarte, die Göttin der Zidonier 1 Könige 11,5
[481] Baumer 1993, S. 224
[482] Hörmann 1995, S. 285
[483] als Sohn eines Gottes und einer Göttin
[484] Schroer 1986
[485] Schroer 1986
[486] Schneemelcher 1990, S. 342
[487] Schroer 1986
[488] Ströter-Bender 1994, S. 74
[489] Bates 1932
[490] Ströter-Bender 1994, S. 75

91

119

zunehmenden Diffamierung und Tabuisierung des weiblichen Körpers durch die Kirchenväter überschattet. Nach Augustinus ist der Geschlechtsakt nur noch zur Zeugung der Nachkommenschaft gestattet. Wird er aus Lust und Begehrlichkeit angestrebt, gilt er als Todsünde[490]. Die weisse Taube als Symbol der Liebesgöttin wurde von ihren ursprünglichen Aufgaben befreit und konnte im expandierenden jungen Christentum als Verkörperung des Heiligen Geistes eingesetzt werden. Die Kirchenväter begründeten die Wahl der Taube als Symbol des Heiligen Geistes nicht wegen dessen Verwandtschaft zur Liebesgöttin, sondern sie suchten nach anderen Begründungen. Nach einem Text, der dem

Abb. 119: Josef wurde durch eine Taube, die aus seinem Stab flog, zum Gemahl von Maria erwählt. In dieser Darstellung von Mariä Vermählung hält Josef diesen Stab in seiner Hand, während die weisse Taube über dem Paar schwebt. «Le Mariage» von Nicolas Poussin, 1594–1665.

Kirchenvater Chrysostomus[491] zugeschrieben wurde, nahm der Heilige Geist die Gestalt der Taube an, weil diese vor allen Tieren eine Freundin der Liebe ist und Augustinus (354–430) sagt: «Die Taube erschien wegen der heiligen Liebe, das Feuer aber wegen des Lichtes und der Glut der Liebe»[492] und in einem anderen Werk erklärt er die Taubenerscheinung bei der Taufe von Jesus damit, dass der Heilige Geist den Menschen «die geistige Liebe (amorem spiritualem) zeigen wollte, was in der Taubengestalt versinnbildlicht ist»[493].

Seit den Konzilien von Nicäa (325) und Konstantinopel (536) blieb die weisse Taube als Symbol der Person des Heiligen Geistes vorbehalten (Abb. 120). Nach Seethaler wird der Heilige Geist noch heute vor allem als Kraft der Liebe mit der Taube in Verbindung gebracht:

Und die Liebe ist das Wesentlichste, das wir vom Heiligen Geist aussagen können, denn er ist die Liebe und die Quelle jeder echten Liebe. Weil er aber die Liebe ist, darum zeugt er Leben, natürliches und übernatürliches, ewiges Leben. Und auch diese lebensspendende Kraft können wir in der mehrmals im Jahr brütenden Taube vorgebildet sehen. (Seethaler 1961)

Die Taube in der Taufe

Bei der Taufwasserweihe wird der Heilige Geist vom Priester angerufen, dass er in das Wasser komme, wie einst in die Jungfrau Maria, dass er das Wasser durch Beimischung seines himmlischen Lichtes befruchte und ihm dadurch die Kraft gebe, die Täuflinge als neue Kreaturen, als Gotteskinder wiederzugebären[494]. Diese kultische Herbeirufung der Gottheit (Epiklese), die eine Epiphanie[495] herbeiführen soll, gab es schon in den vorchristlichen Kulturen[496]. Nach Tertullian fliegt bei der Taufe die Taube des Heiligen Geistes zum Täufling, wenn er aus dem

Taufbad heraussteigt, um ihm den Frieden Gottes zu bringen[497]. Zu Beginn des 6. Jahrhunderts bestand in Antiochien bereits der Brauch, über den Taufbecken goldene und silberne Tauben als Symbole des Heiligen Geistes aufzuhängen[498] (Abb. 121). Auf der Abdeckung von Taufbecken sind auch heute noch Nachbildungen von Tauben angebracht, von denen ein Strahlenkranz ausgeht[499]. Nach Pangritz (1963) wurde die über dem Taufbecken angebrachte Taube als Hinweis aufgefasst, dass wir aus dem Wasser und dem Geist geboren werden müssen, um in das

121

Reich Gottes zu kommen (Abb. 122). In alten Vorstellungen wird bei der Taufe der böse Geist, dessen Sinnbild der Rabe ist, aus der Seele vertrieben. Statt dessen ergreift die Taube des Heiligen Geistes Besitz von der Seele. Wie die Taube, auf ihren Eiern sitzend, ihre Jungen ausbrütet, so rüstet der Heilige Geist die Seele mit seiner Gnadenkraft aus. Dadurch kann sie sich die Kinder des Geistes, die Tugenden und guten Werke aneignen[500]. Das befruchtende Element, das mit der Taube bei der Taufe assoziiert werden kann, wird bei Gregor von Nyssa hervorgehoben, der von der «viel zeugenden Taube» spricht. *Mache dein ferneres Leben frei von dem gefrässigen Raben! Gib der Taube die Möglichkeit, auf dich her-*

93

Abb. 120: (linke Seite) Seit den Konzilien von Nicäa (325) und Konstantinopel (536) ist die weisse Taube als Symbol der dritten göttlichen Person, dem Heiligen Geist vorbehalten. Albrecht Dürer, die heilige Dreifaltigkeit, 1511.

Abb. 121: Über den Taufbecken schwebten schon zu Beginn des 6. Jahrhundert in Antiochien goldene Tauben als Symbol des Heiligen Geistes; Heiliggeisttaube aus getriebenem Gold, Moskau 1811.

Abb. 122: Eine Taube trägt an einer rosa Schleife einen Täufling, erkennbar am kleinen Taufring an der Halskette, aus dem Wasser des Geistes. Diese seltene Darstellung erinnert an die archaische Funktion der Taube als Geburtsvogel und Träger von «Kinderkeimen».

[491] Johannes Chrysostomus (der Goldmundige), 372–407 nach Seethaler 1961
[492] Augustinus, c. Maximin I, 19
[493] Augustinus, De agone Christiano XXII, 24
[494] Sühling 1930, S. 52
[495] Erscheinung einer Gottheit unter den Menschen
[496] Klauser 1976, Stichwort Geist, Sp. 543
[497] Tertullian, De baptismo 8
[498] Sühling 1930, S. 1
[499] z.B. in der Kapellkirche in Luzern
[500] Sühling 1930, S. 138

[501] Die Kinderkeime gehen wie Samen als sehr kleine, aber fertige Wesen in den Körper der Mutter ein und reifen dort aus.
[502] Ströter-Bender 1992, S. 124
[503] Lk 1, 26–38
[504] Sühling 1930, S. 34ff.
[505] Theophylaktus, Lukaskommentar nach Sühling 1930, S. 35
[506] Oracula Sibyllina VI, 1–7 und VII, 64–68
[507] Eusebius, Rede Konstantins an die hl. Versammlung c. XI, 10
[508] Sühling 1930, S. 39

94

Abb. 123: Ecce Ancilla Domini – siehe ich bin die Magd des Herrn. Verkündigungszene von Dante Gabriel Rosetti (1828–1882). Eine weisse Taube mit einem Nimbus stellt den Heiligen Geist dar, der als befruchtendes Element auf Maria zufliegt. Der Engel überreicht ihr eine weisse Lilie, die Unschuld aber auch erotische Liebe symbolisiert. Das rote Tuch spielt auf das Protoevangelium des Jakobus 10 an, in dem beschrieben wird, wie die damals 16jährige Maria zur Zeit der Verkündigung an einem neuen Vorhang für den Tempel arbeitete.

*abzufliegen! Diese [Taube] hat Jesus als erster zum
Vorbild [für uns] vom Himmel heruntergeführt, sie,
die unschuldige, sehr sanftmütige und viel zeugende
[Taube]. Sobald dieselbe jemanden gefunden, der
rein wie Feuer und schön geschmückt ist, kehrt sie
ein [bei ihm] und [gleichsam] brütend erwärmt sie
die Seele und erzeugt ihre vielen und anmutigen
Kinder. Das sind gute Taten, ehrerbietige Reden,
Glaube, Frömmigkeit, Gerechtigkeit, Enthaltsamkeit,
Keuschheit und Reinheit. Sie sind die Kinder des
Geistes, aber unsere Schätze.
(Gregor von Nyssa, Adversus eos, qui differunt
Baptismum, nach Sühling S. 137–138)*

Die Zeugung Jesu

*Und der Engel antwortete und sprach zu ihr: Der
Heilige Geist wird über dich kommen, und die Kraft
des Höchsten wird dich überschatten; darum wird
auch das Heilige, das geboren werden wird, Sohn
Gottes genannt werden.   (Lk 1, 35)*

In der Verkündigung vermittelt der Heilige Geist als
der göttliche Geist der Liebe die Befruchtung von
Maria. Die Zeugung Jesu durch den Heiligen Geist in
Taubengestalt könnte nach Reitzenstein (1909) auch
damit in Zusammenhang stehen, dass die Taube in
ganz Vorderasien ursprünglich als Träger von «Kinderkeimen»[501] und später auch als deren Vermittlerin
galt. Am Cape Grafton im australischen Neusüdwales
glaubten die Eingeborenen, dass der Mutter die vollständig ausgebildeten Kinder im Traum von einer
Taube gebracht werden (Abb. 122). Diese Funktion
spielte bei den Germanen in erster Linie der Storch
(Reitzenstein 1909).
Zum ersten Male erscheint die Taube in der Verkündigungsdarstellung am Anfang des 5. Jahrhundert
auf einem Mosaik der Kirche S. Maria Maggiore in
Rom (Abb. 124). Sie blieb für längere Zeit die einzige
ihrer Art. Die byzantinische Kirche distanzierte sich
von dieser Darstellungsweise, da die Taube im gesamten Kulturbereich der Antike der Liebesgöttin zugeordnet war und damit auch «heidnisches» Gedankengut symbolisierte[502]. Erst im Mittelalter wurde
der geläufige Darstellungstyp entwickelt, bei dem
der betenden Jungfrau der Verkündigungsengel erscheint, während in den Wolken die Taube des Heiligen Geistes schwebt und einen Lichtstrahl auf die
Jungfrau herabsendet. Der biblische Verkündigungs-
bericht im Lukasevangelium[503] erwähnt keine Taube.
Diese Interpretation erfolgte erst später durch die
Kirchenväter[504]. Der Zusammenhang zwischen der
Befruchtung und der Taube könnte im Wort des Engels: «Der Heilige Geist wird über dich kommen und
die Kraft des Allerhöchsten wird dich überschatten»
liegen. Das Wort überschatten wurde vom griechischen Kirchenschriftsteller Theophylakt im 11. Jahrhundert so interpretiert, dass die Kraft Gottes die
Jungfrau bedecken werde, wie ein Vogel seine Jungen unter den Flügeln vollständig deckt[505]. Unter
dem Vogel stellte man sich naheliegenderweise eine
Taube vor. In der apokryphen Schrift «Oracula Sibyllina», die zwischen dem 1. und 3. Jahrhundert entstanden ist, heisst es:
*Das Wort aber flog ihr in den Leib, ward Fleisch mit
der Zeit und, im Mutterleibe Leben gewinnend, bil-*

*dete es sich zur menschlichen Gestalt, und so ward
ein Knabe durch jungfräuliche Geburt.
(Oracula Sibyllina 8, 469–472)*

Dieser Interpretation liegt die Vorstellung zugrunde,
dass Jesus in Vogelgestalt in den Schoss der Jungfrau hinabgestiegen ist. Da in den Oracula Sibyllina
Christus mehrmals in Gestalt einer Taube vorkommt[506], kann angenommen werden, dass auch er
in der Verkündigungsszene als Taube gedacht ist.
Erst im vierten Jahrhundert taucht die Vorstellung
von Christus in Gestalt der Taube in der Rede Konstantins an die heilige Versammlung wieder auf[507].
Darin heisst es: «Eine glänzende Taube, die aufflog

124

aus der Arche Noes, liess sich auf dem Schoss der
Jungfrau nieder.» Auf dem Verkündigungsbild von S.
Maria Maggiore ist die Taube nicht mehr das Symbol
von Christus, sondern das Sinnbild des Heiligen
Geistes als der dritten göttlichen Person, denn nach
den Konzilien von Nicäa und Konstantinopel wurde
der Heilige Geist als das bewirkende Prinzip der
Inkarnation (Fleischwerdung Christi) betrachtet[508].
Die Zeugung Jesu wird durch den in Taubengestalt
erscheinenden Geist der Liebe vermittelt und greift
damit die alten Bedeutungen der Taube als Symbol
der Liebesgöttin im weitesten Sinne wieder auf
(Abb. 125). Die weisse Taube als Heiliger Geist übernimmt bei der «unbefleckten» Empfängnis von
Maria ihre ursprüngliche Aufgabe, die im weitesten
Bereich der körperlichen Liebe und Fruchtbarkeit
liegt. Nach Leisegang (1922) ist die Vorstellung eines
Dämons, der als Vogel den Geschlechtsverkehr

**Abb. 124: Mosaik aus
dem Triumphbogen
von S. Maria Maggiore
in Rom, das die Ver-
kündigung an Maria
darstellt (432–440).
Diese Darstellung des
Heiligen Geistes in
Gestalt einer Taube
blieb für längere Zeit
die einzige ihrer Art,
da die Taube im ge-
samten Kulturbereich
der Antike der Liebes-
göttin zugeordnet war
und damit auch «heid-
nisches» Gedankengut
verkörperte.**

Abb. 125: Die Jungfrau Maria als Gefäss des göttlichen Kindes. Der Heilige Geist in Gestalt einer Taube vermittelt die Zeugung Jesu. Der Befruchtungsstrahl des Heiligen Geistes richtet sich auf Bauch oder Schoss von Maria; aus dem Rosarium der gesegneten Jungfrau Maria, Venedig 1524.

Abb. 126: Der Heilige Geist wird in Gestalt einer weissen Taube von Gott Vater auf Maria gesandt. «Verkündigung an Maria», Meister des Heisterbacher Altars, um 1450, Staatsgalerie Bamberg.

Abb. 127: Der Heilige Geist «überschattet» Maria im Akt der Zeugung Jesu. «Verkündigung Mariae» von Nicolas Poussin (1594–1665).

125

126

127

509 Ströter–Bender 1992, S. 68
510 Emminghaus 1994
511 Protoevangelium des Jakobus 8, 1 nach Schneemelcher 1990, S. 342
512 Schade 1994
513 Braunfels 1994
514 Seeliger-Red 1994
515 1 Kor 12, 8–12
516 Augustinus, In Ionannis evang. Tract. VI, 3 nach Sühling 1930, S. 40
517 Gregorius Magnus, Moral. Lib. I c. 2 nach Sühling 1930 S. 40

mit einer irdischen Frau vollzieht bei, schon der altgriechischen Religion und Literatur vertraut (Leda und Zeus als der Schwan). Dabei ist aber zu bedenken, dass die physiologischen Kenntnisse über die Befruchtung bei den Griechen noch sehr gering waren. Erst seit Swammerdam († 1685) war es bekannt, dass zur Befruchtung der Kontakt zwischen Ei und Spermium notwendig ist. Die übernatürliche Empfängnis von Maria, die auch heute noch zum katholischen Glauben gehört, weist auf die ältesten Mythen der Völker hin. Diese gehen auf eine Zeit zurück, in der eine magische Erklärung für das Phänomen der Zeugung gesucht wurde (Reitzenstein 1909). Das Geschlecht des Geistwesens ist von seiner Wortbedeutung her nicht entscheidend, denn das befruchtende Element kann auch doppelgeschlechtlich verstanden werden. Im Barock wurde Maria auch als Braut des Heiligen Geistes gedeutet[509]. Von den Theologen wurde auch darüber nachgedacht, durch welche Öffnungen der Heilige Geist in Maria eingedrungen sei. In der darstellenden Kunst wird der Befruchtungsstrahl, in dem der Heilige Geist meistens als weisse Taube vom Himmel schräg nach unten zu Maria fliegt, auf den Kopf oder das Ohr von Maria gerichtet (Abb. 123)[510]. Nur in wenigen Abbildungen zielt er auf ihren Schoss, wie in einer Abbildung aus dem Rosarium, das im Jahre 1524 entstanden ist (Abb. 125).

Im Protoevangelium des Jakobus wird Maria mit einer (Tempel-)Taube verglichen: «Maria aber wurde im Tempel wie eine Taube gehegt und empfing Nahrung aus der Hand eines Engels.»[511] Hier könnte gemeint sein, dass alles von ihr ferngehalten wurde, was ihre Heiligkeit und Unschuld hätte beeinträchtigen können.

Die Verkündigung an Maria wurde in der westlichen christlichen Ikonographie zu einem der beliebtesten Themen. Der Heilige Geist wird dabei als weisse Taube dargestellt, die von Gott Vater gesandt wird (Abb. 126) oder die mit ausgebreiteten Flügeln Maria im Akt der Zeugung überschattet (Abb. 127). Eine besonders interessante Verkündigungsdarstellung wurde im Jahre 1989 in der Keppenbachkapelle der Peterskirche in Basel entdeckt. Das um 1400 entstandene Fresko stellt die Dreifaltigkeit als Dreigesicht (Trifrons) dar. Diese Darstellungsweise der göttlichen Dreifaltigkeit wurde aus der Antike übernommen und war seit dem 14. Jahrhundert vor allem in der italienischen Renaissance verbreitet[512].

128

129

Kardinal Bellarmin nannte solche Dreifaltigkeitsdarstellung ein «Monstrum». 1628 wurde sie von Urban VIII. und 1745 von Benedikt XIV. verboten[513]. Trotzdem konnte sich diese Darstellungsweise in der Volkskunst bis ins 19. Jahrhundert halten. Von jedem Gesicht der dreigesichtigen Dreifaltigkeit führt im Basler Fresko ein Teilstrahl in einen gemeinsamen Strahl, der die Flugbahn einer kleinen, sehr ungewöhnlich dargestellten weissen Taube bildet, der auf den Kopf von Maria gerichtet ist. Die drei göttlichen Gestalten zeugen hier gemeinsam Jesus, der durch die kleine weisse Taube symbolisiert wird. Diese Taube erinnert eher an einen Taubennestling als an eine erwachsene Taube, wie sie in diesem Zusammenhang üblicherweise dargestellt wird (Abb. 128, 129). Vielleicht begegnet uns hier die alte Vorstellung, in der ein Gott oder mehrere göttliche Personen einen Kinderkeim in Maria hineinzeugen, der hier als Taubenkind (Nestling) dargestellt ist.

Die Pfingsttaube

Und als der Tag des Pfingstfestes endlich da war, waren sie alle an einem Ort beisammen. Und plötzlich entstand vom Himmel her ein Brausen, wie wenn ein gewaltiger Wind daherfährt, und erfüllte das ganze Haus, worin sie sassen. Und es erschienen ihnen Zungen, die sich zerteilten, wie von Feuer, und es setzte sich auf jeden von ihnen. Und sie wurden alle mit dem heiligen Geist erfüllt und fingen an, in andern Zungen zu reden, wie der Geist ihnen auszusprechen gab. (Apg 2, 1–4)

In der Geschichte über die Sendung des Geistes am Pfingstfest erscheint der Heilige Geist in Gestalt von Feuerzungen auf die im Abendmahlsaal versammel-

ten Gläubigen. In vielen Darstellungen aber wird der Heilige Geist nicht der biblischen Überlieferung gemäss als Feuerzunge, sondern als weisse Taube dargestellt. Wie bei der Verkündigung von Maria erscheint diese Darstellungsweise in der christlichen Kunst erst später. Die Feuerflammen gehen dabei vielfach vom Schnabel der Taube aus. Wenn es sieben Flammen sind, bedeuten sie die Sieben Gaben des Heiligen Geistes[514]. Nach dem Paulusbrief an die Korinther[515] sind dies:

1. die Fähigkeit, Weisheit und Erkenntnis zu vermitteln
2. Glaubenskraft
3. Heilungskraft
4. Wunderkraft
5. Prophetie
6. die Fähigkeit, Geister zu unterscheiden
7. die Zungenrede und ihre Deutung

Eine der ältesten Pfingstdarstellungen, bei der der Heilige Geist als Taube dargestellt ist, stammt aus dem 6. Jahrhundert (Abb. 131). Auf einem Ölfläschchen aus dem Schatz von Monza, der zum Ampullenschatz der Langobardenkönigin Theodelinde gehörte, stösst der Heilige Geist in Gestalt einer Taube im Sturzflug auf die Mutter Gottes herab, die in der Mitte der Apostel steht. Im oberen Teil tragen vier Engel den in einer Mandorla auf einer Kathedra sitzenden Christus, darunter ragt die Hand Gottes von Strahlen umgeben hervor. Die in der Apostelgeschichte erwähnten Feuerzungen fehlen in dieser Darstellung. Von Augustinus[516] und Gregor dem Grossen[517] wurden die beiden Erscheinungsformen des Heiligen Geistes noch streng auseinander gehalten. Erst später ersetzte die weisse Taube die Feuerzungen oder es treten beide Symbole gemeinsam auf (Abb. 130, 132).

Abb. 128 / 129: Ein um 1400 entstandenes Fresko in der Keppenbachkapelle der Peterskirche in Basel zeigt eine bemerkenswerte Verkündigungsdarstellung. Die göttliche Dreifaltigkeit erscheint als Dreigesicht (Trifrons). Von jedem Gesicht aus führt ein Teilstrahl in einen gemeinsamen Strahl, der die Flugbahn einer kleinen, als Taubennestling dargestellten weissen Taube zu Maria bildet (Detail rechts).

130

Abb. 130: Der Heilige Geist in Gestalt einer weissen Taube schwebt über Maria und den Aposteln. «Das Pfingstwunder» von Martin Schaffner (um 1478 – um 1547), Alte Pinakothek München.

Abb. 131: Eine der ältesten Pfingstdarstellungen, bei der der Heilige Geist als Taube dargestellt ist. Ölfläschchen aus dem Schatz von Monza, 6. Jahrhundert.

Abb. 132: Der Heilige Geist beim Pfingstfest in Gestalt einer weissen Taube, von der Feuerzungen ausgehen. Aus der Apokalypse von Reichenau, vor 1020.

131

Die geistige Befruchtung

Der Heilige Geist in Gestalt der weissen Taube spielt im weitesten Sinne auch in der geistigen Befruchtung eine wichtige Rolle. Er wird in der christlichen Kunst als vom Himmel kommende weisse Taube dargestellt, wenn er den göttlichen Willen, die Inspiration oder den Beistand Gottes verkörpert. Dabei übernimmt die Taube in übertragener Weise wieder ihre alte Funktion als Liebesbotin, wie sie uns schon auf altsyrischen Rollsiegeln begegnet ist (Abb. 134). Die geheimnisvolle Taubengestalt des Geistes der Liebe im Neuen Testament ist auf diese uralte Konstellation zurückzuführen[518]. Die weisse Taube als Symbol des Heiligen Geistes übermittelt und verkörpert im weitesten Sinne den Willen der Gottheit und die Botschaft der Liebe.

In seiner Abschiedsrede hatte Christus seinen trauernden Jüngern den Heiligen Geist versprochen[519]. Dieser sollte dauernd bei ihnen bleiben und mit der von Christus gestifteten Kirche verbunden sein. Seinen besonderen Beistand schenkt er den Vertretern der kirchlichen Hierarchie, darum wirkt er bei der Wahl der Bischöfe mit oder diese werden von ihm eingesetzt, wie Paulus in seiner Abschiedsrede den in Ephesus versammelten Presbytern erklärt[520]. Diese kirchliche Lehre fand in legendenhaften Geschichten über Bischofswahlen ihren Niederschlag[521]. Zum ersten Mal erscheint diese Legende in der Kirchengeschichte des Eusebius. Es handelt sich um die Wahl Fabians zum Bischof von Rom. Papst Anterus war 236 gestorben und ein Nachfolger sollte gewählt werden. Fabian, der nicht zum römischen Klerus gehörte, hielt sich damals zufällig in Rom auf. Eusebius berichtet folgendes:

An Fabian, der auch zugegen war, dachte zwar kein Mensch. Aber dennoch, so erzählt man, flog plötzlich aus der Höhe eine Taube herab und liess sich auf seinem Haupte nieder. Sie zeigte [dadurch] ein Abbild der Herabkunft des Heiligen Geistes auf den Erlöser in Taubengestalt. Daraufhin habe das ganze

132

Volk, wie von einem göttlichen Geiste getrieben, mit aller Bereitwilligkeit und eines Sinnes [ihn] als würdig ausgerufen. Unverzüglich habe man ihn ergriffen und auf den Bischofsthron gesetzt.
(Eusebius, HE VI, 29.3 ff. nach Sühling S. 43)

Nach Leontius von Rom wurde der hl. Gregor von Agrigent (559–603) auf Sizilien zum Bischof gewählt. Als er das Volk segnete, flog aus dem Altar eine Taube heraus, die sich auf dem Kopf Gregors niederliess. Für die Anwesenden war dies das Zeichen, dass Gregor von Gott auserwählt war[522].
Der Heilige Geist in Gestalt der weissen Taube übte aber nicht nur bei der Wahl der Bischöfe seinen Einfluss aus, sondern stand diesen als «Geist der Inspiration» auch in der Ausübung ihres Lehramtes bei, wie es Christus in seiner Abschiedsrede versprochen hatte[523]. In der Volksvorstellung fand das seinen Ausdruck im Glauben, dass den Geistlichen eine Taube einflüstere, was sie in der Predigt sagen oder bei schriftlichen Arbeiten schreiben sollten. So wird erzählt, der hl. Emphraem sei kurz vor seinem Tode im Jahre 370 nach Cäsarea gekommen. Dort habe er einer Predigt des hl. Basilius beigewohnt. Plötzlich habe er ein lautes Lob auf den Bischof ausgebracht. Vor den Bischof geführt und nach dem Grund dafür gefragt habe er erklärt, während der Predigt gesehen zu haben, wie eine Taube auf der rechten Schulter des Bischofs sass und ihm ins Ohr flüsterte, was er dem Volke predigen sollte[524]. Paulus Diakonus

134

berichtet ähnliches von Papst Gregor dem Grossen[525]. Gregor arbeitete gerade an einem Kommentar zum Buch Ezechiel und diktierte dabei einem Schreiber. Durch einen Vorhang waren beide getrennt. Als der Heilige längere Zeit schwieg, schaute der Schreiber durch den Vorhang. Da sah er eine glänzende weisse Taube auf dem Haupt des Papstes sitzen und mit dem Schnabel seinen Mund berühren. Erst wenn die Taube ihren Schnabel zurückzog, begann Gregor weiter zu sprechen. Papst Gregor der Grosse ist auch der Begründer des Gregorianischen Chorals. Der Legende nach sang der Heilige Geist in Gestalt einer Taube die Melodien direkt in Gregors Ohr[526]. Die Heilige Teresa von Avila war eine Mystikerin und Kirchenlehrerin, die im 16. Jahrhundert lebte. Auf Grund einer Pfingstvision[527] wurde sie gerne mit der Heiliggeisttaube dargestellt, die ihr die göttliche Inspiration bei der Niederschrift ihrer Lehren übermittelte (Abb. 133).
Der Heilige Geist unterstützte die Bischöfe auch bei der Ausübung ihres Lehramtes. Deshalb wird die Taube auch auf der Rückenlehne der Kathedra, des

S. TERESA DI GESU

133

Lehrstuhles dargestellt (Abb. 135). Das ureigenste Gebiet der göttlichen Inspiration sind die Heiligen Schriften des Neuen Testamentes, die unter der Anleitung des Heiligen Geistes geschrieben wurden[528]. Evangelisten oder ihre Symbole wurden gerne mit der Taube als Sinnbild des Heiligen Geistes, der sie bei ihrer Arbeit inspiriert, abgebildet. Später wurden auch die Kirchenväter mit einer weissen Taube dargestellt, die ihnen den Willen Gottes übermittelt oder einen Text einflüstert. Besonders schön ist dies auf dem Kirchenväteraltar von Michael Pacher (um 1435–1498) gelungen (Abb. 136). Die Geisttaube inspiriert in vier verschiedenen Positionen die heiligen Kirchenväter Hieronymus, Augustinus, Gregorius und Ambrosius.

[518] Keel & Uelinger 1996, S. 127
[519] Joh 14, 16–26; 15, 26–27; 16, 7–13
[520] Apg 20, 28: «Habet acht auf euch und auf die ganze Herde, in der euch der Heilige Geist zu Bischöfen gesetzt hat, die Kirche Gottes zu regieren».
[521] Sühling 1930, S. 42ff.
[522] Leontius von Rom, St. Gregorii Agrigentini vita nach Sühling 1930, S. 44
[523] Joh 14, 26; 16, 13
[524] Vita sancti Ephraem nach Sühling 1930, S. 45
[525] Paulus Diaconus, Vita S. Gregorii Magni c. 28 nach Sühling 1930, S. 46
[526] Jaspert nach Dittmar 1959, S. 75
[527] Vita St. Teresa, Cap. XXVIII
[528] Sühling 1930, 42–51

Abb. 133: Die Kirchenlehrerin und Mystikerin Teresa von Avila wird gerne mit ihrem Attribut, der Heiliggeisttaube, dargestellt, die ihr die göttliche Inspiration vermittelt.

Abb. 134: Der über Berge schreitende Wettergott wird von seiner ihm gegenüber stehenden Partnerin, die ihm ein Trinkkrüglein anbietet und provokativ ihr Kleid öffnet, zur Liebe eingeladen. Die Taube überbringt die Liebesbotschaft. Das sitzend spielende Äffchen unterstreicht zusätzlich den heiter erotischen Aspekt. Altsyrisches Rollsiegel, um 1750 v.Chr.

99

135

Abb. 135: Auf einer Marmorplatte, die in den Ruinen des Mausoleums der hl. Helena in Rom gefunden wurde, ist ein bischöflicher Lehrstuhl, eine Kathedra, dargestellt, auf deren Lehne als Zeichen der göttlichen Inspiration eine Taube mit einem Nimbus sitzt (1. Hälfte 5. Jh.).

**Abb. 136: Die Geist-
taube inspiriert in vier
verschiedenen Posi-
tionen die heiligen Kir-
chenväter Hieronymus,
Augustinus, Gregorius
und Ambrosius.
Kirchenväteraltar von
Michael Pacher (um
1435–1498), Alte Pina-
kothek München.**

**Abb. 137: (gegenüber)
Titelblatt des Kom-
mentares zur Heiligen
Schrift von R. P. Ioan.
Stephanus Menochius
aus dem Jahre 1679.
Der Heilige Geist als
Taube richtet seine In-
spiration auf den
Autor und den Verleger
des Werkes, umgeben
von den wichtigsten
christlichen Symbolen.**

[529] Menochius 1679
[530] Matthäus als Engel,
Johannes als Adler,
Lukas als Stier und Markus als
Löwe
[531] Afzelius, schwed. Volks-
sagen III. 32 nach Menzel
1854
[532] zusammengestellt nach
Menzel 1854
[533] Rothenhäusler 1957
[534] Weber, Möncherei I. 106
nach Menzel 1854
[535] Ströter-Bender 1994,
S. 182–184

Der Anspruch auf die göttliche Inspiration wird
manchmal auch ganz allgemein erhoben, wenn es
sich um religiöse Werke handelt. Auf dem Titelblatt
des Kommentars zur Heiligen Schrift des Jesuiten
Menochius[529] ist der Heilige Geist als Taube dargestellt, der seine Inspiration strahlenförmig auf die
Namen des Autors richtet. Die Abbildung vereinigt
eine ganze Reihe christlicher Symbole. So stützen
auch die vier Evangelisten das erwähnte Werk in
Gestalt ihrer Attribute[530] (Abb. 137).

Dienstbotin Gottes

Obwohl die Taube seit den Konzilien von Nicäa und
Konstantinopel als Symbol der dritten göttlichen
Person gilt, übt sie in vielen Zusammenhängen eher
untergeordnete Funktionen in der Art einer Dienst-
botin Gottes aus. Vor allem in der christlichen Legendenliteratur, aber auch im Märchen hat die Taube
ähnliche Funktionen wie bei den alten Liebesgöttinnen. Sie ist Botentier und Übermittlerin des Willens
der Gottheit.
In einem schwedischen Volkslied ruft die Taube alle
Vorübergehenden vergebens ins Reich Jesu. Nur
eine fromme Jungfrau folgt ihr und stirbt als Braut
des Herrn geschmückt[531]. Vor allem in Heiligenlegenden übernimmt die Taube die Aufgabe von Engeln
als Vollstrecker des göttlichen Willens. Dazu einige
Beispiele[532]: Tauben brachten der hl. Katharina Nahrung in den Kerker und eine Taube brachte der hl.
Adelgunde den Nonnenschleier vom Himmel herab.
Eine Taube brachte dem hl. Remigius das Ölfläschchen vom Himmel, aus dem alle Könige von Frankreich gesalbt wurden, und eine Taube war es, die
den Ort anzeigte, wo die hl. Ursula begraben war,
weswegen man ihr auf Abbildungen eine Taube zu
Füssen malte.
Die Taube zeigt auch in verschiedenen Legenden

die Wahl des richtigen Standortes für Kirchen und
Klöster an. Nach der Legende hatte der hl. Pirmin
vor, ein Kloster bei Marschlins (Kanton Graubünden,
Schweiz) zu bauen. Bei der Bearbeitung des Bau-
holzes kam es zu einem Unfall, bei dem sich ein
Arbeiter namens Adalbert verletzte. Eine weisse
Taube erschien, nahm einen blutdurchtränkten Holz-
span in den Schnabel und trug ihn über den Rhein
auf den später so genannten Pirminsberg. Der hl.
Pirmin erkannte dies als Zeichen, ging auf die Suche
nach dem Span und baute dort um das Jahr 730
das Kloster Pfäfers[533]. Der hl. Benno sah einst, wie
Tauben aus Körnern den Namen Maria zusammen-
setzten, was ihn bewog, an dieser Stelle das Kloster
Altenzell (Sachsen) zu bauen[534].

Ganz allgemein scheint der Heilige Geist im Vergleich zu Gottvater, Christus und Gottesmutter Maria
von den Gläubigen eher schlecht akzeptiert zu
werden. Dies könnte damit zusammenhängen, dass
der Mensch wahrscheinlich über ererbte Vorstellungen eines dominanten Wesens verfügt, das er als
höhere Macht akzeptieren und anbeten kann. Mit
der sanften und unschuldigen Taube, als dem Symbol eines unklaren und diffusen Geistwesens, kann
der Gläubige anscheinend nicht viel anfangen. Dies
führt offenbar dazu, dass es dem Gläubigen sehr
schwer fällt, die ihm biologisch unterlegene Taube
als Verkörperung eines göttlichen Wesens zu akzeptieren oder gar anzubeten. So hat der Heilige Geist
mit der Zeit viel an die mütterliche Maria verloren,
die sich als Himmelskönigin nach und nach zu einem
christlichen Typus der Venus-Aphrodite mit all ihren
Attributen wandelte[535] (Abb. 138). Eine Volksage
zeigt sehr schön, wie nachträglich wieder eine Verknüpfung mit der Liebesgöttin und ihrer Macht,
Fruchtbarkeit zu gewähren, zustande kommen kann.
Nach einer bulgarischen Volkssage hat die Taube
ihre grosse Fruchtbarkeit Maria zu verdanken, die hier

R.P. IOAN.STEPHANI
MENOCHII
SOCIETATIS IESV,
COMMENTARIA
SIVE
EXPLICATIONES
TOTIVS
S.SCRIPTVRÆ
*editio nouißima
aucta & emendata.*

EGO DEVS
SVM TVVS
DOMI
NVS ETC.

INRI

ΧΡΣ

ANTVERPIÆ, apud HIERONYMVM VERDVSSEN,
Viâ vulgò Cammerstrate dictâ, sub Leone aureo. M. DC. LXXVIII.

Abb. 138: Maria wird von Christus und Gottvater zur Himmelskönigin gekrönt, darüber schwebt eher unscheinbar die Heiliggeisttaube. Die eher diffuse und schwer verständliche dritte göttliche Person scheint von Maria mit der Zeit verdrängt worden zu sein. «Mariae Himmelfahrt» von Albrecht Dürer, 1510.

138

[536] Augustinus, De agone Christiano c. XXII. 24 nach Sühling 1930, S. 7

[537] Ambrosius, De spiritu sancto III, c. 1, 3f. nach Sühling 1930, S. 8

[538] Lactantius, Institutiones divinae IV, 15, 3 nach Sühling 1930, S. 9

[539] Evangelium Infantiae Arabicum nach Sühling 1930, S. 9

[540] «Color autem albus praecipue decorus deo est», Cicero, De legib. II, 45 nach Sühling 1930, S. 9

[541] Diese Aussage trifft nicht zu. Eine Taube verschmäht fremde Eier unterlegen. Eine Taube verschmäht Fleisch als willkommene Proteinquelle durchaus nicht. Strassentauben fressen z.B. kleine Schnecken, gesalzenen Schinken und auch rohen Fisch.

[542] Lau 1986

[543] Man kann einem Taubenpaar fremde Eier unterlegen, die es dann ausbrütet und wie eigene Junge aufzieht. Diese Ammentauben werden z.B. bei Rassen eingesetzt, die ihre eigenen Jungen nicht oder nur schlecht aufziehen oder bei sehr wertvollen Tieren, um den Bruterfolg zu erhöhen.

[544] in Pfeiffer, Haupts Zeitschrift für deutsches Alterthum 1, 287 nach Menzel 1854

[545] Augusti, Denkm. XII 345 nach Menzel 1854

[546] Maholi, dies canic. 1691, S. 406

die Macht einer fruchtbarkeitsverleihenden Göttin besitzt:

Maria verbarg sich, als sie mit dem Jesuskind vor den Juden floh. Da kam eine Spinne und spann ihr Netz vor dem Eingang der Höhle, in die sie sich geflüchtet hatte, dass es aussah wie ein Vorhang. Kurz darauf kam eine Taube und legte in das Spinnennetz ihr Ei. Als die Juden an den Eingang der Höhle kamen, wollten sie zuerst eindringen, um sie zu durchsuchen; als sie aber das Spinnennetz und das Ei darin sahen, sprachen sie: Hier ist niemand hineingegangen, da ist ja ein Spinnennetz und ein Ei darauf; Gott weiss, wie lange schon dieses Gewebe hier ist. Und sie gingen vorüber. Da segnete die Muttergottes die Spinne und erlaubte ihr, ihr Netz an einem Tage zu spinnen und in den menschlichen Wohnungen zu hausen. Dann segnete sie die Taube und gab ihr die Fähigkeit, alle Monate Eier zu legen und zu brüten. (Dähnhardt nach Gattiker 1989)

Erscheinung und Charakter der Heiliggeisttaube

Viele Theologen haben sich im Laufe der Kirchengeschichte mit der Gestalt und dem Charakter der Heiliggeisttaube beschäftigt. Diese Auseinandersetzungen entbehren manchmal nicht einer gewissen Komik. Augustinus trat beispielsweise Doketischen

Gegnern entgegen, die behauptet hatten, Christus habe nicht von einer Frau geboren werden müssen. Um dem menschlichen Auge sichtbar zu werden, brauchte er nur einen Leib anzunehmen, wie der Geist bei der Jordantaufe. Diese Taube sei nämlich nicht von einer anderen Taube geboren worden. Darauf antwortete Augustinus mit feinem Spott, die Heiliggeisttaube habe nicht von einer Taube geboren werden müssen, da der Heilige Geist nicht gekommen sei, um Tauben zu erlösen. Aber dennoch sei es eine wirkliche Taube gewesen, da es Gott jederzeit möglich sei, durch einen blossen Willensakt eine Taube zu schaffen[536]. Eine andere Frage war, ob der Heilige Geist mit der Gestalt der Taube nicht auch das Wesen einer Taube annehme. Dies verneinten die Kirchenväter entschieden, da die Erscheinung des Heiligen Geistes als Taube sein Wesen nicht berührten, weil die äussere Erscheinung keine Inkarnation des Geistes sei[537].

Im Urtext ist mit der Heiliggeisttaube bei der Jordantaufe ausdrücklich die Haustaube «Peristera» gemeint. Seethaler (1961) begründet dies damit, dass die Haustaube die Gemeinschaft mit dem Menschen liebt und sie deshalb ein Sinnbild des Heiligen Geistes ist, der vom Vater durch den Sohn zu uns Menschen gesandt wurde. Als Heiliggeisttaube stellte man sich eine weisse Haustaube, eine columba candida vor[538]. Im Arabischen Kindheitsevangelium wird bei der Geisterscheinung nach der Jordantaufe ausdrücklich von der «forma columbae candida»[539] gesprochen. Schon der römische Schriftsteller Cicero (106–43 v.Chr.) bezeichnet die weisse Farbe als Gottesfarbe[540]. Weiss ist die Farbe des ungeteilten Lichtes und somit der Gottheit und zugleich Sinnbild der Reinheit.

Nicht nur die Erscheinung, sondern auch ihr Verhalten prädestinierten die Taube dazu, Symbol des Göttlichen zu werden. Nach dem Kirchenlehrer Augustinus verdient die Taube Bewunderung weil sie nicht raubt, nicht zerfleischt, nicht tötet, ihrer Natur gemäss Kadaver meidet[541], weil sie sich nicht vom Tod, sondern von den Früchten der Erde ernährt und ihr Lebensunterhalt dadurch niemanden schädigt. Die Taube fühlt sich nur in der Gemeinschaft wohl, hat keine Galle und ist daher friedfertig und sanftmütig, obwohl sie entschieden ihr Nest verteidigt. Dabei fehlt ihrer Wut aber die Erbitterung. Sie verständigt sich durch ihr Seufzen, das Augustinus zugleich als Ausdruck der unter den Tauben herrschenden Liebe versteht, die selbst im Zank nicht aufhört und deshalb ohne Hass ist. Die Taube gilt Augustinus als keusch, sittsam, klug, insbesondere aber als – im guten Sinne – einfältig[542]. Im Mittelalter schrieb man der Taube die folgenden sieben Tugenden zu:

1. *Si hât der gallen niht [Sie hat keine Galle]*
2. *Sie enizet deheines botiches nith, noch enkeines wurmes [Sie frisst weder Aas noch Würmer]*
3. *Si fuoret sich mit dem sâmen: diu besten korn welt sie, diu bòsten verwidert si [Sie ernährt sich von Samen: die besten frisst sie, die schlechten verweigert sie]*
4. *Ir sanges pfleget si niuwan kumende unde wuof fende [Ihr Gesang ist nur klagend und seufzend]*
5. *Si ziuhet ouch vil emzige fremediu jungide [Sie zieht auch fleissig fremde Junge auf[543]]*
6. *Si lît gerne bî dem wazzer, daz si der schate ge sehen mege, swene si der habech vâhen vil [Sie hält sich gerne am Wasser auf, damit sie den Schatten sieht, wenn der Habicht sie fangen will]*
7. *In den steinen oder in den holn machet sie ir nest [In den Felsen und Höhlen macht sie ihr Nest] (Münchner Pergamenthandschrift 39, aus dem 12. Jh.[544])*

Auf dem salomonischen Thron sass eine goldene Taube mit einem Habicht unter sich. Dies war das Sinnbild des Volkes Gottes, nachdem es die Ägypter, deren Sinnbild der Habicht war, überwunden hatte[545]. Die im letzten Jahrhundert zu Pfingsten noch üblichen Vogelschiessen leiten sich davon ab. Durch den heiligen Geist wird der böse Raubvogel der Hölle besiegt, deshalb schoss das Volk am Pfingstmontag auf einen hoch an einer Stange befestigten Raubvogel. Der Brauch des Greifvogelschiessens zeigt, wie sehr der damalige Mensch Tiere als Verkörperung von menschlichen Eigenschaften und Werten wie Gut und Böse verstand. Durch ihre vermeintliche Schädlichkeit dem Menschen und seinen positiv bewerteten Symbolen gegenüber wurden Greife als böse klassifiziert. Dies lieferte die Legitimation für diesen grausamen Sport.

Mit dieser Symbolik hängt auch zusammen, dass der Teufel die Gestalt aller Tiere annehmen kann,

139

103

ausser der der Taube[546]. Aus diesem Grund hielten die Russen Tauben und pflegten sie mit grosser Liebe, assen sie aber nicht.

Die Taube wurde in neuerer Zeit zum allgegenwärtigen Symbol des Heiligen Geistes als dritter göttlicher Person, während in früherer Zeit der Heilige Geist auch als junger Mann dargestellt wurde. Wo eine Taube abgebildet ist, ist im allgemeinen der Heilige Geist gemeint (Abb. 139). Meistens wird eine weisse, idealisierte Taube abgebildet. In einigen Fällen scheint der Künstler aber irgendeine ihm verfügbare Haustaubenrasse als Modell verwendet zu haben. Ein Bild von Hans Baldung (Abb. 140) zeigt den Heiligen Geist als reinweisse Taube, die über dem Jesuskind, Maria und ihrer Mutter Anna schwebt. Der Kopf des Tieres ist etwas gross geraten, stimmt aber sonst gut mit einer weissen Haustaube überein. In ausführlichen Abhandlungen wurde auch darüber diskutiert, in welcher Art und Weise der Heilige Geist bei der Taufe Christi heruntergefahren sei. Nach Stengel (1904) glaubten die einen an eine Art von Sturzflug, die anderen eher an eine ruhige Bewegung, eine Art von sanftem Herniedersinken. Solange die christliche Kunst unter dem unmittelbaren Einfluss der Antike stand und dann später wieder seit Beginn der Renaissance, erschien die abwärts fliegende Taube schwebend mit ausgebreiteten Flügeln, was dem sanften Rüttelflug der Taube ent-

Abb. 139: Die weisse Taube wird im Christentum zum festen Symbol des Heiligen Geistes. Hier steht sie für die bevorstehende Jordantaufe von Jesus, der auf den kleinen Johannes weist. «Die heilige Familie mit dem Johannesknaben» von Cornelis Schut (1597–1655).

Abb. 140: Die heilige Anna Selbdritt von Hans Baldung, genannt Grien (1484/85–1545), stellt den Heiligen Geist als weisse Taube dar, der über dem Jesuskind, seiner Mutter Maria und der Grossmutter Anna schwebt.

spricht (Abb. 142). Während des Mittelalters wurde die Taube im Sturzflug dargestellt (Abb. 141); etwa in der Art eines Raubvogels, der auf seine Beute herunterschiesst. Der Sturzflug kommt bei der Taube z.B. in der schnellen Flucht vor. Von Greifvögeln attackierte Tauben können im Sturzflug senkrecht direkt in Büsche hineinfliegen. Der mittelalterliche Sturzflugtyp hat an sich den Charakter des Willenlosen und Passiven, die Taube gehorcht dem Gesetz der Schwerkraft. Betrachtet man die typischen Darstellungen von Abb. 142 im Zusammenhang,

140

141

Abb. 141: Während des Mittelalters wurde die Heiliggeisttaube im Sturzflug in der Art eines Raubvogels dargestellt; «König David mit Musikanten», angelsächsische Buchmalerei, 8. Jahrhundert.

erinnert die Bildfolge an einen einzigen Bewegungsablauf, wie er etwa bei einer Flucht mit anschliessender Landung vorkommt. Im Mittelalter startet die Heiliggeisttaube mit einem rasanten Sturzflug und geht in der Gotik und Renaissance nach und nach zum kontrollierten Rüttelflug und zum Schweben über. Danach folgt ein schweres Hängen in der Luft und eine Andeutung von wuchtigen Flügelschlägen, wie es beim präzisen Landen zu beobachten ist. Im Barock dann sieht es so aus, als ob die Heiliggeist-

taube zur Landung ansetzen würde, indem sie ihren Körper vertikal ausrichtet.

Nach Stengel[547] bewirkt die Einführung des Schwebefluges in der Renaissance an Stelle des Sturzfluges eine Vergrösserung der Bildenergie. Die Bilder erschienen vorher luftleer «und fingen nun an, sich mit Gasen zu füllen, die später im Barock so unterträgliche Spannungsverhältnisse schaffen». Daneben erscheint das Schweben würdevoller als das eher unkontrollierte Herabstürzen. Die immer stärker kontrollierte Flugweise der Heiliggeisttaube im Laufe der Geschichte spiegelt wohl auch Veränderungen im Glauben selber wieder. Eine eher passive und fatalistische Einstellung des Gläubigen im Mittelalter weicht im Laufe der Geschichte einer kritischen und distanzierten Beherrschung des Glaubens in aufgeklärter Zeit. Abb. 142, linke Spalte, bezieht sich auf folgende Werke:

1. Frühes Mittelalter (6. Jh.): Sturzflug in Rückenansicht, Kopf mit zwei Augen, Schultern vorgeschoben; Mosaik der Taufe, S. Maria in Cosmedin, Ravenna.
2. 10. Jh.: Sturzflug in Bauchansicht, Kopf seitlich; Taufe Christi, 16.1 Aug. fol. Herzog August Bibliothek, Wolfenbüttel.
3. Gotik: Taube wieder mit zwei Augen dargestellt; Krönung Mariä, Venezianische Schule des 14. Jh., N. 21, Akademie Venedig.
4. Frührenaissance (Anf. 15. Jh.): Langsame Aufgabe des Sturzfluges, die Flügel scheinen mit einem Ruck auseinander zu gehen, um in den Schwebeflug überzugehen; Masaccio, Fresko der Dreieinigkeit, S. Maria Novella, Florenz.
5. Frührenaissance: Übergang zum reinen Schwebeflug, Kopf wie im Flug vorgestreckt; Andrea del Castagno, Annunziatenkirche Florenz.
6. Frührenaissance: Der Kopf der Taube tritt vor die Brust; Verrocchio, Taufe Christi, Akademie Florenz.

7. Renaissance: Der Kopf tritt vor die Brust und wird angehoben; G. Bellini, Taufe Christi, S. Corona, Vincenza.
8. Renaissance: Die Taube liegt vollständig horizontal; Fra Bartolommeo, Verkündigung, 1515, Louvre Paris.
9. Späte Renaissance: Die Taube hängt schwer in der Luft, wuchtige Flügelschläge leiten zum Landeanflug über; Piero di Cosimo, Conceptio Mariae, Uffizien Florenz.
10. Hochrenaissance-Manierismus (16. Jh.): Die Taube hängt, wie unmittelbar vor der Landung, schwer nach unten durch; Paolo Veronese, Taufe Christi, Redentore Venedig.
11. Manierismus (16. Jh.): Angelo Bronzino, Taufe Christi, Dreieinigkeit Florenz.

rechte Spalte:

A: Mittelalter (8. Jh.): Die Taube stösst im Sturzflug nach unten; angelsächsische Buchmalerei (Ausschnitt aus Abb. 141).
B: Frührenaissance (15. Jh.): Die Taube geht in den horizontalen Schwebeflug über; Piero della Francesca (Ausschnitt aus Abb. 116).
C: Barock (17. Jh.): Die Taube befindet sich in Landeposition; Nicolas Poussin (Ausschnitt aus Abb. 127).

[547] Stengel 1904, S. 11

142

C 127

Abb. 142: Vom frühen Mittelalter bis in die Barockzeit hinein wurde der Flug der Heiliggeisttaube in einer für die jeweilige Zeit typischen Art und Weise dargestellt. Setzt man die Bilder chronologisch zusammen, ergibt sich ein Bewegungsablauf, wie er in Wirklichkeit bei Tauben vorkommt. Die Taube startet im Sturzflug (Mittelalter 1–3), fängt ihn ab (Frührenaissance 4–6) und verlangsamt mit einem Rüttelflug (Renaissance 6–8), der in ein Schweben übergeht. Danach folgt ein schweres Hängen mit den wuchtigen Flügelschlägen des Landeanfluges (Spätrenaissance–Manierismus 9–11), der in die Landung übergeht, bei der die Taube eine vertikale Stellung einnimmt (Barock C).

105

548 griechisch Geist
549 Jesus Christus als Offenbarungswort Gottes
550 Klemens von Alexandrien, Paedagog. III, XII, § 101, 1 nach Sühling 1930, S. 53
551 Sühling 1930, 52–79
552 Tertullian, De carne Christi c. 19 nach Sühling 1930, S. 54
553 lateinisch Geist
554 Lactantius, Institutiones divinae IV, 15, 3 nach Sühling, S. 56
555 Der Physiologus ist das Werk eines anonymen griechischen Alexandriners, das um das Jahr 140 entstand.
556 Hld 2, 14; 5, 2; 6, 9
557 Keel 1992, S. 16
558 Maximus von Turin, Sermo XCIV, De mirabilibus nach Sühling 1930, S. 60
559 † 405 n.Chr.
560 Acta s. marinae nach Sühling 1930, S. 62-67
561 ca. 3. Jh.
562 Acta Thomae c. 49f. nach Sühling 1930, S. 80–81
563 Kirsch 1948
564 Z.B. 2 Kor 11, 2: «Denn ich eifere um euch mit Gottes Eifer; denn ich habe euch einem Manne verlobt, um euch als eine reine Jungfrau Christus zuzuführen». Oder Eph 5, 25: «Ihr Männer, liebet eure Frauen, gleichwie auch Christus die Gemeinde geliebt und sich selbst für sie hingegeben hat».

Der Heilige Geist als dritte göttliche Person ist in seinen wesentlichsten Aufgaben immer noch für die ursprünglichen Aufgaben der Befruchtung und Zeugung im weitesten Sinne zuständig. Bei der Verkündigung an Maria wird Jesus gezeugt und bei der Jordantaufe wird aus dem Menschen Jesus der Gott Christus gezeugt. Am Pfingstfest erfolgt die geistige Befruchtung von Maria und den Aposteln durch den Heiligen Geist. Und nach vielen Erzählungen ist es der Heilige Geist, der die Kirchenlehrer, Bischöfe und Heiligen mit seinem Wissen befruchtet. So verwundert es nicht, dass die Taube als Symbol des Heiligen Geistes in direktem Zusammenhang mit den vorchristlichen Gottheiten der Liebe steht oder anders gesagt, direkt von diesen abstammt.

143

Der Täuberich Jesus

Abb. 143: Seit dem 3. Jahrhundert wurden die Hostien, die den eucharistischen Leib von Christus symbolisieren, in taubenförmigen Peristerien aufbewahrt.

Die Taube als Symbol Christi war vor allem im christlichen Altertum verbreitet. Christus wurde im 2. Jahrhundert Geist und Heiliger Geist genannt, was zu einer verwirrenden Unklarheit bezüglich der Identität der zweiten und dritten göttlichen Person führte. Klemens von Alexandrien sagte: «Der Herr ist Pneuma[548] und Logos[549], fleischgewordenes Pneuma, geheiligtes himmlisches Fleisch»[550]. Die Herabkunft des Geistes bei der Jordantaufe wurde als Herabkunft des Logos verstanden, und die Taube, die sich bei der Verkündigungsszene auf dem Schoss der Jungfrau niederliess, wurde auf das Sinnbild von Christus bezogen[551]. Der Kirchenschriftsteller Tertullian schreibt dazu: «Wenn der Geist Gottes nicht deshalb in den Mutterschoss herabstieg, um darin Fleisch anzunehmen, warum ist er denn in den Mutterschoss herabgestiegen?»[552] Auch bei Laktanz ist die Jordantaube das Sinnbild von Christus, den er

als spiritus[553] bezeichnet. Er verneinte die Persönlichkeit des Heiligen Geistes, darum konnte der «Spiritus Dei» der bei der Taufe von Jesus erschien nur Christus sein und die Gestalt der weissen Taube musste somit auch dessen Symbol sein[554].
Nicht nur in Verbindung mit der Verkündigung und der Jordantaufe, sondern auch in Zusammenhang mit Salomos Hohelied wurde die Taube als Christus gedeutet. Im Physiologus[555] heisst es:
Denn er selbst [Christus] ist die feuerrote Taube, gleich wie im Hohenlied geschrieben steht: Mein Freund ist rot sagt die Braut, welches die Kirche Christi ist.
(Physiologus, Kap. 35)

Im Hohelied wird die Braut mehrfach als Taube angeredet[556], somit muss der Bräutigam, das heisst Christus, der Täuberich sein. Diese allegorische Deutung des Hoheliedes[557] wurde bereits durch frühjüdische Kreise wie die pharisäischen Schriftgelehrten und wahrscheinlich auch die Essener spätestens seit der 2. Hälfte des 1. Jahrhunderts v.Chr. vorgenommen. Das Hohelied wurde nicht mehr als das akzeptiert, was es eigentlich ist, ein profanes Liebeslied. Sie suchten deshalb in dem altehrwürdigen Text, den man nicht einfach fallen lassen konnte, einen «tieferen Sinn» in Form der Allegorese, was nach Keel zu willkürlichen, unbefriedigenden und häufig himmelschreiend grotesken Resultaten führte. Selbst nach der Klärung der Pneuma-Logos Frage lebte die alte Anschauung z.B. bei Bischof Maximus von Turin noch im 5. Jahrhundert weiter. So bringt Christus am Ende der Welt seiner Kirche den Frieden «weil er selbst die Taube oder der Friede ist»[558].
Auch in der christlichen Dichtkunst blieb die Taube ein beliebtes Sinnbild von Christus. Der spanische Dichter Prudentius[559] schreibt in seinem Tageliederbuch:
Denn siehe, wunderbarer Weise
gebietet das Lamm nun dem Löwen,
und die vom Himmel gestiegene Taube
scheucht auf die trutzigen Adler und jagt sie
hin durch unstete Wolken und stürmende Winde.
Du bist, Christus, die mächtige Taube,
vor der entweicht der blutschlürfende Vogel.
Wehre dem Wolf, Du schneeweisses Lamm,
in Deinem Schafstall zu schnappen nach der Beute.
(Prudentius, Cathemerion III, 161–169 nach Sühling 1930, S. 60)

Christus nahm in der Legendenliteratur und dem Volksglauben oft die Gestalt einer weissen Taube an. Ein Beispiel dafür bieten die Akten der heiligen Jungfrau Marina (Margareta) von Antiochien aus dem 4. Jahrhundert. Als sich Marina als Christin nicht dem heidnischen Statthalter hingeben will, wird sie in den Kerker geworfen und hat schwere Kämpfe mit dem Teufel zu bestehen, der als Drache erscheint. Im Gebet wendet sie sich an Christus. Kaum hat sie ihr Gebet beendet, strahlt im Kerker ein Licht auf. Marina erblickt nun ein grosses Kreuz, das bis zum Himmel ragt. Auf dem Kreuz sitzt eine Taube, die die Jungfrau anredet. Diese antwortet: «Ehre sei dir, Herr Jesus Christus, weil du dich deiner Dienerin in diesem Kerker gezeigt hast». Nachdem die Taube nochmals mit Marina gesprochen hat, kehrt sie in den Himmel zurück[560]. Als Marina dann

enthauptet werden sollte, «kam der Herr in Taubengestalt aus den Himmeln mit unzähligen Engeln und
leuchtendem Licht und überschattete Marina». Er
tröstete und ermutigte sie in einem langem Gespräch
und stieg danach in Taubengestalt wieder in den
Himmel auf.

Die weisse Taube als Sinnbild von Christus konnte
sich noch bis etwa ins 6. Jahrhundert, vor allem in
der Dichtkunst, erhalten. Mit der Zeit jedoch starb
die weisse Taube als Christussymbol wieder aus
und blieb danach alleine dem Heiligen Geist vorbehalten.

144

Die Taube und das Abendmahl

Wie bei der Taufwasserweihe wurde auch beim
Abendmahl der Geist Gottes vom Priester herabgerufen. In den ersten Jahrhunderten war diese Herab-
rufung eine Bitte um die Sendung von Christus in
Gestalt der Taube. Der Wein wird in das Blut, das
Brot in den Leib Christi verwandelt. In den Thomas-
akten[561] wird der geistige Christus vom Apostel
Thomas mit folgenden Worten herabgerufen: «Komm,
heilige Taube, die du die Zwillingsjungen gebierst,
komm, verborgene Mutter.»[562] Die Taube ist hier
nicht der Heilige Geist, sondern Christus. Seit Beginn
des 3. Jahrhunderts wurde die Eucharistie als Symbol des Leibes Christi in taubenförmigen Hostienbe-
hältern, sogenannten Peristerien, aufbewahrt (Abb.
014)[563]. Eine zeitgenössische Glückwunschkarte zur
1. Kommunion veranschaulicht die alte Vorstellung,
wie Christus als weisse Taube in die Eucharistie eingeht (Abb. 153).

Sinnbild der Kirche und der Gläubigen

Das Verhältnis von Christus zu seiner Kirche wird in
der Heiligen Schrift oft unter dem Bilde einer Ehe
dargestellt[564], in der Christus der Bräutigam und die
Kirche die reine Braut ist. Nach der allegorischen
Deutung des Hoheliedes ist Christus der Täuberich,
somit wird die Kirche zur Taube. Der Vater dieser
kirchlichen Auslegung des Hoheliedes ist Origines[565],
der die Braut als die Kirche Christi und gleichzeitig
als einzelne christliche Seele betrachtet[566]. Besonders bei Augustinus tritt die Taube als Sinnbild der
Kirche hervor, die er als «unsere Taube»[567] bezeichnet. Seit Origenes[568] wurde «Nostrae columbae
domus» für das Gotteshaus verwendet. Die Kirchen
wurden nach Osten ausgerichtet, so dass der Eingang in Richtung des Sonnenaufganges lag. Man
nahm an, dass der Heilige Geist wie die Taube den
Sonnenaufgang liebt. Dies hängt damit zusammen,
dass die Taube in der antiken Tierkunde als licht-
liebendes Tier angesehen wurde und die Taubenschläge deshalb möglichst hoch[569] und mit dem Eingang nach Osten angelegt wurden[570]. Im Physiologus wird die Naturbeobachtung, dass ein Greifvogel
bei der Jagd auf eine einzelne abgesprengte Taube
sehr viel erfolgreicher ist, als bei der Jagd auf den
ganzen Schwarm[571], zum Vergleich mit der Kirche
und ihren Gläubigen herangezogen. Hier symbolisiert
die Taube den einzelnen Gläubigen:

Der Physiologus sprach: Wenn alle Tauben auf
einmal fliegen, dann wagt der Habicht nicht einer
von ihnen nahezukommen wegen des zusammen-
klingenden Schwirrens ihrer Flügel. Findet er da-
gegen eine, die sich verirrt hat, dann schlägt er sie
leichtlich und verschlingt sie.
Das ist auf den Stand der Jungfrauen zu beziehen:
Wenn sie zu einer Schar versammelt sind in der
Gemeinde, dann senden sie ein wohltönendes Lied
im Zusammenklang, mit Gebet und Lobpreisung, zu
Gott, und ihr Widersacher, der Teufel, wagt nicht
sich einer von ihnen zu nahen, fürchtend ihr starkes
Gebet und Loblied; trifft er jedoch eine, die abgeirrt

145

565 Origenes war der grösste
christliche Theologe der
älteren Kirche des Ostens,
geboren in Alexandrien um
185, † Tyrus 254.
566 Origenes, In Cant. Cantic L.
IV nach Sühling 1930, S. 88
567 Augustinus, Sermo de
Rusticiano c. 6: «ecclesiae
catholicae, columbae no-
strae, sponsae immacula-
tae» nach Sühling 1930,
S. 90
568 Origenes, Contra Celsum VI,
77 nach Sühling 1930, S. 94
569 Palladius, Opus agricultura
I, 24, De columbario nach
Sühling 1930, S. 95
570 Columella, Über die Landwirtschaft 8, 8
571 z.B. Kenward 1978

**Abb. 144: Auf einer
polnischen Glück-
wunschkarte zur
1. Kommunion ist
Christus als weisse
Taube dargestellt,
der in die heilige
Eucharistie eingeht.**

**Abb. 145: Um das
Christusmonogramm
sind zwölf Tauben als
Symbol für die zwölf
Apostel dargestellt.
Mosaik aus dem Bap-
tisterium von Albenga,
Ende 5. Jahrhundert.**

Abb. 146: Auf einer minoischen Vase aus Kreta aus der Zeit um 1400–1200 v.Chr. ist eine Taube abgebildet, die einen Fisch hält. Die Taube könnte hier die Seele darstellen, die den Körper in Gestalt des Fisches zu seiner Wiedergeburt in die Unterwelt trägt.

ist, dann fängt er sie leichtlich und tötet sie. Darum soll nur ja nicht jemand, nicht nur Jungfrau, sondern jeglicher Christ, die Versammlung Gottes verlassen, auf dass er nicht ein Raub des Bösen werden. (Physiologus, Kap. 35)

Tertullian ist der älteste lateinische Schriftsteller, der die Kirche als Taube bezeichnet. In seiner Schrift gegen die Valentianer, die die Christen als einfältig verschrien hatten, greift er diesen Vorwurf auf. An Hand von Matthäus 10, 16: «Seid klug wie die Schlangen und einfältig[572] wie die Tauben» weist er

146

von der Taube», der 1379 vom Castilianischen König Johann I. gestiftet wurde. Die Ritter waren zu ehelicher Keuschheit, zum Schutz des katholischen Glaubens und der Gerechtigkeit verpflichtet. «An der doppelten Ordens-Kette, die aus goldenen Sonnen-Strahlen bestund, hieng eine goldene, weiss amulierte[582] Taube mit einem rothen, gegen die Erde stehenden Schnabel.»

Die Taube als Seelenvogel

Die Herkunft der Seelentaube

Der Glaube, dass die Seele eines Verstorbenen in Vogelgestalt weiterlebt, ist sehr alt. Er beruht auf der Annahme, dass bestimmte Tiere (Totemtiere) wie Vögel und Schlangen in den Menschen eingehen und bei seinem Tod wieder herauskommen[583]. Die Vorstellung von Seelenvögeln findet sich in vielen frühen Kulturen wie in Ägypten, im Vorderen Orient, bei indogermanischen Völkern und bei den Schamanen Sibiriens[584]. Als Vetreter der Luft- und Lichtreiche, in der alten Mythologie daher dem Oben zugeordnet, gehörten die Vögel zu den Sphären der Götter mit ihren dienenden Geistern und den Seelen der Verstorbenen. Das Vogelsymbol wurde zum Bild des göttlichen Geistes, aber auch zum Zeichen der nach dem Tod verwandelten und wiedergeborenen Menschenseele. Die Taube, vor allem die weisse Taube, wurde in verschiedenen Kulturen zum Symbol der Seele der Verstorbenen. Die babylonische Semiramis verwandelte sich nach ihrem Tod in eine Taube und flog in den Himmel[585]. Die alten Syrer errichteten über ihren Grabmälern Taubentürme, wie noch erhaltene Anlagen und griechische Inschriften aus der Gegend von Damaskus belegen[586].

Auch im alten Griechenland war die Taube als Verkörperung für die Seele der Verstorbenen bekannt. Eine minoische Vase aus der Zeit zwischen 1400–1200 v.Chr. zeigt eine fliegende Taube, die einen Fisch hält (Abb. 146). Johnson[587] interpretiert die Aussage dieses Bildes als Seele in Gestalt der Taube, die den Fisch – den Körper – zu seiner Wiedergeburt in die Unterwelt trägt. Bei den alten Griechen kam die Taube in Verbindung mit Unterweltswesen[588] nur als Erscheinungsform der Seele vor[589]. Dies könnte eine weitere Erklärung für die Beziehung der Taube zu Aphrodite geben, die als Unterweltsgöttin auch Herrin der Seelen der Verstorbenen ist. Weicker[590] deutet in diesem Zusammenhang die zahlreichen archaischen Grabstatuen, bei denen Vögel in der Hand gehalten werden, als die Darstellung der Seelen der Verstorbenen. Meleager war der Sohn des Königs von Kalydon und jagte mit der Jägerin Atalante den von Diana gesandten Kalydonischen Eber. Im Streit tötet er die Brüder seiner Mutter Althaia, die sich dadurch rächt, dass sie das Holzscheit ins Feuer wirft, an das die Moiren sein Leben gebunden haben. Meleager stirbt darauf. Die um den Bruder trauernden Schwestern, die Meleagriden, werden in Vögel verwandelt[591]. Auf einem antiken römischen Sarkophagrelief ist der Tod des Meleager dargestellt[592]. Auf der linken Schmalseite des Sarkophags sind die beiden trauernden Schwestern des Meleager abgebildet (Abb. 147).

[572] Luther übersetzt «ohne Falsch».
[573] Tertullian, Adversus Valentinianos nach Sühling 1930, S. 94
[574] In Wirklichkeit sind Tauben weitaus klüger als Schlangen, die als Reptilien über äusserst bescheidene geistige Fähigkeiten verfügen.
[575] Augustinus, De baptismo L. IV, c. IV, 5 nach Sühling 1930, S. 97
[576] Augustinus, In Joann. evang. Tract. V, 13 nach Sühling 1930, S. 97
[577] Augustinus, De baptismo L. IV, c. 3 III, 4 nach Sühling 1930, S. 97
[578] Sühling 1930, S. 97
[579] Cyrillonas, Erste Homilie über das Pascha Christi nach Sühling 1930, S. 213
[580] z.B. bei Paulinus von Nola, Ep. 32, 10 nach Sühling 1930, S. 214
[581] A und Ω stehen für die Jesusworte in Off 21, 6: «Und er sprach zu mir: Es ist geschehen! Ich bin das A und das O, der Anfang und das Ende. Ich will dem Durstigen geben aus dem Quell des Wassers des Lebens umsonst».
[582] Wahrscheinlich ist hier eine weiss emaillierte Taube gemeint.
[583] Leisegang 1922
[584] Dittmar 1959, S. 47–59
[585] Ovid, Metamorphosen 1, 4, 45–50
[586] Gressmann 1920; Leclercq 1948
[587] Johnson 1990, S. 108

nach, dass Einfalt und Weisheit keine Gegensätze sind, sondern zusammengehören[573]. Das Sinnbild der Einfalt ist die Taube, während die Schlange die Klugheit symbolisiert[574]. So werden für Tertullian Taube und Schlange zu Sinnbildern der beiden Gegensätze. Die Taube ist das Symbol der rechtgläubigen Kirche, deshalb nennt er sie «nostra columba». Augustinus nennt die Kirche «corpus columbae»[575], an anderen Stellen spricht er von den «viscera columbae», den Eingeweiden der Taube[576]. Die kirchliche Gemeinschaft setzt sich aus den Gläubigen zusammen, sie sind deshalb die «Glieder der Taube»[577]. Da die Glieder, die zur Taube gehören, ihrem Taubencharakter in allem entsprechen, müssen sie selbst Tauben sein. So wurde die Taube auch zum Sinnbild der Gläubigen, die als die «Tauben Christi» bezeichnet wurden[578]. Wie die Kirche, so ist auch die Gemeinschaft der Gläubigen die Braut Christi, während Christus als Täuberich ihr Bräutigam ist.

«Die Eule, die sich der Finsternis rühmte, verliess die Tauben und floh krächzend hinaus», mit diesen Worten schildert Cyrillonas[579] Judas, der die als Tauben bezeichneten Apostel im Abendmahlssaal verlässt. Die Apostel wurden in der darstellenden Kunst in Gestalt von zwölf Tauben dargestellt[580]. Ein schönes Beispiel stammt aus dem Baptisterium von Albenga (Abb. 145). Das Mosaik aus dem Ende des 5. Jahrhunderts zeigt drei aufeinander gelegte, verschieden grosse Scheiben, auf denen je ein Christusmonogramm mit A und Ω[581] dargestellt ist. Um die Monogrammscheibe stehen zwölf Tauben als Symbol für die Apostel.

In Spanien gab es nach Zedler (1744) einen «Orden

Eine Taube fliegt von der stehenden Schwester über das Grabmal nach oben. Da sich eine der Schwestern, Melanippe, nach einer anderen Version in ein Perlhuhn verwandelt hat[593], wurde der deutlich als Taube erkennbare Vogel als ein Perlhuhn gedeutet. Vielleicht griff hier der Künstler auf das ihm geläufigere Bild der Taube als Verkörperung der in einen Vogel verwandelten Seele der Schwester zurück, obwohl er nach der literarischen Vorlage eigentlich ein Perlhuhn hätte darstellen sollen.

Antoninus Liberalis erzählt nach dem griechischen Autor Nikander (2. Jahrhundert v.Chr.) eine Geschichte[594]. Hermochares aus Athen sieht Ktesylla, die Tochter des Alkidamas beim Pythienfest und überlistet sie mit einem Apfel. Das junge Paar zieht nach Athen, wo Ktesylla bei der Geburt des ersten Kindes stirbt. Als man sie bestatten will, erhebt sich vom Bett eine Taube und der Leichnam ist nachher verschwunden. Ein weiteres Beispiel für eine Frau, die sich nach ihrem Tod in eine Taube verwandelt, gibt Servius:

Ein gewisser Melus, der auf der Insel Delos geboren wurde, verliess seine Heimat und flüchtete nach Zypern, wo zu jener Zeit Cinyras herrschte, der einen Sohn namens Adonis hatte. Dieser befahl, dass Melus seinem Sohn Adonis beigegeben werde, und als er sah, dass er von guter Anlage war, gab er dem Melus eine Verwandte – sie war selbst der Liebe hingegeben – namens Pelia zur Frau. Aus ihnen ward Melus geboren. Und Venus befahl deswegen, weil sie von Liebe zu Adonis beherrscht wurde, dass er wie der Sohn des Geliebten bei den Altären genährt werde. Aber nachdem Adonis durch einen Eberbiss starb, erhängte sich Melus, weil er den Schmerz über den Tod des Adonis nicht ertragen konnte, mit einem Strick an einem Baum und beendete sein Leben: von seinem Namen her wird der Apfelbaum benannt. Pelia, seine Frau, tötete sich, indem sie sich am selben Baum erhängte. Venus, von Mitgefühl mit dem Tod der drei getrieben, zollte Adonis ununterbrochene Trauer, Melus aber verwandelte sie in einen Apfelbaum mit seinem Namen [d.h. Melus], Pelia, seine Frau, verwandelte sie in eine Taube. Den Knaben Melus hingegen, den einzigen vom Geschlecht des Cinyras, der noch lebte, liess sie, als sie ihn erwachsen sah, mit seiner Schar nach Delos zurückkehren.
(Servius, Kommentar zu Vergil, Bucolica 8, 37)

Eine der eindrucksvollsten frühen Darstellungen eines Seelenvogels findet sich auf dem Steintor von Roquepertuse[595]. Dieses keltische Bauwerk aus dem 3. Jahrhundert v.Chr. gehört in den Kultbereich der Totenstätten, die im südgallischen Entremont ausgegraben wurden. In drei Pfeiler sind übereinanderstehende Schädelmulden für feindliche Kopftrophäen oder Schädelreliquien eigener Helden eingelassen, darüber steht ein flugbereiter Vogel als Symbol der Reise ins Jenseits[596] (Abb. 148). Ob es sich dabei schon um die Darstellung einer Taube handelt, lässt sich nicht mehr feststellen, doch zeigt dieses Beispiel, dass die Vorstellung von Seelenvögeln schon früh weit verbreitet war. Nach alter germanischer Anschauung fliegt die Seele in Gestalt eines Vogels aus dem Mund des Sterbenden. Daher wurden auf Grabsteinen häufig Tauben abgebildet[597].

Die Seelentaube im Christentum

Im Christentum ist die weisse Taube als Seelenvogel etwa seit dem Jahr 150 nachweisbar[598]. Bei der Taufe wird der böse Geist, dessen Sinnbild der Rabe ist, aus der Seele vertrieben. Statt dessen ergreift die Taube des Heiligen Geistes Besitz von der Seele des Gläubigen[599]. Nach seinem Tod verlässt die Seele den Körper wieder. Seit Origines[600] galt jede einzelne Seele gemäss der allegorischen Auslegung des Hoheliedes als Braut Christi. Origines war der erste, der das Hohelied in bezug auf das mystische Gnadenverhältnis zwischen der nach Heiligkeit strebenden Seele und Christus deutete. Diese Deutung trug dazu bei, in der Taube auch ein Symbol der Seele zu sehen. Nach Ambrosius ist die Seele eine Taube, weil sie milde und sanftmütig, ganz erfüllt ist mit der geistigen Gnade[601]. Er nennt sie die «una columba», die die Einheit des Geistes

147

[588] Moiren (Totengeister)
[589] Weicker 1902, S. 26
[590] Weicker 1902, S. 27
[591] Sophokles, Plin. nat. 37, 40f.
[592] Robert 1904
[593] Aelian, Tierkunde 4, 42
[594] Nicand., ap. Anton. Lib. I nach Bömer 1976
[595] Bouches-du-Rhône, Südfrankreich
[596] Pobé & Roubier 1958
[597] Lorentz 1886, S. 42
[598] Gougaud 1948
[599] Hieronymus, Dial. adv. Luciferianos, c. 22 nach Sühling 1930, S. 218
[600] Origenes, In Cant. Cantic L. IV nach Sühling 1930, S. 88
[601] Ambrosius, De Isaac vel anima 4, 34 nach Sühling 1930, S. 112
[602] Ambrosius, De Isaac vel anima 7, 59 nach Sühling 1930, S. 112

109

und den Frieden besitzt. Während der ganze Mensch aus mehreren widerstrebenden Teilen zusammengesetzt ist, ist die Seele ganz einfach. Sie wird durch die Leidenschaften des Körpers nicht mehr beunruhigt. Darum ist sie, weil einfach und geistig, eine Taube[602]. Die Taube als Sinnbild der Seele tritt vor allem in Texten auf, die über das Hinscheiden eines Seligen oder über dessen Erscheinungen nach dem Tod berichten. So erscheint in vielen Märtyrerberichten und Heiligenlegenden die Taube als Seele des Verstorbenen. Vor allem in den Lebensbeschreibungen der Märtyrer wird erzählt, dass bei deren Tod die Seele in Gestalt einer weissen

Abb. 147: Auf dem antiken römischen Sarkophag ist der Tod des Meleager dargestellt. Von seinen beiden Schwestern auf der linken Seite fliegt eine Taube nach oben. Nach dem Mythos wurden die trauernden Schwestern in Vögel verwandelt.

148

Abb. 148: Auf einer keltischen Totenstätte aus dem 3. Jahrhundert v.Chr. ist ein Vogel als Symbol der Reise ins Jenseits dargestellt.

Abb. 149: Seit dem 3. Jahrhundert wird die Seele des Verstorbenen, die sich an den Früchten der Seligkeit labt, auf frühchristlichen Grabplatten als Taube dargestellt, die auf eine Frucht pickt.

Taube aus dem Körper geflogen sei. Die älteste Geschichte, bei der die Seele den Körper in Form einer Taube verlässt, findet sich im Martyrium des Polycarp[603], das auf die Zeit vor 156 zurückgehen könnte.
Als nun endlich die Gottlosen sahen, dass sein Leib vom Feuer nicht verzehrt werden konnte, befahlen sie seinem Henker heranzutreten und ihm ein Schwert in die Seite zu stossen. Und als er das getan hatte, kam eine Taube und eine Menge Blut hervor, so dass das Feuer ausgelöscht wurde und der ganze Haufen sich verwunderte.
(Martyrium Polycarpi c. 16, 1)

149

Prudentius berichtet im Jahre 404/5 über das Martyrium der hl. Eulalia von Merida. Die Jungfrau wurde unter Diokletian von den Schergen mit brennenden Fackeln zu Tode gequält. Ihr Ende schildert Prudentius mit folgenden Worten:
Plötzlich entschwebte von dort eine Taube,
Man sah, wie entfloh sie der Märtyrin Mund,
Weisser als Schnee, und erstrebte die Sterne.
Dies war Eulaliens Geist,
Weiss wie Milch und flüchtig und rein.
Schlaff war ihr Nacken, während heimging die Seele;
Und der brennende Scheiterhaufen erstarb.
Friede wird den entseelten Gebeinen.
Frohlockend flattert im Äther der Hauch
Und erstrebt den himmlischen Tempel in Eile.
Und es sah selbst der Henker den Vogel,
Wie er sichtbar der Jungfrau Mund verliess.
(Prudentius, Peristephanon Hymn. III, 161–172 nach Sühling S. 119)

Abb. 150: Die Seele des Verstorbenen als Taube mit einem Zweig im Schnabel sitzt auf dem Lebensschiff, das den Hafen der Seligkeit erreicht hat. Grabplattenfragment aus der Kallistuskatakombe, Rom.

hunderts in den römischen Katakomben, den Grabanlagen der ersten Christen. Der Taube wurden Eigenschaften wie Sanftmut, Einfalt und Unschuld zugeschrieben, die nach Matthäus 10,16 «seid klug wie die Schlangen und einfältig wie die Tauben» auch den christlichen Seelen erstrebenswert waren[608]. Ab dem 3. Jahrhundert wurde die Seele des Verstorbenen im Paradies als Taube dargestellt, die auf eine Frucht pickt und sich symbolisch an den Früchten der Seligkeit labt (Abb. 143). Sie symbolisiert den Seligen, der sich an den himmlischen Früchten

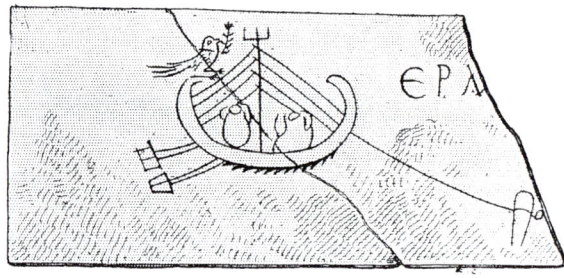

150

eines gerechten Wandels auf Erden und an den Freuden der Seligkeit labt[609].
Die Taube wurde in den frühchristlichen Abbildungen zum allgemeinen Symbol der Seele des Verstorbenen, die in den verschiedensten Zusammenhängen dargestellt wurde. Für den Tod des Christen wurde auch das Bild des Lebensschiffes, das seine Fahrt beendet hat und im Hafen der Ewigkeit gelandet ist, verwendet. Die Seele des Verstorbenen wurde deshalb als Taube auf einem Schiff dargestellt (Abb. 150).

151

Abb. 151: Eine Taube mit einem Kranz symbolisiert den Sieg und den himmlischen Lohn im Jenseits, in deren Genuss der Verstorbene kommt; Grabplatte der Alexandra, die als jugendliche Beterin dargestellt ist, Kallistuskatakombe, Rom.

Abb. 152: Zwei Tauben picken an dem durch das Christussymbol gekennzeichneten Siegeskranz. Sie stellen die Seelen der Verstorbenen dar, die durch das Kreuzesleiden am ewigen Leben teilhaben können. Passionsdarstellung auf einem altchristlichen Sarkophag, Rom ca. 4. Jahrhundert.

Gerade bei Eulalia kann beobachtet werden, wie die Phantasie im Volksglauben ihre Heiligen mit möglichst vielen wunderbaren Tatsachen glorifiziert. Gregor von Tours berichtet Ende des 6. Jahrhunderts von drei wunderbaren Bäumen, die am Festtag der Märtyrerin Blüten in Taubenform[604] zur Winterzeit hervorsprossen lassen, weil ihr Heiliger Geist in Taubengestalt in den Himmel eingegangen ist[605]. Gregor der Grosse beschrieb das Ende des hl. Spes, der Abt eines Klosters in der Nähe von Nursia war. Der Heilige starb im Gotteshaus und alle anwesenden Brüder sahen eine Taube aus seinem Mund herauskommen. Durch das Dach, das sich öffnete, flog sie zum Himmel. Gregor meinte dazu, dass die Seele des Heiligen wohl deshalb als Taube sichtbar geworden sei, weil Gott kundtun wollte, mit welch einfältigem Herzen ihm jener Mann gedient habe[606]. Zum Grab des hl. Medardus flogen zwei Tauben und bald darauf waren es drei und sie flogen davon, denn die Seele des Heiligen hatte sich zu ihnen gesellt[607].
Besonders in der darstellenden Kunst des frühen Christentums symbolisiert die Taube die Seele der Verstorbenen. Die ersten christlichen Darstellungen der Taube als Symbol der Seele des verstorbenen Gläubigen finden sich ab der Mitte des 2. Jahr-

152

Die Vorstellung des Lebens als Schiffahrt findet sich auch in verschiedenen anderen Kulturkreisen, so bei den Griechen, Römern und Ägyptern. Vor allem bei den Letzteren war die Vorstellung von der Barke des Toten weit verbreitet, hier könnte das Ursprungsland dieser Vorstellung sein[610]. Die Taube mit einem Kranz als Siegeszeichen symbolisiert den errungenen Sieg und den himmlischen Lohn, in deren Genuss die Seele des Verstorbenen im Jenseits kommt. Der Siegeskranz geht wahrscheinlich auf die Griechen und Römer zurück. Der erfolgreiche Feldherr und der Sieger der Arena wurde mit dem Siegeskranz

geschmückt. Die Taube als Überbringerin des Kranzes ist ebenfalls schon aus römischer Zeit bekannt (siehe Abb. 008) und wurde vom frühen Christentum als Symbol aufgenommen. Die Taube mit dem Kranz wird auch zusammen mit dem Abbild der Verstorbenen dargestellt. Eine Grabplatte aus der Kallistuskatakombe zeigt eine jugendliche Betende mit der Inschrift: ALEXANDRA IN PACE, daneben eine Taube mit einem Siegeskranz (Abb. 151).

Als die hl. Marina auf Befehl des Tyrannen ins Wasser geworfen worden war, um ertränkt zu werden,

[603] Sühling 1930, 124–130
[604] Der Taubenbaum Davidia involucrata besitzt grosse weisse Hüllblätter, die wie flatternde Tauben aussehen. Der aus China stammende Baum könnte dieser Geschichte zugrunde liegen, obwohl er nicht im Winter sondern im Mai/Juni blüht (Rieder 1979).
[605] Gregor von Tours, Miracul. L. I. De gloria martyrum. c. 91. De sancta Eulalia nach Sühling 1930, S. 120
[606] Gregorius Magnus, Dialog. L. IV c. 10 nach Sühling 1930, S. 122
[607] Menzel 1854
[608] Gougaud 1948
[609] Menzel 1854
[610] Sühling 1930, S. 249

111

153

Abb. 153: Die Hand Gottes befreit die Seelen der Verstorbenen in Gestalt von Tauben aus dem Gefängnis des menschlichen Körpers, darüber (nicht im Bild) steht ein Engel mit einem Siegeskranz, der den himmlischen Lohn symbolisiert. Epitaph für die verstorbenen Mönche, Klosterkirche Einsiedeln, Diego Carlone 1738.

flehte sie Christus um Rettung an. In den Marina-akten steht:
Und sogleich kam vom Himmel eine Taube herab, die einen Kranz im Schnabel trug. Im selben Augenblick lösten sich die Bande der Heiligen, und sie stieg aus dem Wasser voll Dank und Lobpreis gegen Gott. Die Taube aber berührte schnellen Fluges Marina und sprach zu ihr: Friede sei dir, Dienerin Jesu! Sei guten Mutes! Nun wirst du den Kranz empfangen.

Darauf erschien ein grosses Licht und über dem Licht ein Kreuz. Die Taube liess sich auf dem Kreuz nieder und sprach zur Jungfrau:
Nun komme her [und gehe ein] in deine Ruhe und in die Zelte Christi. Selig bist du, da der unsterbliche Gott dir einen Kranz bereitet hat.
(Acta s. Marina fol. 139r nach Sühling 1930, S. 251–252)

Im allgemeinen waren es Christus, die Heiligen und die Märtyrer, denen der Siegeskranz zuteil wurde, da die Kirchenväter das Bild vom Wettkampf vor allem auf das Martyrium anwandten[611]. Auf einem Sarkophag aus dem Hypogäum von S. Paolo sind in der mittleren Nische über einem Kreuz das Christusmonogramm in einem mit Bändern geschmückten Kranz dargestellt (Abb. 152). Seitlich steht je eine Taube, die einander zugewandt an einem Kranz picken. Die Tauben symbolisieren die Seelen der Verstorbenen. Durch das Kreuzesleiden von Christus, dargestellt durch das Christussymbol und den Siegeskranz, ist der Himmel wieder für diejenigen Gläubigen geöffnet, die einfältig und reinen Herzens sind wie die Tauben. Als Seelentauben picken sie am Siegeskranz von Christus und können so am ewigen Leben im Paradies teilhaben. Eine besonders schöne Darstellung von Seelentauben in Verbindung mit dem Siegeskranz befindet sich in der Klosterkirche Einsiedeln (Kanton Schwyz) im südlichen Epitaph neben dem Choreingang (Abb. 153) im Denkmal für die verstorbenen Mönche[612]. Die Hand Gottes öffnet einen Korb, aus dem drei Tauben nach oben fliegen, eine weitere Taube sitzt noch im Korb. Darüber steht die Statue der Perseverantia (Ausdauer) mit einem Lorbeerkranz. Das von Diego Carlone 1738 geschaffene Bild[613] symbolisiert die Seelen der verstorbenen Mönche, die von Gott aus dem Gefängnis ihres Leibes befreit werden. Die Figur der Ausdauer mit dem Siegeskranz kann als Symbol für den himmlischen Lohn verstanden werden, der die Seligen erwartet. Auf dem Spruchband steht: Speraverunt – Liberasti eos (sie hofften – du hast sie befreit).
Als typische Märtyrerin und Taubenseele gilt die hl. Columba von Raete, die als unschuldsvoller Engel unter den Teufeln, als eine weisse Taube flatternd im Sturm der Welt bezeichnet wurde[614]. Sie wurde im Jahre 1467 in Perugia geboren und während ihrer Taufe flog eine weisse Taube herbei und küsste sie. Schon als Kind fastete sie, betete, kasteite sich und hatte Visionen. Christus erschien ihr und ihm gelobte sie sich zur Braut. Als man sie zu einer anderen Heirat zwingen wollte, wehrte sie sich standhaft und floh. Die Teufel verfolgten sie und erweckten rings um sie her Ungewitter, aber kein Blitz, kein Wind, kein Regentropfen berührte das fromme Mädchen.

Freche Jünglinge überfielen sie und wollten ihr Gewalt antun. Als sie sie aber entblössten und unter ihrem Gewand ihren schönen jugendlichen Leib durch den Stachelgürtel und eiserne Ketten, die sie sich zur Fleischestötung angelegt hatte, zerfetzt fanden, wichen sie entsetzt von ihr zurück. Die hl. Columba ernährte sich ausschliesslich von Hostien und starb ihrer Voraussage gemäss im 33. Lebensjahr um Christus zu gleichen.
Zwischen den Visionen der hl. Columba und ihrem frommen Lebenswandel besteht wahrscheinlich ein psycho-physiologischer Zusammenhang. Das dauernde Fasten, Beten und Kasteien könnte die eigentliche Ursache für ihre Erlebnisse und Visionen sein. Medizinisch ist bekannt, dass Fasten zu kognitiven Veränderungen wie verminderter Konzentrationsfähigkeit, Apathie, Depression und Schlafstörungen führen kann. Zusätzlich können Amenorrhoe[615], tiefer Blutdruck, Verlust des Kopfhaares und vermehrte Körperbehaarung (Lanugo) auftreten. Vor allem wenn das Fasten mit Schlafentzug kombiniert ist, treten auch visuelle Halluzinationen sowie Gleichgewichts- und Bewegungsstörungen auf. Das Ganze kann dann wie eine paranoide Psychose (Verfolgungswahn) aussehen[616]. Das könnte auch die Verfolgung der hl. Columba durch die Teufel und die lüsternen Jünglinge erklären. Nach Boismont[617] sind neben anderen Faktoren auch Einsamkeit, anhaltende Konzentration auf eine Sache und Gebet in der Lage, halluzinatorische Bilder hervorzurufen. Er führt Bibelstellen an, nach denen es nach sozialer Isolation und/oder längeren Fastenperioden zu Visionen von Gott oder zu anderen religiösen Erfahrungen gekommen war. So fastete Joachim 40 Tage und Nächte in der Einsamkeit der Wüste, bis er eine Begegnung mit einem Engel des Herrn erlebte, der ihm die Geburt des ersehnten Kindes, der hl. Maria, ankündigte[618]. Eine Übersicht über die Auswirkungen des Fastens und ihre Bezüge zu religiösen Erlebnissen geben van Deth & Vandereycken (1992).

Auf vielen altchristlichen Sarkophagen sind Tauben abgebildet, die keine symbolische Bedeutung haben, sondern reine Haus- und Spieltiere darstellen[619]. Dabei werden, wie schon von früheren römischen nichtchristlichen Abbildungen bekannt, Alltagsszenen aus dem Leben des Verstorbenen abgebildet. Auch die Germanen kannten die Taube als Seelenvogel. Der langobardische Geschichtsschreiber Paulus Diakonus[620] berichtet im 8. Jahrhundert von einem Brauch seines Volkes:
War einer im Kriege oder auf andere Weise umgekommen, so steckten seine Verwandten auf die Gräber der Sippe eine Stange, auf deren Spitze eine hölzerne Taube befestigt war. Diese hatte nach der Gegend zu blicken, wo der Betreffende gestorben war. (P. Diakonus 5, 34 nach Dittmar 1959, S. 52)

Wahrscheinlich sollten diese Tauben den Seelen der Toten den Heimweg anzeigen, damit diese bei ihren Vorfahren ruhen könnten. Vor allem im Volksglauben hat sich die weisse Taube als Verkörperung der Seele bis heute gehalten. Die von aller Schuld befreite Seele zeigt sich in Gestalt einer Taube, die weiss wie Schnee ist. In dem Masse, wie jemand schuldig ist, nimmt die Taube eine dunklere Farbe oder die Seele auch eine andere Vogelgestalt an[621].

Als die 19jährige Jeanne d'Arc zum Scheiterhaufen geführt wurde, rührten ihr Mut und ihre fromme Ergebenheit selbst ihre Richter und überzeugten sogar den Henker von ihrer Unschuld. Als Ausdruck dieser Unschuld erdachte der Volksglaube die Sage, dass ihre Seele in Gestalt einer weissen Taube aus dem flammenden Scheiterhaufen zum Himmel emporgeflogen sei[622].

Die Taube in der Alchemie

Das Ziel der Alchemie ist die Bereitung des geheimnisvollen Steins der Weisen mittels chemischtechnischer Methoden. Sie ist aber mehr als eine mit Aberglauben angereicherte Vorläuferin der naturwissenschaftlichen Chemie. Die Alchemie ist eine Universalwissenschaft. Sie ist experimentelle Naturforschung, Philosophie, Theologie und religiöse Handlung in einem[623]. Die Taube ist der Geist, das Destillat, das sich mit dem körperlichen Rückstand nach der Faulung wieder vereint, eine Vorstellung,

154

die sich an die christliche Vorstellung der Seelentaube anlehnt. Trismosin spielt im 16. Jahrhundert auf eine Ovid zugeschriebene Geschichte an, in der sich ein weiser Alter verjüngen wollte, indem er sich zerteilen und kochen liess. Damit sollten sich die Glieder wieder vereinigen und verjüngen «in grosser Kraft»[624]. In Trismosins Werk «Splendor solis» ist der Geist des Alten als weisse Taube dargestellt (Abb. 154).

Die Taube ist aber auch der Geist des Bleis, der Ausgangssubstanz des alchemistischen Prozesses. *Und dies ist das Blei der Philosophen, welches sie*

Blei der Luft nennen, in welchem sich die strahlende, weisse Taube befindet, die «Salz der Metalle» genannt wird, worin das Magisterium des Werkes besteht. Das ist jene reine, keusche, weise und reiche Königin von Saba, die mit dem weissen Schleier bekleidet ist und sich keinem ausser dem König Salomo unterwerfen wollte. Keines Menschen Herz kann dies alles genügend erforschen. (Grasseus 1661)

Das Blei wird über verschiedene Stufen geläutert, indem sein Geist (die Taube) extrahiert und sublimiert wird. Hier erscheinen Salz, Arkansubstanz als das Paradox «Blei der Luft» = Taube, die weisse Taube als spiritus sapientiae, Weisheit, Weiblichkeit in einer Gestalt. Das Symbol der Taube als spiritus sapientiae bzw. das geistige Prinzip der Materie ist in der Alchemie eher selten anzutreffen, da das geistige Prinzip der Materie eher mit den Symbolen des geflügelten Mercurius, des Phönix und des Adlers kodiert werden[625]. In der Alchemie spielt die Taube als Attribut der Venus in Verbindung mit der Farbe Weiss ebenfalls eine Rolle[626].

La Paloma ade – die Seelentaube im Volksglauben

Der Glaube, dass sich die Seele eines Verstorbenen in eine Taube oder einen anderen Vogel verwandelt, findet sich nicht nur in Geschichten von Heiligen und geschichtlichen Berühmtheiten, sondern auch die Seele eines gewöhnlichen Menschen kann sich in eine Taube verwandeln. Über die Hinrichtungen der Greifenseer (Zürcher) Besatzung im Jahre 1444 erzählt die Edlibacher Chronik[627]:
da man den hoptmann enköpft von stunden an waz da ein wundersamer schniewisser fogel glich dem fordren onn flugend also ob der waltzstatt umm – so menger enthoptet ward, so mengen wisser fogel den fordren glich kamend und flugend um ire lichnam ob allem volk.

Als Ende des 16. Jahrhunderts im Ort Fachsenfeld drei standhafte Katholiken nicht zum protestantischen Glauben übertreten wollten, klagte sie Hans Sigmund von Wellwart wegen geringfügiger Vergehen an und liess sie nach Haft und Folter hängen. *Als die Henker ihr verdammliches Werk vollbracht und die drei Leiber entseelt da hingen, da flogen drei weisse Tauben von ihnen aus, der Höhe zu und verschwanden in den Wolken, die zuerst sich öffneten, darnach hinter ihnen sich verschlossen. Das Volk erkannte hieraus ihre Unschuld. Die weissen Tauben sollen die Seelen der drei Unglücklichen gewesen sein. Das Herz des Hans Sigismund erzitterte darob und zur Sühne der unschuldigen Opfer liess er nun drei evangelische Kirchen erbauen.* (Birlinger 1874)

Aus dem Meer, wo ein Schiff versunken ist, erheben sich nach spanischem Volksglauben die Seelen der Ertrunkenen als Tauben und fliegen zum Himmel[628]. In seinem melancholischen Lied «La Paloma» besingt der Spanier Sebastian de Yradier (1809–1865) die unglückliche Liebe und den Tod des Seemanns, dessen Seele als weisse Taube zum Himmel fliegt.

611 Sühling 1930, 250–260
612 Holzherr 1987, Abb. 236
613 Birchler 1927
614 Menzel 1854
615 Ausbleiben der Menstruation
616 Meyer, pers. Mitt.
617 Boismont 1853 nach Spitzer 1988
618 Protoevangelium des Jakobus 1 nach Schneemelcher 1990, S. 338–340
619 Sühling 1930, 281–296
620 Paulus Diakonus lebte am Hof Karls des Grossen.
621 Grohmann J. V.: Aberglauben und Gebräuche in Böhmen und Mähren. Leipzig 1864 nach Gattiker 1989
622 Zurth 1962, S. 29
623 Bachmann & Hofmeier 1997
624 Nach S. Trismosin, Splendor solis, London, 16. Jh. nach Roob 1996, S. 198
625 Bachmann pers. Mitt.
626 von Lipmann 1919
627 Züricher Antiqu. Mittlg. IV, S. 52 nach Birlinger 1874
628 Clarus span. Lit I. 262 nach Menzel 1854

113

Abb. 154: In der Geschichte vom Alten, der sich durch Zerteilung und Zerkochung verjüngen lassen wollte, ist dessen Geist als weisse Taube dargestellt. S. Trismosin, Splendor solis, London, 16. Jahrhundert.

Mich rief es an Bord,
es wehte ein frischer Wind.
Zur Mutter sprach ich:
O bete nun für dein Kind
Und draussen am grünen Hage,
da sah ich sie,
ein Wort nur des Trostes sage,
ich trag' es nie!
Falle ich einst zum Raube
empörtem Meer,
fliegt eine weisse Taube
zu dir hierher.
Lasse sie ohne Säumen
zum Fenster ein,
mit ihr wird meine Seele
dann bei dir sein.
Auf Matrosen, ohe
in die wogende See!
Schwarze Gedanken,
sie wanken
und fliehn geschwind
uns wie Sturm und Wind!
(La Paloma, Sebastian de Yradier nach Dittmar 1959,
47–48)

In Deutschland glaubte das Volk, die Seele eines un-
getauften Kindes oder die einer Jungfrau würde sich
als weisse Taube zum Himmel erheben, die eines
Verdammten hingegen fliege als schwarzer Rabe
oder als schwarze Taube davon, wie ein friesisches
Volkslied illustriert:
Da kamen drei weisse Täubchen geflogen,
die holten die Schwester ins Himmelreich.
Da kamen drei rabenschwarze Täubchen
und holten den Bruder in die Höllpforten.
(Friesisches Volkslied nach Dittmar 1959, S. 54)

In der Ostschweiz (Arbon, Kanton Thurgau) wurde
den Kindern noch in den 1960er Jahren erzählt, die
Seele des Verstorbenen fliege in Form einer weissen
Taube in den Himmel. Manchmal könne man die
Taube noch am Tag nach Eintritt des Todes auf dem
Dach sitzen sehen, bevor sie dann in den Himmel
fliege. Während die Taube als Seelenvogel in der
bildlichen Darstellung auf Grabsteinen in der
Schweiz eher eine untergeordnete Rolle spielt[629],

hat sich diese Symbolik in Frankreich erhalten können (Abb.155). Ein beliebtes Motiv im Märchen ist
die Taube als Seele des Verstorbenen, der durch
ein Verbrechen umgekommen ist. Sie findet keine
Ruhe, bis das Vergehen gerächt ist. Im russischen
Märchen «Die Taube» töten und essen die Eltern
ihren ungeliebten Sohn[630]. Seine Schwester, die ihn
über alles liebte, vergräbt seine Knochen und be-
giesst sie jeden Morgen und Abend mit Wasser. Da
fliegt eine schöne graublaue Taube aus den Knochen
hervor und singt den Eltern vor:
«Geschlachtet hat Väterchen
Die Seele mein
Gebraten hat Mütterchen
Die Seele mein!
Schwesterchen war hilfsbereit,
Hat die Knöchelchen bestreut;
Unterm Tisch begrub sie mich,
Früh und spät begoss sie mich,
Kukeru, Kukeru!»

Als die Eltern die Taube schlachten wollen, wird
diese von der Schwester freigelassen. Beim nächsten Mittagessen erscheint die Taube wieder und
singt ihr Lied nochmals. Da versucht der Vater die
Taube mit einer Schlinge zu fangen, was ihm aber
nicht gelingt. Jeden Mittag singt die Taube ihr Lied,
bis auch Nachbarn darauf aufmerksam werden. Die
Eltern werden zu Tode geschleift, die Tochter macht
eine gute Heirat und lebt glücklich und zufrieden.
Vor allem in Osteuropa genoss die Taube bis in unser
Jahrhundert hinein eine gewisse Unberührbarkeit. In
Moskau und den übrigen Städten Russlands wurden
anfangs dieses Jahrhunderts Scharen von Tauben
von den Kaufleuten unterhalten und genährt. Einen
der heiligen Vögel zu töten wurde als Heiligenschän-
dung empfunden, und den Täter erwartete Übles[631].
Nach Koenig[632] wurden die Strassentauben in Du-
brovnik noch in den siebziger Jahren jeden Mittag
behördlich gefüttert, weil sie als Seelenvögel galten
und daneben eine wichtige Bedeutung als Liebessymbol hatten. Eine Verbindung zwischen Seelentaube und Heiliggeisttaube findet sich im letzten
Jahrhundert in den Kantonen Uri und Appenzell. Die
Mutter eines hoffnungslos erkrankten Kindes schnitt
aus Papier eine Taube aus, die sie als den Heiligen
Geist dachte. Dieses Papierchen hängte sie ans Bett
des Kindes, damit es sich beim Sterben daran er-
götzen konnte[633].
Auch in allerneuester Zeit scheint die Beziehung
zwischen Tod und Taube noch verstanden zu werden.
Der italienische Stardesigner Gianni Versace wurde
im Juli 1997 in Florida auf offener Strasse ermordet.
Ein Journalist schrieb dazu: «Eine Blutlache färbte
den Gehweg, darin der sterbende Versace; neben
ihm, mysteriöses Relikt der Tat, eine tote Taube»[634].

Die süsse Friedenstaube

Überbringerin des Göttlichen Friedens

Wann der frühe Mensch zum ersten Mal in eine
nähere Beziehung zur Taube trat, lässt sich heute
nicht mehr feststellen. Untersuchen wir aber die
symbolische Belegung der Taube durch die verschiedenen Völker im Laufe der Geschichte, zeigt

Abb. 155: Die Taube als Seelenvogel hat sich bis heute in Frankreich erhalten können. Auf diesem Grabstein auf dem Friedhof von Munster (Elsass) wird die Seele des Verstorbenen durch die Taube symbolisiert, die durch das Fenster in den Himmel fliegt. Die Rose steht für die in Ewigkeit dauernde Liebe des Ehegatten.

155

114

156

Abb. 156: Eine der ältesten Abbildungen der Noahtaube als Symbol des Friedens zwischen Gott und den Menschen: Von links fliegt eine weisse Taube mit einem Ölzweig zu Noah, Priscillakatakombe Rom, Anfang 2. Jahrhundert.

sich, dass sie immer wieder etwa gleich bewertet wurde. Beinahe überall galt die Taube, insbesondere die weisse Taube, dem Menschen als friedfertiges, sanftmütiges und wehrloses Wesen. Diese Interpretation der weissen Taube wurde vermutlich nicht einmal erschaffen und dann über kulturelle Prozesse weitergegeben, sondern die Natur der Taube scheint bei den meisten Menschen dieselben Empfindungen hervorzurufen. So verwundert es nicht, wenn uns die Taube schon in den ältesten literarischen Zeugnissen des Menschen als Vogel des Friedens begegnet. Die sumerische «Geierstele» gehört zu den ältesten erhaltenen Denkmälern historischen Inhaltes, bei denen Bildgeschehen und Text aufeinander Bezug nehmen. Wir haben also die älteste bekannte Bildgeschichte vor uns[635]. Die Geierstele stammt aus der Mitte des 3. Jahrtausends und wurde von Eannatum, dem König von Lagasch, zur Erinnerung an seinen Sieg über die Nachbarstadt Umma aufgestellt. Sie wurde in Girsu (Tello, Irak) in mehreren Bruchstücken gefunden und trägt auf allen vier Seiten Reliefs von ausgezeichneter bildhauerischer Qualität, darunter Geier, die ihr den Namen gegeben haben. Im Text steht nun der für uns wichtige Begriff: «tu-muschen-min-nam», was «zwei Tauben als Friedensvögel» bedeutet[636]. In welcher Beziehung dieser Begriff des Friedensvogels zu verstehen ist und welche Assoziationen damals mit diesen Friedenstauben verbunden waren, lässt sich heute nicht mehr feststellen. Erstaunlich ist aber, dass die Friedenstaube seit Beginn der menschlichen Überlieferung existiert hat und wahrscheinlich noch weit in die prähistorische Zeit zurückgeht.

Und er wartete noch weitere sieben Tage; dann sandte er die Taube wieder von der Arche aus. Und die Taube kam zur Abendzeit wieder zu ihm und siehe, sie hatte ein frisches Ölblatt in ihrem Schnabel! Da merkte Noah, daß des Wassers auf Erden weniger geworden war. (Gen 8, 10–11)

[629] Z.B. in Arbon (Kanton Thurgau) wurden die Grabsteine seit den letzten Jahren, wohl als lokale Mode, ikonographisch reich ausgestaltet. Neben dem Hobby des Verstorbenen (Motorräder, Skis, Kaninchen usw.) werden auch vermehrt wieder Seelentauben dargestellt.
[630] von Löwis of Menar 1959
[631] Hehn 1963
[632] Koenig 1971, S. 104
[633] Lusser, Beschreib des Kantons Uri 51 und Tobler, Appenzeller Sprachschatz 198 nach Rochholz 1867
[634] Pitzke 1997
[635] Orthmann 1975, S. 189–190
[636] Vs.Kol. XVII 2 (Saki 14) nach Salonen 1973, S. 255

Die Noahtaube wurde bereits im Alten Testament zum Symbol des Friedens, den die Gottheit wieder mit den Menschen eingeht. Das Bild der Taube mit einem Zweig im Schnabel entspringt nicht der idealisierenden menschlichen Phantasie, sondern beruht wohl auf der Beobachtung von nistenden Tauben. Für den Bau ihres Nestes sucht vor allem das Männchen dünne Ästchen und Zweige und fliegt damit zum Brutplatz, wo es vom Weibchen empfangen wird. Der Täuber legt den Zweig nun zärtlich auf oder nah an die Täubin heran, die den Zweig in ihr Nest einfügt[637]. Da Tauben mit ihrem Nestmaterial nicht besonders wählerisch sind, werden auch belaubte Zweige eingetragen. Wenn es sich dabei gar um einen «friedenkündenden Ölzweig» handelte, mit dem der Vogel der Göttin, vielleicht noch im Tempel nistend, zum Heiligtum flog, konnte eine solche Szene von den Menschen ohne weiteres als göttliche Botschaft verstanden werden. Viele jüdische und christliche Ausleger haben die Erklärung gegeben, die Taube habe den Ölzweig aus dem Paradies geholt, das von der Flut verschont geblieben sei, weil es von Gott über die höchsten Berggipfel emporgehoben wurde[638]. Die Taube als Symbol des Friedfertigen war schon den Römern bekannt. Ovid bezeichnet die Tochter des Alkidamas als friedfertige Taube[639].

Die eigentliche Friedenssymbolik der Noahtaube geht ursprünglich vom Ölzweig und nicht von der Taube aus[640]. Der Ölzweig als Sinnbild des Friedens lässt sich auf das alte Symbol des Lebensbaumes zurückführen. So wird der «friedenkündende Ölzweig» auch bei den Griechen[641] und den Römern[642] erwähnt, ohne in einem Zusammenhang mit der Taube zu stehen. Die Noahtaube war nur die Botin, die den Ölzweig als Symbol des Friedens überbrachte. Erst später wurde die friedenbringende Eigenschaft des Ölzweiges auf die Taube selbst übertragen[643], und so wurde diese selbst zum eigenständigen Friedenssymbol.

In der Antike wurde die Taube an sich ebenfalls mit Frieden und Eintracht assoziiert. Ein Bild des Friedens und der Liebe in Verbindung mit der Taube findet sich bei Petronius (1. Jahrhundert n.Chr.):
Militis in galea nidum fecere columbae:
apparet Marti quam sit amica Venus.
[Tauben bauten ihr Nest im Helm des Soldaten:
es ist offensichtlich, wie sehr Venus mit Mars befreundet ist.] (Petronius, Fragment 49)

Mit diesem Vers spielt Petronius auf die bei Homer überlieferte Liebesszene zwischen Venus und Mars an; der Helm und die Taube waren ihre allgemein erkennbaren Attribute. Das Bild vom Taubenpärchen, das im Helm des Kriegers ihr Nest baut, ist ein Bild des Friedens und der Versöhnung. In diesem Sinne schreibt Properz:[644] «Amor ist Friedensgott: Wer liebt, ehrt Frieden.» Eine Silbermedaille auf den Frieden von Rastatt aus dem Jahre 1714 greift diesen Sinngehalt wieder auf. Sie stellt zwei Tauben dar, die im Helm ein Nest aus Ölzweigen bauen, in der Umschrift steht: «In galea martis nidum fecere columbae» (im Helm des Mars bauen die Tauben ihr Nest) (Abb. 157).

Auf einer Münze der römischen Kaiserin Faustina (130–176) erscheint die Taube in Verbindung mit dem Begriff Concordia (Eintracht), der wiederum mit

157

der Friedfertigkeit der Taube in Zusammenhang steht (Abb. 158).

Die Taube kündigt bei Noah das Ende des Regens an. Der Autor der biblischen Flutsage wusste wohl, dass Tauben nach dem damaligen Glauben das Ende des grossen Regens bestimmen oder zumindest anzeigen können. Die Noahgeschichte könnte deshalb zum archaischen Repertoire des Regenzaubers gehören[645]. Auch aus griechischer Überlieferung ist bekannt, dass die Taube mit dem Regenzauber in Verbindung gebracht wurde. Der älteste Kult in Dodona war ursprünglich mit Zeus als Wolkensammler und Regenspender verbunden. Die Taube spielte dabei eine wichtige Rolle[646]. Noch heute ist es in den Südstaaten der USA allgemeiner Volksglaube, dass eine klagende Taube Regen vorhersagt[647]. Bereits im 2. Jahrhundert wurde die Noahtaube

158

weitgehend mit der Heiliggeisttaube identifiziert. Der Kirchenvater Tertullian schreibt dazu:
Wie nämlich nach den Wasserfluten der Sündflut, wodurch die alte Ruchlosigkeit hinweggespült wurde, um mich so auszudrücken, nach einer Taufe der Welt – die Taube als ein Herold das Aufhören des göttlichen Zornes anzeigte, indem sie, aus der Arche entlassen, mit einem Ölzweig, der auch bei den Heiden als Friedenszeichen angesteckt wird, zurückkehrte – so lässt jener Herold, nun geistig geworden, nach dem gleichen Ratschluss, sich auch auf das

637 Haag 1991b
638 Pangritz 1963
639 Ovid, Metamorphosen 7, 368–370
640 Dittmar 1959, S. 25–31
641 Livius, L. XXIX, 16,6 und Polybius, Historiar. Lib. III, c. 52, 3 nach Sühling 1930, S. 217
642 Vergil, Georgica L. II, 425 und Aeneis VII, 153–155 nach Sühling 1930, S. 217
643 Sühling 1930, S. 217–222
644 Properz, Elegien 3, 5, 1: «Pacis Amor deus est, pacem veneramur amantes»
645 Dittmar 1959, S. 29–31
646 Lorentz 1886, S. 39
647 Funk & Wagnalls 1949
648 Horaz, Carm. 4, 4, 31f.
649 Seethaler 1961, vgl. den Begriff «anima candida» für einen reine, sündlose Seele.
650 Tertullian, De monogamia c. 8 nach Sühling 1930, S. 183
651 Tertullian, De baptismo c. 8 «animal simplicitatis et innocentiae» nach Sühling 1930, S. 187
652 Origines, In Luc. hom XXVII «avis innocens» nach Sühling 1930, S. 187
653 z.B. Zimen 1978

Erdreich, das ist auf unser Fleisch, nieder, wenn es, nach seinen früheren Sünden gereinigt, aus dem Taufbade heraussteigt, die Taube des Heiligen Geistes, welche den Frieden Gottes bringt, vom Himmel ausgesendet, wo die durch die Arche vorgebildete Kirche sich befindet.
(Tertullian, De Babtismo c. 8 nach Dittmar 1959, S. 86)

Die Taube wurde schon in der Antike als friedliches Tier betrachtet, das an Kampf und Streit keinen Gefallen hat. Horaz (85–8 v.Chr.) sagt z.B.: «Wilde Adler erzeugen keine friedlichen Tauben»[648]. Vor allem die christlichen Kirchenväter werteten die Taube als friedfertiges und sanftmütiges Tier, das keinem ein Leid zufügt. Der Physiologus sagt, dass die Taube auch dann nie grollt, wenn ihr Böses angetan wird:
Diese [die Taube], wenn sie ihrer Jungen beraubt werden, grollen nicht denen, die solches getan haben, sondern suchen sich wiederum eine andere Höhle, um dort zu nisten und sind auf eine andere junge Brut bedacht.
So ermahnt uns die Taube, dass wir gegen alle ohne Böses seien; und wenn man uns etwas nimmt, so sollen wir des nicht im Zorne gedenken noch störrisch sein, sondern mit Freuden hinnehmen, was immer uns widerfahre.
(Physiologus, Kap. 35)

Im 2. Jahrhundert erscheint auf frühchristlichen Grabinschriften die Taube mit dem Ölzweig auch als Symbol des himmlischen Friedens, in den die Seelen der Verstorbenen eingegangen sind (Abb. 159).

Das Missverständnis von der Friedfertigkeit

Es ist wohl eine Art volkstümlicher Pädagogik, die Menschen auf die guten Seiten in der «unvernünftigen» Tierwelt hinzuweisen und sie dadurch um so mehr zur Übung entsprechender sittlicher Betätigung anzuspornen. Im Christentum werden der Taube besonders viele gute Eigenschaften zugeordnet. Von entscheidender Bedeutung für die Kirchenväter und Kirchenschriftsteller war dabei Matthäus 10,16, wo Jesus sagt: «Seid daher klug wie die Schlangen und einfältig wie die Tauben». Dabei ist das Wort einfältig nicht unserem heutigen Sprachgebrauch entsprechend im Sinne von beschränkt oder dumm zu verstehen, sondern als «offen wie eine Falte, unversehrt und unverdorben, als etwas, das sich im ursprünglichen Zustand befindet»[649], Luther übersetzt «ohne Falsch». Tertullian erklärt die Aufforderung zur Einfalt der Taube, weil die Taube nicht nur ein unschuldiger, sondern auch keuscher Vogel ist, bei dem immer nur ein Männchen ein Weibchen nimmt[650]. Die Taube wird im frühen Christentum allgemein zum Inbegriff der Herzensunschuld im weitesten Sinne. Reinheit und Unschuld werden als Grundzug ihres Wesens betrachtet. So nennt Tertullian die Taube ein «einfältiges und unschuldiges Tier»[651] und Origines bezeichnet sie als «unschuldigen Vogel»[652]. Cyprian von Karthago stellt die Eigenschaften, die der Taube zugeschrieben werden, den Gläubigen als Vorbild hin. Dabei wertet er verschiedene Tiere in sehr vermenschlichender Weise willkürlich als gut und böse. Diese Beurteilung scheint aufgrund des Verhaltens dieser Tiere dem Menschen gegenüber

zustande zu kommen. Gerade die angeführten Wölfe und Hunde haben untereinander ein sehr differenziertes Sozialverhalten[653], das dem eines vorbildlichen Christen weit ähnlicher ist, als das einer Taube oder eines Schafes. Cyprian schreibt:
Diese Herzenseinfalt sollte man in der Kirche wahrnehmen, solche Liebe gilt es [auch hier] festzuhalten, auf dass die Brüderschaft in Zärtlichkeit die Tauben nachahme, an Sanftmut und Milde den Lämmern und Schafen gleichkomme. Was soll in einem christlichen Herzen die Wildheit der Wölfe, die Wut der Hunde, was das tödliche Gift der Schlangen und die blutdürstige Grausamkeit reissender Tiere? Beglückwünschen darf man sich, wenn solche Glieder aus der Kirche ausscheiden, damit sie nicht die Tauben, damit sie nicht die Schafe Christi durch ihre unheilvolle und giftige Berührung zu Falle bringen.
(Cyprian, De unitate ecclesiae c. 9 nach Sühling 1930, S. 99)

Es ist erstaunlich, dass Tauben unabhängig von der sie beschreibenden Kultur immer auch mit positiven menschlichen Tugenden wie Friedfertigkeit, Sanftmut und Liebe assoziiert wurden. Dieses Phänomen lässt sich wahrscheinlich auf eine archetypische biologische Konstellation zurückführen, die unabhängig von Volk und Zeit beim Menschen die selben Asso-

Abb. 159: Eine Taube mit dem Ölzweig symbolisiert den himmlischen Frieden mit Gott. Wie die Inschrift sagt, beklagt der Gatte Cyriacus das Hinscheiden seiner keuschen und züchtigen Frau Albana und wünscht ihr süssen Frieden und die verdiente Auferstehung. Seinen Friedenswunsch gibt die Taube mit dem Ölzweig wieder. Römische Grabinschrift aus dem 2. Jahrhundert.

160

Abb. 160: Buchdruckerzeichen des Johannes Froben aus Basel von Hans Holbein dem Jüngeren, das den Bibelspruch: «Seid klug wie die Schlangen und einfältig wie die Tauben», Matthäus 10,16 verbildlicht.

ziation und Interpretationen der Taube evoziert. Diese Beurteilung der Taube als besonders friedliebendes und sanftmütiges Tier ist falsch und beruht eher auf romantischen Vorstellungen als auf naturwissenschaftlichen Beobachtungen. Tauben sind im Gegenteil äusserst kämpferisch. Hahn schreibt zum Verhalten der Haustaube:

Und der Tauber zerstört doch oft die Brut, um die Taube für seine Zärtlichkeit wieder geneigt zu machen, und nur die Schwäche ihrer Waffen hindert blutige Kämpfe unter den übermässig verbuhlten, zanksüchtigen und futterneidischen Vögeln, wie es uns jeder Blick auf den Wirtschaftshof lehren kann.
(Hahn 1896)

Und auch Floericke kommt zu ähnlichen Schlussfolgerungen:

Das Lob der Sanftmut und Friedfertigkeit, welches man ihnen nach dem Vorgange der Bibel gewöhnlich singt, verdienen sie aber durchaus nicht, denn man wird bei wenigen gesellig lebenden Vögeln so viel Jähzorn, Gehässigkeit und Untreue finden wie bei ihnen. (Floericke 1905)

Untersuchungen an Strassentauben zeigten, dass z.B. ein Täuber während einer Lebensdauer von durchschnittlich 2,4 Jahren als Aggressor oder Opfer schätzungsweise in über 5000 Kämpfe verwickelt ist und beide Geschlechter während der gleichen Zeit über 42 000 mal aus einem fremden Brutterritorium verjagt werden oder ein anderes Tier aus dem eigenen verjagen[654]. Von einem friedfertigen Tier kann somit keine Rede sein. Das wusste schon Aristoteles, der im 4. Jahrhundert v.Chr. folgendes schrieb:

Das Tierchen ist streitbar, und sie spielen sich auch einmal einen Schabernack, indem sie in fremde Neste einbrechen, freilich selten. Auch wenn sie nämlich fern vom Nest unterlegen sind, kämpfen sie bei Neste selber bis aufs äusserste.
(Aristoteles, Tierkunde 613a, 8–11)

Taubennestlinge, die in ein fremdes Territorium geraten, werden vom Revierbesitzer manchmal solange mit dem Schnabel gehackt, bis sie sich nicht mehr bewegen oder sie werden sogar getötet[655]. Eine Erklärung für die häufigen aggressiven Interaktionen bei Tauben gibt Koenig:

Wehrlose Tiere bekämpfen hingegen Artgenossen viel rücksichtsloser und vehementer, weil die Verletzungsgefahr geringer ist. Tauben sind äusserst unangenehme Raufer, die den unterlegenen Rivalen, sofern er nicht zu flüchten vermag, so lange mit ihren einzelnen, wenig wirksamen Schnabelhieben traktieren, bis der primär bearbeitete Hinterkopf sowie auch die anschliessende Rückenpartie völlig skalpiert und blutverschmiert sind. Von einer Taube getötet zu werden, muss für ein wehrloses Tier furchtbar sein. Dabei verwickeln sich Tauben untereinander, auf engem Raum eingesperrt, immer wieder in kleine Streitigkeiten, bei denen der Sieger vom Besiegten nicht mehr ablässt. Adler und andere Greifvögel hingegen zählen zu den sozial friedlichsten Tieren. Man hält sie in Zoos meist in grösserer Anzahl beisammen, ohne dass sie einander verletzen.
Die Taube ist demnach das ungünstigste und gleichzeitig unsicherste Symbol für Frieden, der Adler

wiederum das unpassendste für den Krieg. Passend allerdings handelten die tierzüchterisch so hochbegabten, hervorragend gut beobachtenden Japaner: sie weihten die Tauben ihrem Kriegsgott als Attribut.
(Koenig 1971, S. 114)

Die Taube als christliches Tugendvorbild

Dass sich die Taube trotz ihrer Kampfeslust und ausgeprägten Aggressivität zum Symbol des Friedens durchsetzen konnte, dürfte vor allem mit ihrem Aussehen und ihrem Verhalten gegenüber dem Menschen zusammenhängen, Faktoren, die für ihre Domestikation verantwortlich waren.

Die Taube gilt als sanft und gut
weil sie dem Menschenkind nichts tut.
Doch möchte ich die Frage
mir erlauben:
… Wie wohl verhält die
Taube sich zu Tauben?
(Mascha Kaléko)

Wie obenstehendes Gedicht aussagt, sind Tauben dem Menschen gegenüber völlig wehrlos. Hält man eine Taube in der Hand, versucht sie sich durch ruckartige Bewegungen zu befreien. Niemals aber würde eine Taube ihre Krallen oder ihren Schnabel als Waffe einsetzen. Gelege und Nestlinge werden von bestimmten Individuen mit für den Menschen völlig harmlosen Flügelhieben verteidigt. Auf die Wehrlosigkeit der Taube gegenüber ihren Feinden beziehen sich Sprichwörter wie «Fliegt die Taube zu weit ins Feld, zuletzt der Habicht sie behält!» oder «Wer sich zur Taube macht, den fressen die Falken»[656]. Es sind hier wiederum Naturbeobachtungen, die vom Menschen in seine eigene Vorstellungswelt übernommen werden. Die Beobachtungen von Greifvögeln, die Tauben jagen, sowie deren Wehrlosigkeit diesen Feinden gegenüber und ihr faszinierender Flug werden hier mit menschlichen Bewertungen versehen und dienen als Gleichnis für menschliche Eigenschaften.

Neben der Wehrlosigkeit gegenüber dem Menschen ist es vor allem das ausgeprägte «Kindchenschema», das die Wirkung der Tauben auf den Menschen bestimmt. So verstärkt z.B. ein Kind mit einer Taube (oder einem Teddybären) im Arm zusätzlich die aggressionsbeschwichtigenden Signale, die vom Kind ohnehin schon ausgehen. In der ganzen Kunst des Altertums wurden Vögel nur in Verbindung mit

Abb. 161: Auf einem altsyrischen Siegelabdruck aus Alalach vom Ende des 18. Jahrhunderts v.Chr. ist die vorderasiatische Liebesgöttin Ischtar in ihren kriegerischen und friedfertigen Eigenschaften dargestellt. In der Hand hält sie eine siebenfache Keule, als beschwichtigendes Element sitzen eine Taube auf ihren Schultern und eine auf dem ägyptischen Lebenszeichen.

161

Kindern und Frauen, nie mit einem Mann bildlich dargestellt[657]. In der Sepulkralkunst des christlichen Altertums werden auf Kindersarkophagen gerne Kinder mit einer Taube in der Hand dargestellt. Vielleicht soll die Taube hier als besänftigendes Signal in die Ewigkeit hinein gegenüber den Mächten des Jenseits wirken.

Ein weiteres Beispiel für die aggressionsbeschwichtigende Wirkung der Taube ist rund 2000 Jahre älter und soll zeigen, wie generell und archetypisch die Gestalt der Taube wirkt. Auf einem assyrischen Siegelabdruck aus Alalach vom Ende des 18. Jahrhunderts v.Chr. ist die vorderasiatische Liebesgöttin Ischtar dargestellt (Abb. 161). Die Göttin erscheint mit dem Zylinderhut; ihr gegenüber steht grüssend der Herrscher im ovalen Kopfschmuck. In der Hand hält sie als Mordinstrument eine siebenfache Keule, was ihren kriegerischen Charakter unterstreicht. Auf den Schultern der Göttin sowie auf dem obersten der hinter dem Herrscher sich auftürmenden ägyptischen Lebenszeichen sitzt eine Taube. Winter schreibt zu dieser Darstellung: «Man braucht dabei nicht direkt an die ‹Friedenstaube› zu denken und die Göttin hier mit ‹Peitsche und Zuckerbrot› operieren zu lassen. Der Vogel verkörpert am ehesten das Botentier der Göttin. Die Natur des Tieres mildert aber trotz allem den kriegerischen Aspekt der Göttin»[658].

Zum Bild der friedfertigen Taube trug zusätzlich bei, dass man in der Antike fälschlicherweise glaubte, die Tauben besässen keine Galle, die als Sitz des Hasses und Neides angesehen wurde. Nach dem Volksglauben platzte der Taube die Gallenblase vor Gram, als der Heiland am Kreuz hing[659]. Tauben besitzen zwar keine Gallenblase, produzieren aber Gallenflüssigkeit, die durch zwei Ausführgänge in den Zwölffingerdarm münden. Diese morphologische Situation hat vor allem in der Küche gewisse Vorteile. Beim Ausnehmen der Tauben braucht man nicht so aufzupassen, da das Fleisch nicht durch austretende Gallenflüssigkeit aus der Gallenblase bitter werden kann. Auch die alten Juden glaubten, die Taube hätten keine Galle[660]. Der Kirchenvater Tertullian[661] und andere[662] sprechen von der Taube als dem «animal […] innocentiae, quod etiam corporaliter ipso felle careat columba» (das Tier der Unschuld, denn sogar was den Körper betrifft, fehlt der Taube die Galle). Die Galle ist ein Sinnbild der Sünde und des Bösen. Demzufolge wäre die Taube also frei von Bosheit und Sünde, und sie hasste deshalb das Böse. Aber Aristoteles[663] wusste im 4. Jahrhundert v.Chr. schon, dass Tauben Gallenflüssigkeit produzieren und Galenus[664] spottete über die von den Christen und Juden geglaubte Gallenlosigkeit der Taube. Besonders auf frühchristlichen Grabinschriften (Epitaphen) wurden Tauben mit Benennungen wie «unschuldigste», «von höchster Schamhaftigkeit», «süss und unschuldig» und «ohne Galle» dargestellt[665].

Selbst in späterer Zeit glaubte man noch an die Gallenlosigkeit der Taube. Der St. Galler Mönch Ekkehard bat bei den Tischgebeten den Heiligen Geist, sein Tier die «Taube ohne Galle» für das Verspeisen zu segnen[666]. Walther von der Vogelweide[667] preist Irene, Tochter des Kaisers zu Byzanz und Gattin des Stauferkönigs Philipp von Schwaben als «rôs âne

dorn, ein tûbe sonder gallen» und überträgt dabei die Marientopik[668] auf Irene. Shakespeare[669] schreibt im Jahre 1604: «Ich hege Taubenmut, mir fehlts an Galle, die bitter macht den Druck». Nach Gattiker[670] glaubt man in Frankreich heute noch an die Gallenlosigkeit der Taube. Das Missverständnis von der Friedfertigkeit der Taube hat Günter Grass in seiner «Blechtrommel» deutlich thematisiert:

Der Ausdruck Friedenstaube will mir nur als Paradox stimmen. Eher würde ich einem Habicht oder Aasgeier eine Friedensbotschaft anvertrauen als der Taube, der streitsüchtigsten Mieterin unter dem Himmel. (Günter Grass, Die Blechtrommel 1959)

Der schlechte Rabe – die gute Taube

Der Rabe gilt schon im Judentum als Sinnbild der Ausschweifung und Unreinheit[671] und auch bei Aelian hat der Rabe einen schlechten Ruf. Er erzählt, wenn der Rabe alt werde und seine Jungen nicht mehr füttern könne, gebe er sich selber als Speise hin und werde von seinen Jungen gefressen. Deshalb lautet ein griechisches Sprichwort: «Von einem schlechten Raben ein schlechtes Ei»[672]. Auch bei Juvenal wird der böse Rabe der guten Taube gegenübergestellt[673]. In der Antike galt der Rabe als ausgesprochener Dieb des Opferfleisches. In den heiligen Hainen sollen viele Raben vom Fleisch gelebt haben, das sie von den Altären raubten und auf den Bäumen verzehrten. Deshalb galten sie als gottlose Tiere und Schänder der geweihten Stätten[674]. Diese alten Anschauungen lebten auch im Christentum weiter und wurden noch mehr ausgedeutet. Der Rabe wurde zum Prinzip des Bösen[675] und damit zum Gegenteil der Taube. Er ist das Symbol der Abgefallenen, Irrlehrer, Ungläubigen, der Sünder und sogar der Sünde selbst. Der Rabe wird zum Feind der Taube, was auch mit dem realen Leben übereinstimmt (Abb. 162). Raben gelten allgemein als gefährliche Nestplünderer und Taubenzüchter bauen deshalb «rabensichere» Einflüge.

Auf der Shiraz-Kolonie in Sansibar erzählen sich die Nachkommen der immigrierten Perser, wie der Rabe zu seinem Ruf kam: Als die Arche auf Grund lief, sandte Noah einen Raben aus, um das Land auszuspähen. Der Rabe aber verhielt sich ausserordentlich ungehörig, indem er von den herumschwimmenden Leichen frass. Als er übersättigt zur Arche zurückkam, wurde ihm schlecht und er musste sich erbrechen. Als Noah dies sah, wurde er sehr wütend und verfluchte den Raben und bestrafte ihn für sein verabscheuenswürdiges Verhalten. Er befahl, dass sein Ruf für immer so tönen solle, wie das Geräusch, als er sich erbrechen musste[676]. Auch die Erscheinung der Taube steht im Volksglauben mit der Sintflut in Zusammenhang. Im polnischen Volksglauben heisst es, dass sich die Taube Noahs zuerst auf eine Eiche setzte und sich dabei mit dem vom Blut der untergegangenen Menschen rot gefärbten Wasser besudelte. Deshalb hätten Tauben auch heute noch rote Füsse[677]. Eine andere Geschichte erzählt, dass die Taube des Noah fortflog, ohne sich aufzuhalten. Während des Fluges aber streiften ihre Füsse das Wasser. Dieses Wasser war bitter und salzig und verbrannte die Füsse der Taube. Die Haut fiel ab und

Abb. 162: Im Christentum ist der Rabe das Sinnbild des Bösen und wird deshalb zum Feind der Taube. Diese Feindschaft stimmt mit dem realen Leben überein. Rabenkrähen dringen in Taubenschläge ein, erbeuten Nestlinge und töten gelegentlich durch Krankheit geschwächte adulte Tauben. Präparat eines Schädels einer Strassentaube, die von Rabenkrähen zu Tode gehackt wurde (Hackwunde rot markiert).

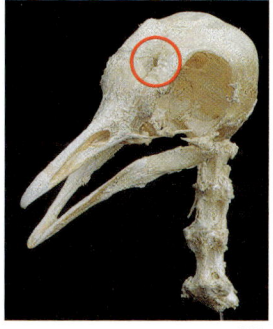

162

119

[654] Haag 1990a
[655] Haag-Wackernagel 1994b
[656] Dittmar 1959, S. 19
[657] Sühling 1930, S. 297–298
[658] Winter 1983, S. 222
[659] Knoop 1905 nach Gattiker 1989
[660] Jore Dea §42,8 nach Lewisohn, S. 671, S. 671, 1858
[661] Tertullian, De Baptismo 8, S. 160–220 nach Sühling 1930, S. 188
[662] z.B. Cyprian, Sedulius, Cassiodor
[663] Aristoteles, Tierkunde 506b 17–24
[664] Galenus 54, II
[665] Sühling 1930, S. 190
[666] Reinhardt 1912
[667] Walther von der Vogelweide 19, 13
[668] Maria zugeschriebene Attribute
[669] Shakespeare, Hamlet, II. Akt
[670] Gattiker 1986
[671] Lewysohn, S. 660, 1858
[672] Aelian, Tierkunde 3, 43
[673] «Die Sittenwacht verzeiht den Raben, peinigt die Tauben» Juvenal, Satiren 2, 63
[674] Keller 1963, S. 93
[675] Ps. Cyprian, Ad Novatian. c. 2 nach Sühling 1930, S. 20
[676] Hornell 1946
[677] Dähnhardt O., Natursagen, Leipzig 1907–1912, Band I, nach Gattiker 1989

die Federn wuchsen nicht mehr nach. Tauben, die
rote Füsse ohne Federn haben, gelten heute noch
als Nachkommen jener Taube, die Noah fliegen liess.

Die Taube zwischen Krieg und Frieden

Im frühen Christentum galt die Taube als Symbol
des Friedens zwischen Gott und den Menschen und
nicht des politischen Friedens zwischen den Völkern.
In der Renaissance und im Barock wurden abstrakte
Begriffe wie Tugend, Hass, Gerechtigkeit personifi-
ziert und allegorisch dargestellt. Der politische Frieden wurde als Frau mit Ölzweig und Fackel (zum
Verbrennen der Waffen) und nicht als Taube mit dem
Ölzweig dargestellt[678].
Die Herkunft der Taube als Symbol des politischen
Friedens geht auf das 14. Jahrhundert zurück. Der
Berner Dominikanerpater Ulrich Boner beschreibt in
der um 1350 verfassten Fabel «Von bösen Vögeln»
das Volk der Tauben, das sich einen Schutzherrn
sucht und den Geier wählt, der dann alle Tauben
auffrisst. Das Thema lässt sich auf eine Fabel von
Phaedrus zurückführen[679]. Bei Lorenzo Astemio[680],
dessen Fabelsammlung La Fontaine als Quelle für
seine Fabel «Die Geier und die Tauben» verwendete,
erscheinen die Tauben erstmals als Friedensstifter
(Abb. 164).

Der Geier und die Tauben
Mars stiftet' Aufruhr einst in Lüften droben.
Ein Streit hat bei den Vögeln sich erhoben
(bei denen nicht, die uns der Frühling bringt
und deren Beispiel unterm Blätterdache
sowie der Sang, der ihrer Kehl' entklingt,
bewirkt, dass Venus neu in uns erwache;
noch die an ihren Wagen spannt als Paar
Amors Gebärerin): der Geier Schar
mit krummen Schnäbeln und mit scharfen Krallen
war um 'nen toten Hund in Streit verfallen.
Es regnet' Blut – ich übertreibe nicht;
wollt' Zug um Zug ich alles im Gedicht
schildern, möcht' wohl der Atem mir vergehen.
Manch Heldenhaupt erlitt den blut'gen Tod;
geschmiedet an den Fels, hofft seiner Not
Prometheus jetzt ein Ende bald zu sehen.
Es war 'ne Lust, das Ringen anzuschaun;
ein Jammer war's, zu sehn das Todesgrau'n.
Mit Kraft, Gewandtheit, List und Kriegeskniffen
ward hier gekämpft. Von grimmer Wut ergriffen,
haben die beiden Heere nichts gespart,
Bevölkerung zu schaffen für die Lüfte,
welche die Schatten atmen; dicht geschart
erfüllten sie das öde Reich der Grüfte.
Des Streites blinde Wut rief allgemach
das Mitleid eines andern Volkes wach
mit buntem Hals und zärtlich treuem Herzen,
durch seine Mittlerschaft dem Ungemach
ein Ziel zu setzen und des Kampfes Schmerzen.
Gesandte schickt das Volk der Tauben nach
dem Feld, die trefflich ihre Sache machten:
die Geier hörten auf, sich abzuschlachten;
sie schlossen Waffenstillstand, Frieden dann –
doch weh, zum Schaden der Unschuldsvollen,
denen sie dankbar hätten huld'gen sollen.
Unter den guten Tauben nun begann
das Räuberpack, ein Blutbad anzurichten;
es rottete sie aus in Stadt und Land.

163

Die Ärmsten zeigten nicht sehr viel Verstand,
eines so wilden Volkes Zwist zu schlichten.
Die Bösen trenne; das nur ist imstand,
zur Sicherheit der übrigen zu dienen.
Zwietracht sä' unter sie, da sonst mit ihnen
sich nie und nirgend Friede halten lässt.
Dies nur beiläufig; Schweigen ist der Rest.
(La Fontaine, Fabel Nr. 8)

Dieses auf Astemio zurückgehende Thema wurde
später von Kirchhof (1525–1602) so abgewandelt,
dass die Tauben als Friedensstifter dem Krieg in der
Vogelwelt ein Ende machen wollten. Durch diese
Fabeln wurde die Taube zum Symbol des Friedens-
stifters. Nach und nach taucht die Taube in allegorischen Darstellungen auch als Symbol des politischen Friedens auf[681].
Die Entwicklung der Noahtaube zum Sinnbild des
politischen Friedens lässt sich aufgrund von Medail-
len und Münzen aufzeigen, die bis in römische Zeit
zurückgehen[682]. Während und nach dem Dreissigjährigen Krieg, der von 1618–1648 dauerte, wurden
Friedensmünzen und Friedenswunschmedaillen geprägt. Auf einer Medaille aus dem Jahre 1628 steht
Pax mit einem Schwert in der Rechten und einem
Lorbeerzweig in der Linken, zu Füssen ein Pelikan
mit Jungen[683]. In der Umschrift steht: «Gott gebe
Fried – im gantzen Land: Erhalte Lehr: Wehr: – und
Nehrstand», die Taube steht hier noch für den Heiligen Geist (Abb. 165). Eine Gedenkmünze der Stadt
Regensburg, die zur Erinnerung an das Friedensdankfest der Stadt im Jahre 1649 geprägt wurde,
zeigt über dem Stadtwappen die Arche mit dem Regenbogen als Symbol für das Ende der Sintflut, die
hier für den Dreissigjährigen Krieges steht, und darüber die Taube mit dem Ölzweig als Symbol für den
Frieden (Abb. 166). Im Spruchband steht: «Sancta
columba orbi conserua munera pacis» (Heilige Taube,
bewahre die Werke des Friedens für die Erde). Die
Taube wird so angesprochen, wie man zum Heiligen

164

121

Abb. 164: Als die Geier in Streit geraten sind, stiften die Tauben Frieden und werden zum Schluss aus Undank von den Geiern ausgerottet. Die Taube als Symbol des politischen Friedens könnte ihre Wurzeln in dieser Fabel haben; Illustration von Gustave Doré.

Geist betet. Die Taube mit dem Ölzweig als Symbol für den politischen Frieden konnte sich auch später als festes Symbol halten, wie eine Münze auf den Entsatz von Augsburg aus dem Jahre 1704 zeigt (Abb. 167). Der Begriff der politischen Friedenstaube erscheint erstmals im Jahre 1777 beim Schriftsteller Christian Felix Weisse:
Süsse, liebe Friedenstaube
die du schnell den Ölzweig bringst,
wenn du, vor des Geiers Raube
frei, den kleinen Fittich schwingst.
(C. F. Weisse 1777 nach Dittmar 1959, S. 101)

Seit dem Dreissigjährigen Krieg konnte sich die Taube als Symbol des politischen Friedens etablieren und wurde häufig abgebildet. In Verbindung mit Waffen ist wohl immer der politische Friede zwischen den Menschen gemeint, wie eine Postkarte aus der Zeit um 1920 nahelegt (Abb. 168). Vor allem in Kriegszeiten ist die Friedenssehnsucht gross und statt Worten symbolisiert die Taube den Frieden (Abb. 169).

[678] Dittmar 1959, S. 85–94
[679] Phaedrus, Fabel I, 31
[680] Lorenzo Astemio, mit anderem Namen Lorenzo Bevilacqua aus Macerata (ca. 1435/40–1505/8) war ein humanistischer Philologe und Lehrer für Grammatik und Rhetorik, der das «Hecamythium», eine Fabelsammlung verfasste.
[681] Dittmar 1959, S. 85–94
[682] z.B. Friedensmünze aus der Zeit des Kaisers Augustus mit Göttin, Altar mit Flamme und Kranz aus Ölzweigen, Dittmar 1959, S. 91
[683] Seit der Antike ist der Pelikan das Symbol der Mutterliebe, im Christentum steht er für den Kreuzestod Christi.

Abb. 165: Auf einer Friedenswunsch-medaille aus dem Dreissigjährigen Krieg symbolisiert Pax den Frieden, die Taube steht hier für den Heiligen Geist.

Abb. 166: Eine Gedenkmünze zur Erinnerung an das Friedensdankfest aus dem Jahre 1649 zeigt die Arche mit dem Regenbogen, die das Ende des Krieges symbolisiert, darüber die Taube mit dem Ölzweig als Symbol des Friedens. Die Symbolik des göttlichen Friedens mit den Menschen wird hier zum Symbol des Friedens der Menschen untereinander.

Abb. 167: Auch später symbolisiert die Noahtaube mit dem Ölzweig den politischen Frieden, wie diese Medaille aus dem Jahre 1704 zeigt, die anlässlich des Entsatzes der Stadt Augsburg geprägt wurde.

165

166

Die weisse Taube wurde im Jahre 1849 durch Pastor Theodor Fliedner auch zum Symbol der evangelischen Diakonissen bestimmt, die sich der Kranken-, Armen-, Gefangenen- und Kinderpflege verschrieben haben. In der Folge erhielten die Diakonissen, die sich selbstlos für benachteiligte Menschen einsetzten, den Ehrennamen «Tauben von Kaiserswerth». Die Diakonisse sollte eine Taube Christi sein, eine mit Heiligem Geist gesalbte Friedensbotin des Herrn für die Menschen in der Not wie die Taube in der Sintflut für Noah. Die Schwestern sollten ebenso schnell sein wie die Tauben, ebenso sanftmütig und ebenso friedfertig[684] (Abb. 171).
Vermutlich leitet sich das eher selten verwendete Bild der Taube als Symbol der Freiheit von der Friedenstaube ab. Die portugiesische 5000-Escudo-Note symbolisiert durch die gefesselten Hände das geknechtete Volk, die Taube steht als Symbol der Freiheit (Abb. 170).

167

Abb. 168: Die Taube in Verbindung mit Waffen konnotiert den Frieden oder den Friedenswunsch, wie diese Postkarte aus den 1920er Jahren zeigt. Auf der Rückseite steht: «Der ewige Friede. Sie werden den Krieg nicht mehr lernen» und «in terra pax» (Frieden auf Erden).

122

[684] Dittmar 1959, S. 102–105

168

169

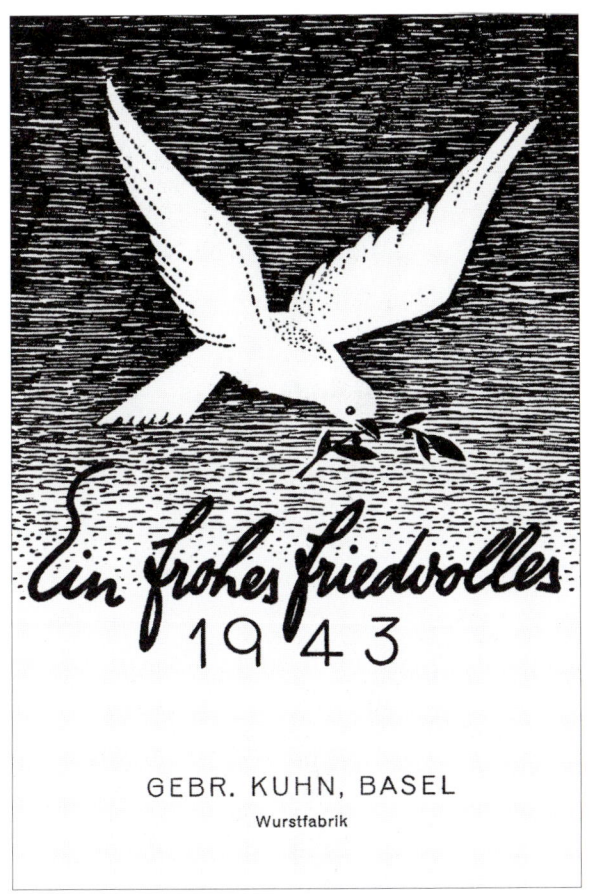

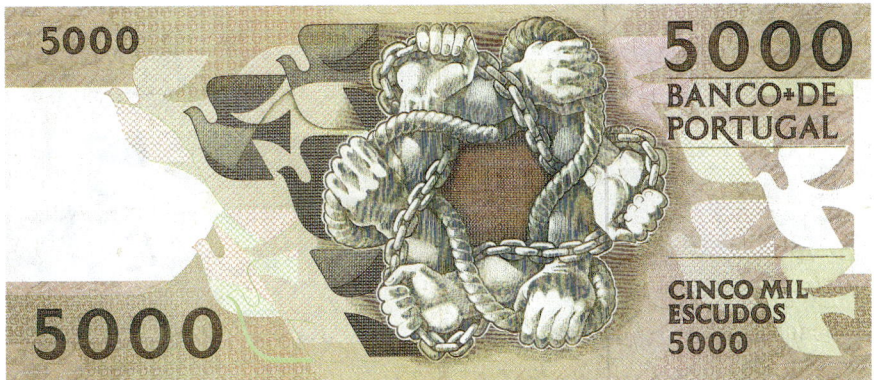

Abb.169: Vor allem in Kriegszeiten symbolisiert die Taube mit dem Ölzweig die Sehnsucht nach dem Frieden.

170

Abb. 170: Die Taube steht auch als Symbol für die Freiheit. Die portugiesische 5000-Escudo-Banknote symbolisiert durch die gefesselten Hände das geknechtete Volk, durch die fliegenden Tauben die Freiheit oder den Wunsch danach.

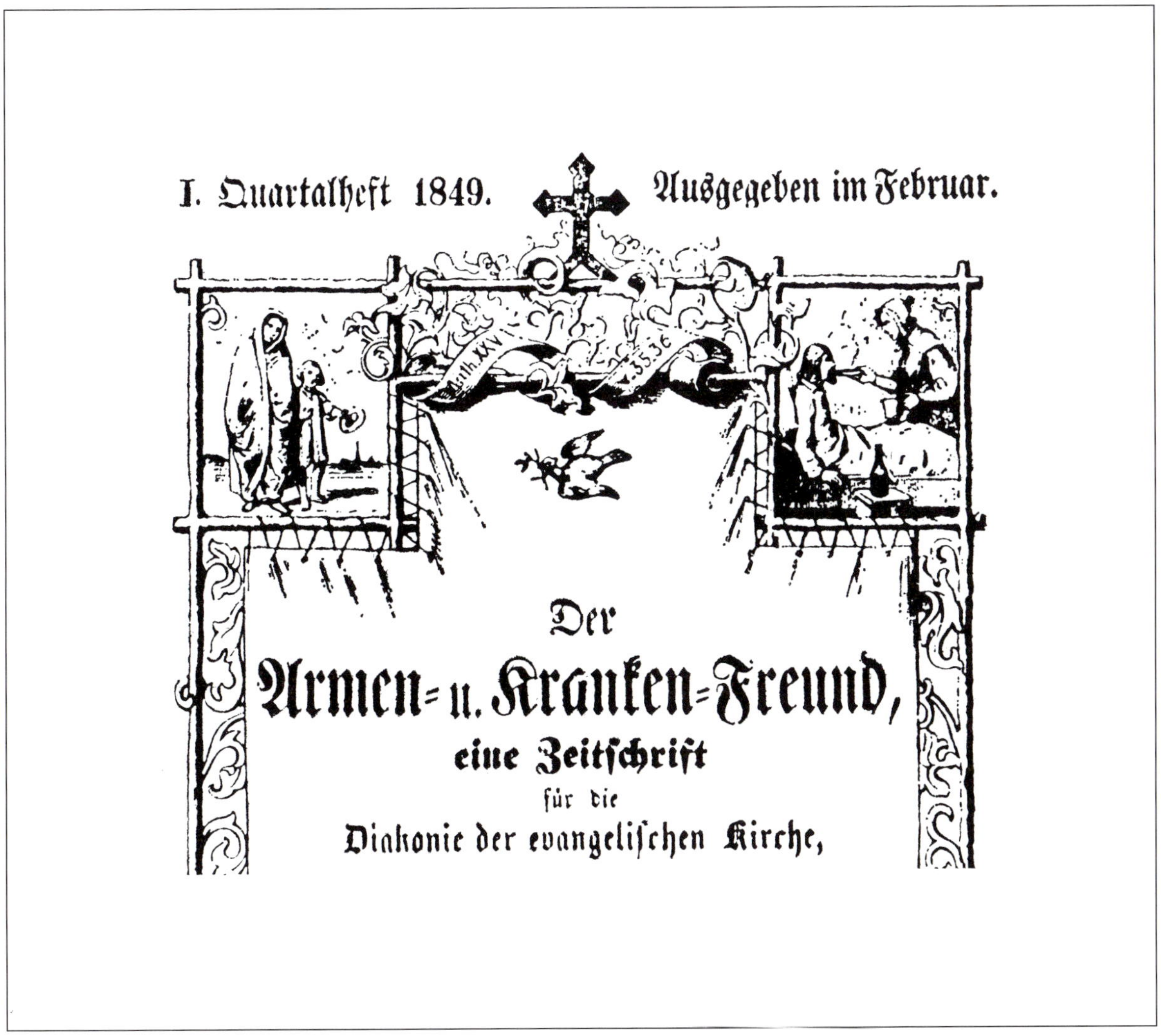
I. Quartalheft 1849. Ausgegeben im Februar.

Der

Armen- u. Kranken-Freund,

eine Zeitschrift

für die

Diakonie der evangelischen Kirche,

171

Abb. 171: Die weisse Taube wurde 1849 zum Symbol der evangelischen Diakonissen, die so schnell, sanftmütig und friedfertig sein sollen wie die Taube.

Abb. 172: Picasso verwendete die Taube in seiner Kunst auch als archaisches Symbol der erotischen Liebe, wie die am 29. 6. 1946 entstandenen kopulierenden Tauben zeigen.

Die kommunistische Friedenstaube

Am 1. Mai 1957 marschierten in Ost-Berlin Kolonnen junger Menschen und sangen:
Seht ihr die Taube fliegen,
sie fliegt den Himmel an.
Hoch ist sie aufgestiegen.
Wer wollte sie besiegen,
die man nicht töten kann.
Wie stark sind ihre Schwingen,
ihr Flügelmass wie weit.
Kein Sturm kann sie bezwingen.
Kein Blitz kann es durchdringen,
ihr weisses Federkleid.
(Max Zimmering und Johannes Paul Thilman nach
Dittmar 1959, S. 109–110)

Abb. 173: Picassos «Kind mit Taube» strahlt eine liebevolle und zärtliche Stimmung zwischen dem Mädchen und der weissen Taube aus.

Die Taube, die die jungen Leute in ihrem Lied meinten, war die weisse Taube der kommunistischen «Weltfriedensbewegung», deren propagandistisches Symbol auf Pablo Picasso zurückgeht. Picasso war ein grosser Taubenfreund, und schon seit seiner frühesten Jugend zeichnete er mit grosser Begeiste-

172

rung Tauben (siehe Abb. 232). Seine Begeisterung für Tauben hatte er von seinem Vater José Ruiz Blasco übernommen, der ein guter Taubenmaler war[685]. Dieser gab die Malerei aber auf, als er das Talent seines Sohnes Pablo erkannte[686]. Jaime Sabartés berichtet, er habe Picasso oft erzählen hören, welch unauslöschlichen Eindruck die Taubenbilder seines Vaters auf ihn gemacht hätten: «... seine Spezialität waren die Vögel und die Blumen. Vor allem die Tauben und der Flieder ... stelle dir einen Käfig mit Hunderten von Tauben vor, mit Tausenden von Tauben, mit Millionen von Tauben»[687]. Im Werk Picassos nahm die Taube eine hervorragende Stellung ein. Sein berühmtestes und erstes Taubenbild nach den Knabenzeichnungen ist das 1901 entstandene Werk aus der blauen Periode «Kind mit Taube», das eine ausserordentlich zärtliche und friedliche Stimmung zwischen der weissen Taube und dem Mädchen ausstrahlt (Abb. 173). Picasso setzte die Taube nicht nur als Spieltier ein, sondern auch als archaisches Symbol der erotischen Liebe, wie ein Bild aus dem Jahre 1946 zeigt (Abb. 172).

Seine jeweilige Geliebte stellte Picasso bezeichnenderweise mit einer Taube dar[688]. In seiner Villa La Californie in Cannes unterhielt er im obersten Stock auf dem Balkon einen kleinen Taubenschlag, den er im September 1957 in einer Reihe von Bildern festgehalten hat[689]. Fotos von David Douglas aus den Jahren 1956 und 1959 zeigen ein buntes Gemisch verschiedenster Rassetauben, die sich auch in den Wohnräumen aufhalten konnten[690].
Wahrscheinlich war der Schöpfer der «kommunistischen Friedenstaube» nicht Picasso selbst, sondern sein Freund Louis Aragon, der «Kulturpapst» der kommunistischen Partei Frankreichs. Im April 1949 fand der erste grosse kommunistische Weltfriedenskongress statt. Anscheinend war es Aragon, der eine Lithographie Picassos mit einer weissen Rassetaube mit befiederten Beinen und Füssen sowie einer Haube als Propagandazeichen auswählte (Abb. 174). Wahrscheinlich konnte Picasso nur diese eher ungeeignete Rassetaube als Friedenstaube anbieten. Diese Taube erschien dann auf dem Plakat des «Congrès de la paix» an allen Anschlagwänden von Paris. Sie war die erste Friedenstaube der kommunistischen Weltfriedensbewegung. Später stellte Picasso seine Friedenstaube mit einem Ölzweig dar (Abb. 175). Danach blieb die Friedenstaube Symbol für den kommunistischen Frieden.

173

Laut Pangritz (1963) prangte die Friedenstaube nach der Zeichnung Picassos in Ostdeutschland an den Fenstern der öffentlichen Gebäude, der Schulen und Rathäuser, in Schaufenstern und an Anschlagsäulen und wurde so zu einem zentralen ikonographischen Thema des Kommunismus.

Falkentaube
Gestern habe ich
Eine russische Friedenstaube
Beobachtet.
Hatte Ihren Ölzweig
Aus dem Schnabel verloren.
Konnte nicht mehr fliegen,
Weil rundum
Mit Panzern und Raketen
Behängt.
Statt zu gurren,
Krähte sie einen
Angeblichen Hilferuf
(Bernhard Katsch nach Hoffmann 1982, S. 100)

Die kommunistische Friedenstaube breitete sich im ganzen sozialistischen Raum aus und wurde sogar in China von der dortigen kommunistischen Partei übernommen (Abb. 178). Auf diese Weise gelangte das uralte christliche Symbol des Friedens in den

Dienst des Weltkommunismus und damit des erklärten Atheismus. So wie die Taube einst als Symbol der Liebe von Mesopotamien aus die ganze Welt eroberte, tat sie dies als Symbol für die politische Idee der kommunistischen Weltfriedensbewegung – ein unvergleichlicher Siegeszug! (Abb. 177)

CONGRÈS MONDIAL
DES PARTISANS DE LA PAIX

PARIS les 20, 21, 22, 23 AVRIL — SALLE PLEYEL

174

Abb. 174: Die kommunistische Friedenstaube geht auf Picasso zurück, der Louis Aragon für den Friedenskongress 1949 eine Lithographie einer Rassetaube mit Haube sowie befiederten Beinen und Füssen zur Verfügung stellte.

Abb. 175: Später versah Picasso seine Friedenstaube mit einem Ölzweig, wodurch sie wieder dem christlichen Friedenssymbol angeglichen wurde.

125

175

[685] siehe z.B. sein Bild «Taubenschlag» aus dem Jahre 1878 in Warncke 1993, S. 684
[686] Warncke 1993, S. 684
[687] Sabartés 1946 nach Dittmar 1959, S. 115
[688] Dittmar 1959, S. 117
[689] Warncke 1993, S. 607
[690] Ausstellung in der Picasso-Sammlung Luzern, Donation Rosengart 1996

Abb. 176: Triumph der Taube, Skizze von Pablo Picasso, 1950.

Abb. 177: Maidemonstration 1959 in Ostberlin, die kommunistische Friedenstaube als politisches Symbol neben Panzern.

178

Abb. 178: Die Taube breitete sich im ganzen sozialistischen Raum als Symbol des Friedens aus, wie diese chinesische Friedenstaube zeigt.

126

Abb. 179: In einer üppigen Vielfalt leben die antiken Symbolbedeutungen der Liebesgöttin seit der Renaissance wieder auf. Venus hält einen Rosenkranz über den Altar der Liebe, auf dem zwei brennende, vom Amorpfeil durchschossene Herzen liegen, ein zweiter Kranz liegt auf ihrem Oberschenkel. Ihr Sohn Amor hält als Symbol der erotischen Liebe zwei Tauben an einer Leine, sein Bogen mit den Liebespfeilen liegt am Boden, daneben ein Hündchen als Symbol der Treue; französische Elfenbeinminiatur, um 1780.

Abb. 180: Im Bild des Renaissancemalers Carpaccio sind hinter den beiden Kurtisanen zwei Lachtauben als erotische Symbole dargestellt.

176

177

Die Rückkehr der Taubengöttin

In der Renaissance wurde die Antike mit all ihren Symbolen und verschlüsselten Bedeutungen wiederentdeckt, die sich z.T. bis in unsere heutige Zeit erhalten haben (Abb. 179). Mit der breiten Rezeption der antiken Mythologie und ihrer allegorischen Deutung, die neben den christlichen Themen seit dem 15. Jahrhundert zum bedeutendsten humanistischen Bildungsgut avancierte, lebte das antike Bildrepertoire der Aphrodite-Venus in der abendländischen Kunst wieder auf, vor allem im Kontext der höfischen Kunst[691]. In einem Gemälde von Angelo Bronzino, einem Maler des Manierismus[692], ist Venus mit ihrem Sohn und Liebhaber Cupido dargestellt. Das Taubenpaar links unten nimmt das Thema der erotischen Liebe der Hauptfiguren auf (Abb. 181). In ihren Darstellungen treten auch die alten Attribute der Liebesgöttin wieder auf: der Sternenkranz, das volle fliessende Haar, der herabgeglittene und wehende Schleier, Heckenrosen und geöffnete Lilienkelche, die die Vulva symbolisieren, und nicht zuletzt die schnäbelnden weissen Tauben als Symbol der

körperlichen Vereinigung[693]. Neben ihrer unverminderten Bedeutung als kirchliches Symbol blühte auch die Urbedeutung der Taube als heiliges Tier der Liebesgöttin wieder auf. Die Maler der Renaissance griffen mit Freuden das Thema der Venus mit dem Taubenwagen auf, das sich bis auf das 2. Jahrhundert nach Christus zurückverfolgen lässt.

So liess sie [die Venus] sich, um gen Himmel zu fahren, den güldenen Wagen schirren, ein Hochzeitsgeschenk Vulkans von feinster Arbeit und kostbarer Politur. Aus der grossen Schar der Tauben, die um das Schlafgemach der Herrin nisteten, kamen vier weisse herstolziert und spannten sich, die gesprenkelten Hälse hin und her drehend, willig an den edelsteinbesetzten Wagen. Als die Herrin eingestiegen, flogen sie froh in die Lüfte.
(Apuleius, Metamorphosen 6, 6, Amor und Psyche)

179

180

181

127

Vor allem dort, wo der sprachliche Ausdruck verpönt oder unanständig ist, sucht sich der Mensch in sprachlichen und bildlichen Symbolen auszudrücken. So finden wir die alte Bedeutung der Taube als Attribut und Botin der Liebesgöttin im Zusammenhang mit der menschlichen Sexualität, während dasselbe Bild zur gleichen Zeit eine christliche Bedeutung trägt. Zwei weisse schnäbelnde Tauben im Nest sind einerseits das Symbol der christlichen keuschen Ehe[694], andererseits sind sie die Attribute der Venus und wurden z.B. in Süddeutschland im 18. Jahrhundert als Bordellzeichen verwendet (Abb. 182)[695]. Die letztere Verwendung des Symbols der schnäbelnden Taube entspricht ihrem natürlichen Verhalten, da der Kopulation normalerweise das zum Liebesvorspiel gehörende Schnäbeln vorangeht[696].

Im Bild «Die zwei Kurtisanen» des Renaissancemalers Vittore Carpaccio sind zwei Lachtauben als Symbol der erotischen Liebe dargestellt. Die eine zeigt die Wildfärbung, die weisse neben der Frucht macht den Eindruck, als sage sie der Prostituierten etwas (Abb. 180). Dieses Beispiel mag auch zeigen, dass es die Künstler mit der Wahl ihrer Motive nicht immer genau nehmen. Die Lachtaube war zu dieser Zeit ein beliebter Stubenvogel und deshalb wohl einfacher zu malen als der echte Vogel der Liebesgöttin, die Taube Columba livia. Auf der Schwelle zur Gegenwart ist also die gesamte, aus dem Altertum stammende Taubensymbolik wieder lebendig geworden, oft verbunden mit ihrer christlichen Bedeutung.

[691] Ströter-Bender 1994, S. 81
[692] Der Manierismus folgte der Spätrenaissance und brachte nichts Neues mehr hervor. Typisch für den Manierismus sind die kühlen Farben und die deformierten Figuren, die eher an die Manier als an den Geist Michelangelos erinnern.
[693] Ströter-Bender 1994, S. 83
[694] Zwei Tauben im Korb stellen das Sühneopfer im Tempel von Jerusalem dar, das Maria und Josef leisten mussten. Sie stehen als Sinnbild der ehelichen Liebe und Treue (Menzel 1854).
[695] Satorp 1984, ohne weitere Quellenangabe
[696] Haag 1993b, S. 97–116

Abb. 182: Die schnäbelnden Tauben waren christliches Symbol der keuschen Ehe und gleichzeitig Attribut der Venus. Im 18. Jahrhundert wurden schnäbelnde Tauben in Süddeutschland als Bordellzeichen verwendet.

182

Die Taube im Märchen

Die Taube als Symbol der Unschuld sowie als Mittlerin und Verkörperung der Liebesgöttin spiegelt sich auch im Märchen wieder. In der Geschichte vom Dummling[697] müssen die Söhne eines König jeweils ein Jahr lang einen Birnbaum bewachen, dessen Früchte jeweils gestohlen werden. Die ersten zwei Söhne versagen, der dritte und dümmste von allen, der Dummling, entdeckt, wie eine weisse Taube die

Abb. 183: Auch im Märchen spielt die Taube eine wichtige Rolle als Übermittlerin und Vollstreckerin der höheren Macht, wie beispielsweise im weltweit verbreiteten Märchen vom Aschenputtel oder Aschenbrödel.

183

Birnen weggeholt. Er verfolgt sie bis in eine Felsgrotte, wo er ein kleines graues Männchen von einem Fluch erlöst. Am Grund des Felsens findet er die weisse Taube völlig von Spinnweben umstrickt. Sie zerreisst das Gewebe und verwandelt sich in eine schöne Prinzessin. Die weisse Taube ist hier die Verkörperung der jungen Frau, die vom Helden erlöst wird.

Das Märchen vom Aschenputtel ist eines der berühmtesten überhaupt und konnte sich in unzähligen Variationen über die ganze Welt verbreiten[698]. Aschenputtel wird von ihrer Stiefmutter und ihren Stiefschwestern schikaniert und muss ihnen als Magd dienen. Die bösen Schwestern schütten ihr Erbsen und Linsen in die Asche, die sie den ganzen Tag lang wieder herauslesen muss. Weil sie von Asche verschmutzt ist, wird sie Aschenputtel genannt. Als der Sohn des Königs eine Frau erwählen will, sind alle jungen Frauen auf einen Ball eingeladen, ausser Aschenputtel, die stattdessen auf Befehl der Schwestern Linsen verlesen muss. Da fliegen zwei weisse Tauben durchs Fenster und helfen Aschenputtel die Linsen zu verlesen, «die guten ins Kröpfchen, die schlechten ins Töpfchen». Nach kurzer Zeit ist die Aufgabe erledigt und Aschenputtel steigt auf den Taubenschlag, um von dort aus den Ball zu beobachten. Die bösen Schwester erfahren davon und lassen den Taubenschlag niederreissen. Aschenputtel muss am zweiten Abend Wicken aus der Asche lesen, bei der die beiden weissen Tauben wieder helfen. Die Tauben raten ihr, zum Grab der Mutter zu gehen, wo sie von der Mutter aus dem Jenseits eine Ballbekleidung und eine Kutsche bekommt. Sie geht auf den Ball, der Prinz verliebt sich in sie, Aschenputtel muss aber bis um Mitternacht zuhause sein, geht und gibt die Kleider zurück. Am dritten Abend wiederholt sich die Geschichte, Aschenputtel muss Erbsen verlesen, geht auf den Ball, dem Prinzen aber bleibt, als Aschenputtel überstürzt heimwärts eilt, bloss ein Schuh. Der Prinz sucht nun nach Aschenputtel, indem er alle jungen Frauen den Schuh anprobieren lässt. Eine der bösen Schwestern schneidet sich ein Stück des Fusses ab, um in den Schuh zu kommen, die Tauben decken den Betrug aber auf, indem sie rufen: «Rucke di guck, rucke di guck! Blut ist im Schuck (Schuh): Der Schuck ist zu klein, die rechte Braut sitzt noch daheim!». Der zweiten bösen Schwester geht es gleich. Als Aschenputtel auf Befehl des Prinzen den Schuh probiert, rufen die beiden weissen Tauben: «Rucke di guck, rucke di guck! Kein Blut im Schuck: Der Schuck ist nicht zu klein, die rechte Braut, die führt er heim!»

Ein direktes antikes Vorbild des Märchens von Aschenputtel ist nicht bekannt, doch erinnert es sehr an Aelians Geschichte von Rhodope und Psammetichos[699]. Der ägyptischen Kurtisane Rhodope wurde ein Schuh von einem Adler genommen und nach Memphis zu Psammetichos gebracht. Fasziniert vom Schuh und dem Verhalten des Vogels lässt er in ganz Ägypten nach Rhodope suchen, findet und heiratet sie. Tauben spielen im Märchen von Aschenputtel eine entscheidende Rolle als Mittler und Vollstrecker des Willens der höheren Macht, die aus dem Jenseits heraus das Geschehen beeinflusst. Das Märchen von Aschenputtel ist eine typische Liebesgeschichte mit Happy-End. Wenn man unterstellt, die höhere Macht sei Aphrodite, die als Göttin der Liebe und der Unterwelt (tote Mutter) das Schicksal lenkt, fügen sich die Bestandteile der Geschichte zu einem logischen Ganzen zusammen. Die weissen Tauben sind die Vögel der Liebesgöttin, die deren Ratschläge Aschenputtel übermitteln. Die bösen Schwestern zerstören den Taubenschlag, beleidigen also die Göttin. Die blutige und grausame Strafe folgt durch die sinnlose Amputation an ihren Füssen. Die Tauben führen schlussendlich das Liebespaar zusammen, während die böse Stiefmutter und die Schwestern ihre Strafe bekommen.

Die Lautäusserungen der Taube, wie beispielsweise das «Rucke di guck, rucke di guck!» im Aschenputtelmärchen, wurden vielfältig in der Lyrik und Prosa verwendet. Nach Wackernagel (1869) findet sich in der deutschen Literatur vor allem der Balzruf der Taube, das sexuelle Beugegurren[700], das als Gurren, Girren, Rucken, Guruckezen, Ruck Ruck und Ruckediguck verbalisiert wird.

Die Taube im Volksglauben und der Volksmedizin

Seit der Antike taucht die Taube in den verschiedensten Zusammenhängen im Volksglauben und der Volksmedizin auf[701]. Im slavischen Volksglauben drohte den Brautleuten Unglück, wenn sie aus der Kirche traten und einer Katze, einem Hasen, einer Schnepfe oder einem alten Weib begegneten! Glück und Segen für ihre Ehe aber war zu erwarten, wenn das Erste, was sie sahen, eine Schwalbe, ein Rotkehlchen oder eine Taube war[702]. Noch heute werden in der Schweiz an Hochzeiten weisse Tauben fliegen gelassen oder der Braut wird beim Heraustreten aus der Kirche eine Futterschale übergeben, auf die sich weisse Tauben setzen (Abb. 185). Ebenso zieren weisse Zuckertäubchen in ihrer alten Bedeutung als

184

Fruchtbarkeits- und Liebessymbol die klassische Hochzeitstorte, die vom Hochzeitspaar angeschnitten wird. Taubensymbole dienen auch der Abwehr von bösen Mächten. Auf der portugiesischen Insel Madeira finden sich auf den Ziegeldächern der meisten Wohnhäuser Tauben in verschiedenen Stellungen, die manchmal weiss gestrichen sind, sowie Menschen- und Hundeköpfe aus Terrakotta (Abb. 184).

Abb. 184: Auf der portugiesischen Insel Madeira zieren unter anderem Terrakottatauben die Giebel und Enden der Ziegeldächer der meisten Wohnhäuser. Mit diesem alten Brauch soll das Böse von den Häusern ferngehalten werden.

129

Abb. 185: Auch heute noch verheissen weisse Tauben dem Hochzeitspaar Glück und Fruchtbarkeit. Beim Heraustreten aus der Kirche wird der Braut eine Schale mit Futter überreicht, auf die sich weisse Tauben setzen.

185

[697] Gebrüder Grimm 1975
[698] Rooth 1983, Bolte & Polivka 1913
[699] Aelian, Bunte Geschichten 13, 33
[700] Haag 1991b
[701] Übersichten bei Gattiker 1989, Dose 1984, Bächtold-Stäubli 1936
[702] Hopf 1888

Diese Remates de Tectos (Dachenden) werden mit heidnischen Bräuchen in Verbindung gebracht und sollen das Böse von den Häusern fernhalten[703]. Galen und Plinius überliefern aus der Antike viele Rezepte, in denen zur Heilung von äusseren und inneren Krankheiten das Fleisch, das Blut, die Federn, die Eingeweide und der Kot der Taube verwendet wird[704]. Das Fleisch junger Tauben ist nicht nur sehr schmackhaft, sondern auch leicht verdaulich und sehr bekömmlich. Tauben waren deshalb schon bei den Römern eine häufig verordnete Krankenkost. Nach dem römischen Landwirtschaftsschriftsteller Florentinus[705] lohnt sich die Taubenzucht schon alleine deshalb, weil die Jungen für den Speisezettel von Rekonvaleszenten notwendig sind[706] und deshalb in grossen Mengen benötigt werden. Stiftungsbriefe mohammedanischer Spitäler aus dem 18. Jahrhundert verlangen, dass den Kranken Tauben, Sperlinge und Nachtigallen gekocht werden[707].

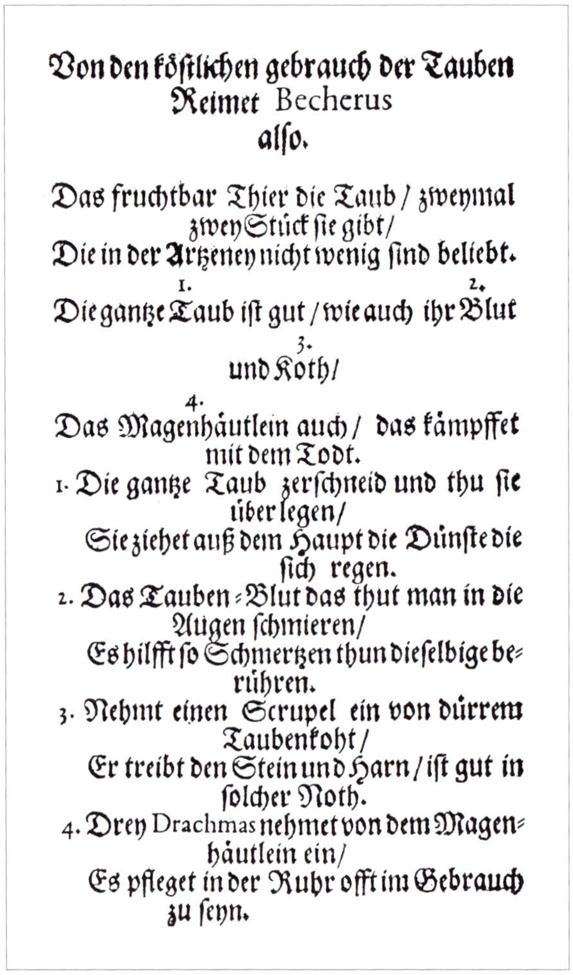

Abb. 186: Gedicht auf den köstlichen Gebrauch der Tauben in der Volksmedizin; aus Gesner 1669.

Von den köſtlichen gebrauch der Tauben
Reimet Becherus
alſo.

Das fruchtbar Thier die Taub / zweymal
zwey Stück ſie gibt/
Die in der Artzeney nicht wenig ſind beliebt.
1.   2.
Die gantze Taub iſt gut / wie auch ihr Blut
3.
und Koth/
4.
Das Magenhäutlein auch/ das kämpffet
mit dem Todt.
1. Die gantze Taub zerſchneid und thu ſie
über legen/
Sie ziehet auß dem Haupt die Dünſte die
ſich regen.
2. Das Tauben-Blut das thut man in die
Augen ſchmieren/
Es hilfft ſo Schmertzen thun dieſelbige berühren.
3. Nehmt einen Scrupel ein von dürrem
Taubenkoht/
Er treibt den Stein und Harn/iſt gut in
ſolcher Noth.
4. Drey Drachmas nehmet von dem Magenhäutlein ein/
Es pfleget in der Ruhr offt im Gebrauch
zu ſeyn.

186

In der Volksmedizin besteht der Glaube, Krankheiten liessen sich an bestimmte Tiere und Pflanzen abgeben. Dabei werden Methoden empfohlen, die sich aus unserer heutigen Sicht durch eine erschütternde Gefühllosigkeit gegenüber dem Tier kennzeichnen.
Wider Schwermüthigkeit: Eine Taube von einander geschnitten, dem Menschen auff die Fuss'Sohlen gebunden, eine Stunde darauf ligen lassen, so dann in fliessendes Wasser geworfen und wieder frische aufgebunden. Ist bewährt.
(Wallbergen 1745 nach Gattiker 1989)

Um die Gicht der Kinder zu heilen, berührt man in Franken mit dem Bürzel der Taube den After des erkrankten Kindes. Hilft dies nicht, reisst man eine Taube entzwei und bindet ihren Steiss auf den des Kindes[708].
Zedler (1744) gibt folgenden Rat:
Eine frisch abgetödtete Taube auf einen Schlangen-Biss geleget, ziehet das Gifft aus; und lebendig auf dem Rücken gespalten, geöffnet und auf das Haupt geleget, stillet die Raserey in hitzigen Fiebern.

Gegen verschiedene Geisteskrankheiten wurde das Auflegen und Töten von Tauben empfohlen, um damit die Krankheit wegzuzaubern:
Die Taube so in thürnen nistend[709], sind den lahmen starrenden und zitternden Gliedern gut. Etliche zerschneydend ein jungs Hündlein / oder eine Tauben in mitten durch den Rückgrat / und legens einem melancholischen / oder Aberwitzigen auff sein Haupt. (Gesner 1669)

Gesner beschreibt einen für das 16. Jahrhundert erstaunlich exakten Versuch mit einem unbehandelten Vergleichstier, um die Toxizität einer Arznei zu testen:
Etliche versuchend die artzneyen, so wider gifft dienstlich sind, an den Tauben: dann nach dem sy zweyen Tauben gifft gegeben habend, so gebend sy der einen von stundan ein artzney darfür: die ander aber lassend sy bleyben. Wenn nun die ein stirbt, die ander aber gläbt, so haltend sy die artzney für gut, auch dem menschen damit zehelfften. (Gesner 1669)

Noch im 20. Jahrhundert grassiert der Aberglaube der Übergabe von Krankheiten. Seyfarth (1913) berichtet von einer Wunderheilerin folgendes:
Mit Hilfe von Tauben soll eine alte Frau, die in Leipzig in der Nähe des Thüringer Hofs ihr Domizil hatte, bis vor wenigen Jahren jeden Ausschlag auf folgende Weise geheilt haben: Im Urin des Kranken kochte sie eine Handvoll Hirsekörner. Diese wurden dann aufs Dach gestreut, so dass sie von den Tauben aufgepickt werden konnten. Hatten diese alle Körner eines Kranken verzehrt, so soll dieser von seinen Leiden befreit gewesen sein.

Auf dem umgekehrten Weg wurde im 15. und 16. Jahrhundert versucht, einen Menschen mit einer gefährlichen Krankheit zu infizieren. Die Vorschrift lautet:
Man nehme Blut und Urin von Leprösen und lasse darin Weizen lange stehen bis er ganz mit den Stoffen gesättigt ist. Alsdann nehme man ihn heraus und verfüttere ihn an Hühner und Tauben. Wer ein solches Geflügel dann ässe, würde von Lepra ergriffen. (Lewin 1920, S. 14)

Nach dem Volksglauben ist das Blut der Sitz der Seele und des Lebens. Deshalb werden ihm auch besondere Kräfte zugeschrieben. Taubenblut wurde gegen die verschiedensten Krankheiten der Augen, des Gehirns sowie gegen Hühneraugen und die Epilepsie eingesetzt. Das Blut der Haustaube wurde während der Antike in Pergamon und im übrigen Kleinasien gegen den Bluterguss im Gehirn bei einer Trepanation der Hirnschale unter die Kopfhaut eingeflösst[710]. Bis heute schnupft man in Schwaben

130

gegen Nasenbluten getrocknetes Taubenblut, das
seit der Antike als Schönheitsmittel bekannt ist[711].
Am Palmsonntag nimmt der tschechische Bauer ein
ganz junges, eben ausgeschlüpftes Täubchen und
streicht mit diesem allen Hausgenossen über das
Gesicht, damit sie geistig und körperlich, gleich
einem Täubchen, immer rein, schön und jung, ohne
Flecken, Sommersprossen und Warzen bleiben
mögen[712].

Die Taube als Symbol für Treue und Fruchtbarkeit
wurde auch als Liebeszauber verwendet.
*Will man z.B. Liebe wecken, so muss man ein Tier
suchen, das sich in der Liebe auszeichnet: Dahin
gehören Taube, Sperling und Schwalbe. Von diesen
Tieren sind nun wieder diejenigen Teile zu nehmen,
in denen der Liebestrieb vornehmlich zur Darstellung
kommt: Herz, Hoden, Glied und Samen. Es gilt,
diese Potenz dem Opfer einzugeben, wofür sich als
geeigneter Zeitpunkt der Planet Venus empfiehlt,
und der Erfolg muss mit mechanischer Zwangs-
läufigkeit eintreten.*
(Dose 1984)

Hippokrates[713] empfahl Taubenfleisch als fruchtbar-
keitsförderndes Mittel. Die Taubenlunge wurde von
den etruskischen Haruspices[714] als Liebesaugurium
verwendet:
*Einen jungen Liebhaber oder das riesige Vermächt-
nis eines kinderlosen Reichen verheisst nach der
Untersuchung der Lunge einer noch warmen Taube
ein Eingeweidebeschauer aus Armenien oder Com-
magene.* *(Juvenal, Satiren 6, 548)*

In Naaburg verspeisen Brautleute in der Hochzeits-
nacht gemeinsam eine Taube. Farbige in Missouri
verschlucken eine rohes Taubenherz mit der Spitze
nach unten, wenn sie einen geliebten Menschen dazu bewegen wollen, ihre Liebe zu erwidern[715]. Noch
in den dreissiger Jahren dieses Jahrhunderts wurde
in Periam (Banat, Rumänien) Taubenkot als Aphro-
disiakum eingenommen[716].
Taubenblut wurde in der Antike als Blutstillungs-
mittel und als Augenstärkungsmittel verwendet[717].
Die Asche von Taubenfedern galt als Reinigungs-
mittel bei Blasenleiden und Gelbsucht[718]. Taubenmist wurde als Allheilmittel gegen alle möglichen
Krankheiten äusserlich und innerlich angewendet[719].
Zedler (1744) gibt folgende Rezeptur:
*Tauben-Mist mit Honige zu einem Pflaster gemacht,
und um den Hals gelegt vertreibet die Bräune, auf
den Bauch geleget, stillet er den Druchbruch; mit
Gersten-Mehl und Essig, erweicht er die Kroepfe,
und alle harte Geschwulst.*

Taubenmist wird seit der Antike zur Heilung von
Verbrennungen verwendet[720]. Von einer bemerkens-
werten Anwendung in neuerer Zeit berichtet Dr.
med. Giuseppe Calabrò (pers. Mitt.). Calabrò arbeitete
1992 im Rahmen der «Missione Pellicano» im Spital
von Durazzo in Albanien als Militärarzt. Täglich erschienen Kinder mit unterschiedlich schweren Verbrennungen an Kopf und Körper. Anfänglich bestand
der Verdacht, dass diese durch die offenen Herd-
feuer verursacht würden, bis dann klar wurde, dass
bei einigen Familien der Brauch bestand, Kinder
durch absichtliches Verbrühen mit heissem Wasser

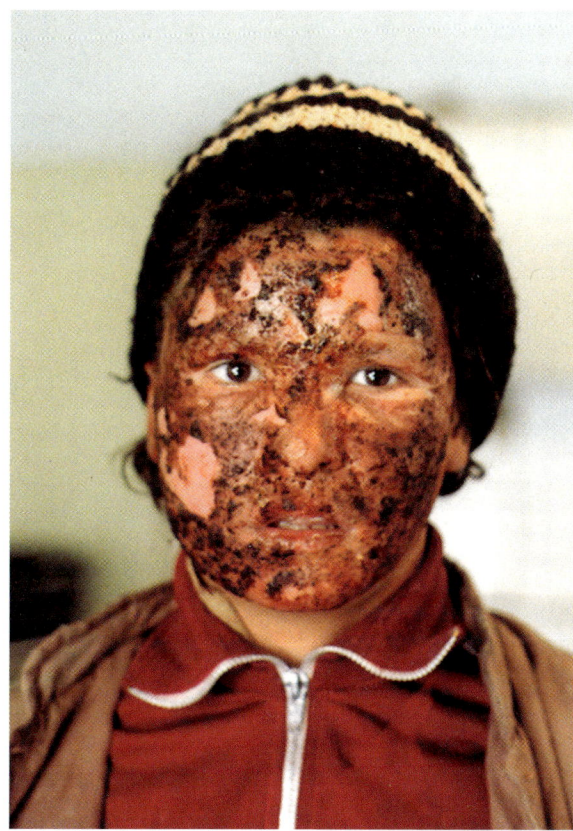

187

**Abb. 187: In gewissen
Familien in Albanien
wurden Kinder durch
Verbrühen mit heis-
sem Wasser bestraft.
Als Heilmittel wurde
eine Paste aus Tauben-
kot, Kaffeesatz und
Tomatenhäuten aufge-
tragen.**

zu bestrafen. Die verbrannten Stellen wurden dann
von den Eltern mit einer Mischung aus Taubenkot,
Kaffesatz und Tomatenhäuten abgedeckt (Abb. 187).
Unter der Kruste war die Haut nach einiger Zeit rosa
und gut abgeheilt. In keinem Fall konnte eine Infek-
tion festgestellt werden. Nach Hurwitz (pers. Mitt.)
sind es wahrscheinlich die Tomatenhäute, die die
Wundheilung fördern. Sie wirken möglicherweise
wie eine semipermeable Membran, die Wasser-
dampf und Sekret austreten lässt, aber das Eindringen von Bakterien verhindert.

Nach Zedler (1744) wirkt der Taubenmist auch als
Wundermittel bei Pflanzen:
*Sonsten ist auch der Tauben-Mist ein guter Dünger,
vor kalte, nasse, und zugleich ebenliegende Wiesen,
weil er hitzig. Wenn aber seine Hitze vergangen, so
ist er sehr gut bey den Bäumen, sonderlich den
Aepffel- und Birn-Bäumen, zu gebrauchen, indem er
die Halberstorbenen wieder lebendig machet, wie
man auch die Erfahrung an den Zitronen- und Pome-
ranzen-Bäumen hat. Alle kraftlose Bäume kan man
mit alten Tauben-Miste, und darunter gemischter Erde von einem Schind-Anger, wo das umgefallene
Vieh pfleget hingeführt zu werden, die man im
Herbst um des Baumes-Wurzel schüttet, wieder
curiren, und ihnen zu rechte helffen[721].*

Diese Beispiele mögen zeigen, wie unterschiedlich
die Taube von der Antike bis heute in der Medizin
und im Volksglauben verwendet wurde. Immer wieder schimmert auch ihre alte Bedeutung als Vogel
der Liebesgöttin und als Verkörperung des heiligen
Geistes durch. Daneben aber wird sie ohne jeglichen höheren Bezug als gemeines Nutztier ge- und
missbraucht, vor allem dort, wo speziell die gewöhnliche Feldtaube verlangt ist, die offenbar genau von
der wertvolleren Haustaube unterschieden wird.

131

[703] Lips 1996, S. 42–43
[704] Übersicht bei Lorentz 1886,
S. 21–22
[705] 1. Drittel des. 3. Jahrhunderts n.Chr.
[706] Florentinus in Cassianus
Bassus, Geoponica 14, 1
[707] Stern 1903 nach Gattiker
1989
[708] Bächtold-Stäubli 1936/37
[709] Mit den in Türmen nistenden Tauben sind Feldtauben
gemeint.
[710] Galen, de simpl. med. temp.
X, 2 nach Lorentz 1886, S.
21
[711] Dose 1984
[712] Krolmus 1, 221 nach Grohmann 1864, S. 78
[713] Hippokrates, (Fuchs II, 517,
531; III, 508, 503, 416, 408)
[714] Die haruspices waren die
Seher der Etrusker, die die
Fähigkeit besassen, in den
Eingeweiden von Opfertie-
ren, vor allem in der Leber,
Vorzeichen zu lesen (Hamblin 1979, S. 88)
[715] Dittmar 1959, S. 56
[716] Feichter, pers. Mitt.
[717] Sextus Platonicus 33, S. 422
[718] Plinius 30, 8 (21) und 30, 11
(28) nach Lorentz 1886,
S. 22
[719] Galenus, De simpl. med.
temp. X, 25
[720] Plinius, Naturkunde 30, 12
(35), 109 nach Lorentz
1886, S. 21
[721] Die empfohlene Mischung
aus Taubenkot und Kompost
aus Tierkadavern ergab einen hochwertigen, stick-
stoff- und phosphatreichen
Dünger.

Al Hamam –
die Taube im arabischen Raum

Ostroms Erben

Laut Viré (1960) übernahmen die Moslems ihre Begeisterung für die Taubenhaltung von den Byzantinern, das heisst vom christlichen oströmischen Reich, das ab dem Jahre 634 nach und nach von den Arabern erobert wurde. Wir können aber davon ausgehen, dass die Tauben im ganzen Orient schon seit den frühesten Tagen ihrer Domestikation gezüchtet wurden. Zudem kam die Felsentaube in

besten trainiert waren, um von möglichst grossen Distanzen heimzukehren. Dieser Taubenflugsport kam der arabischen Leidenschaft für das Wetten besonders entgegen.

Die Taube spielt bei den Moslems als Nutztier und Spielvogel eine wichtige Rolle. In der Beschreibung einer Audienz, die König Jabala ibn Aiham, der letzte Ghassanidenkönig in Syrien, um 640 n.Chr. einem Gesandten des Kalifen Omar gewährte, wird geschildert, wie ein Vogel (wahrscheinlich eine Taube)

188

Abb. 188: Die persischen Taubenhäuser aus Isfahan beherbergten tausende von Feldtauben, die zur Erzeugung von Fleisch und Mist gehalten wurden.

mehreren Unterarten in diesen Gebieten vor, so dass ein dauernder Kontakt mit der Wildform bestand und eine Domestikation jederzeit möglich war. Was die Araber von den Römern übernehmen konnten, waren vielleicht neue Rassen und das Wissen um die Massenhaltung der Taube.

Bei den Arabern war die Haltung der Taube anfänglich ein Privileg der Reichen und wurde zu einem beliebten Zeitvertreib verschiedener berühmter Kalifen, wie z.B. des Abbassidenherrschers Harun al-Rashid. Zwischen dem 8. und dem 13. Jahrhundert erfreuten sich Taubenflugwettbewerbe bei den Moslems grösster Beliebtheit. Dabei ging es darum, wessen Tauben die besten Eigenschaften aufwiesen und am

als eine Art von Parfumverteiler missbraucht wurde. Im Laufe der Audienz trat eine junge Sklavin mit einem schneeweissen Vogel auf dem Kopf ein. In der Rechten hielt sie einen Kelch mit einer Mischung aus Moschus und Ambra und in der Linken einen Kelch mit Rosenwasser. Sie nahm den Vogel und tauchte ihn in die beiden Flüssigkeiten bis er ganz damit durchtränkt war. Dann liess sie ihn fliegen und er flog davon und liess sich auf Jabalas Krone nieder, wo er solange flatterte, und seine Federn aufplusterte, bis jeder Tropfen der Flüssigkeit auf Jabalas Kopf gefallen war[722].

Ein grosser Teil der heutigen Taubenrassen hat seine Wurzeln im arabischen und indischen Kulturbereich[723].

Nach Viré (1960) wurde bei den Arabern die wilde Felsentaube von den Haustaubenrassen unterschieden, die in Schlägen oder Taubenhäusern gehalten wurden. Besonders erwähnt werden auch Strassentauben, die zum Stolz und zur Freude der gläubigen Moslems in grosser Zahl die Strassen Mekkas bereichern.

Die persische Taubendüngerwirtschaft

Im alten Persien erlangte die Taubendüngerwirtschaft eine besondere Bedeutung. Da die Böden nicht besonders fruchtbar sind, mussten Wege gefunden werden, die durch die Landwirtschaft entzogenen Nährsalze zu ersetzen. Bereits in den heiligen Büchern des Zarathustra (ca. 630–553 v.Chr.) ist von der Notwendigkeit einer Düngung die Rede[724]. Während im alten Ägypten die jährliche Überflutung mit dem fruchtbaren Nilschlamm eine regelmässige Düngung gewährleistete, wurde in Persien eine komplexe Taubendüngerwirtschaft entwickelt. In riesigen Taubentürmen wurden Tausende von Tauben für die Erzeugung von Kot gehalten, der in den benachbarten Feldern zur Erhaltung und Steigerung der Fruchtbarkeit verwendet wurde. Reisende des 17. Jahrhunderts zählten alleine in der Gegend von Isfahan mehr als dreitausend dieser eindrucksvollen Bauwerke[725] (Abb. 188). Die ältesten dieser Taubenhäuser stammen aus dem 10. Jahrhundert[726] und konnten 14000 Tauben beherbergen. Die Planung und der Bau dieser Taubentürme setzte ein grosses Wissen voraus. So mussten z.B. die Prinzipien der Resonanz bekannt sein, um zu verhindern, dass die Taubentürme zusammenbrechen, wenn gleichzeitig Tausende von Tauben mit ihren Flügeln schlagen und so das Gebäude in Schwingung versetzen. Um dies zu verhindern, wurden vertikale Balken in die Mauern eingelassen, die die entstehenden Kräfte neutralisieren[727]. Zur Zeit von Mogul Khan (13. Jahrhundert) waren die Tauben durch eigene Gesetze vor der Verfolgung durch die Dorfbewohner geschützt[728]. Tavernier[729] erwähnte im Jahre 1677, dass es den Christen in Persien verboten war, Tauben zu halten, und viele von ihnen aus diesem Grund zu Muslimen wurden. Noch am Anfang des 20. Jahrhunderts hatte die Taubendüngerwirtschaft in der Gegend von Isfahan eine grosse Bedeutung[730]. Leider sind die meisten persischen Taubentürme heute verfallen oder zerstört, obwohl Bestrebungen im Gange sind, diese wichtigen kulturgeschichtlichen Zeugen zu erhalten und wieder in Betrieb zu setzen[731].

Die Hochblüte der Taubenzucht

Die Araber übernahmen mit ihrer Ausbreitung im 7. Jahrhundert das antike Wissen, pflegten es und gaben es später an die Europäer weiter. Im Jahre 765 wurde in Bagdad die arabische Medizin begründet, 810 wurde die Algebra entwickelt, 814 entstanden die heute noch von uns verwendeten arabischen Ziffern und im Jahre 820 berechnete Abdullah al Manum den Erdumfang auf 3% genau, während die europäische Wissenschaft noch im düstersten Mittelalter vor sich hindämmerte. Wie auf vielen anderen Gebieten auch, waren die Araber vor allem in den Naturwissenschaften allen anderen Völkern weit überlegen.

Al Djahiz

Ich empfehle dir, verständnisvoller Leser und aufmerksam lauschender Zuhörer, niemals eine Sache wegen der Kleinheit ihres Körpers zu verachten und seinen Wert wegen der Geringfügigkeit des Preises für minder zu halten.
(Al Djahiz, Hayawan III, 298)

Einer dieser herausragenden Wissenschaftler war der arabische Humanist Al Djahiz. Er wurde um das Jahr 777 in Basra (Irak) als Sohn einer in bescheidenen Verhältnissen lebenden Familie afrikanischer

M. Holdenried 95

189

Herkunft geboren, die einstmals dem Sklavenstand angehörte. Sein vollständiger Name lautete Abu Utman Amr b. Bahr al-Kinaini al-Fuqaimi al-Basri, doch hat die Nachwelt vor allem seinen Beinamen Al Djahiz beibehalten, den er einer Missbildung seiner hervortretenden Augen verdankte. Zweifellos übte er den Beruf eines Lehrers aus, der aber nicht allzu lohnend gewesen sein dürfte, so dass es die Widmungen seiner Bücher waren, die ihm die beträchtlichsten Summen einbrachten. Für sein Buch al-Hayawan soll er z.B. 5000 Dinare erhalten haben. Ein Sklave kostete vergleichsweise zwischen 10 und 100 Dinaren. Al Djahiz arbeitete längere Zeit in Bagdad und setzte sich dann, nach der Lähmung

[722] Abu-L-Faraj al Isfahani, Kitab al-Aghani nach Keel 1977a
[723] Schütte et al. 1994
[724] Farhadi 1994, S. 12
[725] Swoboda 1973
[726] Farhadi 1994, S. 6
[727] Farhadi 1994, 4–6 und S. 25
[728] Farhadi 1994, S. 3
[729] nach Darwin 1868, I, S. 223
[730] Jackson 1906, S. 262–263
[731] Farhadi 1994, S. 4

133

Abb. 189: Basraer Wammentauben vor dem Hintergrund der Al-Aqsa Moschee (Felsendom) in Jerusalem. Die heutigen Wammentauben gehen auf eine der ältesten bekannten orientalischen Taubenrassen zurück.

einer Körperseite, in seiner Heimatstadt Basra zur Ruhe, wo er im Jahre 869 starb[732]. Der Theologe, Jurist und Schriftsteller Djahiz war ausserordentlich vielseitig und kombinierte die Prinzipien der arabischen Tradition mit den Grundlagen des Hellenismus. Al Djahiz kann als einer der wichtigsten Vorläufer und Pioniere der wissenschaftlichen Ethologie gewertet werden. Er wandte bereits ausgeklügelte Forschungsmethoden an und unterschied beispielsweise schon angeborenes von erlerntem Verhalten, eine Erkenntnis, die erst in diesem Jahrhundert in unsere Biologie Eingang fand. In seinem Werk Kitab al-Hayawan[733] schildert Al Djahiz in 7 Bänden auf über 2800 Seiten das immense Wissen über Tiere, das die Araber im 8. und 9. Jahrhundert besassen. Kitab al-Hayawan – «das Buche der Tiere» ist wohl ein Werk der Zoologie in dem Sinne, wie eben Al Djahiz als Anhänger des Aristoteles an der Beschaffenheit, dem Leben und dem Verhalten der Tiere interessiert war. In erster Linie ist es aber ein religiöses Werk, denn es ist das Hauptanliegen des Verfassers, zu zeigen, dass alles in der Natur seinen Nutzen hat und somit einen Beweis für das Vorhandensein und für die Weisheit Gottes liefert[734]. Djahiz war seiner Zeit um Jahrhunderte voraus und viele seiner Beobachtungen und Experimente entsprechen modernen wissenschaftlichen Anforderungen. Djahiz bezieht sich häufig auf die Werke des Aristoteles und die Aussagen von Tierhaltern seiner Zeit, ohne dabei eine kritische Distanz missen zu lassen. Die Originalität seines Werkes zeigt sich auch darin, dass er selber Untersuchungen und Beobachtungen vorgenommen hat, ohne sich durch vorhandene Theorien beeinflussen zu lassen. Mit verschiedenen Experimenten erarbeitete er sich zusätzliches Wissen. Er konfrontierte z.B. verschiedene Tierarten miteinander, untersuchte deren Widerstandsfähigkeit gegenüber verschiedenen chemischen Substanzen und führte Sektionen durch. Dadurch fand er unter anderem heraus, dass Skorpione und Vipern lebendgebärend sind.

Die Taube nimmt im Werk von Djahiz einen grossen Raum ein und soll deshalb hier besonders gewürdigt werden. Untenstehende Zitate enstammen alle der französischen Dissertation des Orientalisten Nefti Bel-Haj Mahmoud (1981), der grosse Teile des Hayawan aus dem Arabischen übersetzte und interpretierte[735]. Djahiz beobachtete den Fortpflanzungzyklus der Taube genau und verglich seine Erkenntnisse mit dem menschlichen Verhalten. Er erkannte dabei, dass die Taube keineswegs starren Verhaltensmustern unterliegt, sondern in Abhängigkeit von ihren Umweltbedingungen sehr unterschiedlich reagieren kann.

Ich habe eine Täubin gesehen, wie sie nur das eigene Männchen zuliess [um gedeckt zu werden], nach dem Bild der Ehegattin, welche nur ihren Gatten und Gebieter will. Ich habe eine andere gesehen, welche jedem Annäherungsversuch von irgendwelchen Männchen nachgab. Ebenso habe ich eine Frau gesehen die niemals protestierte, welcher Mann sie auch liebkoste. Ich habe eine andere Täubin gesehen, welche sich dem ersten Männchen hingab, welches sie umwarb, wie ich das auch bei einer Frau gesehen habe. Ich habe eine andere gesehen, welche sich dem Männchen hingab, erst nachdem dieses sich lange um sie kümmerte; eben-

so habe ich eine Frau das gleiche Verhalten einnehmen sehen, bevor sie sich dem Manne hingab. Ich habe eine andere gesehen, schon im Besitze eines Männchens, sich einem Fremden hingebend ohne vor ihm zu fliehen; dasselbe habe ich bei einer Frau gesehen. Ich habe eine gesehen, die sich einem fremden Männchen hingab beim Anblick des Ihren; dasselbe habe ich eine Frau tun sehen. Ich habe eine gesehen, sich einem andern Männchen als dem ihrigen hinzugeben, während letzteres nicht anwesend oder mit Brüten beschäftigt war. Ich habe eine gesehen, welche sich einem Männchen gegenüber wie ein Männchen verhielt. Ich habe eine gesehen sich wie ein Männchen verhaltend einem Weibchen gegenüber, ich habe eine gesehen [welche mir selbst gehört], welche sich nur als Männchen verhielt und dies immer gegenüber Weibchen, ich habe eine gesehen sich männlich verhaltend ausschliesslich gegenüber Weibchen und keinem andern Weibchen gewährend sich an sie heranzumachen. (Al Djahiz, Hayawan III, 164)

Besonders eindrucksvoll ist das grosse Wissen, das die Araber vor 1200 Jahren bereits über Zucht, Haltung und Biologie der Brieftaube besassen. Die Verwendung der Brieftaube wurde von den Arabern so perfektioniert, dass ein ähnliches Niveau erst wieder im 20. Jahrhundert erreicht wurde. Djahiz untersuchte die Umwelteinflüsse auf das Verhalten der Tiere und erkannte, dass Brieftauben schlechte Leistungen erbringen, wenn sie nicht an das entsprechende Klima gewöhnt sind.

Trainiere keine Taube [stammend] aus einem warmen Land [für eine Reise] in ein kaltes Land, noch eine aus einem kalten Land [stammende] für eine Reise in ein warmes Land, es sei denn, du hättest sie vorher an das Klima desselben Landes angewöhnt. Tatsächlich gewöhnt sich an Fernflüge ausserhalb der gewohnten Umgebung [wo sie normalerweise sich entwickeln] nur derjenige Vogel, der in der Umgebung, in welche du ihn schicken willst, über längere Zeit gelebt hat.
Die Brieftaube kann ihr gesundheitliches Wohlbefinden nur aufrechterhalten, wenn sie in einem Luftmilieu lebt, wie es ihrer ursprünglichen Natur entspricht. (Al Djahiz, Hayawan III, 279, lig. 10–14)

Djahiz vergleicht die Taube, die er für ein höheres Wesen hält, immer wieder mit dem Menschen und begeht dabei auch Fehlinterpretationen.
Im Unterschied zum Hahn und zum Hund, welche sich paaren aus Laster, deckt der Täuberich das Weibchen aus einem Bedürfnis heraus und um Junge zu haben. Tatsächlich, wissend dass nach der Paarung das Weibchen befruchtet ist, hilft er ihm das Nest bauen. Beide leisten ihren Beitrag dabei, indem sie die Grösse der Zweige wählen und den Ort wo sie es bauen. (Al Djahiz, Hayawan III, 150)

Übrigens, ein schlechter Wesenszug der Taube zeigt sich im Fehlen jeglicher Eifersucht. Ein Männchen kann zusehen, wie ein Weibchen von einem anderen, schwächeren Männchen umworben wird; es kann zusehen wie dieses um das Weibchen herum stolziert und das Schwanzgefieder aufplustert, den Schönen spielt, um ihre Gunst zu erwerben, niemals stürzt es sich auf das Männchen, beim Sehen

solchen Gehabens, um ihm den Kampf anzusagen.
(Al Djahiz, Hayawan III, 253)

Bei verschiedenen antiken Autoren galt die Taube als Sinnbild der Friedfertigkeit und Sanftmut. Dieser Fehlinterpretation unterlag Djahiz nicht. Sehr realistisch beschreibt er aggressives Verhalten gegenüber dem unterlegenen Tier. Eine solche Situation ist in engen und überbelegten Taubenschlägen anzutreffen, wenn sich das unterlegene Individuum nicht zurückziehen kann.

Der Verteidiger des Hahns fügte hinzu: «hier noch ein weiterer Punkt auf den man sich berufen kann um zu bestätigen, dass die Taube einen schlechten Charakter hat: es ist dies die Härte ihres Herzens, welche die ausserordentliche Niedrigkeit ihres Wesens zeigt. Das folgende Beispiel beweist dies: wenn in einem Haus eine Taube alle ihre Kräfte verliert, bedingt durch das Altern, und ein anderes noch kräftiges Männchen mit dem Schnabel auf seinen Kopf einhackt. Das alte Tier lässt es gewähren ohne zu reagieren. Der kräftige Täuberich zeigt Mitleid weder gegenüber des andern Schwäche noch seiner Unfähigkeit und nimmt überhaupt keine Notiz von seiner Unterwürfigkeit; er schlägt mit dem Schnabelende auf seinen Schädel ein, bis dass er durchbohrt ist und der Gehirninhalt herausspritzt und der alte Vogel vor ihm stirbt. Wenn die Taube von Natur aus fleischfressend wäre und dazu geneigt, sich von Hirn zu ernähren, so könnte dies als Entschuldigung für sein Verhalten gelten, [...]
(Al Djahiz, Hayawan III, 255)

Djahiz beobachtete sehr genau und lieferte eine perfekte Beschreibung der Balz und Kopulation der Tauben.

*Nachdem das Taubenpaar ihre Jungen ihrem eigenen Schicksal überlassen hat, jegliches Mitleid [aus seinem Herzen] verabschiedend, beginnt das Männchen wieder, dem Verlangen sich dem Weibchen anzunähern mit seinem Gurren Ausdruck zu verleihen. Letzteres nimmt wieder das Verhalten einer Verliebten ein und verspürt das Bedürfnis nochmals gedeckt zu werden. Sie drückt dieses Bedürfnis durch das Ausbreiten ihrer Flügel aus und gibt sich kokett, sich dem Männchen annähernd, um sich ebenso schnell wieder von ihm zu entfernen. Bald beginnen die Liebkosungen, die Liebesgebärden verdichten sich, die Schnäbel vermengen sich unaufhörlich, das Saugen hört nicht mehr auf, das Aufplustern des Gefieders als Ausdruck der Lust, die Haltung des Männchens den Triumph manifestierend durch das Umkreisen der Täubin. Die vorhochzeitliche Parade setzt sich fort mit dem kontinuierlichen gegeneinander Reiben der Flügel, und jeder der beiden Partner kneift mit seinem Schnabel die verschiedensten Körperteile des andern.
Nach dem Vollzug des Aktes, bläst der Täuber seine Brust auf, plustert sein aufgefächertes Schwanzgefieder und sein Gurren nimmt zu, während sich der Mensch in der gleichen Situation stärker auf den Akt konzentriert und dadurch ausgepumpt und erschöpft ist.* (Al Djahiz, Hayawan III, 164)

Mit dieser Haltung, welche darin besteht der Lust und Freude lange über den Akt hinaus Ausdruck zu verleihen, übertrifft die Taube alle anderen Tiere.

*Selbst der Mensch, der von allen Kreaturen dem Akt die grösste Bedeutung zumisst, und diesen möglichst zu verlängern versucht, und welcher ebenfalls der meist begabte ist für phantasievolle Vorspiele mit Liebkosungen, Küssen und Umarmungen, ist ermüdet nach dem Vollzug des Akts und hat das Bedürfnis sich von der Frau zu trennen, bis er seine Kräfte wieder erlangt hat.
Die Intensität des Verlangens beim Mann, die Dauer, die Kunstgriffe mit denen er dieses vor dem Vollzug des Akts ausdrückt, alle diese Kundgebungen kommen an Stärke längst nicht gegen diejenigen auf, welche der Täuberich nach der Paarung zeigt. Diese Tugend des Täuberichs wird auch von niemandem bezweifelt, im Gegenteil jedermann anerkennt sie.*
(Al Djahiz, Hayawan III, 159)

Besonders sorgfältig beschreibt Djahiz die Brieftaube. Er analysiert die biologischen Grundlagen für ihr ausgeprägtes Heimfindevermögen und unterscheidet schon genau zwischen angeborenen Eigenschaften und erlernten Komponenten, die den Tauben durch ein Training vermittelt wurden, indem sie von immer weiter entfernten Orten nach Hause zurückkehren müssen. Erstaunlicherweise beschreibt schon Djahiz die Prägung, eine Form des Lernens, deren Entdeckung Konrad Lorenz[736] in den vierziger Jahren unseres Jahrhunderts zugeschrieben wurde.

Die Taube verfügt über Qualitäten, die jeglichen andern Tieren fehlen; eine ausgezeichnete Fähigkeit die einzuschlagende Richtung zu erkennen, ein sicheres Gedächtnis für die Wahrnehmung von Bildern, welche als Bezugs- oder Orientierungspunkte dienen, eine ausgesprochene Tendenz in der Nähe ihrer Gebieter zu leben, eine unendliche Zuneigung zur Umgebung wo sie geboren wurden. Es genügt zu wissen, dass die Taube von grosser Entfernung an den Geburtsort zurückfindet, um überzeugt zu sein, dass sie eine sehr gute Orientierungsfähigkeit hat. Ein Beweis dafür, dass sie ihr Orientierungsvermögen ihrer Intelligenz verdankt, sowie den Bemühungen zur Wiedererkennung [der Orte] ist, dass sie vom Ort an den sie geschickt wurde, wieder zurückkehrt, wenn sie in zunehmenden Distanzen dafür trainiert wurde. Ihre Herren sind sich bewusst, dass sie über eine natürliche Eignung verfügt, trainiert zu werden, denn bei jedem neuen Flug schicken sie sie nach einer noch entfernteren Stadt und sie findet wieder zurück. Sie sind davon überzeugt, dass die in der frühen Entwicklung erhaltene Prägung sich auf das spätere Verhalten auswirkt und sie durch das Training geschickter und erfahrener werden. (Al Djahiz, Hayawan III, 214)

*Du siehst, die Taube kommt wieder zurück an den Ort, von wo sie weggeflogen ist, wie gross die Entfernung auch ist, die sie trennt. [...]
Es kann vorkommen, dass sie bei ihren Herren gestohlen wird, Federn oder ganze Flügel abgeschnitten werden oder sie eingesperrt ist während einem Jahr oder länger; dies hindert das Tier jedoch nicht daran, sobald seine Flügel nachgewachsen sind, das Bedürfnis zu verspüren, sich mit seiner Partnerin zusammenzufinden und den Geburtsort wieder zu sehen. Es ist sogar anzunehmen, dass, selbst wenn das neue Umfeld, an das sie gewöhnt wurde, ange-*

732 Pellat 1967, S. 13ff.
733 Das Buch der Tiere
734 Pellat 1967, S. 40–41
735 Die im folgenden zitierten deutschen Übersetzungen aus dem Französischen stammen von V. Lacoste und D. Haag-Wackernagel.
736 Lorenz 1935

nehmer und komfortabler ist, sie dasjenige, wo sie aufgewachsen ist oder gelebt hat, vorzieht. Es kann vorkommen, dass die Taube von ihrem Besitzer verkauft wird. Bei der nächsten Gelegenheit bricht sie jedoch aus und kehrt zu ihm zurück. Dies kann sich mehrmals wiederholen. (Al Djahiz, Hayawan III, 228)

Djahiz erkannte, dass die Taube für ihre Orientierung neben optischen Landmarken auch den Sonnenkompass verwendet und dies zu grossen Abweichungen von der Sollrichtung führen kann.
Wenn die Taube ein Tier wäre, welches seine Flugstrecke nachts zurücklegt, könnte man annehmen, dass sie sich nach der Stellung der Sterne orientiert. Tatsächlich haben wir sie jedoch die grossen Flüsse und Bäche überqueren sehen, wir haben gesehen wie sie den Tälern entlang segelt, den oberen und unteren Teil des Flusslaufs unterscheidet, die Fliessrichtung des Tigris und Euphrat erkennt und ihren Flug an Hand der Fliessrichtung der Wasserläufe orientiert. Es kann aber auch immer wieder beobachtet werden, dass die Brieftaube, wenn keine Flussläufe vorhanden sind, bei ihrem Flug die grossen Strassen als Orientierungshilfe zur Richtungsfindung benutzt. Wenn es nicht klar ist, ob die Strasse bergwärts oder talwärts führt, so orientiert sie sich nach der Windrichtung oder dem Sonnenstand. Jedoch greift sie nur auf diese Orientierungshilfen zurück, wenn keine Erkennungsmarken vorhanden sind. In diesem Fall kommt es häufig vor, dass sie von einer grossen Zahl von farsakh[737] von ihrer normalen Flugroute abweicht. (Al Djahiz, Hayawan III, 216)

Djahiz beschreibt genau die Methoden, mit denen die Jungtauben trainiert und die erwachsenen Brieftauben zu guten Heimkehrleistungen gebracht wurden.
*Die Brieftaubenzüchter aus Bagdad ziehen die Weibchen den Männchen vor für eine erste Rückreise von einem fernen Ort ...; sie wählen kein Männchen, da letzteres während seiner weiten Reise für längere Zeit in einem Zustand der Abstinenz bleibt. Es kann dabei aber vorkommen, dass es auf der Rückreise einem Weibchen begegnet, welches es von seinem primären Ziel ablenkt. Darin besteht, nach ihren Aussagen, die grösste Schwierigkeit. Die Brieftaubenzüchter Basras hingegen benutzen für die ersten Versuche Männchen, da diese mehr Heimweh nach dem Ort, wo ihr Weibchen lebt, haben sollen; auch sind sie widerstandsfähiger und sehr viel robuster. Auch verfügen sie über ein besseres Orientierungsvermögen.
(Al Djahiz, Hayawan III, 223)*

*Das Training der Taube für ferne Reisen muss Schritt für Schritt vorgenommen werden. Die Körperkraft des Tiers muss berücksichtigt werden sowie seine Anpassungsfähigkeit ...
Die Jungtaube soll zu Beginn ihrer Ausbildung zu kleinen Ausflügen angehalten werden, und erst viel später soll man sie vertraut machen mit grösseren Reisen. Es sollte nicht das Reifealter abgewartet werden um mit der Dressur zu beginnen, sondern es soll bereits in mittlerem Alter damit begonnen werden. (Al Djahiz, Hayawan III, 223)*

Vom Moment an wo du befürchtest, dass der Täuber nicht mehr mit seinem Weibchen zusammenleben möchte [und es auch nicht mehr wiedersehen will], stelle ihm vor der Abreise ein anderes vor. Wenn er das betreffende Weibchen einmal deckt, hindere ihn daran mit ihm diesen ganzen Tag zusammen zu sein. Hingegen am nächsten Tag, kurz vor der Abreise, präsentiere sie ihm. Sobald er versucht, sie zu decken, hindere ihn daran, den Akt zu vollziehen, und lass ihn abreisen. Dies wird ihn dazu bewegen zurückzukehren, um sie bald möglichst wiederzusehen. (Al Djahiz, Hayawan III, 278)

Um ihren Jungtauben eine gute körperliche Kondition anzutrainieren, wandten die Araber laut Viré (1960) eine besonders raffinierte Methode an. Wenn die Tiere ihre ersten Flugversuche machten und wieder zu ihrem Nest zurück wollten, gelangten sie erst durch enge Eingänge an der Basis des Taubenschlages ins Innere. Dort mussten sie dann Sprosse um Sprosse eine Leiter hochspringen um ihr Ziel zu erreichen. Der Sinn dieser Schikane war es, die jungen Botentauben möglichst früh körperlich fit zu machen, damit sie durch das nachfolgende Flugtraining nicht zu sehr erschöpft würden. Diese sogenannten Haus-Tauben (batini) wurden von Aussen-Tauben (zahiri) unterschieden, die ihre Einfluglöcher im oberen Teil des Taubenschlages hatten und wahrscheinlich am ehesten einer Feldtaube entsprachen. Wenn eine dermassen trainierte Innenhaustaube sich an ihren Schlag gewöhnt hatte und gut fliegen konnte, wurde sie sehr früh verpaart, um sie an ihren Heimatschlag und ihren Partner zu binden. Wie es heute noch bei der natürlichen Reisemethode praktiziert wird, wurde diese Botentaube von ihrem Partner getrennt und in einem Korb an immer weiter enfernte Orte gebracht. Die Taube wurde dann aufgelassen und kehrte dann so bald als möglich zu ihrem Partner und Schlag zurück (Viré 1960).
Durch genaue Beobachtung war Djahiz in der Lage, erste genetische Gesetzmässigkeiten zu formulieren. Er erkannte, dass Merkmale des Körpers wie auch des Verhaltens von den Elterntieren auf deren Nachkommen übergehen[738]. Er schilderte, nach welchen Rassenstandards die arabischen Tauben vor über 1200 Jahren gezüchtet wurden und war der Überzeugung, dass die Rassenreinheit einen wichtigen Einfluss auf die Leistung einer Brieftaube ausübte. Der Charakter (Physiognomik) einer Taube wurde auf Grund von vier Eigenschaften beschrieben.

1. *Die äussere Gestalt: Eine angemessene Halslänge, die Ausgewogenheit der verschiedenen Körperteile, die allgemeine Harmonie, die Wölbung des Kopfes, die Breite der Nasenlöcher, die Schönheit der Augen, die Kleinheit des Schnabels, die Breite der Brust, die Grösse des Kropfs, die Stärke der Sehnen, die Wölbung der Schenkel, die Feinheit und die Leichtigkeit des Schwanzes, die Klarheit der Augen und die Reinheit ihrer Färbung, die Spannweite der Flügel, die Fusslänge, die Regelmässigkeit der Schwungfedern.*

2. *Die Morphologie: Eine gute körperliche Konstitution, die Festigkeit der Haut, die Muskelkraft, die Härte der Steuerfedern, die Weichheit der übrigen Federn, die Festigkeit des Schnabels.*

3. *Das allgemeine Verhalten: Ein würdiger Gang, ein
reiner Blick, ein ausgezeichnetes Sehvermögen,
langdauernde Aufmerksamkeit, langsame Drehung
des Kopfes, Kaltblütigkeit im Falle der Gefahr,
Schnelligkeit im Wegfliegen und Bedächtigkeit
beim Körnerpicken.*

4. *Die Bewegungen: Die ideale Brieftaube muss in
der Lage sein, in sehr grosser Höhe zu fliegen, in
regelmässiger Weise, bei ausgebreiteten Flügeln
beidseitig im körperlichen Gleichgewicht; sie muss
vorwärts kommen beim Segeln ohne brüske Bewegungen, das Ziel gradlinig anvisieren können,
ohne um die Orientierungspunkte herum zu
fliegen, und schliesslich, während des Fluges
genügend Atem haben.*
(Al Djahiz, Hayawan III, 270)

*Und wenn wirklich ein Männchen von den gewöhn-
lichen Tauben ein Weibchen begattet, so hat es
einen Anteil an der Nachkommenschaft, und es
treten Mängel bei ihr auf, weil das Ei auf jene Befruchtung zurückgeht. Sie [die Taubenzüchter] haben
den Mutterschoss ihrer Frauen nicht so in Obhut
wie den der Taubenweibchen, die Junge edler Rasse
hervorbringen. Wenn man die Taubenzüchter sieht,
die die Tauben von dem Ziel, zu dem sie sie gebracht haben, auflassen, und diejenigen, die die
Tauben abrichten, wie sie die, die besondere
Zeichen tragen, auswählen, wie sie zuversichtlich,
aufrichtig und redlich sind und der Lüge und dem
Betrug abhold, wie sie ihren Sinn auf Leute von Erfahrung und eingehender Kenntnis richten, wie sie
freigiebig mit hohen Belohnungen sind und wie sie
zum Tragen ihrer Tauben Männer von Vertrauen,
Ausdauer, Güte, Scharfsinn und gutem Wissen auswählen, dann begreifen die Hähnebesitzer und
Hundehalter, dass sie in diesem Rennen nicht mit-
machen und sich mit dieser Vortrefflichkeit nicht
messen können.* (Al Djahiz, Hayawan III, 214)

Gute Brieftauben erzielten horrende Preise. Djahiz
bringt einige Beispiele dazu.
*Die Tauben besitzen einen solchen Wert und Ruhm,
dass eine einzige von ihnen für 500 Dinare verkauft
wird; diesen Preis erreicht weder der Habicht noch
der Gerfalke, weder der Sakerfalke noch der Adler,
weder der Pfau noch der Fasan, weder der Hahn
noch das Kamel und weder der Esel noch das Maul-
tier. Wollten wir eine Überlieferung feststellen, wonach ein Ross oder ein edles Pferd für 500 Dinare
verkauft wurde, so könnten wir sie nur in den Erzählungen bei der abendlichen Unterhaltung finden.
Will man aber den Betrag des Preises für eine ganz
vortreffliche Taube erfahren, so braucht man nur
nach Bagdad oder Basra zu gehen, um dies mühelos
feststellen zu können. Dort vernimmt man, dass von
Tauben, wenn sie von der besten Rasse sind, eine
männliche junge Taube für zwanzig Dinare oder
mehr verkauft wird, eine weibliche für zehn Dinare
oder darüber und ein Ei für fünf Dinare. Ein Pärchen
von ihnen bringt so viel ein wie ein Landgut, so dass
man damit den Lebensunterhalt für eine Familie be-
streiten, Schulden bezahlen, sich von ihren Erträgen
und Preisen schöne Häuser bauen und einträgliche
Läden kaufen kann. Zu gleicher Zeit ist dies ein
wunderbares Vergnügen, ein gefälliges Schauspiel,*

*eine Unterweisung für die, die nachdenken, und ein
Hinweis für den, der [die Dinge] prüft.*
(Al Djahiz, Hayawan III, 212 nach Pellat 1967, S. 241)

Die Perfektion der Botentaube

Djahiz berichtet von Syrern, die den Brieftaubensport mit grosser Leidenschaft pflegten.

*Wer [in die Gegend von Antiochia] kommt und die
Taubenschläge erblickt, die in syrischen Landen für
sie gebaut wurden, und sieht, wie jene Erträge ver-
wahrt werden und jener Lebensunterhalt behütet
wird, und wer die Taubenzüchter beobachtet [der
kann nur staunen], wie sie an den Tagen, an denen
die Tauben aufgelassen werden, grosse Mühen auf
sich nehmen, sie auf ihren Rücken zu tragen, nachdem sie in Schiffen transportiert wurden, wie sie in
den Häusern abgesondert werden, wie sie zusammengebracht werden, wenn es gegeben ist, und
wie sie getrennt werden, wenn es gelegen ist, wie
die Weibchen von den Männchen weggeschafft
werden und wie die Männchen von den Weibchen
weg zu anderen hingeführt werden, wie eine Ent-
artung befürchtet wird, wenn sie ihrer Abstammung
nach zu eng miteinander verwandt sind und wie
man um die Reinerhaltung der Rasse besorgt ist vor
Eindringlingen von draussen, die die Nachkommenschaft verschlechtern könnten.*
(Al Djahiz, Hayawan III, 212 nach Pellat 1967,
S. 241–242)

137

190

737 1 farsakh entspricht etwa
5 km
730 Al Djahiz, Hayawan III, 164

**Abb. 190: Die Horse-
mantaube ist ein ur-
sprünglicher Typus der
orientalischen Boten-
taube.**

**Schneller als der Blitz, flüchtiger als die Wolke –
die arabische Taubenpost**

*Die Brieftauben sind Pfeile, die an's Ziel gelangen,
trotz des Widerstandes, welche ihnen die Wolken
entgegensetzen; man hat sich nicht getäuscht, als
man sie die Propheten unter den Vögeln nannte,
weil sie, ähnlich den Propheten, mit Schriften abgesandt werden.*
(Tadj-eddin ben-Ahmed ben-Elathir nach Sabbagh 1879)

Um ein eigentliches Taubenpostsystem aufzubauen, bei dem Botschaften jederzeit und über grosse Gebiete zu übermitteln sind, braucht es zum einen hochdomestizierte Brieftauben von besten Eigenschaften, die auf Ausdauer, guten Orientierungssinn und eine starke Heimbindung gezüchtet wurden. Ebenso wichtig ist der Mensch, der die Brieftaubenpost betreibt. Dazu ist ein grosses Wissen um die Aufzucht, das Training und die Handhabung der Brieftauben notwendig. Zusätzlich benötigt der Aufbau einer gut funktionierenden Taubenpost viel organisatorisches Geschick, damit jederzeit Tauben vorhanden sind, um mit Botschaften zu ihren Heimat-

191

Abb. 191: Der englische Carrier mit seinen auffälligen Augen- und Nasenwarzen war eine leistungsfähige Botentaube, bis sie durch die moderne Brieftaube verdrängt wurde.

schlägen zu fliegen. Der Aufbau von Taubenschlägen und deren Versorgung durch qualifiziertes Personal erfordert zudem hohe finanzielle Investitionen. Die Nahrung für hundert Tauben beispielsweise betrug täglich ein Viertel Waiba[739] Saubohnen[740]. Alle diese Anforderungen wurden von den Arabern bereits im 9. Jahrhundert erfüllt. Im 10. Jahrhundert war auch in Persien eine Brieftaubenpost unter den Samaniden allgemein in Gebrauch[741]. Die Brieftaubenstationen[742], die in regelmässigen Abständen von den Küsten des östlichen Libyen bis nach Tunesien reichten, ermöglichten die sichere Beförderung der Korrespondenz der Gouverneure von Aglabid. Der moderne Name der Stadt Hammamet[743] im heutigen Tunesien lässt sich auf eine solche Brieftaubenstation zurückführen.

In vielen überlieferten Fällen waren es auch Einzelpersonen, die für ihre eigenen, nicht immer dem Allgemeinwohl dienenden Zwecke eine Botentaubenverbindung im kleinen Rahmen oder nur für ganz spezifische Aufgaben aufbauten. Der Gründer der Qarmatensekte, Abdallâh b. Maimûn al-Qaddâh[744], verwendete Botentauben, um sich aus allen Teilen des Reiches Nachrichten bringen zu lassen, die er dann als seine Prophezeihungen ausgab[745].

Dem Allmächtigen seien Loblieder dargebracht, welcher dem sich in der Arche befindenden Noah den Gedanken eingab, eine Taube hinauszulassen, um sich durch diese vom Zustande der Erde zu überzeugen!

Treue Botin, die durch das augenscheinliche Zeichen, welches sie ihm mitbrachte, ihn erkennen liess, dass die Gewässer der schrecklichen Sintfluth, mit welcher die Erde bedeckt waren, sich noch nicht ganz verlaufen hatten. Unendliche Lobpreisungen mögen an den Schöpfer aller Wesen gerichtet sein, der, indem er den Menschen über alle anderen Thiere durch die Vernunft und Sprache erhob, dennoch jeder Gattung Talente und Vorzüge ertheilte, welche sie unserer Sorgfalt würdig macht! Mögen unsere erkenntlichen Herzen ihm den Ausdruck unseres Dankgefühls ebenso lange darbringen, als man das zarte Girren der Tauben und das Ruchsen der Zugtaube vernehmen wird! (Sabbagh 1879)

Mit obenstehender Einleitung beginnt der arabische Schriftsteller Michel Sabbagh zur Zeit Napoleons I. seine Betrachtungen über die Taube. In poetischen Worten beschreibt er den Gebrauch der Botentaube als postillon d'amour.

Zärtliche Taube, beschleunige deinen Flug zu meiner Geliebten und beeile dich, um mir ihre Antwort zu überbringen, denn die Liebe hat meine Sinne verwirrt.

Das Papier dieses kleinen Briefes ist mir ebenso lieb, als das Weisse meiner Augen, und diese darauf von meiner Hand gefertigten Züge sind mir ebenso kostbar, als meine Pupillen. Lebe wohl, zärtlicher, gefühlvoller Bote. (Sabbagh 1879)

In seinem Kapitel III «Von Demjenigen, welcher den Gebrauch, sich der Tauben zum Befördern brieflicher Nachrichten zu bedienen, zuerst eingeführt hat, und von denjenigen Personen, welche später seinem Beispiele gefolgt sind» sieht Sabbagh in Noah den ersten Menschen, der die Taube als Botin verwendet:

Nach Noah bedienten sich die Bewohner Sodom's und derjenigen Städte, welche vom himmlischen Feuer zerstört wurden, wie behauptet wird, ebenfalls der Tauben, um sich gegenseitig ihre Botschaften zu übersenden; es wird dies wenigstens auf das Zeugniss des Ebn-Sofyan Thauri versichert. Dieser Gebrauch hörte aber mit dem Untergang dieser, durch die himmlische Rache zerstörten Städte wieder auf, und es war bis zur Zeit des Almelic aladel Nur-eddin Mahmud, des Sohnes des Zenghi, nicht mehr die Rede davon. (Sabbagh 1879)

Die Taube wurde laut Sabbagh vor allen anderen Vögeln als Botin ausgewählt. Dank ihrem natürlichen Instinkt bringt sie denjenigen, welche ihr Sorgfalt angedeihen lassen, ein unverbrüchliches Zutrauen ent-

138

gegen, und wenn man ihr eine Botschaft übergibt, so entledigt sie sich derselben getreu und überbringt sie binnen kurzer Zeit in die Hände derjenigen Person, an die sie gerichtet ist, läge selbst eine grosse Entfernung dazwischen.

Die Tauben, welche Briefe befördern,
sind ein Wunder der göttlichen Allmacht,
das werth ist, von uns angestaunt
und gepriesen zu werden.
(Abu'lkasem nach Sabbagh 1879)

Nach Meinung der Bewohner des Irak ist die weisse Taube mit dem Kragen[746] diejenige, welche am leichtesten zahm wird und sich am besten züchten lässt; sie sollte für den hier in Betracht kommenden Zweck bevorzugt werden. Sie ist begierig und sehr intelligent und trägt Briefe, ohne dagegen Widerstreben zu zeigen und ohne sich unterwegs aufzuhalten. Einige Gelehrte haben gesagt, dass ihr natürlicher Instinkt sie zu ihrem Neste zurückführt und

wähnte irakische Taube hin. Sie repräsentiert den Urtyp der orientalischen Botentaube und war nach Levi wahrscheinlich die erste Rasse, die in England als Botentaube und für Wettflüge eingesetzt wurde. Noch zu Beginn des 18. Jahrhunderts schrieb Bechstein (1805) über die Columba eques, die Rittertaube oder Horsemantaube: «Sie sind sehr fruchtbar und werden gern zu Briefträgern gebraucht, und heissen daher Brief- und Posttauben». Aus ihr entstand später die Columba tabellaria, der englische Carrier, der im 18. Jahrhundert als «König der Tauben» bezeichnet wurde (Abb. 191). Der Carrier mit seinen auffälligen Nasen- und Augenwarzen wurde als zuverlässige und schnelle Botentaube eingesetzt, die später von der modernen Brieftaube verdrängt wurde. Einen weiteren sehr alten Typus der orientalischen Taubenrassen repräsentieren die Wammentauben, von denen einige Typen als Botentauben, andere als Sturzflieger verwendet wurden[749]. Die Beiruter Botentaube, von der die heutige syrische

[739] entspricht 8,25 kg
[740] Makrizi nach Spies 1967
[741] Spies 1949, S. 17
[742] marakiz al-hamam
[743] al-Hamamat = die Tauben
[744] gestorben 875
[745] Spies 1949, S. 17
[746] Hamam Yamam, Kragen = Halsschiller (Mischung des Gelben, Roten, Schwarzen und anderer Farben um den Hals der Taube), Sabbagh 1879
[747] Diese Angabe ist stark übertrieben, da 1000 Parasangen (Wegstunden) rund 5000 km entsprechen.
[748] Levi 1981, S. 56–57
[749] Reber, pers. Mitt.
[750] Möbes 1942c

139

192

selbst, wenn sie 1000 Parasangen[747] davon entfernt wäre. Nach dem Ausspruch des Imans Schafei fliege die Taube besser als jeder andere Vogel; sie liebe ihre Wohnung absonderlich und kehre stets zurück, um denjenigen Ort aufzusuchen, welchen sie bewohnt hatte und wäre es auch erst nach Ablauf eines Monats. (Sabbagh 1879)

Leider lässt sich heute nicht mehr genau feststellen, welche Rassen im vorderen Orient als Botentauben verwendet wurden. Wir können aber davon ausgehen, dass lokal verschiedene Rassen zur Nachrichtenübermittlung gezüchtet und eingesetzt wurden. Diese arabischen Botentauben könnten schon zur Zeit der Kreuzzüge nach Europa gelangt sein. Die Horsemantaube stammt ursprünglich aus Persien, wurde aber auch in der Türkei und in Ägypten als Botentaube eingesetzt[748] (Abb. 190). Ihr auffälliger Halskragen weist auf die von Sabbagh (1879) er-

Wammentaube abstammt, verfügte über hervorragende Flugeigenschaften und grosse Ausdauer. Sie wurde besonders in Ägypten und Palästina als Botentaube verwendet[750] (Abb. 192). Die Basraer Wammentauben mit ihren auffälligen Halskragen sind ebenfalls sehr leistungsfähige Flugtauben, die nach Tabche (pers. Mitt.) im Südostirak Nonstopflüge von 300 km bewältigen sollen.

Mit der Eroberung Palästinas durch islamische Völker im 11. und 12. Jahrhundert war eine Gefährdung der abendländischen Pilger und damit der freien Entfaltung des Christentums eingetreten. Es begann das Zeitalter der Kreuzzüge, das die Entdeckung der morgenländischen Wissenschaft und Kultur mit sich brachte. Dazu gehörte auch ein hochentwickeltes Nachrichtensystem durch Botentauben. Die Türken kannten den Gebrauch der Brieftaube zur Nachrichtenübermittlung schon sehr früh. Im Jahr 1098, zur Zeit der Kreuzzüge, wurde der Befehlshaber des tür-

Abb. 192: Einen weiteren Typus der orientalischen Botentauben repräsentieren die arabischen Wammentauben. Die syrische Wammentaube (links) wurde ursprünglich als Beiruter Botentaube bezeichnet, die Basraer Wammentauben mit ihren auffälligen Halskragen lassen an die Beschreibung der irakischen Botentaube von Sabbagh denken.

kischen Schlosses Hasar in den Nähe von Edessa, von seinem Oberherrn, Rodvan von Aleppo, wegen Ungehorsams angegriffen und konnte weder allein widerstehen, noch von irgendeinem seiner Glaubensgenossen Beistand erhalten. In seiner Not verband er sich mit dem Herzog von Lothringen, dem Mächtigsten unter den Kreuzfahrern. Der Geschichtsschreiber Friedrich von Raumer berichtet dazu Folgendes:

Inzwischen hatte Rodvan die Feste Hasar mit 40 000 Mann umlagert, und die Franken wussten nicht, wie die nöthige Nachricht von dem geschlossenen Bündnisse dahin gelangen könnte, als die türkischen Gesandten zu ihrem Erstaunen Tauben hervorzogen, ihnen Zettel unter die Flügel banden und sie dann mit der Versicherung fliegen liessen, dass hierdurch die Kunde gewiss zur Burg gelangen und der Emir in der Hoffnung des Entsatzes widerstehen werde. (Friedrich von Raumer 1840 nach Löper 1879)

Dies geschah auch, und der gerettete Emir gelobte den Christen Treue und übergab ihnen die Burg. Von grösserer Bedeutung war eine Kriegslist, die die Kreuzfahrer im Jahre 1124 ausübten und die wesentlich dazu beitrug, dass sie die wichtige Handelsstadt Tyrus erobern konnten (Löper 1879). Während sie diese Stadt gemeinsam mit den Venetianern belagerten, fiel eine durch Geschrei der Truppen schüchtern gemachte Taube in ihre Hände, die einen Brief von Sultan Togthekin aus Damaskus trug. Er benachrichtigte die Belagerten, dass er zu ihrer Unterstützung in schnellem Vordringen begriffen sei. Die Kreuzfahrer nahmen diesen Brief an sich und ersetzten ihn durch einen anderen, in dem Togthekin den Belagerten sagen liess, dass er nicht helfen könne und sie deshalb mit den Franken verhandeln sollten. Dieser, durch den geflügelten Boten nach Tyrus beförderte Brief gab darauf den ersten Anstoss zur Übergabe der Stadt.

Torquato Tasso, der im 16. Jahrhundert als Poet am Hofe des Fürstenhauses der Este in Ferrara lebte, erwähnte in seinem Epos «Das befreite Jerusalem»[751] eine Brieftaube, die von einem Greifvogel verfolgt, mitten in das Heer der Christen fiel und einen Brief trug. Dieses Ergeignis fand tatsächlich in der Nähe von Akkon statt[752]. Der Brief enthielt den Rat für die Belagerten, dem Heer der Franken noch fünf Tage zu widerstehen, bis dahin würde der Entsatz eingetroffen sein. Es ist nicht bekannt, ob die Kreuzfahrer diese Technik der Nachrichtenübermittlung in ihre Heimat mitgenommen haben, denn im westlichen Abendland ist der Gebrauch von Botentauben erst im 15. Jahrhundert nachweisbar.

Der Einsatz von Botentauben spielte auch im Konflikt zwischen Normannen und Arabern eine wichtige Rolle. Der Normannenfürst Roger II. eroberte 1148 die nordafrikanische Stadt Gabes, die nach Schack (1889) die Ursache für einen Konflikt mit Hassan, dem Fürsten von Mahdia war. Jussuf, den Roger als Oberherrn von Gabes mit fürstlicher Gewalt versehen hatte, schickte einen Abgesandten an den Hof von Palermo, der dort mit einem Agenten von Hassan zusammentraf. Die beiden gerieten in einen heftigen Streit, wobei sich der Gesandte Jussufs in Schmähungen gegen Hassan, den Fürsten Mahdias, ergoss. Hassans Agent benachrichtigte Hassan durch Botentaubenpost (Distanz Palermo–Mahdia 360 km), der sofort Befehl gab, dass Schiffe auslaufen sollten, um den Abgesandten von Jussuf gefangen zu nehmen. Der Anschlag gelang und Jussufs Gesandter wurde bei seiner Rückkehr von Palermo nach Gabes abgefangen und in Mahdia vor Hassan gebracht, der ihn töten liess. Zusätzlich schickte er ein kleines Heer nach Gabes gegen Jussuf, den von Roger eingesetzten Oberherrn, und lieferte ihn seinen Feinden aus, durch die er einen martervollen Tod erlitt. Diese Provokation konnte sich Roger nicht gefallen lassen und er sandte unter dem Oberbefehl des Admirals Georg von Antiochia 250 Schiffe in Richtung Nordafrika. Als dieser auf der Insel Pantelleria, dem Stationsplatz zwischen Afrika und Sizilien, angelangt war, fand er dort ein medisches Schiff, das Hassan Bericht über etwaige feindliche Bewegungen der Normannen geben sollte. Als er einen Käfig mit Botentauben fand, zwang er den Kapitän, einen Bericht zu schreiben, die ganze normannische Flotte sei in Richtung griechischer Gewässer abgesegelt. Dieser Bericht wurde einer Taube um den Hals gebunden. Als diese Botschaft nach Mahdia gelangte, erregte sie dort grossen Jubel, der sich bald in Schrecken verwandelte, als gegen Ende der nächsten Nacht die sizilianische Flotte anlegte, Mahdia besetzte und Georg von Antiochia Vergeltung üben konnte.

Dieses Beispiel zeigt, welch wichtige Bedeutung das arabische Botentauben-Nachrichtensystem in Kriegszeiten hatte. Während in Europa vor allem Meldereiter und Meldeläufer wichtige Nachrichten überbrachten, waren diese Methoden im arabischen Raum wegen der grossen Distanzen, die durch lebensfeindliche Wüsten mit unberechenbaren Beduinenstämmen führte, nicht geeignet. Ein Bote ging zudem das Risiko ein, von seinen Feinden gefangen genommen zu werden, was bei einer Botentaube nicht möglich war. Voraussetzung für eine militärische Nutzung war ein flächendeckendes Netz von Botentaubenstationen, die fachgerecht versorgt und betrieben werden mussten. Taubenhaltung, vor allem die Haltung von Hochleistungstauben erfordert sehr viel Wissen und Fingerspitzengefühl. Die allgemeine Verbreitung der Taubenzucht sowie die grosse Liebe für die Taube und die Begeisterung für die Taubenzucht der Moslems bildete dafür eine optimale Grundlage.

Zu den Vorteilen der Brieftaube seien hier einige Zitate angeführt.

In der wunderbaren Schnelligkeit ihres Fluges eilen sie den Winden voraus, rasch wie ein Augenblick, tragen sie unter ihren Flügeln mit schleunigem Fluge Nachrichten herbei von dem, was sich zuträgt in Orten, die einen Weg vor der sonstigen Länge eines Monats entfernt sind. (Abu-Ahmed Kairowani nach Sabbagh 1879)

Die Tauben, welche Briefe befördern, entbinden die Boten davon, die Wüsten zu durchschreiten, und sie durcheilen diese, begleitet von den ihnen anvertrauten Geheimnissen, gleichwie unter ihren Schutz gestellte Gefangene. Im schnellen Forteilen machen sie dem Zephyr und dem raschesten Renner den Preis streitig und übertreffen beide; sie sind schneller als das Auge in seinen Bewegungen. Die Tauben befördern treulich das ihnen anvertraute Gut und

entledigen sich schnell ihres Auftrags, obgleich sie nicht zu unterscheiden wissen, was rechts und links ist, und obschon sie nichts davon verstehen, was ein Brief ist und was er enthält. Sie haben die Verpflichtung übernommen, treu zu sein, und haben deshalb die ihren Hals schmückende Krause erhalten; sie beschleunigen ihren Flug, um den Befehlen ihres allmächtigen Herrn zu gehorchen. Sie bekunden durch ihr Beispiel, dass Salomo für seine wichtigsten Geschäfte Gebrauch von Vögeln machte.
(Richter Mohy-eddin Ibn-Abd-aldhaher nach Sabbagh 1879)

Was ein reitender Bote in drei Tagen nicht verrichtet, tut die fliegende Taube oftmals gar in einer halben Stunde. (v. Troilo 1676[753])

Im arabischen Orient erreichte die Botentaubenzucht in der Abbassidenzeit (1100–1250) den höchsten Grad ihrer Vollkommenheit. Nach langen Kämpfen hatte sich Sultan Almalik aladel Nur-eddin Mahmud ben Zengi[754] sein Reich zwischen Ägypten und dem iranischen Hochland aufgerichtet und gefestigt. Ein ausführlicher Bericht über die arabische Brieftaubenpost des Nur-eddin stammt von Abu Sama's (gestorben 1268).
Ibn al-Atir sagt: Im Jahre 567 [1171 n.Chr.] befahl al-Malik al-Adil Nur ad-Din [Nur-eddin], die Brieftauben zu verwenden; sie sind die Überbringer von Nachrichten, die aus den entferntesten Ländern zu ihren Schlägen zurückfliegen. Daher wurden sie in all seinen Ländern verwendet.
Der Grund dafür war, dass seine Länder sich so ausgedehnt hatten und sein Reich so gross geworden war, dass es sich von der Grenze von Nubien im Süden bis zum Stadttor von Hamadan im Norden ausdehnte. Dazwischen lag nur das Gebiet der Franken. Die Franken – Gott möge sie verfluchen – haben manchmal einige Grenzfestungen überfallen; [aber] bis die Nachricht darüber ihn erreichte und er sich zu ihnen in Marsch gesetzt hatte, hatten sie bereits ihr Ziel teilweise erreicht. Daraufhin gab er diesbezüglich Anordnungen und schrieb sie an alle seine Länder; er bewilligte Ausgaben für die Brieftauben und ihre Züchter. Die Tauben verschafften ihm eine grosse Beruhigung. Denn die Nachrichten pflegten ihn sofort zu erreichen, da er in jeder Festung beauftragte Männer hatte, die Tauben aus der benachbarten Stadt bei sich hatten. Wenn sie etwas sahen oder hörten, schrieben sie es sofort nieder, hängten es an den Vogel und liessen ihn unverzüglich zu der Stadt, aus der er stammte, fliegen. Der Zettel wurde von ihm an einen anderen Vogel übertragen, der aus derjenigen benachbarten Stadt stammte, die auf dem Wege zu Nur ad-Din lag. So ging es weiter, bis die Nachrichten ihn erreichten. Dadurch wurden die Festungen geschützt, so dass, als eine Truppe von Franken eine seiner Festungen angriff, ihn die Nachricht noch am selben Tag erreichte. Da schrieb er an die jener Stadt benachbarten Truppen, sich zu sammeln und schnell dorthin zu eilen und den Feind zu überfallen. So taten sie und siegten, weil die Franken sich in Sicherheit wiegten, da Nur ad-Din von ihnen fern war. Gott möge Nur ad-Din gnädig sein und Wohlgefallen an ihm haben! Wie gut war seine Sorge für seine Untertanen und Länder!
Al-'Imad[755] berichtet: Nur ad-Din pflegte im Frühling

und im Sommer nicht in der Stadt zu wohnen, sondern war unterwegs, um die Festungen zu schützen und vor dem Schaden zu bewahren und um die Länder mit dem Schwert gegen den Feind zu verteidigen. Er erwartete mit Spannungen die Berichte über Ägypten und die dort herrschenden Zustände und die Wiederherstellung der Ordnung durch Beseitigung der Missstände. So beschloss er, die Brieftauben in Dienst zu nehmen und sie zum Fliegen abzurichten, damit sie ihm Nachrichten über die Länder überbrachten. Er beauftragte mich, Anordnungen an die Züchter zu schreiben und ihre Besitzer zu unterstützen. Damals war er ausserhalb von Damaskus, und sein Zelt stand in dem Tal al-Lawan. Zur damaligen Zeit hatten wir die Oberhand und griffen die Feinde an. Es war am 17. Du 'l-Qa'da desselben Jahres. Dann brachte er [al-'Imad] den Wortlaut der Verordnung, worin die Tauben folgendermassen beschrieben waren:
«Sie sind die Nachrichtenboten, ausgezeichnet durch die Gabe des Instinkts und der Eingebung; sie sind die Kuriere der Briefe, bei denen man sicher ist, dass sie sich nicht verspäten; sie erreichen das Ziel schneller als die Sturmwinde, sie tragen die schönsten Geheimnisse in kürzester Zeit zum weitesten Ziel; sie überbringen mit sicherer Orientierung die wichtigsten Nachrichten sofort aus den entferntesten Stätten; sie ziehen auf ihrem Flug schnell mitten durch Wüsten und Einöden zu dem Land, sie dringen bei der Durchführung ihrer Absicht wie hölzerne Pfeile zum Ziel vor; sie durcheilen viele Parasangen [Wegstunden] und weite Strecken in kürzester Zeit; sie folgen so gehorsam und sorgfältig, wie es nur möglich ist; sie haben sehr oft den Grenztruppen gegenüber Angreifern und den Glaubenskämpfern für die Sache Gottes geholfen, indem sie die Nachrichten über die Ungläubigen von ihren Stellungen zu ihnen brachten, die Kriegslisten und Verstecke der Ungläubigen aufdeckten, mit den Botschaften der Gläubigen zu deren Vorboten und Streiftruppen hinter dem Feind flogen und ihnen die verborgenen Geheimnisse über die Lage der Ungläubigen verrieten; sie haben Glück im Fliegen, sind vor Straucheln und vor Gefahren sicher; sie sind auf ihren Flügen richtig orientiert und hüten die Geheimnisse; sie fliegen auf schnellstem Weg zu ihren Schlägen; sie ziehen los mit bestimmten Zielen und bringen den Gläubigen die Nachrichten über die Ungläubigen. Ich sage: Dies alles sind schöne Beschreibungen und hübsche Worte. Mir wurde auch berichtet, dass al-Qadi al-Fadil – Gott sei ihm gnädig – die Tauben mit noch schöneren und treffenderen Ausdrücken als diese beschrieben habe, als er sagte: 'Die Vögel sind die Engel der Könige'. Damit weist er darauf hin, dass ihr Herabfliegen aus der Luft zu den Königen dem Herabsteigen der Engel vom Himmel zu den Propheten gleichkommt. Hinzu tritt ihre grosse Zuverlässigkeit, da sich kein Verrat ihrerseits denken lässt. Deshalb ist seine Beschreibung treffend, seine Ausführungen ausgezeichnet und richtig. Darin ist er Autorität und kennt sich am besten aus. Gott möge allen gnädig sein!»
(Abu Sama's, Kitab ar-Raudatain, 1, 2 Kairo 1962, 520–522 nach Spies 1967)

Nur-eddin führte im Jahre 1169 die ersten Tauben aus Mosul nach Äypten ein[756] und hatte sein Brief-

[751] 18. Gesang, Verse 49–52
[752] Löper 1879
[753] Frz. Ferd. v. Troilo, Orientalische Reisebeschreibungen, Dresden 1676, S. 465 nach Spies 1967
[754] König der Gerechtigkeit, Licht der Religion, Mahmoud Sohn des Zengi
[755] gestorben 1201, Sekretär von Nur-eddin

taubennachrichtensystem im Jahre 1171 fertiggestellt. Diese Taubenpost betrieb er bis zu seinem Tod sehr erfolgreich. Nur-eddins Verdienst war vor allem der systematische Auf- und Ausbau der Taubenpost als reguläres Mittel der Nachrichtenübermittlung.

Im Jahre 1179 erneuerte Kalif Abbasi Ahmed Naserlidin-allah die von Nur-eddin aufgebaute Taubenpost. Dieser hatte eine solche Leidenschaft für die Tauben, dass er jedem Individuum einen besonderen Namen gab. Wenn er einen Brief absandte wurde die Taube persönlich als «Dieser, Sohn des …» oder «Diese, Mutter des …» genannt. Diese Taubenpost wurde derart erfolgreich zur Übermittlung von Nachrichten betrieben, dass der Preis für Tauben eine ausserordentliche Höhe erreichte, obwohl sich viele mit ihrer Aufzucht beschäftigten. Ein gut dressiertes Paar wurde zu dem horrenden Preis von bis zu 1000 Goldstücken verkauft.

Zweiwegtauben

Sabbagh schildert in einem eigenen Kapitel die Aufzucht und das Training von Zweiwegbrieftauben, die zwischen zwei Orten hin- und herfliegen. Als Rasse empfielt er die weisse Tauben mit der Halskrause, weil sie einen feineren Instinkt als andere habe. Nach dem Schlüpfen der Nestlinge wurden diese von ihren Eltern getrennt und von Hand gefüttert. Sabbagh gibt nun eine genaue Anweisung, wie die Tauben zahm gemacht werden.

Wenn Ihr glaubt, dass es genug [Futter] erhalten habe, so nehmt Wasser in Euern Mund, haltet das Täubchen mit beiden Händen fest und steckt seinen Schnabel in Euern Mund. Ihr müsst dies so lange wiederholen bis es Euch scheint, dass es genug getrunken habe, wonächst Ihr es vor Euch stellt und

mit ihm spielt. Ihr geht vor ihm, damit es Euch folge, dann geht Ihr auf es zu. Ihr müsst Sorge dafür tragen, diese Übung zwei oder dreimal täglich zu wiederholen, sei es, dass Ihr selbst es thut, sei es, dass Ihr damit diejenige Person beauftragt, welcher Ihr die Sorge des Züchtens übertragen habt. Der Zweck dieser Übung ist, das Thier vertraut zu machen und es daran zu gewöhnen, sich ihm nähern zu lassen. (Sabbagh 1879, S. 19–20)

Durch diese Methode wurden die Tauben auf den Menschen geprägt und konnten danach sehr einfach gehandhabt werden. Wenn die Tauben nun ein wenig flogen (um die vierte Lebenswoche), wurden sie bereits mit einem Partner zusammengebracht, der auf die gleiche Weise aufgezogen wurde. Die Jungtauben wurden nun wieder von ihrem Partner getrennt, an den zweiten Ort gebracht und unter Verschluss gehalten. Der Besitzer des neuen Ortes musste sie genau gleich versorgen wie an ihrem Heimatort und täglich mit ihnen spielen. Nach zwei Monaten wurde die Taube freigelassen und flog schnell wieder zu ihrem Heimatschlag. Nach Johnston (1992) findet die Prägung an den Heimatschlag zwischen der Entwöhnung in der 4. Woche bis zur 6. Lebenswoche statt. Genau in diesem Zeitbereich der Ortsprägung wurden die Jungtauben nach den Angaben von Sabbagh an den Zweitschlag gebracht. Es scheint deshalb durch diese Methode tatsächlich möglich zu sein, Brieftauben relativ zuverlässig zwischen zwei Orten hin- und herfliegen zu lassen. Um eine Zweiwegtaube mit einem Brief an ihren Bestimmungsort zu senden, wurde sie ausserhalb der Gebäude auf dem Feld in die Richtung des zweiten Schlages abgelassen. Mit einer zweiten Methode wurde die Zuverlässigkeit der Tauben noch zusätzlich verbessert.

Eine Vorsichtsmassregel, welche einige Personen beim ersten Male gebrauchten, bestand darin, den Brief an das Männchen zu befestigen, es von seinem Weibchen zu trennen und es mit einem anderen Weibchen abzusenden, das an demjenigen Orte, wohin man es absenden will, auferzogen ist und dort seinen gewöhnlichen Aufenthaltsort hat und das man kurz vorher hatte hinbringen lassen. Sobald das Weibchen an seinem Bestimmungsorte angekommen war, hielt man es zurück, schloss es ein und sandte das mit einer Antwort versehene Männchen allein zurück. Man wandte diese Vorsichtsmassregel, wie erwähnt, für's erste Mal an, damit die Tauben sich daran gewöhnten, fortzufliegen und wiederzukommen. (Sabbagh 1879, S. 23)

Versuche von Lipp (1996) haben gezeigt, dass es ohne weiteres möglich ist, Tauben zwischen zwei festen Standorten hin- und herfliegen zu lassen, ohne dass ein Bodentransport nötig wäre. Dies gelingt, wenn Brieftauben zuerst daran gewöhnt werden, ihr Futter nicht mehr im eigentlichen Schlag aufzunehmen, indem man sie zum Fressen in einen kleinen Schlag oder Voliere neben dem eigentlichen Schlag lockt. Ist dies begriffen, so wird dieser Futterschlag am Zielort aufgestellt. Die Brieftauben werden anfänglich zur Fütterung zu diesem Platz gefahren und anschliessend zum Heimflug aufgelassen (Abb. 260). In der Folge werden die Tauben dann zunehmend weiter vom Futterschlag weg aufgelassen,

142

Abb. 193: Zweiwegbrieftauben wurden in einem Projekt des Schweizer Armeebrieftaubendienstes erfolgreich auf immer grössere Distanzen trainiert. Hier wird eine gelb markierte Armeebrieftaube auf ihren Rückflug zu ihrem Heimatschlag aufgelassen.

193

doch liegen die Auflassorte in der Heimachse. Schliesslich kann man sie nach 4–6 Wochen Fütterungszeit neben dem Heimatschlag auflassen, die Tauben fliegen zum Futterschlag, fressen dort, erhalten eine Ruhezeit, und können anschliessend mit einer Meldung auf den Heimweg entlassen werden. Eine solche Pendelverbindung kann bis zu 40 km über längere Zeit betrieben werden. Erste Erfahrungswerte zeigen, dass Zweiwegdistanzen über 50 km problematisch werden, weil die Tauben dann wahrscheinlich mehr Nahrung verbrauchen, als sie zum Verzehr im Kropf heimtragen können. Mit seinen Zeiwegversuchen konnte Lipp (1996) auch zeigen, dass Brieftauben eine mentale Karte besitzen müssen. Wurden Zweiwegtauben an verschiedenen Orten freigelassen, orientierten sich hungrige Tauben recht genau zum Futterschlag hin, während satte Tauben heimwärtsgerichtet wegflogen und die entsprechenden Ziele auch mühelos fanden. Zudem flogen beide Gruppen im Durchschnitt gleich schnell, und es fanden sich immer wieder Tauben, die Fluggeschwindigkeiten bis zu 70 km/h aufwiesen. Diese hohen Geschwindigkeiten lassen keinen Spielraum für Umwege. Offensichtlich hatten die Tauben erkannt, wo sie etwa waren, wo Futter- und Heimatschlag lagen, trafen vor dem Abflug ihre Wahl und fanden die entsprechenden Ziele ziemlich direkt über unbekanntes Gelände. Mit diesen Resultaten konnte gezeigt werden, dass Tauben auf kognitiver Grundlage, d.h. mit dem Wissen des eigenen Standortes navigieren.

Hin- und Rückflüge der Brieftauben wurden früher allgemein angezweifelt. Tatsächlich unterhielt aber Dr. Don Ricardo Armas y Baker in Santa Cruz auf Teneriffa einen Brieftaubenschlag, von dem wechselweise Brieftaubenflüge von den gleichen Tauben nach Afrika und zurück, sogenannte Bumerangflüge, ausgeführt wurden[757].

Nach Sabbagh war es dem letzten Abbassidenkalifen Mostasem (1242–1258) in Bagdad sogar gelungen, Dreiwegbotentauben abzurichten. Dazu schreibt er:

Ich werde noch die folgende Nachricht hinzufügen, um mich vor Vorwürfen zu schützen, welche böse Zungen und durch Neid erregte schlechte Menschen erheben können, die etwa glauben, mich eines Irrthums zu bezichtigen, nachdem sie nach meiner Anleitung Tauben gezüchtet hätten und durch sie Briefe nach drei oder gar einer grösseren Anzahl Orte befördern lassen wollten. Dies ist thatsächlich eine sehr schwierige und oft sogar unmögliche Sache. Man muss sich damit begnügen, sie von demjenigen Orte fliegen zu lassen, woselbst sie aufgezogen sind und sich gewöhnt haben, nach demjenigen Orte, woselbst sie sich befanden, als sie noch jung waren. Wenn man sie jedoch daran gewöhnen will, Botschaften nach einem anderen Orte tragen zu lassen, so muss man sie an diesem Orte brüten lassen und sie in solcher Weise bei sich züchten, wie es oben geschildert ist. Dies ward thatsächlich in Bagdad so, aber doch nur selten gehandhabt, und die so gezüchtete Taube wurde mehr als das Doppelte des Preises der anderen verkauft. Um dazu zu gelangen, war man genöthigt, sie drei Monate oder länger an jedem der drei Orte, woselbst sie sich gewöhnen sollte, Botschaften tragen zu lassen; alsdann trug man sie, sobald ihre Ab-sendung nach einem dieser Orte geschehen sollte, ausserhalb der Stadt, in die Richtung jenes Ortes und liess sie dort, wie wir oben angedeutet haben, fliegen. Die Taube hat aber nicht einen Verstand erhalten, der ähnlich dem des Menschen ist, um drei verschiedene Orte kennen zu lernen und um, sobald man sie fliegen lässt, in der Absicht, dass sie sich nach einem dieser Orte begebe, ohne Irrthum auch wirklich dahin zu fliegen. Wenn dies dem Kalifen Mostasem in Bagdad, wie man behauptet hat, einige Male gelungen ist, so kann man daraus nichts weiter schliessen; die Ausnahme macht aber nicht die Regel aus. Es ist viel leichter, die Tauben mit Botschaften nach zwei verschiedenen Orten auszusenden, wie wir es vorstehend auseinandergesetzt haben. Sie machen alsdann an einem Tage 1000 Parasangen und mehr.
(Sabbagh 1879, S. 26–27)

Diese Angabe scheint etwas übertrieben, da diese Distanz von 1000 Parasangen etwa 5000 km entspricht (1 Parasange = 1 Wegstunde = ca. 5 km) und eine gute Brieftaube vielleicht pro Tag im Mittel etwa 500 km zurücklegen konnte.

Bis zur Regierung des Kalifen Abbasi Mostasem-billah, der den Thron im Jahre 1242 bestieg, konnte die arabische Taubenpost erhalten werden. Als im Jahre 1249 Saint Louis in Damietta landete, soll sich der Himmel einen Moment lang durch die Wolke von Botentauben verdunkelt haben, die von den Einwohnern freigelassen wurden, um den Sultan vor der Gefahr zu warnen[758].

Die Eroberungen durch Mongolen führten im Jahre 1258 zum Untergang des Brieftaubenpostsystems im mittleren Osten und in Palästina. In der Folge eroberten Timur, der Tartarenherrscher, und später die Türken das Land, unter deren Herrschaft die Taubenpost vorläufig vergessen blieb.

Der Mameluke Baybars (1259–78) machte Kairo zum Zentrum der Taubenzucht. Beinahe 2000 Tauben trugen das staatliche Symbol und nur der Sultan selber durfte die Botschaften öffnen, die ihm unmittelbar nach ihrer Ankunft von einem Taubenoffizier überbracht wurden. Nach dem Bericht von Makrizi und Soyuti wurden die Mitteilungen auf speziell dünnes «Vogelpapier» geschrieben, das bei guten Nachrichten parfümiert wurde. Überbrachte die Botentaube schlechte Nachrichten, wurde sie mit Russ geschwärzt. Die Mitteilungen enthielten weder Datum noch das Jahr sondern nur den Tag und den Monat um keine wichtigen Informationen zu verraten, wenn die Nachricht in die falschen Hände fiel. Am Schluss trugen die Botschaften die Formel: «Allah ist Führer genug». Die Mitteilung wurde dann ohne Angabe einer Adresse so an einer Schwungfeder befestigt, dass der Flug nicht behindert wurde. Sicherheitshalber wurde dieselbe Botschaft zwei Tauben mitgegeben. Wurde die Taube von einem Moslem aufgefunden, war dieser verpflichtet, die Taube zu versorgen und sie mit einer entsprechenden Notiz wieder freizulassen[759]. Nach Viré (1960) waren arabische Langstreckenbotentauben[760] in der Lage, in einem Flug den Weg vom Bosporus nach Basra (2070 km), von Kairo nach Damaskus (615 km) und von Tunis nach Kairo (2150 km) zurückzulegen. Entsprechend hoch waren die Preise. Für eine besonders schnelle Taube wurden 700 Dinar bezahlt, eine

[756] Spies 1967
[757] Zurth 1962, S. 49–50
[758] Viré 1960
[759] Viré 1960
[760] samuiwiyyat, nakkazat = himmlische Speere

143

Langstreckentaube, die von Konstantinopel nach Basra fliegen konnte, kostete bis 1000 Dinar. Das Ei einer wegen ihrer Schnelligkeit berühmten Taube erreichte 20 Dinar (Spies 1967).

Während die Taubenpost in Bagdad durch das Eindringen der Tataren im Jahre 1258 sowie später der Türken vollständig in Vergessenheit geraten war, konnte sich dieses Nachrichtensystem in Ägypten und Syrien erhalten und weiter entwickeln. Im ausgehenden 12. Jahrhundert war die Botentaubenzucht vor allem ein edler Sport der Reichen und Vornehmen, wie z.B. von Juristen und Kadis (Spies 1967). Die Tauben waren auch eine wichtige Handelsware. Als Diener von Brieftaubenliebhabern oder als Gehilfen von Züchtern wurden nach Spies (1967) Verschnittene (Kastraten) angestellt, «weil dies fast das einzige Handwerk war, zu dem sie taugten». Im Spätmittelalter wurden in Ägypten

194

Abb. 194: Brieftaubenpostsystem der Araber, die Schläge waren in Türmen angelegt, die durchschnittlich 63 km auseinanderlagen, im Vordergrund ein Meldehund.

Brieftauben zu verschiedensten Zwecken eingesetzt (Spies 1967). Als 1326 der grosse Aufstand in Alexandrien ausbrach, übermittelte der Wali diese Nachricht dem Sultan in Kairo durch Taubenpost. Wenn Schiffe in Alexandrien einliefen, unterrichteten Brieftauben den Sultan über die angekommenen Personen und Waren, worauf dieser dem Statthalter seine Weisungen erteilte. Um das Jahr 1450 bestand ein ziviles und militärisches System von Botentaubenpoststationen, das bis 2000 km entfernte Orte miteinander verband und von Kairo bis Behesni reichte. Eine in der Nationalbibliothek in Paris aufbewahrte Handschrift «Spiegel oder Gemälde der Mamelukischen Sultane in Ägypten des Wesirs Khalil ben Schahi Dhaher» enthält genaue Einzelheiten dieses Taubenpostsystems[761]. Weitere ergänzende Informationen liefert der Schriftsteller Makrizi[762]. Die Mamelukensultane errichteten ein Nachrichtensystem auf der Basis von Taubenstationen, das durch einen schnellen Informationsfluss die öffentliche Sicherheit und Ruhe gewährleisten sollte. Nach Spies (1967) reorganisierte Al-Malik az-Zahir Baibars (1259–1278) das Postwesen, indem er entlang der Hauptverkehrswege seines Reiches in gewissen Abständen Reitknechte und Pferde stationierte. Neben der Pferdepost wurde auch eine Brieftaubenpost eingerichtet. Kairo wurde mit 1900 Tauben zum Zentrum der Brieftaubenzucht. Die Schläge wurden in Türmen angelegt, die im ganzen Reich in Abständen von durchschnittlich 63 km erbaut wurden (Abb. 194). Die kürzeste Distanz zwischen zwei Taubenstationen betrug 37 km, die längste 165 km.

Laut Makrizi[763] war die Zitadelle von Kairo die Zentralstelle, daneben gab es ausserhalb noch den Taubenschlag von Barqiya, der als Burg al-Fayyum bekannt

war. Dieser wurde von Emir Fahraddin eingerichtet, um Nachrichten zu empfangen und abzusenden. Von der Zitadelle aus verlief die Taubenpost nach Alexandria und Suwais (Suez) an der Pilgerstrasse. Von Kairo auf dem Weg nach Syrien war die erste Station in Bilbais, einer unterägyptischen Stadt am Rand der Wüste. In jedem ägyptischen Verwaltungsbezirk gab es Posttauben, ebenso in Syrien und in den Grenzfestungen bis zum Euphrat.

Jedes Taubenhaus hatte seinen Vorsteher und seine Wärter, die abwechslungsweise die Ankunft der Tauben abwarteten. Zusätzlich gehörten zu jeder Taubenstation Knechte und Maultiere, die die Tauben an ihre Auflass-Station transportierten. Die Tauben flogen von einer Station zu ihrem Turm. Der Taubenwärter nahm den Brief und befestigte ihn am Flügel einer anderen Taube und so weiter, bis die letzte Taube am Bestimmungsort des Briefes beim Sultanspalast ankam[764]. Dann brachte der Wärter die Brieftaube zum Chef der Geheimkanzlei, und dieser ging damit zum Sultan. Der Sultan nahm den Brief ohne eine Mittelsperson eigenhändig ab. Wenn er beim Essen war, wartete man nicht, bis er fertig war, oder wenn er schlief, nicht, bis er erwachte, sondern er wurde sofort benachrichtigt. Die Tauben des Sultans hatten besondere Kennzeichen, Brandmale, die an ihren Füssen oder Schnäbeln angebracht waren.

Die von den Tauben beförderten Briefe enthielten nur einfache Nachrichten unter Angabe des Ortes, Tages und der Stunde, die unter dem Flügel befestigt wurden. Gute Tauben erreichten sehr hohe Preise und wurden «Boten der Könige» genannt. Als die Fatmiden Ägypten erobert hatten, richteten sie ein Taubenpostsystem ein und schafften besondere Fonds zu dessen Unterhalt.

In «Hans Schiltbergers Reise in die Heidenschaft» wird erzählt, was der bayrische Edelmann von 1394 bis 1427 als Gefangener der Türken und Mongolen in Kleinasien, Ägypten, Turkestan, der Krim und dem Kaukasus erlebte[765]. Schiltberger gibt darin eine interessante Schilderung des Standes des ägyptischen Botentaubensystems kurz vor seiner Auflösung.

Der ägyptische Herrscher schickt auch Tauben aus, die Briefe befördern, wohin er will. Er verwendet sie besonders dann, wenn er viele Feinde hat und fürchten muss, andere Boten können unterwegs aufgehalten werden. Die meisten Brieftauben lässt er von Kairo nach Damaskus fliegen, weil zwischen den beiden Städten eine grosse Wüste liegt. Ich will hier erklären, wie der Taubenverkehr vor sich geht. An jedem Ort, wo der Sultan es befiehlt, muss man für ihn ein Paar junge Tauben aufziehen, muss Zucker unter ihr Körnerfutter mischen und ihnen immer genug zu fressen geben, sie stets beisammen halten und niemals ausfliegen lassen. Haben sich die Vögel innig aneinander gewöhnt, bringt man den Täuberich zum Sultan und die Täubin bleibt allein zurück. Der Täuberich bekommt ein Zeichen angehängt, das kenntlich macht, aus welcher Stadt er stammt. Dann schliesst man ihn in einen besonderen Raum ein und gibt ihm keine Gefährtin mehr. Er erhält auch nur das nötigste Futter und das ohne die Beigabe von Zucker. Damit will man erreichen, dass er sich nach der Stätte sehnt, wo er aufgezogen wurde, und um so gewisser später dorthin zurückkehrt. Ehe er wieder losgelassen wird, bindet man ihm den

144

Brief unter den Flügeln fest. Kaum ist er frei, fliegt er geradewegs auf den Ort und das Haus zu, das er von früher kennt. Man ergreift ihn dort, nimmt ihm den Brief ab und gibt den Vogel seinem ersten Besitzer in Obhut.

Unter den europäischen Völkern machten die Türken von der orientalischen Einrichtung der Taubenpost am meisten Gebrauch. Sultan Soliman liess zwischen Konstantinopel und der 1541 von ihm eroberten Donaustadt Ofen (Budapest) eine Taubenpost einrichten. Den 1080 km langen Weg haben diese türkischen Brieftauben innerhalb von 24 Stunden zurückgelegt. Die Distanz von Konstantinopel nach Alexandrien (ca. 1100 km) bewältigten sie ebenfalls innerhalb eines Tages, wobei ihr Weg rund 500 km über das offene Mittelmeer führte[766]. Für eine gute Taube wurden in der Türkei zu dieser Zeit kaum weniger als 1000 Kremnitzer Dukaten bezahlt. Bei den Türken hat sich das Andenken an die Brieftauben in Dichtungen und sprichwörtlichen Redensarten erhalten. Ein älterer türkischer Vers lautet nach Löper (1879):
Zweifelnd, wo der Brief erscheine,
Irrt mein Auge in die Weite,
An der Türe hängt das eine,
Nach dem Fenster späht das zweite.

Im höheren osmanischen Stil sagte man im 19. Jahrhundert noch «einen Brief zufliegen machen» (itare etmek) und auf den «Flügeln der Eile» für «schleunigst»[767].
Im Orient konnte sich die Taubenpost noch lange erhalten. Der Reisende Pietro della Valla schrieb in einem Brief im Jahre 1619 aus Isphahan (Persien): «Ich erwarte aus der Provinz Babylon, wohin ich geschrieben habe, einige Tauben, welche Briefe befördern und die Tasso 'fliegende Boten' nennt. Man bedient sich derselben in Asien von den frühesten Zeiten bis zur Gegenwart.»
Über die Geschwindigkeit, mit der Brieftauben ihre Nachrichten im Orient übermittelten, gibt Volney Auskunft. Er beschreibt eine Taubenpost die von Aleppo aus Verbindungen nach Alexandretta (Eskanderun bei Antiochia) und Bagdad unterhielt.
Wenn man sich dieser Post bedienen wollte, so nahm man einige Paare Tauben, welche Junge hatten, und brachte sie zu Pferde nach demjenigen Orte, woher man Nachricht haben wollte, wobei man die Vorsicht gebrauchte, ihnen die Augen frei zu lassen. Wenn dann Nachrichten ankamen, so band der Correspondent einen kleinen Brief an den Fuss der Taube und liess sie fliegen. Die Taube, ungeduldig ihre Kleinen wieder zu sehen, eilte wie der Blitz davon und kam in 10 Stunden von Alexandretta [100 km] und in 2 Tagen von Bagdad [735 km] nach Aleppo. (Volnay, Voyage en Egypte et en Syrie pendant les années 1783–85 nach Löper 1879)

Nachdem räuberische Kurden die Tauben öfters heruntergeschossen hatten, soll diese Einrichtung nach Angabe von Volney aufgegeben worden sein.
Der dänische Reisende Carsten Niebuhr, der 1761–67 in Arabien Forschungen anstellte, teilt nach Löper (1879) in seinen Reisebeschreibungen mit, dass in verschiedenen Städten Tauben für briefliche Mit-

teilungen verwendet wurden, weil noch keine funktionierende Post mit regelmässiger Zustellung bestand. Kaufleute setzten Brieftauben ein, um ihren Familien von einer glücklich zurückgelegten Reise Nachricht zu geben. Niebuhr zitiert einen Kaufmann aus Bagdad, der auf jeder seiner Handelsreisen Brieftauben mitführte, die er im eigenen Hause erzogen und trainiert hatte. Er habe seine Tauben während der Reisen zu seinem Vergnügen frei fliegen lassen, damit sie sich die Gegenden einprägen konnten. Vielleicht handelte es sich dabei um eine Taubenrasse, wie sie heute von der Syrischen Wammentaube repräsentiert wird (Abb. 195). Noch heute nehmen syrische Züchter ihre Syrischen Wammentauben in einer Kiste mit sich und gehen an einen geeigneten Ort, wo diese freigelassen werden. Mit einem Pfeifsignal kann sie ihr Besitzer aus dem Flug zurückholen[768].

Die alten Perser sollen Tauben als Meldevögel in der Fischerei verwendet haben[769]. Wenn sie auf See genug Fische gefangen hatten und sich auf den Heimweg machten, liessen sie Tauben frei, denen sie bunte Bänder an die Füsse gebunden hatten. Damit verkündeten sie die baldige Ankunft der erfolgreichen Fischer. Daheim bereitete man alles für die Entgegennahme des Fangs vor. Die im warmen Klima Persiens leicht verderblichen Fische konnten auf diese Weise schnell in die Kochtöpfe wandern. Ein weiterer Hinweis findet sich bei Cheng Fu-li, einem chinesischen Richter am Obersten Gerichtshof, der im 9. Jahrhundert lebte:
Auf den persischen Seeschiffen hält man zumeist Tauben. Die Tauben können mehrere tausend Meilen fliegend zurücklegen. Sobald man eine Taube fliegen lässt, kehrt sie in einem Flug nach Hause zurück, als Bote guter Nachricht dienend.
(Che Fu-li nach Spies 1967)

Eine ähnliche Verwendung der Taube als Meldevogel berichtet der französische Reisende Moncony in «Moncony's ungemein und sehr curieuse Beschreibung seiner Reisen» aus dem Jahre 1697[770]. In den ägyptischen Städten Damiette und Bugas wurden Tauben noch um die Mitte des 17. Jahrhunderts folgendermassen verwendet.
Die Fluth kommt bisweilen am Tage zweimal, währt auch manchmal mehrere ganze Tage hindurch, kommt dann aber wiederum in 6 Wochen nicht einmal. Die Schiffe müssen deshalb die Zeit zum Auslaufen wohl beachten. Wenn sie hinausgegangen sind, so bringen die kleinen platten Schiffe, Germes genannt, ihre Waren nach Bugas, welches 12 Meilen von Damiette liegt. Sobald die Schiffe dort angekommen sind, werden etliche Tauben mit Briefen abgesandt, in welchen die Namen, der Ort und die Waren der Schiffer angezeigt werden. Später kommen die Tauben wieder zu ihren Häusern zurück.
Die Freude am Brieftaubensport hat sich im islamischen Kulturbereich bis in unsere Tage erhalten. Wie untenstehendes Zitat zeigt, sollen die Brieftauben Teherans noch in den achziger Jahren so zahlreich gewesen sein, dass sie sogar den Luftverkehr bedroht haben sollen. Vielleicht aber sollte nur die islamischste aller Leidenschaften, der Taubensport, als unislamisch und dem Volkswohl schädlich diskreditiert werden.

761 nach Löper 1879
762 nach Spies 1967
/63 nach Spies 1967
764 Makrizi nach Spies 1967
765 Grässel o.J.
766 Löper 1879
767 Löper 1879
768 O. Steinke, pers. Mitt.
769 Zurth 1962 ohne Quellenangabe, S. 47–48
770 nach Löper 1867

195

Abb. 195: Syrische Wammentauben können lernen, auf ein Pfeifsignal aus dem Flug zu ihrem Besitzer zurückzukehren.

Teheran, 28. Januar [AFP]. Aus dem Schlag in den Topf holen will der Iran die einheimischen Brieftauben. «Spielt nicht länger mit den Tauben, esst sie», lautete ein ultimativer Aufruf des islamischen «Stadt-Komitees» in Teheran, der am Dienstagabend durch ein Kommuniqué im iranischen Radio bestätigt wurde. Eine Woche bleibe den Taubenfreunden, um ihren «unislamischen und konterrevolutionären Aktivitäten» ein Ende zu setzen: «Entweder sie essen ihre Tauben selbst oder sie bringen sie in die Krankenhäuser zur Verpflegung von Kriegsgefangenen». Notwendig wurde diese drastische Massnahme, wie es scheint, nicht nur durch Versorgungsprobleme. Iranische Tauben gefährden vielmehr die Luftsicherheit. Die Vögel, so erklären die «Komitees» werden von den Düsen der Flugzeuge angesaugt, was dann zum Absturz der Maschine führen kann. (Frankfurter Rundschau, 29.1.1981)

sache: die Tauben haben einen solchen Respekt vor der Ka'ba, dass sie sich niemals, und nicht einmal eine einzige von ihnen, auf diesem Block niederlassen, es sei denn, dass sie während des Flugs von einem schweren Unwohlsein heimgesucht würden. Da also die Tauben sich dieses Wissen erworben haben, so sind sie wohl als allen andern Tieren überlegen zu betrachten; wenn dieses Phänomen hingegen auf den Instinkt oder die Inspiration zurückzuführen ist, so besteht ein grosser Unterschied zwischen einem inspirierten Tier und einem solchen, das es nicht ist. (Al Djahiz, Hayawan III, 193)

In verschiedenen Sprichwörtern und Legenden werden der Taube auch im Islam Eigenschaften wie Lieblichkeit, Treue und Anhänglichkeit zugeschrieben und der Moslem hielt sich gerne ein Taubenpärchen in einem Käfig als Hausgenossen. Im Islam wird die Taube vor allem wegen ihrer Leistungen und ihrer

Abb. 196: Die Tauben als Symbole des Friedens könnten hier den Gegensatz zwischen Gut (Taube) und Böse (Schlange) versinnbildlichen. Miniatur aus der arabischen Übersetzung von Galen's Antidotarium, um 1250.

146

196

Die Taube im islamischen Glauben

Der Islam ist ursprünglich vor allem aus dem Christentum und Judentum hervorgegangen und hat deshalb auch dessen Symbole übernommen und bewahrt. Da der schwarze Stein der Kaaba in Mekka ursprünglich ein Astarteheiligtum war[771], verwundert es nicht, dass die Tauben auch bei den Moslems im Bereich ihrer Moscheen absoluten Schutz geniessen. Nach Tabche (pers. Mitt.) stehen die Tauben heute noch in einem Radius von 7 km um die Kaaba unter absolutem Schutz. Ausserhalb dieses Bereiches dürfen sie gefangen und abgeschossen werden. Al Djahiz berichtet, dass die Tauben im Gegenzug die Kaaba auf ihre Art schonen würden:
Man erzählt sich – und die Einwohner von Mekka können uns davon Zeugnis ablegen – folgende Tat-

Schönheit verehrt. Im religiösen Bereich spielt sie als Symbol keine nennenswerte Rolle. In einer arabischen Übersetzung von Galen's Antidotarium aus dem 13. Jahrhundert sind Tauben und Schlangen dargestellt[772] (Abb. 196). Die Tauben als Symbole des Friedens könnten hier der Versinnbildlichung des Gegensatzes zwischen Gut (Taube) und Böse (Schlange) dienen.
Sehr wichtig für die religiöse Wertung der Taube im Islam sind die Noahtaube und die zwei Tauben, die Allah dem Propheten Mohammed sandte, als er sich in der Höhle vor seinen Verfolgern versteckte. Nach der islamischen Überlieferung schützte eine Taube Mohammed auf seiner Flucht von Mekka nach Medina[773] im Jahre 0 der islamischen Zeitrechnung (622 n.Chr.). Mohammed versteckte sich in einer Höhle in der Nähe von Mekka. Eine Taube, die in der Höhle

brütete, liess sich nicht stören. Seine Verfolger sahen die brütende Taube und ein Spinnennetz, das über den Höhleneingang gespannt war und gingen davon aus, dass das scheue Tier beim Eindringen eines Menschen sicher geflohen wäre. Sie suchten Mohammed dann nicht in dieser Höhle, und er entging ihnen dank der Taube[774].

Über Mohammed und seine Beziehung zur Taube sind von den Europäern unwahre Geschichten mit dem Zweck verbreitet worden, den Propheten Mohammed und damit den islamischen Glauben zu diffamieren. In der «Treatise on Domestic Pigeons» aus dem Jahre 1765 erzählt der anonyme Autor folgende Geschichte über die weisse Berbertaube, die heute Damascenertaube genannt wird (Abb. 197):
Mr. Moore sagt in seinem Columbarium[775], dass dieser Vogel [Mahomet] nichts anderes als eine weisse Berbertaube ist … Der Grund, wieso sie so genannt wurde, war, dass Mohammed, dem Propheten der Türkischen Religion und Autor des Korans, von verschiedenen Autoren wie Scaliger, Grotius und Sionita nachgesagt wurde, er habe folgende Strategie anwandt, um die leichtgläubigen Araber davon zu überzeugen, dass er sich häufig mit dem Heiligen Geist unterhalten hatte und von diesem seine Sendung als Prophet und die neuen Gesetze erhalten habe. Dazu nahm er eine junge Mahomet-Taube, die durch ihre unbefleckte weisse Farbe ihres Gefieders ein nicht ungeeignetes Symbol der Reinheit und der himmlischen Taube war. Diesen Vogel zog er von Hand auf und er brachte ihm bei, Nahrung aus seinem Ohr zu essen, was einfach zu bewerkstelligen war, besonders wenn er ihn mit Raps- oder Hanfsamen fütterte, an denen sich alle Tauben erfreuen. Dies tat er so lange, bis er häufig in seinem Ohr nach Futter suchte. Er schwindelte den Arabern vor, dieser Vogel sei der Heilige Geist, der ihm die Befehle des Allmächtigen und die göttlichen Gebote seines neuen Gesetzes einflüstere; und von dieser Zeit an wurde dieser Vogel nach ihm mit dem Namen Mahomet genannt.
(Anonymus, A Treatise on Domestic Pigeons, 1765, S. 140–142)

Die mittelalterliche moslemische Medizin schrieb dem Taubenfleisch wie auch dem Taubenkot therapeutische wie auch aphrodisische Eigenschaften zu[776], was wahrscheinlich auf antike Vorbilder zurückgeht. Sabbagh schildert die medizinischen Anwendungen der Taube folgendermassen:
Ihr Fleisch ist warm und trocken, es ist gut für die Nieren, erzeugt eine Menge Blut und ist ein bedeutendes Reizmittel. Ihr Blut, wenn es warm im Wasser angewendet wird, ist gut gegen Geschwüre und Schäden, welche bei diesen Organen vorkommen; es stillt auch das Bluten der Nase. Wenn man eine lebende Taube schlachtet und sie noch warm auf die Stichwunde eines Scorpions legt, so ist dies ein sicheres Heilmittel.
Der Mist der Taube ist äusserst warm; wenn man ihn im Wasser kochen und darin eine Person, die eine Harnverhaltung hat, zum Bade gebrauchen lässt und zwar beim höchsten Wärmegrade, welche sie ertragen kann, so wird sie eine sehr fühlbare Erleichterung verspüren; mit Essig versetzt, macht man daraus ein gutes Pflaster für die Wassersüchtigen. Gegen den Stein gebraucht man mit Erfolg ein Ge-

tränk, zu welchem zwei Drachmen Mist der rothen Taube und drei Drachmen Zimmet verwendet sind. (Sabbagh 1879, S. 13)

Die gewaltigen Scharen von Tauben, welche die sogenannte Taubenmoschee, die Bajesid-Dschami, in Istanbul bevölkern, sollen von Sultan Bajesid II. losgekauft und hier versorgt worden sein. Er war der Sohn des Eroberers von Konstantinopel und erbaute die Taubenmoschee um 1500[777]. Brütende Tauben im Bereich dieser Moschee stehen unter besonderem Schutz Allahs und dürfen nicht gestört werden. Der Sohn Abderrachman II. Mohammed, wurde im Jahre 852 im besetzten Spanien zum Sultan gewählt und betrieb in der Folge eine systematische Verfolgung der aufständischen Christen. Der Christ Gomes, der seit mehreren Jahren der Kanzlei des toleranten Vorgängers des Sultans Mohammed vorgestanden hat-

197

te, trat zum Islam über, um seine Stelle zu retten, da alle Christen aus dem Staatsdienst entlassen wurden. So lange Gomes Christ war, hatte er fast nie dem Gottesdienst beigewohnt, während er nun aus Opportunitätsgründen so genau in seinen Andachtsübungen wurde, dass ihn die Fukaha[778] als ein Muster an Frömmigkeit darstellten und ihn «die Taube der Moschee» nannten[779]. Diese kleine Geschichte könnte einen Hinweis darauf geben, dass bei den Moscheen in Spanien wie auch im übrigen islamischen Kulturbereich Tauben gehalten wurden, die dort ebenso regelmässig anzutreffen waren, wie der überraschend fromm gewordene Kanzler Gomes. Für die persischen Schiiten ist der Moharram, der erste Monat des Mondjahres, heilig. Die ersten 10 Tage sind der Klage geweiht. In einer Klageprozession wird eine weisse Taube auf einem Pferd mitgeführt. Diese Prozessionen und die persischen Passionsspiele steigern nach Hanson (1926) die Inbrunst der Gläubigen bis zum Fanatismus.

198

771 Sivestre de Sacy, Chrestomathie Arabe III, S. 76 nach Münter 1824
772 Antidotarium, Cod. Vindob. A. F. 10, folio 15 verso, Mosul oder Aleppo um 1250 nach Brandenberg 1982
773 Hidschra = Auswanderung
774 Hahn 1896. Eine ähnliche Geschichte wird auch von Maria erzählt, als sie auf der Flucht war.
775 John Moore war Apotheker und veröffentlichte im Jahr 1735 das erste Buch über Haustauben, in dem er 28 der damaligen Taubenrassen genau und sorgfältig beschrieb.
776 Viré 1960
777 Werth 1935
778 Islamische Theologen
779 Eulogius, Memor. Sanct. 1

Abb. 197: Die Damascenertaube oder die weisse Berbertaube ist eine der ältesten Taubenrassen. Sie wurde nach Mohammed benannt, weil man ihm unterstellte, er habe eine solche Taube dazu abgerichtet, in seinem Ohr nach Futter zu suchen. Damit habe er den Anschein erwecken wollen, er erhalte seine göttlichen Weisungen direkt vom Heiligen Geist in Gestalt der weissen Damascenertaube.

147

Abb. 198: Die Taube gilt auch im arabischen Kulturbereich als Symbol des Friedens. In dieser Kalligraphie wird die Taube aus den arabischen Buchstaben für das Wort Al Salam – der Frieden – gebildet.

Die Taube in Indien

[780] Nirriti ist die Verkörperung von Unglück, Tod, Zerstörung (Franz 1990, S. 452).

[781] Das Rig-Veda gehört zu den ältesten bekannten Schriften der vedischen Indoarier, die nach 1400 v.Chr. nach Indien einwanderten. Das Rig-Veda ist eine Sammlung von Hymnen, Gebeten und Beschwörungsformeln, deren Entstehung in der Zeit von 1300–1000 v.Chr. liegen dürfte (Franz 1990, S. 438).

[782] Agni ist der vedische Feuergott (Franz 1990, S. 452).

[783] Hehn 1963

[784] Neben der Taube galt im Rig-Veda auch die Eule als Botin des Todesgottes Yama (Keith 1925).

[785] Kiduschin 70, b nach Lewisohn 1858

[786] Meisig 1995, S. 25

[787] Meisig 1995, S. 1

[788] Das Mahabharata ist eines der wichtigsten Werke der hinduistischen Sanskrit-Literatur.

[789] Meisig 1995, 2–3

[790] Essigmann 1915

Abb. 199: Die indische Felsentaube Columba livia intermedia ist dunkel blaugrau und besitzt kein Weiss am Rumpf wie die hellere und weissrückige Nominatform Columba livia livia. Columba livia intermedia ist die Vorfahrenform der indischen Haustauben-rassen.

148

Kapota – die Taube in der altindischen Literatur

In alten Inden galt die Taube als Todes- und Unglücksvogel. Sie war das geflügelte Geschoss, das der Genius des Nirriti[780] und der Todesgott Yama aussandten, um bei Mensch und Tier Schaden zu stiften. Wenn eine Taube ins Haus geflogen kommt, soll nach dem Rigveda[781] folgendes Lied zum Schutz vor dem Bösen (Aberruncatio) gebetet werden:

1. *O Götter, [gegen das] was die Taube sucht, [indem sie] als Botin des Verderbens ausgesandt hierher gekommen ist, dagegen wollen wir singen und eine Sühne[zeremonie] veranstalten. Heil sei unserem zweifüssigen [Vieh], heil dem vierfüssigen [Vieh].*
2. *Heilbringend sei die ausgesandte Taube für uns, unschädlich, o Götter, [sei] der Vogel im Haus. Denn Agni[782], der Einsichtsvolle, soll Gefallen finden an unserer Opfergabe. Das geflügelte Geschoss soll uns verschonen.*
3. *Das geflügelte Geschoss soll uns nicht vernichten, es [die Taube] macht an der Feuerstelle eine Fussspur im Ascheplatz! Heil sei unseren Kühen und unseren Leuten. Die Taube soll uns hier keinen Schaden zufügen.*
4. *Wenn das Käuzchen ruft, hat dies nichts zu bedeuten, und [auch nicht] wenn die Taube eine Fussspur am Feuer macht. Dem, als dessen Botin diese [Taube] ausgesandt wurde, dem Yama, dem Tod soll [unsere] Verehrung gelten.*
5. *Vertreibt die Taube, verscheucht sie mit einem Lied. Indem ihr euch an einem Opfertrank erfreut, tragt die Milch herum; allen Schaden tilgend, die Kraftfülle zurücklassend, soll sie davonfliegen, so schnell wie möglich.*
(Rig-Veda Hymnus 10, 165 nach Meisig 1995, S. 24–25)

In Indien lebt die graurückige Unterart der Felsentaube Columba livia intermedia (Abb. 199), die auf Sanskrit «kapôta» = dunkel, blaugrau[783] heisst. Dass sie in obenstehender Beschwörungsformel als Botin des Todesgottes Yama gilt, hängt wahrscheinlich mit ihrer dunklen Färbung zusammen[784]. Dunkel gefärbte Vögel werden in verschiedenen Kulturen mit den düsteren Mächten assoziiert, so z.B. im alten Judentum, in dem die Taube und der Rabe als Gegensätze dargestellt werden[785]. Der Begriff des geflügelten Geschosses «heti» ist eine Metapher für die Taube, mit der ihre Gefährlichkeit ausgedrückt werden soll[786]. In einer zweiten Stelle des Rigveda wird auf die Geschwindigkeit der Taube angespielt.

4. *Dieser [Soma] ist dein. Du schiessest darauf los wie der Täuberich auf sein Weibchen. Diese Rede von uns weisst du gewiss zu würdigen.*
(Rig-Veda, Lieder des Sunahsepa 1, 30 nach Geldner 1951)

Eine wichtige Rolle spielt die Taube in der altindischen Legende von König Usinara. Der König der Sibis ist bereit, sich für die zu ihm geflüchtete Taube zu opfern. Der selbstlose König Usinara ist eine der beliebtesten und am meisten verbreiteten Figuren der indischen Religionsgeschichte[787]. Die älteste Version dieser Geschichte findet sich im Text des Mahabharata[788], in dem die Heldentaten der fünf Pandava-Brüder und ihrer gemeinsamen Frau Draupadi erzählt werden. Als die Pandavas wegen eines von Yudhisthira, dem ältesten der Brüder, verlorenen Würfelspiels für 13 Jahre in der Verbannung leben, erzählt der Risi Lomasa während einer längeren Unterweisung dem Yudhisthira die Geschichte von der Tat des Königs Sibi[789]. Diese Legende wurde erst nach langer mündlicher Überlieferung niedergeschrieben und kann Jahrtausende alt sein[790].

Du wirst, o grosser König, den grossen Berg Bhrgutunga, sowie [die Flüsse] Jala und Upajala zu beiden Seiten des Flusses Yamuna erblicken, wo [einst] Usinara opfernd den Vasava [Indra][791] besiegte. Zu dieser [von Usinara einberufenen] Götterversammlung, o Herr über dein Volk, kamen Vasava und Agni, um den König, o Bharata[792], kennenzulernen. Nachdem Indra zu einem Falken[793] und Agni zu einer Taube geworden war, traten sie, die Geber der erwählten Gaben, mit dem Wunsch, den grossherzigen Usinara kennenzulernen, in die Opferhandlung ein. Da setzte sich die Taube aus Angst vor dem Habicht schutzbittend [und] von Furcht bedrängt, o König, auf dem Schenkel des Königs nieder.
Der Falke sprach: «Alle Erdenzerstörer [Könige] nennen dich den einzigen, dessen Selbst der Dharma [das Weltgesetz] ist, o König. Aber warum willst du dann eine Tat, die im Widerspruch zum Dharma steht, begehen?[794] Enthalte mir, der ich von Hunger gepeinigt werde, o König, nicht die für mich bestimmte Speise vor. In dem Verlangen, dem einen Dharma [Genüge zu tun][795], lässt du einen [anderen] Dharma ausser acht».
Der König sprach: «Erschrocken aussehend, schutz-

199

suchend [und] sich vor dir fürchtend, o grosser Vogel, erreichte mich dieser Vogel, mit dem Verlangen, sein Leben zu retten. Wenn man der Taube, die hierher gekommen ist, um Sicherheit zu suchen, [diese] nicht gewährt, so ist das im höchsten Masse ein Handeln gegen [den] Dharma. Wie siehst du das, o Falke? [Wenn] man die zuckende, verwirrte Taube [so] sieht, o Falke, wie sie bei mir ihr Leben [zu retten] sucht, da ist es [doch] verwerflich, sie im Stich zu lassen.»

Der Falke antwortete: «Aus Nahrung entstehen die Wesen, o Herr der Erde, mittels Nahrung wachsen sie heran, dadurch leben alle Wesen. Man kann lange Zeit leben, sofern es [nur] um Dinge geht, auf die man ungern verzichtet. Wenn man aber die Nahrung aufgibt, kann man nicht mehr lange existieren. Weil mir heute meine Speise vorenthalten wird, verlassen mich meine Lebenskräfte, o Herr über dein Volk, den Körper und werden den Weg gehen, auf dem man nicht wiedergeboren wird. Nach meinem Tod, du, dessen Selbst der Dharma ist, werden mein Weib und meine Söhne zugrunde gehen. Wenn du die Taube schützt, vernichtest du viele Leben.

Der Dharma [persönliche Pflicht], welcher einen [anderen] Dharma verdrängt, ist nicht etwas, was in Einklang mit dem Dharma steht, [sondern] er ist ein Dharma-Konflikt. Welcher Dharma aber nicht im Widerspruch [zu einem anderen] steht, der ist der [wahre] Dharma, du, dessen Stärke die Wahrheit ist. Bei zueinander im Widerspruch stehenden Dingen soll man, o Schützer der Welt, Schwer und Leicht voneinander unterscheiden. Wo[bei] keine Schädigung besteht, diesen Dharma soll man erfüllen. Schwer und Leicht beachte bei der Entscheidung zwischen Dharma und Nicht-Dharma. Von dem Bedeutenderen ausgehend, soll man die Entscheidung, [das ist der] Dharma, treffen.»

Der König sprach: «[Deine Worte] sind ganz vortrefflich, o vorzüglichster der Vögel. Du bist wohl ohne Zweifel Suparna, der König der Vögel, der den Dharma kennt? Du sagst nämlich viel Wunderbares, das mit dem Dharma verbunden ist. Ich nehme von dir an, dass es nichts gibt, das dir unbekannt ist. Wenn man einen Schutzsuchenden im Stich lässt, hältst du das für gut? Um der Nahrung willen hast du dies unternommen, o der du den Luftraum durchziehst. Im übrigen kannst du ja auch noch anderes als Nahrung zu dir nehmen. Es sollen für dich heute ein Stier, ein Eber, eine Gazelle oder auch ein Büffel bereitet werden, oder nach was anderem du verlangst.»

Der Falke sprach: «Ich fresse keinen Eber, keinen Stier und genausowenig verschiedenes [anderes grösseres] Wild, o grosser König; was soll ich mit dieser Nahrung für mich? Welche aber die mir vom Schicksal bestimmte Speise ist, o bester der Ksatriyas, die musst du mir, o Schützer der Welt, herausgeben; [und diese Speise ist] eben diese Taube hier! Falken fressen Tauben, diese Regel ist unvergänglich. Besteige nicht den Stamm einer Banane, nachdem du, o König, den Weg erkannt hast.»

Der König sprach: «Herrsche über das gar wohlhabende Königreich der Sibis, du, dem von der Schar der Vögel Verehrung erwiesen wird; oder was auch immer du dir wünschst, o Falke, all das lass mich dir geben, – ausser diesem Vogel, o Falke, der schutzsuchend [zu mir] gekommen ist. Welcher Tat

[bedarf es], dass du diesen verschonst, o bester der Vögel, sage es, ich werde es tun, nicht aber werde ich [dir] dieses Täubchen geben.»

Der Falke sprach: «Usinara, wenn dir die Taube lieb ist, o Gebieter der Menschen, schneide dein eigenes Fleisch heraus und wiege es auf einer Waage gegen die Taube ab. Wenn dein Fleisch mit [dem Gewicht] der Taube gleich ist, o Schützer der Männer [= König], dann soll es mir gegeben werden und es wird zu meiner Zufriedenheit sein.»

Der König sprach: «Ich halte dies, um was du mich angehst, o Falke, für eine Gunst. Deshalb werde ich dir jetzt mein eigenes Fleisch, das auf einer Waage abgewogen werden soll, geben.»

[Lomasa sprach:] Nachdem nun der König, der den höchsten Dharma kannte, sein eigenes Fleisch herausgeschnitten hatte, wog er es, o übermächtiger Sohn der Kunti, gegen die Taube ab. Aber als die Taube auf der Waage gewogen wurde, wog sie schwerer [als das Fleisch des Königs]. Und immer mehr Fleischstückchen schnitt der König Usinara

791 Indra ist der vedische Gewitter- und Kriegsgott und der hinduistische Götterkönig.
792 Bharata ist hier der König von Bharatavarsa, Indien.
793 Nach Meisig (1995, S. 4) wird das im Text verwendete Wort syena meistens mit Adler oder Falke übersetzt. Meisig geht fälschlicherweise davon aus, dass Falken als Nahrung kleinere Beute als Tauben bevorzugen und übersetzt syena deshalb mit Habicht. Falken sind aber die wichtigsten Feinde der Tauben und ernähren sich oft ausschliesslich von ihnen. Aus diesem Grund wurde in der Übersetzung Habicht durch Falke ersetzt. Schlingloff (1977) übersetzt ebenfalls mit Falke.
794 Hier ist das Recht auf Beute gemeint.
795 Die Pflicht, dem Verfolgten Asyl zu gewähren.

200

149

[von sich] ab und gab sie hin. Als es kein Fleisch mehr gab, das gegen die Tauben abgewogen werden konnte, da bestieg er, der [alles] Fleisch [von seinem Körper] abgeschnitten hatte, selbst die Waage.

Da sprach der Falke: «Ich bin Indra, o Dharmakundiger, und diese Taube hier ist der, der das Opfer zu den Göttern bringt [= Agni]. Mit dem Wunsch, dich in einem Dharma[-Konflikt] kennenzulernen, sind wir beide zum Opferplatz gekommen. Weil du die Fleischstücke aus deinen Gliedern herausgeschnitten hast, o Herr über dein Volk, [deshalb] wird dein leuchtender Ruhm über die Welten hinausreichen. Solange, wie die Menschen in der Welt von dir erzählen, o Erdenherr, werden der Ruhm und die Welten, die wenig beständigen, dir zu Verfügung stehen.

[Lomasa sprach:] Erblicke, o Pandaveya, mit mir zusammen die Behausung dieses grossmütigen Königs, die rein ist und von Bösem befreit. Hier sehen verdienstvolle, grossmütige Brahmanen,

Abb. 200: Ein buddhistisches Relief aus Gandhara (3. Jh. n.Chr.) stellt eine Szene aus der altindischen Legende von König Usinara dar, der sich für eine Taube opfert, die bei ihm Schutz vor einem Falken suchte. Zu Füssen des sitzenden Königs sitzt die Taube. Ein Mann schneidet Fleisch aus dem Unterschenkel des Königs, rechts stehen die beiden Götter Indra und Agni, die den König geprüft haben.

796 von Stietencron 1990,
S. 182–183
797 Aus dem Tuti-Nameh, 13.
Jahrhundert nach Dittmar
1959, S. 179
798 Der Buddhismus wurde in
Tibet im Jahre 632 n.Chr.
eingeführt.

o König, ununterbrochen die Götter der unvergänglichen Munis.
(König Sibis, Mahabharata 3, 130,16–131,31 nach Meisig 1995, 3–7)

Wie überall in der alten Welt, gilt die Taube in der Geschichte von König Usinara als Symbol des Verfolgten und Wehrlosen (Abb. 200). Daneben verkörpert sie den verwandelten Feuergott Agni, der als Freund der Menschen neben anderen Aufgaben ihre Opfer mit seiner Flamme in eine für die Götter geniessbare Form verwandelt. Agni ist deshalb im weitesten Sinne Bote und Vermittler zwischen den Menschen und den Göttern, zwischen Himmel und Erde[796]. Es ist wohl kein Zufall, dass Agni die Gestalt einer Taube annimmt, die auch in vielen anderen Kulturen als Mittlerin die menschliche und die göttliche Ebene miteinander verbindet.
Meisig (1995) führt alleine 5 hinduistische und 7 buddhistische Fassungen der Legende an. Das Motiv verbreitete sich vom 1. Jahrtausend v.Chr. bis in die Neuzeit von Indien ausgehend nach China, Malaysia,

dem arabischen Sprachraum, Persien und der Türkei bis nach Europa. Im islamischen Märchengut wird diese altindische Geschichte auf Moses übertragen. Als Moses sich «von seinen heiligen Gliedern» so viel Fleisch abgeschnitten hatte, wie die Taube wog, um es dem Falken zu übergeben, sprach dieser: «O Prophet Gottes, ich bin Michael, und was du da als Taube zu sehen glaubst, ist Gabriel»[797]. In dieser islamischen Interpretation ist die Taube die Inkarnation des Erzengels Gabriel. Das Wort Engel stammt vom griechischen angelos und bedeutet Bote Gottes, was auch seine Funktion im Christentum umschreibt. Engel sind die biblischen Himmelswesen, die Gott preisen und als Boten den göttlichen Willen übermitteln. Engel und die Taube haben vor allem in der christlichen Legendenliteratur beinahe identische Funktionen und sind auch gegeneinander austauschbar. Es ist bezeichnend, dass es eben gerade die Taube ist, deren Funktion als Botin der höheren Macht sich in immer wechselnden Abwandlungen in allen Hochreligionen durchsetzen kann.
Das Thema der Taube, die in einer menschlichen Behausung Schutz vor einem Greifvogel sucht, ist nicht erfunden. Naumann gibt einige interessante Beobachtungen wieder:
Ich sah z.B. eine Taube, heftig vom Wanderfalken verfolgt, ihre Zuflucht zum Wasser nehmen, sich in einen Teich stürzen, untertauchen und an einer ganz anderen Stelle, weit von der ersten, wieder auftauchen und trocken hinwegfliegen. Oft genug stürzen sie sich, um den Klauen eines Hühnerhabichts zu entgehen, in der Todesangst durch die Fensterscheiben, selten aber in die dichtbelaubten Zweige eines Baumes. (Naumann 1833)

Eine schöne buddhistische Geschichte stammt aus dem 7. Jahrhundert n. Chr. und spielt auf die Seelenwanderung an, bei der auch der Körper eines Tieres den Geist eines Menschen aufnehmen kann:
In seinen tantrischen Lehren lehrte Buddha eine spezielle Technik, die «Übertragung des Geistes in einen anderen Körper» genannt wurde. Diese Technik war in den frühen Tagen des Buddhismus in Tibet weit verbreitet[798]. Ein Ausübender der tantrischen Lehre, der dies beherrschte, war Tarma Dode, der Sohn des berühmten Lama und Übersetzers Marpa. Eines Tages fiel Tarma Dode vom Pferd und verletzte sich so schwer, dass er sich tödlich verletzte. Im Wissen, dass sein Sohn die Technik der Geistesübertragung beherrschte, suchte Marpa sofort einen Körper, in den Tarma Dode seinen Geist übertragen konnte. Da er aber keinen geeigneten menschlichen Leichnam fand, brachte Marpa seinem Sohn den einer Taube, der als eine vorübergehende Bleibe seines Geistes dienen sollte, bis er einen geeigneten menschlichen Körper gefunden hatte. Tarma Dode stiess seinen Geist aus seinem sterbenden Körper aus und ging in die Leiche der Taube ein. Unmittelbar darauf starb Tarma Dode's alter menschlicher Körper und der der Taube belebte sich. Tarma Dode's Körper war nun der einer Taube, sein Geist aber war immer noch der eines Menschen. Weil er nicht wollte, dass sein Sohn in der Gestalt einer Taube bleiben musste, suchte Marpa weiter nach einem geeigneten menschlichen Körper. Eines Tages sah er durch seine hellseherischen Fähigkeiten, dass in Indien eben ein buddhistischer Lehrer gestorben

Abb. 201: Diese indische Miniatur aus der Mogulzeit zeigt ein Paar «Sherazis», die heute als Lahore Tauben bezeichnet werden. Der Täuber balzt vor der Täubin, die eine Paarungsaufforderung zeigt; links unten steht ein kunstvoller Taubentransportkäfig.

150

201

war und seine Schüler hatten seinen Leichnam zum Friedhof gebracht. Marpa hiess seinen Sohn, so schnell als möglich nach Indien zu fliegen. Tarma Dode flog in seinem Taubenkörper nach Indien und als er am Ort ankam, an dem der Körper des Lehrers zurückgelassen worden war, stiess er seine Seele aus dem Körper der Taube aus und ging in den Leichnam ein. Der Körper der Taube starb unmittelbar darauf und der gestorbene Lehrer wurde wieder lebendig. Tarma Dode verbrachte den Rest seines Lebens als indischer Lehrer, der als Tiwu Sangnak Dongpo bekannt war.
(Geshe Kelsang Gyatso 1995, S. 17–18)

Die Geschichte der Taube, die einen menschlichen Geist in einen Körper überträgt oder hineingebiert, erinnert an die Jordantaufe, in der die Heiliggeisttaube in den Menschen Jesus hineingeboren wird.

Im heutigen Indien werden Strassentauben in speziellen Speisehäusern für die Tauben[799] und am Ufer von Gewässern als religiöses Opfer von den Gläubigen gefüttert. Dieses Nahrungsangebot führt zu grossen Taubenpopulationen, die immense Schäden in den umliegenden Feldern verursachen[800].

Die Tauben unter den islamischen Moguln

Die hochentwickelte Taubenzucht hat sich in Indien und Persien wahrscheinlich erst im 16. Jahrhundert unter der mohammedanischen Mogulherrschaft entwickelt. Zehireddin Mohammed, ein Urenkel Timurs, erbte 1492 die Herrschaft über die Länder zwischen Samarkand und dem Indus. Er eroberte die Gebiete von Kabul, Kandahar, Kunduz, Khotan und Kaschgar, zog 1526 siegreich in Delhi ein und unterwarf noch im gleichen Jahr die zweite Stadt des Reiches, das alte Agra. In jenem Jahrhundert wurden auch Baukunst, Musik und Poesie in Indien entfaltet, das Leben wurde freier und die Taubenzucht gewann an Beliebtheit. Der Herrscher Akbar und sein Premierminister Abul Fazl hinterliessen einen genauen Bericht über die indische Taubenzucht im 16. Jahrhundert. Eine englische Übersetzung erschien im Jahre 1888 in «The Zoologist»[801], die von Zurth[802] zusammengefasst und auf Deutsch übersetzt wurde. Der Titel dieses Werkes ist «Ain i Akbari» über «die Belehrung hinsichtlich des Taubenfliegens, wie es Sheich Abul Fazl, Minister und Freund Kaiser Akbars des Grossen, im Jahre 1590 im Zuge der Regierungsschilderung niederschrieb». Im Werk von Fazl wird die Zucht und Dressur von Flugsporttauben geschildert, die auf Pfeifkommando bestimmte Flugmanöver durchführen. Diese Tauben stammten ursprünglich aus Iran und Turan, wo sie bereits auf besondere Flugeigenschaften hin gezüchtet worden waren.
Schah Akbar nannte den Flug der Tauben «Liebesspiel» und benützte diese Beschäftigung «um unstete Menschen sesshaft zu machen, Freundschaften zu gewinnen und Eintracht zu sähen». Nach Abul Fazl begeisterten die Flugkünste der Tauben die Zuschauer derart, dass sie in Ekstase und Entzückung gerieten. Im Jahre 1580 hatten die Tauben schon einen so hohen Grad an Flugfertigkeit erreicht, dass sie als Geschenke für die Könige von Iran und Turan

als würdig befunden wurden. Bei den beschriebenen Tauben dürfte es sich um ursprüngliche Tümmlertauben gehandelt haben, aus denen sich später die verschiedenen Kunstflugtauben entwickelten[803] (Abb. 202). Akbar verehrte die Tauben derart, dass er eine menschliche Hierarchie auf die Tauben übertrug. Die Taube Mohannah ernannte er zum Oberhaupt der Tauben. Ihre Nachkommen wurden als wunderbar bezeichnet und erhielten ebenfalls Namen wie Ashiki (Weinende), Parizad (Fee) oder Almas (Diamant).
Akbar legte schon grossen Wert auf Erbreinheit der von ihm ausgewählten Rollertauben. Vor Akbars Zeiten war es gestattet, Tauben der verschiedensten Arten zu kreuzen. Er aber hielt es für eine entscheidende Bedingung, dass die zu verpaarenden Tauben in Grazie und Vollendung übereinstimmten. Die Jungtauben wurden zur Abrichtung in Bastkäfigen gehalten bis sie sich daran gewöhnt hatten und stärker geworden waren. Danach erhielten die Tiere nur noch einen Drittel oder einen Viertel ihrer Futtermenge. Diese Futterdressur gewährleistete, dass die Tauben bei ihren ersten freien Flügen nicht weg-

[799] Kabutharkhans
[800] Satheesan 1990
[801] Abul Fazl 1888
[802] Zurth 1962, S. 11–20
[803] Kaupschäfer 1991
[804] Ein Taubenflügel besteht aus den 12 Flugfedern des Armes (Armschwingen) und 10 der Hand (Handschwingen).

Abb. 202: Ein Paar Mossulli-Tümmler, die ursprünglich aus Mossul im Irak stammen und im Flug kunstvolle Saltos und Purzelbäume schlagen. Tümmlertauben sind alte orientalische Rassen, aus denen sich die heutigen Kunstflugtauben entwickelt haben.

202

[805] Vogel 1992, S. 70
[806] Lipp 1996
[807] Lipp 1996

**Abb. 203: Die Kropf-
tauben zeichnen sich
durch einen stark
vergrösserten Kropf
und eine aufgerichtete
Körperhaltung aus.**

flogen. Schon Jungtauben führten bis zu vierzig Um-
drehungen in der Luft aus. Während des Wechsels
der Handschwingen[804] durften die Tauben nicht ins
Freie. Nach 2 Monaten war die Mauser beendet und
sie kamen wieder in den Flugdienst. Sobald sich die
Tauben schnell und ausdauernd in der Luft über-
schlugen, wurden sie von Akbar begutachtet.
Es soll Tauben gegeben haben, die zum Entzücken
der Zuschauer neben 15 Überschlägen noch siebzig
Rundflüge auf dem Rücken durchführten. Der physi-

kalisch kaum mögliche Flug mit dem Rücken nach
unten und den Beinen nach oben scheint eher Ausdruck orientalischer Begeisterung und Wertschätzung für die Tauben als Realität gewesen zu sein.
Akbar liess bis hundert rollende Tauben gleichzeitig
fliegen, ein Spektakel, bei dem die Tiere oft zusam-
menstiessen, sich aber meistens in der Luft wieder
auffangen konnten. Abu Fazl schätzte den Bestand
an Tauben auf über 20000, von denen etwa fünfhun-
dert ausgewählte Flugkünstler waren. Akbar stellte
genaue Zuchtrichtlinien auf, über die er Buch führte
und die den Wert einer Taube bestimmten. Sehr
sorgfältig beschrieb er die Gefiederfarben: wie von
Fliegen zerstochen, stahlblau, mattblau, porzellan-
blau, grau wie Naphtha, violett, Aloe-Holzfarbe,
dunkelgrau wie Antimonpulver, dunkelfarbig wie
Johannisbeeren, hellbraun, hellbraun wie Sandelholz,
braun, gräulichweiss, bläulichweiss wie Sauermilch,
von gleicher Farbe wie Gummi oder braun wie ein
neuer irdener Topf.
Akbar hielt etwa 17 verschiedene Spielarten der
Taube, von denen einige die Vorfahrenformen heutiger Rassen sind[805]. Darunter finden sich Hoch-, Aus-
dauer- und Stilflieger. In der arabischen Kultur kommen die Trommeltauben (Abb. 204), deren Stimmen
sich abwechselnd wie Heulen und Lachen anhören,
Pfautauben (Abb. 204) und Kropftauben (Abb. 203)
vor. Akbar züchtete auch aus verschiedenen Grund-
rassen neue Rassen mit neuen Gefiederfärbungen.

Um Nachrichten zu befördern, wurden spezielle
Botentaubenrassen gezüchtet und es wurden Wettflüge durchgeführt. Aus Kabul (Afghanistan) waren
sogar Tauben gekommen, die während der Nacht
flogen. Man befestigte kleine Glocken an ihren Füssen, so dass man die Richtung ausmachen konnte,
in der sie über dem Schlag ihre Kreise zogen. Dass
es möglich ist, die tagaktiven Tauben dazu zu bringen,
nachts zu fliegen, belegen die Versuche von Lipp[806].
Eine längere Serie von Nachtflugexperimenten des
Schweizerischen Armeebrieftaubendienstes hat gezeigt, dass Brieftauben auf nächtliche Einsätze auf
einer vorgegeben Strecke abgerichtet werden können. Allerdings sind nur etwa ein Drittel der Tauben
dabei regelmässig erfolgreich. Die Befunde legen
nahe, dass in einer Taubenpopulation Individuen mit
verschiedenen Heimkehrtalenten vorhanden sind,
darunter Tauben mit einer speziellen Begabung für
nichtvisuelle Orientierung[807].
Unter Akbar erlebten verschiedenste Flugtaubensportarten eine Hochblüte. Es gab Tauben, die sich
hoch in die Luft schwangen, andere vereinigten sich
mit gerade kreisenden Schwärmen. Die Züchter
brachten es fertig, ihre Schwärme auf ein Zeichen
an- und abfliegen zu lassen und sich sogar auf
ein entferntes Ziel niedersetzen zu lassen. Auf ein
weiteres Zeichen erfolgte dann der Rückflug.
Wenn die kaiserlichen Tauben flogen und sich in der
Luft tummelten, pflegte Akbar in Ekstase zu geraten. Dabei verfolgte er die Flugübungen seiner
Tauben so verzückt, dass er nichts anderes mehr im
Sinn hatte. Drehten und wendeten sich seine Tauben
im Sonnenlicht, verglich er dies mit dem wandel-
baren Glück. Das Steigen oder Fallen in der Luft, das
Drehen und Überschlagen sowie die Kraftproben der
fluggewandtesten Tauben erinnerten ihn an die Zeit-
umwälzungen und an die Wechselfälle des Lebens.

203

Trumpeter

Lace Fantail

204

Abb. 204: Der indische Mogulherrscher Akbar war ein grosser Taubenfreund und hielt im 16. Jahrhundert an seinem Hof schon viele heute noch bekannte Taubenrassen wie die Trommeltaube (links), die eigenartige Laute von sich gibt, und die Pfauentaube, die als Spielform eine Vermehrung der Schwanzfedern und eine charakteristische Körperhaltung zeigt.

Die Taube in China

Dschien hatte am Neujahrstage von Leuten aus Kan Tan wilde Tauben zum Geschenk erhalten. Er freute sich über diese Gabe sehr und erteilte den Auftrag, den Überbringern eine hohe Belohnung zu geben. «Weshalb belohnst du diese Leute?» fragte ihn sein Freund. «Nun», meinte Dschien, «sie machen es mir doch möglich, mich heute, am Neujahrstage, durch die Freilassung dieser Tauben in Güte zu üben!» Sein Freund schüttelte missbilligend den Kopf. «Wenn man hören wird, dass du den Tauben die Freiheit wiedergegeben hast und die Leute, die sie gebracht haben, belohnt wurden», sagte er, «dann werden alle anderen wetteifern, Wildtauben für dich zu fangen. Was glaubst du wohl, wie viele dieser Vögel jetzt ihr Leben lassen werden? Willst du den Tauben etwas Gutes erweisen, dann verbiete den Leuten, sie zu fangen! Lässt du die Tauben fangen, um sie später freizulassen, dann kann deine Güte niemals mehr gutmachen, was vorher verbrochen wurde!» «Du hast Recht» sagte Dschien.
(Vom Taubenfang, altchinesische Fabel nach Hoffmann 1981, S. 83)

154

Abb. 205: Chinesische Tümmler mit ihren auffällig nach oben gerichteten Nasenfedern fliegen im Schwarm bis zwei Stunden und werden zum Einfangen fremder Tauben sowie für den beliebten Pfeiftaubensport verwendet.

Diese altchinesische Fabel «Vom Taubenfang» zeigt, dass in China Felsentauben eingefangen wurden. In China hat die Taubenhaltung[808] eine sehr lange Tradition und auch heute noch sind die Chinesen grosse Taubenliebhaber. Bereits aus dem Jahr 765 v.Chr. ist das Gedicht eines anonymen chinesischen Poeten überliefert[809]:
Mein Fürst ging hinaus, um dem König zu dienen, Die Tauben kehren zurück bei Sonnenuntergang, Sitzen nebeneinander auf der Mauer des Hofes, Und weit entfernt höre ich den Hirten rufen.
(Hoose 1938 nach Levi 1981, S. 30)

Der Venetier Marco Polo, der im 13. Jahrhundert den Hof des Chubilai-Khan in Peking besuchte, berichtete, dass von Peking aus regelmässig Kuriere nach allen Teilen des Reiches ausgingen und wieder nach Peking zurückkehrten. Diese Staatskurierpost soll bereits seit der Han-Dynastie im 3. Jahrhundert v.Chr. bestanden haben[810]. Wie alt das chinesische Taubenpostsystem wirklich ist, lässt sich heute wohl nicht mehr zuverlässig feststellen. Wir können aber davon ausgehen, dass in China schon sehr früh Tauben zu verschiedenen Zwecken gehalten wurden. Nach Spies wurden die Brieftauben erst im 7. Jahrhundert n.Chr. von indischen und arabischen Händlern nach China eingeführt. Aus dem 10. Jahrhundert ist ein Werk von Wang Jen-yü (880–956) erhalten, das von Botentauben berichtet:
Chang Chiu ling [673–740] hielt in seiner Jugend zuhause eine Menge Tauben. Jedesmal wenn er mit seinen nächsten Angehörigen Briefe wechseln wollte, band er einfach den Brief an den Fuss einer Taube und liess sie an dem Ort fliegen, wo er sich gerade befand. Er nannte sie seine «fliegenden Sklaven». Und alle seine Zeitgenossen waren des Staunens voll.
(Wang Jen-yü, Briefe überbringende Tauben, nach Spies 1967)

Spätere Hinweise belegen dann eine weitverbreitete Taubenzucht. Aus der Sung-Dynastie (960–1280) ist folgende Beschreibung überliefert:
Die Taubenzucht war sehr populär bei der lebenslustigen und sportlichen Jugend, die die Tauben als «Schönheiten der Himmel» [Pan Tien Chiao] bezeichneten. Einige waren so von ihren Tauben begeistert, dass sie sie höher bewerteten als die Schönheit eines lieblichen Mädchens und die Tauben «geflügelte Mädchen» [Ch'a Yü Chia Jen] nannten.
(Hoose 1938 nach Levi 1981, S. 30)

Aus dem 11. Jahrhundert ist folgende Geschichte von T'ao Tsung-i überliefert:
Yen Ch'ing-fu war ein Mann aus Ch'ü-fou. Er war der Nachkomme des Meisters Yen in der 48. Generation. Als er einmal krank lag, traf sein kleiner Sohn zufällig mit der Armbrust eine Taube und er brachte sie heim, um sie [seinem Vater] als Leckerbissen zubereiten zu lassen. Da fand man zwischen den Schwanzfedern einen Brief. Der Brief trug die Aufschrift:
«Familienbrief [d.h. Privatbrief]. Durch meinen Sohn

*Kuo Yü zu öffnen.» – Yü, das war [kein geringerer
als] der Kreis-Präfekt von Ch'ü-fou, Kuo Chung-hsien!
[Der Brief] kam von seinem Vater aus Chen-ting
[rund 350 km entfernt]. Zu dieser Zeit aber war
Chung-hsien gerade als Präfekt nach Yüan-p'ing versetzt worden und schon weggezogen. Die Taube
hatte das noch nicht erkannt und war auf der Suche
unschlüssig hin und her geflogen, bis sie schliesslich
dabei ums Leben gekommen war. Als Yen Ch'ing-fu
das erfahren hatte, schalt er seinen Sohn aus. Dann
nahm er ein Holzkästchen und legte die Taube hinein, und sobald sich seine Krankheit etwas gebes-
sert hatte, begab er sich geradewegs zum Amtssitz
von [Kuo] Chung-hsien, überreichte ihm den Brief
und die Taube und erzählte ihm den Hergang.
Chung-hsien sprach betrübt: «Diese Taube habe ich
wohl schon 17 Jahre gehegt! Jedesmal wenn Fa-
milienbriefe [zu überbringen] waren, hat sie sie auch
über viele tausend Meilen Entfernung überbringen
können. Es war wahrhaftig ein ungewöhnlicher
Vogel. Und er befahl seiner Umgebung, sie zu begraben ...*
(T'ao Tsung-i, Ch'o-keng lu, 1366 nach Spies 1967)

In China befestigte man am Schwanz der Taube eine
Anzahl leichter Bambuspfeifen, die beim Flug ein
starkes Geräusch erzeugten, um damit feindliche
Greifvögel zu verscheuchen[811]. Dass diese Abwehr-
methode tatsächlich funktionierte, zeigt ein Verbot
von Taubenpfeifen zugunsten der Falkenjagd, das
aus dem Jahr 1287 aus der Mongolenzeit stammt[812].
Aus der ursprünglichen Abwehr von Greifvögeln entwickelte sich der Pfeiftaubensport[813]. Dazu werden
den Tauben kleine Pfeifen im Schwanz oder auf dem
Rücken befestigt, die beim Flug verschiedene Töne
erzeugen. Der Pfeiftaubensport ist sehr alt. Die ältesten noch vorhandenen, oft sehr kunstvollen Pfeifen
stammen aus dem Jahre 1127[814].

Chinesische Bauern setzten Tauben zum Getreide-
diebstahl ein. Nach Ordish und Binder (1967, S. 33)
wurden die Tauben dazu trainiert, Getreide aus den
kaiserlichen Kornspeichern zu stehlen. Dies geschah
folgendermassen: Die Tauben wurden freigelassen,
flogen zu den Kornspeichern auf denen sie schnell
ihre Kröpfe mit Getreide füllten und kehrten dann zu
ihren Heimatschlägen zurück. Dort wurden sie von
ihren Besitzern erwartet, die die Tauben in die Hand
nahmen und sie durch geschickte Massage des
Kropfes dazu brachten, das Getreide wieder aus-
zuwürgen. Danach wurden sie wieder zum nächsten
Raubzug aufgelassen. Auf diese Weise konnten be-
trächtliche Mengen an Getreide gewonnen werden.
Auch bei den Chinesen spielte die Taube als Symboltier eine Rolle, wenn sie auch nie die Bedeutung
wie in der westlichen Welt erreichte. Ein bronzener
Ritualkultwagen aus der Han-Dynastie (206 v.Chr.
bis 220 n.Chr.) symbolisiert nach Johnson (1990) die
Vorstellung der Wiedergeburt der Sonne. Das Mittel-
stück des Wagens ist wie eine Taube geformt, ihr
Rücken trägt ein Küken. Da der Vogel mit dem Rad
zusammen ein doppeltes Sonnenzeichen darstellt,
könnte die grosse und die kleine Taube zusammen
die ewige Wiederkehr der Sonne symbolisieren.

[808] Taube in Chinesisch = Koh
[809] Hoose 1938 nach Levi
1981, S. 30
[810] Zurth 1962, ohne Quellenangabe, S. 6 und 49
[811] Löper 1869
[812] Spies 1967
[813] Nach Reber pers. Mitt. werden neben Pfeifen auch kleine Orgeln verwendet.
[814] Schütte et al. 1994,
S. 395–396

**Abb. 206: Eine Taube
zwischen den Rädern
eines chinesischen
Ritualwagens aus der
Han-Dynastie trägt
das Küken des neuen
Lebens.**

155

206

Vom Mittelalter zur Neuzeit

Die Wiederentdeckung der Taube

Gegenüber der Hochblüte der Taubenhaltung im arabischen Einflussraum herrschte zur gleichen Zeit in Mitteleuropa im wahrsten Sinne finsterstes Mittelalter. Wahrscheinlich ging dieses Wissen wie vieles andere in Mitteleuropa mit dem Niedergang des römischen Imperiums wieder weitgehend verloren. Aus der Völkerwanderungszeit (5.–6. Jahrhundert) sind bisher keine Knochenfunde der Haustaube aus Mitteleuropa bekannt geworden[815]. Erst im Frühmittelalter erfuhr die Taubenhaltung eine erneute Ausbreitung[816].

Während des Mittelalters war die Taubenhaltung vor allem auf die Klöster beschränkt[817] und diente damals wohl ausschliesslich der Bereicherung des kargen Speisezettels (Abb. 209). So enthält der Klosterplan von St. Gallen aus dem Jahre 820 ein Columbarium. Wahrscheinlich handelte es sich bei den damals gehaltenen Tieren um Restbestände römischer Feldtauben, die sich ins Mittelalter hinüberretten konnten (Abb. 207). Daneben kamen über Handelsverbindungen während des ganzen Mittelalters Tauben nach Mitteleuropa[818]. Nachgewiesen sind weisse Tauben, die bei Karl dem Grossen (742–814) und dem englischen König Edward dem Bekenner (1002–1066) zum Zeichen der Königswürde[819] gehörten. In der Festungsanlage von Les Baux-de-Provence ist ein grosser Taubenschlag aus dem Anfang des 13. Jahrhunderts teilweise erhalten (Abb. 208), in dem eine grosse Zahl von Tauben zur Fleischerzeugung oder vielleicht sogar für die Nachrichtenübermittlung gehalten wurde[820].

In der Schweiz und Deutschland spielten Rassetauben vor dem 15. Jahrhundert keine grosse Rolle[821].

Die «Lex salica» aus dem 6. Jahrhundert kennt die Taube nur als Lock- oder Jagdvogel, und ein «Capitulare de Villis» Karls des Grossen aus dem Jahre 798 erwähnt Tauben nur als Ziervögel. Während des 11.–13. Jahrhunderts kamen durch die Kreuzzüge verschiedene arabische Taubenrassen nach Europa, die vor allem von Adligen und vom Klerus als exotische Spielerei gepflegt wurden.

Ein Hinweis auf eine frühe und weit verbreitete Feldtaubenhaltung in Russland gibt die Geschichte von Olga:

Die Fürstin Olga von Kiew aus dem Geschlecht der Waräger rächte sich im Jahre 945 auf satanische Weise am gewaltsamen Tod ihres Mannes Igor, den die Drewljanischen Bauern eben dadurch kurzerhand daran gehindert hatten, ihnen weiterhin willkürlich hohen Tribut abzuknöpfen. Als junge Witwe inszenierte sie fürchterliche Rache. Nachdem sie die Führer des ostslawischen Drewljanen-Reiches zum Versöhnungsschmaus geladen hatte, um sie dann von den russischen Gastgebern unter den Tisch trinken zu lassen, konnte sie ihre ahnungslosen Gäste ohne weiteren Widerstand auf die Reise ins Jenseits schicken. Die nun führungslosen Bauern erflehten fürstliche Gnade, die Olga ihnen auf sehr eigenartige Weise gewährte. Sie wusste die arglosen Bauern durch die Milde ihrer Unterwerfungsbedingungen zu täuschen: Jeder sollte ihr drei seiner besten Tauben als Sühnezeichen bringen. Nachdem sie ihnen glimmenden Zunder an den Schwanzfedern hatte befestigen lassen entliess sie die Tauben in die Abendröte. Der Zunder entzündete sich

Abb. 207: Die heute wahrscheinlich ausgestorbene altherkömmliche Feldtaube mit ihrem straffen Gefieder war noch sehr felsentaubenähnlich, aber etwas kürzer und gedrungener und wirkte etwas kurz- und dickhalsiger. Diese uralte Taubenrasse war äusserst robust und lebte halbwild in Taubenhäusern und Schlägen, die oft in die Scheunen integriert waren.

im raschen Flug, «Scheunen und Heuboden fingen Feuer, und es gab kein Haus, das nicht brannte, und niemand konnte löschen, denn es brannten alle Häuser». Auf ihrer Flucht in alle Himmelsrichtungen liess Olga die Bauern entweder niedermetzeln oder gefangennehmen, um sie als Sklaven zu verkaufen. Olgas Strafexpedition mit Taubenopfern widersprach allem tradierten Volksglauben, wonach die Taube dem russischen Donnergott heilig ist und Tauben sogar das schlimmste Feuer zu löschen vermöchten. Lediglich eine irregeleitete Taube, die gegen ein Fenster anflöge, denaturierte dem Aberglauben zufolge zur Brandstifterin. (nach Hoffmann 1982, S. 40)

Zedler (1744) überliefert eine andere Version, wonach die Fürstin «eine belagerte Stadt durch aufgefangene Tauben, die sie mit angehängtem Feuer wieder fliegen lassen, in Brand gebracht» habe. Vor der Renaissanceblüte in Frankreich, also vor 1515, gab es in französischen Klöstern eine bemerkenswerte Vorliebe für die Taubenzucht. Ursprünglich wurden dort Feldtauben zur Erzeugung von Fleisch und Dünger gehalten. Aus dieser Frühzeit der Taubenhaltung sind grosse und luxuriöse Taubentürme erhalten, die damals in den Feldfluren standen und tausende von Feldtauben beherbergten. Aus diesen einfachen Feldtauben züchteten die französischen Mönche im 18. Jahrhundert die ersten Farbentaubenrassen[822]. Von den Niederlanden aus verbreitete sich eine hochentwickelte Taubenzucht im 16. Jahrhundert über Deutschland, England und Frankreich und deren benachbarte Länder. Die Niederlande ihrerseits hatten Handelsverbindungen zu Spanien, das bis zum Ende des 15. Jahrhunderts teilweise von den Arabern besetzt war, die seit dem 8. Jahrhundert eine hoch entwickelte Taubenzucht betrieben. Schon vor dem Jahre 1600 waren die wichtigsten Rassen der Haustaube bekannt[823]. In seiner Ornithologie führt der Italiener Ulysses Aldrovandi die um 1600 gezüchteten Taubenrassen auf, die damals immer noch hauptsächlich in den Niederlanden gehalten wurden. Trotz erfolgreicher einheimischer Zucht und der Entwicklung eigener Rassen wurden nach wie vor über verschiedene Wege orientalische Rassen eingeführt und wieder mit einheimischen gekreuzt. In Deutschland waren Farbentauben bereits vor 1500 bekannt. Nach jener Zeit aber vollzogen sich gewaltige Umwälzungen auf vielen Lebensgebieten. Entdeckungsreisen mit nachfolgenden Handelsbeziehungen, der Bau von Universitäten, das Einsetzen der Reformation und der Buchdruck eröffneten ungeahnte Möglichkeiten der Massenkommunikation. Bis zur Mitte des 17. Jahrhunderts beeinträchtigten schlechte Zeiten bedingt durch Kriege und Seuchen auch die Entwicklung der Taubenzucht. Erst seit 1650 sind deutsche Farbentauben bekannt.

Conrad Gesner (1516–1565) war einer der Pioniere der Naturgeschichte im deutschsprachigen Raum und galt gleichsam als der deutsche Plinius. Gesner stützte sich in seinem Werk vor allem auf antike Autoren, gab aber auch viele zeitgenössische Beobachtungen wieder[824]. Im Jahre 1557 beschrieb er in seiner «Historia Animalium» unter anderem die damaligen Taubenrassen, die er mit zwei Holzschnitten illustrierte (Abb. 210). In dieser lateinischen Erst-

ausgabe ist eine Feldtaube Columba vulgaris und eine stärker domestizierte Taubenrasse abgebildet, die er als Columba anglica vel russica bezeichnet (Abb. 210). Dieses Tier mit einer Haube und befiederten Beinen wurde wohl ausschliesslich aus Liebhaberei gehalten und zeigt, dass schon in der Mitte des 16. Jahrhunderts Tauben nicht ausschliesslich als Nutztiere gehalten wurden. In der durch Georgius Horstius erweiterten deutschen Ausgabe von 1669

[815] Benecke 1994
[816] Übersicht in Benecke 1994
[817] Keller 1893, Swoboda 1973
[818] Steinke 1994, 21ff.
[819] Vogel 1992, S. 26
[820] Roquette 1996
[821] Kammermeier 1978, S. 19
[822] Zurth 1962, S. 21
[823] Reinhardt 1912
[824] Möbes 1942b

208

Abb. 208: In der Festungsanlage von Les Baux-de-Provence wurde Anfang des 13. Jahrhunderts ein grosser Taubenschlag errichtet. Noch gut sichtbar sind die Brutnischen. Zu welchem Zweck die Tauben gehalten wurden, lässt sich nicht mehr genau feststellen. Sie könnten aber für die Ernährung oder für die Nachrichtenübermittlung verwendet worden sein.

209

Abb. 209: Im Mittelalter wurden Tauben vor allem in Klöstern zur Bereicherung des kargen Speisezettels gehalten. Der Taubenbraten war oft das einzige Fleisch, das im Winter verfügbar war, vorausgesetzt, es war genügend Getreide für die Winterfütterung der Tauben übrig; Taubenschlag im Geflügelhaus des Klosters Schönthal bei Langenbruck (Schweiz).

210

Der schwedische Biologe Carl von Linné (1707–1778) gibt in seinem Natursystem einen Überblick über Biologie und Verhalten der damals bekannten Tauben. Er leitet die Haustaubenrassen richtigerweise von der Felsentaube ab. Zudem gibt er eine interessante populationsökologische Betrachtung wieder, die eine für seine Zeit erstaunliche Weitsicht belegt. *Sie legen jedesmal zwei Eier, aus welchen durchgängig ein Tauber und ein Täubchen gebrütet wird, und dass sie solches in einem Jahre neunmal wiederholen, so können von ihnen im ersten Jahre achtzehn, (oder neun Paar) die mit den Alten zehen Paar ausmachen, und im zweyten Jahre hundert und achtzig (oder neunzig Paar) Tauben gezogen werden; diese können sich im dritten Jahre, nebst den zwanzig Alten bis auf achtzehn hundert Stück, (oder neunhundert Paar) vermehren. Wenn man nun die hundert paar Alte dazu rechnet, so gäben, nach der ganz richtigen Rechnung des Ritters (Linné), diese tausend paar Tauben, im vierten Jahre achtzehntausend Junge. Ja es ist zuverlässig, dass gute zahme Tauben, welche wohl gefüttert werden, wohl dreyzehnmal im Jahre brüten, und sich also in wenig Jahren auf Millionen vermehren würden. Allein man muss wissen, dass fast kein Vogel so viel todte Bruten hervorbringt, als die Taube; denn sie verwahrlosen oft die Eyer, dass sie kalt werden, oder zertreten die Jungen, oder diese bekommen Ungeziefer und Krankheiten, so dass dieser so grossen Vermehrung schon vorgebeuget ist. Da nun über dieses die Tauben sehr schmackhaft und ein allgemeines Nahrungsmittel der Menschen sind, so ist schon dafür gesorget, dass zwar allezeit ein hinlänglicher Vorrath vorhanden seyn kann, ihre allzustarke Vermehrung aber gehindert wird; weil sonst kein Saamen auf dem Felde für die Menschen übrig bleiben würde. (Linné 1773)*

Abb. 210: Darstellung einer Columba vulgaris und einer Columba anglica vel russica aus der lateinischen Ausgabe von Gesners Historia Animalium, die uns einen guten Einblick in die Taubenzucht des 16. Jahrhunderts vermittelt.

wurde nun eine ganze Reihe weiterer Taubenrassen beschrieben und mit verbesserten Abbildungen illustriert (Abb. 211). Die Feldtauben bezeichnet er wegen ihres bescheidenen Aussehens wenig schmeichelhaft als Feldböcke oder Feld-Ratzen (Feldratten)[825]. Unter den angeführten Rassen erwähnt er Pfauentauben aus Indien, aus dem Orient stammende Purzler- und Warzentauben und aus Holland stammende Farbentauben und Kröpfertauben. Das Vorkommen dieser Rassen in Mitteleuropa belegt auch, dass im 16./17. Jahrhundert ein reger Handel mit Tauben aus aller Welt bestand.

Von den Abteien und Klostergütern ausgehend, wurde die Taubenhaltung nach und nach von den Edelleuten, den Bauern und Gasthausbesitzern übernommen. Schon ab dem 15. Jahrhundert sind auf Abbildungen von Wirtschaftsgebäuden regelmässig Taubeneinflüge zu erkennen, die auf eine extensive Feldtaubenhaltung hinweisen (Abb. 212). Über die verwendeten Rassen ist nur wenig bekannt. Es dürfte sich vor allem um Feldtauben gehandelt haben, die zur Bereicherung des kargen Speisezettels in extensiver Form gehalten wurden. Das Bild einer idealen Feldtaube gibt Zedler im Jahre 1744:

Abb. 211: Eine gemeine «Hauss-Taube» aus der deutschen erweiterten Ausgabe von Gesners Vogelbuch aus dem Jahre 1669.

825 Nach Bornhalm pers. Mitt.
wurden die Feldtauben in
Deutschland auch in diesem
Jahrhundert in gleicher ab-
wertender Weise z.B. als
Feldjucker, Krätzer, Fetzen,
Schlacken und Füster be-
zeichnet.
826 Haag 1988a

Martius ecce nouus ut fcondibus explicet annum,
Et renouet uires mund̄ utriusq̄ simul.

MARTIVS Sagt hier wie schön der Mertz das iahr mit grün verzieret
Neu kreſten auch der klein vnd groſsen welt verleiſet.

212

159

**Abb. 212: Auf dem
Kupferstich von
Matthäus Merian
(1593–1650) ist an der
Fassade des Wirt-
schaftsgebäudes der
Einflug eines Feld-
taubenschlages mit
Sitzstangen darge-
stellt; Rhein oberhalb
Basels, im Hintergrund
der Wartenberg.**

Einen Einblick in die französische Taubenhaltung im 18. Jahrhundert vermittelt Comte Georges de Buffon (1707–1788) in seinem Werk «Histoire naturelle des oiseaux». Er beschreibt, dass die Haltung von Feldtauben gegenüber derjenigen anderer Vögel sehr anspruchsvoll ist, weil Feldtauben in Halbfreiheit gehalten werden. Dies bedeutet, dass die Tauben ihren Schlag verlassen, wenn ihnen die Haltungsbedingungen nicht zusagen, was einem Huhn schon durch einen Zaun versagt ist. Aus diesem Grund verlangen Tauben Türme und andere hohe Gebäude, die aussen verputzt sind und innen ein grosses Angebot an Nistzellen aufweisen müssen. Buffon erkannte richtig, dass die Feldtaube gegenüber den hochdomestizierten Rassetauben nur einen geringen Domestikationsgrad aufweist und deshalb noch sehr nah bei der Felsentaube steht (Abb. 213).

Die dritte Eigenschaft ist diejenige unserer Tauben der Taubenschläge, deren Sitten jedermann kennt und welche, wenn ihnen das Quartier zusagt, dieses nicht verlassen, oder es nur verlassen, um ein noch besseres zu finden, und sie nur hinaus gehen, um sich zu erheitern oder sich in den umgebenden Feldern zu versorgen: also, dass sich gerade unter diesen Tauben die Ausreisser und die Flüchtigen befinden von denen wir gesprochen haben, das beweist, dass nicht alle ihren ursprünglichen Instinkt verloren haben und dass die Gewohnheit des freien Haustierstandes, in der sie leben, nicht alle Züge ihrer ersten Natur ausgelöscht hat, zu der sie noch zurückkehren können. [...] Es sind die grossen und kleinen Tauben aus Volièren betroffen, deren Rassen, Spielarten und Mischungen fast unzählbar sind, da sie seit einer nicht mehr zurück zu erinnernden Zeit domestiziert sind. (Buffon 1772)

Buffon wusste, dass eine zu hohe Haltungsdichte eine Zunahme aggressiver Verhaltensweisen bewirkte[826].
Es dürfen z.B. nicht mehr als 8 Paare dieser Mondaintauben auf einem Raum von 8 Fuss Seitenlänge [ca. 1 Paar pro m²] gehalten werden [...], je mehr man deren Zahl auf einer beschränkten Fläche erhöht, desto häufiger werden Kämpfe, desto mehr nehmen die Flügelhiebe und die zerschlagenen Eier zu. Bei dieser Rasse treten häufig sterile Täuber und unfruchtbare Täubinnen auf. (Buffon 1772)

**Abb. 213: Vor der
Französischen Revolu-
tion erfreute sich die
Taubenhaltung durch
Adel und Klerus noch
grosser Beliebtheit.
Dabei wurde die ro-
buste und halbwild
lebende Feldtaube
(links) als Nutztaube
gehalten, während
orientalische Rassen,
wie das Mövchen
in der Mitte und die
Indianertaube, eine
alte arabische Brief-
taubenrasse, aus Lieb-
haberei gezüchtet
wurden. Im Hinter-
grund ist ein Tauben-
haus dargestellt.**

213

Abb. 214: Aus der Feldtaube wurde eine grosse Vielfalt von lokalen schweizerischen Taubenrassen erzüchtet, die heute nach ihrem Herkunftskanton klassifiziert werden. Sie fallen durch ihr bescheidenes und unspektakuläres Aussehen auf.
Aargauer Weissschwanz blau; Poster rotfahl; Wiggerthaler Farbenschwanz rot; Aargauer Weissschwanz gelb; Zürcher Weissschwanz schwarz.

AARGAUERTAUBEN · PIGEONS ARGOVIENS
POSTER UND ZÜRCHER WEISS-SCHWANZ

214

In Grossbritannien spielte die extensive Feldtaubenhaltung vom 13. bis ins frühe 18. Jahrhundert eine bedeutende wirtschaftliche Rolle. Die Feldtaubenschläge lagen oft weit von den Siedlungen entfernt und wurden kaum kontrolliert[827]. Gegen Ende des 16. Jahrhunderts diente der Taubenkot auch als Salpeterquelle für die Herstellung von Schiesspulver[828]. Das Herstellungsgeheimnis wurde im Jahre 1560 für den Betrag von 300 Pfund von einem Deutschen an die Engländer verraten. In der Gegend von Surrey entwickelte sich eine eigentliche Schiesspulverindustrie, die erst im 18. Jahrhundert mit der Entdeckung von natürlich vorkommendem Salpeter in Südamerika und Ostindien zum erliegen kam[829]. Hühner und Taubenmist wurde auch zum Gerben von Tierhäuten verwendet und anschliessend als Flüssigdünger ausgebracht[830]. Nach Grüll (1980) wurden im Jahre 1650 in Grossbritannien 26 000 Taubenschläge und Taubenhäuser mit einem Bestand von rund 10 Millionen Tieren betrieben. Alleine in Fife gab es am Ende des 18. Jahrhunderts 360 Taubenschläge mit 36 000 Paaren. Ein markantes Nachlassen der ökonomischen Bedeutung der Feldtaubenhaltung begann um das Jahr 1800. Feldtauben wurden von da an nur noch vereinzelt auf Bauernhöfen oder als dekorative Ziertauben gehalten. Der Rückgang der Feldtaubenhaltung dürfte vor allem auf den Preiszerfall für Taubenfleisch zurückzuführen sein, der dazu führte, dass der Wert des verbrauchten Getreides höher wurde als der der Tauben. In England

lagen die Gründe dafür vor allem in der Umwandlung von Brachland zu Ackerland und im Rückgang des Bohnenanbaus[831].
Eine Beschreibung der Lebensweise deutscher Feldtauben in unserem Jahrhundert gibt Stendel (o.J.). Dieser robuste Taubentypus dürfte sich seit dem Mittelalter durch gleichbleibende Selektionsbedingungen kaum verändert haben. Stendel beschreibt sie als lebhaft und sehr scheu, unempfindlich gegen Witterungseinflüsse und fähig, sich selber zu ernähren. Nur in harten Wintern bei Schnee und Eis wurden sie gefüttert. Naumann schreibt dazu:
Unseren zahmen Feldflüchtern streut man nur Futter, wenn sie auf den Feldern wegen Schnee und Frost nichts finden, oder wenn auf andere Art Mangel für sie eintritt, und nimmt dazu eine der wohlfeilsten Getreidearten, die ihnen zugleich eine der angenehmsten ist, nämlich Wicken-Gerste, und im Winter gewöhnt man sie sogar an gekochte Kartoffeln, die sie bald gern fressen lernen. (Naumann 1830)

Zur Zeit der Dreifelderwirtschaft mussten die Tauben nach dem Gesetz über die Saatsperre[832] im Schlag gefüttert werden[833]. Sonst ernährten sie sich in den Feldern und die Betreuung durch den Bauern beschränkte sich auf das jährliche Ausmisten. Die Winterfütterung erlaubte ganzjähriges Brüten und dürfte vor allem melanisierte Typen[834] bevorzugt haben, die dazu tendieren, keine Gonadenregression im Winter zu zeigen[835]. Unter diesen von Menschen geschaffenen Selektionsbedingungen konnte sich ein breites Spektrum an Färbungen, Farbschattierungen und Gefiederzeichnungen entwickeln.

In Deutschland wurden die Feldtauben vor allem zur Erzeugung von Taubenfleisch gehalten. Bechstein (1805) betont die grosse Fruchbarkeit der damaligen deutschen Feldtauben. Sie waren bereits mit 4 Monaten geschlechtsreif und sollen bis 9 Gelege pro Jahr erzeugt haben. Die Jungtauben wurden im Alter von 26 Tagen geschlachtet, wenn das Fleisch am zartesten ist. Würde man zuwarten, nähmen die Jungtauben durch ihr Flugtraining eher an Gewicht ab als zu. Gärtner[836] gibt an, dass anfangs des 20. Jahrhunderts in Deutschland noch jährlich Millionen junger Schlachttauben verzehrt wurden. Gegenüber dem Schaden der feldernden Tauben führte er auch deren Nutzen an, der durch die ungeheure Menge an aufgepickten Unkrautsamen entsteht. Nach Schütte (1978) wurden Feldtauben noch bis zur Enteignung der Güter in der ehemaligen DDR in sogenannten «Altdeutschen Taubentürmen» gehal-

ten. Diese Tiere wurden als Fleischtauben genutzt. Die echte Feldtaube ist heute sehr selten geworden oder ganz ausgestorben, weil sie vor allem in der kommerziellen Zucht durch leistungsfähigere Rassen verdrängt wurde. Ein weiterer Grund für das Verschwinden der Feldtaube liegt zusätzlich in der Industrialisierung der Landwirtschaft. Früher begann die Getreideernte im Juli mit dem Winterroggen und dauerte bis zur Haferernte im Oktober. Während der ganzen Zeit waren Stoppelschläge vorhanden, die als wichtigste Nahrungsquelle von den Feldtauben genutzt wurden, die sich zu Hunderten auf den abgeernteten Feldern einfanden[837]. Nach dem 2. Weltkrieg kamen Mähdrescher auf, mit denen die Getreidefelder in kürzester Zeit vollständig abgeerntet wurden. Unmittelbar danach wurden die Felder umgepflügt. Damit war den Tieren die wichtigste Nahrungsquelle in Form von übrig gebliebenen Getreidekörnern entzogen. Die Feldtauben hätten in der Folge gefüttert werden müssen, was sich für die Bauern angesichts ihrer bescheidenen Erträge nicht mehr

[827] Grüll 1980
[828] Eaton 1858, S. 44
[829] Hansell 1988, S. 30
[830] Hansell 1988, S. 31
[831] Murton & Westwood 1966a
[832] Zur Zeit der Aussaat durften die Tauben nicht im Freiflug gehalten werden.
[833] Stauber 1996, S. 18
[834] Durch die Einlagerung von Farbpigmenten (Melanine) wird das Gefieder dunkel gefärbt (melanisierte Farbtypen).
[835] Lofts et al. 1966. Mit Gonadenregression ist die Rückbildung der Hoden und Eierstöcke ausserhalb der Brutzeit gemeint.
[836] Gärtner 1925, S. 104–105
[837] Bornhalm, pers. Mitt.

161

Abb. 215: Noch bis ins letzte Jahrhundert hinein gehörte zu jedem Bauernhof im Schweizer Mittelland ein Taubenschlag, der oft als einfache Konstruktion unter dem Dach befestigt war. Auf dem Gemälde von Freudenberger sind weisse Tauben mit grauem Flügelschild, Vorfahrenrassen unserer heutigen Schildtauben, dargestellt.

215

216

Abb. 216: Feldtauben wurden auch mit anderen Rassen gekreuzt, so dass eine grosse Vielfalt an Farben, Formen und Zeichnungen entstand, die sich von Dorf zu Dorf oder gar von Hof zu Hof unterschieden. Die Eichbühlertaube zeichnet sich durch einen brieftaubenähnlichen Habitus und eine eigentümliche, eidechsenähnliche Kopfform aus.

162

838 Mutationen sind spontane Veränderungen an bestimmten Genen, die für die unterschiedliche Ausprägung verschiedener Eigenschaften wie Gefiederfärbung und Zeichnung, aber auch Verhalten, Stimme, Fortpflanzungsleistung etc. verantwortlich sind und die an die Nachkommen weitervererbt werden.
839 Übersicht in Stauber 1996
840 Voralpines und alpines Weideland konnte Tauben nicht ernähren, deshalb war die Taubenhaltung dort nicht möglich (Stauber 1996, S.11).
841 Stauber 1996, S. 10–11
842 Stauber 1996, S. 83
843 Steinke 1994, 31ff.
844 Steinke 1994, S. 23–32
845 Haag 1994a
846 Stauber 1996, S. 20
847 Kammermeier 1978, Martel o.J., Letellier 1991, Hansell 1988 und 1992
848 Hansell 1988 und 1992
849 Wallfahrtskirche der Panagia Evangelistria

rentierte. Damit war auch das Schicksal der Feldtaube besiegelt, die heute in ihrer ursprünglichen Form ausgestorben ist (Abb. 207, 15).

Während der letzten Jahrhunderte entwickelte sich aus den einfachen Feldtauben eine grosse Vielfalt an Rassetauben, die sich durch Gefiederfärbung, Form und Verhalten unterscheiden. Bei den Feldtauben dürften im Laufe der Jahre immer wieder Mutationen[838] aufgetreten sein. Zudem wurden aus Liebhaberei auch fremde Rassen gehalten, die sich mit den Feldtauben kreuzten. So entstand ein grosser Genpool, der für eine immense Vielfalt unter diesen Feldtauben verantwortlich war. Besonders schöne und auffällige Tiere wurden für die Zucht verwendet, unerwünschte als Schlachttiere verkauft. Zudem waren die meisten dieser kleinen Bestände geographisch oft völlig isoliert, so dass sich mit der Zeit eigene Rassen entwickeln konnten. Viele dieser Taubenrassen haben sich bis heute als wertvolles Erbe erhalten können. Sie verdienen auch in der Zukunft unseren besonderen Schutz, verkörpern sie doch ein lebendiges Zeugnis menschlicher Kulturgeschichte. Auffallend ist, dass viele dieser Rassen in Bau und Vitalität der Feldtaube noch sehr ähnlich sind. Die meisten der Schweizer Rassetauben lassen sich von Feldtauben ableiten[839]. Die Schweizer Tauben zeigen eindrücklich, wie beinahe jede für die Taubenzucht geeignete Region ihre eigenen typischen Rassen hervorbrachte. Die Schweizer Taubenrassen fallen durch ihr bescheidenes Äusseres auf, das eine Folge des Feinddruckes durch Greifvögel ist, der in der Zeit ihrer Entstehung noch eine wichtige Rolle spielte. Stauber schreibt dazu:

So hat die Natur selber die Auswahl getroffen und dem schweizerischen Bauern die Vorschrift gegeben, wie seine Tauben zu sein hätten. Sie hat ihn davon abgehalten, ihnen Formen und Farben zu geben, die sie den Feinden auffällig machten und im Fluge behinderten. Nur feine, gedeckte Farbspiele, tarnende

Sprenkelungen, umrissauflösende Scheckung, den Luftwiderstand nicht vergrössernde Spitzhäubchen und Beinbestrumpfung liess die Natur zu, genug, um klugen Menschen, die sich ins Gegebene schickten, gediegenen Geschmack entwickeln zu helfen. Im Einklang mit der Natur liess man das einzig Passende sich herausbilden, das schlechthin durch nichts Besseres zu ersetzen war.
(Stauber 1996, S. 20)

Bis ins letzte Jahrhundert hinein gehörte noch zu jedem Bauernhof im Schweizer Mittelland ein Taubenschlag[840], der oft als einfache Kiste unter dem Dach befestigt war (Abb. 215). Noch heute lassen sich an den meisten älteren Bauernhöfen Einflüge entdecken. Beinahe jedes Dorf, sogar einzelne Höfe züchteten eigene Typen von Tauben, die sich teilweise zu Rassen entwickeln konnten. So wurde auf dem bernischen Hof Eichbühl die Eichbühlertaube gezüchtet[841], die sich bis heute als eigenständige Rassetaube erhalten konnte (Abb. 216). Die Eichbühler wurden früher beinahe ausschliesslich auf Bauernhöfen gehalten und einseitig und knapp gefüttert. Darum flogen sie täglich auf das Feld[842] und unterlagen dort einer harten Selektion durch Greifvögel, die nur die vitalsten und schnellsten Tiere überleben liess. Neben der Freude am besonderen Tier, das man durch Zucht selber erschaffen hatte, dienten diese unterschiedlichen Tauben auch der Eigentumskennzeichnung[843]. Schon aufgrund des Äusseren konnten diese einem bestimmten Halter oder Dorf zugeordnet werden.

Steinke (1994) berichtet von Tauben aus dem Schwarzwald, die sich durch eine bemerkenswerte Anpassung an ihre speziellen Umweltbedingungen auszeichneten. Noch am Anfang des 20. Jahrhunderts war im Schwarzwald in beinahe jedem Bauernhof ein Hühnerhaus sowie ein Taubenschlag integriert. Die Waldbauern hatten grosse Verluste durch Greifvögel hinzunehmen und um die Hühner zu schützen, hielt man Tauben. Greifvögel schlugen statt der wertvolleren Hühner eher eine Taube, deren Verlust nicht so gravierend war[844]. Die Startauben des Schwarzwälder Hasenhofes entwickelten in Anpassung an den Feinddruck einen besonderen Tiefflug den Bodenwellen und Waldrändern entlang und wurden so weniger zum Opfer der Greifvögel. Dieser Feindvermeidungsflug, wie er ausgeprägt von Felsentauben gezeigt wird[845], war auch eine typische Eigenart der Schweizer Feldtauben[846].

Taubenhäuser – Taubenrecht

In früheren Zeiten wurden die Tauben in Taubentürmen und eigentlichen Taubenhäusern gehalten. In vielen Ländern waren diese Gebäude ein Statussymbol, das möglichst gross und prächtig gestaltet wurde. Jede Region hatte ihre typischen Taubenhäuser[847], die zudem im Laufe der Zeit verschiedenen Moden unterworfen waren. Sehr alte Taubenhäuser, wie sie noch heute in England und Frankreich erhalten sind[848], erinnern wegen ihres massigen Stiles an Wehrtürme (Abb. 217). Die Taubenhäuser auf der griechischen Insel Tinos gehören zu den elegantesten und schönsten der Welt (Abb. 219). Sie zeichnen sich durch reich strukturierte Fassaden aus, die den

Abb. 217: Altes, roh gebautes englisches Taubenhaus aus der Zeit Wilhelm des Eroberers (11. Jh.); Blackford House, Somerset.

Abb. 217: Altes, roh gebautes englisches Taubenhaus aus der Zeit Wilhelm des Eroberers (11. Jh.); Blackford House, Somerset.

218   163

Abb. 218: Inneres eines englischen Taubenhauses aus Bedfordshire (20. Jh.). In den gut zugänglichen Nischen brüten weisse Tauben, deren Nestlinge und Kot genutzt werden können.

Tauben auch als Sitzplätze dienen. Nach Swoboda (1973) könnte die Taubenhaltung auf Tinos noch mit dem antiken Poseidonkult der Ionier und mit der darauf folgenden Marienverehrung[849] in Zusammenhang stehen.

In ihrem Innern sind Taubenhäuser meist sehr zweckmässig eingerichtet. Nischen oder ähnliche Strukturen dienen den Tauben als Brutplätze, die leicht zugänglich sein sollten (Abb. 218). Auch eine einfache Feldtaubenhaltung erforderte minimale wirtschaftliche Grundlagen. In Mitteleuropa müssen die Tauben während des Winters mindestens 2 Monate lang gefüttert werden, da zu wenig natürliche Nahrung verfügbar ist. Früher war das nur möglich, wenn in guten Zeiten genügend Getreide übrig blieb. Die Taubenhaltung wurde deshalb vor allem durch den vermögenden Klerus und Adel betrieben. Dem armen Pächter und Bauern blieb wohl meistens nur der Schaden, der durch feldernde Tauben entstand. In den meisten europäischen Ländern galt die Taubenhaltung bis zur französischen Revolution von 1789 als Privileg der grossen Grundherren, also des Adels und der hohen Geistlichkeit. In Frankreich bestimmt ein «Droit de pigeonnier», dass Besitzer von weniger als 36 Morgen Land nur einen hölzernen Taubenschlag (pigeonnier) mit maximal 150 Fluglöchern betreiben durften. Ein gemauerter Taubenturm (colombier) war den Grossgrundbesitzern vorbehalten.

Die halbwild lebenden Feldtauben wurden in Frankreich zu Tausenden in repräsentativen Taubenhäusern gehalten (Abb. 220) und ernährten sich in den Feldern der verarmten Bauern und Pächter. Im 17. Jahrhundert wurden nach Hansell (1988) rund 42 000 Taubenschläge unterhalten. Durch strenge Gesetze waren diese Tauben vor Verfolgung geschützt und bildeten ein weiteres Mittel zur Ausbeutung der Landbevölkerung durch Adel und Klerus. Im Frühling 1789, als der König Louis XVI die «Etats généraux» einberief, um die Meinung seines Volkes zu erfahren, beklagten die Bauern erneut den Macht-

missbrauch im Zusammenhang mit dem Taubenrecht. Das Beschwerdenheft der Gemeinschaft von Croissy-en-Brie hält zum Beispiel fest:
Es ist unsere Aufgabe, uns über diese unglaubliche Menge an Wild zu beklagen, das unsere Äcker verwüstet. Tauben und Rebhühner rauben uns einen Teil unserer Saaten [...] Wir haben nicht einmal das

219

Recht, die Krähen zu töten, diese Vögel, die unseren Ernten derart grossen Schaden zufügen. Hélas! dass das Vergnügen an der Jagd der Bevölkerung die Nahrung kosten muss! Auf wievielen Flächen geht die Ernte durch dieses teure Recht verloren! Man muss stillschweigend hinnehmen, dass das Wild unsere Feldfrüchte und sogar unsere Bäume bis in

Abb. 219: Die Taubenhäuser auf der griechischen Insel Tinos sind wegen ihrer Schönheit weltberühmt.

220

850 Tauben sind ausserordentlich lernfähig, so dass nach
kürzester Zeit auch modern-
ste Abwehrmethoden un-
wirksam werden (Haag
1997c).
851 Kammermeier 1978, S. 28
852 Kammermeier 1978, S. 28
853 Stauber, pers. Mitt.

Abb. 220: Wie diese Auswahl an französischen Taubenhäusern im Vergleich zeigt, hatte jede Region ihre typischen architektonischen Merkmale. Das kleinste Taubenhaus ist 7,5 m, das grösste 20 m hoch. Taubenhäuser waren nicht nur Unterbringungsort für die Tauben, sondern meist auch Repräsentationsobjekte der Besitzer, die meist dem Adel und Klerus entstammten.

die Gärten hinein frisst. Und wenn es vorkommt, dass wir Fallen stellen, um die zerstörerischen Tiere fernzuhalten, kommt es bald soweit, dass wir als Kriminelle verfolgt und ins Gefängnis geworfen werden [...] Wenn sich die Gutsherren schon dieses Vergnügen verschaffen wollen, sollen sie doch ihr Wild wenigstens innerhalb der Einzäunung ihres Parks oder ihres Waldes zurückhalten; dabei soll jedem Einzelnen das Recht zustehen, seine Ernte zu verteidigen.
(Pierre Goubert & Michel Denis, 1789, Les français ont la parole, nach Letellier 1991, S. 21)

Mit der Aufhebung des Privilegs der Taubenhaltung im Jahre 1789 verminderte sich in Frankreich die Zahl der Taubenhäuser, und in manchen Gegenden verschwanden sie ganz, da die Bauern das Recht erhielten, feldernde Tauben zu töten. Während der französischen Revolution wurden zudem viele Taubenhäuser als Sinnbilder der Herrschaft von Adel und Klerus zerstört.
Über die effektive Schädlichkeit der feldernden Taube gehen die Meinungen auseinander. Ein Sprichwort aus der Schweiz aus der Mitte des 18. Jahrhunderts zeigt, dass man sich mit der Haltung von Feldtauben sehr unbeliebt machen konnte:

Wer will ein Biedermann sein und heissen, der hüt sich vor Tauben und Geissen.
(Bräker 1789, S. 27)

Für den grossen Ornithologen und betroffenen Landwirt Johann Friedrich Naumann waren sie eine wahre Plage:
Ungeachtet ihrer grossen Nutzbarkeit muss die Feldtaube doch unter die unserem Feldbau höchst nachteiligen Geschöpfe gezählt werden, zumal da es sich durch vergleichende Berechnungen sehr bald ergiebt, dass der Schaden ihren Nutzen bei weitem überwiegt. In der Saatzeit wie in der Ernte sind sie eine wahre Plage des Landmannes und der einzelne sieht oft auf einzelnen Ackerstücken in sehr kurzer Zeit und öfters, ehe er noch daran dachte, seine erfreulichsten Aussichten zur Ernte vernichtet. Haben sich erst ganze Flüge auf solche Äcker, welche ein Lieblingsfutter enthalten, gewöhnt, so sind sie kaum davon zu erwehren, selbst nicht durch blindgeladene Schreckschüsse; an alle aufgestellten Scheusale, an Klappern, Rufen und Lärmen, selbst an auf sie angehetzte und nachbleffende Hunde gewöhnen sie sich[850]. Nur scharfe Schüsse, wenn sie dadurch einige ihrer Kameraden aus der Luft herabstürzen und mit dem Tode ringen sehen, sind imstande, ihnen solche Orte vorläufig, doch nicht auf die Dauer, zu verleiden; auch so helfen, aber nicht immer, auf kleineren Plätzen blosse ausgestreute Taubenfedern und Stücke von toten Tauben, oder ein fliegend ausgestopfter und beweglich hingehängter Raubvogel auf einige Zeit. [...] Sie ruinieren auch, da wo sie häufig sitzen, die Ziegeldächer durch Abtreten und durch Abpicken des Kalkes aus den Fugen, die Strohdächer aber noch mehr durch Abtreten und Berupfen, weshalb man diese gegen Ersteres durch längshin darauf befestigte Stangen zu beschützen sucht. (Naumann 1833)

Brink hingegen war der Ansicht, dass die Aufnahme von Feldnahrung durch die Tauben im Endeffekt sogar von Nutzen ist:
Der Schaden, den sie etwa zur Saat- und Erntezeit auf den Feldern anrichten können, wird weit überwogen durch ihren Nutzen, da sie, wie die Untersuchungen des Kropfes erwiesen haben, sich beinahe das ganze Jahr hindurch von Unkrautsämereien ernähren. «Snell hat sich,» wie der oben angeführte ausgezeichnete Vogelkundige berichtet, «durch sorgfältige und mühevolle Beobachtungen überzeugt, dass sie zwar einzelne Getreidekörner, welche ohne sie verderben würden, auflesen, im allgemeinen aber sich fast ausschliesslich von dem Samen verschiedener, der Landwirtschaft verderblicher Unkräuter ernähren und dadurch einen geradezu unberechenbaren Nutzen bringen. Der genannte Beobachter zählte im Kropfe einer von ihm getöteten Haustaube 3582 Körner der Vogelwicke und berechnet, dass eine Taube mit einem Jungen jährlich gegen 800 000 dieser Körner vertilgt. Seine gewissenhaft angestellten Beobachtungen widerlegen jeden Vorwurf, welcher den Tauben bisher gemacht wurde, und stellen als unumstössliche Wahrheit fest, dass unser Getreideanbau ohne sie arg gefährdet sein würde. (Brink 1899)

Spanische Dokumente aus dem 9. Jahrhundert regelten über ein «derecho de palomar», das Recht der Taubenhaltung und die Taubenjagd, die «palomeria»[851]. In Holland wurde das «heerlijk recht» zur Taubenhaltung nach dem Frieden von Münster (1648) auch auf die grundbesitzenden Bürger ausgedehnt, allerdings waren auch dort Errichtung und Unterhaltung von «duiventorens», Taubentürmen, ausschliesslich ein Privileg des Adels und der hohen Geistlichkeit. In Deutschland wurde das Recht der Taubenhaltung sehr unterschiedlich gehandhabt. In einzelnen Gegenden und manchen Städten herrschte ein generelles Verbot, so in Nürnberg, wo im Jahre 1299 auf Taubenhaltung eine Strafe von 50 Pfund (Korn) angedroht wurde[852]. Soweit die Haltung erlaubt war, wurde sie vom Eigentum oder der Pacht von Ackerland abhängig gemacht. Dazu ein Beispiel aus Herrentbreitingen (Schmalkalden an der Werra) aus dem Jahre 1507:

Petters Gericht gehalten uff montagk nach Reminiscere MDVII. Angestalt, wer thuben halden solt? Urtheil, so manch pferdt szo einer hat an den acker gehen, also viell par thuben mack einer halden. Helt aber einer thuben, der kein pferdt hat, der stehe seyn abenthure [Pfand] obs die hern liden.
(nach Kammermeier 1978, S. 28)

Es liessen sich noch eine Reihe anderer Gesetze anführen, die alle die Taubenhaltung beschränken. Dies ist verständlich, denn eine feldernde Taube frisst pro Jahr etwa 12–15 kg Getreide[853]. Dies tut sie meistens auf fremdem Besitz, was einem indirekten Diebstahl entspricht. Dabei ist aber zu bedenken, dass Tauben nicht scharren wie Hühner, sondern hauptsächlich die oben aufliegenden Körner fressen, die ohnehin verloren wären. Umgekehrt wurde auch der Fang von Tauben geregelt. In einer Satzung von Sesslach wurde 1561 folgendes bestimmt:

1. *Jeder Bürger darf nur 10 Paar Tauben halten.*
2. *Wer mehr hat, soll 2 fl gestraft werden.*
3. *Das Geld soll halb den Taubenmeistern gehören, die aufgestellt sind, und halb der Stadt, bei Adeluntertanen halb den Taubenmeistern und halb den Herrschaften.*
   Keiner darf dem anderen die Tauben wegfangen, darf also keine Gitter, Strick oder Brett legen, sondern nur ein freies Brettlein, keine Schlingen und kein Garn darf gestellt werden. 2 sollen die Schläge besehen alle Jahr, ob nichts zu viel da ist. Taubenmeister: Martin Habermann und Michael Schmidt.
(nach Kammermeier 1978, S. 28–29)

223

Die Taube auf dem Teller

Früher waren Tauben während des Winters neben spärlichem Wild oft das einzige Fleisch für die Küche, das zudem hervorragend schmeckt. Das gebratene Täubchen gilt heute noch als grosse Delikatesse. So ist es nicht verwunderlich, wenn dem Schlemmer im Schlaraffenland die gebratenen Tauben in den Mund fliegen.

Auch fliegen umb
müget ir glauben
Gebraten Hüner
Gensz und Tauben
Wer sie nicht facht
und ist so faul
Dem fliegen sie selbst in das Maul
(Hans Sachs 1558)

221

222

Und auch das bekannte Sprichwort: «Lieber der Spatz in der Hand als die Taube auf dem Dach» spielt auf den kulinarischen Wert der Taube an, denn eigentlich ist «noch lieber aber die Taube in der Hand» gemeint. Über den kulinarischen Wert des Taubenfleisches schreibt Naumann:
Sie haben ein sehr wohlschmeckendes, zu manchen Zeiten ziemlich fettes Fleisch, doch wird nicht sowohl das der Alten, als vielmehr das der Jungen, die man aus dem Neste nimmt, wenn sie bald ausfliegen wollen, allgemein für eine leicht verdauliche, kräftige, für Gesunde und Kranke sehr nahrhafte Speise gehalten und giebt, mit den Knochen zerstossen und ausgekocht, auch von alten Tauben, die wohlschmeckendsten Kraftbrühen. Man holt daher

165

Abb. 221: Als Schlachttauben werden wegen ihrer hellen Haut weisse Rassen bevorzugt.

Abb. 222: Das Ende einer Fleischtaube, als Delikatesse zubereitet.

Abb. 223: Fleischtäubchen wie diese White King, eine Wirtschaftstaubenrasse, werden mit 4 Wochen geschlachtet. In diesem Alter ist das Fleisch noch sehr zart und weich, wie es von der Gastronomie verlangt wird.

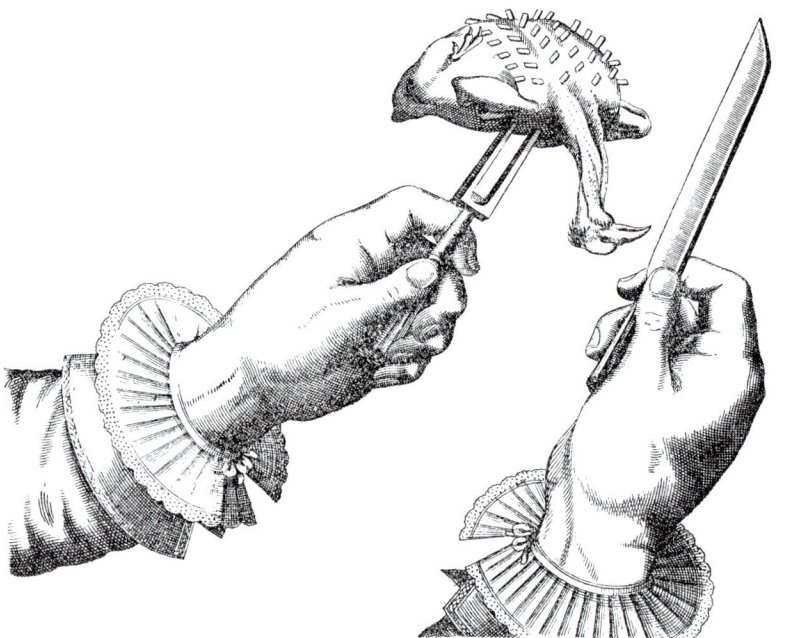

Abb. 224: Das mit Speck gespickte Täubchen gehörte früher zu den grössten Delikatessen der Küche. Im Buch «L'art de Trancher» des Freiburgers Jacques Vontet aus dem Jahre 1627 ist die fachgerechte Tranchierung dargestellt.

854 Wackernagel, pers. Mitt.
855 Böttcher 1986a
856 ca. 8–18 schlachtreife Jungtauben pro Jahr (Böttcher 1986a)
857 Böttcher 1986a
858 Böttcher 1986b
859 Wackernagel, pers. Mitt.
860 Vogel 1992, S. 21
861 Swoboda 1973
862 Gattiker 1989, S. 366–367
863 Johnston & Janiga 1995. S. 13
864 Darwin 1868, II, 89

224

nicht selten mit Lebensgefahr die Jungen der wilden Feldtauben [Felsentauben] aus ihren Felsensitzen herab, um sie zu verspeisen, und dies ist auch Ursache, dass man sich diese Art als ein Hausgeflügel anzueignen gesucht hat, wobei ihre grosse Fruchtbarkeit den Nutzen ungemein vergrössern hilft; denn obgleich eine Brut nur aus zwei Jungen besteht, so wird doch durch das oftmalige Brüten ihre Vermehrung sehr ansehnlich, wenn gleich nicht so stark als bei dem übrigen Hausgeflügel und namentlich auch bei den eigentlichen Haustauben.
(Naumann 1833)

So wie heute wohl in jeder Tiefkühltruhe eine Leckerei auf den unerwarteten Besuch wartet, so waren es früher die zu jeder Zeit verfügbaren Tauben, die diese Aufgabe erfüllten:
Auf dem Lande, wo man nicht immer frisches Fleisch haben kann, sind die Tauben eine gewöhnliche Speise, und die beste Zuflucht, wenn z.B. unvermutheter Besuch kömmt; denn man kann sie wegen ihrer grossen Vermehrung immer haben.
(Bechstein 1905)

Tauben waren eine gewöhnliche Speise, die noch anfangs des 20. Jahrhunderts zu allen Gelegenheiten serviert wurde. Dies zeigt ein Altbasler Kinderreim. Wurde richtig erraten, wieviele Finger der Spielpartner auf den Rücken drückte, hiess es: «Du hesch rächt errote, jetz kan ich Dir e Dybli brote»[854]. Zedler (1744) gibt in seinem Universallexikon insgesamt 26 Rezepte für die Zubereitung von Tauben wieder; davon sei eines ausgewählt:
2. Tauben fricassieret
Schneidet die Tauben, nach dem sie rein geputzt und ausgenommen sind, zu kleinen Stückgen, zerklopffet ihnen die Gebeine, setzet in eine Casserole Wasser aufs Feuer, blanschiret die zerschnittenen Tauben und waschet sie aus. Hernach thut in eine

Tiegel oder Casserole ein Stück ausgewaschene Butter, Muscatenblüten, Zitronenschalen, eine gantze Zwiebel, etliche Lorbeer-Blätter, wie auch ein einziges Stückgen Thymian: leget die Tauben drein, setzet es aufs Kohlefeuer und passieret es ein wenig; giesset ein Paar Gläsgen Wein und etwas frische Brühe dran, und lasset es ein wenig gantz gemächlich kochen. Ferner schlaget in ein Töpffgen vier bis fünf Eyer, Eyerdotter, giesset einen halben Ess-Löffel voll Wein-Essig dran und quirlt es klar ab; hacket auch ein wenig grüne Petersilie dran und vermischet sie unter die Eyerdotter. Wenn nun das Fricassee im Kochen ist, so giesset die Brühe an die gequirlten Eyerdotter und rühret es, dass es nicht zusammen lauffe; thut ein Stückgen ausgewaschene Butter daran und werfet sie so lange herum, bis die Butter daran vergangen. Nach diesen schüttet die Brühe an die Tauben und schüttelt sie wohl um: richtet solche an, und drücket Zitronen-Safft darein; besprenget sie mit zerlassener Butter, und lasset sie auftragen.

Um der damaligen Vorliebe für fettes Taubenfleisch zu entsprechen, wurden noch um die Jahrhundertwende Tauben in Dunkelmast aufgezogen:
Um die begehrten 500–800 Gramm schweren Tafeltauben heranzumästen, wurden die Jungtauben im Alter von drei Wochen aus dem Nest genommen, in dunkle Kisten gesetzt und alle fünf Stunden mit einem lauwarmen Brei aus gequollenen Getreidekörnern, Erbsen und Wicken zwangsgefüttert. Die «Graveure», die Mäster, nahmen den Futterbrei und einen Schluck Wasser in den Mund, packten eine Jungtaube nach der anderen und spieen ihr eine wohldosierte Futtermenge in den mit schnellem Griff geöffneten Schnabel. Aus Italien, wo diese Form des Taubenmästens weit verbreitet war, wurden noch um die Jahrhundertwende jährlich zwei bis zweieinhalb Millionen Masttauben nach Frankreich und England ausgeführt. (Hoerschelmann 1990)

In neuerer Zeit hat die Fleischtaubenhaltung ihre Bedeutung weitgehend verloren. Taubenfleisch wurde in den vergangenen Wohlstandsjahrzehnten wegen der grossen Nachfrage nach möglichst viel und billigem Fleisch durch Hühner, Truten, Rinder und Schweine verdrängt, die einfacher in Tierfabriken produziert werden können. Erst mit der «Gourmetwelle» und der kulinarischen Besinnung auf Qualität entstand in den letzten Jahren wieder ein Markt für Fleischtauben. Heute gibt es in Italien, Frankreich und den USA wieder Taubenfarmen mit Zehntausenden von Tieren, um der steigenden Nachfrage gerecht zu werden. Unter den westeuropäischen Ländern ist Frankreich mit rund 800 Masttaubenhaltern führend vor Italien[855].
Fleischtauben müssen schwere und fleischige Schlachtkörper haben und sollten gleichzeitig sehr fruchtbar[856] sein. Die wichtigsten Wirtschaftsrassen sind die Nutztypen der Kingtaube in Weiss, Silber und kennfarbig, die weisse Carneautaube, die Hubbel und die kennfarbige Texastaube. Kennfarbige Tauben haben den Vorteil, dass die Geschlechter anhand der Gefiederfarbe unterschieden werden können. Nach Böttcher (1986a) sind diese Fleischtauben relativ früh mit 4–6 Monaten geschlechtsreif und werden 4–5 Jahre lang zur Zucht verwendet. Im

zweiten und dritten Jahr ist die Vermehrungsleistung am höchsten. Das optimale Schlachtalter der Jungen liegt bei 28–30 Tagen mit einem Lebendgewicht von etwa 470 g. Die Tauben werden also «aus dem Nest heraus geschlachtet». Wird dieser Termin von 30 Tagen überschritten, verlieren die Jungtauben zunächst durch die mit dem Verlassen des Nestes verbundene Bewegung an Gewicht. Mit dem Erreichen des Schlachtalters mit nur 4 Wochen übertrifft die Taube alle anderen Geflügelarten in der Kürze ihrer Mastdauer[857]. Für die Kalkulation der Masttaubenproduktion ergibt sich eine durchschnittliche Produktion von 6,1 kg Lebendmasse an Jungtauben pro Paar und Jahr. Für die Erzeugung von 1 kg Lebendmasse werden 8 kg Futter benötigt[858]. Bevorzugt werden weisse Tauben, einmal wegen der unpigmentierten Haut und weil das Licht in den Massenställen durch die weissen Federn reflektiert wird und so zur Aufhellung des Stalles beiträgt[859] – was für ein Niedergang der einst als heiliges Tier verehrten weissen Taube der Liebesgöttin! Weisse Rassen haben zudem die vom Konsumenten verlangte unpigmentierte helle Haut, die sie appetitlicher aussehen lässt. Auf den Märkten von Chicago, Detroit, New York, San Francisco und St. Louis verkaufen Händler jährlich weit über 500 Tonnen Taubenfleisch[860].

Weniger appetitlich erscheint die Anwendung der basischen Eigenschaften von Taubenkot. In früheren Zeiten wurde der Kot in Mitteleuropa zur Neutralisierung von saurem Bier verwendet[861]. Bäcker brauchten Taubenkot zur Herstellung einer Lauge, durch die die Semmeln angeblich locker und wohlschmeckend wurden. Taubenkotlauge wurde sogar zum Bleichen von Textilien verwendet:
Die Bäcker wissen an manchen Orten diesen Mist sehr gut zu benutzen, indem sie aus demselben eine Lauge zur Einmachung des Semmelteiges ziehen. Die Semmeln werden dadurch lockerer und erhalten einen ganz besonderen Geschmack. In Frankreich war diess sonst etwas gewöhnliches, und eine der vornehmsten Ursachen, warum daselbst der Taubenmist fast mit der Gerste in einem Preise stand, und so angenehm war, dass man nur des Mistes wegen Tauben zu unterhalten pflegte. Auch zum Waschen und Bleichen ist die Lauge von Taubenkoth vortrefflich. (Bechstein 1805)

Als sogenannte Schlachtnebenprodukte fiel auch das Federkleid der Tauben an, das vielseitige Verwendung fand:
Die Haut von den Taubenkröpfen mit den glänzenden Federn brauchte man sonst als Pelzwerk, zu Müffen, Verbrämung der Kleider, zu Mützen und zu Winterwesten. Die Federn werden überhaupt von den Federschmückern zu allerhand Putz verarbeitet; auch zu Ausstopfung schlechter Polster und Betten benutzt. (Bechstein 1805)

In bestimmten Regionen wurden Taubenfedern nicht als Bettfüllung verwendet, weil man glaubte, dass man auf Taubenfedern nicht schlafen könne, und in einigen Gebieten Englands, Frankreichs und Deutschlands herrschte der Aberglaube, dass man auf Taubenfedern nicht sterben kann[862].

Rassetauben und Taubenrassen

Ich habe die prächtige Sammlung von Columbiden im britischen Museum durchgesehen und mit Ausnahme von wenig Formen (wie Didunculus, Caloenas, Goura etc.) stehe ich nicht an, zu behaupten, dass einige domesticierte Rassen der Felstaube vollständig soweit von einander in äusseren Characteren differiren, wie die am meisten distincten natürlichen Genera. (Darwin 1868, I, S.145)

Es gibt kaum ein anderes Tier, das vom Menschen durch Zucht derart vielfältig abgewandelt worden ist, wie die Taube. Am Anfang der Taubenhaltung standen wohl wirtschaftliche Überlegungen im Vordergrund. Aber schon früh versuchte der Mensch, besonders schöne Tiere oder solche mit Besonderheiten in Bau und Verhalten durch gezielte Zucht zu erhalten und solche Eigenschaften durch Kreuzung neu zu kombinieren. Dabei war es wichtig, dass die Umgebung des Menschen einen geringeren Selektionsdruck durch Beutegreifer aufwies als die freie Wildbahn und auf diese Weise auch auffällige Tiere überleben konnten[863]. Wurden diese auffälligen Tiere dann gezielt vom Menschen miteinander verpaart, waren diese ersten Varianten der Felsentaube der allererste Anfang einer Taubenrasse. Blieb die Partnerwahl hingegen den Tauben überlassen, konnte sich der Typ der Feldtaube entwickeln, der in vielen Eigenschaften noch der Wildform entspricht. Eine wichtige biologische Prädisposition für die Entwicklung einer grossen Vielfalt an Taubenrassen ist die Eheform der Taube. Wie Darwin schon betont hat, bevorzugen Haustauben als Ehepartner ihre eigene Rasse[864] und bleiben zudem nach der Verpaarung meist ihr Leben lang zusammen, beides Faktoren, die eine Reinerhaltung der Rassen fördern.
Wir können nicht daran zweifeln, dass die ausserordentliche Anzahl von Varietäten und Subvarietäten der Tauben, welche sich mindestens auf einhundertfünfzig beläuft, zum Theil eine Folge davon ist, dass sie verschieden von anderen domesticierten Vögeln, wenn sie sich einmal gepaart haben, für ihr Leben lang so bleiben. (Darwin 1868, I, S. 69)

Dem Menschen und seinem züchterischen Geschick blieb es dann überlassen, durch konsequente Ausscheidung unerwünschter Tiere und durch gezielte Kreuzungen bestimmte Eigenschaften zu betonen. Darwin schreibt zu diesem Thema:
Es kommt z.B. vor, dass ein Amateur an einer Taube mit einem etwas kürzeren Schnabel gefallen findet, ein anderer wieder an einer Taube mit etwas verlängertem Schnabel, und da, wie die Regel sagt, «Amateure das Mittelmass nicht lieben und nicht lieben wollen, sondern nur das Extreme», so gehen beide daran, Vögel mit immer längeren oder kürzeren Schnäbeln auszusuchen und zu paaren – wie es mit den Unterrassen der Purzeltaube thatsächlich der Fall war. (Darwin 1859, S. 154)

Schon Bechstein erkannte, dass die stark domesticierte Haustaube vollständig vom Menschen und seiner Pflege abhängig ist:
Man kann also diese letzteren Tauben [die Haustauben] als ganz zahm, als vollkommene Gefangene ohne Wiederkehr, und als gänzlich von den Menschen

abhängend, betrachten. Wie nun der Mensch alles, was von ihm abhängt, nach seinem Geschmack und Absichten umgeschaffen hat; so ist gar nicht weiter zu zweifeln, dass er auch der Schöpfer aller dieser sclavischen Gattungen ist, welche für uns desto mehr Vollkommenheiten erhalten, je mehr sie für die Natur verdorben und ausgeartet sind.
(Bechstein 1805)

In der Taube hat der Züchter nicht nur ein Tier, das sich leicht in grosser Vielfalt züchten lässt, sondern sein Fleisch schmeckt zudem noch vorzüglich. Der «Selektionsausschuss», dass heisst die aus der Zucht ausgesonderten Jungtiere sind eine kulinarische Bereicherung der Küche, wie schon Darwin bemerkte:
Er [der Züchter] kann auch Vögel von untergeordnetem Werthe sehr reichlich beseitigen, da sie in frühem Alter ein ausgezeichnetes Nahrungsmittel darbieten. *(Darwin 1868, I, S. 225)*

Das Besondere und das von der Norm Abweichende scheinen den Menschen schon immer fasziniert zu haben. Das Aussergewöhnliche hebt sich aus der Masse heraus und gewinnt an Wert. Dies ist vor allem dann der Fall, wenn eine solche Mutation den ererbten Vorstellungsmustern des Menschen mehr entspricht als die Ursprungsform. So wirkt ein Orientalisches Mövchen (Abb. 226) mit seinem vergrösserten, gewölbten Kopf, den grossen Augen, dem weichen und seidigen Gefieder sowie dem breiten, stark zurückgebildeten Schnabel püppchenhaft und herzig. Einen ähnlichen Eindruck vermittelt der Engli-

sche Kurzschnäblige Tümmler, der als reine Ausstellungsrasse gezüchtet wird (Abb. 231). Veränderungen brauchen dabei nicht immer dem allgemeinen ästhetischen Geschmack zu entsprechen. Oft werden auch extreme Abweichungen von der Grundform, wie die nach aussen gerichteten Federn bei der Fantasietaube «Struwwelpeter» (Abb. 227) oder die huhnartige Körperform bei der Maltesertaube (Abb. 228), mit grosser Begeisterung für das Aussergewöhnliche weitergezüchtet. Darwin leitete die Vorliebe für Extremzuchten von der menschlichen Natur ab:
Die Wirkung unbewusster Zuchtwahl hängt, soweit sie die Tauben betrifft, von einem allgemeinen Princip der menschlichen Natur ab, nämlich von unserer Rivalität und dem Wunsche, unsere Nachbarn zu überbieten. Wir sehen dies bei jeder fluctuirenden Mode, selbst in unserm Anzug, und es führt dies den Züchter zu dem Streben, jede Eigenthümlichkeit in seinen Rassen zu übertreiben.
(Darwin 1868, I, S. 234)

Felsentäuber wie -täubinnen tragen an Hals und Brust ein schillerndes Schmuckgefieder, das bei der Partnerwahl und im Ausdrucksverhalten eine wichtige Rolle spielt (Abb. 230)[865]. Bei der Balz und beim Drohverhalten wird der Kropf aufgeblasen und die Schillerfedern als gut sichtbares Signal aufgestellt. Nach Durrer (1977) entsteht der Schillereffekt durch die Reflexion des Lichtes an einer nur 0,5 Tausendstel mm dünnen Keratinschicht[866], die die Federstrahlen umgibt (Abb. 229). Die darunterliegenden Melaninkörner (Farbstoffkörner) von 1–3 Tausendstel mm

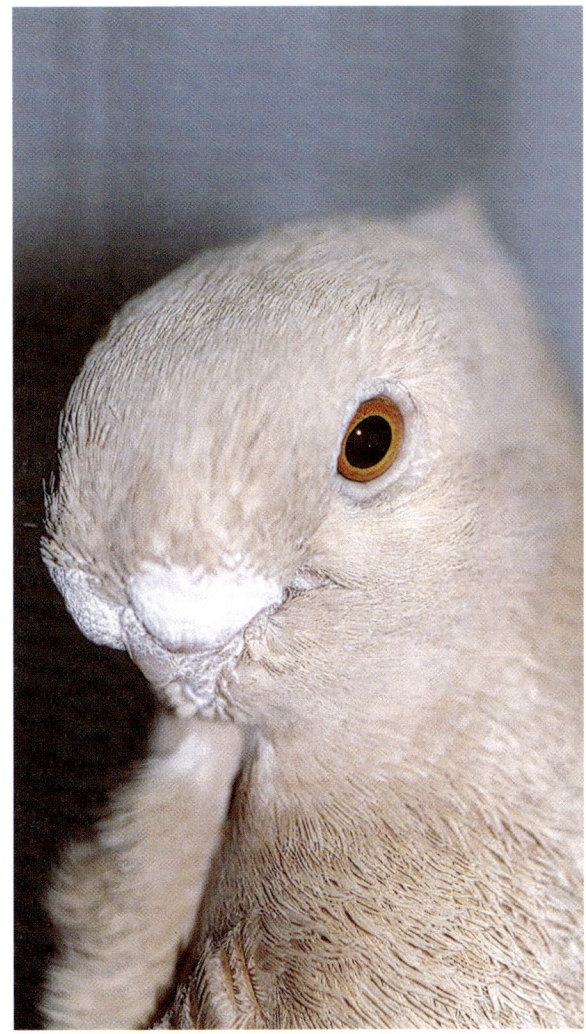

absorbieren das nicht reflektierte Licht und verstärken mit zunehmender Dichte die Farbintensität. Je nach dem Einfallswinkel des Lichtes und der Dicke der Keratinschicht werden andere Farben reflektiert, was den Schillereffekt bewirkt. Das übrige Gefieder besitzt keine Schillerstrukturen und alle Farbtöne vom Schwarz der Flügelbinden bis zum Hellgrau oder Weiss des Rückens sind eine Folge unterschiedlicher Melanin- und Lufteineinlagerungen. Die grosse Vielfalt der Gefiederfärbungen und -zeichnungen der Haustaube lässt sich auf wenige Veränderungen des Wildtyps der Felsentaube zurückführen. Diese spontanen Veränderungen oder Mutationen treten auch in Wildpopulationen regelmässig auf. Besonders auffällige Mutanten werden in freier Wildbahn durch den Feinddruck meist schnell eliminiert. Ein jagender Greifvogel kann sich besser auf ein abweichendes Tier konzentrieren.

Mutationen können prinzipiell an allen Genen auftreten und deshalb in Physiologie, Erscheinungsbild und Verhalten die verschiedensten Veränderungen bewirken. Besonders auffällig sind Abweichungen in den Körperproportionen sowie in der Zeichnung und Färbung des Gefieders. Im Domestikationsumfeld des Menschen werden solche Mutationen bewusst erhalten und durch gezielte Paarung geeigneter Elterntiere weitergezüchtet. Der Mensch kann aber selbstverständlich nur das erhalten und bewahren, was die Natur erzeugt. Dabei treten gewisse Mutationen extrem selten auf. So scheint der «Eisfaktor» der Damascenertaube (Abb. 60) nur ein einziges Mal

aufgetreten zu sein. Alle Rassetauben, die diesen Faktor besitzen, gehen auf Tiere mit dieser Mutation zurück. Bei den verschiedenen Taubenrassen handelt es sich um ein wichtiges und schützenswertes Gut, das auf keinen Fall verlorengehen darf. Wenn einmal eine Rasse wie z.B. die Horsemantaube ausgestorben ist, ist sie für uns unwiederbringlich verloren.

Die auffälligsten Merkmale einer Rassetaube sind ihre Färbung und Gefiederzeichnung. Nach Sell (1995) wird die Grundfarbe der Felsentaube durch ein bestimmtes Mischungsverhältnis der schwarzen Melanine (Eumelanine) mit geringen Mengen an rotbraunen Melaninen (Phäomelanine) erzeugt. Durch eine Mutation entstand daraus die rote Grundfarbe, das sogenannte Brieftaubenrot, das sich im Erbgang dominant[867] zu Schwarz verhält und einen hohen Anteil der rotbraunen Phäomelanine besitzt. Eine zweite Mutation bewirkt die gegenüber den anderen rezessive Grundfarbe Braun, die durch ein anderes Mischungsverhältnis der Farbpigmente (weniger rote und schwarze Melanine als bei roter Grundfarbe) hervorgerufen wird[868]. Weitere Mutationen finden in dem Gen statt, das die Zeichnung des Gefieders bestimmt. Es entstanden Varianten, bei denen die Flügelbinden fehlen (hohlig), und sogenannte gehämmerte Varianten, von denen genetisch eine dunkle und helle unterschieden wird. Das Hämmerungsmuster existiert in verschiedenen Intensitäten von angedeuteten Farbtupfern auf dem Flügelschild bis hin zu einer sehr dunklen Hämmerung. Diese Zeichnun-

Abb. 226: Der Kopf eines Orientalischen Mövchens mit seiner gewölbten Stirn, den grossen Augen und dem breiten Schnabel wirkt auf den Menschen «herzig» und püppchenhaft.

Abb. 227: Bei der Fantasietaube «Struwwelpeter» ist die groteske Veränderung des Gefieders besonders auffällig.

865 Übersicht über die allgemeinen soziobiologischen Grundlagen der Geschlechterbeziehung bei Voland 1993.
866 Hornmaterial, aus dem Federn, Haare, Hufe und Hörner bestehen.
867 Dominante Erbanlagen wie z.B. das Brieftaubenrot überdecken rezessive Erbanlagen wie z.B. das Schwarz.
868 Haase et al. 1992

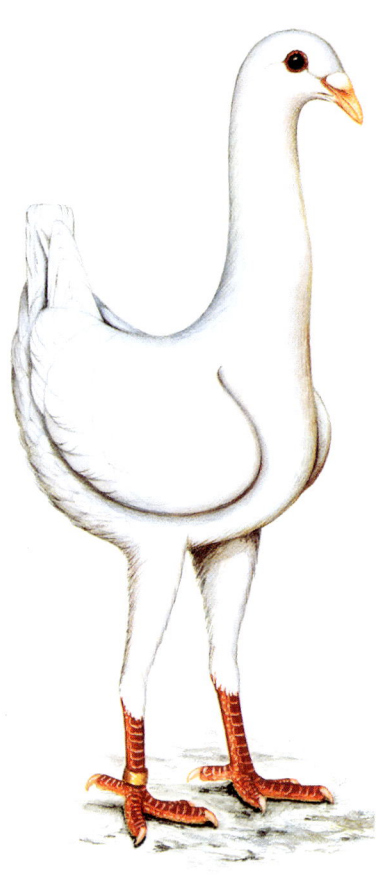

Abb. 228: Bei der Maltesertaube, die zu den Huhntauben gehört, wurde die Körperform im Laufe der Zeit so stark verändert, dass sie eher an ein Huhn als an eine Taube erinnert.

228

228

170

869 Schütte et al. 1994
870 de Koster, pers. Mitt.
871 Übersichten über die Vielfalt der Rassetauben z.B. in Müller & Relovsky 1993, Müller et al. 1996, Schütte et al. 1994
872 z.B. Deutscher Rassetauben-Standard (1995)
873 Schütte 1978
874 Darwin 1868, I, 160
875 Die spanischen Diebestauben oder Diebeskröpfer (spanisch Buchon = Kröpfer) teilen sich in viele lokale Rassen auf, die sich u.a. durch Kropf- und Schnabelwarzenausbildung unterscheiden. Die heutige eigentliche Diebestaube stammt aus einer Kreuzung mit Brieftauben (Reichenbach, pers. Mitt.).
876 Steinke 1991
877 Steinke, pers. Mitt.
878 Schütte et al. 1994, S. 145
879 Indien, Pakistan, Iran, Türkei
880 Levi 1981, S. 197
881 Kaupschäfer1991, S. 1–8
882 Lieve 1996

gen kommen bei allen drei Grundfarben Schwarz, Rot und Braun vor. Zusätzliche Mutationen bewirken Verdünnungen des Pigmentes, Scheckungen und Bronzefarben.

Durch gezielte Kombination von nur wenigen Mutationen ist die unübersehbare Vielfalt an Färbungen und Zeichnungen unserer Rassetauben entstanden. Kombiniert mit anderen Abweichungen von der Stammform Felsentaube ergeben sich die typischen Merkmale einer Taubenrasse. So sind beispielsweise die Grösse der Tauben, die Federstruktur und das Ausmass der Befiederung an den Füssen, die Grösse der Schnabel- und Augenwarzen sowie die Grösse des Kropfes variiert worden. Besonders im Kopfbereich wurde eine erstaunliche Vielfalt an Veränderungen vom Grundtypus der Felsentaube erreicht (Abb. 233).

Durch die Kombinationen aller abweichenden Merkmale sind beinahe unendlich viele verschiedene Varianten denkbar. Nach Schütte (1981) gibt es weltweit etwa 1600 Taubenrassen, von denen rund 1100 beschrieben wurden[869]. Dabei wurde nur der geringste Teil der tatsächlichen Kombinationsmöglichkeiten realisiert und es stellt sich dabei die Frage, welche genetischen Kriterien eine Rasse überhaupt erfüllen muss, um als eigenständig anerkannt zu werden. In diesem Punkt dürften Rassetaubenzüchter und Biologen eher unterschiedlicher Meinung sein. Heute können wir von etwa 400–500 echten Rassen ausgehen[870]. Die extremsten Veränderungen in Aussehen, Bau und wohl auch im Verhalten fanden innerhalb der letzten 300 Jahre statt, wie Levi (1981) anhand verschiedener historischer Abbildungen von Taubenrassen sehr schön nachweisen konnte.

Die Haustaubenrassen werden aufgrund ihrer unterschiedlichen Verwendungszwecke und nach ihrer

Herkunft in grössere Gruppen zusammengefasst[871]. Formal werden sie in Ausstellungstauben, die hauptsächlich Schauzwecken dienen, Sporttauben und Wirtschafts- oder Masttauben gegliedert. Ausstellungstauben werden nach genau festgelegten Standards gezüchtet. Dabei kommt es darauf an, die Tiere in Zeichnung, Farbe und Körperform dem im Standard[872] festgelegten Ideal möglichst anzunähern. Die Tauben werden jedes Jahr im Herbst und Winter auf zahlreichen Ausstellungen gezeigt und dort durch ausgebildete Preisrichter bewertet[873].

Auf Grösse gezüchtet ist beispielsweise die Römertaube (Abb. 231) aus der Gruppe der Formentauben, die heute 1 kg Körpergewicht bei einer Flügelspannweite von über 1 m erreicht. Kopf- und Schnabelformen sind bei einigen Brieftaubenverwandten wichtige Zuchtziele, so bei den Homer-Rassen, die sich meist durch flachgestreckte oder auch gerundete Köpfe auszeichnen, wo bei letzteren Kopf und Schnabel eine gleichmässige Rundung bilden müssen. Mächtig entwickelte Nasenwarzen und stark ausgeprägte nackte Hautringe um die Augen kennzeichnen die Warzentauben, die ursprünglich als Botentauben im Vorderen Orient entstanden sind. Bei Huhntauben, die sich vorwiegend am Boden aufhalten, ist die Zahl der Rückenwirbel verringert (Abb. 228). Eigenartige Federbildungen machen die Lockentauben auffällig. Jede Feder des Flügelschildes ist spiralig zwei- bis dreimal gedreht. Bei den Perückentauben hüllen verlängerte, abweichend gestellte Federn, Hals und Kopf ein. Federwirbel an Schenkel, Brust und Hals führen bei Chinesentauben zu Kissen-, Kragen und Höschenbildung. Eine der ältesten Haustauben ist die aus Indien stammende Pfautaube, deren breite Steuerfedern einen grossen Fächer bilden. Die Zahl der Steuerfedern beträgt statt normalerweise 12 bis zu 40, gleichzeitig wurde die Öldrüse reduziert[874]. Mövchentauben haben am Hals eine eigenartige Halskrause. Bei den Nackthalstauben fehlen die Federn am Hals und es gibt seidenfiedrige Tauben, bei denen die Federstrahlen keinen Zusammenhalt haben.

Im Laufe der Geschichte hat es der Mensch gelernt, beinahe jedes Merkmal der Taube züchterisch zu verändern und neu zu kombinieren, was zu den erstaunlichsten Rassen geführt hat. Angesichts dieser vielen Taubenrassen kann man kann sich fragen, weshalb der Mensch überhaupt Tiere aus reiner Freude ohne irgendeine wirtschaftliche Notwendigkeit hegt und pflegt und viel Zeit und Geld in sein Hobby investiert. Wahrscheinlich ist dafür der beinahe grenzenlose Spieltrieb des Menschen verantwortlich. Der Taubenzüchter kann kreativ neue Formen erschaffen oder einem Ideal durch züchteri-

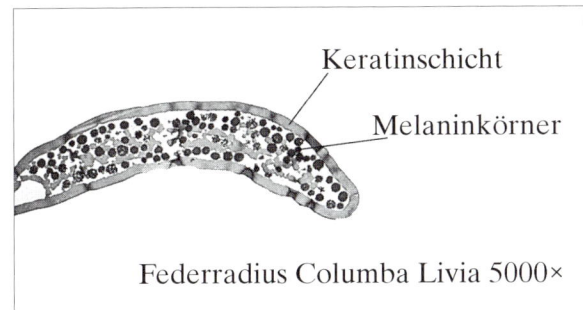

Keratinschicht

Melaninkörner

Federradius Columba Livia 5000×

229

230

sches Geschick möglichst nahekommen. Dazu kommt der «angenehme Charakter» der gegenüber dem Menschen unaggressiven und ungefährlichen Taube, verbunden mit ihrer faszinierenden Schönheit. Die spanische Diebestaube[875] ist eine Art von «Aufreissertaube» (Abb. 232, Abb. 233). Mit diesen erstaunlichen Tieren wird in Spanien und Portugal eine Variante des Fangtaubensportes betrieben, der von Steinke (1991) folgendermassen beschrieben wird: Eine Täubin, auf die sich die Teilnehmer geeinigt haben, wird in einen Käfig, eine Jaula, gesperrt. Die zuvor isoliert gehaltenen Täuber erhalten nun spezielle Futtergaben, die deren Paarungslust zusätzlich noch steigern sollen, und werden dann freigelassen. Alle Täuber umwerben nun die gefangene Täubin. Es wird nun gewettet, welcher Täuber das Rennen machen wird. Die Täubin wird befreit und Sieger ist der Besitzer desjenigen Täubers, der die Täubin in seinen Schlag locken kann. Die Diebestauben wurden gezielt auf ein ausgeprägtes Balzverhalten gezüchtet. Dies hat dazu geführt, dass es auch von den sonst eher zurückhaltenden Täubinnen gezeigt wird. Diebestäubinnen können sich wie Täuber verhalten[876]. Diese «Buchonas» sind derart gute «Aufreisser», dass freigelassene einzeln gehaltene Diebestäuber meist innerhalb kürzester Zeit mit einer Strassentäubin oder einer Haustäubin zum Schlag zurückkehren[877]. Was die Attraktivität dieser Täuber für die Täubinnen genau ausmacht, ist nicht ganz deutlich. Es handelt sich aber um ausserordentlich vitale und temperamentvolle Tiere, deren Kropf beim Vorwärtsschreiten auffällige Wellen von unten zur Kehle hin schlägt. Diese Wellenbewegung erzeugt im Halsbereich glänzende und schillernde Farbeffekte, die für die grosse Attraktivität dieser Täuber verantwortlich sein könnten.

Vorwiegend in den Arabischen Emiraten wurde früher der Kampftaubensport ausgeübt. «Arabs», «Arabische Kampftauben» wurden auf einen Tisch gesetzt, um sie flügelschlagend und hackend gegeneinander kämpfen zu lassen[878]. Verschiedene Flugtaubenrassen wurden schon vor einigen hundert Jahren aus dem Orient[879] bei uns eingeführt und gehören zu den ältesten bekannten Taubenrassen[880]. Anfang des 17. Jahrhunderts kamen nach der Gründung der «East India»-Handelskompanie im Jahre 1600 neben vielen anderen Gütern wohl auch diese exotischen Flugtauben zu uns. Sie zeichnen sich durch eine besondere Flugweise aus, die nach Reber (1970) auf einer Hypertrophie des Imponierfluges beruht. Aus ursprünglichen Rassen, wie den Tümmlern, wurde im Orient aber auch in Europa eine ganze Reihe von weiteren Flugtaubenrassen gezüchtet[881].

Beim Fangtaubensport werden grosse Schwärme von sogenannten Jagetauben aufgelassen, die sich im Flug vereinigen. Nach dem Flug kommt es vor, dass sich einzelne Tiere verirren. Diese einzufangen, ist der Höhepunkt dieser Sportart. Der schon bei den alten Juden ausgeübte Fangtaubensport war in Europa in Italien (Modena) und in Mitteldeutschland weit verbreitet. Heute existiert er nicht mehr in der herkömmlichen Form, da das Einfangen fremder Tauben als Diebstahl angesehen wird. Im Vorderen Orient, z.B. in Syrien, ist der Fangtaubensport auch heute noch ein weit verbreitetes Vergnügen der Männer, zu dem die Frauen keinen Zutritt haben[882]. Ziel beim Hochflugtaubensport ist es, einen Schwarm Tauben so lange und so hoch wie möglich über seinem Heimatschlag kreisen zu lassen. Die durchschnittliche Flugzeit beträgt 3–4 Stunden. Dabei sollen die Tauben möglichst so hoch fliegen,

171

Abb. 229: Bei den Schillerfedern der Felsentaube reflektiert eine nur 0,5 Tausendstel mm dünne Keratinschicht das Licht und bewirkt so den Schillereffekt. Die darunterliegenden Melaninkörner verstärken je nach Dichte die Farbwirkung; Schillerfeder einer Taube, Vergrösserung 5000x.

Abb. 230: Beim Wildtyp, der blaubindigen Felsentaube tragen Täuber und Täubin ein schillerndes Schmuckgefieder. Die unterschiedlichen Farbtöne von Weiss über Grau bis Schwarz sind eine Folge unterschiedlicher Melanineinlagerungen.

231

Abb. 231: Die Römertaube (rechts) wie auch der Englische Kurzschnäblige Tümmler stammen von der Felsentaube ab. Der Vergleich dieser beiden Rassen demonstriert eindrucksvoll die Unterschiede in Grösse, Gestalt und Gefieder, die durch Jahrtausende dauernde Zucht erzielt wurden.

Abb. 232: Spanische Diebestauben beim Balzen und beim Nestrufen (ganz rechts), die Pablo Picasso als Kind im Jahre 1890 im Alter von 9 Jahren skizzierte.

dass man sie nur noch als flimmernde Punkte am Himmel erkennen kann. Gute Hochflugtauben fliegen bei geeignetem Wetter so hoch, dass man sie selbst mit dem Fernglas nicht mehr sehen kann. Hochflugtauben sind überwiegend Truppflieger, die nur in einem Schwarm von mindestens 10–12 Tieren eine gute Flugleistung zeigen. Es gibt unter den Hochflugtauben aber auch Soloflieger, bei denen jedes Tier einzeln fliegt, und solche Rassen, die ihre beste Flugleistung dann zeigen, wenn nur drei Tiere zusammen aufgelassen werden.

Dauerflieger, wie die aus England stammenden Tippler, sollen möglichst lange in der Luft bleiben. Der Weltrekord im Dauerflug liegt bei über 20 Stunden[883].

Zu den Kunstflugtauben gehören die Rollertauben, Purzeltauben, Spielflugtauben, Sturzflugtauben, Drehtauben und Stilflugtauben. Wie diese Bezeichnungen schon andeuten, ist es dem Menschen gelungen, die Taube nach seinem Willen in beinahe jeder aerodynamisch möglichen Art und Weise fliegen zu lassen. Reber (1970) beschreibt die verschiedenen Kunstflugtauben folgendermassen: Während

sich Purzeltaubenrassen während des Fluges nach rückwärts überschlagen, können Rollertauben diese Rückwärtsüberschläge mehrmals hintereinander zeigen. Sie können dabei in rasendem Tempo bis 150 m tief abrollen. Portugiesische Roller sollen Greifvögel in der Luft necken, bis sie von diesen verfolgt werden, woraufhin sie mit hoher Geschwindigkeit in ihren Schlag flüchten. Die in Indien entstandenen Bodenpurzler, sind flugunfähige Tauben, die auf dem Boden oder auf dem Tisch Purzelbäume schlagen. Bei Spielflugtauben führt meistens der Täuber gegenüber der Täubin bestimmte Flugfiguren aus. Beispielsweise bei den Ringschlägern umfliegt der Täuber sein am Boden sitzendes Weibchen in Kreisen. Bei diesen Rassen wurde das ursprüngliche Balzverhalten durch Zucht gezielt modifiziert[884]. Sturzflugtauben wie die balkanesischen Wutas und die Beiruter Wammentauben kommen auf ein Zeichen des Besitzers wie Greifvögel von Himmel geschossen und entwickeln dabei ausserordentlich hohe Geschwindigkeiten, so dass man das Gefieder der herabstürzenden Tauben laut sausen hört. Drehtauben wie die Düneks können mit grosser Geschwindigkeit

[883] Herre & Röhrs 1990
[884] Nicolai 1976

232

Dragoon

Carrier

Münsterländer Feldtaube

Thüringer Flügeltaube, glattköpfig

Berner Lerche

Steinheimer Bagdette

Nürnberger Bagdette

Mondain

Luchstaube

Huhnschecke

King

Deutsche Schautaube

Show Homer

Exhibition Homer

Deutscher Modeneser

Englischer Modena

Altholländisches Mövchen

Altdeutsches Mövchen

Dänischer Tümmler

Deutscher Längschnäbliger Tümmler

Stettiner Tümmler

Breslauer Tümmler

Aachener Lackschildmövchen

Hamburger Sticke

Italienisches Mövchen

Wiener Tümmler

Stralsunder Tümmler

Elbinger Weißkopf

Prager Tümmler

Einfarbiges Mövchen, African Owl

Orientalisches Mövchen

Turbitmövchen

Memeler Hochflieger

Deutsches Nönnchen

Königsberger Reinauge

Englischer Mittelschnäbliger Tümmler, Long Faced

Englischer Kurzschnäbliger Tümmler, Short Faced

Komorner Tümmler

Gumbinner Weißkopf

Hamburger Tümmler

Wiener Kurze

Budapester Kurze

233

Abb. 233: Variabilität bei Rassentauben am Beispiel der Veränderungen im Kopfbereich: im Zentrum ist die Felsentaube dargestellt, aus der alle diese Varianten erzüchtet wurden.

Abb. 234: Die Spanischen Diebestauben wurden als «Aufreissertauben» darauf gezüchtet, ein möglichst spektakuläres und temperamentvolles Balzverhalten aufzuführen. Diese äusserst vitalen Tauben werden im Fangtaubensport verwendet, bei dem es darum geht, in Konkurrenz zu anderen, eine Täubin in den Heimatschlag zu entführen. Barcelona-Diebestäuber, Züchter Olaf Steinke.

in schraubenförmigen Kreisen herabschiessen, sich in der Nähe ihres Schlages einmal links, dann rechts herum axial drehen oder herunterstürzen und kurz vor dem Erdboden wie ein Ventilator in rasendem Tempo seitlich wegdrehen, was nach Reber so aussieht, wie wenn ein Bierdeckel weggeworfen würde. Die Taube dreht sich dabei rasend schnell um sich selbst und fliegt so rotierend seitlich weg. Stilflugtauben können stundenlang vor dem Wind auf der Stelle fliegen. Klatschtümmler schlagen ihre Schwingen bei jedem Überschlag laut zusammen und gewinnen dabei an Flughöhe. Dieses Flügelklatschen ist ein Verhaltenselement, das natürlicherweise beim Imponierflug auftritt. Die Voraussetzung für solche Flugleistungen sind charakteristische morphologische Veränderungen. Orientalische Roller beispielsweise erinnern mit ihren nach oben gerichteten Steuerfedern und nach unten hängenden Flügeln an wendige Düsenjäger, mit denen sie auch einige aerodynamische Charakteristiken gemeinsam haben (Abb. 235).

234

235

Abb. 235: Orientalische Roller beherrschen die unglaublichsten Flugmanöver, wie das Trudeln, Schaukeln oder sich im Flug in die entgegengesetzte Richtung herumwerfen. Diese Fähigkeiten erfordern wie bei Flugzeugen auch, eine ganz bestimmte aerodynamische Form, die die typische Gestalt eines Orientalischen Rollers mit den aufgerichteten Steuerfedern und den hängenden Flügeln ausmacht.

sie wurden auf Staatskosten gefüttert. Nach ihrem Tod wurden sie einbalsamiert und im Stadthaus aufbewahrt.

Seit dieser Zeit wurden Tauben regelmässig im zivilen wie im militärischen Bereich[886] in der Nachrichtenübermittlung eingesetzt. So soll im Jahr 1770 ein Italiener Tauben verwendet haben, um früher als seine Mitbürger die Nummern der gezogenen Lose in der Lotterie zu erfahren[887].

Die Liebe hat die Briefpost erfunden,
der Handel benutzt sie.
(Ludwig Börne 1786–1837 in Löper 1879)

Seit den zwanziger Jahren des 19. Jahrhunderts liessen Kaufleute und Bankiers in Paris, London, Antwerpen, Amsterdam und Frankfurt wichtige politische Nachrichten, vor allem aber die Börsenkurse, durch Brieftauben übermitteln. Die Tauben wurden deshalb auch «Kurstauben» genannt. Im Jahre 1831 war die Taubenpost in England so gut ausgebaut, dass die Kurse der Pariser Börse jeweils am folgenden Tag in London eintrafen. Die Entfernung von 310 km zwischen Antwerpen und London legten die Tauben in etwa 5½ Stunden zurück[888]. Um das Jahr 1839 wurden mit Brieftauben Diamanten von Frankreich nach England geschmuggelt. Die englischen Zollbeamten ihrerseits haben, so heisst es, in der Folge Falken verwendet, um die Schmuggler-Tauben abzufangen[889]. Die Familie Rothschild soll einen Teil ihres Reichtums Tauben verdanken:

Nathan von Rothschild hatte im Tross von Napoleons Armee Mittelsmänner, die ihn mit Brieftauben, die nach London flogen, regelmässig auf dem Laufenden hielten. Drei Tage vor Regierung und Öffentlichkeit, am gleichen Tag, als Napoleon die Schlacht bei Waterloo verloren hatte, wusste Rothschild von der Niederlage. Er verkaufte darauf sofort seine französischen Papiere und verbreitete das Gerücht, Napoleon habe gesiegt. Die englischen Wertpapiere sanken darauf, und Rothschild kaufte sie auf. Nach Bekanntwerden des Sieges der Engländer verkaufte er wieder und machte Dank seiner Brieftauben, der Rasse Genter Kröpfer[890], einen grossen Spekulationsgewinn.
(Conte Corti, Der Aufstieg des Hauses Rothschild 1770 bis 1830, Leipzig 1927 nach Höper 1984)

174

Von der Botentaube zur Brieftaube

Wahrscheinlich brachten schon die Kreuzritter Taubenrassen aus dem Orient nach Europa, die sich als Botentauben eigneten, und setzten sie gelegentlich zur Nachrichtenübermittlung ein (Abb. 236). Im 16. Jahrhundert erreichten Botentauben über den Persischen Golf Europa und wurden als «Bagdetten», als Botentauben aus Bagdad, eingesetzt[885]. Zu dieser Zeit finden sich wieder Belege für eine militärische Verwendung der Botentaube in der Nachrichtenübermittlung. Als Herzog Alba im Jahre 1573 Harlem belagerte, verwendete der Prinz von Oranien Botentauben, um die Kommunikation mit seinen Landsleuten ausserhalb der Stadt aufrecht zu erhalten. Im darauffolgenden Jahr setzte er wiederum Brieftauben bei der Belagerung von Leiden ein. Nach Löper (1879) wurde diesen Tauben als Dank für die geleisteten Dienste ein schönes Vogelhaus gebaut und

Besonders bekannt wurde die Taubenpost bei der Belagerung von Paris in den Jahren 1870–71, als sämtliche Verkehrsadern der Stadt mit den Provinzen unterbrochen waren. Mit Ballons wurden die Tauben nach Orleans, Blois und Tours transportiert, von wo aus sie Nachrichten ins eingeschlossene Paris überbrachten. Die Nachrichten für Paris wurden jeweils auf einem Blatt Seidenpapier mikrophotographiert. Das Blatt war 43 mm mal 32 mm gross und konnte bis zu 3500 Depeschen zu je 20 Worten enthalten. Nach dem «Bulletin de la Réunion des officiers» vom 11. Juli 1885[891] wurden gegen 15 000 amtliche Depeschen und ungefähr 1 Million Privatnachrichten während der Belagerung durch Tauben nach Paris geflogen. Von den 365 in die Hauptstadt abgesandten Botentauben sollen jedoch nur 57 angekommen sein. Die strenge Kälte, der Schnee, Nebel und Abschüsse durch die deutschen Truppen waren für diese Verluste verantwortlich[892]. Mit der Erfindung der Telegraphie im Jahre 1850 verlor die Brieftaube im Geschäftsleben an Bedeutung und soll heute nur noch zum Schmuggel von Drogen und Edelsteinen[893] sowie zur schnellen Übermittlung von Proben von Inseln zu medizinischen Laboratorien[894] verwendet werden.

gen über speziell vergrösserte Hirnregionen[895]. Eine gute Zusammenstellung der Orientierungsmechanismen geben Lipp (1996) und Wiltschko (1995). Das Orientierungsvermögen einer Taube beruht vor allem auf drei Mechanismen.

1. Im Nahbereich innerhalb eines Radius von 2–3 km orientieren sich Brieftauben anhand von sichtbaren Bodenmerkmalen; ein Prozess, der als Landmarkenorientierung bezeichnet wird.
2. Tauben sind in der Lage, für ihre Orientierung den Inklinationswinkel des Erdmagnetfeldes[896] oder dessen lokale magnetische Feldstärke zu benutzen. Eine Magnetfeldorientierung wurde ausser bei Vögeln noch bei vielen anderen Tiergruppen[897] und sogar beim Menschen nachgewiesen[898]. Die direkte, ohne Lernprozesse nutzbare Richtungsangabe durch das Erdmagnetfeld dürfte der Grund dafür sein, dass dem Magnetkompass beim Heimfinden grosse Bedeutung zukommt, solange die Vögel noch jung und unerfahren sind. Junge Tauben stellen ihre Verfrachtungsrichtung deshalb ausschliesslich nach magnetischen Informationen fest, während ältere und erfahrene Tauben andere Navigationsstrategien bevorzugen[899].

885 Binder 1954
886 Sauermann 1984
887 Löper 1879
888 Löper 1879
889 Löper 1879
890 Nach Stauber pers. Mitt. war der Genter Kröpfer zu schwer, um als Brieftaube eingesetzt zu werden. Wahrscheinlich meint der Autor deren Nachfahre, die Genter Taube, die zu den ersten von den Belgiern gezüchteten Brieftauben gehörte (Vogel 1992, S. 24).
891 Zurth 1962, S. 7
892 Löper 1879
893 Mit Hilfe von Brieftauben wurden z.B. Diamanten aus dem Hochsicherheitsbereich von südafrikanischen Minen geschmuggelt (Basler Zeitung, 20.6.1997, S. 16).
894 Dreier 1988
895 Rehkämper et al. 1988 und 1995
896 Der Magnetfeldsensor der Tauben befindet sich nach neuesten Forschungsergebnissen im Oberschnabel. Organische Magnetitkörnchen liegen in der Schnabelhaut und richten sich ähnlich einer Kompassnadel magnetisch aus. Diese Information wird ans Gehirn der Taube weitergeleitet (Kohlstadt 1997).
897 z.B. bei Aalen, Lachsen, Molchen und Seeschildkröten
898 Wiltschko 1995
899 Wiltschko 1995

175

236

Abb. 236: Schon im 15. Jahrhundert wurden Botentauben zur Nachrichtenübermittlung eingesetzt; aus «The Voiage und Travaile of Sir John Maundevile».

Die Biologie der Orientierung

Die Mechanismen des Heimkehrverhaltens von Tauben unterscheiden sich wahrscheinlich kaum von denen anderer Vögel. Die Nutzbarkeit der Brieftaube beruht vielmehr auf deren ausgeprägten Ortstreue, die auf einer langen züchterischen Selektion beruht. Zudem haben sich auch die Orientierungsmechanismen im Zuge der Selektion durch den Menschen verbessert. Brieftauben verfügen im Vergleich zu Taubenrassen ohne ausgeprägtes Heimfindevermö-

3. Tauben sind in der Lage, die Himmelsrichtungen mit Hilfe einer inneren Uhr und des Sonnenstandes zu bestimmen. Weil sie polarisiertes Licht benützen können, sind sie in der Lage, die Sonne auch bei Wolkenbedeckung wahrzunehmen. Dazu genügt ein Flecken blauen Himmels. Zudem können Tauben das für den Menschen unsichtbare UV-Licht zur Bestimmung des Sonnenstandes einsetzen. Im Gegensatz zum Magnetfeld gibt die Wahrnehmung der Sonne alleine noch keine Richtung an. Dazu muss die Taube wissen, wann die

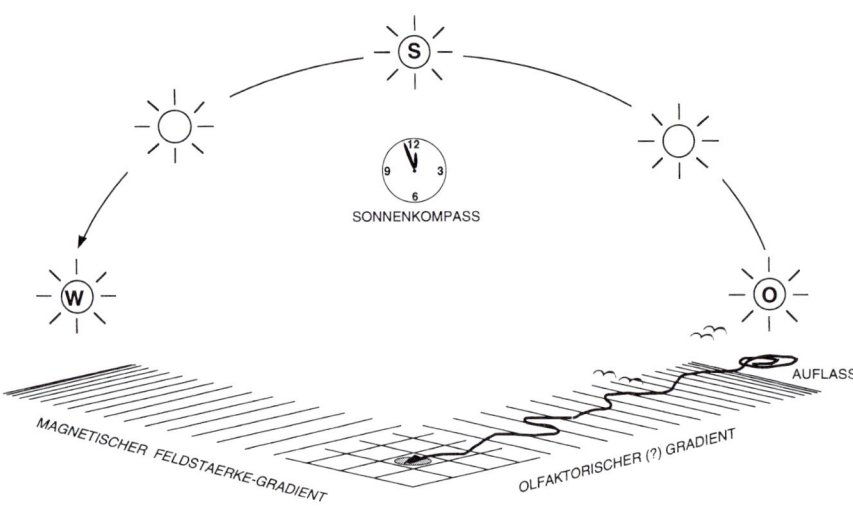

SONNENKOMPASS

MAGNETISCHER FELDSTAERKE-GRADIENT

OLFAKTORISCHER (?) GRADIENT

AUFLASS

Abb. 237: Tauben können verschiedene Mechanismen, wie die magnetischen Feldstärkegradienten, den Sonnenkompass oder geruchliche Informationen (olfaktorischer Gradient), für ihre Orientierung verwenden.

Abb. 238: Grabstein der besonders verdienten Armeebrieftaube Mary of Exeter, die während des 2. Weltkrieges im Dienst mehrfach verwundet wurde.

Sonne in welcher Richtung steht. Die Notwendigkeit, die Sonnenwanderung zu verrechnen, macht den Sonnenkompass zu einem vergleichsweise komplexen Mechanismus, der die Kenntnis der Sonnenbahn und der jeweiligen Tageszeit voraussetzt. Junge Tauben erlernen die Fähigkeit, sich mit dem Sonnenkompass zu orientieren erst mit etwa 12 Wochen[900].

Zusätzlich zu diesen drei Hauptmechanismen der Orientierung könnten Geruchsinformationen eine Rolle spielen. Brieftauben mit durchtrennten Riechnerven weisen Orientierungsprobleme auf. Wenn die Tauben im Heimatschlag mit experimentell veränderten Windsituationen konfrontiert werden, erschwert dies später die Heimfindung[901]. Es wäre vorstellbar, dass Brieftauben lokale Geruchsunterschiede wie den Salzgehalt der Luft und andere, z.B. vegetationsbedingte Geruchsinformationen, zur Orientierung benützen. Zusätzlich werden Infraschallgradienten, wie sie z.B. durch den Wellenschlag an den Meeresküsten entstehen, und die Wahrnehmung von Unterschieden im Gravitationsfeld der Erde als mögliche Orientierungshilfen in der Forschung diskutiert.

Eine Taube kombiniert wahrscheinlich alle ihr zur Verfügung stehenden Richtungsinformationen, um ihren Heimatschlag wieder zu finden (Abb. 237). Während ihrer Jugendzeit dürfte sich die Taube auf verschiedene Sinnesinformationen prägen, die sie an ihrem Heimatschlag wahrnimmt. Ihr Heimatort wäre dann als Nullpunkt in einem mehrdimensionalen Koordinatensystem charakterisiert. Wie man sich den Orientierungsprozess einer aufgelassenen Brieftaube vorstellen könnte, schildert Lipp (1996) folgendermassen: Wird die Brieftaube an einem unbekannten Ort aufgelassen, so zieht sie während einiger Minuten immer grössere Kreise in einem Radius von 1–2 km. Dabei ermittelt sie einmal den Sonnenstand und stellt damit die Himmelsrichtungen als gradientenunabhängiges Bezugssystem sicher. Anschliessend sucht sie nach sensorischen Differenzen[902]. Findet sie diese, so verlässt sie den Auflassort in un-

gefährer Heimrichtung. Während des Fluges hält sie eine Höhe von 100 bis 200 m und versucht, ihre Sinneswahrnehmungen den sensorischen Koordinaten des Heimatschlages anzugleichen, wobei sie allerdings auch immer wieder Bodenhindernisse über- oder umfliegen muss. Der resultierende Flugpfad schlängelt sich denn auch häufig der Heimkehrgeraden nach. Fühlt sie sich nicht mehr fremd, so muss sie in der Nähe des Schlages sein, den sie dann mit einem Nahorientierungssystem findet. Technisch entspricht dieses Vorgehen einem «fuzzy system»-Ansatz, bei dem die Taube nicht etwa die genaue Lokalisation des Heimatschlages errechnet und dann anpeilt, sondern während des Fluges Gradienten approximativ ermittelt und dabei fortlaufend die Flugrichtung korrigiert. Dabei zeigte es sich, dass es für eine Taube paradoxerweise weit schwieriger ist, aus einer kurzen Distanz heimzufinden. Auf kurze Distanzen ist die Anfangsorientierung schwieriger, weil die Orientierungsgradienten schwächer sind. Das heisst, dass z.B. der Erdmagnetfeldgradient in der Nähe des Schlages beinahe gleich gross ist wie beim Schlag selber. Aus einer grossen Distanz hingegen ist der Unterschied im Magnetfeld deutlich und für die Taube einfacher festzustellen.

Tauben auf See

Erfahrungen mit Brieftauben zeigen, dass Tauben das Meer fürchten und nach Möglichkeit meiden. Wenn sie zum Beispiel weite Gewässer überqueren müssen, um nach Hause zu gelangen, dann wählen sie die kürzeste Linie, die darüber hinwegführt. Werden sie auf See aufgelassen oder müssen sie diese überfliegen, so schlagen sie nach der Anfangsorientierung stets die Richtung auf die nächstliegende Landstelle ein und fliegen dann über Land zu ihrem Heimatschlag. Solche Flüge werden auch als Dreiecksflüge bezeichnet. Dabei ist also nicht die kürzeste Entfernung vom Auflassungspunkt zum

239

240

Heimatschlag massgebend, sondern der kürzeste Weg, um die See zu überwinden. Tauben haben eine natürliche Scheu vor ausgedehnten Wasserflächen. Nur ein starker Heimkehrtrieb veranlasst sie, über die See zu fliegen. Sichten sie ein Schiff, dann fliegen sie darauf los und versuchen zu landen, auch wenn sie noch genügend Kräfte für den Überflug hätten. Als typischer Landvogel haben sie vor allem gegen niedrige Wolken, Dunst und Nebel zu kämpfen, die länger über dem Wasser als über dem Land liegen. Dazu kommen als weitere Erschwerungen die schlechte horizontale Sicht, starke Winde und der gleichbleibende atmosphärische Druck[903].

Der warme Mittelmeerwind «Schirokko», der vom Innern Afrikas gegen die Küsten weht, trägt feinen Sand mit sich, der den Tauben zusammen mit dem Salz des Meerwassers die Augenränder und Schnabelwarzen verklebt. Zudem fehlen ihnen in der Gleichförmigkeit der See bekannte Landkennzeichen. Bei Seeauflässen kommen die Unannehmlichkeiten des Transportes auf Schiffen noch hinzu, die sich bei gewissen Tauben in Erbrechen (Seekrankheit) äussern können. Solchermassen geschwächte Tiere erreichen ihren Heimatschlag oft nicht wieder.

Die Taube im Krieg

Von Tauben hast du ja vernommen,
Die aus den fernsten Landen kommen
Zu ihres Nestes Brut und Kost.
Hier ist's mit wicht'gen Unterschieden:
Die Taubenpost bedient den Frieden,
Der Krieg befiehlt die Rabenpost.
(J. W. Goethe, Faust II, Verse 10673–78)

Die Zeit des Ersten Weltkrieges bildete den Höhepunkt des militärischen Brieftaubeneinsatzes. In der deutschen Armee wurden zwischen 1914–1918 etwa 120000 Brieftauben eingesetzt. Rechnet man die der französischen und belgischen Armee hinzu, kommt man auf rund 500000 Tauben, von denen etwa 200000 ihren Heimatschlag nicht wieder erreichten[904]. Im Zweiten Weltkrieg warfen die Engländer in den Jahren 1943 und 1944 Käfige an kleinen Fallschirmen mit ungefähr 20000 Brieftauben über Frankreich ab, die später Tausende von wichtigen Meldungen der Truppen nach England transportierten[905]. Viele Armeebrieftauben wurden für ihre Verdienste mit Orden dekoriert und als Kriegshelden gefeiert. Der besonders verdienten Armeebrieftaube Mary of Exeter, die im 2. Weltkrieg mehrfach verletzt wurde, errichtete man sogar einen Grabstein auf dem Tierfriedhof von Ilford in Essex (Abb. 238). Diese vermenschlichenden Wertungen der Leistung von Brieftauben werden der wahren Natur der Taube in keiner Weise gerecht. Die Taube will weder ein Kriegsheld sein, noch kann sie mit einem Orden etwas anfangen. In allen diesen glorifizierten Einsätzen von Armeebrieftauben wollte das Tier wohl nur eines: Möglichst schnell nach Hause!
Heute spielt die Brieftaube im militärischen Bereich keine Rolle mehr. Der Armeebrieftaubendienst der Schweizer Armee wurde im Jahre 1995 im Rahmen von Sparmassnahmen abgeschafft, obwohl die Brieftaube gegenüber der elektronischen Nachrichtenübermittlung viele Vorteile aufweist. Die Zündung einer Kernwaffe in der Stratosphäre würde einen nuklearelektromagnetischen Impuls (NEMP) bewirken, der alle elektronischen Systeme sofort lahmlegen würde. In einer solchen, hoffentlich niemals eintretenden Situation, wären Brieftauben das einzige funktionierende schnelle Kommunikationsmittel. Wie

Abb. 239: Der Hofapotheker Dr. Julius Neubronner war der Erfinder der Brieftaubenfotografie, die er vor allem für strategische Zwecke im Festungs- und Stellungskrieg einsetzen wollte.

Abb. 240: Der Fotoapparat wird auf einem Brustschild (links) befestigt, der die Aufnahme nach einer gewissen vorausberechneten Zeit auslöst.

[900] Wiltschko 1995
[901] Lipp 1996
[902] Erdmagnetfeld, Geruchsinformationen, evtl. Infraschall und Gravitationsfeld
[903] Rösler 1985, S. 161–162
[904] Rösler 1985, S. 14
[905] Zurth 1962, S. 7–8

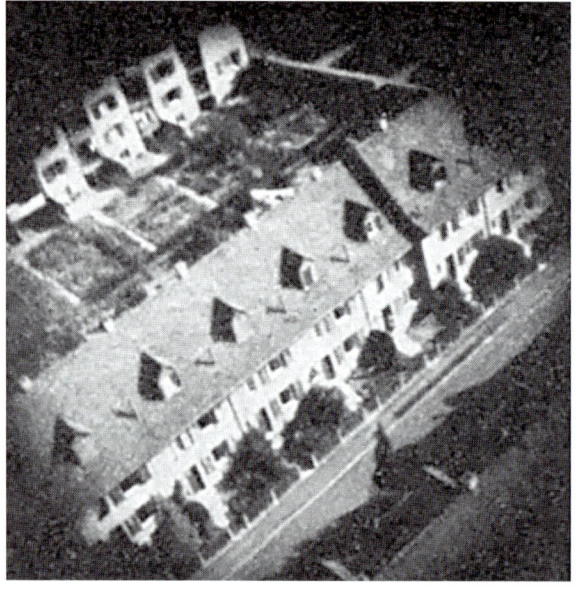

241

effizient und auch bedrohlich ein Brieftaubenübermittlungssystem aus nachrichtendienstlichen Gründen auch heute noch sein kann, zeigt ein Verbot in Syrien, Brieftauben zu halten. Im Jahre 1966 ordnete die syrische Regierung mit sofortiger Wirkung wegen «Gefährdung der öffentlichen Sicherheit» die Abschaffung sämtlicher Brieftauben an. Wer Brieftauben hielt, musste mit Gefängnisstrafen bis zu drei Jahren und Geldstrafen bis zu umgerechnet 1000 DM rechnen[906].

178

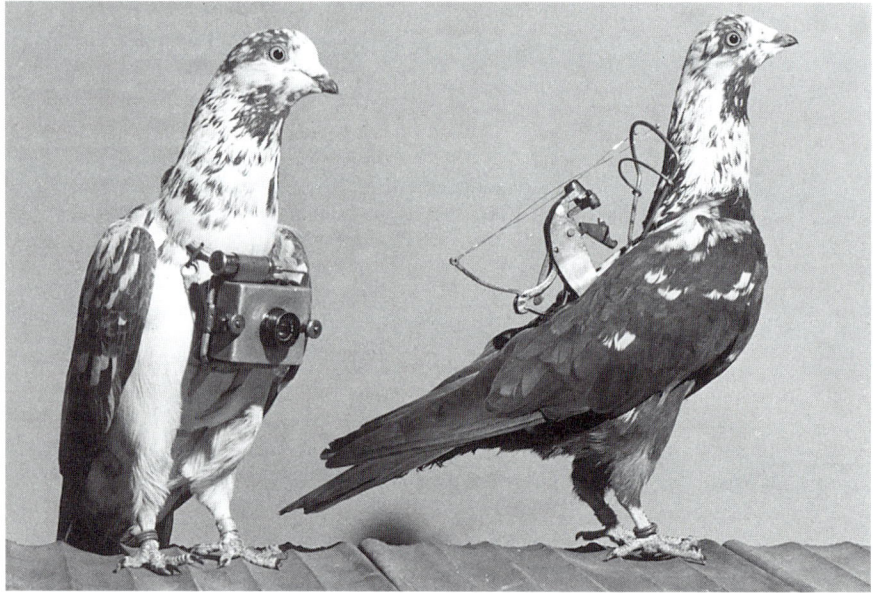

242

Abb. 242: Das Foto von Febo de Vries aus dem Jahre 1962 zeigt links einen Tümmler mit einer selbstauslösenden Kamera. Das Tier rechts trägt einen Schiessapparat. Wird der Draht von einem angreifenden Greifvogel berührt, wird ein Schuss in Richtung des Angreifers ausgelöst.

Im Jahre 1909 veröffentlichte der Hofapotheker Julius Neubronner sein Buch über die Brieftaubenfotografie. Sein Vater hatte um die Mitte des 19. Jahrhunderts bereits Brieftauben eingesetzt, um Medikamente aus seiner Apotheke in Kronberg in die umliegenden Dörfer zu fliegen. Den Tauben wurde ein Handschuhfinger wie ein Rucksack auf den Rücken geschnallt, der die entsprechenden Medikamente enthielt. Neubronner unterhielt später einen täglichen Brieftauben-Rezeptverkehr mit einer benachbarten Heilanstalt und liess sich telefonisch bestellte Medikamente von seinem Grossisten aus Frankfurt mit dort stationierten Brieftauben liefern. Eine Brieftaube ist ohne weiteres imstande, Lasten die ⅓ ihres

Körpergewichtes betragen über grössere Distanzen zu transportieren[907]. Ihre Kraft reichte deshalb, eine kleine Kamera zu tragen, um damit Luftbilder hinter den feindlichen Linien aufzunehmen. Ursprünglich wollte Neubronner diese fotografierenden Brieftauben zu strategischen Zwecken einsetzen, da Tauben wegen ihrer hohen Fluggeschwindigkeit und ihrer Kleinheit bedeutend schwieriger abzuschiessen sind, als die damals für die Luftbildfotografie verwendeten Luftschiffe. Für den Festungskrieg empfahl Neubronner fotografierende Tümmlertauben, die von den Belagerten aufgelassen werden. Diese kreisen dann ihrem rassetypischen Verhalten gemäss einige Zeit, nehmen dabei Fotos der Umgebung auf und kehren dann in ihren Schlag zurück. Neubronner empfahl seine fotografierenden Brieftauben auch für die Aufnahme von Pressefotos und für wissenschaftliche Zwecke, z.B. in der Topographie. Zu seiner grossen Enttäuschung konnte sich seine Erfindung nicht durchsetzen (Abb. 239, 240).

Die Taubenfotografie wurde bis in die siebziger Jahre hinein noch aus Liebhaberei betrieben. Febo de Vries konnte mit seinen Tümmlertauben Fotos verschiedener Quartiere seiner Heimatstadt Basel aufnehmen (Abb. 241). Zu seinem grossen Ärger versuchten Habichte und Wanderfalken immer wieder, seine fotografierenden Tümmler zu erbeuten. Um seine wertvollen Tiere und die Kamera zu schützen, erfand er einen 6 mm-Kaliber-Schiessapparat, der mit seinem Traggestell nur 65 g wog und nach der dramatischen Schilderung von Zurth seinen Zweck bestens erfüllte (Abb. 242).

An einem sonnenhellen Morgen aber ballte sich der Schwarm zusammen. Über den steil aufwärts fliegenden Tümmlern sah man in weit ausholendem Bogen einen beutelüsternen Habicht schweben. Jetzt: er rüttelt – wie ein Pfeil von schwirrender Sehne stösst er in den aufwirbelnden Taubenhaufen –, gierig kurvt er hinter einer Hellbunten her. Er will sie krallen – und prallt auf ihren bewaffneten Rücken. Im selben Augenblick kracht es funkensprühend. Federn zerstieben ... ein souveräner Raubvogel schwankt mit unsicher gewordenen Schwingen dem nahen Wald zu. Die gerettete Taube entschwindet in die Sicherheit der Dächer und Firste. (Zurth 1969, S. 42)

Tauben verfügen über erstaunliche Fähigkeiten, komplexe Bilder und Muster zu erkennen und zu unterscheiden[908]. Sie sind sogar in der Lage, eine «mentale Rotation» durchzuführen; eine Leistung, die höchste Anforderungen an das informationsverarbeitende System stellt. Dabei müssen im Raum gedrehte komplexe Figuren, von denen sich zwei entsprechen und eine dritte etwas verändert ist, voneinander unterschieden werden. Tauben sind anscheinend in der Lage, diese mentale Rotation schneller durchzuführen als Menschen[909]. Sie können beispielsweise lernen, auf ihnen vorgeführten Farbdias eine bestimmte junge Frau von einer Anzahl anderer Personen zu unterscheiden. Sie vermochten diese Frau auf neu aufgenommenen, ihnen noch unbekannten Dias zielsicher herauszufinden – und dies, obwohl Profil, Gesichtsausdruck, Make-up, Haltung, Kleidung und andere Eigenschaften sowohl der zu suchenden als auch der anderen Personen zum Teil drastisch von Bild zu Bild variierten[910]. Theoretisch könnten Tauben in der Fahndung nach bestimmten Personen eingesetzt werden. Diese ausserordentliche Wahrnehmungsleistungen der Tauben wurden auch in der Kriegstechnologie eingesetzt. Angesicht der Friedenssymbolik der Taube wirkt es absurd, dass Tauben dazu abgerichtet wurden, zerstörerische Raketen zu steuern (Abb. 243). Drei Tauben wurden darauf trainiert, beim Entdecken eines Zielschiffes schnell auf das entsprechende Bildschirmbild zu picken. Die Elektronik der Rakete kann nun feststellen, wohin die Tauben picken und ihren Kurs darauf ausrichten[911]. Auf diese Weise picken diese drei Kamikazetauben die Rakete ins Ziel und sprengen dabei sich und das feindliche Schiff.

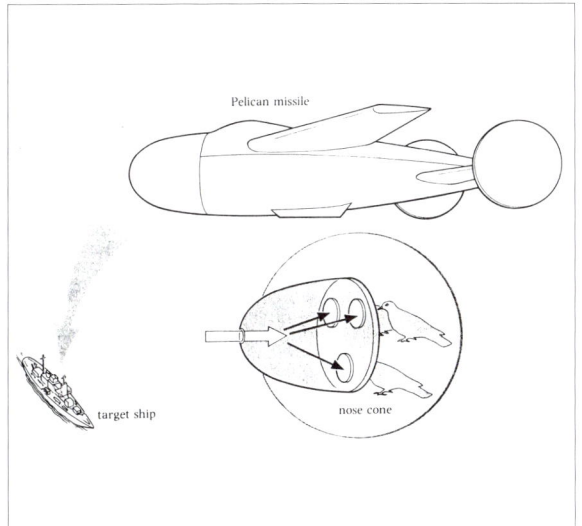

Pelican missile

target ship

nose cone

243

Der Brieftaubensport

Die moderne Brieftaube entstand um 1800 in Belgien durch Kreuzungen von alten Botentaubenrassen wie Carrier, Dragoon, Smerlen und Tümmlern[912], die den Grundstamm aller modernen Zuchtlinien bildeten. Während die Vorgänger der heutigen Brieftauben noch um 1850 zu zivilen und, bis zum Ersten Weltkrieg, auch zu militärischen Übermittlungszwecken verwendet wurden, ergab sich zu Beginn dieses Jahrhunderts eine Nutzungsverlagerung durch die Entwicklung des Brieftaubensportes, der sich zu einem weitverbreiteten Hobby entwickelt hat. Heute sind die meisten Tauben, die gehalten werden, Brieftauben. Während die alten Botentauben vor allem auf Zuverlässigkeit gezüchtet wurden, soll eine moderne Brieftaube möglichst schnell zum Heimatschlag zurückkehren. Um immer bessere Leistungen zu erreichen, darf der Brieftaubenzüchter nur mit den schnellsten Tieren weiterzüchten. Über die Auslese von besonders leistungsfähigen Brieftauben berichtet Schaufenberg (1936): «Ich kenne eine Reihe guter Liebhaber, die jede Jungtaube, die ermüdet von den kleinen Flügen von 100–200 km zurückkehrt, sofort der Küche überweisen.» Durch solch eine konsequente Selektion wurden mit der Zeit immer schnellere Brieftauben gezüchtet. Im Jahre 1800 flog eine mitteleuropäische Taube 20–30 km, im Jahre 1830 schon 300 km weit. Sie wurden als Wundertiere gefeiert. 1850 hatten Brieftauben

Reichweiten von 500 km und man glaubte, am Ziel der Vervollkommnung zu sein[913]. Heute kann eine Brieftaube unter optimalen Bedingungen über 1000 km pro Tag bei einer mittleren Reisegeschwindigkeit von 80 km pro Stunde zurücklegen. Die maximale Heimfindeleistung vollbrachten russische Brieftauben. Sie liegt zwischen 1800–2000 km, die innerhalb von 3 Tagen zurückgelegt werden[914]. Diese Leistungen scheinen wieder im Rahmen dessen zu liegen, was beinahe 1000 Jahre zuvor arabische Brieftauben leisteten, falls diese Angaben zuverlässig sind. Eine Brieftaube fliegt maximal 90–120 km/h, die meisten zwischen 80–100 km/h. Es mag vielleicht erstaunen, dass Tauben im Vergleich mit anderen Vögeln aufgrund ihrer Leistungen eher als mittelmässige Flieger eingestuft werden müssen[915].

Die Tauben werden durch Züchtervereine mit Lastwagen oder der Bahn an weit entfernte Orte gebracht und dort freigelassen. Die Preisflüge werden auf kurze (80–250 km), mittlere (300–500 km) und lange Distanzen (600 bis 1000 km und mehr) durchgeführt. Die Tiere, die zuerst zu Hause ankommen, gewinnen die Preise[916]. Oft entscheiden dabei Sekunden. Zur Kontrolle zieht man der Taube einen besonderen Gummiring vom Fuss und stempelt ihn in einer Steckuhr ab oder die Taube trägt einen Ring, der von einem elektronischen Erfassungssystem erkannt und registriert wird. Nach Lipp (1996) führt die kompetitive Brieftaubenhaltung zu einer äusserst scharfen züchterischen Selektion auf Tiere mit ausgeprägter Heimkehrmotivation und körperlichen Voraussetzungen für lange Hochgeschwindigkeitsflüge. Moderne Brieftauben unterscheiden sich deshalb auch in Flügellänge, Muskulatur und Körperhaltung klar von den übrigen Rassetauben und den Strassentauben[917].

Die sehr anspruchsvolle und zeitaufwendige Brieftaubenzucht wird heute vor allem von Privaten gepflegt. Weltweit gibt es in 50 Ländern 1,2 Millionen Brieftaubenzüchter mit rund 60 Millionen Tieren[918]. Allein der Verband Deutscher Brieftaubenzüchter (VDB) hat heute 79 000 Mitglieder, die etwa 4 Millionen Brieftauben halten und in ihren Wettbewerben einsetzen[919]. Um witterungsbedingte Verluste von Tauben zu minimieren, hat der VDB einen eigenen Metereologen, der die Flugwetterlage für die Brieftauben jede halbe Stunde neu beurteilt. Auf dem Internet werden regelmässig Informationen über die europäische Wetterlage veröffentlicht.

Wie Brieftauben zu Höchstleistungen gebracht werden

Die heutigen pflegeintensiven Hochleistungsbrieftauben werden mit den verschiedensten Methoden, die von der ausgewählten Ernährung, über systematisches Training bis hin zu den raffiniertesten biologischen Tricks reichen, zu ihren Höchstleistungen gebracht. Dazu ist zu sagen, dass vor allem diejenigen Methoden langfristig eine gute Flugleistung versprechen, die das Tier möglichst schonen. Auch die unten geschilderten Methoden, die durch einen Leidensdruck eine möglichst hohe Heimkehrmotivation erzeugen, sind schliesslich nicht erfolgreicher als weniger belastende. Sie sind bei den meisten Brieftaubenzüchtern als tierquälerisch verpönt. Im

Abb. 243: Drei Kamikazetauben steuern durch Picken ein Pelican missile auf ein feindliches Schiff, das sie von anderen unterscheiden können.

179

906 Generalanzeiger für Bonn vom 25.6.1966 nach Spies 1967
907 Neubronner 1909, S. 8
908 Wright et al. 1988, Zusammenfassung bei Rehkämper 1986
909 Hollard & Delius 1982
910 Delius 1986
911 Simms 1979, S. 49
912 Levi 1981, S. 81
913 Gattiker 1989
914 Ditzler pers. Mitt.
915 Johnston & Janiga 1995, S. 174–177
916 Diese Preisgelder können beachtliche Höhen erreichen. Beim Wettfliegen von Sun City, Südafrika, vom 25.1.1997 war ein Preis von 1,17 Millionen Rand (ca. 350 000 SFr.) ausgesetzt (NZZ, 1.2.97).
917 Lipp 1996; Johnston & Janiga 1995, S. 174–175
918 Gefiederte Hochleistungssportler, NZZ vom 25./26. Jan. 1997, S. 19.
919 Pers. Mitt. von Dirk Hinz, Verband Deutscher Brieftaubenzüchter, Essen

folgenden geht es vor allem darum zu zeigen, wie einfallsreich der Mensch der Taube eine gewünschte Leistung abzutrotzen vermag. Primär muss eine Brieftaube auch wirklich zur Heimkehr gewillt sein. Dieses Verhalten ist zwar angeboren, wird aber bei ungünstigen Umständen im Heimatschlag geschwächt. Zu den Negativfaktoren zählen in erster Linie Überbevölkerung im Schlag mit der daraus folgenden Zunahme aggressiver Verhaltensweisen[920], zu häufiger Einsatz und unsachgemässe Behandlung durch den Halter. Positive Faktoren sind die Bindung an den Schlag und den Partner sowie die Futterbelohnung. Besonders gross ist die Heimkehrmotivation während der Fortpflanzungszeit, wenn Eier oder Junge vorhanden sind. Die Bindung einer Brief-

Abb. 244: Brieftauben zeigen eine grosse Heimkehrmotivation, wenn ihre Jungen am ausschlüpfen sind. Um dies vorzutäuschen, wird eine Fliege oder ein Käfer in ein verschliessbares Kunststoffei gesperrt. Die entstehenden Bewegungen des Eies imitieren dann ausschlüpfende Nestlinge.

244

taube an ihren Schlag ist nicht irreversibel. Aufgrund der Beobachtung, dass verkaufte Jungtauben bis zu einem Alter von 5–6 Wochen am leichtesten an einen neuen Ort eingewöhnt werden können, wird häufig angenommen, dass das Heimfindevermögen auf einer Prägung auf die Heimkoordinaten des Schlages beruht. Ältere Brieftauben werden gelegentlich umgewöhnt, aber von Züchtern selten eingesetzt, da sie häufig abwandern. In vielen Fällen erscheint dies nach Lipp (1996) aber weniger ein Problem der Orientierung als eines der Motivation zu sein. Zugekaufte oder zugeflogene Tiere müssen sich in einen neuen Sozialverband einfügen, und die damit verbundenen Schwierigkeiten führen dann meistens zur Abwanderung. Erfahrungen an Taubenschlägen im Rahmen der «Basler Taubenaktion» zeigten, dass gewisse Strassentauben über Jahre in einem Schlag brüteten und dann plötzlich in einem anderen auftauchten und sich dort etablieren konnten. Andere Tiere verschwanden mehrere Jahre aus ihrem Heimatschlag und kamen für den Rest ihres Lebens an den alten Ort zurück. Der Einsatz von mobilen Armeebrieftaubenschlägen zeigte zudem klar, dass Brieftauben offensichtlich die Fähigkeit besitzen, innert 2–3 Wochen einen neuen Schlagstandort zu erlernen[921].

Der Taubenzüchter verfügt meist über einen grossen Bestand, von dem er einige Tauben für einen Wettflug auswählen kann. Für die schnellsten Tauben erhält er einen Preis, der das Ziel seiner Bemühungen darstellt. Der Züchter versucht deshalb, die Brieftaube in eine möglichst hohe Heimkehrmotivation zu versetzen, so dass sie unverzüglich heimfliegt. Je höher die Motivation der Taube ist, desto schneller wird sie zurückkehren und desto höher wird auch der Erfolg des Taubenzüchters sein. Daneben spielen

auch die physische Verfassung, das Orientierungsvermögen und der Zufall (Wetter, Greifvögel) eine wesentliche Rolle für die Heimkehrleistung.

Mit einer ausgeklügelten Ernährung wird die Taube wettkampffähig gemacht. Eine Anleitung für die richtige Fütterung einer Brieftaube liest sich wie das Aufbauprogramm für einen Spitzensportler. Generell werden die Tauben nicht überfüttert. Nach einem Dreiphasenplan erhalten die Tauben vor dem Flug möglichst viele Kohlenhydrate, um genügend Energiereserven zu haben. Nach dem Flug erhalten sie leichtverdauliches, kohlenhydratreiches Futter, dem oft Vitamine der B-Gruppe und Traubenzucker beigemengt sind, um Organfunktionen und Stoffwechselvorgänge zu normalisieren. Danach erhalten sie eiweissreiches Futter zum Wiederaufbau der eventuell beim Flug resorbierten Muskeleiweisse. Darauf wird wieder kohlenhydratreiches Futter gegeben, um die Glykogenreserven in Leber und Muskulatur für den bevorstehenden Flug aufzufüllen[922]. Je nach Länge des Fluges wird unterschiedlich gefüttert. Für einen kurzen Flug von 300 km sollte die Taube möglichst leicht sein, d.h. sie erhält vom 5. bis 2. Tag vor dem Flug nur wenig Futter, am 2. und am Tag vor dem Flug Kraftfutter. Für einen Langstreckenflug hingegen muss sich die Taube möglichst grosse Reserven angefressen haben.

Reisemethoden

Bei der natürlichen Reisemethode, die schon seit der Antike angewendet wird, bleiben die Partner während der ganzen Saison zusammen und erzeugen normalerweise eine Brut nach der anderen. Je nach Zeitpunkt befinden sich die Tauben in einer anderen Phase des Fortpflanzungszyklus[923]. Durch Beobachtung der Tiere und Analyse der Wettflugergebnisse findet der Züchter heraus, welche Taube zu welcher Zeit die grösste Heimkehrmotivation aufweist und wird dann das entsprechende Tier in den Wettkampf schicken. Beispielsweise ist die Heimkehrmotivation vor allem bei Täubinnen dann sehr hoch, wenn die Jungen am Schlüpfen sind. Brütende Täubinnen können zu Höchstleistungen gebracht werden, wenn man ihnen vor dem Flugeinsatz angepickte Eier eines anderen Paares unterschiebt und so den Eindruck erweckt, die eigenen Jungen seien am Schlüpfen[924]. Falls keine solchen Eier zur Verfügung stehen, kann ein anderer Trick angewandt werden. In ein verschliessbares Kunststoffei wird eine lebende grosse Fliege oder ein Käfer eingeschlossen (Abb. 244). Die Bewegungen im Ei täuschen das baldige Schlüpfen der Jungen vor, so dass die Eltern möglichst rasch heimkehren. Taubennestlinge sind typische Nesthocker, die völlig von der Fürsorge ihrer Eltern abhängig sind. Die höchsten Heimkehrleistungen werden deshalb von Elterntieren erbracht, die Nestlinge füttern. Das Schlüpfen der Jungen kann durch künstliches Verkürzen und Verlängern der Brutzeit durch Unterlegen von Eiern in anderen Embryonalstadien und von Nestlingen anderen Alters manipuliert werden.

Heutzutage wenden die meisten Brieftaubenzüchter die Schon- oder Witwerschaftsmethode an, die sehr unterschiedlich gehandhabt wird. In der Folge sei die Methode geschildert, wie sie von Brieftauben-züchtern in der Nordwestschweiz erfolgreich ange-wandt wird[925].

Während des Winters werden die Täuber bereits in ihre Nestboxen gelassen, die sie gegen jeden Ein-dringling verteidigen. Im Frühjahr, meist Mitte März, wird dem Täuber eine vom Züchter sorgfältig aus-gewählte Täubin in ein separates Abteil seiner Boxe gegeben. Wenn sich das neu gebildete Paar mag, kommt es schnell zu Balzverhalten und zur Verpaa-rung, nachdem die Partner zusammengelassen worden sind. Nach 10–12 Tagen wird das erste Ei gelegt, nach weiteren 18 Tagen der gemeinsamen Bebrütung schlüpfen die Nestlinge. Bis zu ihrem 15. Lebenstag werden sie von beiden Eltern betreut, danach werden die Paare getrennt, um eine Folge-brut zu verhindern. Einerseits werden die Eltern so von der anstrengenden Jungenaufzucht entlastet, andererseits wird eine Überbesetzung der Schläge vermieden, die meist auf eine ganz bestimmte Zahl von Tauben ausgerichtet sind. Dem Täuber wie der Täubin wird nun eines der Jungen zur weiteren Auf-zucht überlassen. Während dasjenige des Vaters in seiner Nistboxe heranwächst und ausschliesslich von seinem Erzeuger versorgt wird, bildet sich bei den von den Weibchen betreuten Jungen eine Art von Kindergarten, in dem jede Täubin jedes bet-telnde Junge füttert. Bereits zu dieser Zeit finden die ersten Trainingsflüge statt. Die Heimkehrmotivation ist zu diesem Zeitpunkt vor allem durch den Brut-pflegetrieb verstärkt.

Nach dem Erreichen der Selbstständigkeit mit etwa 4 Wochen beginnt die Witwerschaft. Die Männchen werden nun zu einem Flug aufgelassen. Während-dessen bringt der Züchter die Jungtiere in einen eigenen Jungtierschlag und setzt dem Täuber seine Täubin in seine Nistboxe. Kommt dieser zurück, findet er statt seines Jungen seine Täubin vor, der er sofort leidenschaftlich den Hof macht. Nach einer kurzen Zeit des Zusammenseins werden die Paare wieder getrennt, um zu verhindern, dass sie erneut brüten. Um die nun nervösen und gereizten Tiere wieder zu beruhigen, wird z.B. ein Bad empfohlen, andere Züchter beruhigen die Tiere durch Abdunkeln des Schlages[926].

Die Tauben werden nun systematisch vom Züchter konditioniert. Statt der Brutmotivation dient nun der Sexualtrieb, um die Tauben zu einer möglichst schnellen Heimkehr zu bewegen. Vor dem Flug dür-fen sich die Partner kurz sehen und nach dem Flug findet der Täuber jeweils seine Täubin in seiner Nist-box vor, mit der er einige Stunden zusammen sein und kopulieren darf. Einige Züchter halten die Tiere unter völliger Abstinenz, andere sind der Ansicht, dass eine Belohnung durch eine Kopulation die Heim-kehrmotivation verstärkt. Eine schöne Formulierung stammt von Ursula von Arx (1997): «Hunderte von Kilometern legen Tauben zurück, um irgendwann nach Hause in ihren Schlag zu ihrer Täubin zurück-zukehren. Die sie mit offener Kloake empfängt.» Da-neben erhalten die Tiere bestes Futter, Wasser und meistens auch Mineralstoffe und Vitaminzusätze. Je länger der Flug dauerte, desto länger darf das Paar zusammenbleiben. Als Faustregel für dieses organi-sierte Schäferstündchen gilt: Die Zeit, in der das er-ste Drittel der heimgekehrten Tauben ankommt, mal zwei, das heisst zwischen 1–5 Stunden. Diese Zeit

reicht für eine Ovulation nicht aus, so dass verhin-dert wird, dass die Täubinnen wieder in einen Fort-pflanzungszyklus eintreten. Die Züchter sprechen vom Paradies, das Tiere vorfinden müssen, d.h. Sexualität, Futter, Wasser und danach eine lange er-holsame Ruhezeit. Die Täubinnen können ohne wei-teres im gleichen Flug eingesetzt werden. Sie gehen dann meist unverzüglich in die Nistbox der Männ-chen, um sich ihrerseits aktiv ihre Belohnung zu holen. Gute Witwerweibchen sind sehr paarungs-lustig und stürzen sich, den Schwanz über den Boden schleppend, auf das lockende Männchen[927]. Bei der Witwerschaftsmethode handelt es sich um eine klassische Belohnungsdressur, anfänglich über den Brutpflege-, danach über den Sexualtrieb.

Die Witwerschaft, bei der die Geschlechter getrennt gehalten werden, wird Schonmethode genannt, weil die Tiere vor den Belastungen weiterer Bruten ver-schont werden. Die Paarung, das Treiben, das Brüten und die Aufzucht der Nestlinge belasten die Täuber und die Täubinnen ausserordentlich. Eine Täubin, die kurz vor der Eiablage steht, hat genausowenig eine Chance, ein Rennen zu gewinnen, wie eine hoch-schwangere Spitzensportlerin einen Marathonlauf. Ausserhalb der Flugwettbewerbe können sich die Tauben in aller Ruhe erholen, was zu einer gleich-bleibenden seelischen und körperlichen Verfassung führt. Die verordnete sexuelle Abstinenz, die sorgfäl-tige Ernährung und die ausgeklügelten Motivations-methoden erinnern sehr an die Bedingungen, mit denen auch menschliche Spitzensportler zu Höchst-leistungen gebracht werden. Zumindest bei Tauben können auch gewisse Probleme mit der Ehelosig-keit auftreten. Witwertäubinnen neigen dazu, gleich-geschlechtliche Paare zu bilden, wenn sie längere Zeit ohne Partner beieinander gehalten werden. Diese «lesbischen Täubinnenpaare» werden vom Züchter durch Trennung verhindert, denn solche Weibchen interessieren sich nicht mehr für ihren Täuber, was wiederum dessen frustrationsbedingtes Versagen beim Wettflug bewirken kann. Solche Täubinnenpaare können auch – freilich unbefruchtete – Eier legen. Vierergelege stammen oft von solchen unerkannten lesbischen Paaren. Nach Grundel[928] muss der Züchter vor allem darauf achten, dass die Täubinnen nicht zu fett werden und der Schlag nicht zu dunkel ist, da diese Faktoren die Bildung gleich-geschlechtlicher Paare begünstigen.

Mit verschiedenen Tricks kann die Heimkehrmotiva-tion noch gesteigert werden. Die Täubinnen werden z.B. kurz vor dem Flug zu den Täubern gebracht. Kurz vor der Kopulation werden die Partner getrennt und an ihren Abflugort transportiert.

Eine andere Methode, die Eifersuchts- oder Henker-methode (Abb. 245), beschreibt Rösler folgender-massen:

Eine Möglichkeit besteht darin, eine Täubin mit einem Reisetäuber, der nachher Hochleistungen erbringen soll, zu verpaaren, bis sie sich fest aneinander ge-wöhnt haben. Danach wird das Paar getrennt und die Täubin mit einem anderen Männchen verpaart, der als «Henker» die Aufgabe des «Nebenbuhlers» übernehmen muss. Der «Henker» sollte eine mög-lichst auffällige Gefiederfarbe haben, damit ihn sich der eifersüchtige Reisetäuber gut merken kann, und psychisch wie auch physisch stabil, das heisst kampfeslustig und feurig sein. Der Reisetäuber ab-

920 Haag 1994b
921 Lipp 1996
922 Grundel 1993, S. 105–116
923 Paaren, Treiben, Brüten und Füttern der Nestlinge
924 Rösler 1985, S. 130
925 Ditzler pers. Mitt.
926 Grundel 1993, S. 102
927 Grundel 1993, S. 101
928 Grundel 1993, S. 120–121

Abb. 245: Bei der Eifersuchts- oder Henkermethode wird der Täuber (linkes Bild, roter Täuber im Vordergrund) damit eifersüchtig gemacht, dass er seine Täubin jeweils nach dem Flug mit einem fremden Täuber (Tier rechts) zusammen in der Nistzelle vorfindet. Sofort entbrennt ein wütender Kampf, bei dem der Nistboxenbesitzer meistens gewinnt (linkes Bild, hinten). Mit der Zeit weiss der zu motivierende Täuber, dass der Henker immer dann bei seiner Täubin ist, wenn er auf dem Flug ist.

245

245

solviert nun einen kurzen Flug. Nach seiner Rückkehr muss er in seiner Zelle den «Henker» mit seinem Weibchen vorfinden, um das nun sofort ein heftiger Kampf entbrennt. Der «Henker» wird nun entfernt. Bei jedem Wettflug muss nun der Reisetäuber den «Henker» in der Zelle seiner Täubin finden. Will man den Reisetäuber besonders reizen, zeigt man ihm kurz vor der Abreise den «Henker» in der Zelle seiner Täubin. Die «Wut» die nun beim Reisetäuber aufkommt, lässt ihn aussergewöhnliche Leistungen vollbringen. Er kehrt, geplagt von Wut und Eifersucht, so schnell als möglich zum Schlag zurück.
(Rösler 1985, S. 131–132)

Zu dieser Methode ist anzumerken, dass die Täuber sehr unterschiedlich darauf reagieren. Gewisse Individuen scheinen durch diese Konfliktsituation überfordert zu sein und kehren entweder sehr langsam oder überhaupt nicht mehr zum Schlag zurück. Andere geben sich zu sehr aus und lassen in ihrer Heimkehrleistung schon nach kurzer Zeit nach. Nach Ditzler (pers. Mitt.) werden diese Methoden heute

nur selten angewendet. Sie sind, zumindest bei schweizerischen Brieftaubenzüchtern, verpönt, da sie die Tiere unnötig belasten und nur im Einzelfall einen kurzfristigen Gewinn versprechen. Auf die Dauer am meisten Erfolg verspricht eine ausgeruhte, gut trainierte, sorgfältig ernährte und seelisch ausgeglichene Taube, die gerne in ihren Heimatschlag zurückkommt.

Brieftauben können im Ausnahmefall für ihren Heimweg sehr lange benötigen. Eine Taube kehrte erst fünf Jahre nach der Brieftauben-Olympiade von Warschau in ihren heimatlichen Schlag nach Berghofen bei Dortmund zurück. Sie war wahrscheinlich in eine Schlechtwetterfront geraten und hatte wohl Zuflucht in einem anderen Schlag gefunden, den sie erst nach fünf Jahren wieder verliess[929]. Verirrte Brieftauben können auf der Suche nach ihrem Heimatschlag Tausende von Kilometern zurücklegen. Einem Züchter in Belgien flog eine Brieftaube aus Kimberley, Südafrika, zu[930] und eine britische Brieftaube tauchte vier Jahre nach ihrem Auflass in Nordchina auf[931].

Taubenjagd

Eine der ältesten Jagdsportarten ist die Falkenjagd, die in England schon vor der Normannischen Eroberung (1066) ausgeübt wurde[932] und aus dem Orient stammt. Mit verschiedenen Falkenarten wurden als «Sport der Könige» feldernde Tauben gejagt. Erst durch die Entwicklung von Feuerwaffen ging die Falknerei wieder zurück. Dafür aber gewann der Massenabschuss von Felsentauben an Bedeutung, die wegen ihrer Schnelligkeit und Wendigkeit als besonders «sportliches» Ziel geschätzt wurden. In Schottland wurden Felsentauben unter den Klippen vom Boot aus gejagt, wenn sie ihre Brutgrotten verliessen[933].
Die Taubenjagd wird von Floericke als besonders «herrliches, männliches Vergnügen» geschildert:
Die Jagd auf wilde Felsentauben ist ein herrliches, männliches Vergnügen und dabei recht lohnend, da das Fleisch derselben einen delikaten Bissen abgibt. Die Vögel sind nicht so scheu, dass der Jäger tagelang vergeblich herumlaufen müsste, und andererseits doch flüchtig und vorsichtig genug, um die Jagdlust in hohem Grade zu reizen. Man sucht sie entweder pürschend auf, wo man sich dann gedeckt an den Schwarm anschleichen muss, da sie sonst nicht schussrecht aushalten, oder legt sich an ihren vorher ausgekundschafteten Ruhe- und Schlafplätzen

Abb. 246: Die Felsentaubenjagd war früher ein beliebtes Männervergnügen. Floericke schreibt 1905: «Die Jagd auf wilde Felsentauben ist ein herrliches, männliches Vergnügen und dabei recht lohnend, da das Fleisch derselben einen delikaten Bissen abgibt. Die Vögel sind nicht so scheu, dass der Jäger tagelang vergeblich herumlaufen müsste, und andererseits doch flüchtig und vorsichtig genug, um die Jagdlust in hohem Grade zu reizen».

246

929 Hoffmann 1982, S. 37
930 Dittmar 1959, S. 19
931 «Brieftaube verflog sich
    bis nach China», Kölner
    Stadtanzeiger, 2.8.96
932 Hansell 1988, S. 31
933 Hansell 1988, S. 31–32
934 Hewson 1967
935 Brehm 1926
936 Calendario Vendatorio Sardo
    1987/88
937 Haag 1994a
938 Goodwin, pers. Mitt.
939 45–125 n.Chr.
940 Sophokles, Tragicorum grae-
    corum fragmenta, Fragment
    782
941 Homer Ilias 23, 850–883

Abb. 247: Match im Taubenschiessen im Hurlingham Club London im Jahre 1869. Die feine Gesellschaft von London ergötzte sich in den Sommermonaten am Abschuss von Tauben.

247

des Morgens oder Abends in den Hinterhalt, wo man dann die Ankommenden nacheinander beschiessen kann. Bei dem reissenden Flug der Taube gehört aber ein guter und schneller Schütze dazu, um auf diese Weise Beute zu machen.
(Floericke 1905)

Im norwegischen Stavanger wurden zwischen 1830 und 1860 Felsentauben getötet, weil sie Schäden in Kornfeldern verursacht hatten. Diese Zerstörung verbunden mit harten Wintern und der Feinddruck durch Habicht und Uhu führte zu einem starken Rückgang der Population der Felsentauben und ihres Verbreitungsgebietes. Die Felsentaube wurde auch in Schottland systematisch vom Menschen verfolgt[934]. Auf den Färöern verursachten Felsentauben vor allem im Frühjahr Schäden, wahrscheinlich durch Herauspicken des Saatgutes.
In Lanzarote auf den Kanarischen Inseln wurden Anfang unseres Jahrhunderts Felsentauben in ihren Grotten erlegt. Im Dunkeln drangen die Jäger mit Fackeln in ihre Grotten ein, verstopften den Eingang und schlugen dann mit Stangen auf die Tauben los[935]. Auf Sardinien steigen heute noch junge Männer verbotenerweise in Felsentaubengrotten ein, blenden die Tiere mit Handscheinwerfern und sammeln sie zum Verzehr ein. Seit der Erfindung der Schusswaffen wurde es bedeutend einfacher, Tauben zu jagen. Mit einem Schrotschuss, bei dem Hunderte von kleinen Bleikugeln kegelförmig abgeschossen werden, hat eine fliehende Taube kaum eine Chance zu entkommen. In den meisten Ländern sind deshalb die Bestände der wilden Felsentaube bedrohlich zurückgegangen. Obwohl die Felsentaube z.B. in Sardinien nur zu bestimmten Zeiten gejagt werden darf[936], sind die Bussen zu gering, um einen dauerhaften Schutz zu garantieren. Wie die obigen Beispiele zeigen, wurde die Felsentaube vom Menschen zumeist feindselig behandelt. Als Anpassung an den «Feind Mensch» resultiert das extrem

scheue Verhalten der Felsentaube, wie wir es zum Beispiel in der von uns untersuchten Population in Sardinien beobachten konnten[937]. Felsentauben sollen aber in Gebieten, in denen sie nicht bejagt werden, keineswegs besonders scheu sein[938]. Auch Haustauben bleiben anscheinend von der menschlichen Jagdlust nicht verschont. Zedler (1744) berichtet von einem absonderlichen Sport, der in Persien betrieben worden sei:
Die persischen Könige haben in ihren Thier-Gärten grosse Thürme, allwo die Tauben in Mengen erzogen, und zur Lust auf eine besondere Weise gefangen; und mit Stecken todt geschlagen werden, wie Olear und Chardin erzehlen.

Taubenschiessen

Beim Taubenschiessen werden die Tiere nicht wie bei der Jagd in freier Natur, sondern mit Hilfe spezieller Einrichtungen abgeschossen. Schon Plutarch[939] erwähnt die Lust des Menschen am sinnlosen Töten, von der auch die Taube nicht verschont blieb.
Die gezähmte Gans und die Taube, die Hausgenossin am Herd, wie Sophokles sagt[940], zerrissen die Menschen und schlugen sie nieder, nicht wie die Marder oder die Katzen der Nahrung wegen aus Hunger es tun, sondern zum Vergnügen und als Delikatesse, und sie verstärkten, was der Natur an Mörderischem und Tierischem angeboren ist.
(Plutarch, Moralia VI, I, de sollertia animalium)

Den ältesten Nachweis für den makabren «Sport» des Taubenschiessens finden wir bei Homer[941]. Achilles liess bei den Leichenspielen des Patroklos als Ziel eine lebendige Taube an die Spitze eines Mastbaumes binden (Abb. 248). Als Teukros nur die Schnur durchschoss, holte Meriones mit der göttlichen Hilfe des Apollo den flüchtigen Vogel mit dem Pfeil vom Himmel herunter. Daher steht die Taube

183

im mythischen Bild auch für den Gefangenen, der sich seiner Fesseln entledigt (siehe auch Abb. 170), und für den Flüchtling.

Gegen Ende des 18. Jahrhunderts wurde das Taubenschiessen in England sehr populär. Dabei spielten auch hohe Wetten eine wichtige Rolle. Anfänglich bedeckten die Teilnehmer die Tauben mit ihrem Hut, bevor sie sie freiliessen und abschossen. Im Jahre 1869 wurde der Hurlingham Club in London gegründet, der während der Sommermonate eine besonders beliebte Unterhaltung bot. Ehrwürdige Mitglieder wie der Prince of Wales, der spätere König Edward VII., erfreuten sich an den Massenabschlachtungen, die zwischen Teams des Oberhauses und des Unterhauses durchgeführt wurden. Für jedes Match wurden 6 bis 10 Dutzend Tauben verbraucht. Dieses gigantische Tötungsspektakel fand auf einem grossen Platz statt, der von Hunderten von Zuschauern umringt war (Abb. 247). Die Taube wurde in einer Falle festgehalten, die durch einen Schnurzug geöffnet wurde (Abb. 249). Das verängstigte Tier flog nun direkt nach oben, und der Schütze versuchte nun zu treffen. Zunehmende Opposition bewirkte am Anfang des 20. Jahrhunderts, dass das eigentliche Taubenschiessen durch das Schiessen auf Tontauben ersetzt wurde. Diese Sportart erfreut sich heute in vielen europäischen Ländern noch grosser Beliebtheit[942].

Die im 18. Jahrhundert in England sehr populären Taubenschiessen führten zu einer gewaltigen Nachfrage an Tauben. Da die Bauern normalerweise nur die Nestlinge und nicht die erwachsenen Tiere verkauften, wurde der Bedarf durch systematischen Diebstahl gedeckt. Die Diebe warfen nachts Netze über die Ausflüge der Taubenhäuser und jagten die erschrockenen Tauben durch Lärm aus dem Schlag. In vielen Fällen entkam keine einzige Taube und die Nestlinge verendeten in der Folge qualvoll, da sie nicht mehr von ihren Eltern gefüttert werden konn-

184

Abb. 248: Bei einer Variante des Taubenschiessens wurde eine lebendige Taube an einen Mastbaum angebunden. Im Wettkampf versuchten die Schützen, die Taube zu treffen.

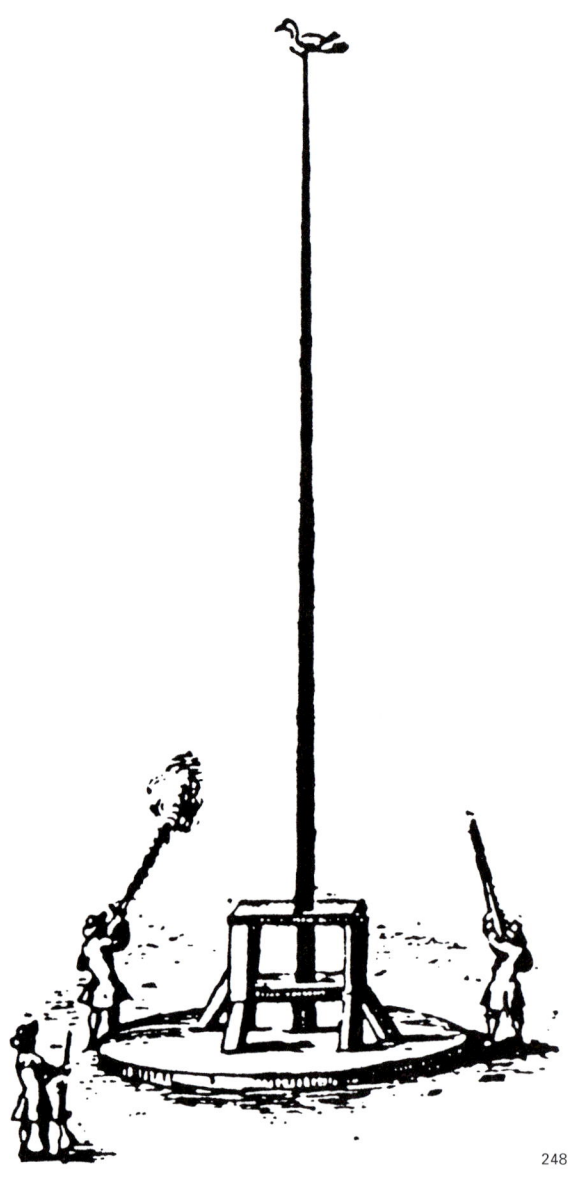

248

Abb. 249: Ein Mechanismus öffnet die Falle über einen Schnurzug. Die verängstigte Taube fliegt direkt nach oben auf und kann vom Schützen abgeschossen werden.

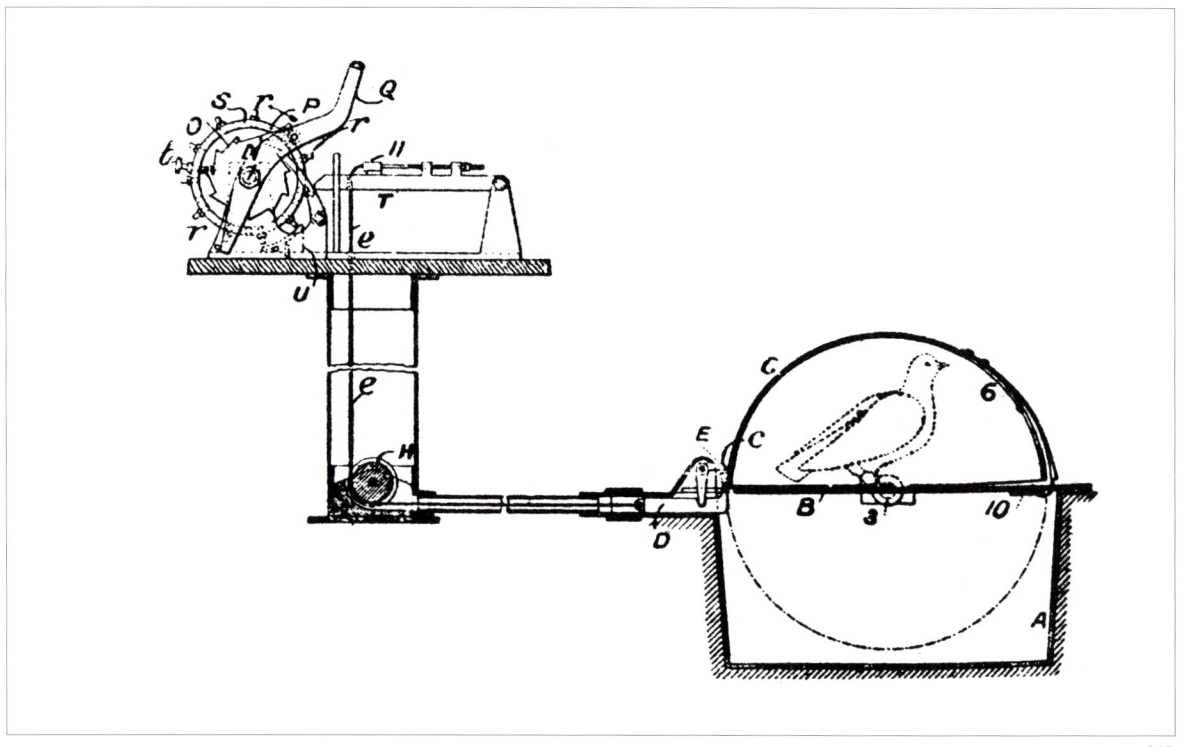

249

ten. Als Schutz dagegen wurden die Taubenhäuser durch einbruchsichere Türen aus Eisen gesichert[943] (Abb. 250).

Im «Clube Português de Tiro a Chumbo», dem portugiesischen Taubenschiessclub, werden bis in die heutige Zeit hinein jedes Jahr Meisterschaften durchgeführt. Dabei werden rund 5000 speziell für diesen Zweck aufgezogene Tauben auf folgende Art getötet:

In fünf kleinen Holzkästen, die ein paar Meter voneinander entfernt stehen, ist je eine Taube gefangen. Wenn der Schütze dem Helfer das Zeichen gibt, dass er schussbereit ist, öffnet letzterer eine der Boxen – welche, weiss der Schütze nicht. Eine Taube flattert hervor, ein Schuss oder auch zwei und das Tier torkelt tot oder verletzt zu Boden. Als besondere Grausamkeit werden den Tauben vorher die Schwanzfedern ausgerissen, so dass sie ihren Flug nicht mehr steuern können und somit den Schützen ein «sportlicheres» Ziel abgeben können.
(Sonntagsblick, Zürich, 17.6.1984)

Heute wird das Taubenschiessen trotz offizieller Verbote immer noch in Spanien, Portugal, Frankreich, Italien, Ex-Jugoslawien, Brasilien, Chile, Argentinien und in einigen Staaten der USA betrieben. In den meisten europäischen Ländern wurde dieser grausame Sport auf Druck der Tierschutzverbände durch das Tontaubenschiessen abgelöst.

[942] Hansell 1988, S. 31–34
[943] Hansell 1992, S. 186

250

Abb. 250: Durch das Taubenschiessen entstand eine gewaltige Nachfrage an Tauben, die nur noch durch Diebstahl gedeckt werden konnte. Um das Taubenhaus zu sichern, wurde hier eine innere einbruchsichere Türe aus Eisen eingebaut.

Die Taube in der Neuzeit

Die Taube spielt in der heutigen Zeit nach wie vor eine enorm wichtige Rolle als weit verbreitetes Symboltier. Das Bedürfnis des Menschen, sich Symbole als Stellvertreter von Ideen zu schaffen, scheint auch in unserer rationalen modernen Gesellschaft kaum gemindert zu sein. Mit neueren Medien, wie der Postkarte, der Werbung und dem Fernsehen hat die Taube eine Symbolpräsenz wie nie zuvor erreicht. Wir leben in einer Zeit der Schlagworte und der flüchtigen oberflächlichen Bilder. Eine enorme Reizüberflutung hat dazu geführt, dass nicht mehr in aller Beschaulichkeit gelesen, betrachtet und nachgedacht wird. Informationen erreichen uns als kurze grelle Bilder. Gerade hier eignet sich das bildliche Symbol oder Signal besonders gut, um eine Botschaft in prägnanter Form einzupacken oder eine Stimmung zu vermitteln. Darüber hinaus aber ist auch die ganze Kulturgeschichte der Taube mit den vielfältigen Assoziationen immer noch präsent. Blickt man zurück, so ist und war die Taube immer ein mehrheitlich positiv bewertetes Tier, das von den meisten Menschen mit grösstem Wohlwollen tole-

riert oder gar gefördert wird[944]. Wenn in diesem Kapitel nun versucht wird, die Bewertung der Taube vom Beginn des Kontaktes mit dem Menschen bis zum Ende des 20. Jahrhunderts aufzuzeigen, so bildet dies eine wichtige Grundlage für die Beurteilung der Einstellung der Bevölkerung der Strassentaube gegenüber. Diese soziokulturelle Bewertung hat es der Taube erlaubt, im Lebensraum des Menschen erfolgreich zu überleben. Sie ist damit zum erfolgreichsten und häufigsten Stadttier überhaupt geworden.

Die Sprache der Postkarte

Die Postkarte wurde 1869 in Österreich erfunden und verbreitete sich innerhalb eines Jahres nach Deutschland, Belgien, der Schweiz und Grossbritannien. Im Jahre 1884 erschien die erste illustrierte Postkarte und seit 1906 war die Vorderseite vorwiegend für die Illustration reserviert. Die Postkarte hatte sich durch das neu aufgekommene Verkehrsmittel Eisenbahn und den aufkommenden Tourismus rasch als billiges Kommunikationsmittel entwickelt und verbreitet. Neue Reproduktions- und Drucktechniken sorgten für eine grosse Vielfalt an Ausdrucksmöglichkeiten. 1902 wurden alleine in der Schweiz 22 Millionen Postkarten gedruckt. Erst die Erfindung des Telefons 1918 bremste den Boom[945]. Eine Postkarte kann von jedermann, vom Postboten bis zu den Familienmitgliedern, gelesen werden. Sie ist deshalb eine Art von halböffentlicher Information, die sich zu einer eigenen Symbolsprache entwickelt hat. In dieser verschlüsselten Sprache nun spielt die Taube in allen ihren vergangenen und gegenwärtigen Symbolgehalten eine sehr wichtige Rolle. Es ist erstaunlich, wie die Taube in ein und derselben Epoche parallel alle möglichen Bedeutungen belegt, so dass die Aussage des Bildes nur aus dem Zusammenhang hervorgeht. Ein kurzer Überblick über die Erscheinungsvielfalt der Taube zwischen dem Ende des letzten Jahrhunderts bis etwa 1920 soll im folgenden ihre herausragende Bedeutung für unseren Kulturbereich belegen.
Nach der Renaissance erfreuten sich klassische Themen auch am Anfang des 20. Jahrhunderts grosser Beliebtheit. Abb. 252 stellt eine typische Aphrodite-Venus Szene dar. Vor dem Hintergrund des Tempels mit dem Haarband der Hierodulen hält die junge Frau den heiligen Vogel der Liebesgöttin in der einen, die die Vagina symbolisierenden Lilien in der anderen Hand. Es versteht sich von selber, dass im handschriftlichen Teil dieser Karte aus dem Jahre 1908 von allerlei Liebesdingen die Rede ist. Der Liebesschmerz, dargestellt durch das brennende Herz im Hintergrund, ist in Abb. 253 mit der Taube kombiniert, der die junge schöne Frau ihr Leiden gesteht. Hier ist die Taube Repräsentantin und vielleicht schon die Botin der Liebesgöttin. Verliebte sandten sich zu dieser Zeit auch ganze Bildergeschichten zu, in denen die Taube die Liebesbotin repräsentiert (Abb. 254). Schon deutlicher zeigen in Abb. 255 die schnäbelnden Tauben auf der roten Rose, dem Sym-

Abb. 251: Die Taube spielt in der heutigen Kunst immer noch eine herausragende Rolle als Symboltier. Im Bild «The Times» von Sigrid von Spreckelsen umwinden die weissen Tauben das Paar mit dem Band der Liebe. In der Mitte unten signalisiert das Ei mit dem Spermium zusammen mit dem grünen Baby, rechts, den Aspekt der Fruchtbarkeit.

252

253

Abb. 252: Am Anfang des 20. Jahrhunderts herrschte eine üppige Postkartenkultur, in der die Taube häufig als heiliges Tier der Liebesgöttin mit allen ihren klassischen Attributen auftritt.

Abb. 253: Die vom Liebesschmerz gepeinigte junge Frau, dargestellt durch das brennende Herz im Hintergrund, gesteht der Taube ihre Liebe.

254

Abb. 254: Die Taube als Liebesbotin, die mit der geliebten Frau verglichen wird. Postkartenserie um 1912. Zu jener Zeit waren die Belichtungszeiten derart lange, dass es nicht möglich war, lebende Tauben zu verwenden. Deshalb wurden für die damaligen Fotos ausgestopfte Haustauben verwendet.

bol der Liebe, welches Glück sich das Paar erhofft, das vom vierblättrigen Glücksklee und dem Hufeisen umgeben ist. Abb. 256 stellt die schnäbelnden Tauben dem küssenden Liebespaar gegenüber. Hier teilt ein J. B. Sch. M. dem Fräulein Euphersina Notter seinen Liebesfrust mit «Ach es wär so schön gewesen. Ach es hat nicht sollen sein». Die animalische erotische Liebe, die die schmachtende schöne junge Frau signalisiert, wird durch die Taube[946] und das Pferd noch gesteigert (Abb. 257). Auch hier wie

in Abb. 253 ist die Taube «Ansprechpartnerin der verliebten jungen Frau». In einer Darstellung des «Fensterln» umfasst und küsst der junge Mann seine Freundin (Abb. 258). Die Tauben und die Vergissmeinnicht am Haus sind zusätzliche Liebessymbole. Die Taube kann die Liebe an sich konnotieren, und ihr Tod den der jungen Liebe. In einem dramatischen Bild stehen die tote Taube und die am Boden liegenden roten Rosen für die verflossene Liebe (Abb. 259).

[944] Haag 1997a
[945] Widmer 1994
[946] Die Taube ist hier eine ausgestopfte weisse Lachtaube.

Abb. 255: Das Liebespaar ist umgeben vom vierblättrigen Glücksklee und dem Hufeisen, die schnäbelnden weissen Tauben auf der roten Rose symbolisieren die erotische Liebe.

Abb. 256: Die schnäbelnden weissen Tauben entsprechen dem küssenden Liebespaar, um so enttäuschter der Text des Absenders «Ach es wär so schön gewesen. Ach es hat nicht sollen sein».

Abb. 257: Die animalische erotische Liebe der schmachtenden jungen Frau wird hier durch das Pferd und die Taube dargestellt, die hier wieder die Ansprechpartnerin ist.

255

257

Die Taube als Botin

Primär war die Taube die Botin und Repräsentantin der vorderasiatischen Liebesgöttin und danach der Aphrodite-Venus. Im Christentum übernahm sie verschiedene Funktionen als Botin und Übermittlerin des göttlichen Willens (Abb. 261). In der Noahgeschichte ist sie die Überbringerin der guten Nachricht, dass die Flut gesunken ist und Gott den Menschen nicht mehr zürnt, im Pfingstwunder vermittelt sie die göttliche Erleuchtung und in der Legendenliteratur hat sie oft die Funktion einer göttlichen Botin. Die Taube wird, entsprechend ihrer archaischen Funktion als Botin der Liebesgöttin, zur Überbringerin der spirituellen und erotischen Liebesbotschaft. Auf Kitschpostkarten wird dieses Motiv sehr gerne verwendet. Auf Abb. 260 fliegt die weisse Taube der Liebesgöttin mit dem Schlüssel zu zwei von Liebe

entbrannten Herzen, die in wilden Rosen stehen, einem alten Symbol der Venus. Die Taube ist nicht nur Botin der Liebesgöttin, sondern erhält auch die Verbindung zwischen den Verliebten aufrecht (Abb. 263).

Generell wird die Taube heute, wie schon in der Antike, beinahe ausschliesslich zusammen mit jungen Frauen oder Kindern dargestellt. Sie ist der typisch weibliche Vogel, der die ausgeprägt femininen Eigenschaften wie Sanftheit, Liebe, Unschuld und Treue konnotiert. Die Beschäftigung mit der Taube wird sogar als Tugendmerkmal der idealen jungen Frau bewertet (Abb. 264). Dies zeigt, wie unlösbar die Taube und die junge Frau seit der frühesten Geschichte miteinander verbunden sind.

Die reiche Taubensymbolik blieb nicht alleine auf Postkarten beschränkt, sondern wurde allgemein gerne als dekoratives und leicht verständliches Element verwendet. Auf schweizerischen Beinarbeiten[947] stehen die schnäbelnden Tauben als Symbol für die Liebenden, die oft mit einem zweiten Liebessymbol, wie Vergissmeinnicht (Abb. 265) oder Edelweiss, verbunden sind. Die Taube als reine Dekoration ohne weitergehende Aussage wird gerne auf einer Vielzahl von Gegenständen eingesetzt. Tauben auf Spitzenvorhängen, als Blumenvasen, Pillendosen oder einfach ihrer Schönheit wegen zum Aufstellen sind in Mitteleuropa in üppiger Vielfalt zu finden (Abb. 266).

Die Taube überbringt nicht nur Liebesbotschaften sondern auch Glückwünsche aller Art. In einer Papierwarenhandlung wurden versuchsweise alle angebotenen Glückwunsch-, Gruss- und Trauerkarten auf das Vorkommen von Taubenmotiven untersucht[948], die es erlauben sollen, Rückschlüsse auf die heutige Bedeutung der Taubensymbolik in

256

947 Beinarbeiten sind bearbeitete Rinderknochen, die noch bis ca. 1960 in Neuenburg (CH) erzeugt und als Souvenirs in Form von Broschen und Anstecknadeln im ganzen Alpenraum verkauft wurden.
948 Durch den Autor wurden im Herbst 1996 in einem Papierwarengeschäft in Basel insgesamt 598 Karten durchgesehen.

Geh' mach' dein Fensterl' auf

Da schleicht er wie's schon finster war
zu ihrem Häuserl hin.
Er klopft ganz leis' an's Fenster an
und singt mit schwacher Stimm':

Geh mach' dein Fensterl auf,
Ich wart' schon lang darauf,
A einzig's Busserl möcht' ich nur,
Vielleicht lass' ich dich dann in Ruh'

258

261

259

262

diesem Bereich zu ziehen. Bei Gratulationskarten zur
Geburt trat die Taube in 2 von 174 Karten als Ge-
burts- und Fruchtbarkeitsvogel auf, bei den 293 Ver-
lobungs- und Hochzeitskarten bei 45 (21%). Bei
Gratulationskarten zum Geburtstag und bei Trauerkarten wurde die Taubensymbolik nicht verwendet.
Diese kleine Umschau zeigt, dass die Taube in der

Abb. 258: Eine Darstel-
lung des «Fensterln»
zeigt das Liebespaar
umgeben von den
Liebessymbolen Taube
und Vergissmeinnicht.

Abb. 259: Die tote Lie-
be wird symbolisiert
durch die tote Taube
und die am Boden
liegenden roten
Rosen; der Text nach
einem deutschen
Volkslied sagt: Sähst
Du mich traurig an /
Gern stürb ich dann.

Abb. 260: Die weisse
Taube der Liebesgöttin
fliegt mit dem Schlüs-
sel zu den in Liebe
entbrannten Herzen,
die in wilden Rosen
stehen, einem alten
Symbol der Venus.

Abb. 261: Im Christen-
tum hat die Taube
vielfältige Funktionen
als Botin und Über-
mittlerin des gött-
lichen Willens. Wie die
Abbildung aus einem
Werk Jacob Böhmes
aus dem Jahre 1682
zeigt, bringt die Taube
Noah die gute Nach-
richt, dass die Flut ge-
sunken ist und Gott
den Menschen nicht
mehr zürnt; im
Pfingstwunder ver-
mittelt sie die gött-
liche Erleuchtung und
als Brieftaube über-
bringt sie dem Men-
schen eine Botschaft.

Abb. 262: Das Basler
Täubchen ist eine der
ältesten Briefmarken
überhaupt und stellt
die Einfarbige Schwei-
zer Taube dar. Ihr
Schöpfer Melchior
Berri fasste die Taube
als «Sinnbild der
Schnelligkeit und
Treue» auf.

Abb. 263:
Der Bote kommt,
o Täubchen fein
Ich weiss, Dich schickt
nur er allein.
In Anlehnung an ihre
Verwendung als Brief-
taube erhält die Taube
die Verbindungen
zwischen den Lieben-
den aufrecht.

Abb. 264: Die Taube ist
der typisch weibliche
Vogel, der die ausge-
prägt femininen Eigen-
schaften wie Sanft-
heit, Liebe, Unschuld
und Treue signalisiert.
Sogar die Liebe zur
Taube wird als beson-
ders tugendhaft ge-
wertet.

Abb. 265: Tauben und
ihre Symbolik werden
auf allen möglichen
Gegenständen ver-
wendet. Auf dieser
schweizerischen Bein-
arbeit sind die schnä-
belnden Tauben als
Liebessymbol mit
einem zweiten, dem
Vergissmeinnicht, ver-
bunden.

Abb. 266: Tauben wer-
den auch gerne wegen
ihrer Schönheit ohne
weitergehende Sym-
bolik zur Dekoration
auf allen möglichen
Gegenständen und zur
reinen Zierde verwen-
det.

Abb. 267: Die Taube
konnte sich als Sym-
bol für die Post in der
ganzen Welt aus-
breiten, wie dieser
Brief zum Post-Tag
Kairo aus dem Jahr
1959 zeigt.

190

949 Brief von M. Berri vom 29.
1.1845 an die Druckerei von
Benjamin Krebs in Frankfurt
am Main, die das Basler
Täubchen druckte (Meier
1995)
950 Stauber 1996, S. 12–13
951 Hoffmann 1982, S. 38
952 Kölner Stadtanzeiger Nr.
299, 1996, S. 8
953 Werbung der schweizerischen Tabakindustrie, Beobachter Nr. 12, 1995, S. 63

263

264

265

266

267

zeitgenössischen Kartensymbolik ausschliesslich und
mit einem hohen Anteil im Bereich Liebe – Hochzeit und Geburt verwendet wird.

Die Taube in ihrer Funktion als zuverlässige Übermittlerin von Botschaften und guten Nachrichten
wurde auch von der Post übernommen. Eine der
ältesten Briefmarken überhaupt ist das «Basler
Täubchen», das im Jahre 1845 von Melchior Berri
geschaffen wurde. Berri wählte als Motiv «... eine
fliegende Taube mit einem Brief im Munde dargestellt als Sinnbild der Schnelligkeit und Treue»[949]
(Abb. 284). Das Basler Täubchen hatte wahrscheinlich die Einfarbige Schweizer Taube zum Vorbild,
die sich durch die gut erkennbare steile Stirn und
das Spitzhäubchen auszeichnet[950]. Die Taube wurde
später in aller Welt zu einem beliebten Symbol für
weitere Briefmarken und für die Postübermittlung
(Abb. 285).

Die Friedenstaube am Ende des 20. Jahrhunderts

Der Aktionskünstler Daniel Spoerri veranstaltete vor einigen Jahren ein aufwendiges Happening der Illusionen in Kopenhagen, bei dem zwei weisse Tauben

mitgetragen[952] und an der Eröffnung der 4. Welt-Frauenkonferenz 1996 in Peking war eine riesige weisse Taube über dem Ort des Eröffnungszeremoniells montiert. Die Taube ist zum generellen Symbol für alle möglichen Varianten des Friedens

Baufirma Netanjahu & Co.

269

268

191

Abb. 268 und 269: Die weisse Taube als Symbol des Friedens ist weltweit verbreitet, und wo eine Taube mit einem Zweig im Schnabel dargestellt wird, ist der Frieden an sich gemeint.

im letzten Augenblick aus einem Flammenchaos aufsteigen sollten. Der Riegel aber klemmte und die beiden Vögel verbrannten bei lebendigem Leibe. Spoerri soll darauf mit knapper Not dem Volkszorn und einer Verhaftung wegen vermeintlich vorsätzlicher Tierquälerei entkommen sein[951]. Dass es sich dabei um weisse Tauben gehandelt hat, machte diesen Unfall noch schlimmer, was zeigt, wie bedeutsam die weisse Taube als Friedenssymbol heute noch ist. Kein Symbol ist heute so beliebt und verbreitet wie das der Friedenstaube. Wo eine Taube mit einem Zweig im Schnabel dargestellt ist, ist damit der Frieden an sich gemeint (Abb. 269 und Abb. 268). Vor allem auf politischen Cartoons wird die Friedenstaube mit dem Ölzweig in allen Varianten

zwischen den Menschen geworden. So wirbt in einer Werbung der schweizerischen Tabakindustrie eine weisse Pfautaube mit einem Zweig im Schnabel für die Arbeit «in einer friedfertigen, freiheitlichen Atmosphäre. So, wie sie auch im Umgang mit dem Thema Rauchen am Arbeitsplatz herrschen sollte»[953]. Wie unser Überblick über die unterschiedlichen Botenfunktionen der Taube zeigt, gilt sie generell als Überbringerin einer guten Nachricht. Bei Noah bringt sie den göttlichen Frieden und als Friedenstaube den politischen Frieden oder den Frieden zwischen den Menschen. Als Brieftaube überbringt sie die Botschaft der erotischen und romantischen Liebe wie auch ganz allgemein die Glückwünsche zu frohen Ereignissen.

Abb. 270, 271, 272: Auf den brillanten Cartoons von Horst Haitzinger erscheint die Friedenstaube in allen Variationen: verfolgt vom Aasgeier des Fundamentalismus, gebraten auf dem Feuer des Krieges und herausschauend aus dem Hinterteil des «aggressiven Adlers».

270

271

272

dargestellt. Auf den brillanten Bildern von Horst Haitzinger erscheint sie z.B. verfolgt vom Aasgeier des Fundamentalismus (Abb. 271), über dem Feuer des Krieges gebraten und aus dem Hinterteil des «aggressiven Adlers» herausschauend (Abb. 272). Auf Friedensdemonstrationen werden weisse Tauben

Abb. 273: Die weisse Taube symbolisiert Unschuld und Reinheit im Zusammenhang mit der Jungfräulichkeit. In dieser Postkarte aus dem Jahre 1909 sind der Frau zusätzlich noch die rote Rose, der Schleier mit dem Venusstern und das Kleid mit dem goldenen Herzen als Attribute der Aphrodite-Venus zugeordnet.

274

Abb. 274: Die schnäbelnden Tauben als universelles Symbol der Liebe.

192

heit in bezug auf die junge Frau (Abb. 273). Weiss ist die Farbe der Unschuld und Reinheit. Der römische Dichter Martial rühmte eine Toga, die er geschenkt bekam, dadurch, dass er sie mit der weissen Farbe der paphischen Tauben verglich[954]. Eine Assoziation zwischen Sauberkeit und der weissen Taube wird in einer Werbung für ein Waschmittel aus dem Jahre 1909 vermittelt (Abb. 275). Auf die Rückseite ist eine Werbefabel gedruckt, in der das Weiss des Waschmittels noch über das der eitlen weissen Taube gestellt wird[955] (Abb. 276).

Eine weisse Taube als Symbol der Reinheit und Sauberkeit findet sich auf Produkten für Körperpflege[956], und eine symbolisierte weisse Taube wirbt für Damenbinden[957]. Ebenfalls auf das Weiss der Taube spielt eine Stengeleiscreme an, die mit «Ice Cream & Dove Milk Chocolate with Almonds» wirbt[958]. Ob dem Werber dabei bewusst war, dass Tauben in ihrem Kropf effektiv eine «Dove Milk»[959] für die Fütterung ihrer Jungen produzieren, mag bezweifelt werden.

Die Taube, vor allem das schnäbelnde Taubenpärchen, ist immer noch der Vogel der Liebe und der Erotik (Abb. 274). Vor allem im Bereich der Verlobung und der Hochzeit signalisieren die schnäbelnden Tauben das verliebte Paar. Hochzeitstorten werden mit weissen Zuckertäubchen geschmückt[960] und zwei Tauben halten zum Text «Ringe mit Glückstauben, die Liebe und Frieden bringen» Eheringe in ihren Schnäbeln[961]. Bei Hochzeiten werden weisse Tauben als Symbol der Fruchtbarkeit und Liebe fliegen gelassen[962]. In Video-Clips, die die Musik in bildliche Stimmungen umsetzen, tritt die Taube vor allem zusammen mit jungen Frauen auf. Im Clip «Runaway» von Janet Jackson fliegt eine weisse Taube zusammen mit der Sängerin von Kontinent zu Kontinent oder in «Roses of Red» der Kelly Family

Die Taube in Film und Werbung

In der Werbung wird die Taube gerne im weitesten Bereich der Hygiene verwendet. Die weisse Taube symbolisiert ursprünglich auch Unschuld und Rein-

Abb. 275, 276: Auf einer Werbekarte aus dem Jahre 1909 wird das Weiss des Waschmittels mit dem der eitlen weissen Taube verglichen.

[954] Martial, Epigramme VIII, 28, 11 ff.
[955] Firma van Baerle, Münchenstein bei Basel, 1909
[956] Babyseife von Fissan, Pflegelinie Dove von Lever
[957] Damenbinden Silhouettes von Johnson & Johnson
[958] Stengeleiskreme von Doveurope, France, Steinbourg 1996
[959] Die Taubennestlinge werden in den ersten Lebenstagen von beiden Eltern mit der Kropfmilch gefüttert.
[960] Prospekt Patrick Weiss, Konditoreiartikel, Wolfhausen 1995
[961] Inserat Rauschmayer in marie claire, 10/1995.
[962] z.B. Traumhochzeit (RTL 20.5.95, 21.50 h)

275

276

NINA RICCI
PARIS

L'Air du Temps

277

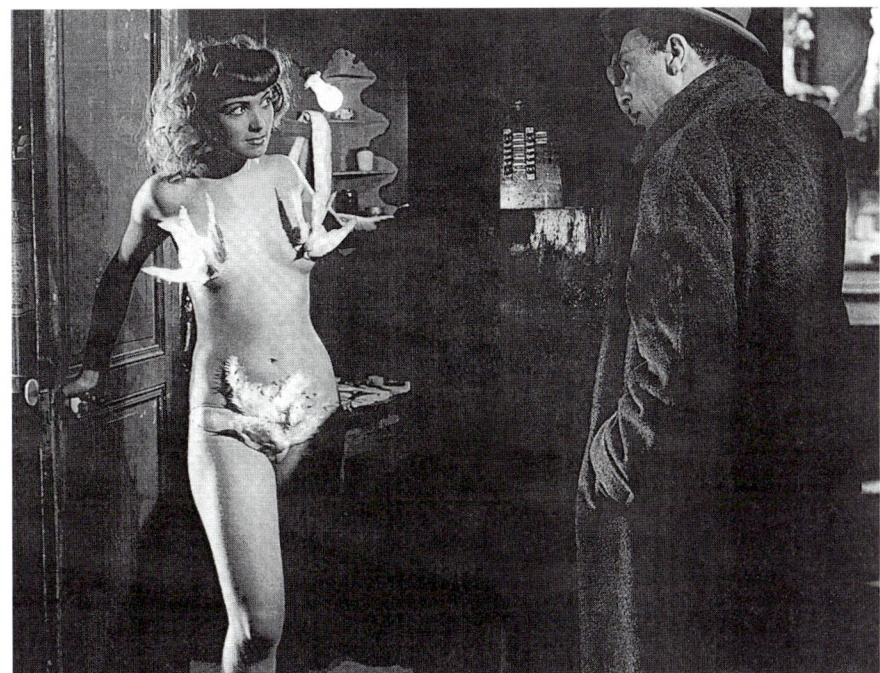

278

LONDON

Fein gerippt, extra feucht.

Feeling

10 Markenkondome einzeln elektronisch geprüft.

279

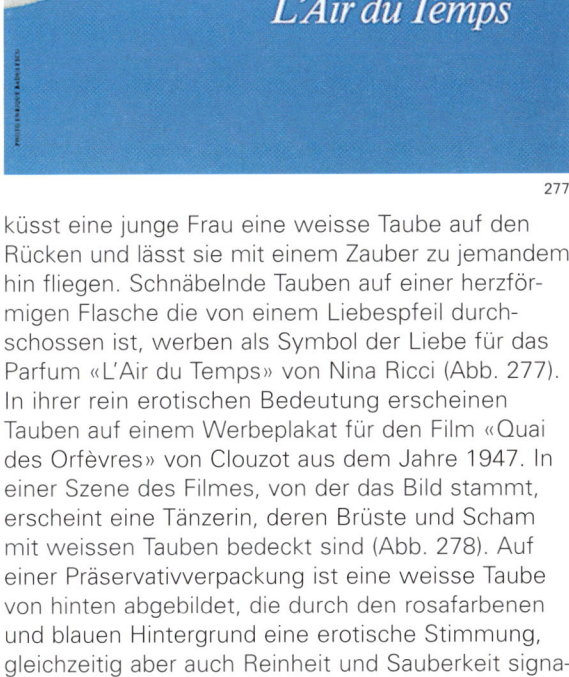

280

küsst eine junge Frau eine weisse Taube auf den Rücken und lässt sie mit einem Zauber zu jemanden hin fliegen. Schnäbelnde Tauben auf einer herzförmigen Flasche die von einem Liebespfeil durchschossen ist, werben als Symbol der Liebe für das Parfum «L'Air du Temps» von Nina Ricci (Abb. 277). In ihrer rein erotischen Bedeutung erscheinen Tauben auf einem Werbeplakat für den Film «Quai des Orfèvres» von Clouzot aus dem Jahre 1947. In einer Szene des Filmes, von der das Bild stammt, erscheint eine Tänzerin, deren Brüste und Scham mit weissen Tauben bedeckt sind (Abb. 278). Auf einer Präservativverpackung ist eine weisse Taube von hinten abgebildet, die durch den rosafarbenen und blauen Hintergrund eine erotische Stimmung, gleichzeitig aber auch Reinheit und Sauberkeit signalisiert (Abb. 279).

In neuerer Zeit tritt auch die Strassentaube in der Werbung auf. Sie symbolisiert die Grossstadt und verkörpert das städtische Lebensgefühl. In der Werbung für den Rover 200 aus dem Jahre 1996 wird die Dynamik des Autos durch einen auffliegenden Taubenschwarm unterstrichen (Abb. 280). Der Blick auf die heutige Verbreitung der Taubensymbolik zeigt deutlich, dass die Taube positiv be-

wertet wird. Es sind nicht alleine ihre Schönheit, ihr ansprechendes Verhalten und ihre Nützlichkeit, sondern auch ihr Symbolgehalt, der den heutigen Menschen vom Kinderbuch bis zur Präservativreklame begleitet und beeinflusst. Dieses Bild, das sich der Mensch über die Taube macht, ist entscheidend für sein Verhalten dem lebenden Tier gegenüber.

Abb. 277: Schnäbelnde Tauben auf einer vom Amorpfeil durchschossenen herzförmigen Flasche als Liebessymbol werben für ein Parfum.

Abb 278: Im Film Quai des Orfèvres von Henri-Georges Clouzot aus dem Jahre 1947 erscheint eine Tänzerin, deren Brüste und Scham mit weissen Tauben bedeckt sind, die auf deren ursprüngliche erotische Bedeutung als Vögel der Liebesgöttin hinweisen.

Abb. 279: Auf einer Präservativverpackung signalisiert eine weisse Taube vor dem rosablauen Hintergrund eine erotische Stimmung verbunden mit Reinheit und Sauberkeit.

Abb. 280: Die Strassentaube signalisiert in dieser Werbung für den Rover 200 das grossstädtische Gefühl und die Dynamik des dargestellten Objektes.

193

Die Kulturethologie der Heiligwerdung

Die symbolische Bedeutung der Taube als Vogel einer Gottheit und im speziellen der Liebesgöttin beruht unter anderem auf Beobachtungen, die auf wesentliche Züge ihres Verhaltens zurückzuführen sind. Schon der Kirchenlehrer Augustinus erklärte seinen Gläubigen, dass das Verständnis der in den heiligen Schriften verborgenen Symbolik oft auf Kenntnis der natürlichen Beschaffenheit der als Symbol verwerteten Dinge beruhe[963]. Dieser Grundsatz kann generell auf Tiere als Symbolträger menschlicher Eigenschaften angewendet werden. Die Zuordnung eines Tieres zu einer bestimmten Gottheit kann zumindest teilweise aus seiner Biologie heraus, das heisst aus seinem Verhalten, seiner Physiologie und seiner Erscheinung, erklärt werden. Wenn der Mensch mit der Natur der Taube vertraut werden soll, müssen bestimmte Bedingungen eintreten: Räumliche Nähe und genügend Zeit, am besten Jahre, in denen die biologischen Eigenschaften der Taube in einem einfachen Sinn wissenschaftlich erfahren werden können. Auf Distanz, wie sie die scheuen Felsentauben zum Menschen einhalten, lassen sich die Feinheiten ihres Verhaltens nicht studieren. Die genaue Kenntnis der Taube dürfte eine erste Taubenhaltung und die damit verbundene Domestikation voraussetzen. Aus dem heutigen Blickwinkel, mit unserem beinahe unübersehbar grossen Wissen über die Biologie der Taube, können wir in die Vergangenheit zurückblicken und versuchen, zu entscheiden, welches Wissen die Taubenhaltung voraussetzte und welches in der flüchtigen Begegnung mit der Felsentaube möglich war. Im folgenden soll darauf eingegangen werden, was die Taube von ihrer Biologie her prädisponierte, zum Vogel einer Liebesgöttin zu werden.

281

Abb. 281: Kopulierende Berliner Lange; schon in der Antike galt die Taube als Sinnbild der Liebeslust und der Fruchtbarkeit.

194

1. Tauben sind ausserordentlich fruchtbar: Bei den alten Griechen war die Taube bereits im 6. Jahrhundert v.Chr. zum Sinnbild der Fruchtbarkeit geworden. In einer Fabel erwähnt Aesop die Taube, die in einem Schlag wohnte und sehr fruchtbar war.
Die Taube und die Krähe
Eine Taube, die in einem Schlag wohnte, rühmte sich ihrer Fruchtbarkeit. Da sagte eine Krähe, die ihr zugehört hatte: «Ei du, höre doch einmal auf, dich so zu brüsten; denn je mehr Junge du ausbrütest, umso mehr Schmerz verursachst du» [weil man die jungen Tauben zu schlachten pflegte].
(Aesop, Fabula 218)

Abb. 282: Ein Vater füttert sein 3 Wochen altes Junges durch Mund-zu-Mund-Fütterung; davon leitet sich das zärtliche Schnäbeln ab.

282

Tauben können unter günstigen Bedingungen während des ganzen Jahres brüten. Schon in der Antike waren Haustaubenrassen bekannt, die bis zu 12 Jungtiere pro Jahr erzeugten. Varro (116–28 v.Chr.) schreibt dazu: «Nihil columbis fecundius» – nichts ist fruchtbarer als die Tauben[964]. Servius[965] erklärt die Tatsache, dass in Aeneis 6, 193 die Tauben als Boten der Venus erscheinen, mit dem Hinweis: «Veneri consecratas propter fetum frequentem et coitum», das heisst, die Tauben sind wegen häufiger Trächtigkeit und häufigem Koitus der Venus geweiht (Abb. 281). Oppian[966] verwendet die Taube als Bild der stürmischen Liebe, indem er schreibt: «Im Frühling stürmen die schüchternen Täuber auf die Täubinnen, die Hengste auf die Stuten».
Haustauben erreichen ihre Fortpflanzungsfähigkeit im Vergleich mit anderen Vögeln sehr früh. Eine Strassentäubin legte in einem Basler Taubenschlag mit 4 Monaten ihr erstes Ei und ein Täuber war mit 7 Monaten befruchtungsfähig. Tauben sind zudem die am schnellsten wachsenden Wirbeltiere. So können sie ihr Gewicht innerhalb von 34 Stunden nach dem Schlüpfen bereits verdoppeln[967]. Am 24. Lebenstag haben die Jungtauben bereits ihr Adultgewicht erreicht. Das «Fortpflanzungswunder» der Tauben liegt vor allem darin, ein Gelege nach dem anderen zu erzeugen. Tauben beginnen ihre Fortpflanzungsperiode früh und beenden sie spät im

Abb. 283: Das Schnäbeln ist eine ritualisierte Fütterung, die ursprünglich aus dem Eltern-Kind-Bereich stammt. Es hat in der Paarbildung und -bindung eine wichtige Funktion und tritt bei jung verliebten Paaren häufig und regelmässig vor Kopulationen auf. Das Schnäbeln kann mit dem Küssen des Menschen gleichgesetzt werden. Wie es hier bei einem Paar Nürnberger Lerchen zu sehen ist, schiebt die Täubin ihren Schnabel in den des Täubers (oder umgekehrt). Durch das Heraufwürgen von Nahrung treten pulsierende Kropfbewegungen auf.

Jahr zu einer Zeit, in der kein anderer Vogel mehr aktiv ist. Dies wurde schon früh beobachtet und ins Wissen des Menschen aufgenommen.

2. Tauben sind in ihrem Fortpflanzungsverhalten gleichberechtigt:
Der geringe Geschlechtsdimorphismus[968] der Taube weist schon darauf hin, dass beide Geschlechter in ihrer Brut die gleichen Aufgaben übernehmen. Beide Eltern bebrüten die Eier etwa gleich lang während der Tageslichtzeit[969], beide erzeugen eine quarkähnliche Milch, die sie unter dem Einfluss von Prolaktin durch holokrine Sekretion in ihrem Kropfepithel bilden[970]. Während der ersten 5 Lebenstage erhalten die Nestlinge ausschliesslich diese Milch, danach werden in steigendem Anteil im Kropf aufgeweichte Körner beigemengt. Bei der Fütterung führt das Jungtier seinen Schnabel in den seines Elters ein, der die Nahrung auswürgt (Abb. 282).

3. An sich sind Tauben monogam – zeigen aber Seitensprünge:
Das Taubenpaar bleibt normalerweise ein Leben lang zusammen. Vor allem Männchen nützen aber jede Gelegenheit zu Seitensprüngen. Täubinnen bieten sich anderen Männchen an, wenn während der Ovulation ihr eigener Partner nicht für eine Kopulation zur Verfügung steht[971]. Diese Untreue

trotz Monogamie beschrieb schon Aristoteles (384–322 v.Chr.) in seiner Tierkunde:
In der Regel halten sie [die Tauben] liebevoll zusammen, bisweilen jedoch lassen sich auch Täubinnen, die die Männchen noch haben, von anderen decken. (Aristoteles, Tierkunde 9, 613a, 6–7)
Die Monogamie der Tauben hat eine ihrer Ursachen in der Jungenaufzucht mit Kropfmilch, da ein Partner alleine die Jungen nicht zur Nestreife bringen könnte. Zudem sind Brutplätze meistens ein ökologischer Minimumfaktor, der nur in gemeinsamer Anstrengung gehalten werden kann. Unerfahrene Paare haben schlechtere Bruterfolge, so dass sich das Zusammenbleiben lohnt[972]. Versuche von Wosegien (1997) zeigten, dass die Bindung der Täubinnen an ihre Männchen von gemeinsamen Bruterfolgen und der Dauer der Beziehung (mindestens 200 Tage) abhängig ist.

4. Tauben zeigen ein auffallend zärtliches Fortpflanzungsverhalten:
Nach einer leidenschaftlichen Werbung zeigen die Tauben verschiedene Verhaltensweisen des Paarzusammenhaltes, die dem des Menschen sehr ähnlich sind. Dazu gehört das Schnäbeln, eine symbolisierte Futterübergabe, die in Herkunft und Aussehen dem Küssen des Menschen entspricht und regelmässig z.B. vor Kopulationen auftritt (Abb. 283).

963 Augustinus, De doctr. christ. Lib. II, c. XVI, 24 nach Sühling 1930, S. 222
964 Varro, Über die Landwirtschaft 3, 9
965 Servius war ein antiker Kommentator Vergils und lebte um das Jahr 400 n.Chr.
966 Oppian, Kynegetica 1, 385
967 Vogel 1992
968 Geschlechtsbedingte Unterschiede in Bau und Erscheinung, männliche Tiere sind meistens grösser und prächtiger ausgestaltet.
969 Der Täuber brütet von ca. 10–16 h, die Täubin die übrige Zeit.
970 Weber 1962
971 Haag 1993b, S. 153
972 Burley 1980

196

Abb. 284: Im Gemälde
des Barockmalers
Tiepolo symbolisieren
die im Flug schnäbeln-
den Tauben die ero-
tische Liebe. Chronos
hält Venus ein Kind
(Zeus) hin, unter ihnen
Amor mit den Liebes-
pfeilen, über Venus
sitzen die drei Grazien.

284

Das besondere bei der Begattung der Tauben ist noch dies: sie schnäbeln sich, wenn das Männchen im Begriff steht zu decken. Oder ein älterer Tauber würde nicht decken, bevor er nicht geschnäbelt hat beim ersten Mal, später freilich tut er es auch ohne Schnäbelung. (Aristoteles, Tierkunde 6, 560b, 20–31)

Richtigerweise wurde das Schnäbeln schon in der Antike mit dem Küssen des Menschen verglichen, wie z.B. das Gedicht von Catull[973] zeigt:
Stürmischer freut sich des schneeigen Taubers nimmer das Weibchen,
das doch, wie man sagt, immerfort danach begehrt,
sich mit dem pickenden Schnabel inbrünstige Küsse zu pflücken,
unersättlicher noch als das begehrlichste Weib.
(Catull 68, 125–128)

Martial[974] benützt das Bild der schnäbelnden Taube sogar, um die Qualitäten des Hündchens «Issa» zu beschreiben.
Issa, neckischer als Catullus' Piepmatz,
Issa, reiner noch als der Kuss der Taube,
Issa, schmeichelnder als die Mädchen alle,
Issa, teurer sogar als Indsche Perlen,
Issa, des Publius' Lieblingshündchen ist es.
(Martial, Epigramme 1, 109, 1–5)

Die Darstellung der schnäbelnden Tauben als Symbol der Liebe konnte sich bis in die heutige Zeit erhalten (Abb. 285).
Adulte Tauben besitzen sehr ausdrucksvolle Augen. Durch den Kontrast der orangen Iris mit den hellgraublauen bis dunkelgrauen Augenlidern nach aussen und der schwarzen Pupille nach innen kann die Blickrichtung des Auges exakt festgestellt werden. Im Sexualverhalten der Taube spielen Blickkontakte während der Paarbildung und beim Paarbindeverhalten eine wichtige Rolle.
Auch in der Kommunikation zwischen Taube und Mensch kommt dem Blickkontakt eine grosse Bedeutung zu. Strassentauben zeigen beispielsweise ein hoch differenziertes Bettelverhalten. Sie nähern sich einem potentiellen Fütterer, strecken bei Erreichen der Fluchtdistanz den Kopf in dessen Richtung und versuchen einen direkten Blickkontakt aufzubauen[975]. Durch seitliches Drehen des Kopfes und hin- und hertrippeln scheinen sie den Menschen zur Fütterung «aufzufordern». Diese Blickkontakte werden vom Menschen verstanden und viele bewegt dieses Bettelverhalten dazu, den Tauben einen Bissen hinzuwerfen. Dieses Beispiel zeigt, dass Tauben ohne weiteres in der Lage sind, auch zum Menschen Blickkontakte aufzunehmen, um so eine Kommunikationsebene aufzubauen. Desgleichen ist der Mensch in der Lage, das «Liebäugeln» der «verliebten» Taube zu verstehen und sinngemäss zu interpretieren. Der Kircherlehrer Augustinus beschrieb sehr schön, wie subtil sich Taube und Mensch verstehen können.
Hast du noch niemals beobachtet, wie Menschen mit Tauben mittels der Gebärde gleichsam ein Gespräch führen, und wie die Tauben selbst nicht weniger gut mittels der Gebärde alles, was sie wollen, oder doch das meiste davon, fragen, antworten, lehren oder anzeigen.
(Augustinus, De Magistro III, 5, 29–35)

Abb. 285: Die schnäbelnden Tauben stehen als Symbol für die erotische Liebe. Das Schnäbeln entspricht dem Küssen beim Menschen; nach einer Skizze von Andy Warhol.

285

Vor allem jung verliebte Tauben verbringen einen grossen Teil ihrer Zeit mit Zärtlichkeiten wie gegenseitigem Putzen, dem Anschmiegen und Schnäbeln (Abb. 287)[976]. Tauben wurden deshalb als Symbol für die Liebe verwendet. Die Taube ist beim römischen Dichter Properz Vorbild für liebende Menschen[977]. Um die Grösse seiner Liebe auszudrücken erklärt er seiner Geliebten, dass selbst die Tauben ihn in der Liebe nicht übertreffen würden[978], und Pomponius Porphyrius glaubt, die grösste Liebe sei den Tauben eigen[979]. Ein schönes Bild findet sich bei Plautus, der die Zärtlichkeit umschreibt mit «wie die jungen Tauben wart ihr beide in einem fort an meinem Mund»[980].

Abb. 286: Tauben haben sehr ausdrucksvolle Augen, die beim «Flirtverhalten» und auch beim Anbetteln des Menschen eine wichtige Rolle spielen; Basler Strassentäuber.

197

[973] 84–55 v.Chr.
[974] 1. Jh.
[975] Weber et al. 1994
[976] Haag 1991b
[977] Propertius, Eleg. II, 15, 27 «exemplo iunctae tibi sint in amore columbae».
[978] Propertius, Eleg. I, 9, 5 «Non me Chaeoniae vincant in amore columbae».
[979] Pomponius Porphyrius, Comm. Horatii ep. I, 10, 5 «plurimus amor columbarum».
[980] Plautus, Asinaria 209 f.

286

287

*Wie haben doch unter den Vögeln ein unüberwind-
liches Verlangen nach ihren Jungen die Geier und
die heulenden Tauben und die Adlerfamilien und die
langlebigen Krähen. (Oppianos, Kynegetika 3, 115–118)*

**Abb. 287: Jung ver-
paarte Tauben führen
ein sehr zärtliches Ehe-
leben. Beim «Körper-
kontakt» ruht der
Hinterkörper des
Weibchens auf dem
Genick des Männchens.**

**Abb. 288: Tauben ver-
teidigen wie viele an-
dere Tiere ihre Jungen
auch gegen einen
stärkeren Feind. Schon
in der Antike wurden
sie deshalb als be-
sonders tugendhafte
Eltern verstanden.**

198

Bei Horaz [981] dient der Vergleich mit einem alten
Taubenpaar dazu, die Übereinstimmung und Harmonie zwischen zwei Menschen zu beschreiben. Die
Verhaltensbeobachtung bestätigt tatsächlich, dass
zwischen einem verpaarten Täuber und seiner Täubin
nur in ganz seltenen Ausnahmen aggressives Verhalten vorkommt.

5. Tauben zeigen eine liebevolle Brutpflege:
Tauben zeichnen sich durch eine intensive Betreuung ihrer Brut aus, die sie notfalls auch gegen einen
viel stärkeren Feind verteidigen (Abb. 288). Dieses
Brutpflegeverhalten wird vom Menschen als besonders menschlich und tugendreich gewertet, obwohl
es in der Fortpflanzung der meisten höheren Wirbeltiere eine Selbstverständlichkeit ist. Der starke Heimkehrtrieb einer brütenden Taube wird z.B. systematisch bei Brieftauben ausgenützt. Oppian [982] schrieb
in seinem Buch über die Jagd:

In Verbindung mit ihrer Attraktivität und ihrer Wehrlosigkeit gegenüber dem Menschen bietet die Taube
ideale Voraussetzungen dafür, vom Menschen als
heiliges Tier betrachtet zu werden. Das einzige, was
zur perfekten Verkörperung eines göttlichen Tieres
noch fehlt, ist die weisse Farbe. Für die Bewertung
eines Tieres ist dessen Farbaspekt äusserst wichtig.
Dunkle Tiere werden eher mit düsteren Mächten assoziiert als helle. Deshalb muss im folgenden genau
zwischen der weissen Taube und der graublauen
Felsentaube unterschieden werden. Es ist die weisse
Taube, die als Attribut der Liebesgöttin auftaucht.
In diesem Zusammenhang ist es interessant, dass
weisse Strassentauben weniger territorial sind als
anders gefärbte und die kleinsten Distanzen zwischen
ihren Nestern aufweisen [983]. Ob weisse Tauben generell sanftmütiger und friedfertiger sind, wäre noch
zu untersuchen [984]. Woher sie ursprünglich stammen,
lässt sich nicht mehr genau feststellen. In jeder Population treten mit einer gewissen Häufigkeit unpigmentierte Individuen auf, so dass die weisse Taube
spontan überall dort erwartet werden kann, wo Tauben leben und kein Selektionsdruck durch Beutegreifer die auffälligen Weisslinge eliminiert. Für das
weisse Gefieder der Tauben sind verschiedene Erbanlagen verantwortlich, die dominant oder rezessiv
vererbt werden können [985]. Dominante Erbanlagen
für die weisse Färbung können sich ohne grosses

288

züchterisches Zutun in einer Haustaubenpopulation halten. Wie die weisse Taube in Verbindung mit der Tempelhypothese zum Vogel einer Gottheit werden konnte, zeigen die Überlegungen von Hahn:
Grotten und Felshöhlen, aus denen vielleicht noch ein starker Quell entspringt, gehören zu den ursprünglichsten Heiligtümern; dies sind Stellen, die die Taube mit besonderer Vorliebe bewohnt, und so scheu sie sonst ist, oft mit merkwürdiger Nichtachtung des menschlichen Verkehrs auch trotz aller Störung innebehält. Jede Gottheit nimmt die Tiere, die sich freiwillig ihr anvertrauen, in ihren Schutz. Fanden sich nun einmal unter den Tauben einige Albinos, so war die weisse, lichtglänzende Verkörperung der Gottheit von selbst gegeben, und dass die Taube mit ihrer äusserst verliebten Natur der Göttin der Liebe geweiht wurde, ist ebenso selbstverständlich.
(Hahn 1896)

Diese Hypothese lässt sich mit einem Beispiel aus neuerer Zeit bekräftigen. Im Rahmen der Basler Taubenaktion wurden am Marktplatz vom Jagdinspektorat regelmässig Strassentauben eingefangen[986]. Die Marktleute baten nun den verantwortlichen Beamten, die einzige völlig weisse Taube im Schwarm von etwa 100 Tieren zu schonen. Diese Strassentaube wurde liebevoll gefüttert und galt den Marktleuten als unantastbarer Glücksbringer. Sie lebte jahrelang am Basler Marktplatz, bis sie eines Tages wieder verschwand. Diese Geschichte zeigt, wie die weisse Taube auch in unserer aufgeklärten Zeit auf den Menschen wirkt. Gleichzeitig wurden jeweils hunderte von anders gefärbten Strassentauben weggefangen, ohne dass jemand für sie Partei ergriffen hätte.
Die Mehrfachbelegung der Taube als christliches Symbol für den Heiligen Geist, Christus, die Kirche und den kirchlichen Frieden könnte ein Hinweis darauf sein, dass in der Natur anscheinend wenig geeignete Symbolträger für abstrakte theologische Begriffe und Figuren existieren. Eine wichtige Voraussetzung scheint die allgemeine Bekanntheit des

Symbolträgers zu sein. Das heisst, er muss in der Natur häufig vorkommen oder besser noch als Haustier weit verbreitet sein. Ein seltenes oder verborgen lebendes und deshalb unbekanntes Tier wie z.B. die Rohrdommel (Botaurus stellaris) kann ein noch so faszinierendes Verhalten zeigen. Da sie nicht allgemein bekannt ist, wird sie in keiner Religion irgend etwas verkörpern. Die Eignung der Taube als christliches Symbol dürfte, wie gezeigt, vor allem in ihrem unaggressiven Charakter und ihrer Harmlosigkeit gegenüber dem Menschen sowie ihrer attraktiven Erscheinung liegen. Eine Taube wirkt zudem niemals in irgend einer ihrer Verhaltensäusserungen oder ihrer Erscheinung lächerlich, wie z.B. eine laufende Ente, oder auch übermässig herzig, wie etwa ein Hühnerküken. Die Erscheinung der Taube ermöglicht vielleicht eine eher distanzierte Bewunderung des Menschen und macht sie deshalb besonders geeignet, zum religiösen Bedeutungsträger zu werden. Parallel zur Taube finden wir in der Antike neben vielen anderen Attributen[987] auch den Fisch als Symbol der Liebesgöttin. Beides sind Tiere, die wegen ihrer Fruchtbarkeit bewundert wurden. Diese Bewunderung dürfte auf den Geburtsmythos der Liebesgöttin Atargatis zurückgehen. Ein Ei fiel vom Himmel in den Euphrat und Fische trugen es ans Ufer. Dort wurde es von Tauben ausgebrütet. Aus dem Ei entstieg dann Atargatis, die Göttin mit der Taube auf dem Kopf[988]. Dieser Mythos spiegelt den Prozess der Verschmelzung der ursprünglichen syrischen Fischgöttin mit der babylonischen Ischtar wieder. Obwohl der Fisch im frühen Christentum ebenfalls eine Rolle als Symbol spielte und neben der Taube dargestellt wurde, setzte sich die Taube schlussendlich durch (Abb. 289). Ein Bild von M. C. Escher setzt diese Umwandlung des Fisches zur Taube symbolisch und wahrscheinlich unbewusst um (Abb. 290). Ein Fisch ist stammesgeschichtlich so weit vom Menschen entfernt, dass nur sehr wenige Ähnlichkeiten im Bau und Verhalten erkennbar sind. Stammesgeschichtliche Nähe bedeutet Gemeinsamkeit, die für eine anthropogene Projektion und Assoziation notwendig sind. Für die meisten Menschen

Abb. 289: Im frühen Christentum wurden die beiden Fruchtbarkeitssymbole der Liebesgöttin, der Fisch und die Taube noch nebeneinander dargestellt; Priscillakatakombe, Rom, ca. 2. Jahrhundert.

199

[981] Horaz, Epistel 10, 1–5
[982] Anfang 3. Jh.
[983] Janiga 1991
[984] Nach Stach (pers. Mitt.) erscheinen weisse Rassetauben im allgemeinen nicht weniger aggressiv als anders gefärbte Individuen der gleichen Rasse.
[985] Sell 1995
[986] Haag 1995
[987] z.B. den Sperling
[988] Gressmann 1920

Abb. 290: Dieses Bild von M. C. Escher stellt den Prozess der Umwandlung des Fisches zur Taube dar. Im alten Syrien verdrängte die Taube der Ischtar das archaische Fischsymbol der einheimischen Fischgöttin, später den Fisch als Symbol der frühen Christen.

ist ein Fisch ein glitzerndes, schleimiges Ding, das keinerlei Assoziationen wecken kann, die die Grundlage für eine Verknüpfung mit einer höheren Ebene bietet. Deshalb ist es nicht verwunderlich, dass die Taube mit der Zeit den Fisch weitgehend verdrängen konnte. Neben dem Fisch starben auch andere frühchristliche Sinnbilder wie der Vogel Phönix und der Pelikan für Christus aus[989].

Die verliebte Natur und hohe Fruchtbarkeit der Taube, die sie vor allem zum Symbol der Liebesgöttin werden liess, traten im Christentum parallel mit der Unterdrückung der menschlichen Sexualität zurück, so dass in einer Art von geistigem Selektionsprozess nur diejenigen Eigenschaften überlebten, die dem christlichen restriktiven Selektionsumfeld genehm waren. Erst in der Renaissance konnte sich die Taube als Liebessymbol wieder geistigen Raum in den Köpfen der Menschen zurückerobern.
Für die Rezeption der Taube ist es entscheidend wichtig, in welchem Zusammenhang der Mensch sie wahrnimmt. Wir können davon ausgehen, dass die Taube in unserem Kulturraum spätestens seit der Antike mit Gottheiten und mit tiefen religiösen Erlebnissen in den Tempeln oder Götterhäusern in Zusammenhang steht. Dies gilt auch für die heutige Zeit. Obwohl sich der moderne Mensch weitgehend von der Kirche und ihren Werten abgewandt hat, sind wohl bei vielen noch frühe religiöse Erlebnisse unbewusst in tiefen seelischen Schichten verborgen und tragen ganz wesentlich zur Bewertung der Taube bei. Stellen wir uns vor, wie ein katholisches Kind die Kirche noch in den 1960er Jahren erlebt hat und durch sie zu beinahe übersinnlichen Erlebnissen kam. Der Kirchenbesuch und die heilige Kommunion waren ein ganz besonderes Erlebnis und zeichneten sich durch ein bestimmtes Ritual aus, das Ströter-Bender so treffend geschildert hat:
Um «in Betrachtung» der Bilder im heiligen Kirchenraum zu kommen, bedurfte es einiger alltäglicher, aber wichtiger ritueller Schritte: das Ankleiden für den Kirchenbesuch, das Fasten vor Gottesdiensten, das Einhalten einer bestimmten Zeit im Tages- oder Wochenablauf, das langsame Betreten des Gotteshauses [von hinten nach vorne], das Bekreuzigen mit Weihwasser und schliesslich das Eintauchen und langsame Gewöhnen an das Halbdunkel des Kirchenraums, in dem die Bilder durch das Kerzenlicht, das sie beleuchtete, eine ganz eigene Wirkung entfalteten. (Ströter-Bender 1992, S. 25)

Das murmelnde Beten des Priesters im unverständlichen Latein hatte zusätzlich eine starke hypnotische Wirkung. Bei besonderen Gelegenheiten wurde zu-

dem Weihrauch verbrannt, der zu ganz besonderen Stimmungen führte. Olibanum, der echte Weihrauch, ist das Harz der strauchartigen Weihrauchbäume Boswellia spp., die in grossen Wäldern am Roten Meer, vor allem in Arabien und Somalia gedeihen. Weihrauch wird dort seit mindesten 4000 Jahren durch Einschneiden der Rinde gewonnen[990]. *Er [der Weihrauch] war für die Assyrer, Hebräer, Araber, Ägypter und Griechen der ökonomisch wichtigste Räucherstoff. Bei allen Zeremonien wurde das Harz verbrannt und den Göttern geopfert. Es wurde für Ischtar, die Himmelskönigin; für Adonis, den Gott der wiederauferstehenden Natur; für Bel, den assyrischen Hochgott entzündet. (Rätsch 1996)*

Weihrauch wurde auch im alten Mesopotamien und in der Antike bei kultischen Handlungen verbrannt[991] und dürfte für das religiöse Erleben der damaligen Menschen eine wichtige Bedeutung gehabt haben. Zu den möglichen psychedelischen Wirkungen von Weihrauch schreibt Kessler: «Die Ähnlichkeit von Erlebnisberichten von Rauschzuständen, verursacht durch psychedelisch wirksame Drogen, z.B. in Aldous Huxleys 'Doors of Perception', und Schilderungen von Offenbarung und Erleuchtung in verschiedensten Religionsschriften, sind erstaunlich». Obwohl der Nachweis von Cannabinolen im Weihrauch nicht gelang, ist es durchaus denkbar, dass darin psychotrope Stoffe enthalten sind, deren Struktur aber unbekannt ist. Es wäre aber auch möglich, «dass im Weihrauch eben Stoffe mit nur im weiteren Sinne psychotroper Wirkung vorhanden sind. Aromata eben, die nicht halluzinogen, aber als Wohlgeruch über die Geruchswahrnehmung durchaus stark auf die menschliche Psyche wirksam sind»[992]. Rätsch (1996) schreibt: «Bis heute sind immer wieder Fälle von Olibanum-Sucht beobachtet und in der toxikologischen Literatur beschrieben worden. Die berauschende Wirkung des Olibanums hat in vergangenen Zeiten sicherlich viele Menschen in die Kirchen gezogen.» Solche Faktoren förderten eine tiefe Einprägung kirchlicher Bilder, die sich nicht selten auch verselbständigten und zu eigentlichen Visionen führten.
Wie schon gezeigt, spielt die Taube in der christlichen Kunst eine enorm wichtige Rolle, und im Zusammenspiel mit solchen halluzinatorischen Erlebnissen könnte die Einstellung gegenüber der Taube massiv beeinflusst worden sein. Die kultische Einbindung der Taube in den religiösen Rahmen prägte somit ihr Bild ganz entscheidend und dürfte unvermindert bis in unsere heutige Zeit hineinwirken.

[989] Von Holst 1968
[990] Rätsch 1996
[991] z.B. die Weihrauchaltäre der Aphrodite, Homer, Odyssee 8, 361–2
[992] Kessler 1991, S. 84

Die Strassentaube

Zur Vorgeschichte

Strassentauben sind wohl die häufigsten Bewohner unserer Grossstädte. Selbst in den lebensfeindlichen Wolkenkratzerquartieren von New York, wo kein Sperling mehr zu finden ist, kann die Taube ihr Auskommen finden. Ihr Weltbestand wird auf über 500 Millionen Individuen geschätzt[993]. Kein anderes Tier hat zu einer derartigen Polarisierung der Meinungen geführt wie die Taube. Ihre unterschiedlichen Bewertungen vom «Sinnbild des heiligen Geistes» und dem «Symbol der Liebe und des Friedens» bis zu

den «Ratten der Lüfte» und dem «fliegenden Unrat» zeigen auf, wie unterschiedlich und konträr die Einstellung in der Bevölkerung sein kann. Strassentauben sind weder gut noch schlecht. Als Lebewesen sollten sie deshalb auch weder von ihrem Nutzen noch ihrem Schaden her einer emotionellen Bewertung und damit einer subjektiven Verfälschung durch den Menschen unterzogen werden. Strassentauben sind unglaublich erfolgreich. Es gibt weltweit kaum

eine grössere Stadt, die nicht von Tauben besiedelt wäre. Strassentauben sind nicht einfach verwilderte Nachkommen von Haustauben oder gar synanthrope Felsentauben. Strassentauben haben eine eigene, vielleicht jahrhundertelange Evolution im Lebensraum Stadt hinter sich und stellen eine eigene Varietät der Columba livia dar.

[993] Simms 1979, S. 134

Abb. 291: Die Stadt mit ihren Strassenschluchten und steilen Häuserfronten stellt ein Äquivalent des natürlichen Lebensraumes der Felsentaube dar, wie diese Gegenüberstellung der sardischen Felsküste mit dem Marktplatz von Basel illustriert.

Die Herkunft der Strassentaube

Während Tausenden von Jahren haben sich in Europa, Asien und anderen Teilen der Welt immer wieder Tauben in den Städten des Menschen angesiedelt. Wieso gefällt es den Tauben so in der menschlichen Umgebung? Der natürliche Lebensraum der Felsentaube entspricht in einigen wesentlichen Punkten unseren Städten (Abb. 291). Die kahlen Strassenschluchten mit ihren hohen Hausfassaden sind der Felsküste vergleichbar. Tauben bevorzugen vegetationsarme Lebensräume und brüten in halbdunklen Grotten und Felsspalten, Strukturen, die ebenfalls in der Stadt vorhanden sind. Dazu kommt die Neigung des Menschen, ihm genehme «harmlose» Tiere in der Stadt nicht nur zu tolerieren, sondern auch zu füttern. Tauben haben zudem eine hygienische Funktion, indem sie tagsüber die Abfälle fressen, die sonst nachts Ratten anziehen würden. Ein grosser Vorteil der Taube liegt darin, dass sie sich als Allesfresser von menschlichen Lebensmitteln ernähren kann. Um eine Taube zu füttern, braucht man deshalb nicht lange geeignetes Futter zu besorgen, wie es z.B. für einen insektenfressenden Vogel nötig wäre.

Zur Entstehung der ersten Strassentauben werden verschiedene Hypothesen diskutiert, die einander aber nicht ausschliessen, sondern ergänzen. Die Synanthropiehypothese besagt, dass sich Felsentauben freiwillig den Getreide anbauenden Menschen angeschlossen haben und dass sich ohne wesentliche selektive Einflüsse des Menschen die ersten Strassentaubenbestände bildeten. In verschiedenen Regionen, in denen die Felsentaube vorkommt, besiedelte diese erfolgreich die Städte. In Sardinien konnten Felsentauben beobachtet werden, die von ihren Brutfelsen am Capo Caccia regelmässig in die einige Kilometer entfernte Stadt Alghero flogen, um dort nach Futter zu suchen[994]. Die Strassentauben im benachbarten Sassari zeigen einen deutlichen Felsentaubeneinschlag. In Indien stammen die Strassentauben von der dunkleren Unterart Columba livia intermedia ab, die sich ebenfalls erfolgreich an die Stadtbedingungen anpassen konnte (Abb. 199). Nach Goodwin (pers. Mitt.) sehen viele Strassentauben in Bombay wie reine Columba livia intermedia aus.

Die Verwilderungshypothese sagt, dass sich unsere Strassentauben aus entflogenen domestizierten Tauben entwickelt haben. Während Jahrhunderten oder gar Jahrtausenden haben sich immer wieder entflogene Feldtauben in Städten angesiedelt und mehr oder weniger grosse Strassentaubenpopulationen aufgebaut. Die nur halb domestizierten Feldtauben sind robust und anspruchslos, was sie für ein Stadtleben prädisponiert. Die Freiflughaltung erlaubte es den Feldtauben zudem, jederzeit abzuwandern, während höher domestizierte und meist wertvollere Rassetauben ihr Leben lang in Volieren gehalten werden. Für eine Feldtaube gibt es verschiedene Gründe, das heimische Taubenhaus zu verlassen. Stark überbelegte Schläge führen z.B. wegen des zunehmenden sozialen Stress' zur Abwanderung der Jungtiere oder gar der Adulttiere. Es war deshalb stets das Bestreben des Taubenhalters, möglichst gute Bedingungen für die Tauben zu schaffen, um ihre Abwanderung zu verhindern. Buffon schreibt im Jahre 1772 zu diesem Problem:

Es soll einfach sein, leichte Vögel wie Hahn, Truthahn und Pfau zu zähmen; hingegen sollen diejenigen, welche leicht sind und schnell fliegen, mehr Können verlangen, um unterjocht zu werden; eine niedrige Strohhütte auf einem eingehegten Grundstück genügt, um unser Geflügel einzuschliessen, aufzuziehen und zu vermehren; Türme und hohe speziell geschaffene Gebäulichkeiten mit Aussenverputz und im Innern mit zahlreichen Zellen ausgestattet sind notwendig, um Tauben anzulocken, zurückzuhalten und zu beherbergen; sie sind in Wirklichkeit weder zahm, wie der Hund oder das Pferd,

Abb. 292: Strassentauben sind die freilebenden Nachkommen von Felsentauben, Feldtauben oder Haustauben, die sich optimal an die Lebensbedingungen unserer Städte angepasst haben.

noch Gefangene, wie die Hühner, es sind eher freiwillig Gefangene, vorübergehende Gäste, welche
im Verschlag bleiben nur so lange, als man ihnen
alles anbietet, um sich wohl zu fühlen, sie reichlich
Nahrung vorfinden, die Unterkunft angenehm ist,
mit allen für ihre Lebensweise nötigen Bequemlich-
keiten und Freiheiten: es braucht nur wenig was
ihnen fehlt oder ihnen missfällt und sie verlassen
den Ort, zerstreuen sich, um anderswo hinzugehen;
es gibt selbst solche die immer wieder staubige
Löcher in altem Gemäuer den saubersten Nist-
löchern unserer Taubenschläge vorziehen; andere
wiederum nisten sich in Spalten und Hohlräumen
von Bäumen ein; noch andere scheinen unsere Siedlungen zu meiden und sind durch keine Mittel anzulocken; während man umgekehrt solche beobachten kann, welche diese nicht verlassen und welche
man ernähren muss im Umfeld ihres Schlages, den
sie nie verlassen. (Buffon 1772, S. 304–307)

Bechstein äusserst sich in ähnlicher Weise zu
den Strassentauben, die er als «Mauer- und Thurm-
tauben» bezeichnet:
Andere, die vielleicht weniger Muth haben, aber doch
eben so sehr nach ihrer Freyheit verlangen, verlassen unsre Taubenschläge, um in den einsamen
Löchern der Mauern zu wohnen, oder eine kleine
Gesellschaft derselben nimmt ihre Zuflucht zu
einem abgelegenen oder wenig besuchten Thurme,
wo sie ungeachtet aller ihnen drohenden Gefahren,
des Hungers und der Einsamkeit, von allem Noth-
wendigen entblösst, den Verfolgungen der Wiesel,
Marder, Ratten und Eulen ausgesetzt, und gezwun-
gen, ihre äussersten Bedürfnisse immer mit der
grössten Mühe zu befriedigen, dennoch beständig
aushalten, und also eine höchst unangenehme
Wohnung auf immer demjenigen Aufenthalte vorzuziehen, wo sie erzogen waren, und wo wenigstens
das Beyspiel der Geselligkeit sie hätte zurückhalten
sollen. (Bechstein 1805)

Naumann (1833) führt die Vorliebe der Feldtauben,
unabhängig vom Menschen als freie Strassentauben
zu leben, auf ihre ursprünglichen «Felsentauben-
instinkte» zurück:
Bei all dem bemerken wir doch an unseren zahmen
Feldflüchtern, dass der ursprüngliche Instinkt, frei
und uneingeschränkt zu leben, nicht ganz in ihnen
erloschen ist, weil selbst da, wo ihnen alle Bequem-
lichkeit zugestanden wird, wo sie an nichts Mangel
leiden, vielmehr alles haben, was ihnen ihr Leben
angenehm machen könnte, sich doch unter den
günstigsten Verhältnissen zuweilen bei manchen
jetzt immer noch der Trieb zu einer vollkommenen
Unabhängigkeit regt, welcher sich darin ausspricht,
dass sich solche von der Gesellschaft absondern,
einsame Löcher in hohen Mauern aufsuchen und sie
den gut eingerichteten Taubenschlägen und
dergleichen vorziehen. (Naumann 1833)

Ein weiterer Hinweis darauf, dass die Abwanderung
der Feldtauben ein Problem war, zeigt sich in den
vielen überlieferten volkstümlichen Methoden, um
die Tauben im eigenen Schlag zu halten. Dazu einige
Beispiele: Im 16. Jahrhundert wurde der Schädel
einer Fledermaus oder ein Zweig der Jungfernrebe
in den Schlag gelegt[995]. Im Kanton Bern gab man

den Tauben aus einem Menschenschädel zu trinken,
um sie an den Schlag zu binden[996]. Und um zu verhindern, dass die Tauben in einen nachbarlichen
Schlag gehen, stellte man in Sachsen-Anhalt ein
Stück eines verfaulten Sarges in den Schlag oder ein
Brot, das auf einer Leiche lag[997]. Es ist bemerkens-
wert, dass von den 23 bei Gattiker (1989) angeführten Methoden rund die Hälfte mit dem Tod in Zusammenhang stehen. Vielleicht schimmert hier noch
der alte Seelenvogelglaube durch, nach welchem
angenommen wird, die Taube fühle sich in der Aura
des Totenreiches besonders heimisch und bleibe
deshalb eher im Schlag.
Johnston und Janiga[998] führen als berühmteste historische Freilassung von Feldtauben die Zerstörung
der Taubenhäuser des Adels und Klerus in der
Französischen Revolution an. Verschiedene Merkmale der Strassentauben, wie ihre hohe Reproduk-
tionsleistung, ihre Erscheinungsvielfalt, ihre grosse
genetische Variabilität und ihre hohe Toleranz
gegenüber menschlichen Aktivitäten, sowie ihre
enorme Robustheit und Hungertoleranz weisen auf
Feldtaubenvorfahren hin. In einigen Fällen lassen
sich bestimmte Haustaubenrassen als Vorfahren von
Strassentaubenpopulationen feststellen. Nach
Schütte (pers. Mitt.) stammen die Strassentaubenpopulationen in einigen bulgarischen Städten von
weissen Tümmlern ab. Die weissen Strassentauben
von Sevilla und von Honolulu haben ihren Ursprung
ebenfalls in einer weissen Haustaubenrasse[999]. In
Wien wurden in den vergangenen zweihundert
Jahren sehr häufig Hochflugtauben gehalten. Die
meisten dieser Tiere besitzen den Schimmel- und
Bronzefaktor, der auch unter den Wiener Strassentauben sehr häufig zu finden ist[1000]. Vor allem im
Ruhrgebiet, wie z.B. in Bochum, wo der Brieftaubensport sehr verbreitet ist, ist der Einfluss von
Brieftauben auf das Erscheinungsbild der Strassentauben unübersehbar. In England sollen rund 10%
der Strassentauben von Brieftauben abstammen[1001].
Generell lässt sich aber festhalten, dass hochdomestizierte Taubenrassen durch verschiedene Handi-
caps nur sehr schlechte Überlebenschancen in der
Stadt haben. Dies gilt für die heutigen Brieftauben
ebenso wie für Rassetauben.
Jede Strassentaubenpopulation hat ihre eigene
Geschichte und nur die sorgfältige Analyse der Erscheinungsvielfalt der Tiere wie die Analyse von
historischem Material erlaubt hier zuverlässige Aussagen. Da die Taube vermutlich erst in römischer
Zeit als Feldtaube nach Mitteleuropa gelangte, ist
eine synanthrope Besiedlung durch Felsentauben in
Mitteleuropa unwahrscheinlich. Die meisten mittel-
europäischen Strassentauben stammen wohl von
Feldtauben ab. Diese ursprünglichen Bestände vermischten sich zu Beginn unseres Jahrhunderts mit
entflogenen Brieftauben und konnten so eine grosse
genetische Variabilität entwickeln.
Nach Johnston und Janiga[1002] verfügen Strassentauben über eine bis doppelt so grosse Variabilität
wie andere Vogelarten. Je älter eine solche Population ist, desto besser ist sie ans Stadtleben adaptiert.
Das bedeutet, dass Zuflüge von Brieftauben oder
Rassetauben kaum mehr eine Überlebenschance
haben, weil sie sich am Futter- und am Brutplatz
gegenüber den besser angepassten Strassentauben
nicht durchsetzen können[1003]. Nach Johnston (1992)

994 Haag-Wackernagel 1993b
995 Sébillot Paul, Le Folk-Lore
     de France, Paris 1904–1907
     nach Gattiker 1989, S. 369
996 J. R. Rothenbach, Volkstüm-
     liches aus dem Kanton
     Bern, Zürich 1876 nach Gat-
     tiker 1989, S. 369
997 Karl Weinhold, Zeitschrift
     des Vereins für Volkskunde,
     Berlin, 1891 ff. nach Gatti-
     ker 1989, S. 369
998 Johnston & Janiga 1995,
     S. 14
999 Johnston & Janiga 1995,
     S. 148
1000 Leiss & Haag-Wackernagel,
     in Vorbereitung
1001 Jones 1990
1002 Johnston & Janiga 1995,
     S. 37
1003 Haag 1993b, S. 34–51

lebten Strassentauben lange genug unter Freiheits-
bedingungen, um durch natürliche Selektion verändert worden zu sein. Strassentauben zeigen in
ihrer Erscheinung eine Rekonstitution zur Felsen-
taubengestalt, wenn sie lange genug dem Selektionsumfeld Stadt unterworfen sind.

Felsentauben und Strassentauben weisen etwa
gleich grosse genetische Differenzen auf, wie sie
sonst nur zwischen verschiedenen Unterarten oder
gar Arten festzustellen sind[1004]. Strassentauben sind
also nicht einfach verwilderte Haustauben, sondern
haben sich zu einer eigenen Varietät der Columba
livia entwickelt. So wie die Felsentaube optimal an
das Wildleben an der Felsküste angepasst ist, ist es
die Feldtaube an das Selektionsumfeld der extensiven Feldtaubenhaltung. Die Strassentaube ist die
Spezialistin für das erfolgreiche Überleben in unseren
heutigen Städten, und glückliche biologische Prädispositionen wie auch vom Menschen angezüchtete
domestikative Merkmale haben sie zu einem der erfolgreichsten Stadtlebewesen überhaupt gemacht.
Eine Analyse der antiken Literatur zeigt, dass sich
schon zur Zeit ihrer ersten Domestikation Tauben in
den frühen Städten der Menschen ansiedelten und
damit den ersten Schritt zur Strassentaube gingen.
Aus dem alten Mesopotamien ist der wenig schmei-
chelhafte, aber doch treffende Begriff «Strassenkotvogel» überliefert, mit dem die Strassentaube gemeint sein dürfte[1005].
Nach Plautus[1006] lebten und brüteten die Tauben im
2. Jahrhundert v.Chr. auf den Hausdächern Roms.
Juvenal[1007] schreibt über den Bewohner des Dach-
stocks:
*[…] den nur noch das Ziegeldach vor dem Regen
schützt, wo die sanften Tauben ihre Eier legen.*
(Juvenal, Satiren 3, 201–202)

Schon Aelian[1008] beobachtete, dass sich Strassentauben an den Menschen gewöhnen, ohne einen
nahen Kontakt aber scheu bleiben:
*Die Tauben mischen sich zwar in den Städten unter
die Menschen und sind zutraulich, sie drängen sich
einem um die Füsse, aber im freien Feld flüchten
sie und scheuen die Menschen. Denn sie haben
Mut in Mengen, und sie wissen wohl, dass ihnen
nichts Schlimmes passieren wird. Aber wo es Vogelfänger, Netze und Anschläge auf sie gibt, «leben
sie» nicht mehr «ohne Angst», um Euripides' Worte
über sie zu gebrauchen (Euripides, Ion 1198).*
(Aelian, Tierkunde 3, 15)

Der jüdische Philosoph Philo vergleicht die göttliche
Weisheit mit der scheuen Turteltaube und die
menschliche Weisheit mit der Felsentaube, die sich
ihrer Natur gemäss gerne beim Menschen und in
seinen Städten aufhält:
*Eine Einsiedlerin ist die göttliche Weisheit,
weil sie wegen des einen Gottes,
dessen Besitz sie ist,
das Alleinsein liebt – symbolisch wird sie
Turteltaube genannt –,
mild, zahm und gesellschaftsliebend ist die andere,
die sich gern in den Städten der Menschen aufhält
und der es in Gesellschaft von Sterblichen gefällt;
diese vergleicht man mit der Felsentaube.*
(Philo, Quis Rerum Divinarum Heres, 126–128)

Auch Methodius von Olymp (5. Jahrhundert) betont
im siebten Gesang der Jungfrau Prozilla die Vorliebe
der Taube, sich dem Menschen anzuschliessen:
*Darum hat er ja die Braut sinnbildlich eine Taube ge-
nannt; denn das ist ein zahmes Tierlein, sucht seine
Wohnung unter Dach und Fach und liebt die Lebensweise des Menschen.*
(Methodius von Olymp, Symposion Orat. VII, c. 8)

Im späten 14. Jahrhundert beschwerte sich der Bischof der Londoner St. Pauls Cathedral, dass Leute,
die Steine nach Strassentauben warfen, die Kirchen-
fenster beschädigten und Samuel Pepys schreibt
über den grossen Brand von London vom 2. Sept.
1666, dass die Tauben auf den Simsen der Häuser
verbrannten und herunterfielen[1009]. Alle diese Beispiele zeigen, dass Tauben schon seit frühesten
Zeiten frei in den Städten lebten, und wir können
davon ausgehen, dass sich überall wo Felsentauben
vorkamen oder Tauben gehalten wurden, Strassentaubenpopulationen entwickelt haben.
In Südafrika wurde die Haustaube als Stammform
der dortigen Strassentauben im Jahre 1654, nach
Australien im Jahre 1788[1010] und nach Hawaii im
Jahre 1796 eingeführt[1011]. Ebenfalls eher jung sind
die Strassentauben von Nordamerika. Sie stammen
von Haustauben ab, die erstmals im Jahre 1606 von
Siedlern nach Nova Scotia und Virginia mitgebracht
wurden[1012]. Entsprechend ihrem jungen Alter zeigen
nordamerikanische Strassentauben in verschiedenen
Merkmalen eine grössere Ähnlichkeit mit Haustauben als mit europäischen Strassentauben, die
ihrerseits grössere Ähnlichkeit zu Felsentauben aufweisen[1013]. Dies lässt sich damit erklären, dass die
nordamerikanischen Strassentauben höchstens
etwa 400 Jahre Entwicklungszeit hinter sich haben
und von Haustauben abstammen, während die europäischen Strassentauben Jahrtausende alt sein können und bei ihnen immer wieder eine Vermischung
mit Felsentauben stattgefunden hat.
Ein wichtiger, wenn nicht der entscheidende Punkt
für das Prosperieren von Strassentaubenpopulationen ist die Einstellung des Menschen der Taube gegenüber. Sobald sie toleriert oder gar als heiliges
Tier absolute Unberührbarkeit geniesst, verliert die
Taube jede Scheu vor dem Menschen. Lukian[1014] berichtet im 2. Jahrhundert von heiligen Tauben, die
als Vögel der Göttin in Hierapolis unter absolutem
Schutz standen:
*Von den Vögeln ist die Taube für sie [die Leute von
Hierapolis] das heiligste Ding, und sie halten es nicht
einmal für recht, sie zu berühren; wenn sie sie wider
Willen berühren, sind jenen Tag lang fluchbeladen.
Deshalb leben die Tauben mit ihnen zusammen,
kommen in ihre Häuser und leben meist auf der Erde.*
(Lukian, De Dea Syria 54)

Im 1. Jahrhundert v.Chr. berichtete schon Tibull von
Tauben, die in Syrien geschützt waren:
*Soll ich berichten, wie die weisse Taube, die den
Syrern in Palästina heilig ist, ungefährdet durch die
von Menschen wimmelnden Städte flattert?*
(Tibull, Elegien 1, 7, 17–18)

Philo von Alexandrien berichtet aus Askalon, wo ein
berühmter Tempel der phönizischen Astarte mit
ihrem Taubenkult stand:

In Syrien liegt am Meer eine Stadt namens Askalon. Als ich dorthin kam zu einer Zeit, als ich das Heiligtum der Väter besuchte, um zu beten und zu opfern, beobachtete ich eine unglaubliche Menge an Tauben bei den Wegkreuzungen und in jedem Haus. Als ich nach der Ursache fragte, sagten sie, es sei nicht erlaubt, sie zu fangen; die Nutzung als Nahrung sei den Bewohnern seit alters her verboten. Das Tier ist so gezähmt durch seine Furchtlosigkeit, dass es nicht nur im Haus lebt, sondern auch immer zum selben Tisch kommt und seine Unberührbarkeit schamlos ausnutzt.
(Philo, De providentia 2, 64)

Eine Bestätigung dafür gibt der «Vater der Kirchengeschichtsschreibung» Eusebius[1015]:
Es gibt eine Stadt in Syrien, genannt Askalon. Dort eintreffend und auf den Haupttempel zugehend, sah ich Scharen von unzähligen Tauben auf den Strassen und in den Häusern. Man sagte mir, dass es den Einwohnern verboten sei, diese Tiere zu nehmen, da ihre Nutzung keinesfalls erlaubt sei.
(Eusebius, Prep. Evang. VIII)

Auch in neuerer Zeit standen Tauben als heilige Vögel unter besonderem Schutz. In Moskau und den übrigen Städten Russlands wurden anfangs dieses Jahrhunderts Schwärme meist weisser Tauben von den Gläubigen unterhalten. Einen der heiligen Vögel zu töten, zu rupfen und zu verspeisen war eine grosse Sünde und wäre dem Täter übel bekommen[1016]. Hahn berichtete 1896, dass ein rechtgläubiger Russe unter keinen Umständen eine Taube essen würde und Zedler (1744) begründete dies damit «weil der Heilige Geist unter der Gestalt einer Taube pfleget gemalet zu werden, haben die Moscowiter ehedem Bedencken getragen, Tauben zu essen». Noch anfangs des 20. Jahrhunderts[1017] hielten die Russen die Tauben für heilig, weil sie glaubten, in ihnen wohne der Heilige Geist. In Venedig wurden am Palmsonntag Prozessionen zum Markusplatz durchgeführt und vor dem Dogen wurden Tauben freigelassen. Die heutigen venezianischen Strassentauben sollen von diesen Tieren abstammen[1018]. Noch im Jahre 1912 wurden die Tauben von Venedig und Verona von den Behörden gefüttert[1019].
Die Taube geniesst wohl auch deshalb oft göttlichen Schutz, weil sie sich durch ihre Gewohnheit, Kirchen und Tempel zu besiedeln, sichtbar unter den Schutz der Heiligen und der Götter stellt. Am Anfang des 19. Jahrhunderts lebten Strassentauben in Mitteleuropa beinahe ausschliesslich an Kirchtürmen. Für den Gläubigen war es dann eine verdienstliche Handlung, die heiligen Vögel zu füttern, ja ihre Zukunft durch Stiftungen und Vermächtnisse zu sichern[1020]. Dazu kamen die verschiedenen Symbolfunktionen der Taube, die zu deren Unberührbarkeit beigetragen haben. Weisse Tauben als gut bekannte Symboltiere geniessen auch in heutiger Zeit besondere Gunst. Zurth berichtet aus Deutschland:
Ein in Schwarzach bei Wurzach Württemberg wohnender Kaminfegermeister hatte zwei Paare Pfauentauben angeschafft, die aber den hohen Kirchturm seinem niedrig gelegenen Schlag vorzogen. Im Dorf wurden diese Tauben bald die Kirchentauben genannt und genossen auf den Höfen der frommen Bauern Gastrechte, indem sie an den

Mahlzeiten des Geflügels teilnehmen durften. Sie vermehrten sich ungehindert bis über hundert Tiere.
(Zurth 1969, S. 29)

Im Jahre 1837 scheinen Strassentauben in Deutschland, Italien und dem südlichen Russland nichts ungewöhnliches gewesen zu sein. Oken berichtet aus dem Anfang des 19 Jahrhundert:
Jene [die Strassentaube] ist bey uns nur verwildert und macht ihre Nester auf hohe Thürme, verfallene Schlösser u. dergl. Da sie überall, besonders in den Gassen und auf den Kornmärkten ihre Nahrung findet; so hat sie sich gewöhnt, da zu bleiben, und zieht des Winters nicht in wärmere Länder. In Italien ist sie besonders häufig, und es gibt kaum einen Thurm oder ein hohes Gebäude mit Löchern, die nicht von ihr bewohnt würden, und zwar gemeinschaftlich und ganz friedlich mit dem Thurmfalken. Sie fliegen häufig ans Meer, um Salz zu picken. Im südlichen Russland sind sie in ungeheurer Menge und nisten deselbst in Felshöhlen und Dorfkirchen; am Caucasus nisten Hunderte in einer Höhle mit warmem Wasser, und fliegen mit einem donnerähnlichen Geräusch heraus, wenn man einen Stein hinein wirft. *(Oken 1837, S. 300)*

Über die Lebensbedingungen unserer frühen Strassentaubenbestände aus dem Anfang des 20. Jahrhunderts gibt die Arbeit von Scherdlin (1913) wertvolle Informationen. Im folgenden seien die wichtigsten Punkte kurz zusammengefasst: Nach der Umfrage von Scherdlin sind verschiedene Bestände sehr alt, so in Strassburg Jahrhunderte. In Gouvieux (Oise) sind sie vor 1812, in Neuenburg (CH) seit 1872 bezeugt. Der Bestand des Kölner Domes soll nach einem anderen Autor ebenfalls einige Jahrhunderte alt sein. Da in Köln die meisten Kirchen romanischen Ursprungs sind und mit ihren breitflächigen kahlen Mauern wenig Schlupfwinkel für die Tauben bieten, haben sich die Tiere am gotischen Dom mit seinen Tausenden von Schlupfwinkeln konzentriert[1021]. Die Kathedrale von Rouen wurde in den 1930er Jahren von etwa 900 Strassentauben besiedelt, die grosse Schäden an der Fassade verursachten[1022]. In Strassburg werden die Münstertauben, wahrscheinlich Abkömmlinge von Feldtauben, von den in der Umgebung gehaltenen Haustauben unterschieden. Für einige Städte ist die Herkunft der Strassentauben nachgewiesen. In Dederstett (D) und Emden ist ausdrücklich von Feldtauben die Rede und der Bestand von Neuenburg (CH) soll von braunen Haustauben[1023] abstammen. Die Londoner Strassentauben stammen nach Goodwin (1960) ebenfalls von Feldtauben ab, die in neuerer Zeit durch Brieftauben ergänzt wurden.
In Gouvieux (F) haben sich die Kirchturmtauben nicht mit den übrigen Tauben vermischt, wodurch sie sich rein erhalten konnten. Seit eh und je leben die Tauben vor allem an grossen markanten Gebäuden[1024].
In Solothurn (CH) waren um die Jahrhundertwende die St. Ursen-Tauben ein Begriff, weil sie die Marmorfassade der Kathedrale verschmutzten. Im Solothurner Lied «s isch immer so gsi!» heisst es:
3. Me-n-isch i üser suubere Stadt d'Sante-Urse-Tuube gwohnt.
's isch immer so gsi – 's isch immer so gsi!
Obwohl sie ganz verdräcke tüe die schöni Marmorfront.

[1004] Johnston et al. 1988
[1005] von Soden Ahw 884a nach Salonen 1973, S. 241
[1006] Plautus († 184 v.Chr.), Miles gloriosus 162
[1007] Juvenal (58–138 v.Chr.)
[1008] Aelian (170–235 n.Chr.)
[1009] Jones 1990
[1010] Jones 1990
[1011] Schwartz & Schwartz 1949 nach Johnston & Janiga 1995, S. 13
[1012] Schorger 1952 nach Johnston & Janiga 1995, S. 13
[1013] Johnston 1992a
[1014] Lukian (120–180 n.Chr.)
[1015] Eusebius (ca. 260–340)
[1016] Reinhardt 1912
[1017] Lenz nach Höfler 1908, S. 129
[1018] Hansell 1988, S. 16
[1019] Scherdlin 1913
[1020] Hahn 1896
[1021] Schulten 1934
[1022] Anonymus 1934b
[1023] Hier ist wahrscheinlich die Grundfarbe Dominant Rot (Brieftaubenrot, Aschrot) gemeint.
[1024] Colmar Kirche; Emden Rathaus; Gouvieux Kirchturm; Mailand Scala und Dom; Neuenburg Rathaus, Knabengymnasium und Museum; Strassburg Münster; Wien Kirchen

293

294

Abb. 293, 294: Das Taubenfüttern hat in München und Venedig eine lange Tradition, wie diese Postkarten vom Anfang des 20. Jahrhunderts belegen.

s isch immer, 's isch immer so gsi!
Und wo die hohi Polizei paar abeg'schosse hett,
do hett me-n-i der ganze Stadt gar schröckli drüber
gredt;
me söll die Tuube mache lo – es sig jo glych wohi –
's isch immer, 's isch immer so gsi![1025]
(Carl Robert Enzmann (1888–1931), Solothurner Lied)

Strassentauben wurden in verschiedenen Städten regelmässig und systematisch gefüttert[1026]. Als weitere, oft genannte Nahrungsquellen dienten verschüttetes Futter der Zugpferde und halbverdauter Hafer aus «Pferdeäpfeln». Wichtig waren Abfälle, vor allem von Märkten, die sich in den Zwischenräumen der damals noch weit verbreiteten Kopfsteinpflaster ansammelten und den Tauben eine kontinuierliche Nahrungsversorgung gewährleisteten. Die Grösse einer Strassentaubenpopulation wird weitgehend durch den Umfang der Nahrungsgrundlage bestimmt. Ein Rückgang der Nahrungsgrundlage bewirkt deshalb eine Reduktion der Populationsgrösse. Scherdlin konnte zeigen, dass die Asphaltie-

rung der Strassen am Anfang des 20. Jahrhunderts in verschiedenen Städten[1027] zu einem drastischen Rückgang der Strassentauben führte. Asphaltierte Flächen können durch Abspritzen mit Wasser leicht gereinigt werden. Nahrungspartikel können sich nicht mehr zwischen den Pflastersteinen sammeln und sind den Tauben entzogen. Als weiterer Grund für den Rückgang von Tauben wurde die Verdrängung der Zugpferde durch den motorisierten Verkehr genannt, die eine Abnahme von verschüttetem Pferdefutter zur Folge hatte[1028]. Die frühen Strassentauben unterlagen noch einer harten Selektion durch Beutegreifer. Während ihrer Nahrungsflüge in die umliegende Landschaft wurden sie von verschiedenen Greifvögeln gejagt[1029]. Schwache, missgebildete oder auffällig gefärbte Tiere hatten kaum Chancen, die gefährlichen Flüge zu überleben. Verschiedene Nesträuber[1030] verursachten massive Verluste an Eiern und Nestlingen. Auch der Mensch nutzte in früheren Zeiten die Strassentauben als Nahrung. Conrad Gesner erwähnt im Zusammenhang mit Feldtauben den Fang von Tauben in den Städten: *Man muss ihnen zween oder drey Monate Speiss geben / die übrige Zeit speisen sie sich selbst mit dem wilden Saamen. Das können sie aber in den Städten nicht thun / dieweil ihnen die Tauben-Schnepfer auff mancherley Weise nachstellen / darumb sol man sie beschlossen unter dem Dach ziehen / oder allein die Alten ausslassen / damit sie den Jungen Nahrung bringen. (Gesner 1557)*

Dass dieses Problem schon sehr alt ist, zeigt eine Stelle des Römers Columella[1031], der sagt, dass man die Tauben aus Furcht vor den Vogelstellern nicht frei fliegen liess, wenn der Taubenschlag zu nahe an der Stadt lag. Wegen der hohen Fleischpreise wurden 1912 Strassentauben in Dederstett, Guben und Strassburg eingefangen und zum Verzehr verkauft. Auch heute noch werden Strassentauben gelegentlich gefangen und gegessen. So soll der Vogelfänger vom Trafalgar Square in London die von ihm unter Protest der Taubenfreunde in einer Kastenfalle gefangenen Strassentauben an Restaurants verkaufen[1032].

Schon anfang dieses Jahrhunderts wurden die grossen Strassentaubenbestände vor allem durch die Verschmutzung von Hausfassaden und Denkmälern zum Problem. In Washington, London und Dresden wurde versucht, die grossen Bestände durch Fang und Abschuss zu vermindern[1033]. Für München wurde der Strassentaubenbestand im Jahre 1934 auf etwa 60000 Tiere geschätzt. Die Tiere wurden vor

210

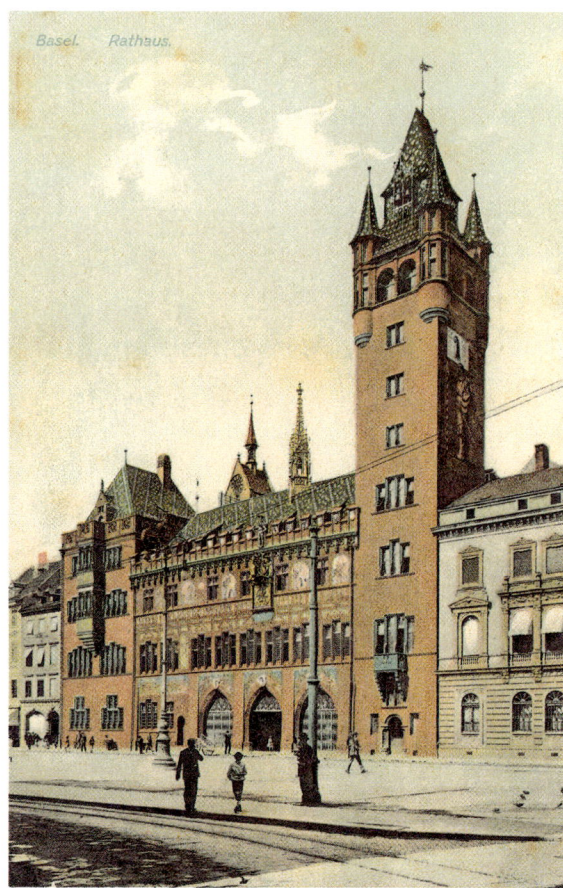

Abb. 295: Auf Stadtansichten vom Anfang des 20. Jahrhunderts sind regelmässig Strassentauben zu sehen, wie hier auf dem Basler Marktplatz (rechts unten).

295

P a.

b.

F₁ c.

d.

R₁ e.

f.

R₂ g.

h.

296

Abb. 296: Bornhalm und Welder konnten in ihren Kreuzungsversuchen zeigen, dass der am meisten verbreitete heutige Strassentaubentypus wahrscheinlich durch wiederholte Einkreuzung von Brieftauben mit den ursprünglichen Strassentauben vom Felsentauben-Feldtaubentyp entstanden ist.

1025 Für Nicht-Solothurner: «Man ist sich in unserer sauberen Stadt die St. Ursen-Tauben gewöhnt. Es war immer schon so, es war immer schon so. Obwohl sie die schöne Marmorfront verdrecken. Es war immer, es war immer schon so. Und als die hohe Polizei einige abgeschossen hatte, redete man eifrig in der ganzen Stadt darüber, man solle doch die Tauben hinkoten lassen, es sei ja egal wohin – es war immer, immer schon so».

1026 Von Taubenfreuden systematisch gefüttert wurden im Jahre 1911–12 die Strassentauben in Berkeley (Californien), Bordeaux, Brünn, Köln, Mailand, München (durch Touristen), Nürnberg, Strassburg, Verona und Venedig.

1027 Nachgewiesener Rückgang durch Strassenasphaltierung in Agram, Berlin, Bern

1028 Nachgewiesener Rückgang durch Verdrängung der Zugpferde in Nürnberg und Strassburg

1029 Wanderfalke, Habicht, Sperberweibchen

1030 z.B. Hausratte, Hausmaus, Steinmarder, Dohle, Rabenkrähe, Elster, Mäusebussard, Turmfalke

1031 Columella, Über die Landwirtschaft 8, 8, 2

1032 Die Vogelfänger vom Trafalgar Square, NZZ 59, S. 40, 1996

1033 Scherdlin 1913, Anonymus 1934a

1034 Anonymus 1934b

1035 Meklenurtsev 1950 nach Johnston & Janiga 1995, S. 232

allem am Odeonsplatz und vor dem Schloss von Passanten gefüttert. Die Stadt plante damals eine Geburtenbeschränkung durch die Vernichtung von Eiern. In Toledo sollen einige Jahre zuvor mehrere zehntausend Tauben getötet worden sein[1034].

In einem Fall wird vermutet, dass eine Strassentaubenpopulation durch Abschuss sogar vollständig ausgerottet wurde[1035]. In Taschkent und anderen Städten Usbekistans lebten 1918 noch Tausende von Strassentauben. Zu dieser Zeit wurden moderne Gewehre importiert, denen in den nächsten 20 Jahren die Strassentauben zum Opfer fielen. 1930 wurden in Taschkent keine Strassentauben mehr beobachtet und 1936/37 waren sie auch aus den anderen Städten verschwunden.

Wir können festhalten, dass die frühen Strassentauben einer harten Selektion unterlagen und sich nur unter besonders glücklichen Umständen zu grossen Populationen entwickeln konnten. Nahrung war noch anfangs unseres Jahrhunderts auch für den Menschen knapp und normalerweise wurde damit sehr sorgfältig umgegangen. Trotzdem entwickelte sich das Taubenfüttern z.B. auf dem Markusplatz in Venedig und vor der Feldherrenhalle in München zu einer eigentlichen Tradition (Abb. 293 und 294).

Die Basler Strassentauben

Die Basler Strassentaubenpopulation ist wahrscheinlich sehr alt und könnte in ihren Ursprüngen bis ins Mittelalter zurückgehen. Tauben spielten hier noch bis ins 20. Jahrhundert hinein eine wichtige Rolle als Fleischlieferanten, die sich von Strassenabfällen und durch das Feldern ernährten[1036]. Darstellungen aus der Jahrhundertwende zeigen, dass Tauben mitten in der Stadt in Dachbodenschlägen gehalten wurden. Eine typische Situation stellt Abb. 297 dar. Die abgebildeten Haustauben wurden im Freiflug gehalten und konnten ihren Schlag deshalb jederzeit verlassen. Emigrierende Jungtiere von solchen extensiv gehaltenen Tieren trugen zum Aufbau einer Strassentaubenpopulation bei. Zusätzlich gesellten sich Feldtauben aus der umliegenden Landschaft zu den freilebenden Haustauben. Mit dem Aufkommen des Brieftaubensports im 20. Jahrhundert bereicherten

Abb. 297:
Früher wurden Haustauben in Dachbodenschlägen mitten in der Stadt gehalten, die wahrscheinlich zusammen mit Feldtauben und entflogenen Brieftauben den Grundstock der Basler Strassentauben gebildet haben.

212

297

dann entflogene Brieftauben die Population. Viele Basler Strassentauben zeigen einen Typus, der etwa zwischen Brieftauben und Feldtauben liegt (Abb. 233). Bornholm und Welder (1998) führten verschiedene Kreuzungsversuche zwischen Felsentauben und Reisebrieftauben durch. Sie konnten zeigen, dass sich der am meisten verbreitete heutige Strassentaubentypus durch wiederholte Einkreuzung von Brieftauben entwickelt haben könnte. In Abb. 296 sind die Resultate dargestellt. Zuerst wurde ein typischer Reisebrieftäuber a. mit dickem kurzem Schnabel, ausgeprägten Augenringen und Nasenwarzen sowie einem «weinroten Glasauge ohne Goldfaktor» mit einer typischen Felsentäubin[1037] b. gekreuzt, die sich durch einen dünnen Schnabel, einen ausgeprägten Stirnabsatz, eine hell orange Iris und kleine Nasenwarzen und Augenringe auszeichnet. Die Felsentauben waren mit etwa 250 g Körpergewicht rund $1/3$ kleiner als die Brieftauben. In der ersten Filialgeneration F_1 entstanden Tiere, die in der Körpergrösse und der Kopfform etwa zwischen den Elterntieren lagen. Die Iris war bei allen Nachkommen gelb mit einer orange-brauen Aussenzone (Hahnenauge). Die Täuber c. hatten dickere Schnäbel, grössere Nasenwarzen und eine etwas abgeflachtere Stirn als Felsentauben. Da Täubinnen b. geschlechtsbedingt ohnehin zarter gebaut sind, erschienen sie in der F_1 deshalb noch sehr felsentaubenähnlich. Im Charakter waren diese Mischlinge noch ausgeprägt scheu und lebhaft wie Felsentauben. Diese F_1-Tiere wurden nun in einer ersten Rückkreuzung (R_1) wiederum mit Reisetauben verpaart, deren Nachkommen (e. Täuber, f. Täubin) sehr feldtaubenähnlich erschienen. Bei

beiden Geschlechtern zeigte sich eine Tendenz zu verkürzten, dicken Schnäbeln und einem Ansatz zu einer flachen Stirn. Diese Tiere wurden in einer zweiten Rückkreuzung (R_2) wiederum mit Reisebrieftauben verpaart. Die Nachkommen (g. Täuber, h. Täubin) waren ihren Reisetaubeneltern noch ähnlicher. Sie zeigten kurze, dicke Schnäbel, ausgeprägte Nasenwarzen und einen angedeuteten «gezogenen Kopf», bei dem der Kopfschädel zwischen Nasenwarze und Auge verlängert ist. Die meisten Tiere zeigten eine gelbe Iris mit einer orangebraunen Aussenzone. Diese Tiere entsprechen etwa dem Strassentaubentypus, wie er sehr häufig, z.B. in Basel, anzutreffen ist.

Bereits um die Jahrhundertwende sind auf Stadtansichten regelmässig Strassentauben zu sehen (Abb. 295). Vor allem ältere Menschen sollen die Tauben mit Weizen, Hirse und Mais versorgt haben[1038]. Wie Abb. 298 zeigt, scheint das Taubenfüttern noch in der Zwischenkriegszeit ein hohes Sozialprestige genossen zu haben. Die in den Kirchtürmen und offenen Dächböden brütenden Strassentauben wurden vor allem durch Verschmutzungen von Hausfassaden zum Problem. Seit dem Jahre 1927 wurden dann auf Druck der Hausbesitzer von der Polizei regelmässig Tauben abgeschossen. Das führte wiederum zu Auseinandersetzungen mit Tierschützern, was bereits damals als «Taubenkrieg» bezeichnet wurde[1039]. Nach 1935 wurden Tauben mit Gitter- und Netzfallen eingefangen und getötet. Gleichzeitig wurde mit Zeitungsinseraten versucht, die Taubenfreunde dazu zu bewegen, die Tauben nicht mehr zu füttern.

Die Eroberung der Stadt

In Europa nahmen die Strassentauben nach dem Zweiten Weltkrieg stark zu[1040]. In den Nachkriegsjahren wurden Lebensmittel im Vergleich zum Einkommen billig. Ein Teil des Überflusses der Wohlstandsgesellschaft gelangte zugunsten der Tauben auf die Strasse. So entstand in unseren Städten eine reiche Lebensgrundlage in Form von Abfällen und vor allem durch die Fütterung. Die Strassentauben mussten für ihre Ernährung nicht mehr die gefährlichen Flüge in die Landschaft unternehmen. Sie entzogen sich dadurch ihrem natürlichen Selektionssystem. Zudem wurden die Greifvögel durch Bejagung und später durch ökotoxische Substanzen drastisch reduziert. Unsere Strassentauben unterliegen einer für das Stadtleben typischen Selektion, unter der nur besonders anpassungsfähige und intelligente Individuen Chancen haben, zu überleben und sich fortzupflanzen. In der Stadt wurde der fütternde Mensch zum Hauptselektionsfaktor, der vor allem Zutraulichkeit und die Fähigkeit, Bettelverhalten zu entwickeln, begünstigte[1041]. Strassentauben haben sich völlig an das Nahrungsangebot der Stadt angepasst. Der ehemalige Körnerfresser ist zum Allesfresser geworden. Eine hungrige Strassentaube frisst beinahe alles, z.B. auch Fleisch, Schokolade, Käse und saure Gurken[1042].

Durch verschiedene Verhaltensänderungen eroberten sich die Strassentauben neue Überlebensmöglichkeiten in der Stadt. Vor allem bei ihrer Brutplatzwahl ist die Taube sehr anpassungsfähig. Felsentauben nisten bevorzugt an hoch gelegenen Orten auf Sim-

[1036] Schwarz 1966
[1037] Die Felsentauben, die der Unterart Columba livia palaestinae angehörten, wurden von Ch. Reichenbach aus Syrien eingeführt.
[1038] Schmidt 1973
[1039] Schmidt 1973
[1040] Übersicht bei Johnston & Janiga 1995, S. 230–232
[1041] Weber et. al. 1994
[1042] Haag 1984, S. 43
[1043] Haag 1985
[1044] Darwin 1868, I, S. 195–197
[1045] 1893 St. Jame's Park und 1897 Hyde Park London (Simms 1979, S. 95)
[1046] S. Cramp, London Bird Report 1957, S. 24 nach Goodwin 1960
[1047] Boswall 1973
[1048] Haag 1984, S. 99

BASEL: St. Albanthal.

Handlung von Wm. M. Schneller

298

213

Abb. 298: Die Taubenfütterung führte schon am Anfang des 20. Jahrhunderts zu grossen Beständen, die vor allem durch Verschmutzungen von Hausfassaden zum Problem wurden. Im Jahre 1931 scheint das Taubenfüttern ein hohes Sozialprestige genossen zu haben, wie diese Postkarte nahelegt.

sen im Innern von Höhlen und Grotten, seltener in kleineren Felsspalten. Optimale Brutplätze der Strassentauben sind in ihrer Struktur und Lage künstliche Äquivalente dieser natürlichen Standorte. Bevorzugt werden deshalb offene Dachböden, Kirchtürme aber auch im Halbdunkel liegende Nischen und Höhlungen in Mauern. Den Strassentauben stehen in unseren Städten meist zuwenig geeignete Brutplätze zur Verfügung. Viele Dachböden in denen Tauben brüteten, wurden aus hygienischen Gründen verschlossen. Eine grosse Zahl von älteren und reich strukturierten Gebäuden musste modernen Bauten weichen, die mit ihren glatten und sterilen Fassaden keine Nistplätze für Stadtvögel mehr bieten. Dank ihrer enormen Anpassungsfähigkeit sind Tauben aber in der Lage, auch völlig artuntypische Brutplätze anzunehmen. In Basel brüten Tauben in laufenden Ventilationsanlagen, auf den Abluftrohren einer Tiefgarage, unter lärmigen Brücken und unter Leuchtreklamen[1043] (Abb. 299). Ein Paar brütete sogar auf den Verstrebungen des Einfüllstutzens eines Getreidesilos. Das Nest war vom durchfliessenden Getreide glattgeschliffen und es scheint unerklärlich, wie diese Tiere trotzdem Junge aufziehen konnten (Abb. 300). Auch in anderen Bereichen zeigen Strassentauben eine erstaunliche Anpassungsfähigkeit. Tauben sind typische Felsbewohner, die Bäume normalerweise meiden. Darwin[1044] berichtet aber von Beobachtun-

gen, nach denen sich Tauben in Oberägypten und Columba livia intermedia in Indien auf Bäumen niederliessen.

Tauben trinken normalerweise so, dass sie am Rand eines Gewässers stehen, ihren Schnabel ins Wasser einführen und ihr Saugtrinken zeigen. Nach Darwin lassen sich Tauben bei Hochwasser am Nil in artuntypischer Weise wie Wasservögel auf dem Wasser nieder und trinken während sie stromabwärts getrieben werden.

Ende des letzten Jahrhunderts wurden erstmals Strassentauben beobachtet, die auf Bäumen ruhten[1045]. Zuvor benützten sie nur steinerne Strukturen wie Simsen und Dächer als Äquivalente ihres ehemaligen Lebensraumes, der Felsenküste. Heute haben sich Warte- und Ruheplätze auf Bäumen weitgehend durchgesetzt. Noch 1947 schrieb Géroudet: «On ne l'aperçoit jamais perché sur un arbre.» 1957[1046] brüteten Strassentauben in London, wohl aus Mangel an geeigneten Brutplätzen, in alten Ringeltaubennestern auf Bäumen. 1972 wurde von einer Baumbrut aus Argentinien berichtet[1047] und 1982 konnte in Basel eine Brut an einem solchen artuntypischen Nistplatz beobachtet werden (Abb. 301)[1048]. Die Eroberung der Baumkrone als Lebensraum ist eine von vielen Anpassungen, der die Taube ihren Erfolg als das Stadttier schlechthin zu verdanken hat.

Abb. 299–301: Strassentauben sind ausserordentlich anpassungsfähig. Als ursprüngliche Höhlenbrüter können sie auch an artuntypischen Brutplätzen erfolgreich Junge aufziehen. Brutplatz auf dem Einfüllstutzen eines Getreidesilos: das durchfliessende Getreide hat das Kotnest glattgeschliffen (links). Tauben brüten auch unter Leuchtbuchstaben an belebten Strassen (Mitte) und auf einem Baum im Basler Zoo (rechts).

299

300

301

Leben und Sterben in der Stadt

Wer Täubchen liebend Futter streut …

Tauben wurden wahrscheinlich schon immer gefüttert. Es sind viele Darstellungen überliefert, die vor allem Kinder, Mädchen oder Frauen beim Taubenfüttern zeigen. Das Füttern von Tieren ist weltweit verbreitet und findet sich bei allen Völkern. Vom Kleinkind bis zum Erwachsenen ist das Abgeben von Nahrung mit Spass und Freude verbunden. Wegen der universellen Verbreitung dieses spielerischen Fütterns können wir davon ausgehen, dass die Fütterung von Tieren allgemein und damit auch das Taubenfüttern beim Menschen eine angeborene Grundlage hat. Bereits im vorsprachlichen Alter ab dem 10. Monat bieten Kleinkinder einer Person Nahrung oder Spielsachen an, um einen freundlichen

Abb. 302: Die Tauben fütternde junge Frau gilt als besonders tugendhaft und hat teil an der positiven soziokulturellen Bewertung der Taube als Vogel der Liebesgöttin und des Friedens sowie als Verkörperung der Seele und des Heiligen Geistes.

214

302

Kontakt herzustellen[1049]. Schon Kleinkindern macht es grossen Spass, wenn sie bei Tauben spielerisch Aktivitäten wie Streit um Futter oder Annäherung auslösen können (Abb. 303).

Beim Erwachsenen findet sich das Geben in mehreren Funktionskreisen wieder. In seinen primären Wurzeln stammt das Abgeben von Nahrung aus dem Brutpflegebereich und ist seinem Ursprung nach ein sehr freundlicher Akt. Man gibt, um sich mit jemandem anzufreunden und um ihn freundlich zu binden. Ranghohe Menschen und auch Schimpansen sichern sich ihre Dominanz durch geschicktes Verteilen von Beutestücken. Sie binden damit die Gruppe an sich und sichern dadurch die eigene Position[1050]. Das Abgeben von Nahrung kann im weitesten Sinn auch dem Bereich der Selbstdarstellung und des Imponierverhaltens zugeordnet werden. Das Geben kann auch zur Hemmung von Agressionen eingesetzt werden.

Nach der ersten Kontaktbildung zwischen Mensch und Taube können weitere Verhaltensinteraktionen aktiv werden. Viele Taubenfütterer kennen ihre Tiere individuell und geben ihnen Namen, die in ihrer Verniedlichung[1051] auf eine Art von Mutter-Kind-Beziehung hinweisen. Die Taube besitzt verschiedene Eigenschaften in Verhalten und Erscheinung, die sie für den Menschen attraktiv macht. Sie wird vom Menschen mehrheitlich als schönes und anziehendes Tier wahrgenommen[1052]. Sie entspricht zudem weitgehend dem Kindchenschema, das sie auch als Kindersatz prädisponiert. Deshalb war das Füttern und die Pflege der Taube, wie gezeigt, schon in der Antike vor allem Frauensache. Die Taube ist zudem dem Menschen gegenüber völlig harmlos und gilt deshalb als friedfertig, sanftmütig und wehrlos. Das Füttern der Taube ist von seiner biologischen wie auch kulturellen Wurzel her primär ein karitativer, sozialer und vor allem freundlicher Akt.

Die Taubenfreunde

Der Mensch füttert die Taube aus sehr unterschiedlichen Gründen. Beim Imponierfüttern will der oder die Fütternde im Zentrum des Interesses seiner Mitmenschen stehen. Diese Art der Selbstdarstellung ist nur in einem sozialen Umfeld möglich, in der das Taubenfüttern einen positiven Stellenwert hat, wie das heute noch für die meisten Mittelmeerländer gilt. Das Füttern gilt dort als grosszügiger und freundlicher Akt, der als eine Art von Volkssport das Wohlwollen der Bevölkerung geniesst. Alt und Jung versammeln sich im Kreis um den Taubenfreund und schauen dem Treiben der Tauben als willkommene Abwechslung zu. Das grosszügige Hinwerfen von Futter erfordert minimale finanzielle Möglichkeiten. Die Demonstration, dass man «es sich leisten kann», spielt bei diesem Typ des Fütterers sicher eine unbewusste Rolle. Das Imponierfüttern kann in seiner biologischen Wurzel dem Abgeben von Nahrung durch den Dominanten gleichgesetzt werden. Dies zeigt sich zudem dadurch, dass in dieser Gruppe vor allem Männer zu finden sind, die naturgemäss häufiger Imponierverhalten zeigen als Frauen. Bei dieser Art des Taubenfütterns geht es also weniger um die Beziehung zur Taube, als um die Selbstdarstellung gegenüber dem Mitmenschen.

Viele Menschen füttern Tauben um damit den fehlenden Sozialpartner zu kompensieren. Es sind oft behinderte, ältere und vereinsamte Menschen, die ihr Bedürfnis nach einem Mitgeschöpf, das sie betreuen und versorgen können, an den Tauben ausleben. Die biologische Wurzel dürfte hier im Mutter-Kind-Verhalten liegen. Die Betreuungsappetenz wird auf das inadäquate Objekt gerichtet. Die Mehrzahl der sogenannten Taubenmütter und -väter können diesem Typus des Fütterers zugeordnet werden. Diese Menschen haben eine derart tiefe Beziehung zu den Tauben, wie sie normalerweise nur zwischen Menschen auftritt.

Diese Taubenfütterer setzen sich bis zur Selbstaufgabe für ihre Tiere ein und scheuen dabei keinen Kampf. Die Tauben ihrerseits sind ohne weiteres in der Lage, ihre Gönner zu erkennen, sich die Fütterungszeiten zu merken und sich präzis zu diesen Zeiten an der Futterstelle einzufinden[1053]. Einige Individuen verlieren ihre Scheu vor dem Menschen vollständig und setzen sich sogar auf die fütternde Person (Abb. 304).

Handicapierte Tiere erwecken die besondere Hingabe der Taubenfreunde und werden tierärztlich versorgt oder liebevoll zu Hause gesundgepflegt. Tauben, die in freier Wildbahn keine Überlebenschancen haben, werden manchmal als Haustiere gehalten und werden völlig zahm und zutraulich[1054]. Tully (1993) berichtet aus Bristol von einer Taube, die beinahe blind war und von den Taxifahrern versorgt wurde. In Basel konnte ein Täuber mit einer in freier Wildbahn fatalen Schnabelmissbildung längere Zeit überleben, weil er eben wegen seiner Behinderung bevorzugt gefüttert wurde (Abb. 306).

[1049] Eibl-Eibesfeldt 1984, S. 445–455
[1050] Eibl-Eibesfeldt 1984, S. 445–455
[1051] Tauben werden z.B. Schätzchen und Bübchen genannt.
[1052] Haag-Wackernagel 1997a
[1053] Weber 1992, S. 25
[1054] Pinna, pers. Mitt.

Abb. 303: Das Füttern von Tieren ist dem Menschen sehr wahrscheinlich angeboren. Schon Kleinkindern macht es offensichtlich grossen Spass, wenn sie durch das Füttern spielerisch Aktivitäten beim Tier wie Streit um Futter oder Annäherung bewirken können.

303

304

Abb. 304: Tauben-mütter sorgen sich oft rührend um ihre Tiere und füttern und ver-sorgen sie. Taube und Mensch kennen ein-ander individuell und können eine tiefe Beziehung aufbauen.

Abb. 305: Tauben kön-nen gezielte Bettel-strategien gegenüber dem Menschen ein-setzen, indem sie Augenkontakt auf-nehmen, ihren Kopf vorstrecken und hin und her wenden. Bettelnde Strassen-tauben, vor allem wenn sie weiss sind, wirken auf viele Menschen unwider-stehlich.

305

Eine Taubenmutter in Luzern kennt einen grossen Teil der von ihr versorgten Tauben individuell und macht zwischen den einzelnen Tieren grosse Unter-schiede. Tauben, die sie schon zu Hause gepflegt hat, die auffällige Verletzungen und Missbildungen aufweisen, oder durch Verhalten oder Aussehen ihre besondere Sympathie besitzen, werden nach der Fütterung noch individuell mit teuren Pinienkernen verwöhnt. Diese Frau kann anscheinend Dutzende von Tauben individuell unterscheiden und deren Bio-graphie aus ihrer Sicht erzählen[1055]. Eine Elsässerin, die regelmässig die Tauben am Claraplatz in Basel versorgt, verfüttert neben frisch gekauften Brötchen auch selbstgebackenen Gugelhopf[1056]. Auch dieses Beispiel zeigt eindrücklich, wie sehr diesen Menschen eigentlich nur der arteigene Partner fehlt.

Bei vielen Taubenfreunden finden sich fanatische und unbeirrbare Züge, die keiner Argumentation zugäng-lich sind. Betrachtet man aber die psychologischen Grundlagen, wird klar, dass sich diese Menschen gar nicht anders verhalten können. Sie sind emotionell so stark an ihre Tauben gebunden, wie sonst nur Mütter oder Väter an ihre Kinder. Die Taubenfreunde lassen sich auch durch massive Strafandrohungen nicht zu einer Verhaltensänderung, wie z.B. Unter-

lassen oder Einschränken der Fütterung bewegen. Im Gegenteil wird durch solche Massnahmen nur deren Widerstand und Kampfbereitschaft geschürt. Mit behördlichem Druck werden Märtyrer geschaf-fen, mit denen sich die Bevölkerung im Zuge des all-gemeinen Misstrauens den Behörden gegenüber so-lidarisiert. Manchmal projizieren Taubenfreunde ihre eigene, oft missliche Lebenssituation in die Tauben und durchleiden alles, was die Tiere betrifft, aus ihrer menschlichen Perspektive. Sie kämpfen mit einer erstaunlichen Energie und Hartnäckigkeit gegen alles, was ihrer Meinung nach die Tauben bedroht. In Saarbrücken gingen organisierte Taubenfreunde so-gar gegenüber den Behörden in die Offensive und organisierten Befreiungsaktionen der in Selbstfang-fallen festgehaltenen Tauben[1057].

Das Taubenfüttern kann zwischen Gleichgesinnten verbindend wirken. In vielen Städten existiert eine eigentliche Taubenfütterergemeinschaft. Bei krank-heitsbedingtem Ausfall eines Fütterers in Basel kann ein anderer die Fütterungstour übernehmen und oft wird auch das Futter gemeinsam eingekauft. Vor allem in Städten, in denen Taubenfütterer einem starken sozialen Druck ausgesetzt sind, entwickeln sich gut organisierte Taubenlobbies, die Fütterungs-verbote und Fütterungseinschränkungen ignorieren und teilweise mit Anwälten ihre Interessen durch-setzen. Es gibt Taubenfütterer, die es als ihre religiöse und ethische Pflicht betrachten, für die «hungernde Kreatur» zu sorgen. Ein Beispiel führt Weber[1058] aus Madrid an. Ein Taubenfütterer trug ein grosses Kartonschild mit der Aufschrift «Ich bin Katholik» umgehängt. Viele andere Taubenfütterer legitimieren ihr Tun mit dem Hinweis, im Namen Gottes zu handeln. Dazu sei eine Pressemitteilung angeführt, wie sie ähnlich immer wieder anzutreffen ist:

Die 75jährige Jacqueline Hagopian aus Pasadena Kalifornien füttert seit 25 Jahren Tauben. Nun muss sie sich vor Gericht verantworten, weil eine Verord-nung das Füttern auf öffentlichen Plätzen verbietet. Ihr droht eine Strafe bis zu 6 Monaten. Die Frau lebt von einer Invaliditätsrente und gibt täglich zehn Dollar für «ihre» Vögel aus. Ein Angebot, das Verfahren werde eingestellt, wenn sie die Tauben nicht mehr füttere, schlug sie aus. «Gott ist mit mir. Das sind seine Tauben», begründete sie ihren Entscheid. (Schweizerische Bodensee-Zeitung, 3.5.97)

Vielleicht spielen auch hier die alten Vorstellungen hinein, dass die Seelen der Verstorbenen in Form von Tauben weiterleben. In unserem Kulturbereich ist die Taube aber immer noch allgemein anerkann-tes Symbol des Heiligen Geistes, des Friedens, der Liebe, der Unschuld und der Reinheit. Diese Bewer-tungen haben sicher einen wesentlichen Anteil an der beinahe religiösen Unberührbarkeit, mit der die Taube immer noch von vielen Menschen versehen wird.

Das gelegentliche Füttern von Tauben hat seine Wurzel im Spieltrieb des Menschen. Wie oben er-wähnt, erfreut sich schon das Kleinkind im vor-sprachlichen Alter am Spielfüttern. Es bewirkt durch sein Geben beim Tier eine Zuwendungsreaktion und kann so einen freundlichen Kontakt aufbauen. Dabei spielt das Verhalten der Taube eine entscheidende Rolle. Tauben sind ausserordentlich lernfähig und setzen die unterschiedlichsten Bettelstrategien

306

gegenüber dem Menschen ein[1059]. Sie verstehen es dank ihrer hohen Intelligenz meisterhaft, den Menschen als Nahrungsquelle zu «bewirtschaften». Tauben in Parkanlagen gehen gezielt zu essenden Menschen hin und versuchen, durch einen ersten Blickkontakt eine Kommunikationsebene aufzubauen. Zeigt der Mensch Interesse, nähert sich die Taube bis an ihre Fluchtdistanz, streckt ihren Kopf vor und fixiert den Menschen durch Hin- und Herwenden des Kopfes (Abb. 305). Bettelnde Tauben wirken auf viele Menschen unwiderstehlich. Sie füttern dann die Tauben ausgiebig und erfreuen sich an diesem lebendigen Kontakt mit einem schönen und intelligenten Tier.

Die Taubenfeinde

Die Taube wird trotz ihrer positiven soziokulturellen Bewertung, oder vielleicht gerade deswegen, gerne auch als Schädling betrachtet. Koenig erklärt das folgendermassen:
Die psychische Belastung, ständig in der Masse zu leben, ist für den Menschen zu gross. Denn dort ist er wertlos, und er selbst wertet auch jede andere Masse als minder. Vielleicht gerade darum wurden durch direkten Angriff und Eingriff des Menschen vorwiegend Massentiere vernichtet. Die sogenannten «Taubenkriege» in den Grossstädten mögen zum Teil in diesen Bereich hineingehören. Die vielen Tauben locken durch anscheinend hohe Populationsdichte, durch ihre Allgegenwart und grosse Individuenzahl der Schwärme zum Angriff, zur Vertreibung, zu einer «auswertenden» Nutzung oder Vernichtung. Der Mensch ist gegen Masse aggressiv. (Koenig 1971, S. 99)

Genau so leidenschaftlich wie die Taube von den einen geliebt wird, wird sie von anderen gehasst. Dabei können zwei Typen unterschieden werden. Personen, die die Taube an sich meinen und andere, die vor allem gegen die Taubenfreunde agieren. In einigen Fällen dürfte beides zusammentreffen. Taubenfreunde wie Taubenfeinde weisen oft gemeinsame Züge im Handeln und in ihrer Argumentation auf. Die exaltierte Liebe wie der Hass gegenüber

einem Tier sind wohl pathologische Erscheinungen. *Das Symbol des Friedens ist zu einer fliegenden Pest verkommen und droht, die Herrschaft zu übernehmen. (Böckem 1996)*

Tauben werden wahrscheinlich gerade wegen ihrer positiven Bewertung zum Opfer von tierquälerischen Handlungen. Es wird nicht nur irgend ein Tier verletzt, sondern auch ein «heiliges Wesen» geschändet, das von anderen mit grösster Wertschätzung geachtet wird. Damit wird die Lust am Quälen wohl noch zusätzlich gesteigert. Über den Kindermörder von Kobe (Japan) wurde z.B. berichtet, er habe neben anderen Untaten mehrere Tauben erdrosselt[1060]. Gewisse Menschen sind nicht in der Lage, das Taubenproblem als ökologische Konsequenz menschlichen Fehlverhaltens zu verstehen, sondern sehen in den Tauben die Schuldigen, die beliebig gequält und verletzt werden dürfen. Vielfach wird das eigene Lebenselend zusätzlich in die Taubenproblematik hineinprojiziert, so dass dieses zu tierschützerisch wie auch ethisch völlig inakzeptablen Aggressionen pervertiert. Strassentauben haben zudem durch verschiedene Aufklärungsaktionen über die Problematik der Fütterung unbeabsichtigt ein negatives Image erhalten[1061]. Diese negative soziokulturelle Bewertung wird nun von solchen Taubenfeinden als Legiti-

307

308

mation für das Ausleben ihrer tierquälerischen Neigungen missbraucht. In Basel wurden immer wieder vergiftete und angeschossene Tauben aufgefunden, die meist nach langem Todeskampf gestorben sind[1062]. Ähnliche Exzesse treten nach Kösters (pers. Mitt.) in München auf und stehen auch mit dem dortigen Massenauftreten der Strassentauben in Zusammenhang. Ein besonders grausames Beispiel dokumentierte Korbel (1990): Einer Strassentaube wurde der Oberschnabel unter Perforation des Schnabelgrundes zwischen den Unterkieferästen

Abb. 306: Handicapierte Tiere, wie dieser Täuber mit einer schweren Schnabelmissbildung, werden oft bevorzugt gefüttert und können auch mit an sich fatalen Behinderungen dank der Taubenfreunde überleben.

Abb. 307, 308: Taubenfeinde begehen oft unvorstellbare Grausamkeiten, die sie mit der «Schädlichkeit» der Tauben noch zu legitimieren versuchen. Der Taube links wurde der Oberschnabel zwischen den Unterkieferästen durchgezogen, daneben ein Tier, das von einem Blasrohrpfeil getroffen wurde. Solche Tiere sterben meist qualvoll.

217

[1055] Haag-Wackernagel 1997a
[1056] Weber 1992, S. 57
[1057] In Saarbrückens City liessen 2600 Tauben ihr Leben. Saarbrücker Zeitung, 10.2.95
[1058] Weber 1992, S. 51
[1059] Haag 1984, S. 53; Weber et al. 1994
[1060] Kindermörder von Kobe verurteilt. Frankfurter Allgemeine Zeitung, 18.10.97, S. 12
[1061] Haag 1993a und 1995
[1062] Haag 1984, S. 214

hindurchgezogen. Das Tier starb kurz nach der Einlieferung und wog noch 153 g[1063] (Abb. 307). In einem anderen Fall wurde mit Blasrohrpfeilen (Abb. 308) und mit Luftgewehren auf Tauben geschossen[1064]. Im Internet existiert sogar eine Homepage für Taubenhasser, die das Treten von Tauben auf öffentlichen Plätzen als Sport deklarierte (Abb. 309) und dazu dumme Hassgedichte auf Tauben wiedergab[1065].

Pigeon – 2x4
Danger calls
It intoxicates
Beyond the walls
Real excitement waits.
Adrenaline rush
Dance along the edge.
Forbidden touch...
Kick the pigeon's head.
(Anonymous, Pigeon Kickers of America, 1996)

Seven young pigeons
bang bang bang bang bang bang bang
make for a nice soup
(Goob, Pigeon Kickers of America, 1996)

Abb. 309: Die Pigeon Kickers of America, die auf dem Internet vertreten waren, erklären ihr (hoffentlich nicht ernst gemeintes) Hobby folgendermassen: «Pigeon kicking is the sport of kicking selectively (or not so selectively) bred pigeons over various long distances»

218

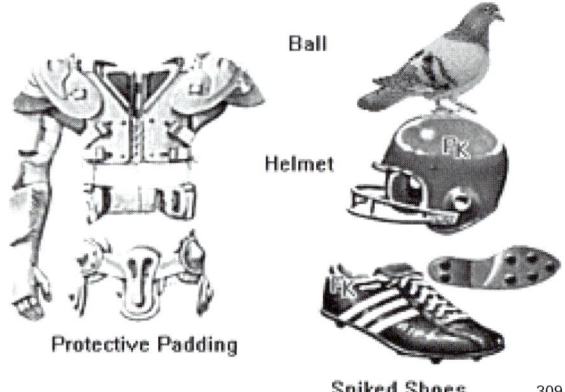

Abb. 310: Für viele Menschen ist die Taube noch immer ein heiliges Tier, das Symbol der körperlichen und geistigen Liebe, des Friedens und des Heiligen Geistes. Andere sehen in der Strassentaube einen Schädling, fliegende Ratten und Unrat, den es auszurotten gilt (Bildmitte unten). Das Bild «Astra Urtyp», von Sigrid von Spreckelsen, 1976, zeigt diesen Konflikt in seinem ganzen Reichtum an Symbolen auf.

310

Gleichsam wie die Tauben sind auch die Taubenfreunde häufig das Opfer aggressiver Taubenfeinde. In mehreren europäischen Städten ist das Taubenfüttern wegen der bekannten negativen Folgen für die Tauben verpönt, in manchen Städten wie z.B. in München sogar behördlich verboten. Die Taubenfeinde finden nun in den Taubenfütterern ein Objekt für ihren Hass, der wohl meistens anderer Herkunft ist. Sie fühlen sich dazu legitimiert, in einer Art entgleister Selbstjustiz gegen Taubenfütterer vorzugehen. Diese erleben oft übelste Beschimpfungen, Futtersäcke werden ihnen aus den Händen geschlagen und sie werden durch anonyme Anrufer terrorisiert. Aus anonymen Briefen an eine deutsche Taubenmutter seien zwei Beispiele angeführt[1066].

Du bist und bleibst der Schrecken des Marktplatzes, und ausserdem bist du eine faule Sau. Frag mal beim Tierschutzverein nach, vielleicht haben sie für solche Tiere Verwendung.
Sie mögen vielleicht Taubenscheisse gern, die deutlich überwiegende Zahl der Zeitgenossen jedoch nicht? [...] Also, Frau [...], Aufwachen und (wieder) normal werden, ansonsten darf (besser muss) an ihrem Geisteszustand gezweifelt werden! Ein Mitbürger, den die Taubenscheisse ankotzt.

Es sind verschiedene Fälle bekannt, in denen fütternde Taubenfreunde tätlich angegriffen und verletzt wurden. In einem Fall musste sich eine «Taubenmutter» sogar in ärztliche Behandlung begeben[1067]. Diese Beispiele mögen zeigen, wie sehr die Taube die Meinungen polarisiert und Personen mit neurotischen Neigungen anzuziehen vermag.
Neben den eigentlichen Taubenfeinden gibt es auch Menschen, die an einer ausgesprochenen Taubenphobie leiden, wie sie von Patrick Süskind (1987) in seiner Geschichte «Die Taube» so meisterhaft geschildert wird. Es gibt Menschen, die nur schon beim Gedanken an eine Taube Angstzustände erleben. Eine Dame erzählte, sie sei als Kind in einen auffliegenden Taubenschwarm geraten. Noch heute habe sie panische Angst, wenn eine Taube vor ihr aufflattert.

Die Taube als Versuchstier und Bioindikator

Die Nützlichkeit eines Tieres bemisst sich bei vielen Menschen an seinem Dekorations- oder Gebrauchswert. Ein nützliches Tier erfährt oft eine höhere Wertschätzung als eines, mit dem der Mensch nicht viel anzufangen weiss oder das im schlimmsten Fall gar als Schadtier auftritt. Nach Heidenreich (1995) lernen wir in unserer Gesellschaft bald einmal, dass das Tier nichts ist, wenn es dem Menschen nicht als Ware oder gehätscheltes Einzelwesen dient. Die Taube wurde wegen ihrer einfachen Haltung und guten Verfügbarkeit immer wieder gerne als Versuchstier in der biomedizinischen Forschung eingesetzt. Viele Resultate aus der Endokrinologie, Ethologie, Orientierungsforschung, Forschung über den Vogelflug und der Genetik wurden an Haustauben und Strassentauben erarbeitet[1068].
Strassentauben verbringen rund die Hälfte ihres Lebens in den Strassen, auf den Simsen und den Dächern der Stadt, die restliche Zeit am Brutplatz[1069]. Sie atmen die gleiche Luft wie der Mensch und sie

Abb. 311: Das Tauben-problem ist vor allem eine Folge der Fütte-rung. Eine grosse Nahrungsgrundlage führt zu grossen Beständen, die zu einer ganzen Reihe von Problemen führen. Der tägliche Kampf um Futter in den anonymen Massen der untereinander konkurrierenden Strassentauben lässt nur die stärksten Tiere überleben.

verbringen ihr ganzes Leben in der Stadt. Ihre Nahrung nehmen sie vermischt mit den staubigen Niederschlägen unserer Städte auf. Diese Verunreinigungen enthalten alle Schadstoffe, denen auch der Mensch ausgesetzt ist. Die Strassentaube eignet sich deshalb hervorragend als Indikator für Umweltbelastungen. Ein weiterer Vorteil ist ihre weite Verbreitung. Sie kommt in den meisten grösseren Städten zahlreich vor und ist relativ einfach zu fangen bzw. ihre Eier können ohne Mühe in kontrollierten Taubenschlägen eingesammelt werden. Strassentauben werden deshalb schon seit längerer Zeit als Bioindikatoren verwendet[1070]. Eine Forschergruppe der Universität München konnte beispielsweise zeigen, dass die Münchner Strassentauben an stark mit Verkehr belasteten Strassen weit höhere Bleiwerte aufwiesen als solche aus Aussenquartieren[1071]. An der Umweltprobenbank der Universität Saarbrücken werden die Eier von Strassentauben als Bioindikatoren für verschiedene Umweltchemikalien[1072] verwendet[1073]. Strassentauben eignen sich auch für den Nachweis von Substanzen, die sich über längere Zeit in den Körpergeweben anreichern[1074]. Im Rahmen eines umfassenden Biomonitoringprogrammes zur Schadstoffverteilung und Schadstoffwirkung in urbanen Ökosystemen wird zur Zeit ein Projekt in Basel durchgeführt. Strassentauben werden als Bioindikatoren für die räumliche und zeitliche Exposition in bezug auf vom Menschen in die Umwelt gebrachte Substanzen eingesetzt[1075].

Das Taubenproblem

Die Taube ist durch ihre Lebensweise sehr eng mit dem Menschen verbunden. Ihr Wohlergehen ist deshalb weitgehend von der Einstellung der Bevölkerung ihr gegenüber abhängig. Das Zusammen-

leben ist oft nicht unproblematisch: Taubenfreunde füttern aus verschiedenen Beweggründen unsere Strassentauben und erzeugen dadurch eine Nahrungsgrundlage, die den Aufbau von grossen Populationen ermöglicht. Das ist mehrfach belegt[1076]. Die hohe Siedlungsdichte führt zu einer ganzen Reihe von Überbevölkerungseffekten. Allen voran sind es die Tauben selbst, die unter ihrer grossen Zahl zu leiden haben. Der Kampf um das tägliche Futter in anonymen Massen von untereinander konkurrierenden Tauben lässt vor allem den unerfahrenen Jungtieren kaum eine Überlebenschance. In Basel überleben mehr als 95% der Jungtiere das erste Lebensjahr nicht[1077]. Die weit verbreitete Taubenfütterung scheint ein Wohlstandsproblem zu sein, obwohl es im allgemeinen nicht die reichsten Bürger sind, die Tauben füttern[1078]. Vor allem in Zeiten des Überflusses kann es sich der Mensch leisten, zu seinem Vergnügen Tiere zu füttern. Schlechte Zeiten für den Menschen sind auch schlechte Zeiten für die Tauben. Durch die Rationierung der Lebensmittel im 2. Weltkrieg gingen auch die Taubenpopulationen z.B. in England stark zurück[1079]. Sie erholten sich aber nach dem Krieg wieder, weil Lebensmittel verfügbarer und billiger wurden. Zählungen aus dem Londoner Bloomsbury Distrikt zeigten eine Verdreifachung der Taubenzahl von 1951 bis 1965. Diese Zunahme korrelierte mit der Anzahl der Taubenfütterer[1080]. Generell sinkt die Lebensqualität, unter der eine Tierpopulation lebt, mit steigender Siedlungsdichte. Diese ökologische Regel gilt auch für die Tauben. Je mehr Tiere sich zusammendrängen, desto schlechter wird ihre Lebensqualität[1081]. Die hohe Dichte, unter der unsere Strassentauben an ihren Brutplätzen leben, aktiviert das Auftreten von dichteabhängigen Regulationsmechanismen[1082], die vor allem die Eier, Nestlinge und ausgeflogenen Jungtiere auf eine «unnatürliche Art und Weise» über Krankheiten,

[1063] statt 300–400 g
[1064] Kösters & Korbel 1997
[1065] Pigeon Kickers of America 1996, pka+@kimba.eek.org
[1066] Haag 1997b
[1067] Im Arztzeugnis vom 13.10.1996 steht dazu: «Beim Taubenfüttern wurde die Patientin von einer Passantin tätlich angegriffen. Dabei wurde ihr mit der Handtasche ins Gesicht und über den rechten Daumen geschlagen.»
[1068] Übersicht bei Johnston & Janiga 1995, 272–274
[1069] Haag 1984, S. 150–152
[1070] Übersicht bei Johnston & Janiga 1995, S. 240–247
[1071] Grimm et al. 1985
[1072] z.B. Schwermetalle, chlorierte Kohlenwasserstoffe, PCB, PAK, Endosulfan, DDT usw.
[1073] Altmeyer 1993, Altmeyer & Paulus 1996
[1074] Haag-Wackernagel et al. 1998
[1075] P. Nagel, Institut für Natur-, Landschafts- und Umweltschutz/Biogeographie und D. Haag-Wackernagel, Medizinische Biologie, Universität Basel
[1076] Haag 1984, S. 215–221; Angal't nach Johnston & Janiga 1995 S. 203; Coombs 1990; Kösters et al. 1994
[1077] Haag 1984, S. 201–204
[1078] Goodwin 1978, S. 173
[1079] Goodwin 1960
[1080] Cramp & Tomlins 1966
[1081] Haag 1991a, Haag-Wackernagel 1994b
[1082] Haag 1988a

Parasiten dezimieren[1083]. Diese Regulatoren dürften im natürlichen Lebensraum der Felsentaube nicht im selben Mass wirksam werden, weil deren ausgeprägte Territorialität sowie andere natürliche Regulatoren die Population lange vor dem Aktivwerden dieser dichteabhängigen Mechanismen lichten. Eine hohe Dichte an den Brutplätzen führt auch zu einer Zunahme aggressiver Verhaltensweisen[1084], unter denen wiederum die schwächsten Glieder, die Nestlinge und Jungtiere, am meisten zu leiden haben. Bei den Strassentauben sind geeignete Brutplätze ein Minimumfaktor. Anstelle der im Halbdunkel liegenden Nischen und Höhlungen an der Felsenküste dienen in der Stadt künstliche Äquivalente der natürlichen Standorte als Neststandorte. In den letzten Jahrzehnten stiegen die Taubenpopulationen in vielen Städten durch das grosse Nahrungsangebot stark an. Gleichzeitig nahmen geeignete Niststandorte, wie z.B. offene Dachböden, ab. Mit dem Anstieg der Strassentaubenpopulationen wuchs der Bedarf an Brutplätzen, so dass eine höhere Dichte an Strassentauben zu starken Verschmutzungen durch Kot und verwesendes organisches Material führte. Die diese Stoffe abbauenden Reduzenten wie Motten, Mehlkäfer und Messingkäfer können in menschliche Wohnungen einwandern und statt Taubenfedern Lederpolstermöbel und Teppiche abbauen. Diese unangenehmen Begleiterscheinungen einer grossen Taubenpopulation fordern ihrerseits die Opposition von Betroffenen heraus. Als Abwehrmassnahme gegen eindringende Tauben wurden in vielen Häusern alle Zugänge vergittert – zum Schaden auch anderer Stadtvögel wie Segler, Dohlen und Turmfalken.

In Ausnahmefällen können Parasiten aus den Brutplätzen von Strassentauben auswandern und den Menschen und seine Haustiere befallen. In Basel treten Infektionen mit dem Vogelfloh Ceratophyllus spec., der Roten Blutmilbe Dermanyssus gallinae[1085], und der Taubenzecke, Argas reflexus, auf. Bei Strassentauben kann eine ganze Reihe von Krankheitserregern nachgewiesen werden, die auf den Menschen und seine Haustiere übertragen werden können[1086]. Durch das von Strassentauben auf Hausgeflügel übertragene Paramyxovirus entstanden nach Bevan (1990) in England gesamthaft Schäden von 2,2 Millionen Pfund. Nach Wregitt (1998) traten in Cambridge (England) mehrere Ornithoseerkrankungen (Chlamydia psittaci) beim Menschen auf, die sich auf Kontakte mit Strassentauben zurückführen liessen.

Das grösste Problem verursachen Strassentauben durch die Verschmutzungen von Gebäuden und Denkmälern mit ihrem Kot. Eine Taube erzeugt pro Jahr etwa 12 kg Nasskot, der Hausfassaden, Denkmäler und Dachböden verschmutzt. Die Entfernung des Kotes ist meist sehr kostspielig. Das Westminster City Council gibt für die Entfernung von Taubenkot jährlich rund 40 000 englische Pfund aus[1087]. Der Umsatz der grössten schweizerischen Firma für Taubenschutz liegt alleine in der Deutschen Schweiz um 1 Million Fr. pro Jahr. Um die Tauben von Hausfassaden und Denkmälern fernzuhalten, werden die verschiedensten mehr oder weniger wirksamen Abwehrsysteme eingesetzt[1088]. Strassentauben können als Landwirtschaftsschädlinge enorme Schäden verursachen. Im Punjab (Pakistan) fliegen sie zu Tausenden aus der Stadt in Landwirtschaftsgebiete und nehmen auf den Feldern grosse Mengen an Getreide und Hülsenfrüchten auf. Die Tauben haben es gelernt, Löcher in Getreidesäcke zu picken um das Futter zu fressen[1089]. Tauben richten durch die Aufnahme von Saatgut und Keimlingen grosse Schäden an. Es wird vermutet, dass Tauben die frische Saat über ihren Geruchssinn wahrnehmen können[1090]. Aus Mineralstoff- und Vitaminmangel verursachen Strassentauben Schäden an Grünanlagen durch die artuntypische Aufnahme von Knospen und Blättern. Diese Mangelerscheinungen sind hauptsächlich auf die einseitige Ernährung durch die Taubenfütterer zurückzuführen[1091].

Zusammenfassend lässt sich festhalten, dass die durch den Menschen bedingte Nahrungsgrundlage oft sehr hohe Bestände verursacht, denen zuwenig Infrastruktur in Form von geeigneten Brutplätzen zur Verfügung steht. Die Überbevölkerung führt durch die dichtebedingte Ausbreitung von Krankheiten und Parasiten zu «Slumbedingungen», die in vielen Städten eine schlechte Lebensqäulität der Strassentauben verursachen.

Der Taubenkrieg

Immer wenn dem Menschen ein Tier lästig oder gar schädlich ist, versucht er, es auszurotten. In vielen Städten führt der Mensch deshalb Krieg gegen die Tauben. Ohne die ökologischen Zusammenhänge abgeklärt zu haben, wird meistens versucht, möglichst viele Tauben durch Fallenfänge, Abschuss und Vergiftungsaktionen zu töten. Verschiedene Untersuchungen konnten zeigen, dass durch die Tötung von Tauben keine dauerhafte Bestandessenkung erreicht werden kann. In Basel wurden mehrere Schwärme bis auf 20% ihrer ursprünglichen Grösse reduziert. Nach einigen Wochen hatten die Schwärme ihren früheren Bestand wieder erreicht oder waren grösser als zuvor[1092]. Ähnliche Resultate erhielt auch Murton (1972) bei den Untersuchungen in den Salford Docks von Manchester. Kautz und Malecki (1990) untersuchten die Auswirkungen von Tötungsaktionen bei New Yorker Strassentauben. Sie konnten zeigen, dass die Population im Folgejahr erst dann abnimmt, wenn im Herbst mehr als 35% des Bestandes entfernt werden. Das ist deshalb so, weil in einer gelichteten Population besonders die Jungen, aber auch die Alten wieder viel bessere Chancen haben.

Das Töten von Strassentauben hat somit kaum einen Einfluss auf deren Populationsgrösse. Die Lücken, die durch die Entfernung von Individuen entstehen, werden innerhalb kürzester Zeit von Jungtieren besetzt. Ein Brutpaar kann unter optimalen Bedingungen bis zu 12 flügge Jungtiere pro Jahr erzeugen[1093]. In einer Population sterben jährlich nur etwa 11% der Alttiere[1094]. Das ist wenig. Wenn man nun Alttiere tötet, kommen entsprechend viele Jungtiere auf, die sonst gar keine Chance hätten. Murton und Mitarbeiter (1972) mussten beispielsweise während dreier Jahre 9000 Tauben aus ihrer Versuchspopulation entfernen, um deren Grösse von 2600 auf 1300 Individuen zu senken. Tötungsaktionen sind bei Strassentauben kein wirksames Instrument für eine erfolgreiche Bestandesregulation, weil nicht eine

geringe Sterberate, sondern das grosse Nahrungsangebot die Ursache für die grossen Strassentaubenbestände sind. Durch die hohen Geburtsraten können
Verluste innerhalb kürzester Zeit kompensiert werden.
In den letzten Jahrzehnten wurde versucht, eine
Bestandesregulation der Strassentaube über die Be-
einflussung ihrer Fortpflanzungsphysiologie mit der
sogenannten «Taubenpille» zu erreichen[1095]. Bei den
verwendeten Wirkstoffen müssen die meist sehr
toxischen Sterilantien von den eher harmlosen Hor-
monpräparaten unterschieden werden[1096]. Bisher
konnte mit diesen Substanzen keine dauerhafte Bestandesregulation erreicht werden[1097]. Dominante
und kräftige Individuen setzen sich am Futter durch
und können zuviel des Präparates aufnehmen, was
zu einer Vergiftung führen kann. In den meisten Fällen ist es nicht möglich, die ganze Taubenpopulation
einer Stadt gleichmässig zu behandeln. Die Nachkommen der unbehandelten Paare haben wegen der
geringeren Konkurrenz eine höhere Lebenserwartung
und sind so in der Lage, die geringere Geburtsrate
zu kompensieren. Die heute verwendeten Wirkstoffe
werden meistens, auf Mais dragiert, in grossen
Mengen den Tauben verfüttert. Dies führt zu einer
zusätzlichen Vergrösserung der Nahrungsgrundlage,
was im Extremfall eine Erhöhung der Population verursachen kann. Bei allen diesen Substanzen besteht
die Gefahr, dass diese in die städtische Nahrungs-
kette gelangen und unkontrollierbare Auswirkungen
auf Beutegreifer haben. Durch die schwer kontrollier-
bare Ausbringung von präpariertem Futter können
andere Körnerfresser wie Ringel-, Hohl- und Türkentauben, Sperlinge usw. unbeabsichtigt mitbehandelt
werden.

Die Basler Taubenaktion

Alle bisherigen Erfahrungen zeigen, dass die Taubenpopulationen nur durch eine Senkung der Nahrungsgrundlage verringert werden können. Im Jahre 1988
wurde unter der Leitung des Autors als gemein-
sames Projekt der Universität Basel, des Sanitäts-
departementes und des Basler Tierschutzvereins die
«Basler Taubenaktion» mit dem Ziel ins Leben ge-
rufen, eine dauerhafte und humane Lösung des
Strassentaubenproblems herbeizuführen. Ökologisch
gesehen ist die durch die Fütterung des Menschen
erzeugte Nahrungsgrundlage die Ursache für die
Überpopulation der Strassentauben. Der Haupt-
adressat der Bemühungen war deshalb die Bevölkerung, das heisst vor allem die Taubenfreunde, und
nicht die Strassentaubenpopulation an sich.
In Broschüren, Plakaten, Zeitungsartikeln sowie
Fernseh- und Radiosendungen wurde der Bevölkerung erklärt, welche negativen Konsequenzen die an
sich gutgemeinte Fütterung für die Strassentauben
hat. In schockierenden Bildern wurden die Folgen
der fütterungsbedingten schlechten Lebensbedingungen der Tauben aufgezeigt. Mit dieser Medien-
arbeit wurde versucht, der Bevölkerung den kom-
plizierten ökologischen Sachverhalt nahezubringen,
dass die unkontrollierte Fütterung eine grosse Nahrungsgrundlage erzeugt, die für die zu grosse Taubenpopulation verantwortlich ist. Die resultierende
Übervölkerung führt zu einer «Slumsituation», die
durch Dichtestress und die Ausbreitung von Krank-

heiten und Parasiten zu einer schlechten Lebensqualität der Tauben führt und dadurch indirekt auch
eine hygienische Gefährdung für den Menschen und
seine Haustiere darstellt. Aus diesen Gründen wurden die Taubenfreunde aufgefordert, das Füttern im
Interesse der Strassentauben einzustellen oder zumindest stark einzuschränken. Damit wegen der verringerten Nahrungsmenge keine Tauben verhungern,
wurden von den Beamten des Basler Jagd-
inspektorates in einer Kastenfalle soviele Strassentauben als möglich eingefangen. Durch diesen
leichten «Feinddruck» konnte die Taubenpopulation
schneller der verringerten Nahrungsgrundlage angepasst werden. Diese jährlichen Fänge betrugen
weniger als 20% der Population und dürften für sich
alleine keinen regulativen Einfluss auf die Populationsgrösse ausgeübt haben.
Um eine vorbildliche Tierhaltung durch die Stadt zu
demonstrieren, wurden acht Strassentaubenschläge
in die Dachböden öffentlicher Gebäude eingebaut.
Diese kontrollierten Schläge werden wöchentlich
durch einen Taubenwart gereinigt und überwacht.
Wenn die einzelnen Schwärme zu stark anwachsen,
werden als sanfte Regulationsmassnahme befruch-
tete Eier aus den Nestern genommen und durch ab-
gestorbene ersetzt. Von 1991–1996 wurden insgesamt 8100 kg Kot und 10749 Eier aus den Taubenschlägen entfernt. Diese von der öffentlichen Hand
finanzierten Schläge sollen vor allem zeigen, dass es
nicht die Absicht ist, die Strassentauben auszurotten, sondern einen kleinen und gesunden Bestand
anzustreben. Durch eine vorbildliche Tierhaltung wird
demonstriert, dass es nicht genügt, den Tauben einfach nur Futter hinzuwerfen und den Rest der All-
gemeinheit zu überlassen. Eine Taubenhaltung sollte
auch die Beherbergung und die veterinärmedizinische
Versorgung der Tiere beinhalten.
Innerhalb von 50 Monaten sank die durchschnittliche
Grösse von 13 wöchentlich ausgezählten Kontroll-
schwärmen von 1400 auf 708 Individuen. Dieser
Rückgang erlaubt es, auf die Gesamtpopulation zu
schliessen. Die Anfangspopulation von ca. 20000
Tauben dürfte somit innerhalb von 50 Monaten auf
10000 Tiere zurückgegangen sein[1098]. Entsprechend
der geringeren Populationsgrösse gingen auch die
Schäden zurück. Die Stadtgärtnerei Basel konnte
z.B. in öffentlichen Grünanlagen einen Rückgang der
Schäden um etwa 50% feststellen. Mittels einer
soziokulturellen Erfolgskontrolle wurde versucht,
Veränderungen in der Werthaltung der Bevölkerung
gegenüber dem Taubenfüttern zu erfassen. Die Aus-
wertungen von Presseberichten, Leserbriefen in Zei-
tungen sowie Anrufen und Briefen belegten, dass
die Botschaft, dass das Füttern den Tauben schadet,
verstanden wurde. Die «Basler Taubenaktion» wurde von Radio, Fernsehen und Presse im Inland und
Ausland gut aufgenommen. Heute wissen die meisten Einwohner von Basel, dass die unkontrollierte
Fütterung den Tauben schadet. Unsere Erfahrungen
haben gezeigt, dass eine Population von wildleben-
den Tieren nur nach einer sorgfältigen Analyse der
ökologischen Zusammenhänge beeinflusst werden
kann. Tötungsaktionen ohne den Versuch, die Nahrungsgrundlage zu senken, haben dank der enormen
Nachwuchsrate der Strassentauben keinen Einfluss
auf die Populationsgrösse und stellen eine reine
Symptombekämpfung dar.

[1083] Haag 1994b
[1084] Haag 1994b
[1085] Haag 1988b, Haag & Gurdan 1990
[1086] z.B. Aspergillus, Kokkzidi-
en, Equine Encephalitits,
Influenza, Paramyxovirose,
Chlamydien (Ornithose),
Paratyphus, Toxoplasmose,
Tuberkulose, Campylobac-
ter usw. (Johnston & Janiga 1995, S. 276–277,
Kösters et al. 1991)
[1087] Bevan 1990
[1088] Haag-Wackernagel 1997b
und 1997c
[1089] Saini & Toor 1991
[1090] Johnston & Janiga 1995,
274–276
[1091] Haag 1984, S. 69–76
[1092] Haag 1984, S. 163–171
[1093] Haag 1987
[1094] Haag 1990a
[1095] Übersichten in Neubauer
1994, Hennig 1993 und
Kiefner 1986
[1096] Haag-Wackernagel 1997b
[1097] Wormuth 1993
[1098] Haag-Wackernagel 1995

221

Die Zukunft der Strassentaube

Abb. 312: Die Taube hat einen langen Weg durch die Völker und Zeiten vom heiligen Vogel der Liebesgöttin bis zur Strassentaube zurückgelegt. Noch immer ist sie für viele Menschen ein heiliges Tier. Ihren Weg wird sie wahrscheinlich auch in Zukunft gemeinsam mit dem Menschen gehen und wird sich zu einer «Supertaube» entwickeln, die sich noch erfolgreicher im Lebensraum des Menschen behaupten kann.

Wo und mit welchen Mitteln der Mensch den Kampf gegen die Taube auch aufnimmt, er wird ihn nie gewinnen. Die Strassentaube lässt sich nicht ausrotten! Im besten Fall kann ein zu grosser Bestand durch Nahrungsreduktion auf ein tieferes Niveau gesenkt werden. In einer Jahrtausende andauernden Domestikation hat der Mensch die Taube züchterisch beeinflusst und nach seinen Vorstellungen geformt. Er hat ihre Fruchtbarkeit gesteigert, ihre Scheu vor dem Menschen gemindert und eine Unzahl von Rassen mit den unterschiedlichsten Eigenschaften hervorgebracht. Diese veränderten Tauben haben sich im Laufe der Jahrhunderte immer wieder in den Städten angesiedelt, ohne vom Menschen in ihrer Partnerwahl beeinflusst worden zu sein. So konnten sich die Tauben nach ihren eigenen Auswahlkriterien verpaaren und dabei waren sie sehr erfolgreich. Täubinnen sind wählerischer als Täuber. Sie bevorzugen z.B. erfahrene aber nicht zu alte Partner, die die besten Bruterfolge haben (Burley 1981). Es existieren mindestens acht weitere Eigenschaften in Erscheinung und Verhalten, die in der Partnerwahl bei Tauben eine Rolle spielen. Es sind dies Alter, vorausgegangene Bruterfahrung, Stellung in der Rangordnung, Körpergrösse, Zustand des Gefieders und Parasitierung, Gefiederfärbung und Gefiedermuster[1099].

Strassentauben stammen von einer grossen Vielfalt an Haustaubenrassen, Feldtauben und Felsentauben ab. Jeder dieser Vorfahren trug bestimmte Anlagen in den Genpool ein. Besonders die in Europa häufig verwilderte Brieftaube verdient dabei eine genauere Beachtung. Rehkämper[1100] konnte nachweisen, dass bei Brieftauben, durch die menschliche Selektion auf Heimkehrleistung, bestimmte Hirnareale[1101] gegenüber Ziertaubenrassen vergrössert sind. Darunter sind auch Zentren, die auf verbesserte integrative Fähigkeiten schliessen lassen. Das heisst, der Brieftaubenbeitrag in der Population könnte wesentlich zu den immer wieder erstaunlichen Intelligenzleistungen der Strassentauben beigetragen haben. Strassentauben weisen wegen ihrer heterogenen Herkunft eine bis zweimal so hohe genetische Variabilität wie andere Vögel auf[1102]. In der Stadt haben diese Tiere unterschiedlichster Herkunft sich miteinander vermischt und völlig unabhängig von den menschlichen Selektionskriterien immer wieder neue Kombinationen hervorgebracht. Nur die Allertüchtigsten von ihnen haben überlebt. Die europäischen Strassentauben können eine Geschichte von 6500 Jahren hinter sich haben, die amerikanischen vielleicht von 400 Jahren[1103]. Dies ist lange genug, um neue evolutionäre Linien zu erzeugen. Die Taube konnte sich deshalb in der Vergangenheit immer perfekter an die Lebensbedingungen der Stadt anpassen.

Eine erfolgreiche Strassentaube ist intelligent, zahm und vorsichtig zugleich, genügsam und weitgehend resistent gegen Krankheiten und Parasiten. Die Täuber müssen gute Kämpfer sein, um sich einen Brutplatz erobern zu können und sie müssen sich im Kampf um das Futter durchsetzen können. Strassentauben halten ihrem Ehepartner sogar Nahrungs-

konkurrenten vom Leib[1104] und erhöhen damit indirekt die Überlebenschancen des eigenen Nachwuchses. Eine Taube muss ihrem Ehepartner helfen, die gemeinsamen Jungen aufzuziehen. Fehlt ein Elternteil, geht das ganze Gelege zugrunde. Nach dem Ausfliegen werden die Jungen meist vom Vater weiter betreut. Er nimmt sie an seine Fressplätze mit und verbessert so deren Überlebenschancen. Wie jedes andere Lebewesen auch hat die Strassentaube vor allem ein Ziel: Selber lange zu überleben und möglichst viel Nachwuchs zu erzeugen, der sich erfolgreich behaupten kann. So schafft sie für die Ausbreitung der eigenen Gene optimale Bedingungen. Je stärker eine Taubenpopulation z.B. durch Tötungsaktionen des Menschen unter Druck kommt, desto schneller wird sich die Population an diesen Selektionsfaktor anpassen und z.B. mit einer höheren Nachwuchsrate reagieren[1105]. Wir können erwarten, dass die Strassentaube sich in Zukunft durch verschiedenste biologische Mechanismen immer noch besser an das Leben in der Stadt anpassen kann und dadurch immer unbesiegbarer wird. In der sibirischen Stadt Ulan Ude konnte sich um die Jahrhundertwende die Klippentaube Columba rupestris, die östliche Felsentaube, an das Stadtleben anpassen. In den 1960er Jahren tauchten die ersten Strassentauben auf und verdrängten die Klippentauben aus der Stadt[1106]. Die Strassentaube verfügt über eine derart gute Fitness, dass sie sogar ihre Vorfahrenform, die Felsentaube, in deren eigenem Lebensraum, an den sich diese seit Jahrtausenden angepasst hat, verdrängen kann[1107]. Die Strassentaube wird sehr wahrscheinlich ihren Siegeszug erfolgreich fortsetzen und in der Zahl ihrer Kolonien wie auch ihrer Individuen weiterhin zunehmen.

Wir werden vom menschlichen Allmachtswahn abkommen müssen. Mit behördlichen Massnahmen lassen sich die Taubenbestände nicht in den Griff bekommen. Wir müssen daran gehen, einen Weg der Koexistenz zu suchen und sollten uns darüber freuen, dass es ein uns in gewissen Zügen ähnlicher «Superorganismus» geschafft hat, unseren bedrohlichen Lebensraum mit seiner Existenz zu bereichern. Entscheidend aber wird immer die Einstellung des Menschen der Taube gegenüber bleiben. Sie vor allem wird über ihre Lebensqualität in unseren Städten entscheiden, nicht aber über Sein oder Nichtsein. Dazu haben wir sie zu gut gemacht. So bleibt zum Schluss die Hoffnung, dass der Mensch in Zukunft die Strassentaube als «Meisterwerk der Natur» und als Produkt einer gemeinsamen Interaktion schätzen lernt. Dem Symbol der Liebe, der Sanftmut, der Unschuld, des Heiligen Geistes und des Friedens bleibt somit eines zu wünschen: Frieden für eine gemeinsame Zukunft mit dem Menschen.

[1099] Johnston und Janiga 1995, S. 56–61
[1100] Rehkämper et al. 1988 und 1995
[1101] Tectum, Hippocampus, Palaeostriatum, Neostriatum, Bulbus olfactoris
[1102] Unter genetischer Vielfalt ist hier der Prozentsatz der polymorphen Genloci gemeint. Er beträgt bei italienischen Strassentauben 20,4%, bei amerikanischen 24,5%, bei Felsentauben hingegen 8,2% (Johnston et al. 1988).
[1103] Johnston & Janiga 1995, S. 30
[1104] Lefebvre 1986
[1105] Kautz 1985, Kautz & Malecki 1990
[1106] Nadler & Ansorge 1982, Nadler & Gebauer 1985, Dorzhiev 1991
[1107] Johnston et al. 1988 und Johnston & Janiga 1995, S. 41

Anhang

Dank

Eine interdisziplinäre Arbeit kann nur gelingen, wenn eine fächerübergreifende Kommunikationen möglich wird und wohlwollende Experten aus den verschiedensten Fachgebieten bereit sind, ihr Wissen freizügig weiterzugeben. Ohne diese Hilfe und Unterstützung wäre vorliegendes Buch nicht möglich gewesen. All meinen Freunden, Bekannten und Kollegen möchte ich hiermit herzlich für ihre geistige und materielle Unterstützung danken.

Karin Schlapbach danke ich für die grosse und stets zuverlässige Hilfe bei der oft mühseligen Beschaffung von Quellenmaterial, für die sorgfältige Korrektur der Kapitel Griechenland und Rom, sowie für unzählige Übersetzungen antiker Stellen aus dem Griechischen, Lateinischen und Italienischen.

Prof. Dr. Benedikt Hartmann danke ich für die grosse Mühe, die er sich mit der Korrektur der Kapitel Alter Orient, Judentum und Christentum gemacht hat.

Prof. Dr. Hans Troxler-Keller danke ich für seine Übersetzungen aus dem Lateinischen und Griechischen.

Besonders danken möchte ich **Prof. Dr. Othmar Keel** für seine interessanten Anregungen und sein grosszügiges Einverständnis, die Abbildungen aus seinen Werken verwenden zu dürfen.

Dr. Elisabeth Staehelin und Prof. Dr. Erik Hornung danke ich für die kritische Durchsicht des Kapitels über Ägypten und **Dr. André Wiese** für die freundliche Hilfe bei der Literaturbeschaffung zu diesem Thema.

Derek Goodwin danke ich herzlich für die sorgfältige Korrektur des Manuskriptes und seine vielfältigen Anregungen und Beiträge. Ich habe in ihm stets einen verständnisvollen Ansprechpartner für meine Probleme gefunden und er war jederzeit bereit, mich an seinem immensen Wissen über die Taube teilhaben zu lassen.

Zu ganz besonderem Dank bin ich **Karl Stauber** für seine hervorragenden Fotos und seine sorgfältigen Korrekturen verpflichtet.

Christian Reichenbach danke ich für die sorgfältige Durchsicht und Korrektur des gesamten Manuskriptes und für die grosszügige Weitergabe seines enormen Wissens über die Taube.

Olaf Steinke danke ich für die freundliche Überlassung von Bildmaterial. Besonderer Dank gebührt **Dietrich Bornhalm** für seine Abbildungen, die er mit grossem Engagement und Können eigens für dieses Buch geschaffen hat. Seine vielen interessanten Anregungen zu den Themen Felsentauben und Feldtauben waren mir sehr willkommen.

Mohammed und Susanne Tabche danke ich herzlich für die Korrektur der Kapitel über arabische Taubenrassen und die Bedeutung der Taube im Islam sowie für die Übersetzungen aus dem Arabischen.

Dr. Manuel Bachmann und Thomas Hofmeier danke ich für ihre Beiträge zur Bedeutung der Taube in der Alchemie.

Andreas Leiss danke ich herzlich für die Korrektur des Kapitels Strassentauben und für die fachkundige Beratung zur Genetik der Taube. **Ulrich Reber** danke ich für die Informationen zum Thema Flugtaubensport und orientalische Rassen. **Rabbiner Dr. I. M. Levinger** danke ich für die Überprüfung der verwendeten Talmudstellen und die interessanten Gespräche zum Thema Tauben im Judentum. **Karlheinz Sollfrank** vom Taubenmuseum Nürnberg danke ich für seine vielfältige Unterstützung. **Erich Müller, Jakob Relovsky, Hilmar Hoffmann, Horst Haitzinger** sowie **Peter und Jean Hansell** sei herzlich für die grosszügige Überlassung von Bildmaterial gedankt. **Sigrid von Spreckelsen** danke ich für ihre Abbildungen und die Unterlagen zur Symbolik der Taube.

Prof. Dr. Heinz Durrer danke ich herzlich für die anregenden Diskussionen über allgemeine biologische Themen, von denen viele Eingang in dieses Buch gefunden haben. Als Leiter unserer Abteilung Medizinische Biologie hat er es durch seine Persönlichkeit immer verstanden, ein gutes menschliches Arbeitsklima zu schaffen, welches für das Gedeihen eines solchen Buches notwendig ist.

René Hänggi danke ich für seine Beiträge zum Thema Brieftauben im Altertum. **Dr. Ursula Kampmann** danke ich für das Dokumentationsmaterial und die kritischen Anregungen zu den Themen Antike und Numismatik. **Dr. Nina Hurwitz und Dr. Peter Hurwitz** danke ich für ihre interessanten Beiträge zu den Themen Medizin und Judentum. **Dr. Verena Lacoste** danke ich für ihre Übersetzungen aus dem Französischen und die vielfältige Hilfe bei der Quellenbeschaffung. Meiner Mitarbeiterin **Annemarie Fränkl** danke ich herzlich für ihre engagierte und kompetente Durchsicht des Manuskriptes.

Für ihre Unterstützung in der einen oder anderen Weise danke ich im weiteren **Heinz Trautwein, Dr. Niklaus Thurnherr, Prof. Dr. Urs A. Meyer, Felix Labhardt, Dr. Herbert Cahn, Vera Slehofer, Stephanie Zellweger, Marius Glaser, Hansruedi Zysset, Andreas Ochsenbein, Markus Ritter, Prof. Dr. Axel Sell, Günter Stach, Dr. Peter Havelka, Dr. Angelika Wosegien, Markus Peter, Christian Waffenschmidt, Prof. Dr. Peter Nagel und Walter Stettler.**

Besonders danken möchte ich unserem Freund und Buchgraphiker **Michael Fischer**, der mit grossem Engagement und Können dieses Buch gestaltet hat. Was wäre das schönste Buch, müsste es im Kopf des Schreibers bleiben? Ich hatte das grosse Glück, Menschen zu finden, die an mein Taubenbuch geglaubt und es nach Kräften gefördert haben. Allen voran möchte ich unserem Freund und Verleger **Dr. Urs Breitenstein** für seine unermüdliche Aufmunterung und engagierte Unterstützung bei der Entstehung dieses Buches danken. Dem technischen Direktor der Schwabe Druckerei **Ruedi Bienz** danke ich herzlich für sein Vertrauen und die grosse Arbeit, die die technische Umsetzung und die Produktion eines solchen Werkes mit sich bringt. Urs Breitenstein und Ruedi Bienz waren es auch, die durch ihre Grosszügigkeit die schöne Ausführung und die vielen Abbildungen dieses Buches ermöglicht haben. **Dr. David Marc Hoffmann** danke ich herzlich für das sorgfältige Lektorat sowie seine vielen wertvollen Ergänzungen und

Anregungen, die wesentlich zur Qualität des Buches beigetragen haben. Allen anderen Mitarbeitern von Verlag und Druckerei, die in der einen oder anderen Weise an vorliegendem Buch mitgearbeitet haben, möchte ich auf diesem Weg für ihren Beitrag danken.

Meinem Schwiegervater **Dr. Hans Wackernagel-Grädel** möchte ich ganz herzlich für seine vielfältige Unterstützung und Förderung danken. Aufgrund unzähliger Diskussionen, seiner kritischen Anregungen und seiner sorgfältigen, aufbauenden Korrektur des Manuskriptes durfte dieses Buch eine wesentliche Bereicherung erfahren.

Meinem Vater **Max Haag-Osterwalder** danke ich herzlich für die jahrelange, oft mühselige Beschaffung von Dokumentationsmaterial über die Taube, vor allem aber für die vielen Hundert alter Postkarten mit Taubenmotiven, die ich mit grossem Gewinn für die Illustration dieses Buches verwenden konnte. Meiner Mutter **Claire Haag-Osterwalder** danke ich für die Vermittlung ihrer grossen Begeisterung für Kulturgeschichte.

Für die finanzielle Unterstützung dieses Buches möchte ich meinen Schwiegereltern **Hans und Johanna Wackernagel-Grädel** ganz herzlich danken. Zum Schluss sei meiner geliebten Familie, **Maia und Amos**, dem Quell all meiner Freude und Tatkraft, herzlich gedankt. Ihnen sei dieses Buch hiermit auch gewidmet.

Daniel Haag-Wackernagel

Literatur

Abul Fazl (1888) The art of training pigeons in the east. The Zoologist, XII, S. 167–174, 209–219, 252–258.

Aesop (o. J.) Fabeln von Aesop und aesopische Fabeln. W. Goldmann Verlag, München, 164 S.

Akos Ursula (1993) Baby ABC. Beobachter Ratgeber, ABC-Verlag AG, Zürich, 260 S.

Alerstam T. (1990) Ecological causes and consequences of bird orientation. Experientia 46, 4, S. 405–415.

Alleva E., Baldaccini N. E., Foa A., Visalberghi E. (1975) Homing behaviour of the Rock Pigeon. Monitore Zool. ital., 9, S. 213–224.

Altmeyer Monika (1993) Biomonitoring mit Stadttaubeneiern zur Erfassung von Chemikalien und deren Wirkungen in Verdichtungsräumen. Diss. Philosophische Fakultät der Univ. des Saarlandes, 300 S.

Altmeyer Monika & Paulus Martin (1996) Umweltprobenbank des Bundes: Verfahrensrichtlinien für Probenahme, Transport, Lagerung und chemische Chrakterisierung von Umwelt- und Human-Organproben. Umweltbundesamt, S. 1–19.

Anonymus (1765) A Treatise on Domestic Pigeons. Nachdruck Paul P. B. Minet, Chicheley, Buckinghamshire 1972, 142 S.

Anonymus (1934a) Von allerlei Tauben. Nachdruck aus der «Schweizer Tierwelt». Der Tauben-Züchter Chemnitz, 5. Jg. Nr. 19, S. 222–223.

Anonymus (1934b) München u. Venedig im Kampf gegen die Tauben. Der Tauben-Züchter, Chemnitz, 5. Jg. Nr. 36, S. 418.

Anonymus (1984) Das sechste und siebente Buch Mosis – sein wahrer Wert und was das Volk darin sucht. Ersterscheinung 1797. Karin Kramer Verlag, Berlin, 448 S.

Aristoteles (1949) Die Lehrschriften – Tierkunde. Übersetzung von P. Gohlke. Verlag F. Schöningh, Paderborn, 480 S.

Arneth Joseph (1840) Ueber das Tauben-Orakel von Dodona – Zur Erklärung einer antiken Erz-Münze der Epiroten in der Münzsammlung des Stiftes St. Florian. J. P. Sollinger, Wien, 30 S.

Auctiones A.G. (1996) Münzen der Antike und der Neuzeit aus Privatbesitz – Auktion 27. Basel, 88 S., 81 Tafeln, Abb. 288, 290.

Bachmann Manuel & Hofmeier Thomas (1997): Geheimnisse der Alchemie. Ausstellung des Instituts für Geschichte und Hermeneutik der Geheimwissenschaften in der Universitätsbibliothek Basel 1999. Institut für Geschichte und Hermeneutik der Geheimwissenschaften, Basel, 8 S.

Bächtold-Stäubli H. (1936/37) Handwörterbuch des deutschen Aberglaubens. W. De Gruyter Verlag, Berlin und Leipzig, VIII, S. 693–705.

Badawy Alexander (1968) A history of Egyptian architecture – The Empire. University of California Press, Berkeley and Los Angeles, S. 90–92.

Baptista L. F. & Abs M. (1983) Vocalisations. In: M. Abs (ed.) Physiology and behaviour of the pigeon. Academic Press, London, 309–325.

Bates William N. (1932) Aphrodite's doves at Paphos. American Journal of Philology, Vol. LIII, S. 260–261.

Baumann Hermann (1986) Das doppelte Geschlecht – Studien zur Bisexualität in Ritus und Mythos. D. Reimer Verlag, Berlin, 420 S.

Baumer Franz (1993) Der Kult der Grossen Mutter. Langen Müller, F. A. Herbig Verlagsbuchhandlung GmbH, München, 352 S.

Bechstein J. M. (1805) Gemeinnützige Naturgeschichte der Vögel Deutschlands für allerley Leser, vorzüglich für Forstmänner, Jugendlehrer und Oekonomen. Siegfried Lebrecht Crusius, Band III, 2. Hälfte, S. 973–1076.

Bel-Haj Mahmoud Nefti (1972) La psychologie des animaux chez les Arabes notamment à travers le Kitab al-Hayawan de Djahiz. Thèse presenté devant l'Université de Paris IV, 231 S.

Beltz W. (1975) Gott und die Götter – Biblische Mythologie. Claassen Verlag, Hildesheim, 381 S.

Benecke N. (1994) Der Mensch und seine Haustiere. Theiss, Stuttgart, S. 383–390.

Bergengruen Werner (1975) Römisches Erinnerungsbuch. Herderbücherei, Verlag Herder KG, Freiburg im Breisgau, 175 S.

Beschi Luigi (1967–68) Contributi di topografia ateniese. Annuario della Scuola italiana ad Atene, 45–46, S. 517–528.

Bevan R. D. R. (1990) The costs of Feral Pigeons. Brit. Ornithol. Union, ADAS, Symp. 11th Oct. 1990.

Bezzel Einhard & Prinzinger Roland (1990) Ornithologie. UTB, Verlag Eugen Ulmer, Stuttgart, S. 552 S.

Binder F. (1954) Die Brieftaube bei den Arabern in der Abbasiden- und Mamlukenzeit. Journal für Ornithologie, Vol. 95, S. 38–47.

Birchler Linus (1927) Führer durch die Kunst des Stiftes Einsiedeln. Augsburg, S. 92–93.

Birlinger Anton (1874) Sagen, Legenden, Volksaberglauben. H. Killinger, Wiesbaden, Band 1, S. 281–283.

Böckem Jörg (1996) Lizenz zum Töten. Szene Hamburg, Vol. 4, S. 32–33.

Boerlin Paul H. (1996) Venus und Amor. Wiese Verlag, Basel, 110 S.

Boessneck Joachim (1988) Die Tierwelt des Alten Ägypten. Verlag C. H. Beck, München, S. 92–107.

Böhr E. (1992) Vogelfang mit Leim und Kauz. Arch. Anzeiger 40, S. 573–583.

Bolte Johannes & Polivka Georg (1913) Anmerkungen zu den Kinder- und Hausmärchen der Brüder Grimm. Dieterich'sche Verlangsbuchhandlung Th. Weicher, Leipzig, S. 165–188.

Bömer Franz (1976) P. Ovidius naso Metamorphosen Kommentar. Carl Winter Universitätsverlag, Heidelberg, S. 291–292.

Bornemann E. (1991) Sex im Volksmund, der obszöne Sprachschatz der Deutschen. rororo-Handbuch, Rowohlt-Verlag, Reinbek bei Hamburg.

Bornhalm Dietrich & Welder Erich (1998) Kreuzungsresultate von Felsen- mit Brieftauben. Geflügelbörse, 3/98, S. 14–16.

Boswall J. (1973) The nesting of feral pigeons Columba livia in trees. Bull. of the British Ornithologist Club, 93, S. 38–39.

Böttcher J. (1986a) Die Produktion von Fleischtauben (I). DGS, Vol. 2, S. 35–38.

Böttcher J. (1986b) Die Produktion von Fleischtauben (II). DGS, Vol. 3, S. 66–67.

Bräker Ulrich (1789) Lebensgeschichte und Natürliche Ebentheuer des Armen Mannes im Tockenburg. Neuausgabe 1960. Gute Schriften, Zürich, 208 S.

Brandenberg Dietrich (1982) Islamic Miniature Painting in Medical Manuscripts. Editiones Roche, Basle Switzerland, 226 S.

Braun von Stumm Gustav (1953) Colmarer Pfennige aus der Interregnumszeit. Annuaire de Colmar, S. 29–36.

Braunfels W. (1994) Dreifaltigkeit. In: Lexikon der christlichen Ikonographie. Herder Verlag, Rom, Freiburg, Basel, Wien, Band 1, Sp. 525–537.

Breasted J. H. (1906) Ancient records of Egypt. Historical Documents. University of Chicago Press, Chicago, Vol. II und IV.

Brehm A. (1926) Vögel – Tauben. Brehms Tierleben, Bibliographisches Institut, Leipzig, 4. Auflage, Band 2, S. 393–408.

Brink H. (1899) Der Vogel der Venus. Bibliothek der Unterhaltung und des Wissens, Union Deutsche Verlagsgesellschaft, Stuttgart, Vol. 9, S. 168–188.

Bruckner D. (1763) XXIII. Stück: Augst. Merkwürdigkeiten der Landschaft Basel, Emanuel Thurneysen, Basel, 6, S. 2901–2902 und 3033.

Brüggemann T. (1984) 100 Jahre Deutscher Brieftaubenzüchter-Verband. In: Leben mit Brieftauben. Westfalen Verlag, Bielefeld, S. 73–172.

Buffon Georges Comte de (1772) Histoire naturelle des oiseaux. Imprimerie royale, Paris, Tome quatrième, S. 301–350.

Buffon Georges Comte de (1854) Œuvres complètes. Garnier, Paris, Tome V, Tafel 107.

Burley N. (1980) Clutch overlap and clutch size: Alternative and complemetary reproductive tactics. The American Naturalist 115, No. 2, S. 223–246.

Burley N. (1981) Mate choice by multiple criteria in a monogamous species. The American Naturalist 117, S. 515–528.

Conte Corti Egon Caesar (1927) Der Aufstieg des Hauses Rothschild 1770 bis 1830. Leipzig. In: Höper E. (1984) Geschichte der Botentaube. In: Leben mit Brieftauben, Westfalen Verlag, Bielefeld, S. 49–72.

Cooper J. C. (1986) Illustriertes Lexikon der traditionellen Symbole. Drei Lilien Verlag, Wiesbaden, 239 S.

Cramp S. (1985) Handbook of the Birds of Europe the Middle East and North Africa: Columbidae 298. Oxford University Press, Oxford, Vol. IV, S. 283–298.

Cramp S. & Tomlins A. D. (1966) The birds of Inner London 1951–65. British Birds 59, No. 6, S. 209–232.

Creuzer Friedrich (1840) Symbolik und Mythologie der alten Völker, besonders der Griechen. C. W. Leske, Leipzig, 697 S.

Dakaris Sotiris I. (1963) Das Taubenorakel von Dodona und das Totenorakel bei Ephyra. In: Neue Ausgrabungen in Griechenland. 1. Beiheft z. Halbjahresschrift Antike Kunst, Urs Graf-Verlag, Olten, S. 35–56.

Darwin Charles (1859) Die Entstehung der Arten durch natürliche Zuchtwahl oder die Erhaltung der bevorzugten Rassen im Kampfe ums Dasein. Übersetzung von David Haek, Philipp Reclam, Leipzig, 701 S.

Darwin Charles (1868) Das Variiren der Thiere und Pflanzen im Zustande der Domestikation. Deutsche Übersetzung von J. Victor Carus, 1878. E. Schweizerbart'sche Verlagsbuchhandlung, Stuttgart, Vol. I und II.

Davies Nina M. & Gardiner Alan H. (1936) Ancient Egyptian Paintings. The University of Chicago Press, Vol. 1, Tafel 49.

Delius Juan D. (1986) Komplexe Wahrnehmungsleistungen bei Tauben. Spektrum der Wissenschaft, April 86, S. 46–58.

Deutscher Rassetauben-Standard (1995) Offizielle Musterbeschreibungen des Bundes Deutscher Rassegeflügelzüchter. Verlagshaus Reutlingen Oertel + Spörer.

Di Cesnola Louis Palma (1879) Cypern, seine alten Städte, Gräber und Tempel. H. Costenoble, Jena, 442 S. mit 108 Tafeln.

Dictionnaire des communes (1980) Le Haut-Rhin – Stichwort Colmar, Tome 1, S. 294.

Dorzhiev T. Z. (1991) Ecology of sympatric pigeon populations. Moscow, Nauka Publishers, 151 S.

Dose H. (1984) Die Taube in der Volksmedizin. In: Leben mit Brieftauben. Westfalen Verlag, Bielefeld, S. 357–359.

Dittmar H. (1959) Symbol der Sehnsucht aller – die Friedenstaube. Econ Verlag, Düsseldorf, 191 S.

Dosdat F. (1938) Origine du nom de Colmar. Annuaire de Colmar, S. 15–24.

Dose H. (1984) Die Taube in der Volksmedizin. In: Leben mit Brieftauben. Westfalen Verlag, Bielefeld, S. 357–359.

Dozy R. (1874) Geschichte der Mauren in Spanien bis zur Eroberung Andalusiens (711–1110). Fr. Wilh. Grunow, Leipzig, Band 1, S. 346.

Dreidax F. (1936) Der Taubenmist – ein Würz- und Vollendungsdünger auf schwerem Boden. Demeter, Jahrg. 11, Nr. 9, S. 158–163.

Dreier Markus (1988) Brieftauben-Ambulanzen am Himmel. Die Tierwelt 10, S. 11.

Durrer Heinz (1977) Schillerfarben der Vogelfeder als Evolutionsproblem. Denkschr. d. Schweiz. Natf. Ges., XIC, 172 S.

Eaton John Matthew (1858) A treatise on the art of breeding and managing tame, domesticated, foreign an fancy pigeons. Text aus dem «Columbarium» von John Moore, London 1735, mit 30 handkolorierten Abbildungen von Dean Wolstenholme, London, 200 S.

Eibl-Eibesfeldt Irenäus (1984) Die Biologie des menschlichen Verhaltens. R. Piper & Co. Verlag, München-Zürich, 998 S.

Emery W.B. (1962) A funerary repast in an egyptian tomb of the archaic period. Nederlands Instituut voor het nabije oosten, Leiden, 14 S.

Emminghaus J. H. (1994) Verkündigung an Maria.
In: Lexikon der christlichen Ikonographie. Herder Verlag, Rom, Freiburg, Basel, Wien, Band 4, Sp. 422–437.

Engberg R. M., Kaspers B., Schranner I., Kösters J., Lösch U. (1992) Quantification of the immunoglobulin classes IgG and IgA in the young and adult pigeon (Columba livia). Avian Pathology 21, S. 409–420.

Engel Wilhelm Heinrich (1841) Kypros. G. Reimer Verlag, Berlin, Teil 2, 689 S.

Enzmann Carl Robert (o. J.) Solothurner Lied. Liederbuch der Studentenverbindung Solothurn. Verlag Solothurner Studenten-Liederbuch Solothurn, S. 54–55

Essigmann Alois (1915) Sagen und Märchen Altindiens. Axel Juncker Verlag, Berlin, S. 26–34.

Falkenstein A. & Von Soden W. (1953) Sumerische und Akkadische Hymnen und Gebete. Artemis Verlag, Zürich/Stuttgart, 420 S.

Farhadi Morteza (1994) Survey on importance and history of pigeon-houses in Iran. Publication and Video Center of Jehad Sazandegi, Iran, 48 S.

Feliks Jehuda (1962) Yona, Rock Pigeon, Dove. In: The animal world of the Bible. Sinai, Tel-Aviv, S. 54.

Floericke Curt (1905) Die Feldtaube, Columba livia L. In: Naumann, Naturgeschichte der Vögel Mitteleuropas, Verlag Fr. Eugen Köhler, Gera-Untermhaus, VI. Band, S. 5–16.

Franke Peter Robert (1956) Das Taubenorakel zu Dodona. Mitt. des Deutschen Archäologischen Instituts Athenische Abteilung, Band 71, Heft 1, S. 60–65, Beilagen 42–43.

Frankfort H. (1929) The mural painting of El-Amarneh. Egypt Exploration Society, London.

Franz Heinrich Gerhard (1990) Das alte Indien. C. Bertelsmann, München, S. 438–439, 452–454.

Frazer James George (1914) Adonis – Attis – Osiris. Macmillan, London, New York, Vol. 1, S. 147.

Fulton Robert, Ludlow J. W. (1978) Das Buch der Tauben. Harenberg Kommunikation, Die bibliophilen Taschenbücher, 122 S.

Funk & Wagnall (1949) Dictionary of folkore mythology and legend. Funk & Wagnalls comp. New York, I, A–I, S. 322.

Gärtner Robert (1925) Kleintierzucht. E. Ulmer Verlag, Stuttgart, 250 S.

Gattiker E. & L. (1989) Die Vögel im Volksglauben – Die Taube. Aula Verlag, Wiesbaden, S. 351–371.

Geldner Karl Friedrich (1951) Der Rig-Veda. Harvard Oriental Series 35, Dritter Teil, 418 S.

George Uwe (1978) In den Wüsten der Erde. Ex Libris, Zürich, S. 201–206.

Gerhard Eduard (1843) Etruskische Spiegel. G. Reimer Verlag, Berlin, 97 S. und 120 Kupfertafeln.

Géroudet Paul (1947) Les rapaces – les colombins et les gallinacés. Delachaux et Niestlé SA, Neuchatel-Paris, 270 S.

Geshe Kelsang Gyatso (1995) Introduction to Buddhism. Tharpa Publications, London, S. 17–18.

Gesner Conrad (1669) Vollkommenes Vogelbuch. Deutsche Übersetzung der lateinischen Ausgabe von 1557, Wilhelm Serlin, Frankfurt, Band II, S. 159–188.

Goodwin D. (1959) Taxonomy of the genus columba. Bulletin of the british museum (Natural History) Zoology, London, Vol. 6, S. 1–23.

Goodwin D. (1960) Comparative ecology of pigeons in inner London. British birds 53, S. 201–212.

Goodwin D. (1965) Instructions to young Ornithologists IV – Domestic Birds. Museum Press, London, 74–96.

Goodwin D. (1973) Some characters of Rock and Feral Pigeons. Pigeon Genetics Newsletter 2, S. 9–14.

Goodwin D. (1978) Birds of Man's World. British Museum (Natural History), Cornell University Press, Ithaca and London, 183 S.

Goodwin D. (1983) Pigeons and doves of the world. British Museum (Natural History), Comstock Publishing Associates, Cornell University Press, Ithaca, New York, 362 S.

Gougaud L. (1948) Colombe. In: Cabrol F. & Leclercq H. (DACL) Dictionnaire d'archéologie chrétienne et de liturgie. Librairie Letouzey et Ané, Paris, Vol. III, Sp. 2198–2231.

Grässel Rose (o. J.) Hans Schiltbergers Reise in die Heidenschaft. Classen et Coverts, Hamburg, 16 S.

Grasseus (1661) Arca Arcani. In: Theatrum Chemicum, praecipuos selectorum auctorum tractans … continens. Bde. I–III Ursel 1602, IV–VI Strassburg 1613, 1622, 1661, Bd. IV, Strassburg 1661, S. 314.

Gressmann H. (1920/21) Die Sage von der Taufe Jesu und die vorderorientalische Taubengöttin. Archiv für Religionswissenschaft, Vol. 20, Heft 1/2, S. 1–40, S. 323–359.

Griminger P. (1983) Digestive system and nutrition. In: M. Abs (ed.) Physiology and behaviour of the pigeon. Academic Press, London, S. 19–39.

Grimm F., Walser D., Kösters J. (1985) Zur Frage der Bleibelastung von Stadttauben in München. Erkrankungen der Zootiere, Akademie Verlag, Berlin, S. 237–241.

Grimm Gebrüder (1975) Die älteste Märchensammlung der Brüder Grimm. Hrsg. Rölleke Heinz, Fondation Martin Bodmer, Cologny-Genève.

Grohmann Joseph Virgil (1864) Aberglauben und Gebräuche aus Böhmen und Mähren. F. A. Brockhaus, Leipzig, I. Band, 247 S.

Grundel Werner (1993) Brieftauben. Verlag Eugen Ulmer, Stuttgart, 152 S.

Grüll A. (1980) Streptopelia turtur – Turteltaube. In: U. N. Glutz von Blotzheim (Hrsg.) Handbuch der Vögel Mitteleuropas. Akademische Verlagsgesellschaft Wiesbaden, Vol. 9, S. 141–161.

Haag D. (1984) Ein Beitrag zur Ökologie der Stadttaube. Dissertation, Phil. Nat. Fakultät der Universität Basel, Verlag Medizinische Biologie, 260 S.

Haag D. (1985) Die Stadttauben – ein Tierschutzproblem. Schweizer Tierschutz, Du + die Natur, Vol. 1, 112, S. 1–23.

Haag D. (1987) Regulationsmechanismen bei der Strassentaube Columba livia forma domestica (Gmelin 1798). Verhandlungen der Naturforschenden Gesellschaft Basel 97, S. 31–41.

Haag D. (1988a) Die dichteabhängige Regulation im Brutschwarm der Strassentaube Columba livia forma domestica. Ornithol. Beobachter 85, S. 209–224.

Haag D. (1988b) Brütende Strassentauben als Ursache einer Invasion von Dermanyssus gallinae (De Geer, 1778). Der praktische Schädlingsbekämpfer 8, S. 180.

Haag D. (1990a) Lebenserwartung und Altersstruktur der Strassentaube Columba livia forma domestica. Ornithol. Beobachter 87, S. 147–151.

Haag D. & Gurdan P. (1990b) Über den hygienischen Zustand der Strassentauben in Basel. Swiss Vet, Schweizerische Zeitschrift für Veterinärmedizin 7, Nr. 6, S. 19–22.

Haag D. (1991a) Population density as a regulator of mortality among eggs and nestlings of feral pigeons (Columba livia domestica) in Basel, Switzerland. Proc of Intern. Symp Working Group of Graniv. Birds INTECOL, S. 21–31.

Haag D. (1991b) Ethogramm der Taube. Veröff. in der Reihe «Orn-Projekt», Ruhr Universität, Bochum, Vol. 13, 73 S.

Haag D. (1993a) Street Pigeons in Basel. Nature 361, S. 200.

Haag-Wackernagel D. (1993b) Zur Biologie der Strassentaube. Habilitationsschrift Medizinische Fakultät der Universität Basel, Verlag Medizinische Biologie, Universität Basel, 180 S.

Haag-Wackernagel D. & A. Buss (1994a) Die Felsentauben von Capo Caccia. Fallbeispiel Mittelmeer, Koordinationsstelle MGU, Verlag Med. Biologie, Basel, S. 23–32.

Haag-Wackernagel D. (1994b) Zur Ethologie der Taube. Tierärztliche Praxis 22, S. 358–363.

Haag-Wackernagel D. (1995) Regulation of the Street Pigeon in Basel. Wildlife Society Bulletin 23(2), S. 256–260.

Haag-Wackernagel D. (1997a) Die Soziokulturellen Ursachen des Taubenproblems. Deutsche Tierärztliche Wochenschrift 2, S. 52–57.

Haag-Wackernagel D. (1997b) Bestandesregulierung bei Strassentauben. In: H. H. Sambraus und A. Steiger (Hrsg.) Das grosse Buch des Tierschutzes. Ferdinand Enke Verlag, Stuttgart, S. 770–779.

Haag-Wackernagel D. (1997c) Taubenabwehr. Tierschutz – Verhalten – Wirkung. Verlag Medizinische Biologie der Universität Basel, Basel, 72 S.

Haag-Wackernagel D., Smrekar G., Nagel P. (1998) Trace elements and age in the feral pigeon Columba livia. Fresenius Environmental Bulletin, Vol. 7, Heft 5/6, S. 376–378.

Haas Volker (1982) Hethitische Berggötter und hurritische Steindämonen. Verlag Philipp von Zabern, Mainz, 257 S.

Haase E., Ito S., Sell A., Wakamatsu K. (1992) Melanin Concentrations in Feathers from Wild and Domestic Pigeons. The Journal of Heredity 83 (1), S. 864–67.

Hahn E. (1896) Die Haustiere und ihre Beziehungen zur Wirtschaft des Menschen. Duncker & Humboldt, Leipzig, S. 331–340.

Hamblin D. J. (1979) Die Etrusker. Die Frühzeit des Menschen. Time-Life International, Nederland.

Hänggi R. (1995) Das Dreikaiserjahr und die Frage der Botentauben. Gesellschaft Pro Vindonissa, Jahresbericht 1994, Brugg, S. 35–37.

Hansell Peter & Jean (1988) Doves and Dovecotes. Millstream Books, Bath, UK, 248 S.

Hansell Peter & Jean (1992) A Dovecote Heritage. Millstream Books, Bath, UK, 200 S.

Hanson Elisha (1926) Man's Feathered Friends of Longest Standing. National Geographic Magazine 49, S. 63-110.

Hauck Albert (1897) Realencyklopädie für protestantische Theologie und Kirche. Hinrichs'sche Buchhandlung, Leipzig, Zweiter Band, S. 173–177.

Havelka P. & Sabo S. (1995) Mit Stadttauben leben. Landesanstalt für Umweltschutz, Arbeitsbl. Naturschutz 18, S. 1–64.

Hehn V. (1963) Kulturpflanzen und Haustiere in ihrem Übergang aus Asien nach Griechenland und Italien sowie das übrige Europa. Georg Olms Verlagsbuchhandlung, Hildesheim, S. 341–354.

Heidenreich Elke (1995) In: Libera E. & A., Liebe zu Stadttauben. Kalender, Elisabeth Libera Verlag, Hamburg, 26 S.

Heinroth O. (1924-1926) Die Vögel Mitteleuropas. H. Bermühler Verlag, Berlin, Band II, S. 48–51.

Heinroth O. (1947) Verhaltensweisen der Felsentauben (Haustaube). Zeitschrift für Tierpsychologie 6, S. 154–201.

Helck W. & Westendorf W. (1986) (LÄ) Lexikon der Ägyptologie. O. Harrassowitz, Wiesbaden, Band VI.

227

Hennig Birgit (1993) Der Einfluss von Levongestrel und 17-alpha-Ethinylestradiol auf die Fruchtbarkeit der verwilderten Haustaube (Columba livia f. domestica). Diss. Tierärztliche Hochschule Hannover, 121 S.

Herre W. & Röhrs M. (1990) Haustiere zoologisch gesehen. G. Fischer Verlag, Stuttgart, S. 194–197.

Hewson R. (1967) The Rock Dove in Scottland in 1965. Scottish Birds 4, 5, S. 359–363.

Hilprecht H. V. (1903) Explorations in Bible Lands during the 19th century. Clark, Edinburgh, 810 S.

Hockamp M. & Abs M. (1985) Plasma-Androgenspiegel und Hodenwachstum bei Haustauben während der Geschlechtsreifung. Verh. Dtsch. Zool. Ges. 78, S. 259.

Höfler Max (1908) Die Volksmedizinische Organotherapie und ihr Verhältnis zum Kultopfer. Union Deutsche Verlagsgesellschaft, Stuttgart, 306 S.

Hoerschelmann Heinrich (1990) Alle Pracht den Tauben. GEO 11, S. 173–186.

Hoffmann Hilmar (1982) Das Taubenbuch. Wolfgang Krüger Verlag, Frankfurt am Main, 172 S.

Höfer O. (1902) Peristera. In: Roscher W. H. (Hrsg.) Ausführliches Lexikon der Griechischen und Römischen Mythologie. B. G. Teubner, Leipzig, Band 3, 2, Sp. 1979.

Hollard V. D. & Delius J. D. (1982) Rotational invariance in visual pattern recognition by pigeons and humans. Science 218, S. 804–806.

Holzherr Abt Georg (1987) Einsiedeln Kloster und Kirche unserer Lieben Frau. Zürich, S. 62–63.

Hommel F. (1883) Die semitischen Völker und Sprachen. O. Schulze, Leipzig, Vol. 1, 541 S.

Höper E. (1984) Geschichte der Botentaube. In: Leben mit Brieftauben. Westfalen Verlag, Bielefeld, S. 49–72.

Hopf Ludwig (1888) Thierorakel und Orakelthiere in alter und neuer Zeit. W. Kohlhammer, Stuttgart, 271 S.

Hörmann Werner (1995) Gnosis. Das Buch der verborgenen Evangelien. Pattloch Verlag, Weltbild GmbH, Augsburg, 384 S.

Hornell James (1946) The role of birds in early navigation. Antiquity 77, Vol. XX, S. 142–149.

Hornung Erik (1978) Grundzüge der ägyptischen Geschichte. Wissenschaftliche Buchgesellschaft, Darmstadt , 167 S.

Hornung Erik (1996) Altägyptische Dichtung. Philipp Reclam jun., Stuttgart, 189 S.

Houlihan Patrick F. (1986) The Birds of Ancient Egypt. Aris & Phillips, Warminster, England, S. 101–106.

Hourani G. G. (1995) Arab Seafaring. Princeton University Press, Princeton, 190 S.

Jackson Williams A. V. (1906) Persia past and present. The Macmillan Comp. London, 467 S.

Janiga Marian (1991) Interclutch interval and territoriality in the feral pigeon, Columba livia G. 1789. Biologia (Bratislava) 46, S. 961–966.

Jones Martin (1990) The Feral Pigeon: Origins and Distribution. Brit. Ornithol. Union, Symp. 11th Oct. 109.

Johnson Buffie (1990) Die Grosse Mutter in ihren Tieren – Göttinen alter Kulturen. Walter-Verlag, Olten und Freiburg, 402 S.

Johnston R. F. (1969) Tauben. In: Grzimeks Tierleben, Vögel I. Kindler Verlag, Zürich, S. 236–242, 251–279.

Johnston R. F. (1992a) Evolution in the Rock Dove: Skeletal Morphology. The Auk 109(3), S. 530–542.

Johnston R. F. (1992b) Rock Dove Columba livia. In: The birds of North America, No. 13, The Academy of Natural Sciences, Philadelphia, S. 1–14.

Johnston R. F. (1992c) Geographic size variation in rock pigeons, Columba livia. Boll. Zool. 59, S. 111–116.

Johnston R. F., Siegel-Causey D., Johnson S. (1988) European populations of the rock dove columba livia and genotypic extinction. The American Midland Naturalist 120, S. 1–10.

Johnston R. F. & Janiga M. (1995) Feral Pigeons. Oxford University Press, 320 S.

Jordan Franzis (1950) In den Tagen des Tammuz – altbabylonische Mythen. Piper Verlag, München, 210 S.

Kammermeier A. (1978) Taubenhäuser, Taubenschläge. Rosenheimer Verlagshaus Alfred Förg, Rosenheim,160 S.

Kammann Ursula (1996) Gross ist die Artemis der Ephesier. Münzen Revue, Vol. 11, S. 1000–1002.

Kaupschäfer Heinz H. (1991) Flugtaubensport. Verlagshaus Reutlingen, Oertel + Spörer, 144 S.

Kautz Edward J. (1985) Effects of harvest on feral Rock Dove survival, nest success, and population size. Thesis, Cornell Univ, Grad. School, Doctor philos., Vol. 31, 92 S.

Kautz E. J. & Malecki R. A. (1990) Effects of harvest on Feral Rock Dove survival, nest success, and population size. Fish and Wildlife Technical Report, United States Departement of the Interior, Fish and Wildlife Service, Washington D.C., Vol. 31, S. 1–16.

Keel Othmar (1977a) Freudenbotinnen und Taubenflügel in PS 68,12–14. In: Vögel als Boten. Orbis biblicus et orientalis, Universitätsverlag Freiburg, Schweiz, Vol. 14, S. 11–36.

Keel Othmar (1977b) Rabe und Taube als Orientierungshilfen in Gen. 8,6–12 und sonst im Orient. In: Vögel als Boten. Orbis biblicus et orientalis, Universitätsverlag Freiburg, Schweiz, Vol. 14, S. 79–91.

Keel Othmar (1977c) Die Vögel in KOH 10,20. In: Vögel als Boten. Orbis biblicus et orientalis, Universitätsverlag Freiburg, Schweiz, Vol. 14, S. 93–102.

Keel Othmar (1977d) Vögel als Boten in Ägypten. In: Vögel als Boten. Orbis biblicus et orientalis, Universitätsverlag Freiburg, Schweiz, Vol. 14, S. 103–142.

Keel Othmar (1984) Deine Blicke sind Tauben: zur Metaphorik des Hohen Liedes. Stuttgarter Bibelstudien 114/115, Verlag Kath. Bibelwerk GmbH, Stuttgart, 208 S.

Keel Othmar (1992) Das Hohelied. Zürcher Bibelkommentare, Theologischer Verlag Zürich, 268 S.

Keel Othmar (1995) Skarabäen aus biblischer Zeit. Schweiz. Nationalfonds 25, S. 5–7.

Keel Othmar & Küchler Max (1983) Synoptische Texte aus der Genesis. Verlag Schweiz. Katholisches Bibelwerk, Biblisches Institut, Fribourg, 60 S.

Keel Othmar & Uehlinger Christoph (1996) Altorientalistische Miniaturkunst. Universitätsverlag Freiburg, Schweiz, 192 S.

Keith Arthur Berriedale (1925) Philosophy of the Veda and Upanishads. Harvard Univ. Press, London, Vol. 31, S. 193.

Keller C. (1893) Die Thierwelt in der Landwirthschaft. Winter'sche Verlagsbuchhandlung, Leipzig, 512 S.

Keller Otto (1963) Die Antike Tierwelt. G. Olms Verlagsbuchhandlung, Hildesheim, Band 2, S. 92–109.

Kenward R. E. (1978) Hawks and Doves: Factors affending success als selection in Goshhawk attacks on Wood Pigeons. J. Anim. Ecol. 47, S. 449–460.

Kessler Michael (1991) Zur Frage nach psychotropen Stoffen im Rauch von brennendem Gummiharz der Boswellia sacra. Dissertation Phil. Nat. Fak. der Universität Basel, 93 S.

Kiefner Ute (1986) Gesundheitsrisiken und Schäden durch verwilderte Haustauben im Grossstadtbereich. Diplomarbeit, Universität Hohenheim, Institut für Tiermedizin und Tierhygiene, Fachbereich Agrarbiologie, Prof. Dr. D. Strauch, 119 S.

Kirsch J. P. (1948) Colombe Eucharistique. In: Cabrol F. & Leclercq H. (DACL) Dictionnaire d'archéologie chrétienne et de liturgie. Librairie Letouzey et Ané, Paris, Vol. III, Sp. 2231–2234.

Klauser Theodor (1976) Reallexikon für Antike und Christentum. Anton Hiersemann, Stuttgart, Sp. 1278.

Koenig Otto (1971) Das Paradies vor unserer Tür. Verlag Fritz Molden, Wien-München-Zürich, 448 S.

Koenig Otto (1975) Urmotiv Auge. Piper, München-Zürich, 556 S.

Kohlstadt Sabine (1997) Der Kompass sitzt im Schnabel. Frankfurter Rundschau, Wissenschaft und Technik, Nr. 141, S. 10.

Korbel R. (1990) Ein bemerkenswerter Fall von Tierquälerei an Stadttauben. Deutsche tierärztliche Wochenschrift 97, S. 331.

Kösters J., E. Kaleta, G. Monreal, O. Siegmann (1991) Das Problem der Stadttauben. Deutsches Tierärzteblatt 4, S. 272–276.

Kösters J. & Korbel R. (1997) Zur Problematik der freilebenden Stadttauben. Deutsche Tierärztliche Wochenschrift, Heft 2, S. 50–51.

Küchel Ilse (1936) Von ägyptischer Taubendüngerwirtschaft. Demeter, Jg. 11, Nr. 9, S. 163–165.

Lacroix Léon (1964) Quelques aspects de la numismatique sicyonienne. Revue Belge de Numismatique et de Sigillographie, Tome CX, S. 5–52.

Lau Dieter (1986–1994) Augustinus-Lexikon. Schwabe Verlag, Basel, Sp. 1069–1077.

Leclercq H. (1948) Colombiers. In: Cabrol F. & Leclercq H. (DACL) Dictionnaire d'archéologie chrétienne et de liturgie. Librairie Letouzey et Ané, Paris, Vol. III, Sp. 2234–2235.

Lefebvre L. (1986) Resource defense and priority of access to food by the mate in pigeons. Can. J. Zool. 64, S. 1889–1892.

Leisegang H. (1922) Pneuma Hagion, der Ursprung des Geistbegriffs der synoptischen Evangelien aus der griechischen Mystik. Veröffentlichungen des Forschungsinstitutes für vergl. Religionsgeschichte an der Univ. Leipzig, S. 80–95.

Leiss A. & Haag-Wackernagel D. Gefiederfärbungen bei der Strassentaube (in Vorbereitung).

Letellier D. (1991) Pigeonniers de France. Editions Privat, Toulouse, 126 S.

Levi Wendell Mitchel (1965) Encyclopedia of Pigeon Breeds. T. F. H. Publication, Inc., Jersey City, New Yersey, 790 S.

Levi Wendell Mitchel (1981) The Pigeon. Levi Publishing Co., Inc., Sumter, S.C., 667 S.

Lewin L. (1920) Die Gifte in der Weltgeschichte. Verlag Julius Springer, Berlin, 596 S.

Lewisohn L. (1858) Zoologie des Talmud. Stichwort Taube. Selbstverlag, 400 S.

Lieve Joris (1996) The Gates of Damascus. Lonely Planet Publications, Melbourne, S. 31–32.

Linné von C. (1773) Vollständiges Natursystem: Von den Vögeln. Nürnberg, Vol. 2, S. 496–501.

Lipp H.-P (1996) Columba militaris helvetica: Biologie und Verhaltensleistungen der schweizerischen Armeebrieftauben. Acta Biol. Benrodis, Suppl. 3, S. 85–103.

Lips Susanne (1996) Madeira. DuMont Buchverlag, Köln, 256 S.

Lofts B., Murton R.K., Westwood N. J. (1966) Gonadal cyclus and the evolution of breeding seasons in British Columbidae. Journal of Zoology 150, S. 249–272.

Löper C. (1879) Beiträge zur Geschichte der Tauben-Post. In: Sabbagh Michel. Die Brieftaube, schneller als der Blitz, flüchtiger als die Wolke. Verlag Karl J. Trübner, Strassburg, S. 36–55.

Lorentz B. (1886) Die Taube im Altertume. Oster-Programm des Königlichen Gymnasiums zu Wurzen in Sachsen, Programm Nr. 502, 43 S.

Lorenz Konrad (1935) Der Kumpan in der Umwelt des Vogels. J. Ornith. 83, S. 137–413.

Mallowan M. E. L. & Cruikshank Rose J. (1933) Excavations at Tall Arpachiyah. Iraq, Vol. II, Part I, S. 1–178.

Mallowan M. E. L. (1956) Twenty-five years of Mesopotamian discovery (1932–1956) – Arpachijah. The British School of Archaeology in Iraq, London, S. 1–11.

Mariacher Giovanni (1992) Mosaici di San Marco. Edizioni Kina, Milano, 79 S.

Marshall W. (1898) Bilder-Atlas zur Zoologie der Vögel. Bibliographisches Institut, Leipzig und Wien, 194 S.

Martel P. (o. J.) Les pigeonniers. Pigeonniers de Haute-Provence. Sites et monuments. Directoire pour l'enquéte et l'action, Les alpes de lumière, Vol. 43, S. 3–91.

Meier Peter (1995) 150 Jahre Basler Taube. Basler Zeitung, Basler Magazin 133, S. 1–3.

Meisig Marion (1995) König Sibi und die Taube. Wandlung und Wanderung eines Erzählstoffes von Indien nach China. Studies in oriental religions. Harrassowitz Verlag, Wiesbaden, 271 S.

Menochius R. P. Ioan Stephan (1679) Commentaria sive explicationes sensus litteralis totius S. Scripturae. Hieronymus Verdussen, Anwerpen.

Menzel Wolfgang (1854) Christliche Symbolik – Stichwort Taube. Verlag von G. Joseph Manz, Regensburg, 586 S.

Möbes Werner K. G. (1942a) Bibliographie der Tauben. Akademischer Verlag, Halle, 191 S.

Möbes Werner (1942b) Des alten Gesners Taubenkenntnisse. Zeitschrift für Brieftaubenkunde 5, S. 47–48.

Möbes Werner (1942c) Die Brieftaube bei den Arabern. Zeitschrift für Brieftaubenkunde 22, S. 256–257.

Moore John (1735) Columbarium: or, the Pigeon-House. London, 74 S.

Morel P. (1994) Die Tierknochenfunde aus dem Vicus und den Kastellen. In: Hänggi R., Doswald C. und Roth-Rübi K. Die frühen römischen Kastelle und der Kastell-Vicus von Tenedo-Zurzach. Veröffentlichungen der Gesellschaft Pro Vindonissa, Band 11, Aargauische Kantonsarchäologie, Brugg, 11, S. 395–434.

Müller Erich & Relovsky Jakob (1993) Illustriertes Rassetauben Buch. Naturbuch Verlag, Augsburg.

Müller Erich, Stach Günter, de Koster Remco (1996) Haltung und Zucht von Rassetauben. Verlagshaus Reutlingen, Oertel + Spörer.

Münter Friedrich (1824) Der Tempel der himmlischen Göttin zu Paphos. Schothe J. H., Kopenhagen, 40 S.

Murton R. K. & Clarke S. P. (1968) Breeding biology of Rock Doves. British birds 61, Nr. 10, S. 429–448.

Murton R. K., Thearle R. J. P., Thompson J. (1972) Ecological studies of the feral pigeon columba livia var. I. Population, breeding biology and methods of control. Journal of applied ecology (Oxford) 9, S. 835–874.

Murton R. K. & Westwood N. J. (1966a) The foods of Rock Doves and Feral pigeons. Bird Study 13, S. 130–146.

Nadler T. & Ansorge H. (1982) Verbreitung und Hybridisation von Felsentauben (Columba livia) und Klippentauben (Columba rupestris) in der Mongolei. Mitt. zool. Mus. Berlin 58, 1, S. 141–153.

Nadler T. & Gebauer A. (1985) Zur Hybridisation von Felsentauben (Columba livia Gmelin) und Klippentauben (Columba rupestris Pallas) und vergleichende Untersuchungen ihres Verhaltens. Mitt. zool. Mus. Berlin 6, S. 93–106.

Naumann Johann Friedrich (1833) Naturgeschichte der Vögel Deutschlands. Ernst Fleischer, Leipzig, Sechster Theil, S. 187–214.

Negev Avraham (1991) Archäologisches Bibellexikon. Hänssler-Verlag, Neuhausen-Stuttgart, 520 S.

Neubauer K. (1994) Dosis-Wirkungs-Beziehungen beim Einsatz von Levonorgestrel und 17alpha-Ethinylestradiol zur Fertilitätskontrolle bei der verwilderten Haustaube. Diss. Tierärztliche Hochschule Hannover, 120 S.

Neubeck v. H. (1984) Der Taubenquäler ist ein Phantasieprodukt. Südwest Presse, Ulm, 7.9.84, S. 11.

Neubronner Julius (1909) Die Brieftaubenphotographie und ihre Bedeutung für die Kriegskunst, als Doppelsport, für die Wissenschaft und im Dienste der Presse. Dresden, 55 S.

Nicolai J. (1976) Evolutive Neuerungen in der Balz von Haustaubenrassen als Ergebnis menschlicher Zuchtwahl. Z. Tierpsychol. 40, S. 225–243.

O'Connor David B. (1995) Beloved of Maat, the horizon of Re: The royal palace in new kingdom in Egypt in Ancient Egyptian Kingship, Edit. O'Connor and Silverman. E. J. Brill, Leiden, S. 263–300.

Oken Lorenz (1837) Allgemeine Naturgeschichte für alle Stände. Siebenten Bandes erste Abtheilung oder Thierreich, vierten Bandes erste Abtheilung. Vögel. Hoffmann'sche Verlags-Buchhandlung, Stuttgart, 685 S.

Oldfather C. H. (1958) Diodorus of Sicily. W. Heinemann LTD, London, Book II, S. 356–357.

Orth (1910) Geflügelzucht. In: Paulys Real-Encyclopädie der classischen Altertumswissenschaft. Metzlersche Verlagsbuchhandlung, Stuttgart, (Fo–GI), Sp. 903–928.

Orthmann Winfried (1975) Der Alte Orient. Propyläen Verlag, Berlin, 567 S.

Pangritz Walter (1963) Das Tier in der Bibel. E. Reinhardt Verlag, München, Basel, 174 S.

Pauli C. (1916–24) Turan. In: Roscher W. H. (Hrsg.) Ausführliches Lexikon der Griechischen und Römischen Mythologie. B. G. Teubner, Leipzig, 5. Band, Sp. 1284–1288.

Pekanovic Josip (1996) Die Gimpeltaube, eine uralte Rasse. Geflügel-Börse 19, S. 13.

Pellat Charles (1967) Arabische Geisteswelt, ausgewählte und übersetzte Texte von Al-Gahiz (777–869). Artemis Verlag, Zürich, 478 S.

Peterson A Botni N. F. & Williamson K. (1949) Polymorphism and breeding of the rock dove in the Faroe Islands. Ibis 91, S. 17–23.

Pitzke Marc (1997) Ein Leben, so grell wie seine Mode. Die Weltwoche 29, S. 52.

Pobé Marcel & Roubier Jean (1958) Kelten – Römer. Walter Verlag, Olten, Abb. 28.

Portmann A. (1944) Aus Noahs Arche. Verlag Friedrich Reinhardt, Basel, 108 S.

Price Jessop Martin & Trell Bluma L. (1977) Coins and their cities. Vecchi and Sons, London, S. 147–149.

Rätsch Christian (1996) Räucherstoffe, der Atem des Drachen. AT Verlag, Aarau, S. 139–143.

Reber Ulrich (1970) Die beliebte Freizeitgestaltung: Kunstflugtauben! Information Deutscher Flugroller-Club e.V.-DFC, 4 S.

Rehkämper G., Haase E., Frahm H. D. (1988) Allometric comparison of brain weight and brain structure volumes in different breeds of the domestic pigeon, Columba livia f.d. (Fantails, Homing Pigeons, Strassers). Brain, Behavior and Evolution 31, S. 141–149.

Rehkämper G., Frahm H. D., Mann M. D. (1995) Brain composition and ecological niches in the wild or under man-made conditions (domestication). E. Alleva et. al. (eds.), Behavioral Brain Research in Naturalistic and Semi-Naturalistic Settings, S. 83–103.

Rehkämper G. (1996) Kognitive Leistungen bei Haus- und Nutztieren. Acta biol. Benrodis, Supl. 3, S. 155–131.

Reichenbach Ch. (1979) Felsentauben. Geflügel-Börse , Heft 12, 2–4.

Reinhardt L. (1912) Kulturgeschichte der Nutztiere. Verlag Reinhardt, München, Vol. 3, S. 361–383.

Reinirkens L. (1995) Die kulinarischen Abenteuer des Fra Bartolo. Hädecke Verlag, Weil der Stadt, 408 S.

Reitzenstein v. Ferdinand Frhr. (1909) Der Kausalzusammenhang zwischen Geschlechtsverkehr und Empfängnis in Glaube und Brauch der Natur und Kulturvölker. Zeitschrift für Ethnologie, Heft 5, S. 644–683.

Rieder Marilise, Rieder Hans Peter, Suter Rudolf (1979) Basilea Botanica. Birkhäuser Verlag, Basel, S. 219.

Riepl W. (1913) Das Nachrichtenwesen des Altertums. B. G. Teubner, Leipzig-Berlin, 476 S.

Robert Carl (1904) Die antiken Sarkophag-Reliefs. Grotesche Verlagsbuchhandlung, Band 3, S. 342–343, Tafel 93.

Rochholz E. L. (1867) Deutscher Glaube und Brauch im Spiegel der heidnischen Vorzeit. Ferd. Dümmler's Verlagsbuchhandlung, Berlin, S. 151–154.

Roob Alexander (1996) Das Hermetische Museum – Alchemie & Mystik. Benedikt Taschen Verlag, 704 S.

Rooth Anna Birgitta (1983) Tradition Areas in Eurasia. In: Dundes Alan (ed.) Cinderella: A Casebook. Wildman Press, New York, S. 129–147.

Rothenhäusler Erwin (1957) Die Kunstdenkmäler des Kantons St. Gallen, I. Bezirk Sargans. Basel, S. 137.

Roquette Marie-Christine (1996) Le Pigeonnier du Chateau des Baux. Information Office de Tourisme de Baux-de-Provence, France.

Rösler G. (1985) Brieftauben, Zucht Haltung Sport. Verlag J. Neumann-Neudamm, Melsungen, 232 S.

Rösler G. (1996) Die Wildtauben der Erde. Freileben, Haltung und Zucht. Verlag M. & H. Schaper, Alfeld-Hannover, 332 S.

Sabbagh Michel (1879) Die Brieftaube, schneller als der Blitz, flüchtiger als die Wolke. Aus dem Arabischen. Nebst einem Anhang: Beiträge zur Geschichte der Tauben-Post von C. Löper. Verlag Karl J. Trübner, Strassburg, 55 S.

Saini H. K. & Toor H. S. (1991) Feeding ecology and damage potential of feral pigeons, Columba livia, in an agricultural habitat. Le Gerfaut 81, S. 195–206.

Salonen A. (1973) Vögel und Vogelfang im Alten Mesopotamien. Suomalaisen Tiedeakatemian, Toiumituksia Annales Academiae Scientiarum Fennicae, Helsiniki, sarja-ser4. B nide. tom.180, 374 S.

Sammlung Ebnöther (1992) Idole, Masken, Menschen. Museum zu Allerheiligen Schaffhausen, Publ. KCM S, Abb. 1.16.

Satheesan S. M. (1990) Evolutionary changes in the behaviour of the blue Rock Pigeon. Pavo 28, S. 77–80.

Satorp A. (1984) Sex-Geheimnisse aus aller Welt. Stephenson Verlag, Flensburg, 120 S.

Sauermann D. (1984) Die Brieftaube im militärischen Nachrichtenwesen. In: Leben mit Brieftauben, Westfalen Verlag, Bielefeld, S. 173–198.

Schack Graf v. Adolf Friedrich (1889) Geschichte der Normannen in Sicilien. Deutsche Verlags-Anstalt, Stuttgart, Vol. II, S. 61–72.

Schade H. (1994) Stichwort Drei Gesichter, Drei Köpfe. In: Lexikon der christlichen Ikonographie. Herder Verlag, Rom, Freiburg, Basel, Wien, Band 1, Sp. 537–539.

Schaufenberg J. (1936) Unsere Brieftauben. Verlag Hachmeister & Thal, Leipzig, 88 S.

Scherdlin Paul (1913) Über die Abnahme der verwilderten Haustauben am Strassburger Münster (Das Resultat einer Umfrage). Buchdruckerei Decker, Colmar, 92 S.

Schibler J. & Hüster-Plogmann H. (1995) Die neolithische Wildtierfauna und ihr Aussagegehalt betreffend Umwelt und Umweltveränderungen. Die Schweiz vom Paläolithicum bis zum Mittelalter, Publikation der Schweiz. Ges. für Ur- und Frühgeschichte, Basel, Vol. 2.

Schlingloff Dieter (1977) Der König mit dem Schwert. Die Identifizierung einer Ajantamalerei. Wiener Zeitschrift für die Kunde Südasiens und Archiv für Indische Philologie, Band 11, S. 57–70.

Schlingloff Dieter (1988) Studies in the ajanta paintings. Ajanta Publications, India, 431 S.

Schmid Elisabeth (1989) Tierreste aus einer Grossküche von Augusta Raurica. Augster Museumshefte 12, S. 35–43.

Schmid Emil (1975) Symbol der Taube. Das Ewig-Weibliche. Ohne Verlagsangabe, 127 S.

Schmidt Heinrich und Margarethe (1984) Die vergessene Bildersprache christlicher Kunst. Verlag C. H. Beck, München, S. 110–119.

Schmidt Margot, Trendall Arthur Dale, Cambitoglou Alexander (1976) Eine Gruppe Apulischer Grabvasen in Basel. Archäologischer Verlag, Basel, 138 S. und 34 Tafeln.

Schmidt Ph. (1973) 125 Jahre Tierschutz in Basel, Festschrift zum Jubiläum des Basler Tierschutzvereins. Basler Tierschutzverein, Basel, S. 84–88.

Schnebel Michael (1925) Die Landwirtschaft im hellenistischen Ägypten. Beck'sche Verlagsbuchhandlung, München, 380 S.

Schneemelcher Wilhelm (1990) Neutestamentliche Apokryphen. I Evangelien. 6. Aufl. J. C. B. Mohr, Tübingen, 442 S.

Schroer S. (1986) Der Geist, die Weisheit und die Taube. Freiburger Zeitschrift für Philosophie und Theologie, Bd. 33, Heft 1–2, S. 197–225.

Schulten Emil (1934) Die Tauben des Kölner Domes. Der Tauben-Züchter, Chemnitz, 5. Jg. Nr. 22, S. 260–261.

Schütte Joachim (1978) Nachwort. In: Fulton R. & Ludlow J. W. Das Buch der Tauben (Reprint). Harenberg Kommunikation, Dortmund, S. 107–118.

Schütte Joachim (1981) Handbuch der Taubenrassen. Verlag J. Neumann-Neudamm, Melsungen, 392 S.

Schütte J., Stach G., Wolters J. (1994) Handbuch der Taubenrassen. Verlag Josef Wolters, Bottrop, 716 S.

Schwarz Martin (1966) Unsere Stadtvögel im Wandel der Zeit. Sonderdruck aus dem Basler Stadtbuch, S. 164–184.

Seeliger-Red St. (1994) Pfingsten. In: Lexikon der christlichen Ikonographie. Herder Verlag, Rom, Freiburg, Basel, Wien, Band 3, Sp. 415–423.

Seethaler P. Chorfrau (1961) Die Taube als Bild des Heiligen Geistes. Erbe und Auftrag, Benediktinische Monatsschrift, Neue Folge, Hrsg. Erzabtei Beuron, 37. Jg., S. 183–194.

Sell Axel (1995) Tauben – Züchten mit System. Verlagshaus Reutlingen, Oertel + Spörer, 246 S.

Seyfarth Carly (1913) Aberglaube und Zauberei in der Volksmedizin Sachsens. W. Heims, Leipzig, S. 186–187.

Simms Eric (1979) The public life of the Street Pigeon. Hutchinson & Co. Ltd., London, 144 S.

Sossinka R. (1982) Domestication in Birds. Avian Biology 6, S. 373–403.

Spies Otto (1949) Orientalische Kultureinflüsse im Abendland. Verlag A. Limbach, Braunschweig, 72 S.

Spies Otto (1967) Über Brieftauben im Arabischen Mittelalter. In: Festschrift für Wilhelm Eilers, Otto Harrassowitz, Wiesbaden, S. 391–399.

Spiteri Nello J. (1975) Social especially agonistic behaviour in the pigeon. Thesis, Departement of Psychology, University of Durham, 123 S.

Spitzer Manfred (1988) Halluzinationen. Springer-Verlag, Berlin, S. 151–156.

Stauber Karl (1996) Schweizer Tauben. Schweizerischer Taubenzucht-Verband STV, 143 S.

Steier (1932) Taube. In: Paulys Real-Encyclopädie der classischen Altertumswissenschaft. Metzlersche Verlagsbuchhandlung, Stuttgart, Vol. 8 (R–Z), Sp. 2479–2500.

Steingräber Stephan (1985) Etruskische Wandmalerei. Belser Verlag, Stuttgart, 407 S.

Steinke Olaf (1991) Meine Palomas aus Spanien. Tierwelt 32, S. 12–15.

Steinke Olaf (1994) 100 Jahre Rassegeflügelzucht in Baden. Landesverband Badischer Rassegeflügelzüchter, 351 S.

Stemberger G. & Prager M. (1984) Die Bibel. Text der Einheitsübersetzung der Katholischen Bibelanstalt, Stuttgart. Andreas Verlag, Salzburg, Band 1–5.

Stendel H. (ohne Jahr, ca. 1930) Unsere Nutztauben. Verlag Hachmeister & Thal, Leipzig, 48 S.

Stengel Paul (1890) Handbuch der klassischen Altertumswissenschaft – die griechischen Kultusaltertümer. C. H. Beck'sche Verlagsbuchhandlung, München, Fünfter Band, 3. Abteilung, S. 34–106.

Stengel Walter (1904) Das Taubensymbol des Hl. Geistes. J. H. Ed. Heitz, Strassburg, 31 S. und 4 Tafeln.

Strocka V. M. (1991) Häuser in Pompei – Casa del Labirinto. Hirmer Verlag, München, Vol. 4, Abb. 192, 193.

Ströter-Bender Jutta (1992) Die Muttergottes – Das Marienbild in der christlichen Kunst. DuMont Buchverlag, Köln, 252 S.

Ströter-Bender Jutta (1994) Liebesgöttinnen: von der grossen Mutter zum Hollywoodstar. DuMont Buchverlag, Köln, 202 S.

Sühling Friedrich (1930) Die Taube als religiöses Symbol im christlichen Altertum. Römische Quartalsschrift für christliche Altertumskunde und für Kirchengeschichte, Verlag Herder, Freiburg im Breisgau, Vol. 24, 329 S.

Süskind Patrick (1987) Die Taube. Diogenes Verlag AG, Zürich, 100 S.

Swoboda O. (1973) Taubenschläge – Taubenhäuser. Österreichische Ärztezeitung, Heft 19, S. 1077–1079.

Tabche Mohammed (1992) Taubensport im vorderen Orient. Tierwelt 13, S. 16–18.

Tchernow E. (1962) Paleolithic avifauna in Palestine. Bull. Res. Counc. of Israel, 11 B3, S. 95–130.

Tully J. (1993) Population and Distribution of Winter Feeding Flocks of Feral Pigeons in the City of Bristol. Bristol Ornithology, Vol. 22, S. 16–30.

van Deth R. & Vandereycken W. (1992): What Happened to the «Fasting Girls»? A Follow-up in Retrospect. In: Herzog, H.-C. Deter, W. Vandereycken (eds.) The Course of Eating Disorders, W. Springer-Verlag, Berlin, S. 348–366.

Vandier J. (1955) Manuel d'archéologie Egptienne. Editions Picard, Paris, Tome II, S. 1020–1022.

Viré F. (1960ff.) Stichwort Hamam (Taube). The Encyclopaedia of Islam. New Edition, Leiden.

Visalberghi E., Foà A., Baldaccini N. E., Alleva E. (1978) New experiments on the homing abilty of the Rock Pigeon. Monitore zool. ital. /N.S., 12, S. 199–209.

Vogel Curt (1992) Tauben. Deutscher Landwirtschaftsverlag, Berlin, 540 S.

Voland Eckart (1993) Grundriss der Soziobiologie. G. Fischer Verlag, Stuttgart, 290 S.

Von Arx Ursula (1997) Stille Tage in Wanne-Eickel. NZZ-Folio, Sept. 1997, S. 28–30.

Von Holst Niels (1968) Das Bild der Taube. Westdeutsche Allgemeine Zeitung, Nr. 127, 1.6.1968.

Von Lipmann Edmund O. (1919): Entstehung und Ausbreitung der Alchemie. Verlag von Julius Springer, Berlin, S. 214.

Von Löwis of Menar August (1959) Russische Volksmärchen 3. Die Taube. Eugen Diederichs Verlag, Düsseldorf-Köln, S. 8–12.

Von Soden W. (1992) Einführung in die Altorientalistik. Wissenschaftliche Buchgesellschaft, Darmstadt, 249 S.

Von Stietencron Heinrich (1990) Religionen. In: Heinrich Gerhard Franz (Hrsg.) Das alte Indien. C. Bertelsmann, München, S. 182–183.

Wackernagel Wilhelm (1869) Voces variae animantium. Bahnmaier's Verlag, Basel, 176 S.

Warncke Carsten-Peter (1993) Pablo Picasso 1881–1973. Benedikt Taschen Verlag, Köln, 740 S.

Weber Jacqueline (1992) Kommunikation Mensch – Stadttaube. Dissertation der Medizinischen Fakultät, Verlag Medizinische Biologie, Universität Basel, 69 S.

Weber J., Haag D., Durrer H. (1994) Interactions between humans and pigeons. Anthrozoös 1, S. 55–59.

Weber W. (1962) Zur Histologie und Cytologie der Kropfmilchbildung der Taube. Zeitschrift für Zellforschung 56, S. 247–276.

Weicker Georg (1902) Der Seelenvogel in der alten Literatur und Kunst. B. G. Teubner Verlag, Leipzig, 218 S.

Welz Karl (1959) Die Tauben der Aphrodite. Schweizer Münzblätter, Jg. 9, Heft 34, S. 33–37.

Werth E. (1935) Der heilige Vogel der grossen Göttin. Sitzungsberichte der Gesellschaft Naturforschender Freunde zu Berlin, S. 273–282.

Widmer F. (1994) Herzliche Grüsse. Basler Zeitung, Nr. 280 , 30.11.94. S. 4.

Winter Urs (1977) Die Taube der fernen Götter in Ps 56,1 und die Göttin mit der Taube in der vorderasiatischen Ikonographie. In: Vögel als Boten. Orbis biblicus et orientalis, Universitätsverlag Freiburg, Schweiz, Vol.14, S. 37–78.

Winter Urs (1983) Frau und Göttin. Orbis biblicus et orientalis, Universitätsverlag Freiburg, Schweiz, Vol. 53, 928 S.

Wiltschko R. (1992) The flying behaviour of Homing Pigeons, Columba livia, immediately after release. Ethology 91, S. 279–290.

Wiltschko R. (1995) Kompasssysteme in der Orientierung von Vögel. G. Fischer Verlag, Stuttgart, 115 S.

Withman C.O. (1919) Inheritance, fertility, and the dominance of sex and color in hybrid species of wild species of pigeons. Carnegie Institution of Washington, Vol. II, 224 S.

Wormuth H.-J. (1993) Massnahmen zur Verminderung überhandnehmender freilebender Säugetiere und Vogel, insbesondere verwilderte Katzen sowie Haustauben. Mh. Vet. Med. 48, S. 583–593.

Wosegien Angelika (1997) Experiments on pair bond stability in domestic pigeons (Columba livia domestica). Behaviour 134, S. 275–297.

Wreghitt Tim (1998) Public health and infection. Urban Bird Pest Managment Conference, platform papers, Fe 4–6th, Cardiff, S. 5.

Wright Anthony A., Cook Robert G., Rivera Jacqueline J., Sands Stephen F., Delius Juan D. (1988) Concept learning by pigeons: Matching-to-sample with trial-unique video picture stimuli. Anim. Learning & Behavior 16(4), S. 436–444.

Zedler Johann Heinrich (1744) Grosses vollständiges Universal Lexikon aller Wissenschaften und Künste. Leipzig und Halle, Band 42, Sp. 153–196.

Zimen Eric (1978) Der Wolf – Mythos und Verhalten. Meyster Verlag Wien, München, 334 S.

Zurth Edmund (1962) Die Welt der Tauben – Taubenzucht vom Altertum bis zur Gegenwart. Verlagshaus Reutlingen, Oertel & Spörer, 380 S.

Zwierlein-Diel Erika (1973) Die antiken Gemmen des Kunsthistorischen Museums Wien. Prestel Verlag, München, S. 69.

230

Persönliche Mitteilungen

Folgenden Persönlichkeiten verdanke ich wichtige Anregungen und Beiträge, die nicht oder noch nicht publiziert worden sind. Sie sind als persönliche Mitteilungen (pers. Mitt.) aufgeführt:

Dietrich Bornhalm, Celle, Deutschland
Dr. Manuel Bachmann, Basel
Dr. Giuseppe Calabrò, Milano
Remko de Koster, Augsburg
Emil Ditzler, Michelbach Le Haut, Frankreich
Prof. Dr. Georg Feichter, Basel
Derek Goodwin, Kent, England
Dirk Hinz, Essen
Prof. Dr. Benedikt Hartmann, Zürich
Dr. Peter Hurwitz, Aarau
Dr. Ursula Kampmann, Basel
Prof. Dr. Josef Kösters, München
Andreas Leiss, Wien
Prof. Dr. Urs A. Meyer, Basel
Andreas Ochsenbein, Basel
Graziella Pinna, Schwandorf, Deutschland
Ulrich Reber, Mosbach, Deutschland
Joachim Schütte, Ennigerloh, Deutschland
Günter Stach, Schömberg, Deutschland
Karl Stauber, Orpund, Schweiz
Olaf Steinke, Rheinfelden, Deutschland
Mohammed Tabche, Mardorf, Deutschland
Christian Reichenbach, Tinos, Griechenland
Dr. Hans Wackernagel, Basel

Taubenverzeichnis

nach Goodwin (1959,1983), Johnston (1969), Rösler (1996) und Schütte-Stach-Wolters 1994

Stichwortverzeichnis

235

236

237

238

239

Ortsverzeichnis

241

242

30° E   45° E

245

Byzanz /
Konstantinopel

PHRYGIEN   Hattusha

Lampsakos   Kültepe
GRIECHEN-   TÜRKEI
LAND   Pergamon
Phokaia   *LYDIEN*
Korinth   Athen   Catal Hüyük   Besni
Mykene   Ephesus
             Milet

Kythera   SYRIEN
Knossos
                                                              IRAN
          ZYPERN

                      LIBANON
                                                         IRAK
          Damietta   ISRAEL
Alexandria

          Kairo   JORDANIEN
Memphis / Sakkara

Oase Faijum

ÄGYPTEN
          El-Amarna

          Theben

Stephan E. Hauser
Kurt Seligmann 1900–1962
Leben und Werk
1997. Leinen
470 Seiten mit über 300 Abbildungen

Adolf Wölfli
Die Schenkung Ernst und Maria Mumenthaler-Fischer
herausgegeben von der Öffentlichen Kunstsammlung Basel
bearbeitet von Marianne Wackernagel,
mit Transkriptionen sämtlicher handschriftlicher Texte
Adolf Wölflis in den Zeichnungen
1998. Broschiert
179 Seiten mit über 100 Abbildungen

«gepudert und geputzt»
Johann Melchior Wyrsch 1732–1798
Porträtist und Kirchenmaler
herausgegeben von M. Vogel, R. Helbling, M. Baltensperger
1998. Leinen
367 Seiten mit über 180 Abbildungen

Schwabe & Co. AG · Basel · Verlag & Druckerei

Karl Schefold
Die Bildnisse der antiken Dichter, Redner und Denker
1997. Leinen
600 Seiten mit 329 Abbildungen

Frank Hieronymus
1488 Petri – Schwabe 1988
Eine traditionsreiche Basler Offizin im Spiegel ihrer frühen Drucke
1997. Leinen
Zwei Halbbände. 2044 Seiten mit 1575 Abbildungen

Out of Rome · Augusta Raurica / Aquincum
Das Leben in zwei römischen Provinzstädten
herausgegeben vom Aquincumi Múzeum Budapest
und der Römerstadt Augusta Raurica, Kanton Basel-Landschaft
1997. Gebunden
337 Seiten, ungarisch / deutsch, 314 Abbildungen

Schwabe & Co. AG · Basel · Verlag & Druckerei

Christoph Mörgeli
Europas Medizin im Biedermeier
anhand der Reiseberichte des Zürcher Arztes Conrad Meyer-Hofmeister 1827–1831
1997. Leinen
820 Seiten mit zahlreichen Abbildungen

Urs F. A. Heim
Leben für andere
Die Krankenpflege der Diakonissen und Ordensschwestern in der Schweiz
1998. Gebunden
296 Seiten mit 50 Abbildungen

Annie Berner-Hürbin
Hippokrates und die Heilenergie
Alte und neue Modelle für eine holistische Therapeutik
1997. Gebunden
528 Seiten mit 25 Abbildungen

Schwabe & Co. AG · Basel · Verlag & Druckerei